Verfassungslehre

Von

Universitätsprofessor
Dr. jur. Karl Brinkmann

2., ergänzte Auflage

R. Oldenbourg Verlag München Wien

Die Deutsche Bibliothek – CIP-Einheitsaufnahme

Brinkmann, Karl:
Verfassungslehre / von Karl Brinkmann. – 2., erg. Aufl. –
München ; Wien : Oldenbourg, 1994
ISBN 3-486-23012-3

Gesamtherstellung: R. Oldenbourg Graphische Betriebe GmbH, München

ISBN 3-486-23012-3

Inhaltsverzeichnis

„Politische Kenntnisse sind das erprobteste Präservatif gegen Projettir= und RevolutionsSucht: sie schaffen Malcontenten zu *ruhigen, willigen,* und *dankbaren* Bürgern um."

SCHLÖZER, S. 28 (1793)

Vorwort zur ersten Auflage

Der Stand der Verfassungslehre ist nicht so, daß er die Möglichkeit ausschlösse, noch einen wesentlichen Beitrag zum zutreffenden Verständnis der Staatsverfassung zu leisten. Das gilt in nichtgrundlegender wie in grundlegender Hinsicht.

Was hier nur das Grundlegende anlangt, so handelt es sich um den gesamten Gegenstandsbereich der Verfassungslehre. Das ist zunächst – als Voraussetzung für das Verfassungsverständnis – das jeweilige *Verständnis des Staates und der Staatsordnung.* Ersteres besonders unter Veränderung und Erweiterung der den Staat begründenden Bedingungen; letzteres vor allem in der Unterscheidung zwischen einer normativen und faktischen Teilordnung, welche die Gesamtstaatsordnung als Staatsbedingung bilden. Sodann ist es das *Verständnis der Staatsverfassung selbst.* Wie sie die Staatsgrundordnung darstellt, so gilt auch für sie – als Hauptteil der Staatsordnung – zumal, daß sie aus einer normativen und faktischen Teilverfassung besteht, welche die Gesamtverfassung ausmachen. Ferner ist es das *Verständnis der Verfassungsarten,* d. h. der *Staatsformen.* Dies insonderheit so, daß mit ihrer veränderten Gliederung keinerlei Verfassungsgestaltung mehr ausgelassen oder auch bloß unzulänglich berücksichtigt wird. Und endlich ist es noch, in all das eingeordnet, das *Verständnis des Verhältnisses der Staatsordnung, insbesondere der Verfassung, zu Recht und Unrecht.* Das vor allem unter Darlegung des Wesens von Recht und Unrecht sowie der Offenheit jeder Staatsordnung, besonders wiederum der Verfassung, für *beide;* außerdem in gänzlicher Wendung gegen den Rechtspositivismus und teilweiser gegen die Naturrechtslehre.

Der genannte wesentliche Beitrag ist zutreffend nicht ohne grundsätzliche Auseinandersetzung mit bisherigen Staats- und Verfassungslehren möglich. Daher kam es einmal darauf an, zwar in selbstverständlicher Auswahl, doch *in beträchtlichem Umfang andere Ansichten,* gerade namhafte, *einzubeziehen;* sei es in Übereinstimmung mit ihnen, sei es – weit mehr – in Nichtübereinstimmung. Allein auf Grund einer Gegenüberstellung lassen sich eben die Standpunkte hinreichend dartun und die Stellungnahme genauso begründen; wie auch nur damit der Leser die Möglichkeit erhält, sich selber ein Urteil zur Sache zu bilden. Derselbe Beitrag ist zutreffend ebenfalls nicht ohne eine grundlegende Berücksichtigung von Verfassungen als Beispielen möglich. Deswegen kam es zum anderen darauf an, zwar erneut in selbstverständlicher Auswahl, doch desgleichen *in beträchtlichem Umfang Verfassungen,* wieder gerade namhafte, *einzubeziehen.* Dies insbesondere so, daß sie mit dem jeweils Einschlägigen nicht lediglich abstrakt genannt, vielmehr hinreichend konkret dargestellt werden. Denn einzig mit einer solchen Darstellung läßt sich das zur Frage Stehende begründen; wie auch nur mit ihr der Leser die weitere Möglichkeit erhält, sich aufs neue zur Sache selbst ein Urteil zu bilden. Dabei handelt es sich um Beispiele, die dem Altertum ebenso entnommen sind wie dem Mittelalter wie gleichfalls, und zwar in besonderem Ausmaß, der Neuzeit. Was schließlich beides zusammen angeht, so kam es noch darauf an, *die anderen Ansichten sowie die Verfassungen weitgehend sel-*

ber sprechen zu lassen, nicht jedoch bloß über die Vermittlung durch den Verfasser; sonst aber, etwa zu Ansichten und Verfassungen aus der Antike, ebenso weitgehend den Kenner.

Die Arbeit geht zurück auf zwei Vorlesungen, die ich in den siebziger Jahren an der Kölner Universität gehalten habe: „*Allgemeine Staatslehre*" und – zumal – „*Verfassungslehre*".

Sie wurde in einer scheinbar wesentlich festgefügten Staaten- und somit Verfassungswelt, einschließlich der unrechtlichen Teilung Deutschlands, begonnen. Und sie wurde in einer teils veränderten, insoweit im Umbruch stehenden gleichen Welt, verbunden mit Deutschlands Wiedervereinigung, beendet.

Für die Förderung des Buches danke ich Herrn Martin Weigert vom Verlag Oldenbourg herzlich.

Karl Brinkmann

Vorwort zur zweiten Auflage

So grundlegend sich im ehemaligen sowjetischen Herrschaftsbereich Staaten und Verfassungen seit 1991 geändert haben, es ist doch verfassungstheoretisch unerheblich. Hinzu tritt, daß die neuen Verfassungen, um teils als Beispiele zu dienen, noch zu ungefestigt sind. Und so grundlegend ebenfalls die durch den Maastricht-Vertrag geschaffene Europäische Union ist, auch das ist, weil es nur um einen Staatenbund und keinen Staat geht, verfassungstheoretisch unerheblich. Hinzu kommt, daß der Staatenbund durch andere Beispiele schon hinreichend erklärt wurde. Die zweite Auflage ist daher nahezu unverändert. Sie ist lediglich um etliche Berichtigungen ergänzt worden.

Karl Brinkmann

Einführung

Unter der Vielzahl von Verfassungen geht es fast nur um die des *Staates*. Gemäß seiner überragenden Stellung im menschlichen Zusammenleben ist die Lehre, die seine Verfassung betrifft, geradezu *die* Verfassungslehre. Um die *nichtstaatliche* geht es allein insoweit, als bestimmte Staatenverbindungen zwar keinen neuen Staat bilden, aber dennoch eine Verfassung besitzen.

Zu Beginn ist Folgendes klarzustellen: *Gegenstand* und *Aufgabe* der Verfassungslehre, ihr *Zweck*, ihre *Einordnung* bzw. *Abgrenzung* in Hinblick auf andere Wissenschaftsbereiche und ihre *Methode*.

1. Gegenstand und Aufgabe der Verfassungslehre

Zunächst fragt sich mit Rücksicht auf einen bestimmten Meinungsstand, um *welchen* Staates Verfassung es sich handelt: des sog. *modernen* oder des Staates *schlechthin;* und sodann, in *welcher Beziehung* es um die bleibende Staatsverfassung geht: in *allgemeiner* oder *besonderer*.

Was die *erste Frage* betrifft, so vertritt ein Teil der Lehre die Auffassung, daß der Begriff ‚Staat' einzig den **modernen Staat** meine, weil allein dieser, *als* moderner, überhaupt *Staat* sei, die *übrigen* in Betracht kommenden Gebilde indes – besonders solche des Altertums und des Mittelalters – *nicht*. Folgerichtig ginge es insoweit nur um die *moderne* Staatsverfassung. All das ist z. B. mit der Meinung so, daß die „Voraussetzungen", „damit der Staat ins Leben treten konnte", „erst die Neuzeit gebracht" habe (KRÜGER, S. XII); und daß es „verfehlt" sei, „von einem jedenfalls im prägnanten Sinne verstandenen Staat für Epochen zu sprechen, auf denen die Gegenwart geistig fußt, wie das griechische und römische Altertum" (S. 2). Heißt es weiter, daß „man die entsprechenden Bildungen des Mittelalters und der Antike allenfalls noch in einem ganz unspezifischen Sinne als ‚Staaten' bezeichnen" könne (S. 3), so wirkt dies lediglich bestätigend. Bestätigend wirkt aber gleichfalls, daß die „echte Monarchie ... ein im Grunde vorstaatliches Institut" sei (S. 312); und daß „England" „es sich ... bis weit in das 20. Jahrhundert hinein" habe „leisten können, vom Übergang zur modernen Staatlichkeit" – d. h. zur Staatlichkeit überhaupt – „abzusehen" (S. 51). Dies bedeutet, daß England zuvor – also durch etliche Jahrhunderte – *kein Staat* gewesen sei und folglich *ohne Staatsverfassung*.

Nach dem anderen Teil der Lehre sei mit dem Begriff ‚Staat' der **Staat schlechthin** gemeint, also nicht bloß der sog. *moderne,* sondern gleichermaßen die *übrigen* in Betracht kommenden Gebilde, mithin wieder besonders solche des Altertums und des Mittelalters. Folgerichtig drehe es sich insofern um viel *mehr* als nur die *moderne* Staatsverfassung. All dies ist beispielsweise bezüglich des Altertums auf Grund der Meinung so, „daß in Griechenland und in Italien mit der Entstehung der Städte, in Vorderasien mit der Aufrichtung des ältesten monarchischen Gebildes die Geburtsstunde des Staates geschlagen" habe (NAWIASKY, Staatsgesellschaftslehre, II, S. 165, 4). Und hinsichtlich des Mittelalters verhält es sich so mit der Anschauung: „Für die Geschichte ist Staat *jede Ordnung des Volkes zur Erreichung seiner politischen Ziele*. Also nicht nur der" Staat „der Neuzeit, sondern auch schon der ... des frühen und hohen Mittelalters" (MITTEIS, S. 3). Weshalb denn auch von MITTEIS ebenfalls auf das frühe England als Staat abgestellt wird (z. B. S. 137 ff. und S. 296 ff.), und zwar – mit „der englischen Verfassungsgeschichte" (S. 139 III, S. 152 I) – als ein Gebilde *mit Staatsverfassung.*

So unvereinbar die beiden Standpunkte sind, so sehr hat man sich von vornherein zwischen ihnen zu entscheiden. Hier wird desgleichen der **zweite Standpunkt** eingenommen; ohne daß freilich hierzu der Grund MITTEIS': der Staat als bestimmte *„Ordnung"*, geteilt würde (u. 1. Abschn., A II: z. B. zu KELSEN). Es geschieht daher vor allem aus folgendem Grund: Das, was auf *allgemeinste* Weise zum Staate *zählt,* was folglich bestimmte gesellschaftliche Gebilde erst zu Staaten *macht,* findet sich – so sehr diese Gebilde sich in ihren Verfassungsarten auch unterscheiden mögen – nicht erst in der *Neuzeit,* vielmehr gleicherweise schon im *Altertum* und im *Mittelalter.* Das ist, später noch näher darzutun (a.a.O., A I), ein *Gebiet,* eine *Bevölkerung,* eine *Führung,* eine *Ordnung,* ein gewisses *Verhalten* der Führung und eine bestimmte *Unabhängigkeit.* Ob also z. B. die attische Polis zur Zeit des PERIKLES, das Römische Reich zur Zeit des AUGUSTUS, das Deutsche Reich zur Zeit der Goldenen Bulle (1356) oder England zur Zeit der sog. Glorious Revolution (1688), – auch ihre Verfassungen waren *Staatsverfassungen* und müssen deswegen von der noch aufzufindenden Gegenstandsbestimmung der Staatsverfassung *mit* umschlossen werden. So gibt der erste Standpunkt keine Rechtfertigung dafür ab, sich von der Einbeziehung von Staatsverfassungen des Altertums und des Mittelalters, ja, teils auch der Neuzeit, zu entlasten. Dennoch bildet mit der modernen Staatlichkeit in ihrer Gegenwartsnähe oder gar Gegenwärtigkeit die moderne Staatsverfassung den *Hauptgegenstand.*

Gegenüber dem eigenen Standpunkt ist es merklich zu eng, wenn – in einem alsbald wiederzugebenden Zusammenhang – zwar einerseits auf die „Verfassung im modernen – und ebenso im geschichtlichen – Staat" abgestellt wird, doch andererseits auf das Bieten einer „Darstellung der Verfassung im modernen Staat" (LOEWENSTEIN, S. IV). Und viel zu eng ist es gar, wenn „In der Hauptsache ... die Verfassungslehre des bürgerlichen Rechtsstaates dargestellt" wird (SCHMITT, S. XI). Denn das läßt sogar manches Einschlägige des modernen Staates unberücksichtigt.

Was die *zweite Frage* anlangt – ob es sich um die Staatsverfassung in allgemeiner oder besonderer Hinsicht handelt –, so gilt Folgendes: Man mag noch so viele Staatsverfassungen für sich, einzeln oder aneinandergereiht, behandeln, – für das, was die Verfassung als solche wie in ihren Arten *ist,* ergibt sich daraus *nichts.* Das ist erst dann anders, wenn man, jene Staatsverfassungen *miteinander vergleichend,* ihr *gänzlich* oder *teils* Übereinstimmendes, ihr insofern Gleiches oder Allgemeines, *ordnend heraushebt.* Denn wie nur dies erschließt, was die Verfassung ist, so geht es danach um die **Staatsverfassung in allgemeiner Hinsicht, nicht in besonderer.** Das besagt aber für die Verfassungslehre: Sie ist eine *allgemeine* und *keine besondere.* Für sie sind die *einzelnen* Verfassungen auf der einen Seite zwar Bedingungen, ohne die sie nicht möglich ist, doch auf der anderen lediglich belegende Beispiele.

Wenn im Vergleich hierzu darauf abgestellt wird, daß es um „alles andere als eine abstrakt-theoretische Diskussion des Wesens der Verfassung im allgemeinen" gehe, „vielmehr" um „die tatsächliche Praxis und die wirkliche Dynamik der Verfassung im" schon genannten „modernen – und ebenso geschichtlichen – Staat" (LOEWENSTEIN, S. IV), so ist dem, was die „Verfassung im allgemeinen" betrifft, nicht zuzustimmen. Allerdings ist die Ablehnung dann gar nicht so streng gemeint. Weiter heißt es nämlich, daß in einem hinreichend weit gespannten rechtsvergleichenden Rahmen „eine generelle Darstellung der Verfassung im“ gleichfalls schon genannten „modernen Staat“ geboten werde (a.a.O.). Ohne das Generelle, Allgemeine, ist eben eine Verfassungslehre unmöglich.

Abschließend ist nach alledem Gegenstand der Arbeit die Staatsverfassung *schlechthin* in *allgemeiner* Hinsicht. Sie insofern zu erfassen, ist folglich insgesamt ihre Aufgabe.

2. Zweck der Verfassungslehre

Sie hat drei Zwecke.

Der *erste* ist ein **Eigenzweck.** Er besteht einfach darin, zur bisher gekennzeichneten Staatsverfassung in Hinsicht auf Gegenstand und Aufgabe Einschlägiges aus Verfassungen und Verfassungslehren darzutun.

Der *zweite* ist ein **Fremdzweck.** Denn wie es z.B. eine – engere – Aufgabe der Verfassungslehre ist, sowohl gewesene als ebenfalls gegenwärtige *Staatsformen,* und das heißt *Verfassungsarten, geordnet* zu erfassen (u. 3. Abschn.), so ist es damit zugleich ihr Ziel, *irgendwelche* Staaten in *ihrer* jeweiligen Staatsform als Verfassungsart *erfaßbar* und also *verständlich* zu machen. In dieser Bedeutung *dient* jedoch die Verfassungslehre jeder *Staatsrechtslehre.* Wird daher – um ein Beispiel zu bringen – in einer Verfassung ausgeführt, daß die „Bundesrepublik Deutschland ... ein demokratischer ... Bundesstaat“ sei (Art. 20 I GG, 1949), dann ist das, was damit von Deutschland unter dem Gesichtspunkt der Staatsform ausgesagt wird, im Grundsatz allein verständlich aus dem, was die Verfassungslehre zum *Wesen* der *Republik,* aber auch zu dem der *Demokratie* und der *Bundesstaatlichkeit* als *Verfassungsarten,* zu sagen hat. Hiermit stellt indes die Verfassungslehre insofern zugleich eine *Verständnisvoraussetzung* dar. Das tut sie jedoch gleichermaßen hinsichtlich der *Verfassungsgeschichte.* Werden daher – um ein weiteres Beispiel zu bringen – gewisse frühere deutsche Monarchien, etwa das Königreich Bayern seit 1818, als konstitutionelle bezeichnet, so ist auch das im Grundsatz einzig begreiflich aus dem, was die Verfassungslehre zum *Wesen* der *Monarchie* im allgemeinen und zu dem der *konstitutionellen* im besonderen zu sagen hat.

Der *dritte* Zweck ist erneut ein **Fremdzweck.** Er besteht darin, mit der Einsicht in die Staatsverfassung schlechthin die *Grundlage* zu bereiten, von der aus so manches, was von dieser und jener Verfassung *beansprucht* wird, *überprüft* sowie *klargestellt* werden kann. Insoweit denke man beispielshalber daran, ob ein Staat, der sich *Demokratie* nennt, etwa die frühere Deutsche Demokratische Republik, auch *wirklich* eine solche ist; oder ob ein Staat, der sich *Bundesstaat* heißt, etwa die Sowjet-Union (Art. 70 I Sowj. Verf., 1977/1988), auch *wirklich* ein solcher ist. Desgleichen insoweit gibt die Verfassungslehre eine – allerdings kritische – *Verständnisvoraussetzung* ab.

Einesteils also – wie gezeigt – nicht ohne jeweils einzelne Verfassungen möglich (o. 1), bildet die Verfassungslehre doch andernteils für weitere Verfassungen eine Verständnisbedingung.

3. Einordnung bzw. Abgrenzung der Verfassungslehre in Bezug auf andere Wissenschaftsbereiche

Was zuerst die **Einordnung** angeht, so dreht es sich um folgende Bereiche:

Die **Allgemeine Staatslehre** hat den Staat schlechthin in allgemeiner Beziehung zum Gegenstand, das, worin die einzelnen Staaten ganz oder teilweise übereinstimmen, ihr insofern Gleiches oder Allgemeines. Dazu gehört nun aber auch die gekennzeichnete Staatsverfassung schlechthin in allgemeiner Hinsicht (o. 1). Hiermit bildet jedoch die Verfassungslehre einen *Teil* der Allgemeinen Staatslehre, freilich einen erheblich gründlicheren wie umfassenderen. Demgegenüber findet sich auf der einen Seite die Auffassung, daß „das Gebiet der *Verfassungslehre* als besonderer Zweig der Lehre des öffentlichen Rechts zu behandeln“ sei (SCHMITT, S. IX). Auf der anderen Seite kommt es indes der eigenen Ansicht nahe, daß „ein großer Teil der Universitäts-Vorlesungen über Allgemeine Staatslehre (Politik) in Wahrheit Verfassungslehre sein“ dürfte (S. X). Nur ist diese Auffassung mit der ersten unvereinbar. Der eigenen Ansicht entspricht es dagegen ganz, wenn die „Verfassungslehre“ als „Aufgabe ..., Wesen und Bedeutung der Verfassung im Rahmen des ... Ordnungssystems einer Allgemeinen Staatslehre zu erfassen“, verstanden wird (LOEWENSTEIN, S. III), kurz, als der Allgemeinen Staatslehre „einzuordnen“ (a.a.O.).

Die **Politische Wissenschaft (Politikwissenschaft oder Politologie)** hat – gleich, was sonst noch zu ihren Gegenständen zählt – auch die *Verfassungstheorie* zum Gegenstand. Damit ist es aber eindeutig, daß Verfassungstheorie und Verfassungslehre *dasselbe* sind und letztere – sei es im Rahmen der Allgemeinen Staatslehre oder für sich – einen *Teil* der Politischen Wissenschaft abgibt. Diese bildet hiernach etwas *noch Umfassenderes* als die Allgemeine Staatslehre. Nur insoweit ist es zutreffend, wenn bezüglich beider auf die *„Allgemeine Staatslehre* (Politikwissenschaft)“ abgehoben wird (ZIPPELIUS, 9., Titelblatt) oder – weniger deutlich – auf die „Allgemeine Staatslehre (Politik)“ (o.: SCHMITT). Soweit die **Politischen Wissenschaften** gegenüber der Politischen Wissenschaft *weiter* begriffen werden, nämlich als *sämtliche* Wissenschaften vom Staate, sind sie dasselbe wie die **Gesamte Staatswissenschaft,** unter Einschluß z. B. noch der Politischen Geographie und der Wirtschaftswissenschaften. Und hiermit stellt die Verfassungslehre gleichfalls insofern einen *Teil* dar, allerdings von etwas *nochmals Umfassenderem*. Der Ausdruck ‚politisch‘ besitzt eben in den Verbindungen ‚Politische Wissenschaft(en)‘ noch die *ursprüngliche* Bedeutung: was den *Staat betrifft*. Wie griechisch πολιτικός (politikós) ja auch vor allem „den Staat“ – die πολιτεία (politeía) – „betreffend“ bedeutet (BENSELER-AUTENRIETH, S. 697 l., Wort: „πολιτικός“, 2 a) und also desgleichen seine Verfassung betreffend; ja, wie πολιτεία darüber hinaus sogar *„Staatsverfassung“* bedeutet (a.a.O., S. 696 r., Wort: „πολιτεία“, 3) und so geradezu den Gegenstand dieser Arbeit.

Innerhalb der **Rechtswissenschaft** zählt die Verfassungslehre nach dem, was zu Gegenstand und Aufgabe gesagt wurde (o. 1), offensichtlich *nicht* zu den Fächern des *Privatrechts*. Sie zählt danach aber gleichfalls *nicht* zu denen des *Öffentlichen Rechts*. Das wird anders gesehen mit der im wesentlichen schon wiedergegebenen Meinung „von der Verfassungslehre als einem selbständigen, für sich zu behandelnden Gebiet des öffentlichen Rechts“ (SCHMITT, S. X, auch o.). Allein – selbst wenn man sogleich das Öffentliche Recht – unter Auslassung etwa des Straf- und Verfahrensrechts – auf das in *engerem* Sinne einschränkt: das Staats- und Verwaltungsrecht, und zwar als jeweils geltendes, in Kraft stehendes, eines *bestimmten* Staates, so ergibt sich doch: Gerade hiermit deckt sich der Gegenstand der Verfassungslehre: die Staatsverfassung schlechthin in allgemeiner Beziehung (o. 1), eindeutig *nicht.* Wie diese ja auch *geschichtliche,* folglich nicht mehr geltende Verfassungen voraussetzt. Dem entspricht, daß sich die Verfassungslehre im Hinblick auf die Staatsrechtslehre, *den* Teil des hier in Betracht kommenden Öffentlichen Rechts, als bestimmte *Verständnisvoraussetzung* herausstellte (o. 2). Diese Tatsachen haben nun jedoch zur Folge, daß die **Verfassungslehre** im Rahmen der Rechtswissenschaft zu den **Grundlagenfächern** gehört, beispielsweise noch neben der Rechtsphilosophie.

Was sodann die **Abgrenzung** anlangt, so handelt es sich um folgende Wissenschaftsbereiche:

Das **Allgemeine Staatsrecht** oder – richtig – die **Allgemeine Staatsrechtslehre** oder **-wissenschaft** hat das zu behandeln, worin eine unbestimmte Vielzahl von Staatsverfassungen – genau genommen: nur in Kraft stehender – ganz oder teils *übereinstimmt,* und das insoweit *Gleiche* als *Allgemeines* herauszustellen. Dies führt zu einer *merklichen Überschneidung* von Verfassungslehre als allgemeiner und Allgemeiner Staatsrechtslehre; zumindest insofern, als *beide* Lehren mit *Arten* der Verfassungen *Staatsformen* zum Gegenstand haben.

Die **Staatsphilosophie** hat insbesondere die Frage nach dem *entscheidenden Zweck* des Staates sowie damit die nach dem – diesem Zweck am meisten genügenden – *besten Staat* zu beantworten; folglich ebenfalls, ja, vor allem die nach der *besten Staatsverfassung* sowie die nach der *besten Verfassungsart* oder *Staatsform.* Derart liegt aber zwischen ihr und der Verfassungslehre, für die es darum *auch* geht, mehr, für die es, wie in der Staatsphilosophie, ebenfalls um die Staatsformen geht, sogar eine *erhebliche Überschneidung* vor.

Das **Staatsrecht** endlich oder – weil dieses ja nur der Gegenstand ist – richtig: die **Staatsrechtslehre** oder **-wissenschaft** bildet als Gegenstück zur *Allgemeinen* Staatslehre eine *besondere* Staatslehre. Wie sie als diese aber die geltende, in Kraft stehende, Verfassung irgendeines Staates behandelt, so gibt sie zugleich eine *besondere Verfassungslehre* ab. Damit stehen sich besondere und allgemeine Verfassungslehre gegenüber.

4. Zur Methode der Verfassungslehre

Die Methode ist zum einen als **Weg der Untersuchung** verstanden.

Vorweg erscheinen allein *zwei* Wege möglich: entweder **systematisch** vorzugehen, d. h. in einer Einheit, die – im Ausgang vom Grundlegendsten – das Mannigfaltige folgerichtig einerseits im Einzelnen erschließt sowie andererseits im Ganzen zusammenhält, oder mehr oder weniger **unsystematisch.**

Hier wird der *erste* Weg gegangen. Gerade er wird jedoch für nicht hinreichend gangbar gehalten, wenn es heißt, daß „wissenschaftliche Beschäftigung mit dem Staat" – also gleichfalls mit der Staatsverfassung – „kein geschlossenes System liefern" könne; und zwar deshalb, weil man „Immer wieder ... auch auf die Unvermeidlichkeit des Kompromisses" stoße, „darauf, daß viele Antinomien, die den Staat betreffen, sich nicht auflösen" ließen, „sondern der ‚Vermittelung'" bedürften; derart, daß nur „einzelne Erfahrungsgesetze, typische Strukturen und Polaritäten, Ordnungsbegriffe, Topoi" geliefert werden könnten (ZIPPELIUS, 1., S. VII; teils auch 9., S. VI). Indessen – die Lieferung eines geschlossenen Systems ist, wie die eigentlichen Ausführungen zeigen werden, der wissenschaftlichen Beschäftigung mit Staat und Staatsverfassung immerhin weitgehend möglich. Dem entspricht, daß andererseits ohne weiteres auf ein systematisches Vorgehen abgehoben wird (LOEWENSTEIN, S. IV: „systematisch unter einem einheitlichen Ordnungsgesichtspunkt"; SCHMITT, S. IX: „Versuch eines *Systems*", S. XI: „systematischer Rahmen"); gleich, wie man zum jeweiligen System steht.

Von hier aus ergibt sich für die Gliederung dies: Kein Verständnis der Staatsverfassung ohne das allgemeine des Staates; denn er ist es, der sie hat und damit bestimmt. Aber auch kein Verständnis der Staatsverfassung ohne das besondere der Staatsordnung; denn in ihr hat sie ihren Platz. Daher dreht es sich in einem ersten, grundlegenden Abschnitt um den **Staat** und die **Staatsordnung.** Wie die Staatsverfassung nun näher einen *Ausschnitt* der Staatsordnung darstellt, so geht es im zweiten Abschnitt um diesen Teil als **Staatsgrundordnung.** Insoweit kommt es auf ihr allgemeinstes Wesen an, d. h. als festen, unveränderlichen Inhalt jeder Verfassung. Ein Inhalt, der in dieser Unveränderlichkeit die Staatsverfassung erst zu einer solchen macht, sie begründet (konstituiert). Und wie die Staatsverfassung sich stets in einer bestimmten Gestalt befindet, so handelt es sich im dritten Abschnitt um die **Verfassungsarten** als **Staatsformen.** Insofern kommt es auf ihr weniger allgemeines Wesen an, und zwar als unfesten, veränderlichen Inhalt jeder Verfassung. Ein Inhalt, der in dieser Veränderlichkeit die Staatsverfassung gleichfalls erst zu einer solchen macht, sie begründet. Da der veränderliche Inhalt im unveränderlichen besteht, geben beide, miteinander verwoben, eine untrennbare Einheit ab; eine Einheit, die zwar *theoretisch,* zum Zwecke des Verständnisses, aber *nicht praktisch,* zur Gewinnung von Teilen, getrennt werden kann.

Zum anderen ist die Methode noch als durchgehende **Verfahrensart** begriffen.

Das, was die Staatsverfassung in ihren beiden Inhalten *ist* und, soweit mit ihnen jeweils berücksichtigt, *sein soll,* ist als jeweilig Gegebenes lediglich *feststellbar:* das erste als Wirkliches, das zweite, wenn nicht ebenfalls als Wirkliches, so doch als Mögliches. Beides in Bezug auf Vergangenheit und Gegenwart. Hiernach ist die Verfahrensart jedoch **empirisch,** das besagt: auf **Erfahrung** beruhend. Dabei ist allerdings Erfahrung keineswegs bloß als *sinnliche Erkenntnis* verstanden, d. h. als solche mit Hilfe der Sinne, vielmehr darüber hinaus desgleichen als *unsinnliche,* d. h. ohne ihre Hilfe. Letzteres schon angesichts des Ordnungswesens jeder Verfassung, das nun einmal weder sichtbar, hörbar usw. ist und dennoch erkennbar.

Erster Abschnitt
Staat und Staatsordnung

Versucht man, sich irgendeinen Staat *ohne* seine Verfassung vorzustellen, z. B. die Vereinigten Staaten von Amerika jedenfalls ohne ihre Verfassungsurkunde von 1787 in ihren Verfassungsnormen samt den ihnen entsprechenden tatsächlichen Einrichtungen – den Kongreß mit Senat und Repräsentantenhaus, den Präsidenten usf. –, so ist das Ergebnis nicht etwa ein *verfassungsloser Staat,* sondern *kein* Staat mehr, d. h. *keine* Vereinigten Staaten. Insofern, und zwar noch ohne Rücksicht auf den näheren Inhalt einer Verfassung, ist eben **jeder Staat Verfassungsstaat.** Daß die *Einzelstaaten* des Beispiels – New York, Kalifornien usf. – als nunmehr selbständige weiter bestünden, besagt gegen den Fortfall des *Gesamtstaates,* des Bundesstaates, nichts. Dies heißt nun aber: Gibt es keinen Staat ohne Verfassung, so muß diese, den Staat mit aufbauend, entweder *selber* eine *Staatsbedingung* sein oder der *Teil* einer solchen. Dies festzustellen, ist zunächst auf die *Staatsbedingungen im allgemeinen* einzugehen und sodann, weil als ‚Sitz' der Staatsverfassung allein die Staatsordnung in Frage kommt, auf sie als *Staatsbedingung im besonderen.*

A. Die Staatsbedingungen im allgemeinen: der Staat

Zuerst sei die eigene Auffassung zu beiden entwickelt, dann auf die Auffassungen anderer Verfasser zu ihnen eingegangen.

I. Staatsbedingungen und Staat

Die nähere Betrachtung einer Reihe von Gebilden, von denen feststeht, daß sie Staaten sind und somit Verfassungen haben – beispielshalber Kubas, Belgiens, Frankreichs, der Schweiz und Bayerns –, zu dem Zweck, herauszufinden, was sie *als* Staaten *übereinstimmen* läßt, ergibt als ihr Gemeinsames – trotz aller sonstigen Unterschiede – dies: Erstens ein geschlossenes oder nicht geschlossenes *Gebiet,* innerhalb dessen der jeweilige Staat besteht: das **Staatsgebiet.** Zweitens eine *Bevölkerung,* die – gleich, welche Stellung ihre Menschen jeweils innehaben, und ob sie zu *einem* Volk zählen oder nicht – *zum* Staate *gehört:* das **Staatsvolk** (die Staatszu- oder -angehörigen). Drittens einen *Teil* dieser Bevölkerung, der – ob ursprünglich aus ihr oder von außen kommend – im jeweiligen Staat die *Führung* darstellt: die **Staatsführung.** Viertens eine zumal die Bevölkerung, also Geführte und Führende, des jeweiligen Staates umfassende *Ordnung:* die **Staatsordnung.** Fünftens ein gewisses *Verhalten* der Staatsführung, das Führungsverhalten, mit *Wirkung für* den Staat: das sog. **Staatsverhalten.** Und sechstens eine – wenn nicht unbeschränkte (absolute), so doch beschränkte (relative) – *Unabhängigkeit* der jeweiligen Staatsführung von anderen – inner- oder außerstaatlichen – Führungen mit *Wirkung* wieder *für* den Staat: die sog. **Staatsunabhängigkeit.** Mag daher von den erwähnten Staaten Kuba ein sozialistischer Staat sein, Belgien einen König zum Staatsoberhaupt haben, Frankreich ein Einheitsstaat sein, die Schweiz ein Bundesstaat und Bayern der Gliedstaat eines Bundesstaates, – sie alle stimmen trotzdem in den genannten Gegenständen als ihrem Gemeinsamen überein. Das macht ihr Gleiches, Allgemeines.

Jene Gegenstände bilden nun aber nicht nur das Gemeinsame der *erwähnten* Staaten, sondern das *aller;* wie unterschiedlich auch diese sonst sein mögen oder sein mochten. Für gegenwärtige denke man etwa noch an die Türkei, Österreich, an China und an den Iran. Und für vergangene denke man beispielshalber an die attische Polis, die – indem sie ebenfalls die genannten Gegenstände aufwies – nicht weniger Staat war als die bisher angeführten Gebilde. Nichts anderes gilt offenbar vom Römischen Reich und vom mittelalterlichen Deutschen Reich. Daß es „zweifelhaft" sei, „ob ... das ‚Heilige Römische Reich Deutscher Nation' als ein Staat anzusehen ist" (NAWIASKY, Staatsgesellschaftslehre, II, S. 165 f.), ist hiermit nicht haltbar. Die Begründung: der Anspruch auf „Einmaligkeit und Alleinherrschaft" sowie „das Lehnsprinzip" im „Herrschaftsaufbau" (S. 166), steht außerhalb der wiedergegebenen Sache. Daß aber mit den festgestellten Gegenständen desgleichen Großbritannien, dem die Staatlichkeit „bis weit in das 20. Jahrhundert hinein" abgesprochen wird (KRÜGER: o. Einführung, 1), gleichfalls lange vorher bereits ein Staat war, ist eindeutig.

So läßt sich sagen: Gebiet, Bevölkerung, Führung, Ordnung, ein gewisses Verhalten der Führung und eine bestimmte Unabhängigkeit der Führung sind die *sechs Bedingungen,* die gegeben sein müssen, damit ein *Staat* vorliegt. Dabei ist das Gebiet eine *äußere* Bedingung, während Bevölkerung, Führung, Ordnung, Führungsverhalten und Führungsunabhängigkeit *innere* Bedingungen sind. Auch die Unabhängigkeit von außen besteht im Innern.

Die Begründung ist näher folgende: Innerhalb eines – wesentlich festen – *Gebietes* wird seine – wesentlich ansässige – *Bevölkerung,* indem die Geführten – mehr oder weniger frei bzw. freiwillig – ihrer *Führung* folgen, durch diese, und zwar mittels der *Ordnung* und des führenden *Verhaltens,* zu einer **Einheit** *verbunden:* einem **Verband,** dem über die Führung eine gewisse *Unabhängigkeit* zukommt. Hierbei gibt nun jedoch der Verband keineswegs etwas zu den Bedingungen Hinzukommendes und insofern Neues ab. Vielmehr stellt er lediglich den Ausdruck *einer* Bedingung dar: der *Ordnung.* Dies außerdem so, daß die Ordnung mit dem Gebiet und der Bevölkerung nicht nur auch ihre Führung, sondern mit dieser ebenfalls deren Verhalten, ja, desgleichen ihre Unabhängigkeit erfaßt: Die Ordnung ergreift alles Übrige. Ein Verband-von-Menschen-Sein heißt eben ihr, der Menschen, auf bestimmte Weise *Geordnetsein;* und ein *Staats*verband-von-Menschen-Sein heißt ihr bisher *gekennzeichnetes* Geordnetsein.

Wenn übrigens die **Anerkennung** als Staat, und zwar von außen wie von innen, unerwähnt blieb, dann deshalb, weil sie *keine Staatsbedingung* ist. Jede Anerkennung – aber gleichfalls **Nichtanerkennung** – setzt das Anerkannte – bzw. Nichtanerkannte – offensichtlich als bestehend voraus. Dies mit der Folge, daß ein bestehender Staat durch Nichtanerkennung kein Nichtstaat wird und ein Nichtstaat durch Anerkennung kein Staat. Und wenn nicht von **ungeteilter Führung** die Rede war, dann deswegen, weil auch eine **geteilte Führung** möglich ist, z. B. in einem Bundesstaat (u. 3. Abschn., B II 1). Auf andere scheinbare Wesenszüge des Staates, wie etwa die **Souveränität,** wird bei einschlägiger Gelegenheit eingegangen.

Von hier aus ist folgende **Gegenstandsbestimmung des Staates** möglich: Staat ist die Bevölkerung, die in einem Gebiet von ihrer Führung, und zwar mittels einer umfassenden Ordnung und eines führenden Verhaltens, zu einer mehr oder weniger unabhängigen Einheit als Verband zusammengefaßt wird.

Mit dieser Definition ist es nicht zutreffend, daß die griechische Polis „im Unterschied zu unseren heutigen Staatsvorstellungen ein Personalverband" war, während der „moderne Staat ... die politische Organisation eines bestimmten Territoriums" ist (so indes MEYER, S. 68). Genauso nämlich, wie der heutige Staat ein gewisser **Personalverband** in einem bestimmten Raum ist und insoweit zugleich ein bestimmter **Gebietsverband,** ebenso war die griechische Polis in ihrem Raum ein Personal- und Gebietsverband. Letzteres wird denn auch damit eingeräumt, daß „selbstverständlich ein bestimmtes Territorium für die Existenz eines Staates" „notwendig" ist (a.a.O.; auch S. 70). Daß es kein „notwendiger Bestandteil des" – subjektiven – „Begriffes ‚Staat' im klassischen griechischen Sinne" war (a.a.O.), ist für das Territorium als notwendigen Bestandteil des – objektiven – Staates ersichtlich gleichgültig.

Der Staat als der gekennzeichnete Verband ist nun dasselbe wie eine **Körperschaft.** Das bedeutet aber: Er ist nicht das eine *bzw.* das andere, d. h. in *verschiedener* Hinsicht, sondern er ist das eine *als* das andere, *ohne* irgendeine Hinsicht. Zwischen Menschenverband und Körperschaft besteht kein Unterschied. Ob daher Verband oder Körperschaft, – als ein jedes ist der Staat – auf sogleich zu klärende Weise – Träger von Rechten und Pflichten und damit ein Rechts- und Pflichtsubjekt, sog. juristische Person, und nicht etwa bloß als Körperschaft. Danach ist die hier vertretene **Staatsauffassung monistisch.**

Daß nun der Staat **Rechts- und Pflichtsubjekt** oder **juristische Person** ist, besagt nicht, daß er ein *wirkliches (reales)* Subjekt sei oder eine derartige Person, sondern lediglich, daß er ein *vorgestelltes (fingiertes)* Subjekt ist oder eine derartige Person. Es ist so, *als ob* er das eine oder andere als wirkliches sei. *Wirklicher* Träger von Rechten und Pflichten kann eben allein die – als solche – *natürliche* Person sein. Demgemäß wäre der Ausdruck ‚*künstliche* Person' gegenüber dem nichtssagenden ‚juristische Person' der bessere. Denn was ist an einer solchen Person, gleich, in welcher Beziehung, *juristisch?* Nichts. Trotzdem hat, von letzterem abgesehen, die Fiktion des Staates als des genannten Trägers ihren zureichenden Sinn. Er besteht darin, in *zweckmäßiger Vereinfachung* lediglich den *Wirkungsbereich* darzutun, in dem bestimmte Menschen, also natürliche Personen, für diesen Bereich, hier den Staat, in seinen Menschen Rechte und Pflichten haben und mit Wirkung für sie ausüben oder nicht. Es geht also im Verband oder in der Körperschaft des Staates im Grunde nicht um Rechte und Pflichten des *Staates,* die somit *er* besäße und ausübte oder nicht; vielmehr geht es um die der in ihm *Führenden,* die mithin *sie* innehaben und ausüben oder nicht, und zwar mit *Wirkung für* die in ihm *Geführten.* Wollte man dies zusammenfassend kennzeichnen, so wäre es als – die **Fiktionstheorie** (u. II: WINDSCHEID) erklärende – **Wirkungstheorie** zu bezeichnen. Darauf, daß und wie dies auf *andere* juristische Personen erstreckt werden kann, z. B. eine sog. rechtsfähige Stiftung, kommt es hier nicht weiter an. Die *Wirkung-für* äußert sich näher stets in einem *Betroffensein* der Bereichsmenschen, sei es zu ihren Gunsten, sei es zu ihren Ungunsten. Dabei gehören zu diesen Menschen auch die Führenden, wenn und soweit sie ebenfalls Geführte sind. Wie übrigens keineswegs immer die Gesamtheit der Bereichsmenschen betroffen ist, sondern in sehr vielen Fällen lediglich Teile, selbst der Führung, so ist noch zwischen einer *gänzlichen* und *teilweisen* Wirkung-für zu unterscheiden. Die *Geltung* als *Inkraftstehen* stellt kein Betroffensein dar, vielmehr allein, staatlichen Normen zukommend, die Voraussetzung dafür.

Staatsbedingungen und Staat bilden insofern etwas *Subjektives,* d.h. durch das Subjekt Bedingtes, als es sie eben ohne das menschliche Subjekt nicht gäbe. Das gilt im Einzelnen offenbar nicht nur für das Staatsvolk, die Staatsführung, das Staatsverhalten, die Staatsordnung und die Staatsunabhängigkeit; vielmehr gilt es auch, wenngleich nicht offenbar, für das Staatsgebiet. Denn ohne den Staatsverband als gewissen Menschenverband wäre es bloß *Gebiet,* nicht aber *Staats*gebiet. In dieser Beziehung: auf die Subjektivität der Staatsbedingungen und des Staates, ist daher nur ein **Subjektivismus** zutreffend. Dennoch sind Staatsbedingungen und Staat in anderer Hinsicht etwas *Objektives,* d.h. nicht durch das Subjekt Bedingtes. Das ist insofern der Fall, als sie außerhalb des Bewußtseins der – zu einem Staate zählenden oder nicht zählenden – erkennenden Menschen stehende Gegenstände darstellen. Das bedeutet: Sie sind in ihrem Sein nicht auch insoweit subjektiv, durch das Subjekt bedingt, als sie lediglich im Bewußtsein der sie erkennenden und also vorstellenden Menschen bestünden. In dieser Beziehung: auf die Objektivität der Staatsbedingungen und des Staates, ist sohin einzig ein **Objektivismus** zutreffend. Wäre es anders, so ergäbe sich: Wenn allein wenige Menschen oder sogar keine seine Bedingungen und so keinen Staat vorstellten, dann wären beide auch nur auf geringe bzw. gar keine Weise vorhanden: ein Unding. Hinzu tritt, daß – obschon viele Menschen, zumal Kinder, aber gleichfalls Geisteskranke, nicht in der Lage sind, beide zu erkennen – sie dennoch völlig unberührt davon bestehen. Als in dieser Hinsicht objektive, sind Staatsbedingungen und Staat überdies *real (wirklich)* und *nicht ideal (bloß im Bewußtsein).* D.h., sie werden in der Erkenntnis nur *hingenommen:* **erkenntnistheoretischer Realismus;** *nicht* hingegen werden sie in ihr *hervorgebracht:* **erkenntnistheoretischer Idealismus.**

Nun gibt es – einer geläufigen Ausdrucksweise gemäß – außer dem bisher geschilderten Staat noch einen *anderen.* Nur der erste Staat ist gemeint, wenn beispielsweise von der *Staatsangehörigkeit* die Rede ist oder noch von dem *Bündnisvertrag* eines *Staates.* Denn die Angehörigkeit ist die Gliedschaft *im Verband;* und der Bündnisvertrag wird zwar durch die Führung geschlossen, doch mit Wirkung *für* den *Verband.* Bloß der zweite Staat ist gemeint, wenn etwa von *Rechten* eines Staatsangehörigen *gegen* seinen *Staat* die Rede ist oder noch davon, daß er den *Staat verklagt.* Denn beides richtet sich nicht gegen den Staat als Verband – mag es auch formell wie nominal so geregelt sein –, sondern gegen den Staat als *Staatsführung* – wenngleich materiell wie real nur in einem ihrer Teile. Das Verhältnis beider Staaten zueinander ist folgendes: Der erste als umfassender **Verband** ist der **Staat im eigentlichen Sinn** oder der eigentliche, der zweite als umfaßte **Staatsführung** der **im uneigentlichen Sinn** oder der uneigentliche. Zwar könnte man ersteren auch als *weiteren* Staat bezeichnen und letzteren als *engeren;* aber die Staats*führung* ist nun einmal als *Teil* des Staatsverbandes nicht *gleich* Staat, sondern das ist einzig der Staats*verband* als das *Ganze.* Und dies drücken am besten die Wörter ‚uneigentlicher Staat' für die Führung und ‚eigentlicher Staat' für den Verband aus. Der Unterscheidung dieser beiden Staaten kommt im Weiteren eine besondere Tragweite zu.

II. Staatsbedingungen und Staat in anderen Auffassungen

Der Meinung: „Eine zeitlos gültige Definition des Staates gibt es nicht" (SMEND, Staat, S.519, 1), ist nach den obigen Ausführungen ebensowenig zuzustimmen wie der, „daß es keinen ein für allemal gültigen Staat", d.h. gültig bestimmten, „geben kann" (LOEWENSTEIN, S.V). Auch nicht der weiteren Meinung, daß es

„keinen Sinn“ habe, „den Staat *definieren* zu wollen“, da man „Gemeinschaften und Lebensordnungen“ nur „*charakterisieren*“ könne (v. HIPPEL, Staatslehre, S.213). All das gilt ebenfalls, die Staatsbedingungen betreffend; denn sie begründen ja den Staat. Mit solchen Verzichten bleibt ungeklärt, *wem* genau die Staatsverfassung zukommt und folglich letztlich auch, was sie *ist*. Das gilt nicht minder, wenn der „Staat“ lediglich „als politische Einheit“ begriffen wird (SCHMITT, S. 3). Daß es außerdem nichtssagend ist, zeigt noch dies: „Staat und Staatsgewalt sind dasselbe“ (S. 89f.). Denn offensichtlich *hat* der Staat, d.h. genau: seine Führung, nur Staatsgewalt, *ist* sie indes *nicht*. Daß es „keinen Staat ohne Staatsgewalt und keine Staatsgewalt ohne Staat“ gibt (S. 90), ändert daran ersichtlich nichts. Auch wird sich die Staatsgewalt als etwas ganz anderes herausstellen (u. B I 1).

Damit, daß es im Staatsvolk einen führenden Teil und einen geführten gibt, bestehen insofern folgende allgemeine Möglichkeiten des Staatsverständnisses: Entweder wird der Staat irgendwie mit der *Führung* verbunden: Er ist *Subjekt; die Geführten* sind von ihm *ausgeschlossen*. Da die irgendwie begriffene Führung *herrscht*, läßt sich insoweit, außer von **Subjekt-**, auch von **Herrschertheorie** sprechen. Oder der Staat wird auf irgendeine Weise mit den *Geführten* verbunden: Er ist *Objekt; die Führung* ist von ihm *ausgeschlossen*. Da die auf irgendeine Weise begriffenen Geführten *beherrscht* sind, läßt sich insofern, außer von **Objekt-**, ebenfalls von **Beherrschtentheorie** reden. Auf Verwirklichungen dieser zwei möglichen Staatsverständnisse kommt es hier, gleich, wie sie aussehen, wegen der offensichtlichen Abwegigkeit beider nicht an. Man denke nur, was die Subjekt- oder Herrschertheorie anlangt, an das sinnlose, LUDWIG XIV. zugeschriebene Wort: ‚L'État c'est moi.‘ (‚Der Staat bin ich.‘). Daher handelt es sich um andere Verständnisse.

Was dazu als erstes die **Staatsbedingungen** betrifft, so dreht es sich zum einen um die sog. **Drei-Elemente-Lehre.** Sie wird zumal vertreten, wenn – in Darstellung „*der Elemente des Staates*“ (JELLINEK, G., S. 394) – auf „1. *Das Staatsgebiet*“ (S. 394ff.), „2. *Das Staatsvolk*“ (S. 406ff.) sowie „3. *Die Staatsgewalt*“ (S. 427ff.) eingegangen wird (auch KOELLREUTTER, S. 18). An dieser Theorie ist vor allem unrichtig, daß an Stelle der Staats*führung* auf die Staats*gewalt* abgestellt wird; und daß die *übrigen* Bedingungen: *Staatsordnung, -verhalten* und *-unabhängigkeit, ungenannt* sind. Einerseits nämlich hängt die Staatsgewalt oder – in gleicher Bedeutung – die Staatsmacht nicht in der Luft, sondern kommt dem Staat in Gestalt seiner Führung zu, nicht aber des Verbandes: wie gezeigt, dem *uneigentlichen*, nicht dem *eigentlichen* Staat. Die **Staatsgewalt** ist **Staatsführungs-, nicht Staatsverbandsgewalt.** Insgesamt gehört so an die Stelle der genannten „*Staatsgewalt*“ als dritten Elementes die *Staatsführung*. Und wie zu ihr die Gewalt *gehört*, so ist diese *keine eigene* Staatsbedingung. Mit den ungenannten drei Staatsbedingungen fehlt es zwar insbesondere an jener, die, wie gesagt, zur *Staatsverfassung* führt: der *Staatsordnung*. Doch bedeutet das Fehlen nicht gleich, daß von den Vertretern der Drei-Elemente-Lehre die Staatsordnung – sowie das Staatsverhalten und die Staatsunabhängigkeit – nicht in der *Sache* berücksichtigt seien; vielmehr einzig, daß sie es nicht als *Staatsbedingungen* sind. So ist bei JELLINEK z.B. von der „Ordnung“ jedes dauernden Verbandes als „*Verfassung*“ die Rede, derart, daß „jeder Staat eine Verfassung“ hat (S. 505). Freilich ist, wie noch zu zeigen, die Ordnung eines Staates viel weiter als seine Verfassung als Staatsgrundordnung (u. 2. Abschn., A und C I 1). – Von hier aus stellt es zwar einen *Fortschritt* dar, wenn – um das Wort ‚Element‘ beizubehalten

– in einer **Vier-Elemente-Lehre** zu den schon angeführten dreien als viertes noch deren „äußere Ordnung" hinzugefügt wird; auch diese allerdings viel zu weit als „*Staatsverfassung*" begriffen (KÜCHENHOFF-KÜCHENHOFF, S. 21, 4). Aber statt auf die Staatsführung ist bloß wieder auf die in der Luft hängende „*Staatsgewalt*" abgehoben (a.a.O., 3); und die Bedingungen des Staatsverhaltens wie der -unabhängigkeit sind erneut ungenannt.

Was als zweites den **Staat** angeht, so findet sich statt der eigenen, *monistischen* eine verbreitete **dualistische Staatsanschauung.** Danach bestehen der „*soziale Staatsbegriff*" und der „*juristische Staatsbegriff*" (JELLINEK, G., S. 174, 1, S. 182, 2). Im Sinne des ersteren wird nun der „*Staat*" als „*die mit ursprünglicher Herrschermacht ausgerüstete Verbandseinheit seßhafter Menschen*" bestimmt (S. 180 f.). Und in der Bedeutung des letzteren ist er als „*die mit ursprünglicher Herrschermacht ausgerüstete Körperschaft eines seßhaften Volkes*" bestimmt (S. 183) (beides ähnlich bei den zwei KÜCHENHOFF, S. 21, 4, S. 22). Hierzu gilt vor allem: Für eine derartige Unterscheidung besteht kein Grund. Stellt man nämlich auf das Entscheidende ab, so ist der einzige Unterschied zwischen den beiden Bestimmungen der, daß in der ersten von „*Verbandseinheit*" und in der zweiten von „*Körperschaft*" die Rede ist. Indes – ob Staat als Verband(seinheit) oder Staat als Körperschaft, beide sind – wie gezeigt (o. I) – *dasselbe.* Zwischen ihnen dennoch den Unterschied zu machen, daß nicht der Staat als Verbandseinheit, vielmehr als Körperschaft „*Rechtssubjekt*" sei, „juristische Persönlichkeit" oder „Person" (JELLINEK, S. 183), geht über Worte nicht hinaus. – Übrigens zählt die *ursprüngliche* „*Herrschermacht*" *nicht wesenhaft* zum Staate. D. h., sie *kann* zwar zu ihm gehören, *muß* es aber *nicht.* Anders gesagt: Gleichfalls ein Gebilde mit nur *abgeleiteter* Herrschermacht, das jedoch die Staatsbedingungen erfüllt, ist ein Staat. So etwa die Bundesrepublik Deutschland. Denn ihre Verfassung vom 23. 5. 1949 wurde zuvor durch Zif. 2 GenehmigungsSchr. MG, 1949, d. h. im Ergebnis: durch Großbritannien, Frankreich und die Vereinigten Staaten von Amerika, genehmigt (mehr u. 3. Abschn., A III 1 b). Daß die „Staatsgewalt ... stets Herrschaftsmacht aus eigener Machtvollkommenheit" sei, „von keiner anderen irdischen Gewalt abgeleitet" (KÜCHENHOFF-KÜCHENHOFF, S. 21, 3), ist hiernach unzutreffend. Man denke insoweit ebenfalls an die frühere Deutsche Demokratische Republik, die, von der Sowjet-Union 1949 ermöglicht, zwar gleicherweise keine ursprüngliche Herrschaftsmacht besaß, aber trotzdem Staat war. Ferner ist es nicht richtig, daß ein „Staat" zwar „*geschichtlich* durch einen anderen gebildet werden" könne, „*rechtlich*" dagegen „seine Gewalt immer nur durch sich selbst" habe (so aber JELLINEK, S. 181, Anm. 1). Gleich nämlich, was unter ‚rechtlich' verstanden wird (u. 2. Abschn., D) – für eine ursprüngliche oder abgeleitete Herrschaftsmacht besagt es nichts: Kein ‚rechtlich' vermag eben eine geschichtliche Tatsache – und nur um eine solche geht es – zu beseitigen. – Wenn die beiden KÜCHENHOFF noch auf die „*Seßhaftigkeit*" *verzichten,* dann deshalb, weil diese „kein Merkmal ... des Staatsvolkes" sei (S. 21, 2). Doch einzig *Stämme* oder noch – in gleicher Bedeutung – *Völker,* nicht hingegen *Staats*völker, können unseßhaft sein, d. h. jedenfalls: nicht wesentlich.

Es gibt sogar eine **trialistische Staatsauffassung.** Unter der Überschrift: „*Die drei Staatsbegriffe*" (NAWIASKY, Grundlegung, S. 30), ist der erste „*Der Staat als Idee*" (S. 30 ff.), verstanden als „Inhalt unserer Vorstellung von dem *staatlichen Sein*" (S. 30, 2); der zweite ist „*Der Staat als soziale Tatsache*" (S. 40 ff.), begriffen als „*Verwirklichung der Idee des Staates durch einen Kreis von Menschen*" (S. 47); und der dritte ist „*Der Staat als Rechtsbegriff*" (S. 49 ff.), aufgefaßt als

„menschlicher Verband", *„der seinen Gliedern das zur Erreichung"* seiner *„Gemeinschaftszwecke"* *„erforderliche Verhalten unter Zwangssanktion vorschreibt"* (S. 59). Das ist, wie folgt, zusammengefügt: Der „Staat" ist „als Idee eine" bestimmte „Gemeinschaft mit umfassenden weltlichen Zwecken, als soziale Tatsache ein" bestimmter „Verband, der durch die Vorstellung dieser Gemeinschaft zusammengefaßt wird", und „als rechtliche Erscheinung derselbe soziale Verband ..., sofern er seinen Gliedern die Verwirklichung der Gemeinschaftszwecke unter Zwangssanktion vorschreibt" (S. 60, 8). Hinzu kommt aber, alles übergreifend, noch dies: Es ist *„unsere Beobachtung* ..., die gewisse physo-psychische Einzelwesen in Zusammenhang bringt": die „Zusammenfassung *durch den Beobachter"* (S. 24). Und das geschieht nun so, daß die „dem Staat" in seiner nur *ideellen „Realität"* „zugerechneten Einzelmenschen ... durch den Beobachter zur Einheit des Staates zusammengefaßt werden" (Staatsgesellschaftslehre, I, S. 2). Zu alledem nur Folgendes: Der *„Staat als Idee"* ist *kein Staat,* sondern – wie eingeräumt – bloß eine Vorstellung *vom* Staat. Außerdem besteht diese Vorstellung allein, wenn und soweit Menschen sie *haben,* nicht aber, wenn und soweit sie es *nicht* tun, z. B. Schlafende, Kinder und Geisteskranke. Ob weiter *„Staat als soziale Tatsache"* oder *„als Rechtsbegriff",* beide sind – wie gleichfalls eingeräumt – „derselbe soziale Verband", und zwar derselbe in seinem Sein wie Vorschreiben. Hierbei hat aber noch das Vorschreiben eines Verhaltens *„unter Zwangssanktion"* wesenhaft nichts mit einem *Rechts*begriff ‚Staat' zu tun, da der Staat bekanntlich auch *Unrecht* vorschreiben kann. Und wie sollte es schließlich den Staat – erst – mit der „Zusammenfassung" seiner Menschen *„durch den Beobachter"* geben? Der Staat, völlig unberührt davon bestehend, spottet jeder ihn erst zur Entstehung bringenden Beobachtung.

Die **monistischen Anschauungen** vom Staat überwiegen. Aus ihnen seien einige von besonderer Bedeutung angeführt.

Dazu gehört zuerst folgende, im Gegensatz zu einer zeitlos gültigen Definition des Staates (o.: SMEND) als zeitlich gültig vertretene: „Man mag ihn für die Gegenwart einigermaßen zutreffend als souveränes Gemeinwesen charakterisieren" (Staat, S. 519, 1). Die Besonderheit liegt hierbei darin, daß dem Staat **Souveränität** zukomme. Jedoch – ein Gebilde, das die Staatsbedingungen erfüllt, ist auch *ohne* Souveränität ein Staat. Diese – nach *innen* wie *außen* bestehende (sog. *staatsrechtliche* und *völkerrechtliche*) – *volle Unabhängigkeit* eines Staates als die seiner Führung zählt nicht wesenhaft zum Staat; d. h., sie *kann* wohl zu ihm gehören, *muß* es indes *nicht.* So sind beispielshalber zwar die Schweiz und die Vereinigten Staaten von Amerika souveräne Staaten, aber nicht etwa Appenzell-Innerrhoden als Staat im Rahmen der ersten und nicht z. B. Texas als Staat in dem der zweiten. Die Bundesstaatlichkeit schließt das aus (u. 3. Abschn., B II 1). Entsprechend wurde mit der Staatsbedingung der *Unabhängigkeit* nicht allein auf eine *uneingeschränkte* und damit *volle* abgestellt, sondern auch auf eine *eingeschränkte* und sohin *nicht volle.* Es ging, wie ausgeführt, lediglich um den „mehr oder weniger unabhängigen ... Verband" (o. I). Außer- wie innerstaatliche Bindungen einer souveränen Staatsführung stehen der Souveränität freilich nicht entgegen, wenn sie diese lösen kann, falls sie es will, z. B. eine bündnisvertragliche. All dem entspricht, daß andere Verfasser die Souveränität nicht wesenhaft zum Staate rechnen. Dies geschieht beispielsweise damit, daß sie zu den „unwesentlichen Eigenschaften der Staatsgewalt" gezählt wird (KÜCHENHOFF-KÜCHENHOFF, S. 86 II). Allerdings ist sie keine Eigenschaft der „Staatsgewalt", vielmehr eine solche der Staatsführung; und erst über diese – in ihrer Wirkung für den

Staat – ist sie eine solche des letzteren. Die Souveränität als *volle Unabhängigkeit des Staates:* **Staatssouveränität,** hat übrigens nichts mit der Souveränität als *oberster Gewalt im Staate:* **Organsouveränität,** zu tun. Doch zu dieser erst später (u. 3. Abschn., A, Eigene Einteilung). – Darüber hinaus weist SMENDS Staatsauffassung jedoch vor allem folgende Besonderheit auf: Die „Tatsächlichkeit des Staates" – so führt er aus – ist, „wie alle Realitäten des geistigen Lebens selbst fließendes Leben, also steter Erneuerung und Weiterführung bedürftig" (Verfassung, S. 134f.); wobei diese stetige „Selbsterneuerung" im „fortwährenden Neuerfassen und Zusammenfassen seiner Angehörigen" besteht (S. 135). Es ist ein „Prozeß beständiger Erneuerung, dauernden Neuerlebtwerdens" als „Kernvorgang des staatlichen Lebens", als „seine Kernsubstanz", sog. „Integration" (S. 136): **Integrations-Lehre.** So sehr damit seinerzeit (1928), was die stetige Erneuerung als fortwährendes Zusammenfassen der Staatsangehörigen betrifft, Erforderliches gegenüber der gekennzeichneten – statischen – Drei-Elemente-Lehre JELLINEKS und der noch zu kennzeichnenden – gleichfalls statischen – Normenordnungs-Lehre KELSENS gesagt wurde, so sehr ist es in der eigenen Staatsauffassung miterfaßt: darin, daß der Staat als „Bevölkerung ... von" der „Führung ... mittels einer umfassenden Ordnung und eines führenden Verhaltens ... zu" einem „Verband zusammengefaßt wird" (o. I). Diese Zusammenfassung stellt eben mit dem *Dauern* des Staates *nichts Einmaliges* dar, sondern *selbst etwas Dauerndes* (ferner u. 2. Abschn., C I 3). – Daß der „Staat ... von der Anerkennung der" ihm „Unterworfenen" lebe (SMEND, S. 156), ist freilich unzutreffend: Es gibt immer wieder ‚Unterworfene', die ihren Staat *nicht* anerkennen; und solche, die ihn – wie beispielshalber wieder Kinder und Geisteskranke – schon gar nicht anerkennen *können.* Außerdem kommt es, wie gezeigt, auf keinerlei Anerkennung an (o. I).

Dann gehören zu den genannten Anschauungen zwei, die sich zwar einerseits *ausschließen,* doch andererseits auf gewisse Weise *übereinstimmen.* Als erste die KELSENS: Für ihn ist der „Staat ... eine ideelle Ordnung, ein spezifisches Normensystem" (Staatslehre, S. 14), nämlich „das System der positiven Rechtsnormen" (S. 17): die *„Rechtsordnung"* (S. 16, § 5). Die besondere Bedeutung liegt diesmal darin, daß – unter Außerachtlassen aller übrigen Bedingungen – der Staat auf *eine* Bedingung *verengt* wird, die auf bestimmte Art normative Staatsordnung: **Normenordnungs-Lehre.** Allein – jeder Staat *hat* zwar seine Ordnung, er *ist* sie aber *nicht.* Entsprechend setzt die „Ordnung" als „System der positiven Rechtsnormen", d.h. der *gegebenen,* damit ein *Positivierendes, Gebendes,* voraus; und das ist eine Führung, die mit der Normenordnung *nicht den* Staat *schafft,* sondern bloß *zum* Staat, ihn aufbauend, *beiträgt.* Läßt man hier noch Begriffe wie ‚Rechtsnormen' und ‚Rechtsordnung' auf sich beruhen (dazu u. B II 1: auch KELSEN), so kann man die abgelehnte Auffassung näher als Staatstheorie der normativen Staatsordnung bezeichnen; jetzt noch gleich, ob sie diese Ordnung überhaupt zutreffend begreift (dazu a.a.O.). Als zweite die HELLERS: Nach ihm ist das „Genus proximum des Staates ... die Organisation", begriffen als „das zur Einheit der Entscheidung und Wirkung planmässig organisierte Handlungsgefüge"; und die „Differentia specifica allen andern Organisationen gegenüber" ist nach ihm „seine Eigenschaft der souveränen Gebietsherrschaft" (S. 237): **Handlungsordnungs-Lehre.** Ersteres so, daß die „Organisation als dauerndes Handlungsgefüge" zwar „ein Sinngefüge ‚Ordnung' " „hat" – nämlich als „Normzusammenhang" –, „aber kein solches" „ist", „sondern eine tatsächliche Ordnung" (S. 234). Mit der Integration SMENDS stimmt es dann noch überein, wenn auf „die gegenwärtige und ständig sich erneuernde Existenz“ des „Handlungsgefüges (Organisation)“ abgehoben ist (S. 231). Verweist man hierzu, was Souveränität und Integration anbelangt, auf das insoweit zu SMEND Ausgeführte zurück, so ist zum Übrigen zu sagen: Auch jetzt liegt die besondere Bedeutung wieder darin, daß der Staat – unter Außerachtlassung sämtlicher sonstigen Bedingungen – auf *eine* Bedingung *verengt* wird, die Staatsordnung; nur nicht als normative, sondern als bestimmt tatsächliche (faktische). Doch aufs neue gilt die Tatsache, daß jeder Staat zwar seine Ordnung *hat*, hingegen *nicht* sie *ist*. Demgemäß setzt die „Ordnung“ als „Handlungsgefüge“ ja ein *Handelndes* voraus; das ist wieder eine Führung, die mit dem Handlungsgefüge *keinen* Staat *schafft*, vielmehr *zum* Staat, ihn auch damit aufbauend, *beiträgt*. Die abgelehnte Auffassung läßt sich näher als Staatstheorie der faktischen Staatsordnung kennzeichnen; auch jetzt noch gleich, ob sie diese Ordnung überhaupt zutreffend versteht (dazu u. B II 1: HELLER). – Spricht letzterer nach allem richtig von „Kelsens Staatslehre ohne Staat“ (S. 198), so läßt sich das genauso von seiner Staatslehre sagen. Beide Lehren stimmen aber gleichfalls noch in etwas anderem überein: darin, daß ihr jeweiliger Staat *keine Bevölkerung, keine Menschen*, enthält. Daher wird es abgelehnt, daß das „Volk ... ein wesentliches Element des Staates“ sei (KELSEN, Staatslehre, S. 160, 1). Und daher wird gesagt, daß der „Staat“ „nicht das ‚Volk‘“ sei, ja, „nicht aus Menschen“ bestehe (HELLER, S. 237; als einer „Trivialität“ zustimmend SMEND, Verfassung, S. 198, Anm. 42). Hiermit ist aber die Bevölkerung nicht bloß als *irgendeine* Bedingung vom Wesen des Staates ausgeschlossen, vielmehr, da sie nach der Staatsdefinition (o. I) die *Grund*bedingung des Staates bildet, zugleich als seine *Haupt*bedingung. Ein Vergleich: Für KELSEN und HELLER bestünde ein Chor, der nach – von einigen seiner Mitglieder gesetzten – Noten singt, nicht aus singenden Menschen, sondern, was ersteren betrifft, aus der – normativen – Notenordnung und, was letzteren angeht, aus der – faktischen – Gesangsordnung, welche die Notenordnung als „Sinngefüge“ hat.

In der Folge HELLERS und somit wie dieser zu beurteilen steht ZIPPELIUS, der den *„Staat“* vorweg *„als rechtlich verfaßte Gemeinschaft“* versteht (9., S. 46, § 8). Dann führt er weiter aus: „Gemeinschaft überhaupt bildet sich als ein Gefüge sinnorientierten Verhaltens, speziell staatliche Gemeinschaft als rechtlich organisiertes Wirkungsgefüge. Ja, der Staat selbst ist nichts anderes als eine rechtlich organisierte Wirkungseinheit (Heller)“ (a.a.O.) (zum sog. ‚rechtlich‘ wieder u. 2. Abschn., D).

Ferner gehört zu den Anschauungen besonderer Bedeutung noch folgende: Sie läßt den Staat, nur als modernen verstanden (o. Einführung, 1: KRÜGER), erst einmal durch sein „Denken zur Existenz“ bringen (S. 185, § 15) und so „im Bewußtsein der Menschen beheimatet“ sein (S. 205, § 16). Dieses allein bewußtseinsinnere Gebilde ist nun erstens der *„Staat als Institution“* (S. 168 II), dies – im Gegensatz zum Mittelalter – als ‚Wesenszug‘ „des Modernen Staates“ aufgefaßt (S. 169). Und es ist zweitens der *„Staat als Repräsentation“* (S. 232), die *„Repräsentation als Weg zur Richtigkeit von Sein und Handeln des Staates“* begriffen (S. 238, 3); außerdem derart, daß „ein Zusammenhang zwischen Modernem Staat und Repräsentation“ bestehe (S. 234, § 18), so daß der „Verzicht auf Repräsentation“ gleich dem „auf Staatlichkeit“ sei (S. 233): **Institutions- und Repräsentations-Lehre.** Der Beschränkung des Staates auf das menschliche Bewußtsein entspricht hierbei, daß die „Institution ihrem Wesen nach eine ... Vorstellung“ sei (S. 176 c) und die *„Repräsentation“* eine *„Idee“* (S. 234, § 18), also gleichfalls eine Vorstellung. – Zum Staat als bewußtseinsinnerem Gebilde ist erst unten in Verbindung mit anderen, gleichgelagerten Beispielen einzugehen. Hiervon abgesehen, ist nun *jeder* Staat, also nicht bloß der moderne, eine Institution oder Einrichtung, und zwar als menschliche, d.h. von Menschen errichtete und zumal aus Menschen bestehende. Doch wie es *viele* solcher Einrichtungen *außer* dem Staat gibt, so besagt die Kennzeichnung des letzteren als einer Einrichtung für sein Verständnis nichts. Und daß die Repräsentation nicht zum Staate – auch nicht zum modernen – gehört, zeigt, daß ebenfalls jener Staat, der *keinen „Weg zur Richtigkeit von Sein und Handeln"* darstellt, ja, sogar einen solchen zur *Unrichtigkeit,* dennoch *Staat* ist. Der Staat ist folglich insoweit nicht als *seiender,* sondern als *seinsollender* aufgefaßt, d.h. so, wie sich KRÜGER das staatliche Seinsollen vorstellt. Insgesamt: Die Beschränkung der Staatlichkeit auf den modernen Staat erweist sich desgleichen mit dem Staatsverständnis KRÜGERS, insbesondere der Repräsentation, als unhaltbar (weiter noch u. 2. Abschn., C II: KRÜGER).

Ein nur scheinbar seinsollender Staat wird demgegenüber – in Beschränkung auf „das westliche Gesellschaftssystem" (ERMACORA, S. 262) – folgendermaßen vertreten: „‚Staat ist die Bezeichnung für jene vom Menschen durch Rechtsnormen zu einer effektiven regionalen Ordnung gefaßte Materie, die jedermann diskriminationslos ein menschenwürdiges Dasein gewährleisten und, in Koexistenz wie Koordination mit anderen, zur Gestaltung einer universellen Friedensordnung fähig sein und beitragen soll – oder – Staat ist die durch Recht originär gestaltete Materie'" (a.a.O.). Denn – ohne daß es auf Einzelnes hieraus ankäme – der Staat *soll* nur „‚gewährleisten'", „‚fähig sein' und ‚beitragen'". D.h. aber: Ist dies *nicht* der Fall, so bleibt er dennoch *Staat.* Es ist sonach lediglich der – nach ERMACORA gegebene – *Zweck* des Staates *mit* in das Staatsverständnis *aufgenommen.* „Nach wie vor ist" daher „der Staat gegenüber den anderen Staaten durch drei klassische Elemente klar abgegrenzt": „Raum, Volk und Gewalt" (S. 262f.). Wie hiermit jedoch die Ansicht von JELLINEK, G., übernommen ist (a.a.O.), so gilt insofern das bereits zu diesem Ausgeführte. Auch ERMACORA vertritt die Meinung, daß die *„Anerkennung eines Staates* ... nicht" seine „Existenz" begründet (S. 203, 248).

Nach den Verständnissen des Staates als eines dualistischen, trialistischen und monistischen dreht es sich noch um das als sog. **juristischer Person.**

Auch sie wird anders verstanden als ausgeführt, d.h. nicht als bloß vorgestellte (fingierte) Person mit dem Zweck, den Geltungsbereich darzutun, in dem natürliche Personen für diesen Bereich in seinen Menschen Rechte und Pflichten haben und mit Wirkung für sie ausüben oder nicht (o. I). Gänzlich anders ist so die Ansicht, nach der im Sinne der sog. **germanistischen Theorie,** „begründet von Georg Beseler, ausgebaut von Otto von Gierke" (HELFRITZ, S. 86), der Verband – mithin auch als Staat – eine *wirkliche* Person sei. Es geht – im Ausgang davon, daß „Trägerin der Rechte und Verbindlichkeiten einer Körperschaft ... die *Gesamtheit ihrer Mitglieder"* sei, die „eine *‚Realität'"* bilde – „im Gegensatz zur Fiktionstheorie" um eine *„‚Theorie der realen Verbandsperson'"* (a.a.O.; zustimmend KÜCHENHOFF-KÜCHENHOFF, S. 22, Anm. 16). Allein – so sicher die Gesamtheit eine Realität ist, so sicher ist sie, weil keine natürliche Person, sondern bloß eine künstliche, *nicht* die *Trägerin* von Rechten und Pflichten sowie deren Ausüberin oder Nichtausüberin; vielmehr ist dies innerhalb ihrer einzig ihre Führung mit *Wirkung für* sie in ihren Menschen. Teils anders ist die sog. **romani-**

stische Theorie. Nach ihr, die „unter Innocenz IV. (1245)“ entstand (S. 85), besteht das „die Rechte“ tragende „Subjekt ... in einer künstlich, durch Gedankenoperation, geschaffenen, einer vorgestellten Person“ (WINDSCHEID, I, S. 120, 2): *Fiktionstheorie.* Sie, die Person, wird „mit einem hergebrachten, nicht einwandfreien, Ausdrucke *juristische* Person genannt, im Gegensatze des Menschen, welcher von der Natur mit Persönlichkeit begabt ist. Eine besondere Bezeichnung ist: fingierte Person“ (S. 121 f.). Dies unter Ablehnung der „Ansicht, nach welcher die juristische Person eine wirkliche ... sein soll“ (S. 122 f.). So sehr dieser Anschauung vom eigenen Standpunkt aus zuzustimmen ist, so wenig doch der, die sie dann erklären soll. Denn heißt es zur genannten „vorgestellten Person“ näher: „So werden die Rechte und Verbindlichkeiten, welche dem Staatszwecke zu dienen bestimmt sind, dem Staate zugeschrieben“ (S. 120, 2), nämlich als einer solchen Person, dann gilt dazu: Zur Erklärung der Körperschaft, also desgleichen des Staates, als eines fingierten Subjekts dreht es sich nicht mehr darum, daß ihr (ihm) Rechte und Pflichten *zugeschrieben* werden; denn das *gehört* ja bereits zur *fingierten Person.* Vielmehr um etwas *Zusätzliches.* Dies ist aber das genannte Haben jener Rechte und Pflichten durch die Staatsführung sowie ihre jeweilige Ausübung oder Nichtsausübung eben mit Wirkung für die Körperschaft des Staates in ihren Menschen. Der die Fiktion tatsächlich *nicht erklärenden,* hier so genannten **Zuschreibungstheorie** WINDSCHEIDS entspricht die *„Zuordnungstheorie“* (ZIPPELIUS, 1., S. 180, 4). Im zutreffenden Ausgang davon, daß „auch die Rechte und Pflichten ‚juristischer Personen‘ letztlich nur ... bestimmte Menschen“ berechtigen bzw. verpflichten (9., S. 90), handelt es sich dann doch bloß wieder darum, daß derartige „Pflichten oder Befugnisse ... einer bestimmten ‚juristischen Person‘ konstruktiv zugeordnet werden“ (S. 90 f.). Juristische Personen sind „einheitliche Zurechnungssubjekte“ (S. 91); und der „Staat“ als „juristische Person“ ist nur „ein Zurechnungsschema“ (S. 92, 1). Auch für KELSEN ist es im Ausgang zutreffend so, „daß Pflichten und Rechte von juristischen Personen stets nur Pflichten und Rechte von Menschen sind“, die „der juristischen Person nur *zugerechnet* werden“ (Staatslehre, S. 70 D). Auch diese *Zurechnungstheorie* entspricht der Zuschreibungstheorie WINDSCHEIDS. Doch in einem nunmehr anderen Verständnis, wonach die *„juristische Person“* eine *„Normenpersonifikation“* ist, wird gar der Einzelne als „sogenannte physische Person“ *mit* in die juristische *einbezogen;* so daß im Ergebnis fälschlich „Individual- und Staats-Person, Individuum und Staat in der gleichen Weise als Personifikationen von Normkomplexen“ aufgefaßt werden (S. 66 A). Eine Kette von Fiktionen. Auf den erwähnten singenden Chor angewandt: Der einzelne Sänger wie der gesamte Chor stellen Notenpersonifikationen dar. – Nach allem ist es übrigens nicht bloß vordergründig, sondern unzutreffend, daß „Pflichten“ – wie Rechte – „der juristischen Person ... *ihre“* seien, „nicht“ solche „der sie vertretenden Menschen“ (so aber JELLINEK, W., S. 172, 1). Wie denn auch mit den „vertretenden Menschen“, die „für die juristische Person ... tätig sind“ (a.a.O.), unbewußt eingeräumt ist, *wer für wen* Rechte und Pflichten hat sowie sie jeweils ausübt oder nicht. Daß der „Ausdruck ‚juristische Person‘“ für „ganz überflüssig“ erklärt wird, ja, gleichfalls „die Bezeichnung ‚juristische Staatsperson‘“ (HELFRITZ, S. 85), ist zwar richtig. Denn für den ersten Ausdruck würde richtig der andere ‚künstliche Person‘ stehen und für den zweiten der weitere ‚künstliche Staatsperson‘; oder – bei durchaus möglicher Auffassung aller sog. juristischen Personen als Verbände – überhaupt nur für jenen ‚Verband‘ und für diesen ‚Staatsverband‘. Aber an ersteren gibt es nun einmal kein Vorbei mehr.

Schließlich handelt es sich noch um Auffassungen, die – gleich, wie sie zu den Staatsbedingungen und zum Staat näher stehen – den Staat insgesamt in den Kopf des Menschen, sein Bewußtsein, verlegen: **Bewußtseins-Lehren.** So etwa die, welche, wie schon zitiert, den Staat erst durch sein „Denken zur Existenz" bringen und folglich „im Bewußtsein der Menschen beheimatet" sein läßt (o.: KRÜGER). Oder noch die, welche den *„Begriff... des Staates"* (KÜCHENHOFF-KÜCHENHOFF, S.21) derart versteht, daß „der Staat" ein bloßes „Gedankengebilde" sei (S. 154) und damit, gleich jedem Begriff, auf das menschliche Bewußtsein beschränkt. Doch dies läßt den Staat *nichts Objektives* sein, vielmehr etwas *nur Subjektives:* Den Staat gibt es *nicht außerhalb* des Bewußtseins von Menschen, sondern einzig *innerhalb* seiner; er ist etwas *bloß Gedachtes* oder *Vorgestelltes.* Mehr, er besteht damit *nicht real,* vielmehr lediglich *ideal:* Er wird in der Erkenntnis als etwas außerhalb des Subjekts *nicht* einfach *hingenommen,* was **erkenntnistheoretischen Realismus** bedeutete; sondern er wird erst in ihr *hervorgebracht,* was **erkenntnistheoretischen Idealismus** bedeutet. Das betrifft auch die – in *„Entwicklung des Staatsbegriffs"* (JELLINEK, G., S. 174 III) – schon gebrachten Ansichten vom sog. sozialen und juristischen *„Staatsbegriff"* (S.174, 1 bzw. S. 182, 2). Überdies wendet sich JELLINEK aber noch ausdrücklich gegen „die Behauptung", „daß unseren" – bewußtseinsinneren – „Abstraktionen außerhalb unseres Bewußtseins irgendeine Existenz zukommt", und hält sich „nur" an die – nun einmal bewußtseinsinneren – „Begriffe" (S. 182, Anm. 1). Daß alles Abgelehnte verfehlt ist, wurde bereits mit der eigenen Meinung zum Gegenstand begründet (o. I, Ende). Nun wird jedoch folgender Rettungsversuch des bewußtseinsinneren Staates unternommen: Gegenüber dem „Einwand ..., der Staat könne nicht im Bereich des Denkens existieren, weil es notwendigerweise Kinder, Wahnsinnige und Schlafende gebe, die eines derartigen Denkens unfähig seien" (KRÜGER, S. 152), wird zwar ausgeführt: Die „Placierung des Seins des Staates in den Bereich des Denkens meint gerade nicht und will durchaus vermeiden, daß diese Existenz mit bestimmten natürlichen Vorgängen, also auch dem physiologischen Prozeß des Gedachtwerdens steht und fällt" (a.a.O.); aber das geht über Worte nicht hinaus. Was eben im Bewußtsein durch – psychisches – Gedachtwerden Existenz erlangt, das verliert diese durch Nichtmehrgedachtwerden; und was nicht gedacht wird, das erlangt schon keine Existenz. Und heißt es gar, und zwar durchaus ernsthaft: „Die heutige Art des Schlafens wäre unmöglich, wenn sich der Mensch nicht im Bewußtsein zur Ruhe legen könnte, daß es einen Staat gibt, der ihn und seinen Schlaf schützt" (S. 153), so besagt dies – soweit es überhaupt vorkommt – nichts dagegen, daß er *nicht ‚Staat' denkt,* wenn er *schläft;* es sei denn, er träume ‚Staat'. Und die Kinder? Und die Wahnsinnigen? Kurz, jeder Versuch, den Staat zu ‚denaturalisieren' und statt dessen zu ‚vergeistigen', schlägt notwendig fehl. Das Ganze hat aber auch noch eine lustige Seite: Der bewußtseinsäußere Staat ist nur *einer,* und wenn er noch so unterschiedlich verstanden wird. Der bewußtseinsinnere Staat hingegen ist so oft, wie er unterschiedlich verstanden wird. Das zeigen schon und zumal die dargetanen Ansichten seiner Vertreter, etwa KRÜGERS und JELLINEKS.

B. Die Staatsbedingung der Staatsordnung im besonderen

Die Staatsordnung hat ein **Doppelwesen.** Sie ist erstens das Gefüge sämtlicher staatlichen Normen: *normative Staatsordnung;* und sie ist zweitens das Gefüge des den Normen auf nichtnormative Weise Entsprechenden: *faktische Staatsordnung;* beide im Umfang ihres Bestehens eine *Einheit.*

Obgleich sich die Staatsverfassung nicht als das Ganze der Staatsordnung herausstellen wird, vielmehr lediglich als ein Teil, ist dennoch auch zu ihr mit der Gliederung in eine normative wie faktische Ordnung bereits *Grundlegendes* festgestellt. Genauso grundlegend sind aber gleichfalls die folgenden Darlegungen zu beiden Ordnungen. Wieder handelt es sich um die eigene Ansicht sowie die Ansichten anderer Verfasser.

I. Normative und faktische Staatsordnung

Vorweg ist festzustellen, was die Ordnung als das genannte **Gefüge** ist. Ein Gefüge stellt eine aus *Teilformen* gebildete *Gesamtform* dar, in der gewisse Gegenstände in ebenso gewissen *Beziehungen* oder *Verhältnissen* stehen. Was die hier in Betracht kommenden Gegenstände anlangt, so denke man etwa an Beziehungen der Über- wie Unterordnung und insofern einerseits an über- wie untergeordnete *Normen* und andererseits an das über- wie untergeordnete nichtnormative, *faktische, Normentsprechende.* Oder noch an die Beziehungen der Gleich- und Nebenordnung zwischen Gegenständen innerhalb beider Bereiche.

Vorweg ist aber auch noch das **Verhältnis von Ordnung und Geordnetem** in jenen Bereichen festzustellen. So sehr Ordnung und Geordnetes zusammenhängen, so wenig sind sie doch dasselbe. Ja, so sehr das Geordnete – als Normen bzw. faktisch Normentsprechendes – als das Inhaltliche im *Vordergrund* steht, so wenig ändert dies dennoch etwas daran, daß es, *in* der Ordnung stehend, insofern ihren – nun einmal geordneten – *Gegenstand* bildet. Indes – gerade wegen dieses Ineinanders braucht nicht stets zwischen beiden geschieden zu werden.

Beide Ordnungen stehen nun nicht allein im Verhältnis des *Entsprochenen* – normative Staatsordnung – und *Entsprechenden* – faktische Staatsordnung – zueinander, vielmehr überdies noch in einem anderen, hier so genannten *sonstigen* und deswegen gleicherweise darzutuenden, Verhältnis.

Abschließend geht es um die *Wirklichkeits-* oder *Seinsweise* beider Ordnungen und – in Verbindung damit – um ihre *Erkenntnis.*

1. Die normative Staatsordnung

Innerhalb ihrer hat auch die normative Staatsverfassung ihren Platz.

Was ist eine **staatliche Norm?** Zunächst sei das *Wesen* der *Norm,* dann das ihrer *Staatlichkeit* festgestellt.

Unter **Norm** ist jede *anordnende Willensäußerung* oder *-kundgabe* zu verstehen, mit der sich der *Anspruch* verbindet, das von ihr Umfaßte *verbindlich* anzuordnen. Hierbei bedeutet Äußerung oder Kundgabe – oder noch Erklärung – zwar vor allem die *schriftliche* oder *mündliche* Mitteilung, aber desgleichen die durch *Zeichen,* z.B. Verkehrszeichen oder die schon genannten musikalischen Noten; und Verbindlichkeit bedeutet *für das bestimmend sein,* was in gegebener Lage *sein soll* bzw. *nicht sein soll.* Der Anspruch auf Verbindlichkeit gehört also mit zum Wesen der Norm. D.h., er besteht selbst dann, wenn die Norm auf etwas gerichtet ist, das – ihrem Dafürsein entgegengesetzt – in Wirklichkeit *nicht* sein soll bzw. – ihrem Dagegensein entgegengesetzt – in Wirklichkeit *sein* soll. Man denke an eine solche, die *Unrecht will* bzw. *Recht nicht* will: im ersten Fall etwa an eine Norm, die eine Verfolgung einzig aus Gründen der Herkunft will; und im zweiten an eine, welche die Hilfe für derart Verfolgte nicht will. Normen sind so einmal jedes *Gebot* und *Verbot*, jeder *Befehl (Imperativ)*. Zum anderen gibt es aber auch noch *nicht*vorschreibende Normen oder normative *Nicht*vorschriften. Es sind das die *bloß* anordnenden. Man denke beispielsweise an ein Gesetz, das ein subjektives Recht verleiht. Oder noch an ein richterliches Urteil, mit dem eine Zuständigkeit abgesprochen wird. Denn in beiden Fällen wird *nichts vorgeschrieben*, etwas also, was noch – als Inhalt der Norm – *auszuführen* oder zu *vollziehen* wäre; vielmehr wird mit der bloßen Anordnung bereits *selbst* ausgeführt: Der Betreffende *hat* das Recht, bzw. er *hat* die Zuständigkeit *nicht* (mehr). Ob nun so oder so, Norm und Anordnung – oder noch Bestimmung – sind nach allem dasselbe. Daher läßt sich, statt von normativer, desgleichen von anordnender – bzw. bestimmender – Staatsordnung reden. Norm und *Normatives* sind dasselbe. Hierher zählen übrigens auch gewisse **Definitionen**, zumal die sog. *Legaldefinitionen*, die gesetzlich vorgenommenen Gegenstandsbestimmungen. Sie sind keine nichtvorschreibenden Normen, sondern vorschreibende, da sie in der Sache anordnen, daß etwas so und so zu verstehen ist (näher zur Norm Brinkmann, S. 179ff.).

Bei alledem ist die Norm als die gekennzeichnete Willensäußerung ein *Verhalten*. Daß sie, z.B. im Fall von Gesetzen, ein im Ergebnis auf bestimmte Weise *festgehaltenes* ist, doch, etwa im Fall der Verkehrsregelung durch einen Polizisten, ein *nicht* auf irgendeine Weise *festgehaltenes*, ändert daran nichts.

Als Willensäußerung gibt die Norm etwas *Seiendes* ab, *keineswegs* schon etwas *Seinsollendes*. Dies, obschon sie mit ihrem wesenhaften Anspruch auf Verbindlichkeit gleichfalls den – genauso wesenhaften – Anspruch erhebt, selber sein zu sollen. Es kann eben Normen geben, die sein *sollen*, wie solche, die *nicht* sein sollen. Für erstere sei beispielsweise auf ein Gesetz hingewiesen, nach dem eine ungerechtfertigte Bereicherung herauszugeben ist (§ 812 I BGB, 1896): Es *ist* nicht nur, sondern *soll* auch *sein*. Und für letzteres z.B. auf das Gesetz, wonach „Eheschließungen zwischen Juden und Staatsangehörigen deutschen oder artverwandten Blutes ... verboten" waren (§ 1 I 1 BlutschutzG, 1935): Es *war* zwar, *sollte* jedoch *nicht* sein. Etwas Seinsollendes ist hiermit eine Norm allein dann, wenn das, was sie anordnet, selber sein soll. Das betrifft das Gebot der Herausgabe einer ungerechtfertigten Bereicherung. Und etwas Nichtseinsollendes ist sie einzig dann, wenn das, was sie anordnet, selbst nicht sein soll. Das gilt dem genannten Verbot der Eheschließung. Für ersteres gibt es eben *zureichende sachliche Gründe*, für letzteres gab es sie dagegen *nicht*. Ob also eine Norm sein oder nicht sein soll, hängt ausschließlich von ihrem *sachlich gebotenen* bzw. *sachlich nicht gebotenen Inhalt* ab oder – als dasselbe – von ihrem *gerechten* bzw. *ungerechten, rechtlichen* bzw. *unrechtlichen*. Insoweit bildet sie indes bloß eine *Form*, etwas *Formales*: offen für Recht *oder* Unrecht. Im Falle ihres Seinsollens ist sie, auf Recht gerichtet, selbst Recht und in dem ihres Nichtseinsollens, auf Unrecht gerichtet, selber Unrecht (näher zu alledem u. 2. Abschn., D I 1).

Als **staatliche** ist die **Norm** eine solche der *Staatsführung*: des uneigentlichen Staates, d.h. des Inbegriffs der Menschen, die im Staate Inhaber wie Ausüber der Staatsgewalt als öffentlicher Gewalt sind. Dies gleich, wie die Norm entsteht, ob in einem eigens auf sie gerichteten Verfahren oder aber auf andere Weise; ebenfalls gleich, in welchem Bereich staatlicher Tätigkeit: der Gesetzgebung (Legislative) – überhaupt der obersten Normgebung –, Vollziehung oder Ausführung (Exekutive) oder Rechtsprechung (Judikative); und gleich endlich, ob sie – teils oder gänzlich – die Staatsführung selbst als uneigentlichen Staat betrifft oder den Staatsverband als eigentlichen oder, mehr, auch Fremde. Als Ausüber der Staatsgewalt sind die Menschen der Staatsführung **hoheitlich** tätig. Das ist zum einen der Fall, soweit sie es *obrigkeitlich*-hoheitlich tun: aus der Stellung der *Überordnung*. Wie nun aus ihr auch die Norm als Anordnung erfolgt, so gründet sie in der obrigkeitlichen Staatsgewalt, hier als Anordnungsgewalt. Das gilt ebenfalls dann, wenn die Norm mittels Anerkennung übernommen wird. Zum anderen ist die hoheitliche Tätigkeit zwar gleicherweise noch auf *nicht*-obrigkeitliche Weise möglich, d.h. *schlicht*- oder *einfach*-hoheitlich: *nicht* aus der Stellung der *Überordnung*. Es sei insofern auf die Mitteilungen eines Regierungssprechers an die Presse als Beispiel hingewiesen. Dies und vieles andere mehr gründen in der schlichten oder einfachen Staatsgewalt. Doch scheidet diese Art hoheitlicher Führung hier aus. Hinzu kommt, daß es sich dabei *nicht* um *normative* Willensäußerungen handelt, sondern nur, weil nichtnormativ, um insoweit *tatsächliche* oder *faktische*. Es scheidet aber desgleichen die *fiskalische* Tätigkeit der Staatsführung aus. Denn bei ihr dreht es sich bereits um ein **nichthoheitliches** Verhalten der Führung: aus der Stellung *privater Nebenordnung*, nämlich zu anderen Privatpersonen; wie sie entsprechend in nichtöffentlicher Gewalt gründet. Insoweit sei auf den käuflichen Erwerb von Grundstücken anstatt ihres Erwerbs durch Enteignung hingewiesen. Die Entstehung der staatlichen Norm und ihre Bedeutung, z.B. als eines formellen Gesetzes oder als Verkehrsanweisung eines Polizisten, mögen noch so verschieden sein, – für das Wesen als Norm eines Staates besagt das nichts.

Zusammengefaßt, ergibt sich als **Gegenstandsbestimmung der staatlichen Norm:** Sie ist die in *obrigkeitlich-hoheitlicher* Tätigkeit durch die *Staatsführung* gegebene *anordnende* Willensäußerung, die, mit dem *Anspruch auf Verbindlichkeit* verknüpft, den *uneigentlichen* und *eigentlichen* Staat oder auch *Fremde* betrifft.

Daß die staatliche Norm die genannten Bereiche *betrifft*, d.h. teils oder ganz in ihren Menschen, besagt näher, daß sie diese in ihrem *Sein, Haben* und *Verhalten* betrifft, nämlich ein jedes auf bestimmte Weise regelnd. Dabei werden das von der Regelung miterfaßte *Entstehen* und *Vergehen*, z.B. eines Staatsorgans, weil es das Sein *begründet* bzw. *beendet*, mit zum *Sein* gerechnet.

Statt von **Staatsgewalt,** läßt sich, wie schon gesagt, auch von **Staatsmacht** sprechen. Und damit läßt sich ebenso, statt von Anordnungs*gewalt*, von Anordnungs*macht* reden. Näher ist nun die Gewalt oder Macht ein gesteigertes und insofern *überlegenes Können*, und zwar was zumal die *Einwirkung auf andere Menschen* betrifft. Ein überlegenes Können, das der Staatsführung als bestimmten Menschen zukommt, nämlich gegenüber den genannten anderen und über sie; sei es innerhalb der Staatsführung selbst, sei es vor allem darüber hinaus. Entgegen einem verbreiteten Sprachgebrauch unterscheidet sich hiernach Gewalt oder Macht von – unfreiwillig machender – *Nötigung* und – unfrei machendem – *Zwang;* und zwar dadurch, daß diese bloß *bestimmte* Gewalt- oder Macht*anwendungen* (-ausübungen, -betätigungen) sind. Die Verknüpfung der Macht oder Gewalt mit dem Können zeigt übrigens deutlich französisch pouvoir, können, das als Hauptwort ebenfalls soviel wie Gewalt oder Macht bedeutet; genauso, dem letzten entsprechend, englisch power. In einer – erst später zu begründenden (u. 3. Abschn., B I 1, vor a) – *Versachlichung* bzw. *Personifizierung* von Gewalt oder Macht steht diese dann zum einen noch für die *Tätigkeit* der Anwendung, d.h. besonders für die gesetzgebende, vollziehende oder ausführende sowie richterliche, und zum anderen für die *Träger* der Anwendung, d.h. entsprechend für den Gesetzgeber, Vollziehenden oder Ausführenden sowie Richter. Tätigkeit und Tätige sind insofern *die drei Gewalten.*

Hiernach fragt sich noch, was zumal in der modernen Staatlichkeit *im Einzelnen* alles staatliche Norm sein kann. Im darzutuenden beschränkten Rahmen stehen auch die später noch zu kennzeichnenden Verfassungsnormen.

Es sind das einmal die **normativen Gesetze.** Die *nichtnormativen,* die es mithin gleichfalls gibt, *scheiden* danach *aus.* Insofern sei z.B. an den Ausschnitt aus einem Vorspruch gedacht, in dem es heißt, daß „das Deutsche Volk in“ seinen „Ländern ... dieses Grundgesetz der Bundesrepublik Deutschland beschlossen“ hat (Präambel GG, 1949). Denn dieser Ausschnitt ist *keinerlei Anordnung:* weder eine vorschreibende noch eine nichtvorschreibende; zwar Gesetz, aber kein normatives. Nichts anderes gilt etwa noch von Art. 6 I 1 Verf. DDR, 1968/1974: „Die Deutsche Demokratische Republik hat ... auf ihrem Gebiet den deutschen Militarismus und Nazismus ausgerottet.“ Als nichtnormative, faktische, Willensäußerungen sind derartige Erklärungen materiell schlicht-hoheitlich, formell dagegen, weil im Gesetzgebungsverfahren entstanden, obrigkeitlich. Ob sie zutreffend sind, ist hier gleichgültig.

Die *normativen* Gesetze nun finden sich in **zwei Arten:** erstens als Gesetze *in formellem Sinn* oder als *formelle* und zweitens als solche *in materiellem Sinn* oder als *materielle.* Beiden gemeinsam ist, daß sie meist in entsprechend unterschiedlichen, *darauf gerichteten, Verfahren* hervorgebracht und stets *schriftlich festgehalten: gesetzt,* sind. Die bekannte Unterscheidung zwischen *geschriebenem* und *ungeschriebenem* Gesetz ist rechtswissenschaftlich nicht haltbar. Stellt doch die Wortverbindung ‚geschriebenes Gesetz‘ einen *Pleonasmus* dar, und gibt doch die andere Wortverbindung ‚ungeschriebenes Gesetz‘ einen *Widerspruch in sich* ab. Was einzig zutrifft, ist die *Grundunterscheidung von geschriebener und ungeschriebener Norm.* Zu ersterer zählt jedes normative Gesetz, zu letzterer das sog. Gewohnheitsrecht, aber etwa auch noch die Anweisung eines Verkehrspolizisten.

Formelles Gesetz ist die vom Träger der *gesetzgebenden* Gewalt (Legislative) in *seinem* Verfahren *ausdrücklich als Gesetz* (insgesamt formell) beschlossene Norm, und zwar gleich, ob sie *abstrakt* ist oder *konkret,* anders ausgedrückt: **allgemein oder besonders;** und zwar in folgender Bedeutung: Abstrakt ist die gesetzliche Norm dann, wenn sie eine *unbestimmte, nicht feststellbare* Zahl persönlicher oder sachlicher Einzelfälle trifft, konkret dann, wenn sie eine *bestimmte, feststellbare* trifft. Im übrigen werden die konkreten Gesetze **Einzelfallgesetze** genannt sowie in Einzel*sach-* und Einzel*person*gesetze gegliedert. Sie werden aber auch *Maßnahmegesetze* genannt, obschon die Maßnahme keineswegs auf das Konkrete festgelegt ist (näher hierzu GK-Brinkmann, Art. 19, S. 4ff.).

Materielles Gesetz ist allein die *abstrakte* Norm; gleichgültig, ob sie vom Träger der *gesetzgebenden* Gewalt als *zugleich formelles* Gesetz gegeben wurde oder *nur* als materielles, aber *nicht* im *gesetzgebenden,* vielmehr in einem *anderen* Verfahren und unter *anderem Namen;* oder ob sie vom Träger einer der *sonstigen* Gewalten in *seinem* Verfahren sowie auch unter *anderem Namen* gegeben wurde.

Was zuerst wieder die *gesetzgebende* Gewalt (Legislative) und das formelle Gesetz als *gleichzeitig* materielles, d.h. abstraktes, anbelangt, so ist für diesen Regelfall auf das insoweit zum formellen Gesetz schon Gesagte zurückzuverweisen. Was dieselbe Gewalt und das *nur* materielle Gesetz angeht, so handelt es sich etwa um die normative Ordnung, die sich eine Volksvertretung im Rahmen eines übergeordneten formell-materiellen Gesetzes gibt (u. 2. Abschn., B I 1). Es ist eine *besondere autonome Satzung* (zu ihr u.); und sie ist abstrakt.

Was die *übrigen* Gewalten betrifft, so ist das materielle Gesetz zuerst ein solches der *vollziehenden* Gewalt (Exekutive). Es ist auch abstrakt. Sobald es konkret wird, ist es nach innen irgendeine *Dienstanweisung* und nach außen irgendein *Verwaltungsakt.* Zu den abstrakten Gesetzen gehören nun erstens die **Verordnungen.** Das sind insbesondere die *Regierungsverordnungen;* sei es, daß sie von einer Regierung insgesamt gegeben werden, sei es von einem oder mehreren ihrer jeweils zuständigen Mitglieder. Darüber hinaus kommt es auf folgende *Gliederung* der Verordnungen an: die *Ausführungsverordnungen,* die in der Ausführung eines Gesetzes den von diesem aufgestellten Rahmen einzuhalten haben; die *Durchführungsverordnungen,* die in Durchführung eines Gesetzes seinen Inhalt jedenfalls *ergänzen* können; und die *Dienst-* oder *Verwaltungsverordnungen,* die Dienstanordnungen allgemeinen Inhalts enthalten, beispielsweise einander über- bzw. untergeordnete Verwaltungsstellen betreffend. Beziehen sich hiernach Ausführungs- und Durchführungsverordnungen, jedenfalls grundsätzlich, nach *außen,* entsprechend auf Menschen des *eigentlichen* Staates als Staats*verbandes,* so beziehen sich Dienst- oder Verwaltungsverordnungen, zumindest grundsätzlich, nach *innen,* entsprechend auf Menschen des *uneigentlichen* Staates als Staats*führung.* Soweit Ausführungs- und Durchführungsverordnung als *Rechtsverordnungen* zusammengefaßt werden, und zwar im *Gegensatz* zur Dienst- oder Verwaltungsverordnung, ist das, wie folgt, verfehlt: Wie erstere nicht davon ausgeschlossen sind, auch *Unrecht* zu enthalten, so letztere nicht davon, gleichfalls *Recht* zu enthalten; beide im oben zur Norm dargetanen Sinn verstanden. Und insoweit begründen erstere *keine* Rechte und Pflichten, wohl indes letztere. Die **gesetzesvertretende Verordnung** steht, soweit zugelassen, *für* ein *formelles* Gesetz; denn ein materielles ist sie ja bereits als Verordnung. Sie *bleibt* Verordnung, *wirkt* aber wie ein *formelles* Gesetz. Gesetzesvertretende Verordnungen kennen z.B. Art. 38 Franz. Verf., 1958, und Art. 88 c) Kub. Verf., 1976. Auch die sog. *Notverordnungen* der Weimarer Republik (nach Art. 48 II Deutsche RV, 1919) waren – als sog. *Präsidialverordnungen* – teils gesetzesvertretende. Es sei aber auch noch für Spanien auf – an bestimmte Voraussetzungen gebundene – „gesetzgebende Verordnungen *(Decretos legislativos)*" (Art. 85 Span. Verf., 1978) und „Gesetzesverordnungen *(Decretos-leyes)*" (Art. 86, Abs. 1) hingewiesen; wobei es auf ihre Unterscheidung hier nicht ankommt. Ist es so, daß beispielshalber von einer *Regierung formelle* Gesetze beschlossen werden, so zählt sie insoweit – über die vollziehende Gewalt hinaus – *auch* zur *gesetzgebenden.* Dies zeigt übrigens, daß für das formelle Gesetz letztlich nicht ein *besonderes,* ihm vorbehaltenes, *Verfahren* entscheidend ist, sondern – gleich, bei welchem Verfahren – die *Herausstellung als Gesetz.* So etwa das SicherungsG, 1937, das von der „Reichsregierung ... beschlossen" wurde. Es mag sich um Gesetze handeln, wie sie *nicht entstehen sollen,* doch keineswegs um *Nichtgesetze.* – Zweitens gehören noch zu den abstrakten Gesetzen der vollziehenden Gewalt die

autonomen Satzungen. Das sind solche von – dem Staat eingeordneten – anderen öffentlichen juristischen Personen. Sie beruhen darauf, daß der übergeordnete Staat ihnen die Zuständigkeit verleiht, ihre eigenen Angelegenheiten innerhalb gewisser, die Einordnung in den Staat betreffender, Grenzen *selbst* zu regeln, und zwar grundlegend eben durch Satzungen. Das sind beispielshalber vor allem solche von Gemeinden als *Ortsstatute,* aber z. B. desgleichen die von Universitäten. Sog. Gemeinde- und Universitäts*verfassungen* sind mithin nur bestimmte autonome Satzungen.

Was nochmals die *übrigen* Gewalten betrifft, so ist das materielle Gesetz dann noch ein solches der *rechtsprechenden* Gewalt (Judikative), und zwar als **Gerichtsentscheidung,** wenn und soweit ihr – über die Entscheidung des Einzelfalls hinaus – *vorgesehenermaßen* allgemeine Geltung für einschlägige weitere Fälle zukommt. So war es beispielsweise nach Dig. 1, 4, 1, 1: „Quodcumque ... imperator per epistulam et subscriptionem statuit vel cognoscens decrevit ..., legem esse constat"; gebunden an die öffentliche Bekanntmachung des auf Anfrage erteilten Bescheides (SOHM – MITTEIS – WENGER, S. 109). Daß die „Entscheidung des Einzelfalles" nur „gesetzesähnliche Geltung (legis vicem)" erlangt habe (a.a.O.), ist allerdings zu wenig. Außerdem ist aber das Gesagte z. B. auch in dem Fall so, daß bestimmten Gerichtsentscheidungen vorweg sog. *Gesetzeskraft* beigelegt wird. Ebenfalls diese Entscheidung ist zugleich *materielles* Gesetz, das aber als **gesetzesvertretende Gerichtsentscheidung** überdies *für* ein *formelles* Gesetz steht. Sie *bleibt* Gerichtsentscheidung – und als diese materielles Gesetz –, *wirkt* jedoch wie ein *formelles.* Das trifft etwa auf Entscheidungen des Bundesverfassungsgerichts der Bundesrepublik Deutschland zu (§ 31 II 1 BVerfGG, i. d. F. 1985). Ausnahmsweise kann es gar so sein, daß ein Gericht in Ausgestaltung seiner Selbstverwaltung die Befugnis zur materiellen Gesetzgebung durch **Verordnungen** besitzt, wie das japanische Oberste Gericht (Art. 77 I Jap. Verf., 1947; dazu u. 3. Abschn., B I 1 a: zum Rechtsprechungsstaat).

Zum anderen sind staatliche Normen, gemessen an den gesetzlichen, alle **nichtgesetzlichen Normen.** Sie werden gebildet vom sog. *Gewohnheitsrecht* und den *sonstigen* nichtgesetzlichen Normen.

Das sog. **Gewohnheitsrecht** ist der Inbegriff aller *gewohnheitlich* zustandegekommenen – abstrakten oder ausnahmsweise konkreten – Normen. Sie entstehen auf Grund – länger oder kürzer – andauernden Gebrauchs; derart also, daß sie in den einschlägigen Fällen stets aufs neue angewandt werden. Dabei müssen sie jedoch letztlich von der Staatsführung, ausdrücklich oder unausdrücklich, durch *Anerkennung übernommen* sein; denn erst damit werden sie staatliche Normen mit *einschlägiger Geltung* oder *Inkraftstehen.* Mit letzterem gehört zum Gewohnheitsrecht auch die sog. *opinio iuris* bzw. *neccessitatis,* die Überzeugung davon, daß die angewandte Norm *Recht* sei. Doch besagt dies noch nicht, daß sie es auch *wirklich* ist. Sie kann vielmehr gleichfalls *Unrecht* sein; wie jede Norm. Deshalb ist es besser, von *Gewohnheitsnorm(en)* zu reden. Gemäß dem Bereich ihrer Anwendung ist eine solche Norm eine der gesetzgebenden wie vollziehenden wie richterlichen Gewalt. Man denke insoweit zumal an die Gerichte. Es geht um *Gerichtsentscheidungen* in bestimmten Fällen, die, in einschlägigen weiteren Fällen angewandt, früher oder später für solche als geltend betrachtet werden: die sog. **Präjudizien.** Am eindeutigsten in den – grundsätzlich bindenden – anglo-amerikanischen Präzedenzfällen des case law (Fallrechts). Den klaren Unterschied zwischen gesetzlicher und gewohnheitlicher Norm macht im übrigen, daß erstere in einem *darauf gerichteten Verfahren schriftlich* festgehalten wird, letztere dagegen *nicht:* Beide sind zwar *gegeben,* aber erstere als staatlich *gesetzte* und letztere als – in ihrer einschlägigen Geltung – staatlich *anerkannte* und insoweit *übernommene.* Hieraus folgt indessen, daß die bereits abgelehnte Gegenüberstellung von *geschriebenen* und *ungeschriebenen* Gesetzen ebenfalls in vorliegender Hinsicht unrichtig ist. Wie nämlich das Gesetz *immer* ein geschriebenes ist, so ist zwar das sog. Gewohnheitsrecht *ungeschrieben,* aber *kein Gesetz.* Daran ändert sich nichts, falls es, alsbald oder später *schriftlich gesammelt,* festgehalten wird. Denn diese Schriftlichkeit ist, anders als beim Gesetz, keine, die *wesenhaft* zum *Verfahren* der *Bildung* von Gewohnheitsrecht gehört. Demnach ist dieses kein materielles Gesetz. Es wird formelles wie materielles Gesetz, wenn die schriftliche Sammlung z. B. in einem Gesetzgebungsverfahren erfolgt (weiter zum Gewohnheitsrecht BRINKMANN, S. 20, S. 202 f.). All dies bestätigt noch das alleinige Zutreffen der oben gemachten Grundunterscheidung – nur – zwischen geschriebener und ungeschriebener *Norm.*

Die **sonstigen nichtgesetzlichen Normen** bilden hiernach die bleibenden, von den Trägern der Staatsgewalt herrührenden, Normen. Dazu zählen beispielshalber: Was zunächst die Träger der *gesetzgebenden* Gewalt betrifft, alle Anordnungen, die *nicht* unter das beschriebene formelle bzw. materielle Gesetz oder, soweit vorhanden, *nicht* unter das beschriebene Gewohnheitsrecht fallen. Das ist in einem Parlament z. B. die Entscheidung darüber, „ob ein Abgeordneter ... die Mitgliedschaft verloren hat“ (Art. 41 I 1 GG, 1949), oder die Entscheidung über die Einsetzung eines Untersuchungsausschusses (Art. 44 I 1). Was sodann die Träger der *vollziehenden* Gewalt angeht, so sind das alle Anordnungen, die *nicht* zum materiellen Gesetz oder – wieder: soweit vorhanden – *nicht* zum Gewohnheitsrecht gehören. Es sind dies beispielsweise die „Anordnungen“ eines Staatspräsidenten (Art. 58, 1) oder die Einzelfälle betreffenden Dienstanweisungen von Vorgesetzten an Untergebene. Aber insbesondere sind es die nach außen wirkenden – gleichermaßen Einzelfälle betreffenden – **Verwaltungsakte;** etwa die Enteignung *auf Grund* eines Gesetzes, nicht die *durch* ein Gesetz; ebenso die Verkehrsregelung durch einen Polizisten. Was endlich noch die Träger der *richterlichen* Gewalt anlangt, so handelt es sich einmal um sämtliche nach außen wirkenden Anordnungen, sofern auch sie *nicht* materielles Gesetz bilden oder – erneut: soweit vorhanden – *nicht* Gewohnheitsrecht. Das sind z. B. Beweisbeschlüsse. Zum anderen sind es innerdienstlich noch etwa richterliche Verfügungen.

Zu dieser Gliederung vor allem modernstaatlicher Normen gilt noch Folgendes: So umfangreich sie ist, sie ist doch angesichts der Fülle gegenwärtiger, mehr, geschichtlicher Staaten und somit normativer Staatsordnungen keineswegs vollständig. Doch fällt das nicht grundsätzlich ins Gewicht. Denn wie es keinen solchen Staat gab und gibt, der *nicht* in seiner Führung auf normative Weise gesetzgebend, vollziehend und richterlich tätig war bzw. ist, so ist es erstens diese Tätigkeit, die – allein sachbestimmt – die Gliederung staatlicher Normen grundlegend bestimmt. Und zwar völlig unberührt davon, ob die mit der Tätigkeit verbundenen drei Gewalten nun zu einem sie *vereinigenden* oder *teilenden* Staat gehören (dazu u. 3. Abschn., B I), überhaupt unabhängig von *jeder* Staatsform. Und so ist es zweitens dieselbe Tätigkeit, die – wiederum: nur sachbestimmt – die Gliederung der staatlichen Normen in die gesetzlichen der drei Gewalten sowie ihre nichtgesetzlichen grundlegend bestimmt; ja, gleichfalls in die – letztere bildenden – gewohnheitlichen und sonstigen nichtgesetzlichen

Normen. An diesem grundsätzlichen Allgemeinen ändern aber innerhalb der obigen Gliederung unerfaßte Besonderheiten nichts. So ist es darauf ohne Einfluß, wenn z.B. in der früheren Deutschen Demokratischen Republik der „Staatsrat ... die grundsätzlichen Aufgaben, die sich aus Gesetzen und Beschlüssen der Volkskammer ergeben, durch Erlasse" regelte (Art. 71 I 1 Verf. DDR, 1968). Denn soweit es hieraus auf den **Erlaß** ankommt, nach Abs. 2 „rechtsverbindlich", stand er – etwa mit der Regelung der „Wahlordnung für die Wahlen zur Volkskammer" (ARLT usw., II, S. 322f.) – dem *materiellen Gesetz* als *abstraktem* gleich; wie die in der obigen Gliederung gekennzeichnete Regierungsverordnung. Daß auch Erlasse möglich sind, die – konkrete – *Einzelfälle* regeln, zeigt nur, wie weit der Umfang des Erlasses ist. Er gleicht insoweit dem *formellen Gesetz* als – konkretem – *Einzelfallgesetz*. So etwa der *„Erlaß des Führers und Reichskanzlers über die Wiedervereinigung der Gebiete von Eupen, Malmedy und Moresnet mit dem Deutschen Reich"* (FührerErl. Eupen usw., 1940). Mit beiden Beispielen erweist sich bis hierher der Erlaß als ein Mittel der *Staatsspitze:* Er ist ihr Gesetz unter anderem Namen. Dem entspricht seine geschichtliche Herkunft: Er war „in monarch. Staaten der rechtsetzende oder administrative Akt des Landesherrn *(Allerhöchster Erlaß)*" (BROCKHAUS, V, S. 672r., Artikel: „Erlaß"). Sein Umfang reicht aber noch weiter. Sofern es um den Erlaß unter der Staatsspitze geht, z.B. als *Ministerialerlaß*, gleicht er entweder der genannten – abstrakten – Dienstverordnung oder der – konkreten – Dienstanweisung (a.a.O.). Ferner ist es auf das grundsätzliche Allgemeine ohne Einfluß, wenn beispielsweise in Großbritannien die Bedeutung des sog. common law als Gewohnheitsrechts eine ungleich größere ist als etwa des Gewohnheitsrechts in Staaten des europäischen Festlands. Und so ist es auch auf jenes Allgemeine ohne Einfluß, wenn es sich um Staaten handelt, in denen es um das Gewohnheitsrecht, obwohl nicht als alleiniges, doch als herrschendes ging, etwa im Deutschen Reich des hohen Mittelalters (SCHWERIN-THIEME, S. 132 II), mit entsprechender Beschränkung der Reichsgesetze (S. 134, § 38). Denn das betrifft nur eine Gewichts- und Umfangsverteilung, so wichtig, ja, entscheidend sie auch war.

Daß sich staatliche Normen mit der *Personalhoheit* des Staates desgleichen auf *Staatsglieder außerhalb* des Staatsgebietes erstrecken können oder mit der *Gebietshoheit* auch auf *Nichtstaatsglieder innerhalb* seiner, auf Ausländer also und Staatenlose, *Fremde*, gehört mit zu ihrem aufgezeigten Wesen.

Nun ist jedoch mit jener Gliederung überdies eine **Ordnung der Normen** gegeben. Es genügt, aus ihr folgendes Wesentliche herauszustellen.

Innerhalb der Gleichordnung der formell-gesetzlichen Normen *als* dieser – d.h. als nur formeller oder zugleich materieller – ist die verfassungsgesetzliche Norm der nichtverfassungsgesetzlichen in der Regel über- und diese folglich jener untergeordnet. Denn es besteht zwischen ihnen das Verhältnis von *Maß-gebendem* und *Maß-gebundenem*. Eine Ausnahme liegt z.B. vor, wenn mittels verfassungsändernder Gesetzgebung nichtverfassungsgesetzliche Normen solchen der Verfassung über- und diese ihnen damit untergeordnet werden (etwa Art. 3, 3 ErmächtigungsG, 1933, der für die nach Satz 1 „von der Reichsregierung beschlossenen Reichsgesetze" die „Artikel 68 bis 77" der Deutschen RV, 1919 – das waren die Normen zur „Reichsgesetzgebung" – ausschloß).

Im Verhältnis der formell-gesetzlichen, aber nichtverfassungsgesetzlichen Normen zu den ausschließlich materiell-gesetzlichen sind in der Regel erstere die übergeordneten, wie letztere die untergeordneten sind. Es geht eben um jene wieder als das Maß-gebende und diese als das Maß-gebundene. Das betrifft einmal das Verhältnis der gesetzlichen Norm der gesetzgebenden Gewalt zur gesetzlichen der vollziehenden Gewalt in Gestalt der Verordnung. Eine Ausnahme bildet die gesetzesvertretende Verordnung: Sie ist, für ein formelles Gesetz stehend, diesem insoweit gleichgeordnet; sie wird selbst zu etwas Maß-gebendem. Zum anderen betrifft es das Verhältnis der gesetzlichen Norm der gesetzgebenden Gewalt zur gesetzlichen der rechtsprechenden Gewalt in Gestalt der – dem materiellen Gesetz eingeordneten – Gerichtsentscheidung. Eine Ausnahme bildet hier die gesetzesvertretende Gerichtsentscheidung. Sie ist, für ein formelles Gesetz stehend, diesem insofern gleichgeordnet; sie wird ebenfalls zu etwas Maß-gebendem. Ja, in dem Fall, daß sie ein formelles Gesetz z. B. für nichtig erklärt, ist sie sogar übergeordnet. Endlich betrifft das Gesagte noch das Verhältnis der gesetzlichen Norm der gesetzgebenden Gewalt zur gesetzlichen der vollziehenden Gewalt in Gestalt der autonomen Satzung. Erstere ist stets übergeordnet, letztere stets untergeordnet.

Innerhalb der Gleichordnung der nur materiell-gesetzlichen Normen *als* dieser – mithin als der gekennzeichneten Verordnungen, Gerichtsentscheidungen und autonomen Satzungen – bestehen ebenfalls Rangverhältnisse. Genauso, wie sie – weitergehend – innerhalb der Gleichordnung der Verordnungen, jener der Gerichtsentscheidungen und jener der autonomen Satzungen – jeweils wieder *als* dieser – bestehen. Das bisher zu ihnen Ausgeführte deutet dies bereits an. Doch kommt es darauf hier nicht näher an, weil ein Dartun dieser Rangverhältnisse nur etwas für das Ausmaß der Ordnung ergäbe, aber nichts mehr für ihr Wesen. Deshalb lediglich ein Beispiel: Die Entscheidung des höheren Gerichts im jeweiligen Verfahrensgang ist der des niederen übergeordnet; wie letztere folglich ersterer untergeordnet ist. Und die formell gleichen Entscheidungen gleicher Gerichte, etwa von Landgerichten, sind in ihrer Nebenordnung einander gleichgeordnet.

Im Verhältnis noch der (formell- bzw. materiell-) gesetzlichen Normen der drei Gewalten zu deren nichtgesetzlichen ist es, wie folgt: Was die nichtgesetzlichen Normen als die gewohnheitlichen anlangt, so sind sie, falls sie gesetzliche ergänzen, diesen gleichgeordnet. Falls sie solche jedoch verdrängen, sind sie ihnen übergeordnet. Was die nichtgesetzlichen Normen dann noch als die sonstigen angeht, so sind sie den gesetzlichen in der Regel untergeordnet, wie diese entsprechend übergeordnet sind. Eine Ausnahme bildet etwa der Fall, daß eine sonstige nichtgesetzliche Norm Verfassungsrang hat und insofern die Stellung einer verfassungsgesetzlichen Norm einnimmt (dazu u. 2. Abschn., B I 1). Zwar gibt es auch Rangverhältnisse zwischen den gewohnheitlichen und sonstigen nichtgesetzlichen Normen sowie jeweils innerhalb dieser; wie gleichfalls dies das bisher zu ihnen Ausgeführte schon anzeigt. Doch kommt es auch darauf mit der bereits gegebenen Begründung hier nicht mehr an.

Nach allem ist folgende **Gegenstandsbestimmung der normativen Staatsordnung** möglich: Sie ist das von der Staatsführung gegebene jeweilige Gefüge staatlicher Normen, das – als eine aus Teilformen bestehende Gesamtform – in sich eine Fülle von Rangverhältnissen besitzt, in denen die Normen als das Geordnete stehen.

2. Die faktische Staatsordnung

Innerhalb ihrer besteht auch die faktische Staatsverfassung.

Vorweg zwei **Klarstellungen.**

Die erste: Soweit einer staatlichen Norm *normativ* entsprochen wird, d.h. durch eine weitere staatliche Norm, gehört dies als normatives Verhalten, als anordnende Willensäußerung, zur behandelten *normativen* Staatsordnung, nämlich innerhalb einer der drei normativ auftretenden Gewalten: der gesetzgebenden, vollziehenden und rechtsprechenden. Soweit ihr *nichtnormativ* entsprochen wird, d.h. durch keine weitere staatliche Norm, sondern durch etwas staatlich Faktisches: ein Sein, Haben oder nichtnormatives Verhalten, gehört dies zur *faktischen* Staatsordnung. Das ist einmal wieder der Fall innerhalb der drei genannten, insoweit faktisch auftretenden Gewalten, insgesamt also der Staatsführung als des *uneigentlichen* Staates; zum anderen innerhalb des *eigentlichen,* als umfassender Staatsverband über den uneigentlichen hinausreichenden, Staates; und endlich innerhalb des Bereichs der erwähnten *Fremden*. Dem Sein werden, wie erklärt (o. 1), desgleichen Entstehen und Vergehen zugerechnet.

Die zweite: Die – normative und faktische – Entsprechung ist nicht allein mittels Vollziehung oder Ausführung einer Norm möglich, also etwa einer gesetzlichen Vorschrift (eines Ge- oder Verbotes) als Anordnung. Vielmehr ist sie in Fällen, in denen eine Norm nicht vollzogen oder ausgeführt werden kann, weil sie das schon selber tut, nur damit möglich, daß sie *geachtet* wird. Es geht um die Norm als Nichtvorschrift, bloße Anordnung. Als Beispiel diene wieder die Gesetzesnorm, die jemandem ein subjektives Recht gewährt. Dann wird die schon in der Rechtsgewährung liegende Vollziehung dadurch geachtet, daß keine mögliche, vor allem staatliche Gewalt gegen das gewährte Recht und somit gegen die gewährende Norm verstößt, weder normativ noch faktisch.

Was nun **erstens das Faktische im Rahmen der Staatsführung** als des *uneigentlichen* Staates betrifft, so ergibt es sich – im Vergleich und Gegensatz zur *normativen* Entsprechung gegenüber einer staatlichen Norm – aus der *nichtnormativen.*

Ordnen z.B. Gesetze an, daß eine bestimmte Gerichtsbarkeit durch ebenso bestimmte Gerichte in der und der Zuständigkeit ausgeübt werde, so gehört zur *normativen* Entsprechung diesen Normen gegenüber einmal jedenfalls die Bestimmung der einzelnen Richter; und zum anderen – in Entsprechung zu weiteren Normen – beispielsweise die Eröffnung einer Gerichtsverhandlung durch ein Gericht, die Worterteilung oder -entziehung, die Aufforderung an Zeugen zur Eidesleistung, die Ablehnung eines Beweisantrags, mögliche Abstimmungen von Richtern über ihre Entscheidung, die Verkündung der Entscheidungsformel und endlich die Schließung der Verhandlung, insgesamt, d.h. über diese Ausschnitte hinaus: die normative Durchführung des Verfahrens. Zur *faktischen* Entsprechung nun gehört erstens jedenfalls, daß es die Gerichte in Gestalt der Richter überhaupt gibt, und daß sie die erforderliche Zuständigkeit haben; sowie zweitens – in Entsprechung wieder zu anderen Normen – beispielshalber, daß sie zur Verhandlung zusammentreten, die Anwesenheit der für die Durchführung der Verhandlung erforderlichen Personen feststellen, einen Angeklagten über seine Rechte belehren, Zeugen auf die Folgen einer Falschaussage hinweisen, Gutachter hören, vor einer möglichen Abstimmung beraten, die Entscheidungsgründe mitteilen und endlich auseinandertreten, insgesamt, d.h. erneut über diese Ausschnitte hinaus: das Verfahren nichtnormativ durchführen.

Als weiteres Beispiel sei, lediglich zusammengefaßt, auf ein Gesetz hingewiesen, das für einen Staat zum Schutze der öffentlichen Sicherheit und Ordnung Polizeikräfte anordnet, sowie auf all das, was nun, in Entsprechung zu seinen Normen, einerseits in normativer und andererseits in faktischer Hinsicht geschieht. Nun zeigen diese Beispiele aber auch deutlich, was nicht nur *besonders,* sondern ebenfalls *allgemein* zum staatlich Faktischen zählt: die Richter und Polizisten in ihrem **Sein,** der Besitz der jeweiligen Zuständigkeit als ihr **Haben** und ihr nichtnormatives Auftreten als ihr **Verhalten.** So stellt nicht bloß das normentsprechende tatsächliche menschliche Verhalten etwas Faktisches dar, nicht allein das normentsprechende menschliche Haben, vielmehr desgleichen das für beide vorausgesetzte normentsprechende, grundlegende menschliche Sein: *als* Richter bzw. *als* Polizisten. – Zu allem kommt insbesondere hinzu: Auch das Haben der vielen staatlichen Kennzeichnungen, besonders von Amtsbezeichnungen, etwa aufs neue durch Richter und Polizisten, sowie das Haben der – mit einer sachlich gebotenen Zuständigkeit gegebenen – Rechte und Pflichten stellen in ihrer Entsprechung zu staatlichen Normen etwas staatlich Faktisches dar.

Wenn schon Menschen in ihrem einschlägigen Sein zum staatlich Faktischen gehören, dann fragt sich, ob dies nicht gleichfalls auf **Sachen** zutrifft. Zwar gibt es sehr vieles Sächliche, das, innerhalb der Staatsführung bestehend, staatlichen Normen entspricht. Man denke an bestimmt eingerichtete polizeiliche Übungsstätten, Dienstkleidungen, Rangabzeichen, Lehrmaterial, Geräte, Waffen, Kraftfahrzeuge usf., insgesamt: an die Ausstattung. Allein – diese Sachen sind doch nur mit dem (den) jeweiligen **Menschen** der Staatsführung, d.h. genau: jeweils nach ihrer Art mit seinem (ihrem) Sein, Haben und tatsächlichen Verhalten, verknüpft. Einzig *mit* diesem gehören sie zum staatlich Faktischen, *nicht ohne* es. Die Streitkräfte eines Staates und ihre sächliche Ausstattung bilden ein besonders anschauliches Beispiel. Geschichtlich gesehen, denke man für das Altertum zumal an die Amtstracht „in Rom", die dort „seit früh eine große Rolle" spielte (näher PAULY-GROSS, W. H., I, Sp. 320, Artikel: „Amtstracht"); und für das Mittelalter bis weit in die Neuzeit hinein an die Kleiderordnungen in ihren faktischen Auswirkungen innerhalb der Staatsführung, z.B. „zur Wahrung der Unterschiede zwischen den einzelnen Ständen" (BROCKHAUS, X, S. 239 l., Artikel: „Kleiderordnungen"). Im antiken Griechenland spielten hingegen „Amtstracht" und „Standestracht" fast keine Rolle (PAULY-GROSS, a.a.O.).

Was **zweitens das Faktische im Rahmen des Staatsverbandes** als des *eigentlichen* Staates angeht, so besteht auch in ihm – staatlichen Normen entsprechendes – staatlich Faktisches. Das ist insofern der Fall, als es die Staatsführung nicht den Geführten überläßt, über ihr Sein, Haben und Verhalten im Staatsverband zu bestimmen, sondern dies selber tut. Auch, soweit die Menschen der Führung, als Verbandsmitglieder, mit zu den Geführten zählen.

Im Gerichtsfall ist es so beispielshalber der genannte Angeklagte, der in seinem Sein, staatlichen Normen entsprechend, damit überhaupt erst Angeklagter ist. Und es ist derselbe Angeklagte, der im Haben gewisser Rechte und Pflichten wiederum staatlichen Normen entspricht. Ja, Gleiches gilt für sein Verhalten, soweit es faktisch aufs neue solchen Normen entspricht. Das jeweilige Sein, Haben und Verhalten geben etwas staatlich Faktisches ab. Ebenso verhält es sich ersichtlich mit dem noch nicht genannten Anwalt: Als Verteidiger etwa, der bestimmte Rechte und Pflichten hat und sich normgemäß tatsächlich verhält, bildet er in seinem Sein, Haben und Verhalten gleicherweise etwas staatlich Faktisches. Daß Angeklagter und Verteidiger voraussetzungsgemäß *Privatpersonen* sind, steht nicht entgegen. Weil die Staatlichkeit in der *Entsprechung* zu staatlichen Normen liegt, deshalb stellen beider gekennzeichnetes Sein, Haben und Verhalten keine *privaten,* sondern *staatliche* Fakten dar. – Handelt es sich bisher um *Einzelfälle,* – um einen *Gesamtfall* handelt es sich im folgenden: In Gemäßheit zu staatlichen, die Staatsangehörigkeit regelnden Normen *ist* jedes Verbandsmitglied *Staatsglied, hat* normgemäß die durch sie jeweilig angeordneten Rechte wie Pflichten und *verhält* sich in ihrer faktischen Ausübung wieder normgemäß; all das erneut nicht als private, vielmehr staatliche Fakten. – Zwar gibt es auch Einzelfälle, in denen die Beteiligten wohl in ihrem Haben und Verhalten etwas staatlich Faktisches bilden, aber nicht in ihrem Sein. Doch in diesen Fällen sind sie es jedenfalls als Staatsglieder. Man denke daran, daß private Hersteller von Kraftfahrzeugen diese auf gewisse Weise so bauen, wie staatliche Vorschriften es anordnen; und daß Privatpersonen als Fahrer der Fahrzeuge im öffentlichen Verkehr bestimmte Rechte und Pflichten haben. Auch bei diesem Verhalten und Haben geht es wieder nicht um private, vielmehr staatliche Fakten; und das Sein – diesmal nur als Staatsglied – ist ein gleiches Faktum. Entsprechend verhält es sich in Gemäßheit zu vielen anderen staatlichen Normen, ohne daß dies nochmals auszuführen wäre: zu Lebensmittel-, Baugesetzen, zu Gesetzen über Maße und Gewichte usf.

Auch jetzt fragt sich, ob nicht ebenfalls **Sachen** etwas staatlich Faktisches sein können. Erneut gibt es zwar viel Sächliches, das, innerhalb des eigentlichen Staates gegeben, staatlichen Normen entspricht. Es sei auf die erwähnten Kraftfahrzeuge hingewiesen, soweit sie staatlichen Vorschriften genügen; genauso auf Lebensmittel, Bauten, Waagen, Meßstäbe, auf Arzneimittel, Privatwald usw. Aber desgleichen noch – geschichtlich – darauf, daß bestimmte Trachten, ohne gleich Amtstrachten zu sein, dennoch Kleiderordnungen entsprachen. Trotzdem verknüpfen sich auch diese und alle übrigen Sachen, soweit sie staatlichen Normen gemäß sind, wieder allein mit dem (den) jeweiligen **Menschen** des Staatsverbandes. D.h. aufs neue genau: jeweils nach ihrer Art mit seinem (ihrem) Sein, Haben und Verhalten. *Ohne* dieses zählen sie *nicht* zum staatlich Faktischen, vielmehr einzig *mit* ihm.

Stellt man auf den Menschen als jeweilig staatlich Faktisches ab, und zwar einmal in allgemeiner Hinsicht: als Staatsglied, und zum anderen in besonderer: als Richter, Angeklagter usw., so besteht zwischen beiden das *Verhältnis* des *Umfassenden* zum *Umfaßten.* Jeder Mensch bildet als Staatsglied etwas *allgemein* Faktisches und, sofern er Richter, Angeklagter usf. ist, etwas *besonders* Faktisches.

Was noch **drittens das Faktische im Rahmen der Fremden** anlangt, also der Ausländer und Staatenlosen im Staatsgebiet, so gibt es auch insoweit – staatlichen Normen entsprechendes – staatlich Faktisches. Das trifft insofern zu, als die Staatsführung, ihre Herrschaft auf die Fremden erstreckend, es nunmehr diesen nicht überläßt, über ihr Sein, Haben und Verhalten im Staatsgebiet zu bestimmen, vielmehr dies wieder selbst vornimmt; und zwar teils unter Nach- oder Vorsetzung gegenüber den Staatsgliedern.

Das ist in dem Umfang der Fall, in dem die Normen des Staates entweder unterschiedslos für Staatsglieder *wie* Nichtstaatsglieder gelten, oder in dem sie *nur* für letztere gelten. Das zweite trifft schon auf jeden Fremden *als* diesen zu. Doch beispielsweise auch auf einen Fremden als Asylbewerber. Wieder gibt er als dieser, in seinem Haben von Rechten und Pflichten sowie in seinem einschlägigen Verhalten, den Normen eines Asylgesetzes entsprechend, etwas staatlich Faktisches ab, sogar bis zur möglichen Abschiebung.

Auch zu den in diesem Bereich bestehenden – staatlichen Normen entsprechenden – **Sachen** gilt nichts anderes. Es sei hierzu darauf hingewiesen, daß sich im mittelalterlichen Deutschen Reich zwar die „Kaiser ... der Einführung besonderer Judenzeichen“ widersetzten, doch „diese ... im späten MA. allgemein üblich“ wurden. „Neben den Judenhut traten allmählich auch andere Abzeichen, bes. der ‚gelbe Fleck‘“ (BROCKHAUS, IX, S. 512 l., Artikel: „Juden“). Aber gleichfalls solches und anderes Sächliche sind erneut mit dem (den) jeweiligen **Menschen,** diesmal Fremden, verknüpft. Das besagt wiederum genau: jeweils nach ihrer Art mit seinem (ihrem) Sein, Haben und Verhalten. Allein *mit* diesem gehören sie zum staatlich Faktischen, *nicht ohne* es.

Gründet das Normative (die Norm) der Staatsführung, aus der Stellung der *Überordnung* ergehend, in der *obrigkeitlich*-hoheitlichen Staatsgewalt, so gründet das Faktische der Staatsführung, aus derselben Stellung bzw. nicht aus ihr erfolgend, entweder *auch* in der obrigkeitlich-hoheitlichen Staatsgewalt oder in der *schlicht*-hoheitlichen. Dafür kommt aber, da es nunmehr neben dem normativen Führen nur um das faktische geht, als Faktisches allein das *Verhalten* in Betracht, nicht also mehr menschliches Sein und Haben. Dieses Verhalten gründet nun teils in obrigkeitlicher Gewalt, z. B. als nichtnormatives von Richtern, etwa aus der Überordnung gegenüber einem Angeklagten. Teils gründet es jedoch gleicherweise in schlichter oder einfacher Staatsgewalt, z. B. als schlicht-hoheitliche Tätigkeiten (o. 1), etwa als staatliche Berufsberatung.

Nun wirft zumal das Beispiel der Richter, soweit sie schon in ihrem *Sein* zum Faktischen des Staates zählen, eine wichtige Frage auf. Es ist die nach dem *Staatsorgan*. Sie ist bereits hier zu beantworten. Was nämlich auf allgemeine, umfassende Weise für das *Staats*organ gilt, das gilt desgleichen auf besondere, umfaßte für das *Verfassungs*organ.

Das **Staatsorgan** ist zuerst ein *Glied* oder *Teil* des *uneigentlichen* Staates, der *Staatsführung*. Dann besteht es aus einem oder mehr als einem *Menschen: Einzel-, Mehrheits-, Vielheitsorgan,* und gehört, staatlichen Normen schon in seinem Sein entsprechend, damit zum staatlich *Faktischen*. Dies kann näher der Fall sein als *Gesamt-, Teil-, Haupt-, Neben*organ usf. *Organ* und *Organwalter* oder gar *Organträger* sind nichts Verschiedenes, sondern als Menschen der Staatsführung ein und dasselbe. Ja, die Namen ‚Organwalter‘ und ‚Organträger‘ sind Unbegriffe und somit überflüssig. Das Organ ist hiernach aber auch *nichts Vorgestelltes,* bloß im Kopf, dem Bewußtsein eines vorstellenden Subjekts, Bestehendes, vielmehr etwas Wirkliches außer ihm: *nichts Subjektives,* nur *Ideales,* sondern etwas *Objektives,* in der Außenwelt *Reales*. Ferner ist das Staatsorgan *hoheitlich* tätig, sei es auf obrigkeitliche oder nichtobrigkeitliche, schlicht-hoheitliche, Weise, also nicht auf fiskalische oder gar sonst private. Und schließlich tut es das *mit Wirkung für den Staat* (dazu o. A I). In dieser Gesamtbedeutung des Staatsorgans stellt etwa ein Kollegialgericht ein Glied des Staates als der Staatsführung dar; bildet, aus mehreren Menschen als Teilorganen bestehend, ein Mehrheitsorgan als Gesamtorgan; ist ferner – und zwar sowohl in seinem normativen wie nichtnormativen, faktischen, richterlichen Verhalten obrigkeitlich-hoheitlich tätig; und das erfolgt mit Wirkung für den Staat. Wurde nun gesagt, daß die Staatsführung der Inbegriff der im Staate hoheitlich tätigen Menschen ist, so bildet folglich die *Staatsführung* den *Inbegriff der Staatsorgane:* als *uneigentlichen* Staat im *eigentlichen* des *Staatsverbandes.* Wie aber jedes Staatsorgan für seinen Bestand, seine Zuständigkeit und sein Verhalten Normen zur Voraussetzung hat, die all das anordnen, so lassen sich die Staatsorgane überhaupt als *staatliche Normeneinrichtungen* bezeichnen; dies in der Bedeutung, daß sie, den Normen entsprechend, auf ihnen beruhen, durch sie insoweit bedingt sind. Sofern es sich bei den Normen um gesetzliche handelt, geht es zwar in einem engeren Rahmen, doch in gleicher Bedeutung um *gesetzliche* oder *Gesetzeseinrichtungen.* Jedoch – *rechtliche* oder *Rechtseinrichtungen* sind sie damit, weil gesetzliche Normen auch unrechtlich oder Unrecht sein können, noch nicht. Das sind sie vielmehr erst dann, wenn letztere rechtlich oder Recht sind (dazu näher u. 2. Abschn., D I 1). Und das eine wie andere sind sie *nicht* als *normatives,* vielmehr als *faktisches.* Daß aber unrechtliche Staatsorgane gleichfalls möglich sind, zeigen staatliche Vergangenheit und Gegenwart zur Genüge. Man denke an die mit dem Umbringen von Angehörigen einer Rasse oder Klasse befaßten Staatsorgane; für die jüngere Vergangenheit etwa an das sog. Dritte Reich mit HITLER und an die Sowjet-Union jedenfalls unter STALIN.

Gerade das Richterbeispiel wirft damit, daß auch das Haben der erforderlichen Zuständigkeit zum staatlich Faktischen zählt, im Zusammenhang mit dem Staatsorgan die Frage nach der **Organzuständigkeit** oder **-kompetenz** auf. Wie nämlich bei jedem Staatsorgan, so bildet sie gleichfalls beim Verfassungsorgan den *Schlüssel* zu seiner Gewalt oder Macht. Zwar bezieht sich jede Zuständigkeit auf ein gewisses Verhalten; das liegt im Zuständigsein-für eines Organs. Doch daß hiermit bereits ein *Recht* des Organs auf dieses Verhalten vorläge, durch eine entsprechende Rechtsnorm zu seinen Gunsten angeordnet, ist keineswegs so. Denn mit unrechtlichen Normen, z. B. denen, die Staatsangehörigen einer bestimmten Bevölkerungsgruppe zu enteignen und in Zwangsarbeitslager mit möglicher Todesfolge zu stecken, wird wohl die jeweilige Zuständigkeit der für die – normative wie faktische – Durchführung eingesetzten Staatsorgane begründet; aber wegen der Unverbindlichkeit wie Ungültigkeit der – ja auf Unrecht gerichteten und somit selber unrechtlichen – Normen keine Berechtigung dazu. Und hiernach bildet die Zuständigkeit *kein Recht.* Doch es wird mit solchen Normen auch keine Verpflichtung zur Durchführung begründet. Und danach bildet die Zuständigkeit ebenfalls *keine Pflicht.* Statt dessen: Für etwas *zuständig sein* heißt: der *Erfüllung* einer bestimmten, meist sich wiederholenden, *Aufgabe zugeordnet sein;* gleich, ob Aufgabe und Erfüllung *Recht* oder *Unrecht* darstellen. Hierbei ist es unerheblich, ob sich der (die) Zuständige(n) selber zuständig gemacht hat (haben), oder/und ob dies jemand anders gemacht hat. Die Zuständigkeit als das genannte Zugeordnetsein ist außerdem *nicht* dasselbe wie *Macht* oder *Gewalt.* Denn die Zuordnung kann bestehen, ohne daß die Macht zur Erfüllung der Aufgabe besteht. So ist es beispielshalber dann, wenn eine zuständige Regierung sich in einem Teil des Staatsgebiets nicht betätigen kann, weil Aufständische sie daran hindern. Daher ist zwar das Zuständigsein als das gekennzeichnete Zugeordnetsein gleichzeitig ein Ermächtigtsein; indes auch dieses bedeutet noch kein Machthaben. Doch stellt, wie gesagt, die Zuständigkeit den Schlüssel zur Macht dar. Und das gilt nunmehr insofern, als sie dem Staatsorgan – ohne oder mit Durchsetzung durch dieses – die Macht zu dem erschließt, eröffnet, was es zur Erfüllung seiner Aufgabe braucht. – Die sog. **Fachkompetenz** als Zuständigkeit in der *Sache* ist übrigens etwas anderes als die Organkompetenz oder -zuständigkeit. Dies ergibt sich schon daraus, daß jemand die Zuständigkeit als Organ haben kann, z. B. als bestimmter Minister, ohne die in der Sache zu haben; und daß jemand die in der Sache besitzen kann, ohne auch die als Organ zu besitzen. Demgemäß geht es mit der Fachkompetenz allein um die *sachliche Eignung* oder *Befähigung* zur *Erfüllung* einer Aufgabe. Falsch wäre es, darauf abzustellen, daß Organ- und Fachkompetenz immer zusammenfallen *sollen*. Das soll vielmehr einzig dann sein, wenn sich das Organ normgemäß rechtlich verhält, nicht hingegen, wenn es das normgemäß unrechtlich tut.

Nach den Ausführungen zum Staatsorgan und zur Organzuständigkeit ist folgende **Klarstellung** möglich: Wo bislang lediglich von *‚Staatsführung'* die Rede war, oder wo dies im Folgenden so ist, dort stand bzw. steht entweder das Ganze für die *Gesamtheit* der Staatsorgane oder nur für einen ihrer *Teile*. Was letzteres anlangt, so handelte bzw. handelt es sich also stets bloß um das *jeweils zuständige Staatsorgan* oder die *jeweils zuständigen Organe,* und zwar *innerhalb* der Staatsführung. Es ging bzw. geht folglich immer nur um die Staatsführung in Gestalt solcher Organe.

Das Richterbeispiel wirft indes in Verbindung mit dem Staatsorgan noch eine weitere Frage auf: die nach der **Organwillensbildung.** Es gibt verschiedene Willensbildungen. Im Anschluß an die Unterscheidung in Einzel-, Mehrheits- und Vielheitsorgane sind dies, da sich die beiden letzten in Kollegialaorgane zusammenfassen lassen, die *Einzel-* und *Kollegialwillensbildung.* Hiermit ist freilich das sog. Kollegium nicht, wie üblicherweise, nur *eng,* z. B. als Richterkollegium, begriffen, sondern überdies auch *weit,* so daß beispielshalber auch eine größere Wählerschaft dazu gehört. Solche Willensbildungen sind nun zwar keineswegs bloß als faktische Willenskundgaben möglich, vielmehr – nämlich mit Normen – desgleichen als normative. Dennoch sind ihre Bildungen die *gleichen* eines – als solchen – *faktischen* – Organs und deswegen zusammen zu behandeln. Das sei aber, weil aufschlußreicher, erst zu den Verfassungsorganen getan (u. 2. Abschn., B II 1).

Nun ist mit der vorgenommenen Gliederung im Staat gleichfalls eine **Ordnung des Faktischen** gegeben: je eine *Teilordnung* in Beschränkung auf den *uneigentlichen* Staat, den *eigentlichen,* soweit er über ersteren hinausreicht, sowie den *Fremdenbereich*; und eine – sie alle umfassende – *Gesamtordnung.*

Die faktische **Teilordnung des uneigentlichen Staates** zunächst, der Staatsführung, besteht – die *Staatsorgane,* ihre *Zuständigkeit* und ihr *Verhalten* betreffend – in Gemäßheit zur Über- und Unterordnung sowie zur Gleich- und Nebenordnung der Normen (dazu o. 1, Ende). Das läßt sich am besten im Ausgang vom *Kern* der faktischen Ordnung, dem(n) *Menschen* als *Staatsorgan(en)* innerhalb der Staatsführung näher darlegen. Im Rahmen der Gleichordnung der Geber formeller Gesetze *als* dieser ist der Verfassungsgesetzgeber regelmäßig dem einfachen Gesetzgeber übergeordnet und dieser mithin jenem untergeordnet. Ausnahmsweise besteht das umgekehrte Verhältnis z. B. in dem gekennzeichneten Fall, daß ein bestimmter einfacher Gesetzgeber, durch Verfassungsänderung erlaubt, sich in seiner Gesetzgebung über die des Verfassungsgesetzgebers hinwegsetzt. Der einfache Gesetzgeber ist dem – nur materielle Gesetze schaffenden – Verordnungsgeber in der Regel übergeordnet, wie letzterer demgemäß ersterem untergeordnet ist. Als Ausnahme liegt aber Gleichordnung im Falle der gesetzesvertretenden Verordnung vor. Genauso ist der einfache Gesetzgeber noch dem – materielles Gesetz schaffenden – Richter übergeordnet und also dieser jenem untergeordnet. Ausnahmsweise besteht erneut Gleichordnung im Fall der gesetzesvertretenden Gerichtsentscheidung. Ja, es liegt sogar Überordnung in dem Fall vor, daß eine Gerichtsentscheidung ein Gesetz für nichtig erklärt. Durchgehend ist der einfache Gesetzgeber dem Geber autonomer Satzungen übergeordnet, wie letzterer folglich ersterem untergeordnet ist. Das Verhältnis des Gebers formell- bzw. materiell-gesetzlicher Normen zu dem nichtgesetzlicher als gewohnheitlicher ist im Falle der Ergänzung der gesetzlichen durch gewohnheitliche Normen das der Gleichordnung, in dem der Verdrängung das der Unter- zur Überordnung. Insofern kann daher etwa der Richter mit dem sog. Richterrecht dem Gesetzgeber übergeordnet und dieser demnach jenem untergeordnet sein. Im Verhältnis des Gebers gesetzlicher Normen zu dem der sonstigen nichtgesetzlichen dreht es sich in der Regel um Über- und Unterordnung; ausnahmsweise um das Umgekehrte, wenn z. B. eine solche nichtgesetzliche Norm Verfassungsrang hat. Einen Fall der Gleichordnung in der Nebenordnung bilden beispielshalber mit ihren formell-gleichen wie nebengeordneten Entscheidungen gleiche Gerichte, aufs neue etwa Landgerichte. Insgesamt Gleiches gilt ersichtlich, was noch die *Zuständigkeiten* und das einschlägige *Verhalten* betrifft. Denn sie sind es ja, welche die Stellung der Organe als Menschen innerhalb der faktischen Ordnung, in ihren geschilderten Verhältnissen, bestimmen. D. h., auch Zuständigkeiten sowie Verhalten sind einander über-, unter-, gleich- wie nebengeordnet, und zwar als das in diesem Bereich Grundlegende.

Die faktische **Teilordnung des eigentlichen Staates** sodann, des Staatsverbandes, soweit er über den uneigentlichen hinausragt, besteht – die *Staatsglieder,* ihre *Zuständigkeit* und ihr *Verhalten* betreffend – zumal in Gemäßheit zu *besonderen* staatlichen Normen, die Über- und Unterordnung sowie Gleich- und Nebenordnung bestimmen. Man denke z. B. an eine staatlich vorgeschriebene umfassende Jugendorganisation, die in ihrem Aufbau die genannten, gleichfalls vorgeschriebenen Ordnungsverhältnisse besitzt (als Grundlage hierfür etwa HitlerjugendG, 1936, und JugenddienstVO, 1939). Zu einem anderen Staat denke man immerhin an das private Forstwesen, soweit es, durch staatliche Normen zugelassen oder gar vorgeschrieben, dem staatlichen Forstwesen vergleichbare Ordnungsverhältnisse aufweist (beispielsweise § 65 I LFoG NRW, i. d. F. 1980). Zu denken ist indes z. B. auch noch an private Vereinigungen, soweit sie in ihren Ordnungsverhältnissen staatlichen Normen entsprechen.

Die faktische **Teilordnung des Fremdenbereiches** ferner besteht – die *Nichtstaatsglieder* der Ausländer und Staatenlosen im Staatsgebiet, gegebenenfalls ihre *Zuständigkeit* und ihr einschlägiges *Verhalten* betreffend – auch zumal in Entsprechung zu *besonderen* staatlichen Normen, die Über- und Unterordnung, Gleich- sowie Nebenordnung bestimmen. Zu einer solchen Ordnung innerhalb dauernd im Staatsgebiet ansässiger Fremden folgendes Beispiel aus der griechischen Polis: Die „steuerliche Gleichstellung mit den Bürgern, in Athen ein häufiges Privileg der Metoeken“ – μέτοικοι (métoikoi), Mitbewohner – ließ „diese eine besondere Klasse der ansässigen Fremden“ bilden (MEYER, S. 104 f.). Zur einschlägigen Überordnung ersterer gehörte eben die entsprechende Unterordnung der übrigen Fremden; wie zur einschlägigen Nebenordnung innerhalb jeder Klasse die entsprechende Gleichordnung gehörte. Eine Ordnung war desgleichen im spätmittelalterlichen Deutschen Reich mit der königlichen Gewährung von Richtern unter Juden gegeben, „richtern“ mit der „macht ..., zu richten nach unsers“, des Königs, „und des richs hofgericht recht“ (Zif. 12 Judenprivileg König Sigismunds, 1415).

Die alle drei Bereiche umfassende faktische **Gesamtordnung** endlich besteht, wie folgt: zum einen in der Überordnung der Staatsführung als des uneigentlichen Staates über den Staatsverband als den gekennzeichneten eigentlichen und somit der Unterordnung des letzteren unter ersteren; zum anderen in der Überordnung des uneigentlichen Staates über den Fremdenbereich und also der Unterordnung auch dieses unter jenen; sowie schließlich in der – gesamten oder teilweisen – Überordnung des gekennzeichneten eigentlichen Staates über denselben Fremdenbereich und sonach der entsprechenden Unterordnung des letzteren auch unter ersteren; soweit dieser nämlich ganz oder teils bevorzugt und jener entsprechend benachteiligt ist. Sofern ausnahmsweise Gleichstellung oder gar Bevorzugung von Fremden besteht, liegen Gleichordnung bzw. umgekehrte Überordnung und Unterordnung vor.

Zusammengefaßt, ergibt sich folgende **Gegenstandsbestimmung der faktischen Staatsordnung:** Sie stellt das durch die Staatsführung geschaffene jeweilige Faktengefüge dar – wieder als eine aus Teilformen bestehende Gesamtform –, die in sich erneut eine Fülle von Rangverhältnissen besitzt, in denen das Faktische als das Geordnete zueinander steht.

3. Das sonstige Verhältnis zwischen normativer und faktischer Staatsordnung

Es wird desgleichen auf die normative und faktische Staatsverfassung zutreffen.

Vor allem ist es das des *Rangs,* in dem beide Staatsordnungen zueinander stehen.

Soweit es auf das **Bedingungsverhältnis** ankommt, also darauf, daß die *normative* Ordnung durch ihren Inhalt den der *faktischen* Ordnung *bestimmt,* ist erstere das *Vorrangige* und letztere das *Nachrangige.* Jene ist eben mit ihren Normen maß-*gebend,* diese mit ihrem Faktischen maß-*gemäß,* die erste also insofern das *Bedingende,* die zweite das *Bedingte.*

Was demgegenüber den Rang im **Mittel-Zweck-Verhältnis** angeht, so stellt die *normative* Ordnung in ihrem Inhalt bloß das *Mittel* und damit das *Nachrangige* dar, die *faktische* hingegen in ihrem den *Zweck* und sohin das *Vorrangige.* Die Norm besteht um des Faktischen willen. Mögen deshalb zwischen einer Norm und dem bezweckten Faktischen – wie das Gerichtsbeispiel zeigt – faktisches *und* normatives Verhalten stehen, – es ist doch ebenfalls insoweit das – letztlich – Bezweckte ein Faktisches: etwa das Gefangenhalten eines Verurteilten, möglicherweise seine Besserung. Entsprechend ist auch im Beispiel der Polizei das – letztlich – Gewollte etwas Faktisches: Sicherheit und Ordnung.

Aber auch was das entscheidende **Grundverhältnis** zwischen den Ordnungen betrifft, ist die *faktische* mit ihrem Inhalt erneut das *Vorrangige,* wie die *normative* mit ihrem wiederum das *Nachrangige* ist. Hat sich nämlich der Mensch bereits in seinem bestimmten Sein als *Kern* der *faktischen* Ordnung erwiesen, vermehrt um sein Haben und faktisches Verhalten; und trifft dies insbesondere auf den Menschen als *Staatsorgan* zu, – so bildet er als jeweils bestimmter den *Schöpfer* der *normativen* Ordnung. Also einesteils zwar durch Normen in seinem *Faktischen,* zumal als Staatsorgan, bedingt, ist er doch andernteils, außerdem grundlegend, als Faktisches für die Normen bedingend: nämlich in den Bereichen der gesetz-, überhaupt oberste Normen gebenden, vollziehenden und richterlichen Gewalt.

Es bleibt Folgendes: Zwar stellen normative und faktische Staatsordnung in ihren Inhalten etwas *Verschiedenes* dar. Dennoch bilden sie mit diesen Inhalten in Gestalt des Entsprochenen oder Maß-gebenden bzw. des Entsprechenden oder Maß-gemäßen eine **Einheit.** Insgesamt läßt sich daher – beide Ordnungen, wie zusammenbestehend, so zusammengenommen – von *einer, der* Staatsordnung sprechen: der **Gesamtordnung von normativer und faktischer Teilordnung.** Diese bilden das genannte Doppelwesen.

Nun ist allerdings für keine normative Staatsordnung auszuschließen, daß sie Normen enthält, denen *kein staatlich Faktisches* entspricht, sei es *noch* nicht, sei es nicht *mehr.* Allein – dies besagt für das Ausgeführte nur: Das Verhältnis von entsprochener normativer und entsprechender faktischer Staatsordnung ist einzig auf den *Bereich der Entsprechung* beschränkt; wie auf ihn genauso die Gesamtordnung der normativen und faktischen Teilordnung beschränkt ist. Eine Besonderheit gilt für den Fall, daß keine Entsprechung mehr vorliegt, weil die fraglichen Normen gegenstandslos sind und somit *obsolet* (außer Gebrauch, da überholt). Denn solche Bestimmungen stellen lediglich **Nominalnormen** dar. Das gilt auch von solchen Normen, die durch andere – geschriebene oder ungeschriebene – verdrängt werden, ohne aufgehoben zu sein. Und ihnen allen stehen sämtliche übrigen Bestimmungen, weil nicht gegenstandslos, als **Realnormen** gegenüber; selbst dann, wenn ihnen noch nicht entsprochen ist, dies aber sein kann. Man denke für einen gewissen Staat, etwa die Bundesrepublik Deutschland, an den noch nicht eingetretenen Fall der Anklage eines Staatspräsidenten (Art. 61 GG, 1949). Das Entsprechungsverhältnis ist insoweit ein *mögliches.* Die Realnormen, denen noch nicht entsprochen ist, lassen übrigens die normative Staatsordnung *weiter* sein als die faktische und diese insofern *enger* als jene. Umgekehrt: Die faktische ist in der Hinsicht *weiter,* als einer und derselben Norm mehr- oder gar vielmals faktisch entsprochen wird; wie die normative entsprechend *enger* ist.

4. Die Wirklichkeits- oder Seinsweise der Staatsordnung sowie ihre Erkenntnis

Das insoweit Darzutuende gilt grundsätzlich ebenfalls für die Staatsverfassung.

Mit der **Wirklichkeits- oder Seinsweise** ist die Frage zu beantworten, welchem *Bereich* im Wirklichen oder Seienden die Inhalte der normativen und faktischen Staatsordnung, die Ordnungen selbst sowie die von ihnen gebildete Gesamtordnung angehören: dem der *stofflichen (physischen, materiellen)* oder *seelischen (psychischen)* oder *geistigen* Gegenstände. Anders ausgedrückt: ob sie als **Stoffliches, Seelisches** oder **Geistiges** – die drei Gegenstandsbereiche der Wirklichkeit – gegeben sind.

Dazu vorweg deren kurze Beschreibung: Zur entscheidenden Kennzeichnung des Stofflichen gehört es, *massehaft* zu sein und *vorgangshaft;* zu der des Seelischen, zwar *masselos,* doch *vorgangshaft* zu sein; und zu der des Geistigen, zwar gleichfalls *masselos,* aber auch *vorgangslos* zu sein. Als Beispiele sei erstens auf ein Haus und ein Atom als Stoffliches hingewiesen, zweitens auf eine Bewußtseinsvorstellung und ein Gefühl als Seelisches sowie drittens auf Zahlen und Werte als Geistiges. Dabei ist das Geistige nicht mit dem menschlichen sog. Geist zu verwechseln, einem dem Geistigen offenstehenden seelischen Bereich, der damit lediglich in übertragener Bedeutung geistig ist. Und die Werte sind nicht mit den werthaften Gegenständen zu verwechseln sowie die Zahlen nicht mit den sie wiedergebenden – stofflichen – Ziffern.

Was nun zuerst die **normative Staatsordnung** anbelangt, so ergibt sich hiernach sowie nach dem, was zur Norm und zur Ordnung gesagt wurde, dies: Die *Norm* gehört als Willensäußerung sowohl dem *stofflichen* als auch dem *seelischen* Bereich an. Ersteres tut sie als Äußerung, letzteres als Wollen. Sie ist eben *Willenskundgabe*. Das Wollen ist als Seelisches eindeutig. Doch ebenfalls die Kundgabe ist als Stoffliches eindeutig, wenn man bedenkt, daß man allein auf stoffliche Weise ein Wollen kundgeben kann. Die gesetzliche Norm beispielsweise tut dies durch die das Wollen des Gesetzgebers vermittelnden – stofflichen – Schriftzeichen, das verkündete richterliche Urteil durch die das Wollen des Richters vermittelnden – stofflichen – Tonzeichen und die verkehrspolizeiliche Anweisung etwa durch ein das Wollen des Polizisten vermittelndes – stoffliches – Arm- und Handzeichen. Die *Ordnung* dagegen gehört einzig dem *geistigen* Bereich an. Denn mit dem Gefüge als Formenverbindung und den Beziehungen oder Verhältnissen, in denen die geordneten Gegenstände – in diesem Fall die staatlichen Normen – zueinander stehen, liegt etwas Masse- und Vorgangsloses und somit etwas jeweils Geistiges vor. In der normativen Staatsordnung ist folglich die Ordnung als beziehungsdurchwirktes Gefüge auf geistige Weise wirklich (real), die Normen aber als das Gefügte sind es auf stoffliche und seelische. Beide Anteile der Norm, der vorrangige seelische und der nachrangige stoffliche, stehen übrigens *untrennbar ineinander*.

Was sodann die **faktische Staatsordnung** betrifft, so ergibt sich nach dem, was oben zu den Wirklichkeitsbereichen und früher zum Faktischen sowie zur Ordnung gesagt wurde, Folgendes: Das *Faktische* kann sowohl dem *stofflichen* wie *seelischen* wie gleichfalls dem *geistigen* Bereich angehören. Auf welche Art das im Einzelnen der Fall ist, läßt sich bloß an Beispielen dartun, allerdings in Hinblick auf die Gliederung des Faktischen in ein solches bestimmten Seins, Habens und Verhaltens von Menschen. Bezüglich des *Seins* von Menschen, z. B. als Richtern oder – allgemeiner – als Staatsangehörigen, ist es so, daß sie, weil zugleich stofflich wie seelisch, damit als *Stofflich-Seelisches* etwas Faktisches abgeben. Hinsichtlich des menschlichen *Habens*, etwa von Zuständigkeiten, stellt das Faktische hingegen etwas nur *Geistiges* dar. Denn wie der Zuständige, beispielsweise erneut als Richter, der Erfüllung einer bestimmten Aufgabe zugeordnet ist, so steht er in einer *Beziehung* dazu, der einer Zuordnung. Und Beziehungen sind geistig wirklich. Bezüglich des faktischen menschlichen *Verhaltens* als eines vorausgesetzterweise äußerlich wirksamen, beispielshalber aufs neue eines Richters, dreht es sich ersichtlich wieder um etwas *Stofflich-Seelisches* als Faktisches. Nimmt man noch *Sächliches* hinzu, das – wie gezeigt – allein in Verbindung mit Menschen in ihrem Sein, Haben und Verhalten zum Faktischen zählt, z. B. Dienstkleidungen, so bildet es – von mit ihm möglicherweise verknüpften Bedeutungen abgesehen – etwas *Stoffliches*. Die *Ordnung* indessen zählt wiederum ausschließlich zum *geistigen* Bereich. Insofern gilt nämlich ein weiteres Mal das, was im letzten Absatz zu ihr ausgeführt wurde. In der faktischen Staatsordnung ist hiernach die Ordnung als ein beziehungsdurchwirktes Gefüge erneut auf geistige Art wirklich (real), das Faktische jedoch als das Gefügte ist es auf stoffliche, seelische sowie geistige Art. – Zum **Staatsorgan** als besonderem Teil des in der faktischen Staatsordnung Geordneten ist noch zu sagen, daß es – aus einem oder mehr als einem Menschen bestehend – eben hiermit auf stoffliche wie seelische Weise wirklich ist. Soweit das Organ aus mehr als einem Menschen besteht, befindet es sich schon insoweit in einem – anderen – beziehungsdurchwirkten Gefüge als – geistiger – Ordnung.

Was abschließend noch *beide* Staatsordnungen in ihrer *Einheit* angeht, der *einen* Staatsordnung als **Gesamtordnung,** so gilt: Sie bildet als Gesamtgefüge, in dem vor allem die Beziehung des entsprochenen Normativen zum entsprechenden Faktischen vorliegt, ebenfalls etwas *Geistiges.*

Mit der **Erkenntnis** der Staatsordnung ist zunächst die Frage zu beantworten, auf welche *Weise* die Inhalte der normativen und faktischen Staatsordnung, beide Ordnungen selber sowie die Gesamtordnung zu erkennen sind: auf **sinnliche** oder **unsinnliche.** Anders gesagt: ob sie *über* die *Sinne* als *Mittel* oder *ohne* diese Mittel zu erfassen sind, oder – als dasselbe – ob man sie auf die eine bzw. andere Art *erschaut,* d.h. sich zutreffend bewußt macht.

Hierzu ist vorweg zu sagen: *Welche* Art vorliegt, hängt von der behandelten Wirklichkeits- oder Seinsweise des zur Erkenntnis stehenden Gegenstandes ab. Das Stoffliche wird so mit Hilfe der Sinne – etwa des Gesichts- oder des Gehörssinnes – erfaßt, das Seelische und Geistige jedoch ohne diese Hilfe. Für das erste sei z.B. an die Erkenntnis eines – stofflichen – Hauses gedacht; und für das zweite sei beispielsweise an die einer mündlich mitgeteilten – seelischen – Bewußtseinsvorstellung bzw. an die einer schriftlich mitgeteilten – geistigen – Zahl gedacht. Bewußtseinsvorstellung und Zahl sind eben weder sichtbar noch hörbar usf. – Im übrigen ist **Erfahrung** oder **Empirie** dasselbe wie Erkenntnis. Damit ist erstere indes, wie vorausgeschickt (o. Einführung, 4, Ende), keineswegs nur als sinnliche, sondern außerdem als unsinnliche möglich. Die Auffassung des **Sensualismus** aber, der entweder allein oder jedenfalls entscheidend mit der sog. Wahrnehmung durch die Sinne die Erfahrung als sinnliche vertritt, ist also, weil zu eng, unhaltbar.

Danach sowie nach dem, was zur Wirklichkeitsweise der zwei Staatsordnungen wie ihrer Inhalte und der Gesamtordnung ausgeführt wurde, ergibt sich zu ihrer Erkenntnis dies: Die **Ordnungen** – normative und faktische Teilordnung sowie die Gesamtordnung – nebst den *Beziehungen,* in denen ihre geordneten Gegenstände stehen, sind als etwas Geistiges einzig *unsinnlich* erkennbar. Sie lassen sich demgemäß weder sehen noch hören, noch fühlen usw. Anders steht es zuerst um das in der *normativen* Staatsordnung *Geordnete:* die **Normen.** Sie sind als einerseits Seelisches – das Wollen – und als andererseits Stoffliches – die Kundgabe – *unsinnlich-sinnlich* erfaßbar. Man denke etwa an gesetzliche Normen, die in ihrer stofflichen Gestalt, der Schrift, sinnlich und in ihrem vermittelten seelischen Gehalt, dem Wollen, unsinnlich erfahren werden. Anders steht es sodann aber auch noch um das in der *faktischen* Staatsordnung *Geordnete:* das **Nichtnormative.** Wie dieses, das Faktische, sowohl dem Stofflichen wie seelischen wie gleichfalls geistigen Bereich angehört, so ist es entsprechend *sinnlich-unsinnlich* erfaßbar. Daher werden die genannten Richter als – stofflich-seelische – Menschen sinnlich-unsinnlich erfahren; das Haben ihrer Zuständigkeit als ihre Zuordnung gewissen Aufgaben gegenüber und somit als – geistige – Beziehung wird es unsinnlich; und ihr – stofflich-seelisches – Verhalten wird es sinnlich-unsinnlich. Auch Normatives und Faktisches sind folglich, soweit sie – über das Stoffliche hinaus – am Seelischen bzw. Geistigen teilhaben, weder sehbar noch hörbar noch fühlbar usf. – Zum **Staatsorgan** als besonderem Teil des durch die faktische Staatsordnung Geordneten ist hier noch zu sagen: Als ein oder mehr als ein Mensch etwas Stofflich-Seelisches, ist es sinnlich-unsinnlich erfahrbar; in seinem Haben, besonders von Zuständigkeiten als etwas Geistigem, unsinnlich; sowie in seinem einschlägigen Verhalten als etwas erneut Stofflich-Seelischem wieder sinnlich-unsinnlich. Die Ordnung hingegen, in der sich ein aus mehr als einem Menschen bestehendes Organ befindet, ist, in ihrem Gefüge wie in ihren Beziehungen von geistigem Sein, ausschließlich unsinnlich erfahrbar. – Auch die Anteile an der Erkenntnis, d.h. sinnlicher und unsinnlicher Anteil, stehen *untrennbar ineinander.*

Dann ist noch die Frage nach der **Tragweite der Erkenntnis** zu beantworten. Was insoweit zu den Staatsbedingungen und zum Staat *allgemein* festgestellt wurde (o. A II), das gilt folgerichtig auch *besonders,* d.h. in Hinblick auf die Staatsordnung als *eine* der Bedingungen. Dies besagt: Wie sie *außerhalb* des Bewußtseins der – zu einer Staatsordnung gehörenden oder nicht gehörenden – *Menschen* steht, so besteht sie, wenn sie erkannt ist, damit keineswegs bloß *im* Bewußtsein der sie erkennenden und sohin vorstellenden Menschen. Davon nicht zu reden, daß ihre Erkenntnis stets ja nur ein – *nacheinander* stattfindendes – Erfassen von *Teilen,* nie also gleich ein solches des *Ganzen* ist. Der Staatsordnung kommt folglich, durch die Erkenntnis unbedingt, insofern *keine* Subjektivität, sondern Objektivität zu. Mit dieser ist sie außerdem, im Erkennen nur hingenommen und nicht hervorgebracht, *real* und *nicht ideal.* Es gilt **erkenntnistheoretisch** wieder der **Realismus** und nicht der **Idealismus.** Das betrifft aber desgleichen das in der Staatsordnung jeweils Geordnete: das Normative und Faktische, innerhalb des letzteren zumal den Menschen, wiederum etwa als Staatsorgan. Deshalb wurde die Staatsordnung nebst Inhalt lediglich *festgestellt,* doch *nicht* im Bewußtsein *geschaffen.*

II. Die Staatsordnung in weiteren Ansichten

Soweit festgestellt, werden in ihnen zur Staatsordnung entweder in der Regel *keine normative* und *faktische Staatsordnung* vertreten, die als Teilordnungen im Umfang ihres Bestehens eine Gesamtordnung als Einheit bilden, und zwar mit ihrem jeweils *Geordneten* als Inhalt: den entsprochenen staatlichen Normen bzw. dem entsprechenden staatlich Faktischen. Oder es wird in der Ausnahme zwar auf gewisse Weise *näher* zu diesem Verständnis der Staatsordnung gelangt; aber es bleiben doch *beträchtliche Unterschiede.*

Hiernach bleibt nur übrig, im Rahmen einer *Staatsordnung überhaupt* vor allem Gegenstände zu behandeln, die nach der wiedergegebenen eigenen Auffassung zur normativen oder faktischen Staatsordnung gehören oder zur Ordnung insgesamt. Im Anschluß daran geht es auch insoweit um die Wirklichkeits- oder Seinsweise sowie um die Erkenntnis.

An alledem ändert es nichts, daß von *verschiedenen* Verfassern die Staatsordnung, unrichtig zum Staat gemacht, als gewisse *normative* bzw. *faktische* vertreten wird (o. A II: KELSEN bzw. HELLER). In jeder der beiden Ansichten wird nämlich die Staatsordnung *nur* als normative bzw. *nur* als faktische behauptet. Tatsächlich ist aber die Staatsordnung *beides.* Außerdem sind die jeweiligen Inhalte derart verschieden von der normativen und faktischen Ordnung dieser Arbeit, daß sie lediglich ihren Namen mit ihnen gemeinsam haben.

1. Zur Staatsordnung überhaupt

Zunächst unter dem **Gesichtspunkt der normativen Staatsordnung.**

Was als erstes die **Norm** angeht, so wird diese erheblich anders verstanden als dargetan.

Das ist z. B. der Fall, wenn „die Norm“ als „etwas anderes“ aufgefaßt ist „als der Willensakt, dessen Sinn sie ist“, und zwar so, daß „die Norm“ – nur – „ein Sollen“ sei, „der Willensakt, dessen Sinn sie ist“, aber „ein Sein“ (KELSEN, Rechtslehre, S. 5). Willens-„Akte, deren Sinn eine Norm ist“, sind so etwa ein „rotes Verkehrszeichen“ als Haltegebot und „gesprochene oder geschriebene Worte“; was letztere betrifft, beispielsweise ein „Strafgesetz“ (S. 6f.). Allem *entspricht* es, „die Rechtsnorm“ nicht „als *Imperativ* zu charakterisieren“ (Staatslehre, S. 54 E); denn jeder Imperativ ist ein Willensakt. Ihm entspricht aber *nicht*, „Rechts*normen*“ doch als „Imperative“ zu begreifen (Rechtslehre, S. 73, 16). Sei es so oder so, – in jedem Fall ist für KELSEN die Norm *keine Willensäußerung* oder *-kundgabe*, sondern bloß das von ihr vermittelte *Sollen* als sog. *Sinn*. Indes – einmal ist Sollen gleich Verpflichtetsein. Ein solches kann zwar sowohl unausdrücklich durch eine Vorschrift, Ge- oder Verbot (einen Imperativ), als auch ausdrücklich durch eine Norm als Nichtvorschrift festgesetzt werden; indem diese nämlich ein Verpflichtetsein (eine Pflicht) zu etwas festsetzt. Eine Norm jedoch, die als Nichtvorschrift z. B. ein *Dürfen* als Berechtigtsein (Recht) zu etwas festsetzt, ordnet damit gerade *kein* Sollen als Verpflichtetsein an. Und daß im „‚Sollen‘ ... das ‚Dürfen‘ ... mit inbegriffen“ sei (S. 4f.), ist ersichtlich unzutreffend: Verpflichtet- und Berechtigtsein sind nun einmal nicht dasselbe. So ist außer dem Unterschied zwischen vorschreibender und nichtvorschreibender Norm ebenfalls nicht der zwischen Sollen und Dürfen erkannt. Zum anderen ist nicht allein das Wollen – der Willensakt – etwas Seiendes, vielmehr, wenn der Akt als rechtlicher tatsächlich ein Sollen oder Dürfen anordnet, dieses Dürfen bzw. Sollen selber: nämlich als das – seiende – Verpflichtetsein sowie das – seiende – Berechtigtsein von Menschen. Und endlich ist es überhaupt verfehlt, die Norm als sog. Sinn vom Wollen als sog. Sein zu trennen. Es ist ein *Gesamtes*, das die Norm bildet: das Wollen als Inhalt und die Kundgabe als Gestalt, mit dem Anspruch auf Verbindlichkeit. Deswegen ist es nicht so, daß „ein Parlamentsbeschluß ..., eine Willensäußerung des Monarchen, ein Urteilsspruch des Richters usw. ..., kurz ein physisch-psychischer Akt“, faktisch gegeben, „die Norm ... trägt“ (Staatslehre, S. 249). Vielmehr *ist* er die Norm. Daher läßt aber auch folgende Begründung die Trennung verfehlt sein: In „Geltung“ gesetzte „Gesetze können gelten, wenn“ die „Menschen“, die sie geschaffen haben, „längst gestorben sind, also überhaupt nichts wollen können“ (S. 10). Denn das Wollen der die Gesetze Schaffenden wird nicht nur im *Setzungsakt* kundgegeben, vielmehr ebenfalls im *Gesetzten*. Daher vermittelt eine gesetzliche Norm, selbst wenn der Gesetzgeber „längst gestorben“ ist, dennoch weiter seinen Willen: für jeden Gesetzesanwender eine Selbstverständlichkeit. Gleich, ob er den Willen nun verändert oder nicht. Entsprechend stellen ja auch die privaten Normen eines Testaments den ‚letzten Willen‘ eines *Verstorbenen* dar.

Ein erheblich anderes Verständnis der „Normen“ liegt ebenfalls damit vor, daß sie eine „Doppelstellung“ einnähmen; und zwar so, daß sie zum einen „ein Sein-sollen“ ausdrückten und zum anderen gleich „einem Teile des Seienden“ seien (JELLINEK, G., S. 19f.). Zuerst nämlich ist die Norm als anordnende Willenskundgabe etwas *nur* Seiendes. Dann *drückt* sie kein „Sein-sollen“ *aus*, vielmehr *versucht* sie einzig – als unausdrücklich oder ausdrücklich verschreibende –, ein *Sollen* als Verpflichtetsein zu *setzen*. Doch versucht sie, wie gezeigt, als nichtvorschreibende auch ein *Dürfen* als Berechtigung zu *setzen*. Und schließlich ist die Norm selbst, wenn sie als sachlich gebotene eine gerechte oder rechtliche darstellt, nicht allein *seiend*, sondern außerdem *seinsollend* und *setzt* damit *tatsächlich* ein Sollen; oder auch wieder ein Dürfen. Sie ist dann – über ihren Anspruch auf Verbindlichkeit hinaus – wirklich verbindlich. – Mit der Abstellung lediglich auf „das positive Recht" (HELLER, S. 182) wird gleichfalls insoweit fälschlich für die „Norm eine Doppelbedeutung" als „Seiendes wie ... Seinsollendes" vertreten (S. 184).

Als weiteres Beispiel eines erheblich anderen Normverständnisses sei die oft vertretene Ansicht gebracht, daß „Alles Recht ... aus Normen" bestehe, „die ein ... *Verhalten* vorschreiben, sei es ein Tun oder ein Unterlassen" (NAWIASKY, Rechtslehre, S. 8). Hiermit ist jedoch die Norm bloß wieder als Vorschrift erfaßt, nicht hingegen überdies als Nichtvorschrift, bloße Anordnung. Außerdem ist dann aber noch folgerichtig die nichtvorschreibende als bestimmte, d.h. ein Dürfen festsetzende, *abgelehnt*. Insofern heißt es zur Begründung der verfehlten Auffassung, daß „das ‚Dürfen' ... rechtlich irrelevant" sei (S. 161 i.V.m.S. 109f.): Ein „erlaubender Rechtssatz" ist „die Negation eines Gebots oder Verbots", also einer Vorschrift, „d.h. *rechtlich bedeutungslos* ... Es ist genau so, als wenn der Satz nicht bestünde. Er ist überflüssig, man könnte sagen sinnlos" (S. 109). Was hier tatsächlich sinnlos ist, zeigen all die Normen, die vom Gegenteil ausgehen. So etwa, wenn es heißt: „Beschränkungen", nämlich des Brief-, Post- und Fernmeldegeheimnisses, „dürfen nur auf Grund eines Gesetzes angeordnet werden" (Art. 10 II 1 GG, 1949). Das Gegenteil wird aber auch noch mit der Ansicht vertreten, die zwar – unrichtig – die *„Normen"* auf *„Gebote"* einschränkt; die jedoch *neben* sie – richtig, wenngleich nicht als Normen – *„gewährende Rechtssätze"* stellt, und zwar von Rechten (ENNECCERUS-NIPPERDEY, I, S. 199f.), also eines jeweiligen Dürfens. – Zur „Norm" als „Forderung", „Anordnung, Gebot, Imperativ", fälschlich wieder bloß „auf ein menschliches Verhalten" gerichtet, ebenfalls noch HELLER (S. 189).

Als letztes Beispiel eines erheblich anderen Normverständnisses ist noch auf die Meinung hinzuweisen, nach der „jede Rechtsnorm eine Zwang anordnende Norm" sei (KELSEN, Staatslehre, S. 47; auch NAWIASKY, Rechtslehre, S. 9 i.V.m. S. 10, 3). Jedoch – so sehr sie das in vielen Fällen ist, beispielsweise mit der Anordnung rechtlicher Freiheitsstrafen, so sehr ist sie es doch in vielen Fällen nicht. Derart verhält es sich etwa mit jedem Gebot, eine bestimmte Schuld zu begleichen. Die im Fall eines Verstoßes gegen das Gebot einen Zwang anordnende Norm ist eine *andere, neue,* ein *weiteres* Gebot. Daß „die erste keine selbständige Norm" sei, weil sie „nur ... die Bedingung" bestimmt, „an die die zweite die Sanktion knüpft" (KELSEN, Rechtslehre, S. 56), ist verfehlt. Zur – als solcher selbständigen – Norm gehört eben einzig das, was sie eine *anordnende Willenskundgabe* sein läßt (o. I 1) und sonst nichts. Hiermit ist aber auch die Unterscheidung in unselbständige und selbständige Normen (S. 56f.) verfehlt. Das trifft ebenfalls auf die entsprechende Unterscheidung in *„primäre* und *sekundäre, materielle* und *Sanktionsnormen"* (NAWIASKY, a.a.O., S. 14) zu. Einen sog. „Dualismus der Rechtsnorm" (S. 15, 7) gibt es nicht. Folge dieses verfehlten Normverständnisses ist bei KELSEN der weitere Fehler, daß „unselbständige Normen ... nur in Verbindung mit einer einen Zwangsakt statuierenden Norm gelten" (a.a.O., S. 59). Genauso bei NAWIASKY der weitere Fehler, daß zur „Staatsverfassung ... von eigentlichen Rechtsnormen im Sinne von unter Sanktion stehenden Verhaltensvorschriften nicht die Rede" sei (Staatsrechtslehre, S. 106), so daß auch sie sinnlos seien (zu weiteren Beispielen anderer Normauffassungen BRINKMANN, S. 181 ff.).

Nun fällt zu den Ansichten KELSENS, HELLERS und NAWIASKYS noch auf, daß die Normen ohne weiteres als *Recht* verstanden sind. Doch ebenfalls für JELLINEK sind die Normen als Gegenstand der „Staatswissenschaft" sogleich „Rechtsnormen" (S. 20). Aber insofern gilt, wie gesagt (o. I 1), dies: Nur in dem Fall, daß die Norm – als *Form* für Recht *oder* Unrecht – auf das Seinsollende als sachlich Gebotenes, Gerechtes: Recht, gerichtet ist, ist sie selber Recht als Rechtsnorm. In dem Fall jedoch, in welchem sie auf Nichtseinsollendes als sachlich nicht Gebotenes, Ungerechtes: Unrecht, gerichtet ist, ist sie selbst Unrecht als Unrechtsnorm. Die Einräumung „ungerechten Rechtes" (HELLER, S. 195 f.), übrigens ein Gegensatz in sich, bedeutet nicht die Einräumung staatlicher Unrechtsnormen. Was noch den geläufigen Sammelbegriff *‚Rechtsvorschriften'* angeht, so ergibt sich hiernach, daß mit ihm die Möglichkeit von *Unrechts*vorschriften *unberücksichtigt* ist. Außerdem erfaßt er – genau genommen, und darum geht es ja – bloß die vorschreibenden und nicht ebenfalls die nichtvorschreibenden, nur anordnenden Normen.

Was als zweites die **Norm** als **staatliche** betrifft, so geht es lediglich um einige *Einzelheiten*.

Mit der Ineinssetzung von *Staatsgewalt* und *Staatsmacht* wurde – in Zusammenhang mit der Staatlichkeit der Norm – die Gewalt oder Macht als *bestimmtes überlegenes Können* festgestellt (o. I 1). Heißt es daher zur „Macht": „Wir sind nicht in der Lage, ihre Substanz, ihr Sein zu bestimmen" (LOEWENSTEIN, S. 5), so ist das nicht zutreffend. Allerdings ist dann doch, und zwar zur Substanz, gesagt: „Macht bedeutet nichts anderes als eine ... Beziehung, die an sich ... weder gut noch böse ist" (S. 6). Und das trifft durchaus zu. Denn wie das *Können* eine Beziehung darstellt, die des Könnenden zum Gekonnten, so gleicherweise die *Macht* als *überlegenes* Können: Sie ist eine *besondere* Könnensbeziehung. Auch ist die Macht als Können an sich weder gut noch böse (schlecht). Sie ist vielmehr ersteres, wenn sie auf *Recht* gerichtet ist, und letzteres, wenn sie auf *Unrecht* gerichtet ist. Hiermit ist aber die Meinung: „Unkontrollierte Macht ... ist ihrem Wesen nach böse" (S. 8), nicht haltbar. Wie ja auch eine Macht, die unkontrolliert ist, durchaus auf Recht gerichtet sein kann und eine solche, die kontrolliert ist, durchaus auf Unrecht. Und was das Sein der Macht anlangt, so kommt ihr nach dem, was zu den Wirklichkeits- oder Seinsweisen ausgeführt wurde (o. I. 4), als Beziehung *geistige* Seinsweise zu: Sie stellt etwas *Geistiges* dar. Nur das in *Anwendung* der Macht *Gekonnte,* mit dem die Macht immer wieder verwechselt wird, kann seelisch-stofflich sein, z. B. die erfolgreiche Drohung oder die körperliche Überwältigung: Nötigung bzw. Zwang.

Mit der ebenso verbreiteten wie bekannten Gliederung in „Gesetzesrecht" und *„Gewohnheitsrecht"* (etwa HELFRITZ, S. 70; auch NAWIASKY, Rechtslehre, S. 56, 4) handelt es sich nicht mehr darum, daß ebenfalls sie fälschlich sogleich als „Rechtsnormen" aufgefaßt sind (HELFRITZ, S. 69; NAWIASKY: o.), vielmehr um das Folgende: Mit ihr verbindet sich in der Regel eine unzutreffende *große Beschränkung* der staatlichen Normen, wenn sie von vornherein alle jene Normen *ausschließt,* die als *sonstige* staatliche bezeichnet wurden (o. I 1). Das sind jene, die eben *weder Gesetz noch Gewohnheitsrecht* sind, z. B. alle Verwaltungsakte.

Dies ist ausnahmsweise teils anders, wenn das Gesetzesverständnis – freilich unrichtig – dahin erweitert wird, daß auch „der Verwaltungsbefehl" materielles Gesetz sei (NAWIASKY, Rechtslehre, S. 82f.). Denn *Gesetz* ist er gerade *nicht*. Mehr, es besteht noch *innerhalb* der genannten Gliederung überdies die Möglichkeit einer *weiteren erheblichen Beschränkung*. Das betrifft die als *materielles Gesetz* bezeichneten staatlichen Normen (o. I 1). So werden von diesen unrichtig die *Verwaltungsverordnungen ausgeschlossen* (HELFRITZ, a.a.O.). Die Begründung: „Sie richten sich ... nicht wie Rechtsnormen an die Allgemeinheit, sondern bilden eine innere Angelegenheit des Behördenorganismus" (a.a.O.), geht fehl. Für eine staatliche Norm ist es völlig gleichgültig, ob sie sich an einen Personenkreis *innerhalb* oder *außerhalb* der Staatsführung wendet. Und nicht, daß sie sich „an die Allgemeinheit" richtet, macht eine Norm zur Rechtsnorm, vielmehr daß sie auf Recht als sachlich Gebotenes oder Gerechtes gerichtet ist: Das Rechtsein ist eine *materiale* Angelegenheit und *keine formale*. Deswegen können ja auch, wie gesagt, die sog. Rechtsverordnungen Unrecht enthalten und die Verwaltungsverordnungen Recht. Wenn – anders als von jener herrschenden Lehre – „auch die sogenannten Verwaltungsverordnungen als Rechtsverordnungen angesehen werden" (KELSEN, Staatslehre, S. 237 B), dann trifft das nach dem Ausgeführten zwar insofern zu, als erstere *auch* zu den staatlichen Normen gezählt werden; aber nicht insoweit, als sie, die doch lediglich materielles *Gesetz* sind, nun gleich wieder als *Rechts*normen begriffen sind.

Gegenüber der dargetanen regelmäßigen großen Beschränkung der staatlichen Normen findet sich ausnahmsweise eine *große Erweiterung*. Sie betrifft das sog. private Rechtsgeschäft. Dazu heißt es nämlich: Der „Tatbestand des öffentlich-rechtlichen obrigkeitlichen Befehls" ist „nicht anders wie der des privatrechtlichen Rechtsgeschäftes gegenüber den" betroffenen „Menschen ... *Norm*, eine Rechtsnorm tieferer Stufe freilich" (KELSEN, Staatslehre, S. 85). Dies derart, daß „auch das Rechtsgeschäft Rechtsakt, den Inhalt der Rechtsordnung vollendender Akt, auf die Einheit bezogen: Staatsakt" sei (a.a.O.). Wobei das Vollenden in der „Konkretisierung der generellen, abstrakten Norm zu individuellen, konkreten Normen" durch den (die) das Geschäft Tätigenden liege (a.a.O.). Aber einmal sind die Willensäußerungen der sog. Rechtsgeschäfte in der Regel *keine Normen*, da sie weder vorschreibend noch nichtvorschreibend etwas anordnen. Zwar gibt es zum anderen als Ausnahme sog. Rechtsgeschäfte, die solche Anordnungen enthalten, etwa Vereinsbeschlüsse, die das Vereinsleben regeln, oder das schon genannte Testament, soweit es Anordnungen trifft. Doch dabei handelt es sich unter keinem Gesichtspunkt um *staatliche*, sondern um *private* Normen. Endlich ist das sog. private Rechtsgeschäft nur dann ein solches, wenn die es ausmachende(n) Willensäußerung(en), die sog. Willenserklärung(en), auf Recht gerichtet, damit selbst Recht ist (sind). Es geht also tatsächlich bloß um ein privates *Geschäft*. Und das kann auch ein *Unrechts*geschäft sein; dann, wenn es auf Unrecht gerichtet ist. Die Erweiterung ist so insgesamt verfehlt. – Eine andere, gegenüber der regelmäßigen Beschränkung auf das genannte Gesetzes- und Gewohnheitsrecht vorgenommene *erhebliche Erweiterung* ist hingegen, soweit es allein um die Ausdehnung der Normen geht, zutreffend. Es ist die, daß gleichfalls das gerichtliche „Urteil ... nichts anderes als eine individuelle Rechtsnorm" sei (S. 233 E). Das Urteil gehört eben, wenn es nicht Gesetz ist, zu den – in dieser Arbeit so bezeichneten – *sonstigen* staatlichen Normen (o. I 1). Allerdings kann auch das gerichtliche Urteil, überhaupt die richterliche Entscheidung, nicht bloß Recht, vielmehr desgleichen Unrecht sein. Für die Erweiterung auf „das richterliche Urteil“, freilich fälschlich *stets* als materielles Gesetz verstanden, ebenfalls NAWIASKY (Rechtslehre, S. 82f.).

In der Regel wird das sog. Gewohnheitsrecht, anders als geschehen (o. I 1), nicht dem Gesetz *gegenübergestellt,* sondern ihm als – scheinbar – *materielles* Gesetz *eingeordnet.* So ist zwar zutreffend „zwischen geschriebenem und ungeschriebenem, gesetztem und Gewohnheitsrecht“ unterschieden (NAWIASKY, a.a.O., S. 56, 4). Doch wenn – außer etwa noch der „Verordnung“ – „auch die Gewohnheitsnorm als materielles Gesetz bezeichnet“ wird, so daß es – wieder mit „Verordnungen“ – zu den „nicht formellen Gesetzen“ gehöre (S. 82), dann ist das unzutreffend. *Ungeschriebene* Normen *können* eben nicht *geschriebenen* eingeordnet werden, aber – entsprechend – auch *ungesetzte* nicht *gesetzten.* Das läßt sich nicht, wie folgt, ausschalten: Richtig ist noch, daß „auch das Gewohnheitsrecht an der Autorisation von Staats wegen“ teilnimmt; nämlich durch die – ihm einschlägige Geltung verschaffende – übernehmende Anerkennung. Doch daß es „insoweit durch den Staat ‚gesetzt‘“ sei (S. 57), ist unrichtig. Es ist vielmehr insoweit nur *gegeben. Gesetzt* ist einzig das *Gesetz,* auch als nichtnormatives. Und daß ebenfalls das sog. Gewohnheitsrecht „‚positives‘ Recht“ sei (a.a.O.), besagt daher bloß, daß es *gegebenes* ‚Recht‘ ist; genauso, wie das – gesetzte – Gesetz *gegebenes* ‚Recht‘ ist (Wort: ‚Gesetz*geber*‘). Beide, gewohnheitliche *und* gesetzliche Norm, sind also *gegeben, positiv;* aber ausschließlich das – formelle und/oder materielle – Gesetz ist gesetzt (wie NAWIASKY indes gleichfalls noch KELSEN, Staatslehre, S. 232 C). Die Positivierung (das Geben) liegt mithin beim Gesetz in der – verfahrenseigenen schriftlichen – *Setzung,* bei der Gewohnheitsnorm in der – wieder verfahrenseigenen – *übernehmenden Anerkennung.*

Was noch als drittes die *normative Ordnung* anbelangt, so dreht es sich darum, daß sie – ohne Rücksicht auf das jeweilige Verständnis der Norm – ohne weiteres als *Rechts*ordnung verstanden wird. Das ist beispielsweise so mit der Ansicht: „Die Rechtsordnung ist ein System von Rechtsnormen“ (KELSEN, Staatslehre, S. 47). Aber auch mit der weiteren, daß das *objektive „Recht“* gleich *„Rechtsordnung“* sei (HELFRITZ, S. 55), bestehend aus „Gesetz und Gewohnheitsrecht“ (S. 67ff.), die sämtlich „allgemeinverbindliche Rechtsnormen“ enthielten (S. 68f.). Ferner noch mit der Ansicht von *„der staatlichen Rechtsordnung“* als „einer Normenordnung“ (ZIPPELIUS, 9., S. 9, 2). Doch hierzu ist, weil staatliche Normen desgleichen Unrechtsnormen sein können und insofern allgemeinunverbindlich, zu sagen: Die normative *Staats*ordnung ist nicht einfach gleich normativer *Rechts*ordnung. Vielmehr ist sie jedenfalls teilweise, und sei es nur infolge unvermeidbaren Irrtums, stets auch eine *Unrechts*ordnung. Doch ist sie es erfahrungsgemäß desgleichen teils infolge Vorsatzes oder Fahrlässigkeit.

Sodann geht es um die Staatsordnung überhaupt unter dem **Gesichtspunkt der faktischen Staatsordnung.**

Das betrifft als erstes das **Staatsorgan.** Dieses wird teils erheblich anders begriffen als ausgeführt.

Im Ausgang ist z.B. zwischen einem *„Begriff des Organs im soziologischen“,* d.h. tatsächlichen, *„Sinne* als“ einer *„Einrichtung, die für einen Verband zu handeln hat“,* und einem *„Rechtsbegriff* des Organs“ unterschieden (KÜCHENHOFF-KÜCHENHOFF, S. 116, Erster Abschn.). Aber danach kommt es entscheidend bloß auf den zweiten Begriff an. Hierbei wird nun, wie folgt, ein Unterschied zwischen *Organ* und *Organwalter* oder *-träger* gemacht: „Die Staatsorgane müssen als rechtliche Institutionen von den ihre Aufgaben wahrnehmenden Menschen, ihren Organträgern (Organwaltern), unterschieden werden (so z. B. das Staatsorgan ‚Der Ministerpräsident' von dem Herrn Ministerpräsidenten – auch die Beamten sind ... nicht Staatsorgane, sondern nur Staatsorganträger [Staatsorganwalter]). Dieser Unterschied ist vor allem deshalb von Bedeutung, weil der Bestand eines Organs wie der einer jeden rechtlichen Institution durch den Wechsel seiner Träger (Walter) nicht beeinflußt wird." So „ändern Tod oder Entlassung eines Ministers rechtlich nichts an Charakter und Bedeutung des Staatsorgans ‚Der Minister'" (S. 117 II; ähnlich insgesamt noch JELLINEK, G., S. 559, 3, S. 562 f.). Hiernach fragt sich allerdings, was denn das Organ sei, wenn es *kein Mensch* ist oder *keine Menschen.* Nach jener Auffassung sind „die Staatsorgane – wie der Staat selbst – keine Lebewesen, sondern bloße Gedankengebilde"; und daher „können sie weder natürliche Handlungen ausführen noch überhaupt einen natürlichen Willen haben. Deshalb sind Organträger erforderlich, deshalb muß alles staatliche Handeln auf menschlichem Handeln beruhen" (die zwei KÜCHENHOFF, S. 154). Das bedeutet aber: „Wille und Handeln der Organträger" werden „als Wille und Handeln der Staatsorgane angesehen und als *Organwille* und *Organhandeln* bezeichnet. Organwille und Organhandeln gelten dann als Staatswille und Staatshandeln" (S. 156). Letzteres deswegen, weil das Staatsorgan *„ein ... Glied des Staates"* bildet (S. 117 II; teils auch JELLINEK, S. 540). All das ist wirklichkeitsfremd. Der Staat besteht danach – wie schon zurückgewiesen (o. A II: zu beiden KÜCHENHOFF und JELLINEK) – als bloßes *Bewußtseinsgebilde,* nämlich in menschlichen Köpfen. Gleiches gilt nun für das Organ als das genannte *Glied* des Staates. Folglich ist mit dem Organ ebenfalls der Staat wollens- wie handlungs*unfähig;* und es wollen und handeln einzig die Organ*träger;* mit dem Erfolg, daß dieses *wirkliche* Wollen und Handeln als ein solches des *Organs* und mit ihm des *Staates* lediglich *gilt!* Wie sollte jedoch ein Mensch der Träger eines Organs als *bloßen Gedankengebildes* sein? Ja, wie sollten Wollen und Handeln des *Organträgers* als Wollen und Handeln von *bloßen Gedankengebilden* – des Organs und des Staates – *gelten?* All das – ein Bündel ebenso verfehlter wie unnötiger *Fiktionen,* durch kein beigefügtes ‚Rechts-' oder ‚rechtlich' zu rechtfertigen, ja, nicht einmal zu erklären – ist offenbar ausgeschlossen. Daher: Wie der Staat aus *Menschen* besteht und mithin auch die Staats*organe* Menschen sind, und zwar jene, die im *eigentlichen* Staat als *Verband* den *uneigentlichen* als *Führung* bilden: geradezu *den* Teil der faktischen Staatsordnung, – so will und handelt der Staat, ja, verhält er sich überhaupt *in Gestalt dieser Menschen.* D. h. genau: Sie verhalten sich *mit Wirkung für* ihn. Deshalb ist ein Gesetzgeber als Mensch oder Menschen genauso ein Stück Staat wie ein Minister oder eine ganze Regierung oder noch jedes Gericht als Menschen. Folglich besteht aber auch kein Grund, Organ und Organwalter oder -träger zu trennen; mehr, mit dem Organ als Menschen ist ein Organträger gar nicht mehr möglich. Deswegen ist es aber auch nicht so, daß „der Bestand eines Organs ... durch den Wechsel seiner Träger ... nicht beeinflußt" werde. Statt dessen: Wenn – um das gebrachte Beispiel aufzugreifen – ein Minister stirbt oder entlassen wird, dann hat mit dem *Menschen* zugleich das *Organ* aufgehört, zu *bestehen.* Und es *entsteht* erst wieder, sobald ein *anderer* Mensch Minister wird. Was in der *Zwischenzeit* vorhanden ist, das ist nun keineswegs das *Gedankengebilde* Minister, sondern der *Inbegriff* der die betreffende Ministerstellung regelnden *Normen.* Es tritt hinzu: Mit dem sog. Gedankengebilde *im Bewußtsein* von Menschen und *nicht* als etwas *außer* ihm wäre das Staatsorgan *nichts Objektives,* Subjektunabhängiges, vielmehr etwas bloß *Subjektives*, Subjektabhängiges: *nichts Reales*, sondern lediglich *Ideales*. Alles – wie gezeigt – verfehlt (o. A II, Ende).

Wie sich zum Abgelehnten Gesetzgeber verhalten, zeigen in hinreichendem Ausschnitt einige Bestimmungen. Vorab folgende Nichtverfassungsbestimmung: Wenn als eines der zentralen „Organe" einer „Fachhochschule" auch ihr „Rektor" genannt (§ 14, Zif. 1 FHG NRW, 1979) und dieser „für die Dauer von vier Jahren gewählt" wird (§ 15 III 1), dann handelt es sich offensichtlich nicht um ein *Gedankengebilde* Rektor als Organ, sondern um den *Menschen* Rektor. Wie ja auch ein Gedankengebilde nicht wählbar ist. Sodann noch die folgende Verfassungsbestimmung: „Die Nationale Volksarmee und die anderen Organe der Landesverteidigung schützen die sozialistischen Errungenschaften des Volkes gegen alle Angriffe von außen" (Art. 7 II 2 Verf. DDR, 1968/1974). Gleichfalls insofern drehte es sich offensichtlich nicht um die *Gedankengebilde* Nationale Volksarmee usw., vielmehr um die *Menschen* als Armee und andere Einrichtungen. Insofern hatte die Verfassung ausnahmsweise recht. Zwar können Gesetze auch von Organ*trägern* sprechen; aber das ist dann nach dem oben Ausgeführten unrichtig.

Nun heißt es weiter, daß *„Organschaft die Fähigkeit zu rechtswirksamem Handeln für die Verbandsperson"* bedeute (HELFRITZ, S. 89). Dazu kommt es nicht mehr auf das schon abgelehnte Wesen des Verbandes als – realer – Person (o. A II: zu HELFRITZ) an; gleichfalls nicht auf die Wirksamkeit des Handelns für den Verband, die zu bejahen ist; vielmehr allein auf das behauptete *rechts*wirksame Handeln. Denn eben damit, daß eine *rechtliche* Wirksamkeit vorliegt, hat das Organverhalten wesenhaft *nichts* zu tun. Das besagt: Es *kann* zwar rechtswirksam sein, *muß* es aber *nicht*. Anders ausgedrückt: Es kann auch *unrechtswirksam* sein. Die Wirksamkeit ist eben, z.B. mit dem Betroffensein durch unrechtliche Gesetze, desgleichen als *unrechtliche* möglich. Die Erfahrung bestätigt das mit Nachdruck. Dies bedeutet jedoch: Das organschaftliche Verhalten steht in seiner Wirksamkeit für den Verband Recht *wie* Unrecht offen. Hiernach ist es aber genauso verfehlt, die „Staatsorgane" sogleich „als rechtliche Institutionen" zu betrachten (o.: die zwei KÜCHENHOFF). Denn selbstverständlich kann es auch *unrechtliche* geben. Das wurde gezeigt (o. I 2). Anders ist es, wenn sie als *gesetzliche* bezeichnet werden; doch das ist etwas anderes.

Gegenüber den wirklichkeitsfremden Meinungen vom Staatsorgan gibt es nun aber auch wirklichkeitsnahe. Beispiele: Zuerst für den Staat, allerdings falsch begriffen als Ergebnis der „Zusammenfassung *durch den Beobachter*" (o. A II: NAWIASKY): Da der „Wille ... nur Wille von Einzelmenschen sein kann" (Staatsrechtslehre, S. 69, 2), werden Einzelne, „soweit ihr Wille ... dem Staat zugerechnet wird, unter Verwendung eines Bildes *Staatsorgane* genannt" (S. 70). Es sind „Menschen ..., welche neben ihrem privaten Leben unter näher bestimmten Voraussetzungen als Staatsorgane fungieren" (S. 71): Staatsorgan = Mensch. Dann zum „Staat im engeren Sinne" – der „Verflechtung der Machtträger zu einem *Apparat*" (v. HIPPEL, Staatslehre, S. 216): „Organe als ... Personen, die ... bestimmte Rollen in der Gemeinschaft und für diese zu spielen haben" (S. 217): Staatsorgan = Mensch. In der Sache ebenso ZIPPELIUS (9., S. 97 II). Entsprechend unterscheidet er nicht zwischen Organ und Organträger, sondern zutreffend zwischen „Amt als" institutionalisiertem „Aufgaben- und Kompetenzbereich" und „Amtsträger, als der Person, der es zukommt, die Funktionen dieses Amtes auszuüben" (S. 92f.). Endlich zur Verbandsperson: Einzelne Verbandsmitglieder sind dazu „berufen ..., den Willen der Verbandsperson zu bilden und zu betätigen“ (Helfritz, S. 87). Und diese „Mitglieder werden nach dem Bilde der natürlichen Organe, die bei jeder physischen Person zur Willensbildung und -betätigung ... in Tätigkeit treten, als *Organe* bezeichnet. Man spricht von Organen des Staates“ (S. 87f.): Staatsorgan = Mensch.

In diesem Zusammenhang sei auf das Organverständnis eines Verfassers eingegangen, für den der Staat unrichtig nicht aus Menschen, sondern aus Normen besteht: dem „System der positiven Rechtsnormen“, das besagt: aus einer normativen Staatsordnung als sog. Rechtsordnung (o. A II: Kelsen). Stellt man auf das insofern Entscheidende seiner Anschauung ab, so ergibt sich zum *„Staatsorgan als Erzeuger und Vollzieher der Staatsordnung“* (Staatslehre, S. 262 A): „So wie die ‚Person‘ im allgemeinen, so ist auch das ‚Staatsorgan‘ im besonderen die Personifikation eines spezifischen“ – normativen – „Tatbestandes oder Tatbestandskomplexes“ (S. 266), d.h. „von Normkomplexen“ (S. 66 A). Im Ergebnis „abstrahiert man“ so „vollkommen von dem ‚Menschen‘“ (S. 267). Allein – von dem Menschen, dem im Ausgang immerhin „als Staatsorgan fungierenden“ (S. 266), läßt sich nun einmal *nicht* abstrahieren, schon gar nicht „vollkommen“; und jede Personifikation von Normen ist überhaupt nur eine *Fiktion:* wie in Gestalt aller Personen – auch der des Staates –, so desgleichen in der des Staatsorgans. Selbst die „ein Rechtsgeschäft setzenden Parteien“ haben übrigens noch „den Charakter von Staatsorganen“ (S. 263): als personifizierte Normkomplexe! Hierbei letztere, da für Kelsen Norm = Sollen ist (o. Anfang), näher als Sollenskomplexe. Ein Unding.

Es bleibt eine besonders wichtige Anschauung zum Organverständnis, die, wenngleich oft vertreten, dennoch unrichtig ist. So ist es damit, daß bei „der Organschaft ... die Verbandsperson durch ihr Organ selber“ handele (Helfritz, S. 88). Indes – wo behauptet wird, daß der Verband *durch* seine *Organe* handelt, dort wird das *wirkliche* Verhältnis zwischen Organ und Verband *umgekehrt*. Denn dieses stellt sich, wie gezeigt, so dar, daß das Organ *für* den *Verband* handelt, nämlich mit *Wirkung* für ihn. Anders gesagt: Das Verhalten des Organs gibt, obwohl es für den Verband wirkt, dennoch unter keinem Gesichtspunkt ein solches des Verbandes selbst ab. Wie sollte das z.B. auch in einem Staat möglich sein, der nicht nur aus *Erwachsenen*, sondern gleichfalls aus *Kindern* besteht? Aus handlungsunfähigen *Kranken*? Ja, wie sollte das in einem Staate möglich sein, von dessen Bevölkerung viele überhaupt *nicht wissen, was* gerade *gehandelt* wird, und wo sich unter den Wissenden ein oft beträchtlicher Teil befindet, der das Organhandeln *nicht billigt*? Es ist offenbar ausgeschlossen. Der Staat insgesamt, der eigentliche Staat als Verband, ist in der Tat handlungs*unfähig;* und daß er in *Teilen*, eben seinen *Organen*, dem uneigentlichen Staat als der Führung, handlungs*fähig* ist und sohin auch handelt, ist auf den gesamten Staat *nicht übertragbar;* ja, es ist *nicht* einmal *erforderlich*. Wozu dann jedoch überhaupt die Annahme, daß der Staat durch seine Organe handele? Mit ihr soll erreicht werden, daß das Handeln der Organe, indem der Staat *durch* sie *selber* handelt, auch für *ihn gilt* und, wenn schon nicht *gerechtfertigt*, so doch für ihn *wirksam* ist. Allein – der Grund dafür liegt nicht in einer *theoretischen Konstruktion*, vielmehr in der *praktischen Gewalt* oder *Macht*, nämlich der *Staatsführung* als des *Inbegriffs der Staatsorgane*. So wirkt – und gilt damit –, um ein Beispiel zu bringen, die Eröffnung eines Krieges durch den zuständigen Teil einer Staatsführung nicht deswegen für den Staat, weil *dieser* – wohlgemerkt: als Verband der gesamten Bevölkerung – *durch* jenen Teil der Führung *handelte*, sondern weil umgekehrt die *Führung* kraft ihrer Gewalt mit *Wirkung für* – und damit *Geltung für* – den Staatsverband handelt. Das liegt geradezu auf der Hand. Hiermit besteht aber auch kein Grund, ein Staatshandeln als solches des – gesamten – Verbandes zu *fingieren*. Gerade das erfolgt indes, wenn – wie bereits wiedergegeben – „Wille und Handeln der Organträger" „als Wille und Handeln der Staatsorgane" lediglich „angesehen" werden sowie außerdem „Organwille und Organhandeln ... dann als Staatswille und Staatshandeln" wieder lediglich „gelten" (o: die zwei KÜCHENHOFF): zwei völlig überflüssige *Fiktionen*. Nach allem stellen jedoch, zusammengefaßt, Wollen und Handeln der Staatsorgane, überhaupt das Organverhalten, nie solche des Staates *selbst* dar; noch sind sie ihm irgendwie *zuzurechnen*. Was nur letzteres angeht, ist es daher nicht so, „daß eine bestimmt qualifizierte menschliche Handlung als solche des Staates begriffen, dem Staate *zugerechnet* wird"; dies gar noch derart, „daß dem Staate die Handlung nicht ... zugerechnet wird, weil er sie will, sondern daß er ... sie ‚will', weil und sofern sie ihm zugerechnet wird" (KELSEN, Staatslehre, S. 268). Nur eine erneute Fiktion. Entsprechend wurde zur sog. juristischen Person für die **Wirkungstheorie** entschieden (o. A I), doch gegen die **Zuschreibungstheorie,** auch als *Zuordnungs-* und *Zurechnungstheorie* (o. A II: WINDSCHEID, ZIPPELIUS, KELSEN). Wie wichtig, ja, entscheidend dies ist, zeigt noch Folgendes: Wird behauptet, daß „der Wille" einzelner Mitglieder des Verbandes „Rechtlich betrachtet ... den Willen der Gesamtheit" darstelle und ihre „Handlungen ... rechtlich Handlungen der Verbandsperson selbst" seien (HELFRITZ, S. 87), so ergibt sich dazu: Sollten zunächst – das zweimalige ‚rechtlich' in zutreffender Bedeutung als ‚sachlich geboten' oder ‚gerecht' genommen – all die *unrechtlichen* Organhandlungen, die in der Staatsgeschichte vorkamen und weiter vorkommen, wirklich *rechtlich* solche des jeweils *gesamten* Staates, unter Einschluß *aller* seiner Menschen, gewesen sein bzw. sein? Doch offensichtlich *nicht*. Und sollten sodann – dasselbe ‚rechtlich' in unzutreffender Bedeutung als ‚fiktiv' genommen – dieselben unrechtlichen Handlungen dem jeweils gesamten Staat, allen seinen Menschen, *zugeschrieben, zugeordnet* oder *zugerechnet* werden? Doch offensichtlich gleichfalls *nicht*. Wie gezeigt, können vielmehr alle nur zu ihren Ungunsten *betroffen* sein, gleich, auf welche Weise.

Als zweites geht es noch um die **Zuständigkeit.** Auch sie wird erheblich anders aufgefaßt und dargetan.

Nach einer ersten Ansicht ist sie „weder ein Recht noch eine Pflicht ..., sondern zunächst nur die *Fähigkeit zu rechtswirksamem Handeln für*" den Verband „*innerhalb eines bestimmten Wirkungskreises*" (HELFRITZ, S. 90). Und nach einer zweiten ist „die Zuständigkeit" demgegenüber zwar „nicht ein Recht", aber dafür „eine Pflicht" (KRÜGER, S. 110f.; auch NAWIASKY, Staatsrechtslehre, S. 70f.: „Verpflichtung" als „*sachliche* bzw. *örtliche Zuständigkeit*"). Auf Grund dessen, daß die Zuständigkeit dasselbe ist wie ‚das der Erfüllung einer Aufgabe Zugeordnetsein' (o. I 2), ist nur der Verneinung als Recht *und* Pflicht zuzustimmen, aber nicht der Bejahung als Pflicht (Verpflichtung). Wie nämlich gezeigt, kann eine Zuständigkeit auch auf *Unrechts*normen beruhen; und diese begründen zwar als geltende, in Kraft stehende, aber dennoch unverbindliche wie ungültige weder Berechtigung noch Verpflichtung zu unrechtlichem Verhalten. Doch ist ebenfalls einer Zuständigkeit als der genannten „*Fähigkeit*" nicht zuzustimmen. Geht es doch, wie oben zu HELFRITZ dargetan, gerade *nicht* um ein sog. rechtswirksames Verhalten des Organs. Außerdem: Ist ein Organ zu staatlichem *Un-*

recht beauftragt, so verhindert dies zwar die Rechtswirksamkeit, aber nicht seine Zuständigkeit.

Was endlich noch die Tatsache betrifft, daß – wie gesagt – **dem Verständnis der Staatsordnung dieser Arbeit** auf gewisse Weise **näher gekommen** wird, so sei folgende Auffassung herausgestellt: daß – über die schon genannte „Tatsächlichkeit des Staats" (o. A II: SMEND) hinaus – die „Wirklichkeit des Staates stets zugleich eine rechtlich normierte" ist (Verfassung, S. 135, Anm. 34). Denn ist es auch ungesagt, so zählt doch mit der staatlichen Tatsächlichkeit die dargetane Integration, soweit sie nicht normativ, sondern tatsächlich erfolgt, *mit* zur *faktischen* Staatsordnung, d.h. jedenfalls als einschlägiges integrierendes Verhalten; wie mit der normativen Wirklichkeit des Staates die Integration, soweit sie normativ und nicht tatsächlich erfolgt, *mit* zur *normativen* Staatsordnung zählt. Zutreffend ist mit beiden das fortwährende „Neuerfassen und Zusammenfassen" der Staatsangehörigen (o. A II) nicht allein faktisch, sondern ebenfalls normativ, so daß sie *beiden* Ordnungen: der normativen *wie* faktischen, angehören. Daß übrigens normative und faktische Staatsordnung sowie ihre Gesamtheit Integrations*mittel* sind, kommt bereits in der eigenen Staatsdefinition, wie folgt, zum Ausdruck: daß die „Bevölkerung" „von ihrer Führung ... mittels einer umfassenden Ordnung" zum „Verband zusammengefaßt wird" (o. A I). Hinzuzufügen ist freilich, daß nicht bloß „eine rechtlich normierte" staatliche Wirklichkeit möglich ist, vielmehr desgleichen eine – mehr oder weniger – unrechtlich normierte. – Näher geht SMEND auf seinen Gegenstand erst zur Verfassung ein (u. 2. Abschn., C I 3). Das entspricht seiner Anschauung, wonach das „Sinnprinzip der Integration, des einigenden Zusammenschlusses, ... nicht das des Staates überhaupt" sei, „sondern das seiner Verfassung" (Verfassung, S. 120). Allerdings ist das viel zu eng; stellt doch die *gesamte* Staatsordnung ein Integrationsmittel dar und nicht nur die Staatsverfassung als ihr – zudem kleinerer – *Teil.*

Die bereits gebrachte weitere Ansicht: daß die „Organisation als dauerndes Handlungsgefüge" „eine tatsächliche Ordnung" sei und „ein Sinngefüge ‚Ordnung'" – als „Normzusammenhang" – habe (o. A II: HELLER), steht hingegen dem Staatsordnungsverständnis dieser Arbeit schon ferner. Die – wirkliche – faktische Staatsordnung *hat* nämlich nicht die – wirkliche – normative Staatsordnung als ihr „Sinngefüge". Vielmehr sind beide Ordnungen einmal in ihren unterschiedlichen *Inhalten* zwar geschieden und bilden doch zum anderen als *Teil*ordnungen, indem die faktische der normativen entspricht, eine *Gesamt*ordnung: als sie umfassende *Einheit.* Hinzu kommt, daß eine Handlungsordnung nur, soweit die Handlungen *nichtnormativ* sind, eine *tatsächliche* oder *faktische* ist; doch daß sie, soweit die Handlungen *normativ* sind, eben eine *normative* ist. Das wurde für beide Ordnungen gezeigt. Hinzu kommt noch, daß die faktische, wie gleichfalls gezeigt, als eine Ordnung nicht allein tatsächlichen *Verhaltens,* sondern außerdem *Seins* und *Habens,* besonders von Zuständigkeiten (o. I 2) *weit* über eine faktische *Handlungs*ordnung *hinausreicht.* Daß HELLER seine Handlungsordnung dann noch viel zu eng als *Staat* begreift (o. A II), kommt auch noch hinzu.

2. Zur Wirklichkeits- oder Seinsweise sowie zur Erkenntnis der Staatsordnung überhaupt

Zwar ist insoweit, da unbekannt, nicht zwischen Ontologischem: die Wirklichkeits- oder Seinsweise Betreffendem, und Erkenntnistheoretischem: die Erkenntnis Betreffendem, unterschieden. Auch geht es nicht gesondert um die normative und faktische Staatsordnung, sondern bloß um die **Staatsordnung** *überhaupt;* ja, dies erfolgt gar noch – so oder so – über den *Staat*. Dennoch steht das dem Folgenden nicht im Wege.

Wird so der Staat als *„Begriff"* aufgefaßt, „Gedankengebilde" (o. A II: die zwei KÜCHENHOFF; auch JELLINEK, G.), so gilt Gleiches für die Staatsordnung samt Inhalt; wie ja entsprechend von beiden die „Ordnung" mit zum Staate gezählt wird (a.a.O.). Das bedeutet aber: Mit dem Staat als Bewußtseinsinhalt ist ebenfalls seine Ordnung nebst Inhalt der Seinsweise nach etwas *bloß Seelisches;* und ihre Erkenntnis erfolgt *einzig unsinnlich*. Hiermit ist jedoch Folgendes unerkannt: Erstens, daß die Ordnung als Gefüge, Formenverbindung, mit ihren Beziehungen der Über-, Unterordnung usw. etwas Geistiges abgibt und nur als dieses unsinnlich erfaßt wird. Zweitens, daß die Normen als Gehalt der normativen Ordnung etwas Seelisch-Stoffliches sind: seelisch in ihrer Wollens-, stofflich in ihrer Kundgebungsseite; die entsprechend unsinnlich-sinnlich erfaßt werden. Und drittens, daß der Gehalt der faktischen Ordnung, das gekennzeichnete Sein, Haben und Verhalten von Menschen, sowohl etwas Stoffliches wie Seelisches wie Geistiges ist: stofflich-seelisch z. B. das Sein von Richtern, geistig etwa ihr Haben von Zuständigkeiten und wieder stofflich-seelisch ihr äußerlich wirksames faktisches Verhalten; was entsprechend im ersten und dritten Fall sinnlich-unsinnlich und im zweiten unsinnlich erfaßt wird. All diese Besonderheiten werden durch die unterschiedslose Auffassung vom Staate und seiner Ordnung als etwas allein Seelischem einfach verdeckt: Es gibt sie nicht.

Die Probe aufs Exempel stellt in Hinblick auf die normative Ordnung eine Ansicht dar, die mit der bereits abgelehnten von den staatlichen Normen als „Rechtsnormen" (o. 1: JELLINEK, G.) verknüpft ist. Nach ihr ist das „Recht ... ein Teil der menschlichen Vorstellungen", das „in unseren Köpfen" „existiert" (JELLINEK, S. 332; auch NAWIASKY, Rechtslehre, S. 1, 2: das *„Recht"* „ein Stück der menschlichen Vorstellungswelt"). Hiermit ist nämlich gleichfalls die Norm als etwas bloß Seelisches betrachtet und somit, wie vorhin vorweggenommen, unerkannt, daß sie in ihrer Kundgebungsgestalt stofflich ist; derart, daß sie nicht allein unsinnlich, sondern überdies sinnlich erkannt wird. Die verfehlte Einschränkung auf das Psychische bestätigt übrigens ausdrücklich die weitere Ansicht, daß „wir das Recht nur als psychologische, d. h. innermenschliche Erscheinung zu betrachten" hätten (JELLINEK, a.a.O.).

Von einer anderen Anschauung wird „das Sein des Staates in das Innere des Menschen verlegt" (KRÜGER, S. 184 a; auch S. 152); dies derart, daß von der „geistigen Tatsächlichkeit" des Staates die Rede ist (S. 205, § 16). „Der Staat existiert, weil er gedacht wird" (S. 152): einmal „als Institution gedacht" (S. 178) und einmal als „gedachte" Repräsentation (S. 242) (zu beiden näher o. A II). Dies mit der Folge, daß der Staat insgesamt „in einem bestimmten Augenblick als das Gesamtdenken einer Gruppe besteht" (S. 169 a). Daß ein solches Denken unmöglich ist, wurde schon dargetan (o. A II). Daher geht es nun um dies: Auch mit einem so verstandenen Staat ist zugleich seine Ordnung samt ihrem – gleich, wie begriffenen – Inhalt der Seinsweise nach *ausschließlich psychisch;* wie ihre Erkenntnis erneut *nur unsinnlich* erfolgt. Zumal, wenn die „Ordnung als solche ... bereits" als „wesentlicher Bestandteil der Existenz des Staates" aufgefaßt wird (S. 715). Der Staat – und mit ihm seine Ordnung – als sog. *geistige* Tatsächlichkeit ist aber, als „Gesamtdenken einer Gruppe", in Wirklichkeit bloß eine *seelische*. Es ist dies ein Fall der gekennzeichneten Verwechselung des – tatsächlich – Geistigen mit jenem menschlich Seelischen, das lediglich in übertragenem Sinn etwas Geistiges abgibt (o. I 4), und sohin ein Fall vergeblicher ‚Vergeistigung' des Staates samt seiner Ordnung. Daher sind insgesamt dieselben Besonderheiten unerkannt, die oben zu den zwei KÜCHENHOFF sowie JELLINEK dargetan wurden. Wie sie aufs neue durch die unterschiedslose Anschauung vom Staat und der Staatsordnung als etwas allein Seelischem einfach verdeckt werden: Es gibt sie wieder nicht.

Dies gilt insbesondere von folgender Anschauung: Der „Staat" ist, „als Gegenstand einer spezifischen, von der Psychologie verschiedenen Betrachtung, ein spezifischer geistiger Gehalt, nicht aber das Faktum des Denkens und Wollens solchen Inhaltes"; er ist „eine ideelle Ordnung, ein spezifisches Normensystem". Dies so, daß wir uns der „Eigengesetzlichkeit, des Eigensinns, jenes besonderen Gegenstandes, den wir ‚Staat' nennen", nur „bemächtigen", „wenn wir unsere Erkenntnis auf ein spezifisch Gedachtes und Gewolltes richten, für das die seelischen Akte des Denkens und Wollens gleichsam eine conditio sine qua non, nicht aber die conditio per quam sind. Nicht im Reiche der *Natur* ... sondern im Reiche des *Geistes* steht der Staat" (KELSEN, Staatslehre, S. 14). Hierzu dreht es sich nun nicht mehr darum, daß – wie schon gesagt – der Staat keine normative Ordnung *ist*, vielmehr diese – über die Ordnung als bloß *eine* der Staats*bedingungen* weit hinausreichend – lediglich *hat*. Statt dessen dreht es sich um anderes: Das Wiedergegebene bildet den vergeblichen Versuch, mit dem Staat die Staatsordnung als etwas – vom Seelischen verschiedenes – *Geistiges* darzutun. Sind nämlich „die seelischen Akte des Denkens und Wollens", auch nur „gleichsam", eine Bedingung, *ohne* die der Staat als „ideelle Ordnung", „spezifisches Normensystem", *nicht* ist, so sind sie genauso die Bedingung, *mit* der oder *durch* die der Staat als derartige Ordnung oder derartiges System *ist*. Es geht offensichtlich nicht anders. So stellt KELSENS Staat, seine Staatsordnung, eindeutig etwas Psychisches dar: „ein spezifisch Gedachtes und Gewolltes". Wer eben den Staat nicht objektiv wie real, sondern subjektiv wie ideal begreift: durch die Erkenntnis bedingt und nur in dieser bestehend, der begreift ihn als die behauptete Ordnung *notwendig* als etwas *einzig Seelisches* und als dieses *bloß unsinnlich* erkennbar. Dem Ausgeführten entspricht, daß für KELSEN – bezeichnenderweise im Anschluß an KANT – „alle Erkenntnis ... konstruktiven Charakter hat und daher ihren Gegenstand insofern ‚erzeugt', als sie ihn als ein sinnvolles Ganzes begreift" (Rechtslehre, S. 74). Der auch jetzt vergeblichen ‚Vergeistigung' des Staates, diesmal als Ordnung im menschlichen Kopf, entspricht wiederum, daß die zu Beginn dargelegten Besonderheiten unerkannt blieben; erneut durch die unterschiedslose Auffassung des Staates und mit ihm der Staatsordnung als etwas allein Seelischen einfach verdeckt: Es gibt sie aufs neue nicht.

Da auch JELLINEK als Neukantianer in der Nachfolge KANTS steht, genügt es, um dies als verfehlt darzutun, zu KANT kurz das Folgende auszuführen: Einerseits durch – nur – sinnliche Erfahrung und andererseits entscheidend durch einen im Kopf, einschließlich Raum und Zeit, bereitliegenden Erkenntnisapparat bedingt, besteht das aus der Außenwelt jeweils Wahrgenommene bloß als Erscheinungen (Phänomene), nämlich der unerkennbaren Dinge an sich der Außenwelt, im menschlichen Bewußtsein; dies derart, daß die Erscheinungen im Einzelnen wie im Zusammenhang *durch* die Erkenntnis hervorgebracht, auch einzig *in* ihr bestehen. Nichts also von einer – außer der stofflichen Wirklichkeit als Erscheinung bestehenden – subjektäußeren seelischen und geistigen; sowie nichts von einer – außer der sinnlichen Erkenntnis noch erfolgenden – unsinnlichen. Was sonst vom Wiedergegebenen zu halten ist, zeigt folgendes Beispiel: Ein Betrachter steht vor einer Landschaft mit Kühen, von denen eine gelegentlich muht. Das sind die von ihm erzeugten Erscheinungen der unerkennbaren Dinge an sich, beschränkt auf seinen Kopf. Dann dreht er sich um. Und nun hat er hinter sich keine Erscheinungen mehr, sondern nur noch die unerkennbaren Dinge an sich. Von denen freilich eines weiter gelegentlich muht: ein muhendes Ding an sich sozusagen.

Den verfehlten Auffassungen NAWIASKYS vom „Recht" als „Normen" (o. 1) und vom „Recht" als einem „Stück der menschlichen Vorstellungswelt" (o.), d. h. etwas Seelischem, entspricht eine gleiche Staatsauffassung. Für ihn kommt „dem Staat nur *ideelle* Realität" zu, „während *körperliche* oder *räumliche* Realität nur bei den dem Staat zugerechneten Einzelmenschen gegeben ist, die durch den Beobachter zur Einheit des Staates zusammengefaßt werden" (Staatsgesellschaftslehre, I, S. 2). Das bedeutet nun, obwohl es um „physo-psychische Einzelwesen" geht (Grundlegung, S. 24), dennoch dies: Mit der Zusammenfassung als seelischem Vorgang wie Ergebnis im Kopf des Beobachters erst entstanden, ist der Staat sohin ebenfalls etwas *allein Seelisches*. Das bestätigt mit Nachdruck seine Kennzeichnung als „gedachte Zusammenfassung einer Mehrheit von Menschen" (Staatsrechtslehre, S. 69, 2). Folgerichtig ist aber auch die Staatsordnung als Teil des Staates ausschließlich seelischer Natur. All dem entspricht als Erkenntnis die *nur unsinnliche*. Wiederum sind – bei vergeblicher ‚Vergeistigung' von Staat und Staatsordnung – alle vorhandenen Besonderheiten, wie sie zu Beginn nochmals gekennzeichnet wurden, durch die unterschiedslose Ansicht von Staat und Staatsordnung als etwas einzig Seelischem einfach verdeckt: Es gibt sie ein weiteres Mal nicht.

Damit, daß von den gebrachten Anschauungen ebenfalls der Staat, so oder so mit einbezogen, als etwas Psychisches mißverstanden wird, fragt sich noch, welchem Wirklichkeits- oder Seinsbereich denn gerade der **Staat** angehört. Das ist durch die Angehörigkeit der *Staatsbedingungen* (o. A I) bestimmt. Das *Staatsgebiet* als äußere Bedingung zählt zum stofflichen Bereich und ist daher sinnlich erkennbar. Was die inneren Bedingungen angeht, so gehört das *Staatsvolk* dem stofflichen wie seelischen Bereich an und wird deswegen sinnlich-unsinnlich erfaßt. Das gilt gleichermaßen von der *Staatsführung* als Teil des Volkes. Zur *Staatsordnung* ergab sich, daß das in ihr Geordnete, dem Stofflichen wie Seelischen wie Geistigen angehörend, entsprechend sinnlich bzw. unsinnlich erkannt wird und sie selbst, etwas Geistiges, unsinnlich (o.I 4). In seiner Zugehörigkeit zum Stofflich-Seelischen wird auch das *Staatsverhalten* als das der Führung sinnlich-unsinnlich erfaßt. Und die *Staatsunabhängigkeit* als die der Führung: eine Beziehung, die deshalb zum geistigen Bereich zählt, wird allein unsinnlich erkannt. Gleichfalls all diese Besonderheiten werden aber, verbunden mit einer vergeblichen ‚Vergeistigung', durch die nichts unterscheidenden Auffassungen vom Staate als etwas Psychischem einfach verdeckt: Desgleichen sie gibt es nicht.

Zusammengefaßt: Gleich, wie die gebrachten Anschauungen einzeln aussehen, – im Ergebnis ist für sie – unter Aufhebung des objektiven wie realen Stofflichen, Seelischen und Geistigen – der Staat nebst seinen Bedingungen, darunter zumal die Staatsordnung, zu etwas nur Seelischem in den Köpfen von Menschen zusammengeschrumpft. Der Staat mit Gebiet, Bevölkerung, Führung,

Ordnung, Führungsverhalten und Unabhängigkeit ist in grober Vereinfachung zur bloßen Bewußtseinsvorstellung verkümmert. Ja, mit dem Aufgehen des stofflichen, seelischen und geistigen Seins des Staates in einem allein – bewußtseinsinneren – seelischen Sein verbindet sich, und zwar in Gestalt eines Staatsspiritualismus, eine *juristische Ersatzmetaphysik.* Und das am grünen Zweig solcher Metaphysikgegner wie JELLINEK, G. (S. 332, S. 351) und KELSEN (Staatslehre, S. 38).

Erheblich anders ist folgende Meinung zu beurteilen: Im Ausgang vom *„Staat als Begriff und Gegenstand"* (v. HIPPEL, Staatslehre, S. 9 a) wird gesagt: der „Begriff, wie immer man ihn im einzelnen verstehen mag", gehört „auf die Seite des erkennenden Subjekts ..., das durch ihn und also begreifend sich der Natur und Art eines Gegenstandes bewußt zu werden sucht ... Dagegen ist der *Staat* der *Gegenstand* der Erkenntnis, um dessen Begreifen es sich ... handelt" (S. 10). Zwar ist nämlich der Begriff insofern *auch* Gegenstand, als es um *seine* Erkenntnis geht. Aber darüber hinaus, d.h. in allen übrigen Fällen, *begreift* er nur *andere* – stoffliche, seelische und geistige – *Gegenstände,* indem er sie *kennzeichnet;* darunter desgleichen Staat und Staatsordnung. Nur im Bewußtsein gegeben, wird er, zumal durch Schrift und Sprache, stofflich *übermittelt.* Er *ist* so nicht gleich seinem gekennzeichneten Gegenstand, sondern er *betrifft* oder *meint* ihn lediglich. Gleich, ob er dabei, wie in der Ausnahme, als *begreifendes Wort* oder, wie in der Regel, als durch ein Wort oder Worte vermittelte *begreifende Vorstellung* verstanden wird. Allerdings fehlt auch zu jener Auffassung die Berücksichtigung der gekennzeichneten Besonderheiten.

Zwar nicht erheblich und dennoch anders ist die Anschauung, nach der es „Staats- und Staatsrechtslehre ... mit dem Staat als einem Teil der geistigen Wirklichkeit" zu tun haben (SMEND, Verfassung, S. 136; auch S. 233, 1). Denn mit dieser „geistigen Realität" (S. 138) verbindet sich immerhin – im Gegensatz zum *Idealismus* der obigen Auffassungen – der *Realismus.* Trotzdem stellen ebenfalls in ihr nicht allein der Staat, sondern mit ihm auch die Staatsbedingungen – also desgleichen die Staatsordnung – vorrangig etwas Seelisches dar. Ist nämlich „alles geistige Leben Selbstgestaltung des Einzelnen und zugleich der Gemeinschaft" und macht die dauernde Selbstintegration des Staates „sein Wesen als geistig-soziale Wirklichkeit" aus (a.a.O.), so ist diese eine entscheidend seelische. Demnach sind auch hiermit die tatsächlichen Wirklichkeitsweisen des Staates und seiner Bedingungen, zumal der Staatsordnung, nicht erfaßt.

Zweiter Abschnitt
Die Staatsverfassung als Staatsgrundordnung

Wie gesagt, geht es insoweit um ihr *allgemeinstes Wesen* als festen, unveränderlichen Inhalt einer jeden Staatsverfassung; ein Inhalt also, der sie in dieser Unveränderlichkeit erst zu einer solchen macht oder begründet (konstituiert) (o. Einführung, 4). Dieses Wesen sei, im Anschluß an die Behandlung der Staatsordnung, wie folgt, erschlossen.

Gleich der Staatsordnung ist auch die Staatsverfassung *Ordnung*. Hiermit kann sie aber, weil sie als *zweite* Ordnung *neben* der des Staates *ausgeschlossen* ist, nur entweder *dasselbe* wie die Staatsordnung sein oder lediglich ein *Teil* von ihr. Tatsächlich ist sie als *Grundordnung* des Staates letzteres. Das ist zuerst zu zeigen.

Besteht die Staatsordnung aus einer normativen und faktischen Teilordnung, so besteht die Staatsverfassung – als Staatsgrundordnung ein Teil der Staatsordnung – entsprechend aus einer *normativen* und *faktischen Teilverfassung*. Das ist als zweites darzutun.

Im Anschluß daran ist als drittes, nachdem bis dahin nur die eigene Ansicht gebracht wurde, auf andere Ansichten zur Staatsverfassung einzugehen.

Nun steht die Staatsordnung, wie gezeigt, nicht allein dem Recht offen, vielmehr ebenfalls dem Unrecht; und das trifft auch auf die Staatsverfassung als ihren Teil zu. Deshalb ist abschließend auf ihr *Verhältnis zum Recht* – und damit desgleichen zum *Unrecht* – einzugehen. Dies allerdings noch ohne Berücksichtigung der – weniger allgemeinen – Verfassungsarten oder Staatsformen.

A. Die Staatsverfassung als Teil der Staatsordnung: Staatsgrundordnung

Daß die Verfassung des Staates *nicht* gleich seiner *ganzen* Ordnung ist, läßt sich *negativ* dadurch zeigen, daß es viele Normen und vieles Faktische gibt, die zwar zur Ordnung des *Staates* gehören, doch offenbar nicht zu seiner Ordnung als *Verfassung*. Gesetzliche Normen z. B., die den Straßenverkehr regeln, gehören so zur normativen Staatsordnung, aber eindeutig nicht zur normativen Verfassung. Genauso verhält es sich etwa noch mit gesetzlichen Normen, die in gewissem Umfang Herstellung und Behandlung von Lebensmitteln regeln; oder auch noch mit solchen, die – wieder in gewissem Umfang – Errichtung, Führung usw. privater Vereinigungen regeln. Doch ebenfalls all das, was diesen Gesetzen faktisch entspricht, das tatsächliche Verhalten im Straßenverkehr, die tatsächliche Herstellung und Behandlung der Lebensmittel sowie die tatsächliche Errichtung und Führung der Vereinigungen, gehört zwar zur faktischen Staatsordnung, indes eindeutig nicht zur faktischen Verfassung.

Positiv und damit nicht bloß beispielsweise und ausgrenzend, sondern insgesamt und eingrenzend, läßt sich das Gesagte, wie folgt, zeigen.

Die Staatsverfassung hat wesenhaft mit der *Staatsführung* als dem *uneigentlichen* Staate zu tun, nicht hingegen mit dem *eigentlichen* Staate als dem *Staatsverband,* soweit er über ersteren hinausreicht (zu beiden Staaten o. 1. Abschn., A

I). Hiermit ist sie eine Ordnung, die genauso wesenhaft die Staatsführung als *Inbegriff der Staatsorgane* betrifft. Innerhalb der Führung gibt es nun, alsbald zu erklären, eine *engere* und eine darüber hinausreichende *weitere;* und die Ordnung bezüglich ersterer ist die *engere* Staatsverfassung, wie die hinsichtlich letzterer die *weitere* ist. Ob nun aber diese oder jene oder beide zusammen, – die Staatsverfassung ist insoweit **Staatsführungsordnung** und somit lediglich ein *Teil* der – ja auch die gesamte Ordnung der *Geführten* umschließenden – *Staatsordnung.*

Die **engere Staatsverfassung** zunächst betrifft die *obersten (höchsten) Staatsorgane,* als Ausschnitt der Staatsführung die bereits genannte *engere.* Obschon damit nur eine *Teil*bereichsordnung, stellt sie dennoch insoweit etwas *Umfassendes* dar, als sie nicht bloß in die *weitere* Staatsführung hineinwirkt, vielmehr desgleichen in den *Staatsverband,* soweit er über die Staatsführung mit den Geführten *hinausreicht.* Dies bestätigt nichts mehr, als daß sie wesenhaft das enthält, was die vorausgesetzte *Verfassungsart* oder *Staatsform* des jeweiligen Staates darstellt; z. B. die einer Monokratie, etwa in Gestalt einer Monarchie, oder einer Polykratie, etwa in der einer Demokratie, bzw. die eines Einheits- oder eines Vielheitsstaates, etwa als Bundesstaates. Dies derart, daß schon damit die Staatsform, über die gesamte Staatsführung als uneigentlichen Staat hinweg, für den – gleichfalls gesamten – Staatsverband als eigentlichen Staat besteht. All das macht aber, daß die engere Verfassung den *Hauptteil* der Staatsverfassung abgibt. Staatsorgane betreffend, und zwar für sich wie in ihren Verhältnissen zueinander, stellt sie eine **Aufbauordnung** dar, unter Einschluß des einschlägigen Verhaltens.

Die **weitere Staatsverfassung** sodann enthält, alle *übrigen Staatsorgane* als die auch schon genannte *weitere* Staatsführung betreffend, etliche *Teilordnungen.* Diese umschließen bestimmte Bereiche und heißen entweder selbst Verfassungen oder könnten es doch. Beispielsweise die Wehrverfassung, die Verfassungen der Gemeinden wie solche von diesen übergeordneten Verwaltungseinheiten, die Verfassungen der Hochschulen, insbesondere Universitäten, die der Gerichte usf. Als bloße Teilbereichsordnungen bilden sie *nichts Umfassendes;* etwas, das folgerichtig auch für ihre Zusammenfassung gilt: die weitere Verfassung. Sie betrifft eben bloß *Teilbereiche:* die Streitkräfte, Gemeinden und übergeordnete Verwaltungseinheiten, Hochschulen, Gerichte usw. All dies macht indes, daß die weitere Verfassung nur den *Nebenteil* der Staatsverfassung abgibt. Wiederum Staatsorgane betreffend, erneut für sich wie in ihren Verhältnissen zueinander, ist ebenfalls sie eine **Aufbauordnung,** wieder unter Einschluß des einschlägigen Verhaltens.

Mit dieser Gliederung erhebt sich die Frage, um *welche* Verfassung es nun als **Staatsverfassung der Verfassungslehre** geht: um die *gesamte,* um die *engere* oder *weitere* oder um eine *bestimmte Verknüpfung* beider. Es geht um letztere; freilich nicht ohne eine *Erzgänzung.*

Die **engere Verfassung** zählt, als gekennzeichneter Hauptteil etwas *Grundlegendes,* an *erster* Stelle zur Staatsverfassung. Auf die *weitere* kommt es insofern grundsätzlich *nicht* an, als das durch sie Geordnete Gegenstand *anderer* Wissenschaftsbereiche als desjenigen ist, der das sog. *Staatsrecht* betrifft oder – als dasselbe – das sog. *Verfassungsrecht* eines bestimmten Staates. Andere Bereiche sind z. B. mit den Gemeindeverfassungen die Lehre vom sog. Verwaltungsrecht und mit den Gerichtsverfassungen die jeweils einschlägige vom sog. Verfahrensrecht.

Hiernach kommt es aber ausschließlich auf den Bereich der Lehre vom genannten *Staats-* oder *Verfassungsrecht* an. Sein Inhalt betrifft nun jedoch *mehr* als die *engere* Verfassung. Das besagt: Hieß es, daß es auf die **weitere Verfassung** „grundsätzlich" nicht ankommt, so bedeutet dies umgekehrt, daß es auf sie *ausnahmsweise doch* ankommt: Gewisse ihrer Teilordnungen sind eben **in Grundlagen** so wichtig, daß sie *insoweit* zur engeren Verfassung *hinzutreten*. Ebenfalls etwas *Grundlegendes*, zählen sie an *zweiter* Stelle zur Staatsverfassung. So verhält es sich bezüglich der genannten Wehrverfassung, wenn z. B. für einen Bundesstaat darauf abgestellt ist, daß der „Bund ... Streitkräfte zur Verteidigung" aufstellt (Art. 87a I 1 GG, 1949) und der „Bundesminister für Verteidigung ... die Befehls- und" – tautologisch – „Kommandogewalt über" sie hat (Art. 65a I); hinsichtlich der erwähnten Gemeindeverfassungen, wenn beispielshalber die „Gemeinden" erstens als „Gebietskörperschaften" bestimmt sind und dazu zweitens festgesetzt ist, daß sie „sich selbst durch gewählte Räte und nach Maßgabe der Gesetze" verwalten (Art. 72 I, II Franz. Verf., 1958); die genannten Hochschulen betreffend, wenn etwa die „Errichtung und Verwaltung der Hochschulen" in der Regel zur „Sache des Staates" erklärt und den „Hochschulen ... das Recht der Selbstverwaltung" verliehen ist (Art. 138 Bayer. Verf., 1946); sowie, was die erwähnten Gerichtsverfassungen angeht, das Abstellen auf gewisse oberste Gerichtshöfe für genauso gewisse Gebiete der Gerichtsbarkeit (Art. 95 I GG). Gehört hierbei ein Gericht gar mit zu den obersten Staatsorganen, etwa als Verfassungsgericht, so zeigt dies allein, daß ein Teil des zur weiteren Verfassung zählenden Bereichs zugleich zur engeren gehören kann. Mit diesem zweifachen Inhalt stellt aber bis hierher die Staatsverfassung eine Verknüpfung von engerer und, soweit jeweils vorhanden, Teilen der weiteren Verfassung dar.

Damit sind zwei entscheidende Bereiche der Staatsverfassung, die, welche die Staatsführung in ihrem *Aufbau* betreffen, erfaßt. Es kommt indes, weil die Lehre vom genannten Staats- oder Verfassungsrecht *noch mehr* betrifft, ein dritter entscheidender hinzu.

Dies gilt der Staatsführung nicht in ihrem Aufbau, sondern in *besonderen Führungsmitteln*. Das sind solche, die den *gesamten* Staat, den Verband, berühren; die das *sehr unterschiedlich* tun, z.B. mittels Symbolen, einer Konfession, einer Sprache, einer Nationalhymne, einer Staatspartei oder noch mittels einer geregelten Staatsangehörigkeit; und die das zum alles übergreifenden Zweck der *Einheit* und/oder des *Bestandes* des Staates – auch und zumal seiner Verfassung – tun. Mittel, die – erneut nur als Beispiele – vom Psychologischen über das Politische bis zum Organisatorischen reichen. So verhält es sich beispielsweise mit bestimmten Staatsfarben (etwa Art. 3, 1 Deutsche RV, 1919: „Die Reichsfarben sind schwarz-rot-gold"; vorher schon nach Bundesbeschl., 1848, die „Farben des Deutschen Bundes"); damit, daß eine bestimmte Konfession zu der des Staates gemacht wird (z.B. § 4 Dän. Verf., 1953: „Die Evangelisch-lutherische Kirche ist die dänische Volkskirche und wird als solche vom Staat unterstützt."; entsprechend Art. 3 I Verf. Appenzell-I.Rh., 1872, die „römisch-katholische Religion" betreffend); mit der Bestimmung einer Sprache zur Amtssprache (etwa Art. 8 I, II Irische Verf., 1937: das „Irische ... erste Amtssprache", die „englische Sprache ... zweite"; § 14 I Finn. Regierungsform, 1919: „Finnisch und Schwedisch"); ferner damit, daß ein Lied zur Nationalhymne gemacht wird (beispielshalber Art. 2 III Franz. Verf., 1958: die „Marseillaise"); mit der Einrichtung einer Partei als führender Staatspartei (z.B. Art. 2 I 1, Chin. Verf., 1978/1979: „Die Kommunistische Partei Chinas ist der führende Kern des ganzen chinesischen Volkes"); oder mit der Regelung der Staatsangehörigkeit (etwa Art. 43 I Schweiz. Verf., 1874: „Jeder Kantonsbürger ist Schweizerbürger"). Es verhält sich indes gleichfalls noch so mit der Einführung einer sog. immerwährenden „Neutralität" durch Österreich zum „Zwecke der dauernden Behauptung seiner Unabhängigkeit nach außen" usf. (Art. 1 I 1 Öster. NeutrErkl., 1955). Was im besonderen die Staatsverfassung anlangt, und zwar in ihrem Bestande, so gehören hierher beispielsweise Übernahmen gesetzlicher Bestimmungen – einschließlich ihrer faktischen Entsprechungen – aus alten Verfassungen in neue. Das ist z. B. der Fall, wenn bestimmte Artikel der Deutschen RV, 1919 (136, 137 und andere zu „Religion und Religionsgesellschaften") zum „Bestandteil" des „Grundgesetzes" gemacht werden (Art. 140 GG, 1949). Oder wenn gar die Öster. Verf., 1920, ganze Gesetze übernimmt (Art. 149), darunter das „Staatsgrundgesetz vom 21. Dezember 1867 ... über die allgemeinen Rechte der Staatsbürger" usw. (näher Öster. Verf., Anhang, 2 a). Ja, hierher gehören insbesondere Änderungsverbote der Verfassung, etwa die Bundesstaatlichkeit betreffend (Art. 79 III GG).

All das – und ähnliches – macht nun die **sonstige Staatsverfassung** aus. Auch sie gibt noch etwas *Grundlegendes* ab und gehört so an *dritter* Stelle zur Staatsverfassung. Sie tritt, soweit jeweils vorhanden, zur gekennzeichneten Verknüpfung *ergänzend* hinzu. Im Ganzen dreht es sich um eine **Mittelordnung.**

Nun fragt sich jedoch angesichts des Verhältnisses von Staatsführung und Geführten, ob es nicht außerdem noch eine *weitere* – zur Verknüpfung der drei Teilverfassungen ebenfalls hinzutretende – *Teilverfassung* gibt: eine **Verhältnisordnung,** die sich in der Auferlegung von – tatsächlichen oder scheinbaren – Pflichten und der Gewährung ebensolcher Rechte durch die Führung bzw. in ihrem Innehaben durch die Geführten niederschlägt. Etwas, das seinen bekanntesten Ausdruck in den sog. **Grundrechten** und **Grundpflichten** findet (etwa: II. Hauptteil Deutsche RV, 1919: *„Grundrechte und Grundpflichten der Deutschen";* ferner vor Artt. 13 ff. Ital. Verf., 1947: *„Rechte und Pflichten der Staatsbürger"*). Daß es *nicht* so ist, zeigt Folgendes: Das Verhältnis von Staatsführung und Geführten gehört, soweit es als Grundlegendes zur Staatsverfassung zählt, in seiner normativen Regelung wie in seiner faktischen Entsprechung, zur *sonstigen* Verfassung. Das ist für die Auferlegung von *Pflichten* sowie ihr Innehaben als besonderes Mittel zum Zwecke der Einheit des Staates und/oder seines Bestandes eindeutig. So etwa, wenn in einem sozialistischen Staat allgemein normiert ist: „Die Staatsbürger sind verpflichtet, die Verfassung und die anderen Gesetze zu achten und einzuhalten" (Art. 60 I Alb. Verf., 1976); oder noch in einem nichtsozialistischen Staat: „Alle haben die Verfassung und die Gesetze zu achten und zu befolgen ..." (Art. 117, 2 Bayer. Verf., 1946; auch noch Art. 54 I Ital. Verf.). Die zwei zitierten Normen gehen zwar in gewisser Hinsicht zu weit, vor allem die zweite. Der Begriff „Alle" umfaßt nämlich auch jene Menschen, die, wie z. B. Kinder, Verfassung und Gesetze gar nicht kennen, geschweige denn verstehen können; vom Achten- und Befolgen-Können nicht zu reden. Doch das ändert an dem, worauf es hier ankommt, nichts. Das Gesagte ist zumal eindeutig mit der Normierung und Innehabung von besonderen Pflichten als Mittel. Das ist beispielshalber so mit der Verpflichtung von Männern „vom vollendeten achtzehnten Lebensjahr an zum Dienst in den Streitkräften" (Art. 12 a I GG, 1949). Oder noch damit, daß „Jeder finnische Bürger ... nach Maßgabe der Gesetze die Pflicht" hat, „an der Verteidigung des Vaterlandes teilzunehmen oder dazu beizutragen" (§ 75 I Finn. Regierungsform, 1919). Daß solche Bestimmungen, zu den Grundlagen der *Wehrverfassung* gehörend, auch als Teil der *weiteren* Verfassung mit in die Staatsverfassung einbezogen sind, zeigt nur die Möglichkeit, daß gewisse Bestimmungen *mehr* als *einer* Teilverfassung angehören; allerdings unter verschiedenen Gesichtspunkten. Für die Gewährung von *Rechten* und ihr Innehaben als besonderes Mittel zum Zwecke der Einheit des Staates und/oder seines Bestandes ergibt sich das Gesagte aus Folgendem: Einmal gewährt und innegehabt, tragen auch Grundrechte mit zu jenem Zweck bei. Man denke nur daran, wie es um ihn bestellt wäre, wenn etwa in Frankreich die „*Erklärung der Menschen- und Bürgerrechte*" (1789) aufgehoben würde. Sogar, daß die Grundrechte *gegen* den Staat (als Staatsführung) gerichtet sind, steht nicht entgegen. Einheit und/oder Bestand haben eben insofern zur Voraussetzung, daß die Zuständigkeiten der Staatsführung allein im *Rahmen* der Grundrechte bestehen. Selbst dies bestätigt noch, daß die Staatsverfassung wesenhaft *Staatsführungsordnung* ist. Wie es aber keine Führung ohne Geführte gibt, so erstreckt sich erstere notwendig auf letztere: Diese bilden – mit ihren Pflichten und Rechten – den *Führungsbereich.* So umfaßt die Führungsordnung notwendig auch die – im Rahmen der sonstigen Verfassung bestehende – Verhältnisordnung von Führung und Geführten.

Werden manche geschriebene Verfassungen als **Grundgesetz** bezeichnet, so ist das mit der Ineinssetzung von Staatsverfassung und Staats*grund*ordnung durchaus richtig, obschon insofern zu eng, als die Grundordnung, zumal als faktische, über das derart bezeichnete *gesetzliche* Verfassungswerk *hinausreicht.* Gedacht ist etwa an das „*Grundgesetz für die Bundesrepublik Deutschland*" (1949), aber gleichermaßen an die „*Verfassung (Grundgesetz) der Union der Sozialistischen Sowjetrepubliken*" (1977/1988) und an das „*Grundgesetz des Königreichs der Niederlande*" (1815) (zur wechselvollen Geschichte des Begriffs „des Grundgesetzes" seit dem 16. Jahrhundert Jellinek, G., S. 508 ff.). – Daß das Wort ‚Grundgesetz' ebenfalls grundlegenden Gesetzen eines *Staatenbundes* gelten kann (so Art. 13, Zif. 1 Wiener SchlA, 1820), gehört nicht hierher. Zwar hat nämlich auch er eine Verfassung, aber als Nichtstaat keine Staatsverfassung (u. 3. Abschn., B II, vor 1).

Zur Staatsverfassung gehört mit ihrem dargelegten Inhalt **keine** – irgendwie verstandene – **Legitimität (Gerechtfertigtheit).** Die sog. *dynastische* Legitimität besagt deshalb auch nichts anderes, als daß mit einer *Reihe* sich verfassungsgemäß folgender *Fürsten* diese als Quelle der Staatsgewalt zugleich Quelle der Verfassung sind oder vorrangig sind; so daß eine Verfassung ohne diese Quelle zwar keine dynastisch gerechtfertigte, aber keine Nichtverfassung ist. Und die sog. *demokratische* Legitimität besagt nur, daß zwar nicht das *gesamte Volk,* doch der *überwiegende Teil* des *Wahlvolks,* wie Quelle der Staatsgewalt, so zugleich Quelle der Verfassung ist; dies wieder so, daß eine Verfassung ohne diese Quelle zwar keine demokratisch gerechtfertigte, doch keine Nichtverfassung ist (zur demokratischen Mehrheit u. 3. Abschn., A III, vor 1). Ja, auch eine Verfassung ohne *rechtliche* Legitimation (u. D I 2) wird dadurch keine Nichtverfassung.

Daß die *engere* Verfassung als oberste Staatsführungsordnung die jeweilige Staatsform *wesenhaft enthält* und somit *nicht ist,* zeigt dies: Es gibt stets erneut Staatsorgane, die zwar Teil der *obersten Staatsführungsordnung* sind, indes *nicht* Teil der *Staatsform.* So verhält es sich z. B., wenn in einem mittelbar demokratischen Einheitsstaat außer einer ersten Kammer als Volksvertretung noch eine zweite Kammer besteht. Denn das besagt für die Staatsform nichts (u. 3.Abschn., III 3 b: Zweikammersystem). Entsprechendes trifft beispielsweise noch in der Volksrepublik China auf „das oberste Volksgericht" (Art. 41 I 1 Chin. Verf., 1978/1979) zu, und zwar als „das höchste Organ der Rechtsprechung" (Art. 42 I). Denn das besagt für die Staatsform, auf die es insoweit ankäme: die gewaltenteilende Herrschaft, nichts. – Die zur engeren Verfassung hinzutretenden Teile der *weiteren* können zwar unwesentlich mit Ausdruck der Staatsform sein, müssen es allerdings nicht. Ersteres ist etwa so, wenn zur „Selbstverwaltung der Gemeinden" festgestellt ist, daß sie „dem Aufbau der Demokratie ... von unten nach oben" dient (Art. 11 IV Bayer. Verf., 1946). Denn das ist Niederschlag der Bestimmung, daß „Bayern ... ein Volksstaat" ist und „Träger der Staatsgewalt ... das Volk" (Art. 2 I). Und letzteres ist z.B. so mit Hochschulen, die in einer mittelbaren Polykratie als Demokratie sachlich im wesentlichen ebenso tätig sind wie in einer beschränkten Monokratie, etwa als konstitutioneller Monarchie. – Doch auch die zur engeren Verfassung noch hinzutretende *sonstige* kann in ihren Teilen lediglich unwesentlich mit Ausdruck der Staatsform sein, muß es indes wieder nicht. Das erste ist beispielshalber der Fall mit einer Staatsflagge, die sinnbildlich mit einer bestimmt gearteten Staatsform verbunden ist. Man denke an die Flagge der Vereinigten Staaten von Amerika als vielstaatlichen Bundesstaates, die „in der blauen Oberecke soviel weiße Sterne hat, wie die Union Staaten umfaßt" (BROCKHAUS, XIX, S. 453 l., Artikel: „Vereinigte Staaten"). Ja, es versinnbildlichen „die Streifen die ursprünglich 13 Kolonien" (v. HIPPEL, Staatslehre, S. 359 d) als erste Unionsstaaten. Das zweite ist beispielsweise der Fall, wenn eine Nationalhymne in einem polykratischen wie monokratischen Staat dieselbe ist. So das „Lied der Deutschen", das Nationallied sowohl in der Weimarer Demokratie als gleichfalls – mit dem „Horst-Wessel-Lied" – im sog. Dritten Reich war, und das es wieder in der Bonner Demokratie ist.

B. Normative und faktische Staatsverfassung

Das Doppelwesen der Staatsverfassung als Staatsgrundordnung sieht näher, wie folgt, aus: Erstens bildet sie das Gefüge aller Verfassungsnormen: *normative Verfassung;* und zweitens bildet sie das Gefüge des den Normen auf nichtnormative und insofern faktische Weise Entsprechenden: *faktische Verfassung;* beide im Umfang ihres Bestehens eine *Einheit.*

Auch jetzt ist das **Gefüge** eine aus *Teilformen* bestehende *Gesamtform.* Nur gilt dies nicht mehr von der *gesamt*staatlichen Ordnung, sondern lediglich von einer *teil*staatlichen, der gekennzeichneten Staatsgrundordnung; die also, bloß für *sich* gesehen, ein *Gesamt*gefüge abgibt. Auch in ihm geht es um die *Beziehungen* oder *Verhältnisse* der Über- wie der Unterordnung usf., und zwar innerhalb der *Verfassungsnormen* und des ihnen nichtnormativ, *faktisch, Entsprechenden.*

Zum **Verhältnis von Ordnung und Geordnetem** gilt das insoweit schon Ausgeführte (o. 1. Absch., B I, vor 1), so daß aufs neue *nicht* in jedem Fall zwischen ihnen *getrennt* wird.

Außer dem Verhältnis des *Entsprochenen* – normative Verfassung – und *Entsprechenden* – faktische Verfassung – kommt es gleichfalls jetzt noch auf das andere, *sonstige* Verhältnis zwischen den Ordnungen bzw. ihrem Geordneten an.

Zum Schluß ist noch auf die *Wirklichkeits-* oder *Seinsweise* der zwei Ordnungen sowie auf ihre *Erkenntnis* einzugehen.

Um eine Verwechslung auszuschließen, bleibt noch das Folgende herauszustellen:

Die Gegenüberstellung von *normativer* und *faktischer* Verfassung hat wesentlich nichts mit der geläufigen von **Verfassung und Verfassungswirklichkeit** zu tun. Zwar ist auch in dieser Gegenüberstellung die sog. Verfassung als *normative* verstanden, allerdings im Rahmen der noch zu behandelnden *geschriebenen* (u. I 1) sowie *formellen* (u. I 2), also *enger*. Aber die sog. Verfassungswirklichkeit ist nicht nur, diese Enge teilend, als etwas *Faktisches* begriffen, sondern überdies *Normatives (Normen)*, beides außerdem insoweit, als es jener normativen Verfassung nicht bloß *entspricht*, vielmehr auch *widerspricht*, ja, mit dem Schwergewicht auf letzterem. Man denke hierzu etwa daran, daß eine Verfassungsnorm gegenüber bestimmten Freiheitsmißbräuchen die Verwirkung der einschlägigen, die mißbrauchten Freiheiten betreffenden, Grundrechte anordnet (Art. 18, 1 GG, 1949); sowie daran, daß, obschon solche Mißbräuche in vielen Fällen offensichtlich stattfanden bzw. stattfinden, dennoch – entgegen einer weiteren Verfassungsnorm (Satz 2) – die „Verwirkung und ihr Ausmaß ... durch das Bundesverfassungsgericht" *nicht* „ausgesprochen" wurden bzw. werden; wobei die Gründe dafür hier unerheblich sind. Jenes – die Normen – ist ein Stück Verfassung, dieses – die fehlenden Aussprüche – ein Stück Verfassungswirklichkeit. Mit einer *Gliederung* der Verfassung, auf die es ja ankäme, hat die Gegenüberstellung vollends *nichts* zu *schaffen*.

I. Die normative Staatsverfassung

Was die *Verfassungsnorm* ist, steht zum größten Teil bereits fest. Denn soweit sie nur *eine* Norm unter *allen* ist, gilt für sie das, was zum *Wesen* der Norm gesagt wurde (o. 1. Abschn., B I 1), gleichermaßen.

Auch die **Verfassungsnorm** ist also eine anordnende Willensäußerung oder -kundgabe – oder ebenfalls noch -erklärung –, mit der sich der Anspruch verknüpft, das von ihr Umfaßte verbindlich anzuordnen. Dies tut sie desgleichen als Vorschrift (Imperativ), Ge- oder Verbot, die noch eine Ausführung verlangt, oder als Nichtvorschrift, bloße Anordnung, die bereits selber ausführt. Letzteres ist z. B. so mit einer gesetzlichen Verfassungsnorm, die Rechte verleiht und/oder Pflichten auferlegt. Etwa folgende: „Jeder Deutsche hat in jedem Lande" – der Bundesrepublik Deutschland – „die gleichen staatsbürgerlichen Rechte und Pflichten" (Art. 33 I GG, 1949; auch Art. 6 III Öster. Verf., 1920, für die „Bundesbürger ... in jedem Land" – der Bundesrepublik Österreich).

Was nun die vorschreibenden Normen angeht, so haben sie – formell – sehr oft die Gestalt von nichtvorschreibenden, ohne jedoch – materiell – solche Normen zu sein. Die *nicht*vorschreibende Form ist die einer *Feststellung*. So beispielshalber, wenn es heißt: „Alle Staatsgewalt geht vom Volke aus" (Art. 20 II 1 GG); oder weiter noch: „Ihr" – der demokratischen Republik Österreich – „Recht geht vom Volk aus" (Art. 1 Öster. Verf.). Der *vorschreibende* Inhalt aber – als Ausdruck einer stets zu erfüllenden Aufgabe – lautet: ‚Alle Staatsgewalt *soll* vom Volke ausgehen'; bzw.: ‚Ihr Recht *soll* vom Volk ausgehen.' Als formelle *nicht* ausführungsbedürftig, sind es solche Sätze als materielle *durchaus:* Sie sind – je nach Inhalt tatsächlich *Ge-* oder *Ver*bote – in diesem Sinne stillschweigend in **sog. Sollvorschriften** zu ändern, d. h., weil pleonastisch, in Soll*bestimmungen*.

Daß und in welchem Umfang Sätze jener Art auch *formell* zutreffend sein können, zeigt überzeugend die Amerik. Verf., 1787 (z.B. Art. I, Abschn. 1–3: stets „shall", als „soll" bzw. „sollen" übersetzt: FRANZ, S. 13, S. 15). Gleiches zeigt aber auch noch die Südafrik. Verf., 1983 (z.B. Sects. 3ff.: erneut stets „shall"). – Änderungsbedürftig sind ferner die – ebenfalls in Verfassungen oft anzutreffenden – **sog. Kannvorschriften.** Beispielsweise: „Männer können vom vollendeten achtzehnten Lebensjahr an zum Dienst in den Streitkräften ... verpflichtet werden" (Art. 12 a I GG). Das ist, und zwar formell wie materiell, nur wieder eine *Feststellung*. Es ist keinerlei Norm: weder eine vorschreibende, da „können" kein ‚sollen' ist, noch eine nichtvorschreibende, da „können" auch kein ‚dürfen' ist. Der Ausdruck ‚Kannvorschrift' ist ein Unbegriff, gleichfalls der Ausdruck ‚Kannbestimmung'. Denn mit der Feststellung, daß etwas gekonnt ist, ist das Gekonnte weder vorgeschrieben noch erlaubt; und ein Können läßt sich überhaupt *nur* feststellen, nicht aber bestimmen, anordnen. Weshalb denn auch die Feststellung *keine Ermächtigung* ist. Das Erlaubtsein wird immer nur hinzugedacht. Um was es sich in der Sache dreht, ist daher – je nach Inhalt der bloßen Feststellung – entweder die Verleihung eines Rechts, eines *Dürfens,* oder die Auferlegung einer Pflicht, eines *Sollens;* ja, manchmal gestattet der Inhalt das eine *und* das andere. Demgemäß lautet der gebrachte Satz als Norm ‚Männer *dürfen* – bzw. *sollen* – durch Gesetz ... verpflichtet werden': Der Staatsführung wird das *Recht* dazu verliehen bzw. die *Pflicht* dazu auferlegt. – Änderungsbedürftig sind endlich die – wieder auch in Verfassungen oft zu findenden – **sog. Mußvorschriften.** Beispielshalber: „Die Mitglieder der Bundesregierung" „müssen jederzeit" vom Bundesrat „gehört werden" (Art. 53, 1, 2 GG; entsprechend früher, „die Mitglieder der Reichsregierung" und den „Reichsrat" betreffend (Art. 65 Deutsche RV, 1919). Subjektives Müssen – nicht objektives – bedeutet jedoch, daß ein Subjekt bewußt nicht anders kann, d.h. aber: in Bezug auf sein Verhalten *unfrei* ist. Das trifft nun indes auf den genannten Bundesrat nicht zu. Im Gegenteil, er ist in Hinsicht auf sein Verhalten: anzuhören oder nicht, *frei*. Der Satz ist aber nicht nur sachlich falsch, sondern außerdem keine, hier einzig in Betracht kommende, Norm als Vorschrift. Eine Norm, die zutreffend lautete: ‚Die Mitglieder ... *sollen* jederzeit gehört werden' oder ‚*sind* jederzeit zu hören'. Das Wort ‚Mußvorschrift' ist hiernach gleichfalls ein Unbegriff. – Die sog. Kann- und Mußvorschriften wären nichts anderes als – hier verfehlte – *Alltagssprache,* wenn die Verfasser der einschlägigen Sätze die zutreffende Sprache kennten. Daß dies aber nicht der Fall ist, zeigt das Folgende: Wie die herrschende Lehre seit Urgroßväterzeiten zur unzutreffenden Sprache geradezu eine *Dogmatik* entwickelt hat (näher BRINKMANN: zu den ‚Kannvorschriften' S. 190ff., zu den ‚Mußvorschriften' S. 195ff.), so folgt der einschlägige Gesetzgeber, mit ihr aufgewachsen, kritiklos ihren *Glaubenssätzen*. – Insgesamt: In vielen Fällen ist es, um zu Verfassungsnormen zu gelangen, erforderlich, Verfassungssätze, die keine Normen sind, erst zu solchen zu machen. Völlig unnötigerweise, da es sprachliche Mittel, um von vornherein eine Norm zu bringen, genug gibt. Man denke noch für das Dürfen, das Recht, an die Berechtigung, das Berechtigtsein, die Befugnis sowie das Befugtsein; und für das Sollen, die Pflicht, noch an die Verpflichtung, das Verpflichtetsein, an ein ‚ist zu', ‚hat zu' usf. Selbstverständlich wird davon auch teils in Verfassungen Gebrauch gemacht (zum Befugtsein häufig die Schweiz. Verf., 1874, z.B. Art. 25, zum Verpflichtetsein etwa Art. 16 I Öster. Verf.). – Damit, daß die staatlichen Definitionen, besonders die Legaldefinitionen, mit zu den Normen zählen, und zwar – wie ausgeführt – als vorschreibende Normen (o. 1. Abschn., B I 1), tun dies gleicherweise die **Verfas-**

sungsdefinitionen. Dazu gehört etwa die Bestimmung dessen, wer „Deutscher im Sinne" des „Grundgesetzes ist" (Art. 116 I GG); aber z. B. auch, wer „‚*Coloured persons*'", „‚*Indians*'" und „‚*White persons*'" sind (Sect. 100, 1, Ende, Südafrik. Verf., 1983), wobei dieser Abschnitt geradezu mit „*Definitions*" überschrieben ist. Die jeweiligen Inhalte lassen das Wesen als Verfassungsdefinitionen unberührt.

Zwar ist auch die **Verfassungsnorm** eine **staatliche.** Doch als zur Staats*grund*ordnung gehörig, d. h. zur dargelegten Verknüpfung von engerer, weiterer und sonstiger Verfassung als jeweils normativer (o. A), und so eine *teils besondere* staatliche Norm, ist ebenfalls ihre *Staatlichkeit* eine *teils besondere.* Dazu das Folgende.

Die Verfassungsnorm ist eine Norm der *Staatsführung* in Gestalt der *Verfassungsführung,* d. h. des *Verfassungsgebers;* jener Menschen also, die Inhaber wie Ausüber der Staatsgewalt als *verfassungsgebender* Gewalt sind. Dies gleichgültig, wie die Norm entsteht, ob also in einem *eigens auf sie gerichteten Verfahren* oder aber auf *andere Art;* gleichgültig weiter, in welchem *Bereich* staatlicher Tätigkeit: der Gesetzgebung (Legislative) – überhaupt der obersten Normgebung –, Vollziehung oder Ausführung (Exekutive) oder Rechtsprechung (Judikative); und gleichgültig schließlich, ob sie – teilweise oder gänzlich – die Staatsführung selber als uneigentlichen Staat betrifft oder den Staatsverband als eigentlichen oder wiederum gar Fremde. Hinzu tritt indes, daß die Verfassungsnorm – außer dem eigenen Staat – auch einen *anderen* Staat oder *mehr* betreffen kann. So etwa, wenn eine Verfassungsnorm des Gliedstaates eines Bundesstaates die Zugehörigkeit des ersteren zu letzterem bestimmt oder eine Verfassungsnorm des Bundesstaates die Zugehörigkeit der Gliedstaaten zu ihm. Bei allem sind die Menschen der Verfassungsführung als Ausüber der verfassungsgebenden Gewalt erneut **hoheitlich** tätig, und zwar näher, weil *übergeordnet,* wieder *obrigkeitlich;* dies derart, daß auch die Verfassungsnorm in der obrigkeitlichen Staatsgewalt als Anordnungsgewalt gründet. Die *schlicht*-hoheitliche Tätigkeit scheidet ein weiteres Mal aus. Gleichfalls die *Entstehung* der Verfassungsnorm und ihre *Bedeutung* können sehr unterschiedlich sein, z. B. als das normative Gesetzeswerk einer Nationalversammlung, als die Verfassungsänderung durch ein Parlament oder gar durch eine Regierung oder ein Gericht, ja, als die Flaggenanordnung eines Staatspräsidenten; doch für das *Wesen* als staatliche Verfassungsnorm besagt das nichts. Dabei ist mit der Nennung von Nationalversammlung, Parlament, Regierung, Gericht und Staatspräsident das näher dargetan, was oben schon allgemein vorweggenommen wurde: daß die Verfassungsführung **nicht als Verfassungsgeber in engerem, sondern in weiterem Sinn** verstanden wird: nicht als *bestimmter* Verfassungsgeber, vorweg beispielshalber als Nationalversammlung und danach als ein verfassungsänderndes Parlament, vielmehr als *Inbegriff* der Staatsorgane, die *Verfassungsnormen* geben. Hiermit kommt zumal zum Ausdruck, daß auch die Verfassungs*änderung* Verfassungs*gebung* ist: im Gegensatz zur *vorgeordneten* eine *nachgeordnete,* meist auch im Gegensatz zur *ursprünglichen* eine *abgeleitete.*

Faßt man zusammen, so ergibt sich als **Definition der Verfassungsnorm:** Sie bildet die zur gekennzeichneten *Staatsgrundordnung* als normativer Staatsverfassung *gehörende,* in *obrigkeitlich-hoheitlicher* Tätigkeit durch die *Verfassungsführung* gegebene *anordnende* Willensäußerung, die, mit dem *Anspruch auf Verbind-*

lichkeit auftretend, den *uneigentlichen* und *eigentlichen* Staat oder auch *Fremde* und *andere Staaten* betrifft.

Dabei heißt, daß die Verfassungsnorm die genannten Bereiche *betrifft,* und zwar wieder teils oder ganz in ihren Menschen, erneut näher, daß sie diese in ihrem *Sein, Haben* sowie *Verhalten* betrifft, indem auch sie ein jedes auf gewisse Weise *regelt.* Dies ein weiteres Mal so, daß *Entstehen* und *Vergehen* als seinsbegründend bzw. *-beendend,* etwa eines Verfassungsorgans, *mit* zum *Sein* gerechnet werden. Wie sehr es dabei um die – als solche besonderen – *Organe* geht, wenn etwa eine Norm zunächst eine – allgemeine – *Staatsform* anordnet, ergibt sich folgendermaßen: In solchen Fällen wird das, was die angeordnete Staatsform *unausdrücklich enthält,* in den angeordneten Organen erst *ausdrücklich entfaltet.* So steht es z. B., wenn eine Norm zuerst allgemein eine Staatsform anordnet: „Österreich ist ein Bundesstaat“ (Art. 2 I Öster. Verf., 1920). Und wenn dann eine Reihe von Normen besonders die Organe anordnet, die den Bundesstaat *ausmachen:* insbesondere den *„Nationalrat“* als Vertretung des Bundesvolkes (Artt. 24ff.), den *„Bundesrat“* als die der gliedstaatlichen Bundesländer (Artt. 34ff.) und die *„Bundesregierung“* als Regierung des Gesamtstaates (Artt. 69ff.).

Wie statt von *Staatsgewalt* aufs neue von *Staatsmacht* gesprochen werden kann, so, statt von **verfassungsgebender Gewalt,** auch von **verfassungsgebender Macht.** Und die Anordnungsgewalt ist wiederum dasselbe wie die Anordnungsmacht. Hinzuzufügen ist, daß diese Gewalt – in Entsprechung zur Staatsverfassung als Staats*grund*ordnung – die Staats*grund*gewalt darstellt. Die Verknüpfung der Gewalt oder Macht mit dem Können, nämlich als gekennzeichnetem überlegenen Können (o. 1. Abschn., B I 1), zeigt hier klar französisch pouvoir constituant. In Zusammenhang damit steht dann noch die übliche *Übertragung* bzw. *Personifizierung* der Gewalt oder Macht mit der in ihrer Anwendung erfolgenden *Tätigkeit* bzw. mit ihrem *Träger,* d.h. mit dem Verfassungsgeber, hier – wie oben gezeigt – dem in weiterer Bedeutung. Die Tätigkeit bzw. der Tätige ist insoweit *die verfassungsgebende Gewalt.*

In Verbindung mit der Verfassungsnorm stehen nun die Unterscheidung zwischen *geschriebener* und *ungeschriebener, materieller* und *formeller* Verfassung sowie *realer* und *nominaler,* doch gleicherweise die *Ordnung* der Verfassungsnormen.

1. Geschriebene und ungeschriebene Verfassung

Zur **geschriebenen Verfassung** ergibt sich nach der Grundunterscheidung von geschriebener und ungeschriebener staatlicher Norm sowie nach der Definition der Verfassungsnorm, daß sie der *Inbegriff der schriftlich zustandegekommenen Verfassungsnormen* als normativer Verfassung ist.

Hierzu fragt sich, was *im Einzelnen* aus den staatlichen Normen (o. 1. Abschn., B I 1) als Verfassungsnorm zur geschriebenen Verfassung zählen kann, in welchen staatlichen Normen sie sich folglich niederzuschlagen vermag.

Es sind das erstens wieder – unter erneutem Ausschluß der *nichtnormativen* – die **normativen Gesetze.**

Innerhalb dieser sind es einmal die **formellen Gesetze,** d.h. nunmehr die des *Haupt*trägers der *verfassungsgebenden Gewalt* (der Legislative), in *seinem* Verfahren *ausdrücklich als Verfassungsgesetz* (oder gleichbedeutend) bzw. als *verfas-*

sungsänderndes Gesetz (insgesamt formell) gegebenen Verfassungsnormen; und zwar gleich, ob sie *abstrakt*, **allgemein**, oder *konkret*, **besonders**, sind. Eine abstrakte gesetzliche Verfassungsnorm ist die, welche einer *unbestimmten* Anzahl persönlicher oder sachlicher Einzelfälle gilt, eine konkrete die, welche einer *bestimmten, feststellbaren* gilt. Für erstere, die weitaus meiste, sei z. B. die Norm angeführt: „Die Bundesregierung besteht aus dem Bundeskanzler und aus den Bundesministern" (Art. 62 GG, 1949). Für letztere, die seltenere, seien mehrere Normen angeführt. Nach Art. 8 III Franz. VerfG, 1875 (Staatsgewalt), konnte „während der Dauer der Gewalt, die dem Marschall MacMahon ... übertragen" war, die „Änderung" der Verfassungsgesetze „nur auf Vorschlag des Präsidenten der Republik hin erfolgen"; und das war der Genannte (FRANZ, S. 401, Anm. 10a): eine Einzelperson-Verfassungsnorm. So auch Art. 333 Jug. Verf., 1974, zur Wahl von „Josip Broz Tito zum Präsidenten der Republik mit unbegrenzter Mandatsdauer". Und nach Art. 9 Franz. VerfG war – zunächst – als „Sitz der vollziehenden Gewalt und der beiden Kammern" – der Abgeordnetenkammer und des Senats – „Versailles" bestimmt: eine Einzelsach-Verfassungsnorm. So ebenfalls Art. 5 I Öster. Verf., 1920: „Bundeshauptstadt und Sitz der obersten Organe ist Wien." Gleiches gilt jedoch beispielsweise noch von gesetzlichen Normen, welche die Staatsfarben bestimmen (o. A).

Zum anderen sind es innerhalb der normativen die **materiellen Gesetze,** das besagt: die *abstrakten* Verfassungsnormen. Dies gleich, ob sie wieder vom Träger der *gesetzgebenden* Gewalt als gleichzeitig *formelle* Gesetze gegeben werden oder *einzig* als *materielle* in einem *nichtgesetzgebenden,* also *anderen,* Verfahren sowie unter *anderem Namen.* Und gleich, ob sie von den Trägern der *ausführenden* (Exekutive) und *rechtsprechenden* Gewalt (Judikative) als *Neben*trägern der *verfassungsgebenden Gewalt* in *ihrem* Verfahren, auch unter *anderem Namen,* gegeben werden, wieder *einzig* als *materielle.*

Was zunächst das gleichzeitig formelle *wie* materielle Gesetz angeht, so gehört dazu etwa – in Ausführung einer vom ursprünglichen Verfassungsgesetzgeber gesetzten Verfassungsnorm – ein Wahlgesetz des sog. einfachen Gesetzgebers. Das ist z. B. damit so, daß zur Wahl des Bundespräsidenten der Bundesrepublik Deutschland angeordnet ist: „Das Nähere regelt ein Bundesgesetz" (Art. 54 VII GG, 1949); und das war dann das *„Gesetz über die Wahl des Bundespräsidenten durch die Bundesversammlung"* (1959) (BPräs. WahlG): Es zählt in seinen Verfassungsnormen mit zur geschriebenen Verfassung. Was sodann das *einzig* materielle Gesetz als solches der *gesetzgebenden* Gewalt anlangt, so ist auf die besondere autonome Satzung eines – jedenfalls verbands- oder körperschaftsähnlichen – Parlaments als eines obersten Staatsorgans hinzuweisen. Sie besteht innerhalb übergeordneter, Maße und Grenzen setzender Verfassungsnormen und gehört in seinen ergänzenden Verfassungsnormen mit zur geschriebenen Verfassung. Das trifft beispielsweise auf seine Geschäftsordnung zu, etwa die *„Geschäftsordnung des Deutschen Bundestages"* (i. d. F. 1980) (GeschO BT), und zwar nach Art. 40 I 2 GG: „Er", der Bundestag, „gibt sich eine Geschäftsordnung." Was endlich noch das *einzig* materielle Gesetz der übrigen Gewalten betrifft, so steht es gleicherweise Verfassungsnormen offen. Das trifft z. B. hinsichtlich der *ausführenden* Gewalt auf eine *„Verordnung"* zur *„Staatsangehörigkeit"* zu, u. a. mit der Norm: „Es gibt nur noch eine deutsche Staatsangehörigkeit" (§ 1 II StaatsangehVO, 1934). Auch sie zählte, obwohl kein formelles Gesetz, dennoch als materielles mit zur geschriebenen Verfassung; soweit es sie damals noch gab. Hinsichtlich der rechtsprechenden Gewalt trifft das Gesagte beispielshalber, wie folgt, zu: Ein Verfassungsgericht entscheidet eine von der Verfassung unberücksichtigte Zuständigkeit zwischen obersten Staatsorganen. Als materielles Gesetz eine Verfassungsnorm, zählt die Gerichtsentscheidung, für ein formelles Gesetz stehend, desgleichen mit zur geschriebenen Verfassung.

Schließlich sind es innerhalb der **sonstigen nichtgesetzlichen Normen,** da das sog. Gewohnheitsrecht nur für die ungeschriebene Verfassung in Betracht kommt, solche schriftlichen Normen, die – ohne eines der aufgezählten Gesetze zu sein – trotzdem Gegenstände regeln, die zur Staatsverfassung als Grundordnung des Staates gehören. Insoweit sei z.B. auf die *„Anordnung über die deutschen Flaggen"* (1950) des Bundespräsidenten der Bundesrepublik Deutschland hingewiesen. Sie zählt ebenfalls mit zur geschriebenen Verfassung. Demgemäß steht das, was in ihr zur Gestalt der „Bundesflagge" gesagt ist (I, Zif. 1 Flaggen-AO, 1950), in anderen Staaten im formellen Verfassungsgesetz (etwa Art. 170 Sowj. Verf., 1977). Wie weit jedoch die Zugehörigkeit zur geschriebenen Verfassung außerhalb von Gesetzen reichen kann, zeigt dies: In der deutschen Bundesrepublik wurde das „Lied der Deutschen" auf schriftliche Bitte des Bundeskanzlers durch schriftliche Antwort des Bundespräsidenten, also in Gestalt eines Briefwechsels, als Nationallied anerkannt (1952) (M.-D.-H.-S./MAUNZ, Art. 22, RN 31). Man mag gegen dieses Verfahren vorbringen, was man will, – sein Ergebnis ist eine – als besondere Anordnung des Präsidenten einzustufende – geschriebene Verfassungsnorm. Letztere muß nur zutreffend weit genug gefaßt sein.

Auch der erwähnte **Erlaß** kann übrigens die Gestalt für Verfassungsnormen sein und insoweit zur geschriebenen Verfassung zählen. Ein Beispiel: *„Erlaß des Führers und Reichskanzlers über das Protektorat Böhmen und Mähren"* (1939). Er enthielt abstrakte und konkrete Normen. Was letztere betrifft, etwa die, daß als „Amtssitz" des sog. Reichsprotektors „Prag" bestimmt wurde (Art. 5 I 2 Führer-Erl. B. u. M., 1939). Zugleich ist dies auch ein Beispiel dafür, daß, wie zur Definition der Verfassungsnorm gesagt (o. I), diese – außer dem eigenen Staat – gleichfalls einen *anderen* betreffen kann. Im vorliegenden Fall war es der – unrechtlich zum sog. Protektorat hinabgestufte – damalige tschechische Reststaat der Tschechoslowakei (näher u. 3. Abschn., B II 2).

Zur **ungeschriebenen Verfassung** ergibt sich – erneut nach der Grundunterscheidung von geschriebener und ungeschriebener staatlicher Norm – damit, daß letztere die gewohnheitlich zustandegekommene ist, sowie nach der Definition der Verfassungsnorm dies: Sie ist gleich dem *Inbegriff der gewohnheitlich zustandegekommenen Verfassungsnormen* als normativer Verfassung.

Auch sie müssen letztlich von der Staatsführung, d.h. nun: ihren in Betracht kommenden Organen, ausdrücklich oder unausdrücklich mittels *Anerkennung übernommen* sein. Erst hiermit werden ebenfalls sie Verfassungsnormen mit *einschlägiger Geltung* als *Inkraftstehen.* An die Stelle der Verfassungs*gesetz*gebung – und sonstigen schriftlichen Verfassungsnormgebung – tritt insoweit die *bloße* Verfassungs*norm*gebung, nämlich in der genannten Anerkennung. Eine schriftliche Sammlung dieser Normen machte sie, weil dies kein Verfahren der Verfassungsgesetzgebung – oder einer sonstigen schriftlichen Normgebung – wäre, nicht zur geschriebenen Verfassung.

Die Zeit der ungeschriebenen Verfassung ist zwar im wesentlichen, d.h. weit überwiegend, vorbei. Aber gänzlich ausgeschlossen ist sie damit keineswegs. Jedenfalls insofern nicht, als sich immer wieder neben *grundsätzlich geschriebenen*

Verfassungsnormen auch *einzelne* – ergänzende oder gar verdrängende – *ungeschriebene* finden. Dies zu verhindern, ist sogar unmöglich. Insoweit läßt sich daher, wenngleich sehr unterschiedlich, von einer *teils geschriebenen* und einer *teils ungeschriebenen* Verfassung sprechen. Tatsächlich reicht aber die ungeschriebene, an einem bekannten Beispiel kurz darzutun, in der Gegenwart noch erheblich weiter.

Zwar besaß England mit CROMWELLS „,Instrument of Government' ... die erste und einzige Verfassungsurkunde" (JELLINEK, G., S. 512), „die erste gültige geschriebene Verfassung des modernen Staates" (LOEWENSTEIN, S. 136). Sie stand von 1653–1660 in Kraft (MAYER-TASCH, S. 227) und war so eine geschriebene Verfassung vor der ersten *„Französischen Verfassung"* (1791) (zu beiden ebenso SCHMITT, S. 40). Daß nun trotzdem die französische die „erste Verfassungsurkunde Europas" gewesen sei (JELLINEK, S. 523), ist nur dann zutreffend, wenn man, einem gewissen britischen Brauch folgend, zwischen England und Europa scheidet. Es ist aber auch angesichts dessen unzutreffend, daß gegenüber der französischen Verfassung, die am „3. September 1791" verkündet wurde, „die polnische Verfassung vom 3. Mai 1791 ein früheres Datum" trug (a.a.O.). Hieran ändert es ersichtlich nichts, daß die polnische, „soweit sie nicht altständischen Charakters" war, „von den bis dahin publizierten französischen Verfassungsgesetzen ganz abhängig" war (so aber a.a.O.) (zur sog. altständischen Monarchie u. 3. Abschn., A I 2 b α). Unrichtig ist allerdings auch, daß die polnische Verfassung von 1791 „die erste geschriebene Verfassung Europas" (BROCKHAUS, XIV, S. 735 l., Artikel: „Polen") gewesen sei.

Daß nun jedoch in der Folge Großbritannien im „Gegensatz zu allen anderen modernen Staaten ... keine geschriebene Verfassung" kenne (FRANZ, S. 495), ist nur richtig, wenn man *Verfassungsurkunde* und *geschriebene* Verfassung *ineinssetzt.* Das ist indes, wie schon die Ausführungen zu ersterer zeigen werden (u. 2), nicht zutreffend. Denn so gewiß zwar jede Verfassungsurkunde geschrieben ist, so gewiß gehen dennoch schriftliche Verfassungsnormen – zumal in Gestalt anderer formeller Gesetze außerhalb der Verfassungsurkunde – über diese hinaus. Und Gesetze, die in Großbritannien über die Verfassung, soweit sie *ungeschrieben* ist, hinausgehen, sind z. B.: *„Die Schottische Unionsakte"*, besonders die Vereinigung der Königreiche England und Schottland zum Königreich Großbritannien betreffend (Art. 1 Schott. UnionsA, 1706); *„Das Parlamentsgesetz von 1911"* und *„Das Parlamentsgesetz von 1949": einzelne* Verfassungsgesetze (dazu u. 2), auf die später teils noch einzugehen sein wird. Zu unterscheiden ist vielmehr zwischen „Verfassungsrecht (law of constitution) und Verfassungskonventionen (constitutional conventions)" (HELFRITZ, S. 194). Dabei besteht ersteres „aus Gemeinem Recht (Common law) und Gesetzesrecht (Statute law)": jenes ein „Gewohnheitsrecht", dieses „das vom Parlament erlassene Gesetzesrecht", die beide „von den Gerichten anerkannt und zur Anwendung gebracht" werden (a.a.O.). Letztere, die Verfassungskonventionen, werden als „Bräuche (customs), Übungen (practices) oder Grundsätze (maxims, principles)" bezeichnet, „durch Gewohnheit" entstanden, die „von den Gerichten nicht geschützt werden" (a.a.O.). Hiernach ist es so, daß den geschriebenen Verfassungsnormen (als Statute law) die ungeschriebenen (als Common law und Constitutional conventions) gegenüberstehen. Und damit ist von einer *teils geschriebenen* und *teils ungeschriebenen* Verfassung zu reden. Zu den „wichtigsten dieser *constitutional conventions"* werden nun folgende gezählt: „die alljährliche Einberufung des Parlaments, die Grundregeln des parlamentarischen Systems (z. B. Ernennung des Führers der Mehrheitspartei zum Premierminister, Rücktritt der Regierung nach einem Mißtrauensvotum des Unterhauses), die Nichtausübung des königlichen Veto-Rechts gegen Gesetzesbeschlüsse sowie die Auflösung des Parlaments und die Ausschreibung von Neuwahlen vor Verabschiedung von Gesetzen von grundlegender Bedeutung" (MAYER-TASCH, S. 227). Sie bilden „ein Gewohnheitsrecht der obersten Staatsorgane, von deren übereinstimmender Rechtsüberzeugung getragen und daher als Konventionen bezeichnet" (HELFRITZ, a.a.O.).

Die ungeschriebene Verfassung steht aber gleicherweise Normen der richterlichen Gewalt offen. So gehören neben „den Verfassungsgesetzen und den Verfassungsbräuchen ... auch noch die richterliche Auslegung und Weiterbildung verfassungsrechtlicher Normen, die in den Präjudizien des *common law* verankerten individuellen Freiheitsgarantien" zur „britischen Verfassung" (MAYER-TASCH, a.a.O.).

2. Materielle und formelle Verfassung

Für die **materielle Verfassung** ergibt sich damit, daß die festgestellte Verfassungsnorm (o. vor 1) *nichts Formelles,* sondern *einzig Materielles* darstellt, folgende **Gegenstandsbestimmung:** Sie ist gleich dem *Inbegriff der Verfassungsnormen* als *normativer* Verfassung.

Dies bedeutet aber, daß – gleich, wie weit nun die normative Verfassung geschrieben oder ungeschrieben ist, *beide,* geschriebene *und* ungeschriebene Verfassung, *materielle* sind. Daß die Unterscheidung von materieller und formeller Verfassung dennoch allein in Bezug auf die *geschriebene* stattfindet, hat seinen Grund darin, daß die formelle *nur* als geschriebene möglich ist. Denn damit setzt sie gleichfalls die materielle als geschriebene voraus.

Zur **formellen Verfassung** führt von hier aus das Folgende.

Besonders in Werken formeller Gesetze, die zumeist – materielle – Verfassungsnormen enthalten, finden sich auch *andere,* als solche zwar ebenfalls *materielle* Willensäußerungen, die jedoch entweder schon *keine Normen* sind, oder die es *doch* sind, indes *keine Verfassungsnormen.* Und in Hinsicht auf sie kommt es nun zur Unterscheidung von materieller und formeller Verfassung.

Zu ersteren, den **Nichtnormen,** wurden in anderem Zusammenhang schon Beispiele gebracht: einmal die Behauptung, daß „das Deutsche Volk" das „Grundgesetz der Bundesrepublik Deutschland beschlossen" habe (Präambel GG, 1949); und zum anderen die, daß die „Deutsche Demokratische Republik ... auf ihrem Gebiet den deutschen Militarismus und Nazismus ausgerottet" habe (Art. 6 I 1 Verf. DDR, 1968/1974). Weitere, auch sehr verschiedene Beispiele sind etwa noch: „Die Erklärung der Menschenrechte und die Verfassungsurkunde sind auf Tafeln in der Mitte der gesetzgebenden Körperschaft und an öffentlichen Plätzen eingegraben worden" (Art. 124 Franz. Verf., 1793), sowie: „In der Koreanischen Demokratischen Volksrepublik sind die Klassengegensätze und jedwede Ausbeutung und Unterdrückung des Menschen durch den Menschen für immer beseitigt" (Art. 6, 1 Nordkor. Verf., 1972). Überhaupt gehören hierher alle Vorsprüche und Einführungsformeln, soweit sie *keine Normen* enthalten. In ebenso seltener wie deshalb bemerkenswerter Ausnahme können hierbei mittelalterliches und modernes Verfassungsgesetz übereinstimmen: „Im Namen der heiligen und ungeteilten Dreifaltigkeit" heißt es zu Beginn des Vorspruchs Gold. Bulle, 1356, „Im Namen der Allerheiligsten Dreifaltigkeit" zu dem des Vorspruchs Irische Verf., 1937. – Wie können nun derartige nichtnormative, d.h. faktische, Willensäußerungen, die also materiell nicht einmal Normen, geschweige denn Verfassungsnormen, sind, dennoch in einen die Verfassungsnormen *und* sie *übergreifenden Zusammenhang* gebracht werden?

Zu letzteren, den **Nichtverfassungsnormen**, seien folgende, gleichfalls sehr verschiedene, Beispiele angeführt: Hieß es zur Weimarer Verfassung: „Sie tritt mit dem Tage ihrer Verkündung in Kraft" (Art. 181, 2 Deutsche RV, 1919), so handelte es sich dabei gewiß um eine Norm, und zwar eine bloß anordnende. Aber es handelte sich ebenso gewiß nicht um eine Verfassungsnorm, wie sie definiert wurde (o. vor 1). Dies bestätigt mit Nachdruck die Tatsache, daß auch andere als Verfassungsgesetze Normen aufweisen, die *deren* zeitliches Inkrafttreten anordnen; und zwar ohne daß sie damit etwa zu einer strafgesetzlichen Norm, bürgerlichgesetzlichen usw. würden. Zwar wieder Normen, doch erneut keine Verfassungsnormen sind folgende Bestimmungen: „Adelstitel werden nicht anerkannt." „Die bereits vor dem 28. Oktober 1922 bestehenden Adelsprädikate gelten als Teile des Namens" (Übergangsbest. XIV, I, II Ital. Verf., 1947; zu letzterem auch Art. 109 III 2 Deutsche RV, 1919). Gesetze solcher Art enthalten eben aufs neue nicht das, was ein jedes – über eine Norm hinaus – zu einer Verfassungsnorm macht. Das trifft ebenfalls auf die zwei Normen zu: „Wucher ist verboten. Rechtsgeschäfte, die gegen die guten Sitten verstoßen, sind nichtig" (Art. 152 II Deutsche RV, 1919); außerdem aber auch noch auf die Normen, nach denen einmal die „Verfügung über die Begräbnisplätze ... den bürgerlichen Behörden" zusteht, und wonach zum anderen diese „dafür zu sorgen" haben, „daß jeder Verstorbene schicklich beerdigt werden kann" (Art. 53 II Schweiz. Verf., 1874). – Wie können nun normative Willensäußerungen solcher Art, die materiell keine Verfassungsnormen sind, trotzdem auch in einen die Verfassungsnormen *und* sie *übergreifenden Zusammenhang* gebracht werden?

Ein solcher Zusammenhang, die Nichtnormen wie Nichtverfassungsnormen betreffend, ist einzig auf folgende Weise möglich: Das den Verfassungsnormen, den Nichtnormen und den Nichtverfassungsnormen *Gemeinsame* und damit sie alle *Übergreifende* ist ihr *Bestand im jeweils selben formellen Gesetzeswerk.* Doch wie es hiermit, ohne Rücksicht auf *Inhalte* und also etwas *Materielles,* um etwas *rein Formelles* geht, so können die, wie gezeigt, *verschiedenen* Inhalte auch einer bloß *formell* begriffenen Verfassung angehören: dem jeweiligen *Gesetzeswerk.* Innerhalb seiner sind – neben den *materiellen* und *zugleich formellen Verfassungsnormen* – die materiellen *Nichtnormen nur formelle Verfassungssätze* und die materiellen *Nichtverfassungsnormen nur formelle Verfassungsnormen.* Mit der Abstellung auf das jeweilige Gesetzeswerk ist es allerdings so, daß Verfassungsnormen, die *außerhalb* eines solchen Werkes – oder eines entsprechenden, wie des Erlasses – stehen, z.B. Gerichtsentscheidungen, *nur materiell* sind und *nicht auch formell.*

Zur **formellen Verfassung** ergibt sich hiermit folgende **Gegenstandsbestimmung:** Sie ist gleich dem *Inbegriff der in einem oder mehr als einem formellen Gesetzeswerk enthaltenen Verfassungsnormen, Nichtverfassungsnormen und Nichtnormen.*

Das **Verhältnis von materieller und formeller Verfassung** ist nach allem das folgende: Es ist erstens die formelle – als das *Ganze* von Verfassungsnormen, Nichtverfassungsnormen sowie Nichtnormen in einem oder mehr als einem Gesetzeswerk – das *Weitere* und das *Umfassende;* wie die materielle – als der von den Verfassungsnormen gebildete *Teil* – insofern zwar bloß das *Engere* und das *Umfaßte* ist, doch in der Sache *allein* die Verfassung. Und es ist zweitens die materielle – als das *Ganze* der Verfassungsnormen – mit den außerhalb von Gesetzeswerken stehenden Verfassungsnormen zwar das *Weitere*, aber *nicht* das *Umfassende;* wie die formelle insoweit zwar des *Engere* ist, doch *nicht* das *Umfaßte*.

Nun erhebt sich angesichts eines Teils der gebrachten Nichtnormen und Nichtverfassungsnormen die Frage, ob Willensäußerungen dieser Art nicht *verfassungsgesetzlich überflüssig* sind. Sie sind es nur teilweise, teilweise also nicht. Was die Nichtnormen angeht, so war z. B. der Satz über die Ausrottung des „deutschen Militarismus und Nazismus" (DDR) überflüssig. Er war verfassungsgesetzlich ohne Bedeutung. Das gilt auch noch dem Satz: „Die Volksdemokratie hat sich als Weg zum Sozialismus voll bewährt; sie hat uns zu seinem Sieg geführt" (Erklärung II, Abs. 6, 5 Tschechoslow. Verf., 1960). Nicht überflüssig sind indes besonders Vorsprüche, soweit sie nichtnormativ vor allem die Beweggründe, die zur Verfassung führten, nennen; etwa als Zweck die „nationale und staatliche Einheit ... zu wahren" (Präambel GG, 1949). Das ist verfassungsgesetzlich von Bedeutung. Dies trifft ebenfalls auf den Vorspruch Amerik. Verf., 1787, zu, soweit u. a. der Zweck angeführt ist, „einen vollkommeneren Bund zu gestalten", nämlich gegenüber dem – wie noch darzutun – bis dahin sehr unvollkommenen. Und was noch die Nichtverfassungsnormen betrifft, so sind beispielshalber die Normen über das Verbot des Wuchers sowie die Erklärung sog. Rechtsgeschäfte wegen Verstoßes gegen die guten Sitten für nichtig (Weimarer Republik) wieder überflüssig. Denn sie sind verfassungsgesetzlich bedeutungslos; mögen sie noch so wichtig sein. Das gilt desgleichen z. B. von der Norm, daß die „Sorge für die Erhaltung von historischen Denkmälern und anderen kulturellen Werten ... Pflicht und Schuldigkeit der Bürger der UdSSR" sei (Art. 68 Sowj. Verf., 1977/1988). Nicht überflüssig war jedoch die Norm über das Inkrafttreten der Verfassung der Weimarer Republik. Sie war nämlich verfassungsgesetzlich bedeutungsvoll. Das trifft beispielsweise auch auf die Norm zu, nach der die „Bestätigung durch die Konvente von neun Staaten ... genügen" sollte, „damit diese Verfassung zwischen den sie bestätigenden Staaten in Kraft trete" (Art. VII, I Amerik. Verf.). Ja, Bestimmungen solcher Art sind geradezu erforderlich. Dennoch läßt selbst das sie bloß formell, nicht aber gleichfalls materiell, Verfassungsnormen sein.

Ein geläufiger Sprachgebrauch scheint es nahezulegen, von der Verfassung in formeller Bedeutung als **Verfassungsurkunde** zu sprechen. Dazu sei im Vorschaltgesetz zur *„Verfassung des Deutschen Reichs"* auf „die beigefügte *Verfassungs-Urkunde für das Deutsche Reich"* hingewiesen (§ 1 VorschaltG Deutsche RV, 1871). Entsprechend vorher französisch „Acte constitutionnel" (vor Art. 1 Franz. Verf., 1793). Doch auch CROMWELLS *„Instrument of Government"* (o. 1) war eine Verfassungsurkunde: constitutional charter oder instrument. Das gilt – ohne einschlägige Benennung – gleichfalls vom jetzigen *„Grundgesetz für die Bundesrepublik Deutschland"* (1949) und von der jetzigen *„Verfassung der französischen Republik"* (1958). Die Ineinssetzung von formeller Verfassung und Verfassungsurkunde ist nun verfehlt. Letztere stellt das *Gesetzesgrund(haupt)werk* oder *Verfassungsgrund(haupt)werk* und sohin den *Hauptteil* der formellen Verfassung dar. Aber zum einen kann es die formelle Verfassung auch *ohne* Verfassungsurkunde geben. Das ist so, wenn es kein Gesetzesgrundwerk gibt, statt seiner jedoch einzelne Verfassungsgesetze, die nun ihrerseits Hauptteil der formellen Verfassung sind. So in Frankreich 1875. Erstens: *„Verfassungsgesetz über die*

Organisation der Staatsgewalten" (25. 2.) (Franz. VerfG [Staatsgewalt]); zweitens: *„Verfassungsgesetz über die Organisation des Senats"* (24. 2.) (Franz. VerfG [Senat]); und drittens: *„Verfassungsgesetz über die Beziehungen der Staatsgewalten untereinander"* (16. 7.) (Franz. VerfG [Staatsgewaltenbeziehungen]). Das *Verfassungs-* oder *Gesetzesgrundwerk* ist durch *Verfassungs-* oder *Gesetzeseinzelwerke ersetzt.* Als weiteres Beispiel sei noch auf das *„Gesetz über die Bildung der spanischen Cortes"* (1942) (Span. CortesG) sowie auf das spanische *„Staatsorganisationsgesetz"* (1967) (Span. StaatsorgG) verwiesen: Als Verfassungseinzelwerke ersetzten ebenfalls sie – mit weiteren Einzelwerken – ein Verfassungsgrundwerk. Im Spanien FRANCOS geltend, gehörten auch sie als einzelne Verfassungsgesetze zum Hauptteil der formellen Verfassung; wie sie entsprechend keineswegs nur Verfassungsnormen enthielten. Zum anderen reicht vor allem die formelle Verfassung über die Verfassungsurkunde als ihren Hauptteil – aber auch über einzelne Verfassungsgesetze als gleichen Hauptteil – *hinaus.* Das ist so, wenn zu diesem jeweils andere Gesetze hinzutreten. Es sei insofern für das deutsche Grundgesetz wieder auf das *„Gesetz über die Wahl des Bundespräsidenten durch die Bundesversammlung"* (1959) (BPräs.WahlG) hingewiesen. Das *Verfassungs-* oder *Gesetzeshauptwerk* bzw. die *Verfassungs-* oder *Gesetzeseinzelwerke* werden durch *Verfassungs-* oder *Gesetzesnebenwerke ergänzt.* Als anderes Beispiel hierfür sei noch auf das – zur Wahl der „Abgeordneten des Deutschen Bundestages" (Art. 38 I 1 GG) als Ausführungsgesetz ergangene – *„Bundeswahlgesetz"* (i. d. F. 1975) (BWG) hingewiesen. Wie es desgleichen keineswegs bloß Verfassungsnormen enthält. Es reicht also nicht allein die *materielle* Verfassung über die Verfassungsnormen einer *Verfassungsurkunde* hinaus, sondern es reicht gleichfalls die *formelle* Verfassung über die *Verfassungsurkunde* hinaus. Gleiches gilt gegenüber den statt der Urkunde bestehenden *Einzelgesetzen.*

Ausnahmsweiser verfassungsgesetzlicher Ausdruck all dessen ist es, wenn auf „Verfassungsgesetze oder in einfachen Gesetzen enthaltene Verfassungsbestimmungen" abgestellt wird (Art. 44 I Öster. Verf., 1920) und unter ersteren sowohl die Verfassungsurkunde (das Hauptwerk) als desgleichen weitere „Verfassungsgesetze" (die Einzelwerke) verstanden werden, ja, sogar bestimmte Auszüge (Art. 149).

Unrichtig wäre die Annahme, daß die *formelle* Verfassung, irrig nur als *Verfassungsurkunde* begriffen, schlechthin, wie folgt, ausgezeichnet sei: dadurch, daß ihre **Abänderung schwerer oder teils gar nicht möglich** sei. Dies deshalb, weil ihre Gesetze sog. *verfassungskräftige,* mit Verfassungsrang, seien, nämlich im Vergleich zu anderen, sog. *einfachen* Gesetzen, solchen ohne Verfassungsrang. Das ist der Fall, wenn für eine Verfassungsänderung z. B. eine *höhere Mehrheit* als die übliche der Beschließenden verlangt ist, bzw. wenn selbst die *höchste* Mehrheit *nicht genügt,* da die Änderung verboten ist. Für beide Lagen, die aber nicht zusammen vorliegen müssen, sei Art. 79 GG, 1949, angeführt. Denn nach dessen Abs. 2 bedarf ein Gesetz, welches das Grundgesetz ändert, „der Zustimmung von zwei Dritteln der Mitglieder des Bundestages und zwei Dritteln der Stimmen des Bundesrates"; und nach dessen Abs. 3 ist u. a. eine „Änderung ..., durch welche die Gliederung des Bundes in Länder ... berührt" würde, „unzulässig". Allein – es gibt auch Gesetzes*einzel*werke, die gerade keine Verfassungsurkunde sind und dennoch eine Erschwerung der Verfassungsänderung anordnen können oder teils gar ihr Verbot. Das traf beispielshalber auf Art. 8 II Franz. VerfG, 1875 (Staatsgewalt) zu, wonach die „Beschlüsse über die ganze oder teilweise Änderung der Verfassungsgesetze ... mit der absoluten Mehrheit der Mitglieder" der „Nationalversammlung ... gefaßt werden" mußten. Und es traf auf die Hinzufügung „durch Verfassungsgesetz" „vom 13. Aug. 1884" zu: „Die republikanische Staatsform kann nicht zum Gegenstand eines Änderungsvorschlages gemacht werden" (nach FRANZ, S. 400, Anm. 7). Vor allem jedoch: Verfassungsurkunden, die eine Erschwerung oder gar ein teilweises Verbot der Verfassungsänderung nicht kennen, sind keineswegs ausgeschlossen. So stellt das Verbot überhaupt die Ausnahme dar. Und der „Nationale Volkskongreß" Chinas hat die Befugnis zur „Abänderung der Verfassung" (Art. 22, Zif. 1 Chin. Verf., 1978/1979), ohne daß hierzu eine Erschwerung angegeben wäre. Ein früheres Beispiel stellt die „Charte constitutionnelle Ludwigs XVIII. vom 4. Juni 1814" (JELLINEK, G., S. 526) dar. Denn wie sie „über die Formen für ihre Abänderung" schwieg und daraus der Schluß zu ziehen war, „daß sie den Unterschied zwischen einfachen und Verfassungsgesetzen nicht" kenne, so wurden „unter Ludwig XVIII. wichtige Verfassungsänderungen ... in den Formen der gewöhnlichen Gesetzgebung beschlossen" (S. 527f.; anders insoweit: Verbot der Änderung, SCHMITT, S. 17f.). Aus seiner damaligen Gegenwart nennt JELLINEK noch an Staaten, die „keine erschwerenden Formen für ... Änderungen" kennen, zumal „Italien" und „Spanien" (S. 532). Genannt sei aber auch noch das frühere Preußen, wo „die gewöhnliche Stimmenmehrheit", allerdings „bei zwei Abstimmungen" mit einer Zwischenzeit von zumindest 21 Tagen, genügte (Art. 107 Preuß. Verf., 1850). Und für die Gegenwart sei ferner hingewiesen auf Appenzell-Außerrhoden, in dem für Verfassungsänderungen, soweit es um Teiländerungen geht, das übliche Gesetzgebungsverfahren gilt (Art. 83 II, III i. V. m. Artt. 42, 44 und 45 IV Verf. Appenzell-A.Rh., 1908). Übrigens ist die Erschwerung der Verfassungsänderung in *sozialistischen* Staaten, soweit sie in solchen jederzeit überwindbar ist bzw. war, bloß eine *nominale,* doch *keine reale.* So verhält es sich etwa, wenn für die Änderung der Verfassung der „Beschluß einer Mehrheit von mindestens zwei Dritteln der Gesamtzahl ihrer" – der Nationalversammlung – „Mitglieder" verlangt ist (Art. 141 I Kub. Verf., 1976; auch Art. 111 II Alb. Verf., 1976). Das bedeutet indes: Insoweit stellt die sog. Erschwerung der Verfassungsänderung schon aus dem genannten Grund *keine* Auszeichnung der Verfassungsurkunde dar. Insofern ist aber gleichfalls der Unterschied von verfassungskräftigem und einfachem Gesetz bloß ein nominaler und kein realer. Kurz, die Auszeichnung der Verfassungsurkunde durch eine schwerere Abänderbarkeit oder gar deren teilweise Unmöglichkeit *kann* lediglich bestehen, *muß* es indes *nicht.* Daß die reale Erschwerung übrigens, wie die Beispiele zeigen, *unterschiedlich* ausfallen kann: sich in einer *größeren* bzw. *kleineren* sog. *qualifizierten* Mehrheit ausdrückt, ist hier unerheblich. Genauso, daß sie auch noch ganz anders ausfallen kann, z.B. als eine zwischengeschaltete Neuwahl (§ 79 I Isl. Verf., 1944) oder gar als Neuwahl und eine anschließende Volksabstimmung mit qualifizierter Mehrheit (§ 88 Dän. Verf., 1953).

Auch jetzt sei wiederum der **Erlaß** mit einbezogen. Er kann ebenfalls außer Verfassungsnormen noch Nichtverfassungsnormen und Nichtnormen enthalten. Insoweit sei auf den – das frühere sog. Protektorat Böhmen und Mähren begründenden – FührerErl. B. u. M., 1939, und zwar in seinem Vorspruch, hingewiesen. Dieser enthielt schon im ersten – außerdem nur scheinbar rechtfertigenden – Satz eine Nichtnorm: „Ein Jahrtausend lang gehörten zum Lebensraum des deutschen Volkes die böhmisch-mährischen Länder." Die Zusammenfassung von Normen und Nichtnormen im Schriftwerk des Erlasses stellte so auch ein Stück formeller Verfassung dar (näher wieder u. 3. Abschn., B II 2).

3. Reale und nominale Verfassung

Diese Unterscheidung erfolgt in Hinblick auf die geschriebene *materielle* Verfassung, soweit diese Inhalt einer – gleichfalls geschriebenen – *formellen* Verfassung, grundsätzlich in der Hauptgestalt der *Verfassungsurkunde,* ist. Das zeigt Folgendes:

Die Verfassungsgeschichte weist in der großen Regel *normative* Verfassungen als Hauptinhalt von Verfassungsurkunden auf, denen *faktische* Verfassungen *entsprechen.* Sie weist aber auch ausnahmsweise solche normativen Verfassungen auf, denen faktische Verfassungen *nicht entsprechen.* Wie damit diese normativen Verfassungen aber nur *nominal,* den *Worten* nach, bestanden, so einzig die zuerst genannten *real,* der *Sache* nach. Sie hatten das, was jenen fehlte: eine faktische Entsprechung. Dafür Bespiele.

Zur **Nominalverfassung** sei zunächst auf die schon benutzte Franz. Verf., 1793, hingewiesen. Sie war – nach der von 1791 – die „zweite Verfassung, die der Konvent im Juni 1793 nach Abschaffung des Königtums beschloß“. Sie „wurde zwar veröffentlicht, sollte aber erst nach Friedensschluß wirksam werden. Das geschah niemals“ (FRANZ, S. 299). Damit kam es nicht zur Entsprechung durch eine faktische Verfassung. Dann sei noch auf die Deutsche RV, 1849, hingewiesen. Zwar wurde sie nach ihrer Annahme durch die Nationalversammlung von deren *„Präsidenten ... am 28. März 1849 ausgefertigt und im Reichsgesetzblatt verkündet“* (HUBER, I, S. 304 V); aber mit der endgültigen *„Verwerfung der Reichsverfassung und der Kaiserwürde“* durch Preußen *„vom 28. April 1849“* (S. 335) wurde auch sie nicht wirksam (ebenfalls FRANZ, S. 118). Hiermit kam es erneut nicht zur Entsprechung durch eine faktische Verfassung.

Ganz anders demgegenüber die übrigen genannten Verfassungen, etwa die Franz. Verf., 1958, und das GG, 1949. Wie sie wirksam wurden, so kam es zur Entsprechung durch faktische Verfassungen; und die normativen wurden **Realverfassungen.**

Nun sind die zwei Fälle der französischen und deutschen Nominalverfassung solche, bei denen es schon *nicht* zur *Entstehung* einer faktischen Verfassung kam und somit von *vornherein nicht* zur *Entsprechung* gegenüber einer normativen. Daß es gleichfalls anders sein kann: *zunächst* das *Bestehen* einer faktischen Verfassung in ihrer Entsprechung zu einer normativen, doch *sodann* das *Vergehen* der faktischen und ihrer Entsprechung – zeigt folgender Fall: Die normative Deutsche RV, 1919, wurde seit 1933 „zwar nicht formell, aber praktisch in ihren wesentl. Teilen“ aufgehoben (BROCKHAUS, XV, S. 591 l., Artikel: „Reichsverfassung“, 4), richtig: verdrängt; und die entsprechende faktische Verfassung hörte auf, zu bestehen. Die erste wurde mit ihrer Verdrängung durch eine sich entwickelnde, nicht in einer Urkunde enthaltene normative Verfassung zur nominalen, die zweite durch eine sich entsprechend entwickelnde *andere* faktische, die der neuen normativen entsprach, ersetzt.

4. Zur normativen Verfassung als Ordnung

Wenn trotz Gegebensein der *formellen* Verfassung die Ordnung weiterhin auf die normative als *materielle* beschränkt bleibt, dann aus folgendem Grund: *Nichtverfassungsnormen* und *Nichtnormen* sind mit den Verfassungsnormen bloß *formell* in einem oder mehr als einem Gesetzeswerk vereinigt, aber *nicht materiell* (c. 2). *Nichts Gleiches* abgebend, können sie damit *nicht Teile ein und derselben*

Ordnung sein. Das trifft vielmehr einzig auf die Verfassungsnormen zu. Hiernach dreht es sich indes, auch was die *Verfassungsurkunde* als Teil der formellen Verfassung angeht, nur um die in ihr enthaltenen – materiellen – Verfassungsnormen. Es tritt jedoch noch etwas hinzu: Die normative Ordnung umfaßt nicht allein die *geschriebene* Verfassung – in Bezug auf die eine formelle *einzig* möglich ist –, sondern gleicherweise die *ungeschriebene*.

Alle Verfassungsnormen sind nun *ohne Rücksicht* zumal auf *Inhalt* (samt Bedeutung) und *Gestalt* (Gesetz usf.), das besagt: *nur als* Verfassungsnormen, *gleichgeordnet*. Denn gleich z.B., welchen Inhalts oder ob vom Träger der gesetzgebenden Gewalt oder einer anderen der Verfassungsführung herrührend, – sie alle stimmen insoweit in ihrem gekennzeichneten Wesen (o. vor 1) überein. Eine *unterschiedliche Rangordnung* besteht erst *innerhalb* der inhaltlichen Gleichordnung aller Verfassungsnormen *als* dieser.

Zuerst gibt es eine solche Rangordnung in Hinsicht auf die drei – in der Staatsverfassung als Staatsgrundordnung verknüpften – **Teilbereiche:** die engere Staatsverfassung, die weitere, soweit sie in Grundlagen hinzutritt, sowie die sonstige (o. A), und zwar insofern, als es sich um die jeweils normative handelt.

Die **engere normative Verfassung** als Inbegriff der die *obersten Staatsorgane* betreffenden Normen steht mit letzteren am höchsten. Sie ist den zwei übrigen Teilbereichen übergeordnet; wie diese ihr folglich untergeordnet sind. Entsprechend wurde sie bereits als der in der Staatsgrundordnung *am meisten* entscheidende Bestandteil gekennzeichnet (o. A). Ob die einschlägigen Normen der engeren Verfassung geschrieben oder ungeschrieben sind, ist dafür gleichgültig. Einzig ihr *Inhalt,* also die Regelung der obersten Staatsorgane in ihrem Sein, Haben und Verhalten, ist bestimmend. Erst wenn sie geschrieben ist, kann auch ihre *Gestalt* mitbestimmend sein, muß es indes nicht.

Die **weitere normative Verfassung,** soweit sie in gewissen **Grundlagen** zur engeren hinzutritt, steht nicht allein deshalb niedriger, weil sie – negativ – grundsätzlich *keine obersten Staatsorgane* betrifft, sondern auch, weil sie – positiv – genauso *lediglich Staatsorgane* der *weiteren* Verfassung betrifft, z. B. solche von Hochschulen oder Gemeinden. Nur „grundsätzlich" insofern, als etwa eine Wehrverfassung mit einem Minister als Oberbefehlshaber *auch* ein Organ der *engeren* Verfassung betrifft; dies bloß mit der Teilhabe an letzterer. So ist die gekennzeichnete weitere Verfassung der engeren untergeordnet. Demgemäß wurde sie schon als der in der Staatsgrundordnung *weniger* entscheidende Bestandteil bezeichnet (o. A). Doch ist sie der *sonstigen* Verfassung übergeordnet. Denn durch sie ist eine Reihe wichtiger Staatsorgane und somit wichtiger Teilordnungen der weiteren Verfassung im Grundsatz mit in die Staatsgrundordnung einbezogen. Entsprechend ist die sonstige Verfassung ihr untergeordnet. Erneut ist es gleichgültig, ob die einschlägigen Normen der weiteren Verfassung geschrieben oder ungeschrieben sind. Nur ihr *Inhalt* wieder, d. h. die Regelung der einbezogenen Grundlagen, ist bestimmend. Erst wiederum, wenn sie geschrieben ist, vermag auch ihre *Gestalt,* mitbestimmend zu sein. Ebenfalls das muß aber nicht so sein.

Die **sonstige normative Verfassung,** in ihrer Verknüpfung mit der engeren und Teilen der weiteren, steht einmal deswegen niedriger als diese, weil sie – negativ – *weder oberste Staatsorgane noch* auch grundsätzlich einbezogene *Staatsorgane* der *weiteren* Verfassung in ihrem *Aufbau* betrifft: Sie ist insoweit *keine Aufbauordnung*. Zum anderen aber auch deshalb, weil sie – positiv – *lediglich Führungs-*

mittel, wenngleich *besondere,* betrifft, etwa Staatsflagge, -hymne, Neutralität und Grundrechte. Sie ist nur eine bestimmte *Mittelordnung.* Und gleichfalls insoweit ist sie der in der Verknüpfung stehenden engeren und Teilen der weiteren Verfassung untergeordnet; selbst dann also, wenn z. B. der Grundrechtsteil dort steht, wohin er sachlich nicht gehört: weitgehend an der *Spitze* einer Verfassung (Artt. 1 ff. GG, 1949). Dementsprechend wurde sie bereits als der in der Staatsgrundordnung *am wenigsten* entscheidende Bestandteil gekennzeichnet (o. A). Dem scheint besonders ein politisches Mittel: die erwähnte „Kommunistische Partei Chinas" als „der führende Kern des ganzen chinesischen Volkes" (a.a.O.), zu widersprechen. Aber so groß auch die Bedeutung dieser Norm ist, – sie besagt doch für den *Aufbau* der Verfassung – normativ wie faktisch – *nichts:* eben als keine Aufbau-, sondern bloße Mittelnorm. Wie diese Anordnung aus der chinesischen Verfassung sind auch noch andere, entsprechende, zu beurteilen (etwa Art. 5 Kub. Verf., 1976). Im übrigen ist es aufs neue gleichgültig, ob die einschlägigen, nunmehr zur sonstigen Verfassung zählenden Normen geschrieben oder ungeschrieben sind. Wiederum ist allein ihr *Inhalt,* d. h. die Festsetzung besonderer Mittel zum Zwecke der Einheit und/oder des Bestandes des Staates, ausschlaggebend. Erst wieder, wenn die sonstige Verfassungsnorm geschrieben ist, kann auch ihre *Gestalt* mitbestimmend sein, muß es hingegen erneut nicht.

Eine unterschiedliche Rangordnung gibt es dann **innerhalb der drei Bereiche.**

Was die *engere* normative *Verfassung* anbelangt, so weist sie, wie folgt, eine Rangordnung auf: All ihre Normen, die mit der *Verfassungsart* die *Staatsform* regeln – wieder etwa eine monokratische als monarchische oder polykratische als demokratische –, stehen höher als jene, die *keine derartige* Regelung treffen. Die also zwar oberste Staatsorgane betreffen, aber nicht die Staatsform prägende; wie schon gesagt, z. B. ein oberstes Gericht (o. A: zu China). So ist der Teil der Staatsformnormen dem der Nichtstaatsformnormen übergeordnet; wie dieser folglich jenem untergeordnet ist. Der *Inhalt* ist entscheidend. – Daß – darüber hinaus – auch noch innerhalb der genannten Staatsform- und Nichtstaatsformnormen Rangordnungen möglich sind, braucht hier nur erwähnt zu werden.

Was die *weitere,* in Teilen in die Verknüpfung einbezogene, normative *Verfassung* angeht, so läßt sich eine *Rangordnung* nach *fester* Über- bzw. Unterordnung *grundsätzlich nicht feststellen.* Dazu ist das normativ Geregelte – beispielshalber Grundlagen von Gemeinden und Hochschulen – genauso grundsätzlich einerseits zu verschieden und andererseits dennoch zu wichtig. Insofern besteht also mehr oder weniger Gleichordnung. Örtlich-zeitlich gesehen, kann allerdings – bestimmt durch die innere Lage eines Staates – bei einer bestimmten Teilordnung ein Vorrang liegen und damit bei den anderen Teilordnungen ein Nachrang. Insoweit ist z. B. vor allem an Streitkräfte in ihrer normativen Überordnung zu denken.

Was zum Schluß noch die *sonstige,* in die Verknüpfung einbezogene, normative *Verfassung* betrifft, so läßt sich auch insoweit *grundsätzlich keine,* durch *feste* Über- bzw. Unterordnung bestimmte, *Rangordnung ausmachen.* Hierzu ist nämlich das normativ Betroffene – etwa Staatsflagge, -hymne, Neutralität und Staatspartei als u. a. gekennzeichnete Mittel – ebenso grundsätzlich zu verschieden und dennoch zu wichtig. So besteht erneut mehr oder weniger Gleichordnung. Das trifft ebenfalls auf Grundrechtsnormen als Mittel zu; wie sie auch im einen Staat viel, im anderen aber wenig bedeuten können. Allerdings sind wieder, örtlich-zeitlich gesehen – erneut in der inneren Lage eines Staates begründet – Rangunterschiede möglich. Dies mit dem Erfolg, daß eine bestimmte Regelung vorrangig ist und die übrigen Regelungen damit nachrangig sind. Insofern ist beispielsweise insbesondere an die Überordnung von Grundrechtsregelungen zu denken.

Faßt man zusammen, so ergibt sich als **Definiton der normativen Staatsverfassung:** Sie ist das von der Verfassungsführung gegebene jeweilige *Gefüge von Verfassungsnormen,* das, insoweit eine aus Teilformen bestehende Gesamtform, innerhalb seiner eine Reihe von Rangverhältnissen hat, in denen die Verfassungsnormen als das Geordnete zueinander stehen.

II. Die faktische Staatsverfassung

Damit, daß diese Verfassung das Entsprechende zur *normativen* Staatsverfassung ist, geht es bei ihr allein um eine Entsprechung zu den *Verfassungsnormen*; weder also um eine solche zu den *Nichtverfassungsnormen* noch gar zu den *Nichtnormen* (zu diesen o. I 2). D.h. indes: Die beiden letzteren, nicht zur materiellen, sondern zur formellen Verfassung gehörend, insbesondere zur Verfassungsurkunde, scheiden als etwas, dem in der faktischen Staatsverfassung entsprochen werden könnte, von vornherein aus.

Das Ausscheiden zunächst der **Nichtnormen** bestätigt dies: Bei der zur materiellen Verfassung zählenden – Norm ist es so, daß *ihr* etwas *Faktisches* entspricht; z.B. der Norm, die einen Bundesrat als Vertretung der Länder in der deutschen Bundesrepublik anordnet (Artt. 50, 51 I GG, 1949), sein *Vorhandensein.* Bei der – zur formellen Verfassung zählenden – Nichtnorm ist es dagegen so, daß *sie* etwas *Faktischem* entspricht; z.B. dem, daß es in „der Sozialistischen Volksrepublik Albanien ... keine Ausbeuterklassen" gibt (Art. 16 II Alb. Verf., 1976), d.h., wenn es so ist. Hiermit ist aber das Verhältnis von *entsprochener Verfassungsnorm* als Satz und ihm *entsprechenden Faktischen* insoweit überhaupt *ausgeschlossen.* Es verhält sich genau umgekehrt: *entsprochenes Faktisches* und ihm *entsprechende Verfassungsnichtnorm* als Satz.

Das Ausscheiden sodann der **Nichtverfassungsnormen** bestätigt Folgendes: Zwar ist es bei der – ebenfalls zur formellen Verfassung gehörenden – Nichtverfassungsnorm genauso wie bei der – zur materiellen gehörenden – Verfassungsnorm. D.h., auch *ihr* entspricht etwas *Faktisches.* So ist es etwa einmal mit der Anordnung: „Diese Verfassung tritt am Tage der Veröffentlichung ihres offiziellen Textes im ‚Boletín Oficial del Estado' in Kraft" (Schlußbestimmung, 1 Span. Verf., 1978); und zum anderen mit der dieser Anordnung entsprechenden Veröffentlichung am 29.12.1978: Sie trat normgemäß in Kraft. Trotzdem besteht folgender Unterschied: Das der Nichtverfasungsnorm entsprechende Faktische ist kein solches, das als ein Sein, Haben oder tatsächliches Verhalten das einer *Verfassungsnorm* Entsprechende wäre: weder einer solchen der engeren Verfassung noch einer solchen der weiteren, soweit diese in Grundlagen zur engeren hinzutritt, noch einer solchen der sonstigen Verfassung. Gleiches gilt etwa noch zur Norm des Art. 145 II GG, 1949: „Dieses Grundgesetz tritt mit Ablauf des Tages der Verkündung in Kraft."

Als erstes ist nun auf den *Inhalt* der faktischen Verfassung einzugehen, als zweites auf seine *Ordnung.*

1. Zum Inhalt der faktischen Verfassung

Auch hier vorweg zwei **Klarstellungen.**

Zuerst: Soweit einer Verfassungsnorm *normativ* entsprochen wird, d.h. nun: durch eine *andere* Verfassungsnorm, zählt das als normatives Verhalten, als anordnende Willensäußerung, zur *normativen* Staatsverfassung. Das trifft wieder innerhalb der drei normativ auftretenden Gewalten zu: der gesetzgebenden, vollziehenden und richterlichen, d.h. insofern, als sie Verfassungsnormen geben (dazu o. I 1); was jetzt besagt: in Entsprechung zu bereits *bestehenden* Verfassungsnormen. Das ist beispielsweise in dem Fall so, daß der einfache Gesetzgeber, einschlägigen Anordnungen einer Verfassungsurkunde genügend, *Verfassungsgegenstände näher* regelt. Gehört so ein „Bundesverfassungsgericht" mit zu den obersten Staatsorganen (Artt. 93f. GG, 1949), als Organ gewaltenteilender Herrschaft; und sieht eine Verfassungsbestimmung durch ein „Bundesgesetz" eine nähere Regelung vor (Art. 93 II), – so zählt das ergangene *„Gesetz über das Bundesverfassungsgericht"* (i.d.F. 1985) (BVerfGG) in den einschlägigen Normen mit zur normativen Verfassung, und zwar der engeren. Soweit hingegen einer Verfassungsnorm *nichtnormativ* entsprochen wird, d.h. mit etwas Verfassungs*faktischem:* einem Sein, Haben und nichtnormativen Verhalten, zählt dies zur *faktischen* Verfassung. Das bedeutet gleichfalls jetzt: zum einen innerhalb der drei erwähnten, insofern faktisch auftretenden Gewalten, insgesamt folglich der Staatsführung als des uneigentlichen Staates; zum anderen innerhalb des Staatsverbandes als des eigentlichen Staates, soweit er über den uneigentlichen hinausragt; ferner innerhalb des Bereichs der Fremden; und endlich, soweit gegeben, auch innerhalb eines anderen Staates. Entstehen und Vergehen rechnen wieder zum Sein.

Sodann: Erneut ist die – normative wie faktische – Entsprechung nicht nur durch *Ausführung* oder *Vollziehung* einer Norm möglich, beispielshalber einer gesetzlichen Verfassungsvorschrift (eines Imperativs), Ge-, Verbotes, als Anordnung. Vielmehr ist sie in Lagen, in denen eine Norm *nicht ausgeführt* werden kann, weil sie bereits selber ausführt, wieder einzig dadurch möglich, daß diese Ausführung *geachtet* wird. Das ist aufs neue bei der Norm als Nichtvorschrift, als bloßer Anordnung, der Fall. Ein Beispiel bildet folgende – der gekennzeichneten *engeren* Verfassung (o. A) angehörende – Norm: „Das Recht zur Ausgabe von Banknoten und andern gleichartigen Geldzeichen steht ausschließlich dem Bunde zu" (Art. 39 I Schweiz. Verf., 1874). Die in der Rechtsgewährung liegende Ausführung wird dann dadurch geachtet, daß keine mögliche öffentliche oder private Gewalt gegen das gewährte Recht und somit gegen die gewährende Norm verstößt: weder normativ noch faktisch. Gleiches trifft beispielshalber auf folgende – zu den einbezogenen Grundlagen der gekennzeichneten *weiteren* Verfassung (o. A) zählende – Norm zu: „In den Angelegenheiten des eigenen Wirkungsbereiches hat die Gemeinde das Recht, ortspolizeiliche Verordnungen" usw. „zu erlassen" (Art. 118 VI 1 Öster. Verf., 1920). Wie Gleiches etwa auch noch der folgenden – zur gekennzeichneten *sonstigen* Verfassung (o. A) gehörenden – Norm gilt: „Gegen jeden, der es unternimmt, diese Ordnung" – der Demokratie, des Bundesstaates usf. – „zu beseitigen, haben alle Deutschen das Recht zum Widerstand, wenn andere Abhilfe nicht möglich ist" (Art. 20 IV GG, 1949). Daß diese Norm insofern unzutreffend ist, als es viele Deutsche gibt, die gar nicht in der Lage sind, Widerstand zu leisten, z.B. Kinder, ist hier unerheblich.

Erstens geht es nun um **das Faktische im Bereich des uneigentlichen Staates als der Staatsführung,** d. h. in der Verknüpfung aus *engerer* Staatsführung: den obersten Staatsorganen, und aus Teilen der *weiteren* Staatsführung: der sonstigen Staatsorgane (o. A).

Was die *engere* Staatsführung anlangt und mit ihr die *engere Verfassung,* so denke man z. B. innerhalb eines Bundesstaates als mittelbarer Demokratie an Folgendes: Vorweg an die Verfassungsnormen, welche die Organe des Bundes als des Gesamtstaates anordnen, und zwar in ihrem Sein, ihrem Haben von Zuständigkeiten und ihrem faktischen Verhalten. Und dann an diese Bundesorgane selbst, die in ihrem tatsächlichen Sein, Haben und Verhalten den Verfassungsnormen entsprechen. So verhält es sich zumal mit einer gesamtstaatlichen Volksvertretung, beispielsweise dem deutschen Bundestag sowie dem schweizerischen und österreichischen Nationalrat; der gesamtstaatlichen Ländervertretung, etwa dem deutschen Bundesrat, dem schweizerischen Ständerat und dem österreichischen Bundesrat; der gesamtstaatlichen Regierung, z. B. der deutschen Bundesregierung, dem schweizerischen Bundesrat und der österreichischen Bundesregierung; sowie dem gesamtstaatlichen Oberhaupt, beispielshalber dem deutschen und österreichischen Bundespräsidenten sowie – erneut – dem schweizerischen Bundesrat, dessen Bundespräsident also *nicht* Oberhaupt ist (dazu u. 3. Abschn., A III 1 b).

Es genügt hierzu, das Entsprochene und Entsprechende an *einem* Beispiel auszugsweise darzutun, und zwar an der Regierung der deutschen Bundesrepublik (vor allem Artt. 62 ff. GG, 1949). Da sind zunächst einige, das *Entstehen* der Regierung – Bundeskanzler und Bundesminister – betreffende Verfassungsnormen. Zum *Kanzler* besonders diese: daß er „auf Vorschlag des Bundespräsidenten vom Bundestage ... gewählt" wird; daß „Gewählt ist, wer die Stimmen der Mehrheit der Mitglieder des Bundestages auf sich vereinigt"; und daß der „Gewählte ... vom Bundespräsidenten zu ernennen" ist (Art. 63 I, II). Das Faktische, das dem entspricht, ist erstens der Vorschlag des Bundespräsidenten; denn zwar ist er eine Willenskundgabe, aber keine normative, anordnende, sondern nur eine nichtnormative, faktische. Zweitens ist es die Wahl durch die genannte Mehrheit des Bundestages. Denn die Wahl ist nichts Normatives, da sie noch der Annahme durch den Gewählten bedarf. Als übereinstimmende Willenskundgaben ein – freilich besonderes – Angebot, ist sie keine Anordnung, vielmehr etwas bloß Faktisches. Drittens ist allerdings die Ernennung durch den Bundespräsidenten, da mit der erwähnten Annahme die Zustimmung des zu Ernennenden bereits vorliegt, etwas Normatives; zwar nicht als Vorschrift (Gebot), indes als Nichtvorschrift, bloße Anordnung. Aber faktisch ist viertens noch die Überreichung der Ernennungsurkunde. Wie erst hiermit der Gewählte Bundeskanzler ist, so bildet sie das insoweit abschließende Faktische. Zu den *Ministern* ist es die Norm, daß sie „auf Vorschlag des Bundeskanzlers vom Bundespräsidenten ernannt und entlassen" werden (Art. 64 I). Hierzu sei lediglich festgestellt: Der genannte Vorschlag ist auch nur wieder etwas Faktisches und die gleichfalls genannte Ernennung wieder etwas Normatives; und wie der Vorgeschlagene erst mit der Überreichung der Urkunde Minister ist, so stellt diese das insoweit abschließende Faktische dar. Mit alledem ist sodann zugleich der das *Sein* der *Regierung* betreffenden Verfassungsnorm: „Die Bundesregierung besteht aus dem Bundeskanzler und aus den Bundesministern" (Art. 62), entsprochen: Die Regierung ist – faktisch – vorhanden. Schließlich bildet eine das *Vergehen* der Regierung betreffende Verfassungsbestimmung folgende: „Das Amt des Bundeskanzlers oder eines Bundesministers endigt in jedem Falle mit dem Zusammentritt eines neuen Bundestages" (Art. 65 II 1). Die Beendigung des jeweiligen Amtes, d.h. richtig: der Amtszeit, ist – gleich dem Zusammentritt und ohne Entlassung durch den Bundespräsidenten – rein faktischer Art. Die Regierung besteht nicht mehr. Die mögliche Weiterführung der „Geschäfte" auf „Ersuchen des Bundespräsidenten" (III) stellte etwas Neues dar. – Was hiernach das – faktische – *Haben* der Bundesregierung, insgesamt wie in ihren einzelnen Mitgliedern, angeht, zumal das von Zuständigkeiten, so genügt dazu in Zusammenfassung dies: In Entsprechung zum Inbegriff aller Verfassungsnormen, die der Regierung solche Zuständigkeiten *verleihen*, besteht auf Seiten der Regierung das – faktische – *Innehaben* der Zuständigkeiten. – Was noch das faktische *Verhalten* betrifft, so ist, vorweg erneut in Zusammenfassung, Folgendes zu sagen: Wieder in Entsprechung zum Inbegriff der Verfassungsnormen, die der Regierung *nur* ein faktisches Verhalten oder ein mit normativem Verhalten *verbundenes* faktisches aufgeben, besteht auf Seiten der Regierung ein solches *Verhalten selbst*. Zu ersterem, der *nur* auf ein faktisches Verhalten gerichteten Norm, gehört z.B.: „Der Bundeskanzler und die Bundesminister leisten bei der Amtsübernahme vor dem Bundestage den in Artikel 56 vorgesehenen Eid" (Art. 64 II). Die Eidesleistung ist eben als Willensäußerung, weil nicht anordnend, allein etwas Faktisches. Zu letzterem, der auf ein mit normativem Verhalten *verbundenes* faktisches gerichteten Norm, gehört beispielshalber: „Durch Gesetz können die Bundesregierung, ein Bundesminister" usf. „ermächtigt werden, Rechtsverordnungen zu erlassen" (Art. 80 I 1). Denn kein Erlassen einer – normativen – Rechtsverordnung ist in seinem normativen Verhalten ohne ein vorheriges faktisches möglich. Hierzu gehören z.B. Entwürfe und Beratungen. Die Verkündung dagegen – etwa „im Bundesgesetzblatte" (Art. 82 I 2) – zählt, weil zur Norm wesenhaft die Kundgabe gehört, noch mit zum normativen Verhalten, indem es dieses abschließt.

Was nunmehr die *weitere* Staatsführung und mit ihr die *weitere Verfassung* anbetrifft, d.h. soweit Grundlegendes der letzteren in die Staatsverfassung als Verknüpfung aus engerer und weiterer Verfassung einbezogen ist, sei zuerst an *Gemeinden* gedacht. Das Ausmaß des entsprechenden Faktischen hängt insofern von dem der Verfassungsnormen ab, denen entsprochen wird. So enthält die deutsche Bundesverfassung bloß wenig zu den Gemeinden (zumal Art. 28 I 2, 3 GG, 1949), die österreichische dagegen viel (vor allem Artt. 115ff. Öster. Verf., 1920). Aus letzterer aber nur zwei, hier genügende, Beispiele. Einmal die Bestimmungen: „Jedes Land gliedert sich in Gemeinden. Die Gemeinde ist Gebietskörperschaft mit dem Recht auf Selbstverwaltung ..." (Art. 116 I 1, 2). Und zum anderen die Bestimmungen: „Als Organe der Gemeinde sind jedenfalls vorzusehen: a) der Gemeinderat, das ist ein von den Wahlberechtigten der Gemeinde zu wählender allgemeiner Vertretungskörper; b) der Gemeindevorstand (Stadtrat), bei Städten mit eigenem Statut der Stadtsenat; c) der Bürgermeister"; „Die Wahlen in den Gemeinderat finden auf Grund des gleichen, unmittelbaren, geheimen und persönlichen Verhältniswahlrechtes aller Staatsbürger statt, die in der Gemeinde ihren ordentlichen Wohnsitz haben" (Art. 117 I, II 1). Das Faktische als Entsprechendes liegt nun als erstes in der tatsächlichen Gliederung in Gemeinden, also in ihrem *Sein*, und zwar als Gebietskörperschaften; sowie darin, daß sie das verliehene Recht auf Selbstverwaltung *haben*. Und es liegt als zweites in Folgendem: im *Sein* des Gemeinderats, des Gemeindevorstands (Stadtrats) bzw. Stadtsenats sowie des Bürgermeisters; und in der faktischen

Durchführung der Wahlen in den Gemeinderat auf Grund der im Einzelnen gekennzeichneten Verhältniswahl, d.h. durch die Wahlveranstalter und Wählenden als das *Verhalten* beider. Bei alledem ist das Nichtnormative, wie ein Ausschnitt der faktischen *Gemeinde*verfassung, so gleichfalls ein solcher der faktischen *Staats*verfassung: ganz wie das Normative einer der jeweiligen normativen Verfassung. Es sei dann aber auch noch an *Streitkräfte* gedacht, auch sie wiederum in einem Bundesstaat. Das Ausmaß des entsprechenden Faktischen hängt insoweit aufs neue von dem der Verfassungsnormen ab, denen entsprochen wird. So weist die deutsche Bundesverfassung weniger zu den Streitkräften auf (z.B. Artt. 12 a I, 87 a GG) und die schweizerische mehr (besonders Artt. 18ff. Schweiz. Verf., 1874). Ebenfalls aus letzterer zwei, hier wieder genügende, Beispiele. Zum einen die Bestimmung: „Das Bundesheer besteht: a) aus den Truppenkörpern der Kantone; b) aus allen Schweizern, welche zwar nicht zu diesen Truppenkörpern gehören, aber nichtsdestoweniger militärpflichtig sind" (Art. 19 I). Und zum anderen die: „Der gesamte Militärunterricht und ebenso die Bewaffnung ist Sache des Bundes" (Art. 20 II). Diesmal liegt das faktisch Entsprechende als erstes darin, daß das Bundesheer, aus den genannten Truppenkörpern und den genannten Schweizern bestehend, *ist*. Und es liegt als zweites – außer im *Haben* der Zuständigkeit durch den Bund – in der tatsächlichen Durchführung des Militärunterrichts wie der Bewaffnung durch ihn: in einem *Verhalten*. Bei allem ist auch jetzt das gekennzeichnete Nichtnormative nicht nur ein Ausschnitt der faktischen *Wehr*verfassung, vielmehr desgleichen ein solcher der faktischen *Staats*verfassung: erneut ganz wie das Normative einer der jeweiligen normativen Verfassung.

Es greift indes außerdem die *sonstige Verfassung* ein, d.h. die besonderen, zur Staatsführung gehörenden, Führungsmittel betreffend. So entspricht etwa den Verfassungsnormen über Fahne und Farben eines Staates sowie ihr Zeigen, daß es diese Fahne und Farben in soundsoviel Ausfertigungen tatsächlich *gibt*, und daß sie bei gewissen Anlässen tatsächlich von der Staatsführung *gezeigt* werden; und zwar innerhalb der engeren wie der weiteren Führung. Wie es genauso z.B. noch bestimmten Verfassungsnormen über die Nationalhymne eines Staates sowie ihr Spielen und/oder Singen entspricht, daß diese Hymne dann – wieder bei gewissen Anlässen – tatsächlich von der Staatsführung *benutzt* wird; aufs neue innerhalb der gesamten Führung. Man denke für beide Fälle beispielshalber an den Empfang eines fremden Staatsoberhaupts durch das eigene. All das zählt gleichfalls zur faktischen Staatsverfassung.

Zweitens handelt es sich um **das Faktische im Bereich des eigentlichen Staates als des Staatsverbandes,** soweit er über den uneigentlichen der Staatsführung hinausreicht.

Das gilt ihm jedenfalls mit der *sonstigen Verfassung*. Greift man einen weiteren Teil der als Beispiele gebrachten besonderen Führungsmittel auf, so ergibt sich: Mit der Festlegung von „Amtssprachen" auf „das Deutsche, Französische und Italienische" (Art. 116 II Schweiz. Verf., 1874) gehört ihr *Gebrauch* zumal im Verkehr zwischen Staatsführung und Staatsangehörigen zur faktischen Verfassung. Genauso gehört zu dieser mit der Bestimmung, daß die „Partei der Arbeit Albaniens ... die alleinige führende Kraft des Staates und der Gesellschaft" ist (Art. 3 I Alb. Verf., 1976), daß diese nun auch wirklich eine solche Kraft abgibt, gleich, ob sie das innerhalb oder außerhalb von Staatsämtern tut. Wie es gleicherweise noch zur faktischen Verfassung zählt, daß mit „der Landesbürgerschaft ... die Bundesbürgerschaft erworben" wird (Art. 6 II Öster. Verf., 1920). Staatsangehöriger sein heißt also in der Tat zur faktischen Verfassung zählen.

Überhaupt gehört hierher die gekennzeichnete – zur sonstigen Verfassung zählende – *Verhältnisordnung* zwischen Staatsführung und Geführten; derart, daß erstere die letzteren als *Führungsbereich miterfaßt* (o. A). Dies gilt, gemäß einschlägigen Normen, dem ihnen entsprechenden Faktischen. Was einen Bundesstaat in Hinblick auf den Staatsverband betrifft, so geht es etwa um die Verfassungsnorm, daß jeder „Deutsche ... in jedem Lande" – nämlich seiner Bundesrepublik – „die gleichen staatsbürgerlichen Rechte und Pflichten" hat (Art. 33 I GG, 1949). Denn das ihr faktisch Entsprechende besteht darin, daß jeder Deutsche nun diese verliehenen Rechte bzw. auferlegten Pflichten wirklich *hat*. Erst recht trifft das Gesagte auf das Haben von Grundrechten und Grundpflichten zu, soweit es verleihende Grundrechts- bzw. auferlegende Grundpflichtbestimmungen als Verfassungsnormen gibt. Auch ein solches Haben gehört zur faktischen Verfassung.

Drittens dreht es sich um **das Faktische im Bereich der Fremden,** d.h. wieder der Ausländer und Staatenlosen im Staatsgebiet. Ebenfalls das gilt insoweit, als es sich um *engere, weitere* und *sonstige* Verfassung handelt.

Dies traf z.B. in der attischen Polis auf die schon genannten Metöken (Mitbewohner) zu, „die dauernd angesiedelten Fremden, in deren Händen ein großer Teil des Wirtschaftslebens lag" (MEYER, S. 84). So „waren Fremde in der Regel verpflichtet, nach einer bestimmten Aufenthaltsdauer sich in die Liste der Metoeken eintragen zu lassen" (a.a.O.). D.h., einer dies anordnenden Verfassungsnorm entsprechend, erlangten sie damit erst das *Sein* von Mitbewohnern. Und damit, daß sie, „ähnlich wie die Bürger", etwa „zum Heeresdienst" herangezogen wurden (a.a.O.), war hierfür das *Haben* ihrer Pflicht dazu vorausgesetzt. Wie der Heeresdienst selbst als tatsächlicher ein faktisches *Verhalten* darstellte. Ja, die Metöken bildeten gar ein Beispiel dafür, daß Fremde innerhalb der Gesamtbevölkerung zu einer *Klasse* werden können: einem Teil der faktischen Verfassung. – Man denke aber für die Gegenwart auch noch an Grundrechte als Menschenrechtsbestimmungen, derart, daß die von diesen Verfassungsnormen gewährten sog. Menschenrechte nicht allein von Staatsangehörigen, vielmehr desgleichen von Fremden innegehabt werden. Dieses Innehaben zählt ebenfalls zur faktischen Verfassung.

Viertens geht es noch um **das Faktische im Bereich eines anderen Staates.** Wie gesagt, können Verfassungsnormen – über den eigenen Staat hinaus – einen anderen Staat betreffen. So ist es etwa, wenn Art. 1 I 1 Verf. NRW, 1950, das Land Nordrhein-Westfalen zu einem „Gliedstaat der Bundesrepublik Deutschland" erklärt. So war es aber gleichfalls mit dem erwähnten Führererlaß, das sog. Protektorat Böhmen und Mähren betreffend (o. I 1). Das faktisch Entsprechende ist im ersten Fall das *Sein* Nordrhein-Westfalens als Gliedstaates der Bundesrepublik; und im zweiten Fall war es – in Entsprechung zu Art. 1 I FührerErl. B. u. M., 1939 – das *Sein* des Reststaates der vormaligen Tschechoslowakei als des genannten Protektorates. Man denke aber für das Hineinreichen von Verfassungsnormen in einen anderen Staat und das ihnen Entsprechende als Teil der faktischen Verfassung noch an Folgendes: Heißt es z.B. in der normativen Verfassung eines Bundesstaates, daß er „aus den selbständigen Ländern: Burgenland, Kärnten, Niederösterreich" usw. „gebildet" wird (Art. 2 II Öster. Verf., 1920), so sind damit die Länder – normativ – zu Gliedstaaten des Bundesstaates erklärt und bilden als diese – faktisch – den Bundesstaat, Österreich. Daß auch in diesem Fall *engere, weitere* und *sonstige* Verfassung in Betracht kommen, ergibt dies: In einem bestimmten Bundesstaat, etwa der deutschen Bundesrepublik, besteht der Außenminister des Gesamtstaates (aus der engeren Verfassung) genauso für die Länder als Gliedstaaten, wie es die Streitkräfte (aus der weiteren) und die Nationalhymne (aus der sonstigen Verfassung) tun.

Zum Sein von **Sachen** als *Faktischem* einer Staats*verfassung* ist hier, nachdem darauf zur faktischen Staats*ordnung* als Umfassendem näher eingegangen wurde (o. 1. Abschn., B I 2), in Bezug auf alle behandelten Bereiche lediglich dies zu sagen: Soviel Sächliches es auch innerhalb der faktischen Verfassung in Entsprechung zu Verfassungsnormen gibt, – ebenfalls dieses ist doch bloß mit dem (den) jeweiligen, zur faktischen Verfassung zählenden, **Menschen** verknüpft, d. h. genau: je nach seiner (ihrer) Art mit seinem (ihrem) Sein, Haben und Verhalten. Einzig *mit* diesem und nicht *ohne* es zählen diese Sachen zum Faktischen der Verfassung. Es sei insofern nur auf die Normen hingewiesen, die Art und Benutzung einer Staatsflagge vorschreiben, und auf die tatsächliche Art und Benutzung selbst.

Gegenüber dem Normativen (der Norm) der Verfassungsführung, das (die), aus der Stellung der *Überordnung* erfolgend, in der *obrigkeitlich*-hoheitlichen Staatsgewalt gründet, gründet das Faktische der Verfassungsführung zwar gleichfalls in der **hoheitlichen,** aber entweder in der *obrigkeitlich*-hoheitlichen oder in der *schlicht-* oder *einfach*-hoheitlichen: ersteres, wenn es wiederum aus übergeordneter Stellung erfolgt, letzteres, wenn es nicht aus ihr erfolgt. Doch das betrifft, weil es nun neben dem normativen Führen um das faktische geht, nicht mehr menschliches Sein und Haben als Faktisches, vielmehr einzig ein solches Verhalten. Das Erstgenannte, das Gründen in obrigkeitlicher Gewalt, ist etwa so mit der gekennzeichneten Kanzlerwahl in der Bundesrepublik Deutschland. Zum einen erfolgt nämlich die Wahl des Bundeskanzlers durch den Bundestag aus dessen übergeordneter Stellung; und zum anderen ist die Wahl, wie gezeigt, etwas Faktisches. Das trifft übrigens besonders auf Wahlen von Abgeordneten durch das Wahlvolk einer Demokratie zu. Auch sie erfolgen aus der – insofern gegebenen – Stellung der Überordnung und sind, soweit an die Annahme durch den Gewählten gebunden (z. B. § 45 BWG, i. d. F. 1975), faktischer Art. Das Zweitgenannte, das Gründen faktischen Führens in schlichter Gewalt, findet sich beispielsweise in all den Fällen, in denen Staatsorgane aus gleichgeordneter Stellung im Führungsbereich miteinander zu tun haben. Hierzu denke man z. B. an die Mitglieder einer demokratischen Volksvertretung und an ihre – etwa dem Für und Wider einer bestimmten Politik geltenden – parlamentarischen Reden. Diese sind als etwas Verfassungsfaktisches schlicht-hoheitlich, wenngleich manchmal schlicht hoheitslos.

Damit, daß – wie besonders die Beispiele der genannten Bundesorgane zeigen – Menschen bereits in ihrem *Sein* zum Verfassungsfaktischen zählen, erhebt sich die Frage nach dem **Verfassungsorgan.**

Als *Staatsorgan*, auf das in dem hier nicht zu Wiederholenden zurückverwiesen wird (o. 1. Abschn.,B I 2), ist es zunächst zwar wieder ein *Stück* oder *Teil* des *uneigentlichen* Staates als der *Staatsführung* und auf Grund der Staatsangehörigkeit des *eigentlichen* als des *Staatsverbandes;* die Staatsführung näher als Inbegriff der Staatsorgane verstanden. Aber als *Verfassungsorgan* ist es nur ein *bestimmtes* Staatsorgan: das der *engeren* Staatsführung und damit der *engeren* –

faktischen – Verfassung, d.h. ein *oberstes Staatsorgan*. Dies allerdings ohne Rücksicht darauf, ob es für die *Staatsform*, die Verfassungsart, bestimmend ist oder nicht. Organe der *weiteren* Staatsführung und somit der *weiteren* – faktischen – Verfassung *scheiden* dagegen grundsätzlich aus; auch wenn sie zu dem Grundlegenden gehören, das, zur engeren Verfassung hinzutretend, mit in die Staatsgrundordnung als Staatsverfassung eingeht (o.A). Dies mit der gekennzeichneten Ausnahme, daß ein gewisses Organ, etwa ein Gericht, zugleich oberstes Staatsorgan ist. Innerhalb der genannten Bundesstaaten sind so beispielshalber Verfassungsorgane die erwähnten gesamtstaatlichen Organe, also etwa für Österreich der Nationalrat als Vertretung des Gesamtvolkes, der Bundesrat als Vertretung der Länder und die Bundesregierung, ebenfalls der Bundespräsident. Aber nicht so sind es z.B. die Organe der auch erwähnten Gemeinden, also etwa erneut für Österreich der Gemeinderat, der Gemeindevorstand, der Bürgermeister und die Wählerschaft. Daß sie im Rahmen der *Gemeinde*verfassung Verfassungsorgane sind, ändert daran ersichtlich nichts. Sie sind im Rahmen der Staatsverfassung eben nur *Staats*organe. Es ist, zusammengefaßt, nicht so, daß Staatsorgane allein deswegen bereits Verfassungsorgane wären, weil sie von *Verfassungsnormen in ihrem Aufbau betroffen* sind.

Zwar können in einer mittelbaren Polykratie als Demokratie sicher *Angehörige* von politischen **Parteien** Verfassungsorgane sein oder – neben anderen Menschen – *mit*sein, aber *nicht* die *Parteien*. Sie stehen *außerhalb* der Organisation der engeren, ja, auch der weiteren Verfassung, so daß sie nicht einmal Staatsorgane sind (näher dazu GK-Brinkmann, Art. 21, S. 14f.).

Auch das Verfassungsorgan stellt sich sodann, aus einem oder mehr als einem Menschen bestehend, als *Einzel-, Mehrheits- oder Vielheits*organ dar. Wobei man – das sei jetzt hinzugefügt – darüber streiten kann, wo das Mehrheitsorgan aufhört und das Vielheitsorgan beginnt. Es gehört, Normen der engeren Verfassung in Sein, Haben und nichtnormativem Verhalten entsprechend, zum Verfassungs-*faktischen*. Ein Einzelorgan bildet so z.B. in einer Monarchie etwa ein König und in einer Demokratie etwa ein Staatspräsident. Ein Mehrheitsorgan stellt beispielsweise ein mehrköpfiges oberstes Gericht eines Staates dar, aber gleichfalls eine Staatsregierung. Und ein Vielheitsorgan ist z.B. das Parlament eines Staates, doch auch sein Wahlvolk.

Ferner trifft ebenfalls auf das Verfassungsorgan die **Gliederung** in *Gesamt-, Teil-, Haupt-, Neben*organ usw. zu. So bildet beispielshalber eine Volksvertretung ein Gesamtorgan, und die einzelnen Volksvertreter bilden Teilorgane. Als Hauptorgan erweist sich erneut etwa eine Volksvertretung, als Nebenorgan z.B. „ein Wehrbeauftragter" als ihr „Hilfsorgan" (Art. 45 b 1 GG, 1949). Und als Oberorgan besteht beispielsweise ein Minister, als Unterorgan etwa ein parlamentarischer Staatssekretär (dazu § 1 II ParlStG, 1974).

Die **Gliederung** der Staatsorgane als Verfassungsorgane ist jedoch – über das soeben Gesagte hinaus – noch weiterzuführen. Dies unter folgenden Gesichtspunkten: dem ihrer *Entstehung*, dem der *Anzahl* ihrer eingenommenen *Organstellungen* sowie dem der *Vertretung* eines Organs durch ein anderes.

Unter dem *ersten* Gesichtspunkt, dem der **Entstehung von Verfassungsorganen,** ist zum einen zwischen *unmittelbaren* und *mittelbaren* Verfassungsorganen zu unterscheiden. Unmittelbar sind jene Organe, die zu ihrer Entstehung *keines anderen Organs* bedürfen, die also bereits durch eine *Verfassungsbestimmung* zum Organ werden. Dies trifft z.B. in dem Fall zu, daß in einer Demokratie die Wählerschaft mit der Festlegung der sog. aktiven Wahlberechtigung zum Verfassungsorgan gemacht wird (etwa durch Art. 38 II GG, 1949, Art. 26 I 1 Öster. Verf., 1920, und Art. 74 II Schweiz. Verf., 1874). Mittelbar sind demgegenüber jene Organe, die zu ihrer Entstehung ein *anderes Organ* benötigen. Man denke insofern beispielshalber an den deutschen Bundestag sowie den österreichischen und schweizerischen Nationalrat, jeweils als aus dem Wahlvolk als Verfassungsorgan gewähltes weiteres Verfassungsorgan. Für die unmittelbare Entstehung sei aber auch noch auf den erblichen absoluten Monarchen hingewiesen sowie für die mittelbare auf den gewählten Präsidenten einer Republik. – Zum anderen ist noch zu unterscheiden zwischen *berufenden* oder *Kreations*organen und *berufenen* oder *kreierten* Organen. Berufendes Organ ist z.B. wieder die Wählerschaft, berufenes aufs neue die jeweils genannte Volksvertretung. Bei all dem macht Folgendes den Unterschied zwischen der ersten und zweiten Gliederung aus: Das *mittelbare* Organ kann *nie* auch ein *unmittelbares* sein, das *berufene* aber durchaus ein *berufendes,* obwohl natürlich in anderer Hinsicht. So ist der deutsche Bundestag als mittelbares Organ in Bezug auf seine Kanzlerwahl ein berufendes.

Als keine Organe der Verfassung – überhaupt des Staates – können die erwähnten **Parteien** ebenfalls *keine Kreationsorgane* der Verfassung – bzw. des Staates – sein. Sie können lediglich Menschen *für* ein Organ, etwa erneut die Volksvertretung einer Demokratie, *vorschlagen.* Es *entscheidet* jedoch die *Wählerschaft* (näher dazu GK–BRINKMANN, Art. 21, S. 15).

Unter dem *zweiten* Gesichtspunkt, dem der **von Verfassungsorganen eingenommenen Stellungen,** ist zwischen *einfachen* und *mehrfachen* oder auch *potenzierten* Verfassungsorganen zu unterscheiden. Einfache Organe sind solche Menschen, die nur *eine* Organstellung einnehmen. Insofern denke man an einen auf die Präsidentschaft beschränkten Staatspräsidenten oder an ein mehrköpfiges oberstes, der Gewaltenteilung unterworfenes Gericht. Mehrfache sind all jene Menschen, die, zwar in verschiedener Beziehung, dennoch mehr als bloß *eine* Organstellung innehaben. Ein geschichtliches Beispiel bietet Art. 11 I 1 Deutsche RV, 1871, wonach „dem Könige von Preußen ..., welcher den Namen Deutscher Kaiser führt", das „Präsidium des Bundes", des bundesstaatlichen Kaiserreichs, zustand. Ein gegenwärtiges Beispiel stellen etwa all jene Menschen dar, die zugleich sowohl Minister einer Regierung als auch Abgeordnete einer Volksvertretung sind. Es gibt aber desgleichen *Häufungen* von Organstellungen (dazu u. 3. Abschn., A III 3 b, Anhang: vor allem zu Kuba).

Unter dem *dritten* und letzten Gesichtspunkt der **Vertretung von Verfassungsorganen** durch ein anderes ist zwischen *vertretenen* und *vertretenden,* mit Wirkung für erstere tätigen, Organen zu unterscheiden: eine zwar *nicht bürgerlichgesetzliche,* doch *verfassungsgesetzliche* Vertretung. So verhält es sich z.B. in der Bundesrepublik Deutschland damit, daß die „Befugnisse des Bundespräsidenten ... im Falle seiner Verhinderung" „durch den Präsidenten des Bundesrates", der Ländervertretung, „wahrgenommen" werden (Art. 57 GG, 1949). Der Bundespräsident ist vertretenes, der Präsident des Bundesrates vertretendes Verfassungsorgan. Ein geschichtliches Beispiel ist folgendes: Hieß es, daß die „richterliche Gewalt ... im Namen des Königs durch unabhängige, keiner anderen Autorität als der des Gesetzes unterworfene Gerichte ausgeübt" wird (Art. 86 Preuß. Verf., 1850), so war damit der König das vertretene Verfassungsorgan, und ein oberster Gerichtshof (Art. 92) war das vertretende. Die unteren Gerichte waren lediglich vertretende *Staats*organe. Die Lage bestätigt, daß der Ausdruck „im Namen" eine Vertretung kennzeichnet (§ 164 I 1 BGB, 1896) und die Vertretungsmacht eine nach Inhalt und Grenzen (verfassungs)gesetzlich, im Rahmen der Zuständigkeit, festgelegte ist.

Nur scheinbar gehört zur letzten Gliederung folgender, allerdings besonders wichtiger Fall: die Kennzeichnung der Glieder einer **Volksvertretung** als „Vertreter des ganzen Volkes" (Art. 38 I 2 GG, 1949; vorher schon Art. 29 Deutsche RV, 1871, und Art. 21, 1 Deutsche RV, 1919). Dies gehört nun deshalb nicht in die Gliederung von vertretenen und vertretenden Organen, weil zwar das von den Abgeordneten gebildete Gesamtorgan ein *vertretendes,* aber das ganze Volk *kein vertretenes* ist: Als Staatsvolk *hat* es Organe, *ist* indes *keines.* Trotzdem trifft es zu, vom „Vertreter des ganzen Volkes" zu sprechen. Es kommt darin im besonderen, d.h. in Hinblick auf die Volksvertretung, das zum Ausdruck, was in dieser Arbeit schon im allgemeinen festgestellt wurde: daß – mit der Staatsführung überhaupt – das hoheitliche Verhalten des Staats*organs* mit *Wirkung für* den Staatsverband erfolgt (o. 1. Abschn., A I). Das vertretende Organ *wirkt* eben im vorliegenden Fall *für* das Volk als *Nicht*organ. Es liegt mithin auch insoweit eine *Vertretung* vor: erneut keine bürgerlich-, aber verfassungsgesetzliche; wobei ihr Inhalt und ihre Grenzen über die Zuständigkeit gleichfalls verfassungsgesetzlich festgelegt sind. Ob die Vertretung sonst abhängig ist oder nicht, das besagt: weisungsgebunden oder nicht, ist für ihr Vorliegen gleichgültig. Der zweite Fall ist z.B. mit der Nichtbindung an Aufträge und Weisungen gegeben (Art. 38 I 2 GG), der erste – sei es nominal oder real – z.B. damit, daß der „Deputierte" „sich für die Verwirklichung der Aufträge der Wähler" einsetzt (Art. 103 III Sowj. Verf., 1977/1988, i.V.m. Art. 107 II: Abberufungsmöglichkeit). Die Begriffe ‚Volksvertretung' und ‚Volksvertreter' haben folglich ihren zureichenden Sinn (zu allem auch GK–BRINKMANN, Art. 38, S. 22f.). – Nun sind diese Ausführungen freilich nicht ohne *Ablehnung* der sog. **Repräsentation,** soweit sie *nicht* als *Vertretung* aufgefaßt ist, möglich; doch darauf ist erst mit der Behandlung anderer Meinungen zum Gegenstand einzugehen (u. C II).

Es wurde gesagt, daß die Verfassungsführung als Verfassungs*geber* und damit Inhaber wie Ausüber der verfassungs*gebenden* Gewalt, weit verstanden, den Inbegriff der Staatsorgane bildet, die Verfassungsnormen geben, personifiziert: die verfassungs*gebende* Gewalt (o. I, vor 1). Entsprechend bildet die Verfassungsführung als etwas Verfassungs*gegebenes* und somit Inhaber wie Ausüber der verfassungs*gegebenen* Gewalt den Inbegriff der Staatsorgane, die entweder *auch Verfassungs-* oder *andere* Normen geben, und die außerdem verfassungs*faktisch* auftreten, personifiziert: eine verfassungs*gegebene* Gewalt. Hiermit fallen aber verfassungsgebendes und verfassungsgegebenes Organ stets dann zusammen, wenn ein und dasselbe Verfassungsorgan, obwohl in verschiedener Hinsicht, *Verfassungs*normen und Normen *anderer* Art gibt. Ersteres etwa, wenn ein Parlament die Verfassung gesetzlich ändert, letzteres etwa, wenn es einfache Gesetze gibt, die nichts mit Verfassungsgebung zu tun haben.

Statt von **verfassungsgegebener Gewalt** kann gleicherweise von **verfassungsgegebener Macht** geredet werden. Wie die Staatsverfassung die Staats*grund*ordnung abgibt, so gilt nun, daß auch die verfassungsgegebene Gewalt, wenn sie zugleich eine verfassungsgebende ist, eine *Grund*gewalt darstellt. Und die aufgewiesene Verknüpfung der Gewalt oder Macht mit dem Können zeigt diesmal klar französisch pouvoir constitué.

Stellt man weiter auf die obersten Staats- und sohin Verfassungsorgane ab, so gilt dazu noch: Wie jedes Verfassungsorgan für seinen Bestand, seine Zuständigkeit und sein Verhalten *Verfassungsnormen* zur Voraussetzung hat, die das alles anordnen, so können die Verfassungsorgane überhaupt als *Verfassungsnormeneinrichtungen* bezeichnet werden. Dies erneut in der Bedeutung, daß sie – in Entsprechung zu den Normen – auf ihnen *beruhen*, d.h. durch sie insoweit *bedingt* sind. Handelt es sich bei diesen Normen um verfassungsgesetzliche, so dreht es sich – nur in einem engeren Rahmen – zwar um verfassungs*gesetzliche* oder Verfassungs*gesetzes*einrichtungen. Hiermit sind aber auch sie noch *keine rechtlichen* oder *Rechts*einrichtungen. Ebenfalls insoweit ist es eben möglich, daß auch verfassungsgesetzliche Normen unrechtlich oder Unrecht sind. Und desgleichen insofern gilt, daß sie *Rechts*einrichtungen erst in dem Fall sind, daß sie rechtlich oder Recht sind (dazu näher u. D I). Und Unrecht wie Recht sind sie *nicht* als etwas *Normatives*, sondern *Faktisches*. Daß es aber gleichfalls unrechtliche Verfassungsorgane gibt, zeigen wieder staatliche Gegenwart und Vergangenheit zur Genüge.

Die Beispiele der oben genannten Bundesorgane tun jedoch zumal dar, daß das *Haben* der erforderlichen Zuständigkeit zum Verfassungsfaktischen gehört. Und damit stellt sich hier in Verbindung mit dem Verfassungsorgan wiederum die Frage nach der **Organzuständigkeit** oder **-kompetenz.** Zu der des *Verfassungs*organs gilt grundsätzlich all das, was zu der des *Staats*organs überhaupt gesagt wurde (o. 1. Abschn., B I 2). D.h. zusammengefaßt: Auch seine Zuständigkeit ist *weder Berechtigung noch Verpflichtung,* sondern ein *Zugeordnetsein,* nämlich zur *Erfüllung* einer – zumeist sich wiederholenden – *Aufgabe;* das Zuständigsein ist zwar noch *kein Machthaben,* aber zugleich ein *Ermächtigtsein;* und insofern stellt die Zuständigkeit den *Schlüssel* zur Macht dar. In dieser Bedeutung gilt dann noch zum Inbegriff der Verfassungsorgane als oberster Staatsführung: oberste Staatsorgane – oberste Zuständigkeit – oberste Macht.

Nach dem, was zum Verfassungsorgan und seiner Zuständigkeit ausgeführt wurde, ist eine weitere **Klarstellung** möglich: Wurde bisher nur von ‚Verfassungsführung' geredet, oder geschieht dies noch im Folgenden, so stand bzw. steht entweder das Ganze für die *Gesamtheit* der einschlägigen Organe oder lediglich für einen ihrer *Teile.* In Bezug auf letzteres ging bzw. geht es folglich immer bloß um das *jeweilig zuständige Organ* oder die *jeweilig zuständigen Organe,* nämlich *innerhalb* der Verfassungsführung in Gestalt solcher Organe.

Die **Organwillensbildung** ist zwar entweder eine normative oder eine faktische, je nachdem es sich um eine normative oder faktische Willenskundgabe dreht; doch beide sind als jeweils gleiche Bildung eines als solchen *faktischen* Organs *zusammen* zu behandeln. Dabei geht es um die *Einzelwillensbildung* beim Einzelorgan und die – hier weit verstandene – sog. *Kollegialwillensbildung* beim Mehrheits- und Vielheitsorgan.

Die **Einzelwillensbildung** zunächst ist meistens klar: Der Wille des Einzelnen bildet eben im Regelfall den *Organ*willen. Man denke z.B. an den des absoluten, d.h. unbeschränkten, Monarchen. In mancher Ausnahme kann es jedoch so sein, daß der Organwille eines Einzelnen von der *Mitwirkung* eines *anderen Organs abhängt.* Das ist beispielshalber dann so, wenn gewisse Handlungen von Staatsoberhäuptern der sog. *Gegenzeichnung* eines *Regierungsmitglieds* bedürfen. Das zeigt etwa Art. 58, 1 GG, 1949, wonach „Anordnungen und Verfügungen des Bundespräsidenten ... zu ihrer Gültigkeit" grundsätzlich „der Gegenzeichnung durch den Bundeskanzler oder durch den zuständigen Bundesminister" bedürfen. Wobei die Gegenzeichnung die Billigung sowie die Übernahme der politischen Verantwortung beinhaltet. Eine Ausnahme von der Gegenzeichnung besteht z. B. bei der „Ernennung und Entlassung des Bundeskanzlers" (Satz 2). Zum Bereich der Mitwirkung durch ein anderes Organ gehörte früher etwa die Bindung eines hier so genannten relativen, eingeschränkten, Monarchen in einer konstitutionellen Monarchie an „die Zustimmung der Stände zur Erhebung" u. a. „aller directen Steuern" (VII, § 3 Bayer. Verf., 1818).

Die **Kollegialwillensbildung** sodann ist weniger klar. Bei ihr bestehen folgende Möglichkeiten: Was zuerst die *Teilnehmer* angeht, so ist entweder die Beteiligung *aller* Glieder, d. h. aller Glied- oder Teilorgane, vorausgesetzt oder nur die eines *bestimmten Teils oder gar die eines unbestimmten.* Die Beteiligung *aller* war beispielsweise im Reichstag des Ersten Deutschen Reichs vorausgesetzt. Dies so, daß alle seine Stände – Kurfürsten, Reichsfürsten und Städte – an der Willensbildung über die kaiserlichen Vorschläge beteiligt waren (HABERKERN-WALLACH, S. 528 l., Artikel: „Reichstag", 1). Die Beteiligung eines *bestimmten Teils* ist etwa beim deutschen Bundestag gefordert, soweit es für den Regelfall genügt, „wenn mehr als die Hälfte seiner Mitglieder ... anwesend ist" (§ 45 I GeschO BT, i. d. F. 1980). So ist es auch beim deutschen Bundesverfassungsgericht, wenn von den Mitgliedern jedes Senats: „acht Richter" (§ 2 II BVerfGG, i. d. F. 1985), „mindestens sechs Richter anwesend sind" (§ 15 II 1). Die Beteiligung eines *unbestimmten Teils* genügt zumeist bei Wahlen und Abstimmungen innerhalb des Wahlvolks. So werden die „200 Abgeordneten des schweizerischen Volkes", die den „Nationalrat" bilden (Art. 72 I Schweiz. Verf., 1874), aus dem Wahlvolk ohne Festlegung einer Mindestteilnehmerzahl gewählt (Artt. 73 f.). Hiermit können aber die Abgeordneten auch bei einer Beteiligung von erfolgreich Wählenden, die nur die Hälfte der Wahlberechtigten oder gar weniger erreicht, gewählt werden. Etwas, das nicht ohne Folgen für das Verständnis solcher Wahlen als demokratischer oder nichtdemokratischer sein wird. Entsprechend ist es bei der Wahl der Abgeordneten zum deutschen Bundestag (Art. 38 GG, 1949) und zum österreichischen Nationalrat (Art. 26 Öster. Verf., 1920). – Was dann das *Teilnehmergewicht* betrifft, so ist entweder die *Einstimmigkeit* vorausgesetzt oder die ‚*Mehrstimmigkeit*'; im letzteren Fall so, daß die *Mehrheit* oder eine *bestimmte* Mehrheit reicht. Oder es ist gar bloß eine *bestimmte Minderheit* vorausgesetzt. So war seit 1489 die *Einstimmigkeit* der Reichsstände für den Reichstag des alten deutschen Reiches – des Kurfürstenkollegiums, des Reichsfürstenrats und des Städtekollegiums – zu den kaiserlichen Vorschlägen gefordert (HABERKERN–WALLACH, a.a.o). Die *Mehrheit* genügt in der Regel für den Bundestag der deutschen Bundesrepublik. Das ist „die Mehrheit der abgegebenen Stimmen" (Art. 42 II 1 GG), die sog. *einfache* oder *relative.* Auch dies wird nicht ohne Folgen für das Verständnis derartiger Abstimmungen als demokratischer oder nichtdemokratischer sein. Ausnahmsweise ist aber gleichfalls die „Mehrheit der Mitglieder des Bundestages" vorausgesetzt, z. B. für die Kanzlerwahl (Art. 63 II 1). Das ist die *absolute* als eine der sog. *qualifizierten* Mehrheiten. Für eine Grundgesetzänderung hat die qualifizierte sogar *zwei Drittel* der Mitglieder zu umfassen (Art. 79 II). Die Minderheit kann so gering sein, daß sogar *eine,* allerdings *bestimmte,* Stimme reicht. Das kann beim Kabinett der Vereinigten Staaten von Amerika so sein. Kommt es in ihm zu „einer Abstimmung, so ist der Präsident an deren Ergebnis nicht gebunden" (HELFRITZ, S. 163). D. h. aber: *Seine* Stimme entscheidet. Daß das amerikanische „Kabinett ... nicht ein eigenständiges Staatsorgan" bildet und „auch gar nicht in der Verfassung als kollegiales Organ erwähnt" ist (a.a.O.), trifft zwar auf die Verfassungsurkunde zu; nicht aber, soweit die materielle Verfassung in einschlägigen – gleich, welchen – Normen darüber hinausragt. Und in ihnen gründet die Regierung als Verfassungsorgan. Soweit der Präsident dann allein entscheidet, ist dies offenbar nicht demokratisch.

Die **Kollegialwillensbildung** weist noch **andere Besonderheiten** auf. Die erste ist folgende: Gleich, welche Teilnehmerzahl vorliegt und wie das Teilnehmergewicht verteilt ist, – sofern nur dem, was jeweils vorausgesetzt ist, *genügt* wird, wirkt der gebildete Wille für das *ganze* Organ; also – und darauf kommt es an – selbst dann, wenn ein Teil *anders* abgestimmt hat. Man denke daran, daß in einem Verfassungsgericht oder einer Volksvertretung die Minderheit der Abstimmenden unterliegt. Es besteht nun kein Grund, jene Wirkung dadurch zu erklären, daß der gebildete Wille des oder der Entscheidenden als Wille *aller* Glieder *gälte*. Das ist bloße *Fiktion*. Genauso unbegründet ist die Annahme, daß die Unterlegenen, indem sie die Entscheidung *hinnehmen*, sie eben damit *nachträglich* auch zu *ihrer* machten. Vielmehr besteht die genannte Wirkung allein auf Grund der in der *Zuständigkeitsverteilung* gründenden *Machtverteilung* im Kollegialorgan. Wird daher etwa ein Gesetz nur mit der – vorgeschriebenen – *Mehrheit* des deutschen Bundestages beschlossen, und heißt es trotzdem, daß es „vom Bundestage beschlossen" wurde (Art. 77 I GG, 1949), so ist das zwar *nicht* in der *Sache* zutreffend, aber dennoch mit Rücksicht auf jene *Zuständigkeits-* und *Machtverteilung:* Eine Mehrheit beschließt mit Wirkung für die Gesamtheit. – Die zweite Besonderheit ist diese: das Ergebnis einer **Stimmengleichheit** bei einer Abstimmung. Erheblich ist dies dort, wo die Mehrheit der Stimmen für die Entscheidung gefordert ist. Im allgemeinen hat die Stimmengleichheit die *Ablehnung* des zur Entscheidung Gestellten zur Folge. Denn mit der Gleichheit ist die vorausgesetzte Mehrheit nicht erreicht. Dafür ein Beispiel aus dem Verfahren des deutschen Bundesverfassungsgerichts: „Bei Stimmengleichheit kann ein Verstoß gegen das Grundgesetz oder sonstiges Bundesrecht nicht festgestellt werden" (§ 15 III 3 BVerfGG, i.d.F. 1985). Man denke aber auch noch daran, daß ein Gesetzentwurf, zur Annahme auf die einfache Mehrheit einer Volksvertretung angewiesen, nur die gleiche Zahl an Zustimmenden wie Ablehnenden erhielt: Er ist abgelehnt. Die Folge der Stimmengleichheit kann indes ebenfalls davon abhängig sein, auf welcher Seite sich *einer* der Abstimmenden befindet, z.B. der Vorsitzende oder Präsident. Dies bedeutet, daß *er* den *Ausschlag* gibt, sei es für die Annahme, sei es für die Ablehnung. Insofern sei auf das Verfahren in der bundesdeutschen Regierung hingewiesen: „Die Bundesregierung faßt ihre Beschlüsse mit Stimmenmehrheit. Bei Stimmengleichheit entscheidet die Stimme des Vorsitzenden" (§ 24 II GeschO BReg., 1951). Teils anders ist es in dem Fall, daß der „Vizepräsident der Vereinigten Staaten" als „Präsident des Senates" regelmäßig „keine Stimme" hat, „ausgenommen" allerdings „den Fall der Stimmengleichheit" (Art. I, Abschn. 3 IV Amerik. Verf., 1787).

Etwas anderes als die Organwillensbildung ist übrigens die **Organbeteiligung an einer Gesamtwillensbildung** durch *mehr* als *ein* Organ. Es langt insoweit, auf die an einer formellgesetzlichen Willensbildung beteiligten Organe, beispielsweise in einem Bundesstaat, einzugehen; etwa in der deutschen Bundesrepublik. Das reicht von den Organen, die eine Gesetzesvorlage beim Bundestag als der Volksvertretung einbringen (Art. 76 I GG, 1949), über das Beschließen des Gesetzes durch den Bundestag als Organ (Art. 77 I 1), in der Regel die Zustimmung des Bundesrates als Organs (Art. 77 II), die Gegenzeichnung des zuständigen

Regierungsorgans bis zur Ausfertigung und Verkündung im Bundesgesetzblatt durch den Bundespräsidenten als Organ (Art. 82 I 1): Erst damit ist das Gesetz wirklich. Sein Inkrafttreten ist etwas Zusätzliches. Zum „*Weg der Gesetzgebung*" und den bei der Gesamtwillensbildung daran beteiligten Organen auch noch beispielshalber Artt. 41 ff. Öster. Verf., 1920.

2. Zur faktischen Verfassung als Ordnung

Alles Verfassungsfaktische ist *ohne Berücksichtigung* vor allem seines *Inhalts* (samt Bedeutung), d.h. bloß *als Verfassungsfaktisches, gleichgeordnet*. Ob es nämlich im uneigentlichen Staat als der Staatsführung – insbesondere der obersten Staatsorgane – oder im eigentlichen als darüber hinausgreifenden Staatsverband verwirklicht ist, ob im Bereich der Fremden oder in dem eines anderen Staates, – stets ist es seinem Wesen nach gleich: das, was als Nichtnormatives Verfassungsnormen entspricht.

Erst *innerhalb* der inhaltlichen Gleichordnung alles Verfassungsfaktischen *als* dieser gibt es eine *unterschiedliche Rangordnung*. Sie steht auf bestimmte Weise in Entsprechung zur Rangordnung der *normativen* Verfassung (o. I 4).

Dies wird auch jetzt wieder von den – in der Staatsverfassung als Staatsgrundordnung verknüpften – **drei Teilbereichen** bestätigt: der engeren Staatsverfassung, der weiteren, soweit sie in Grundlagen hinzutritt, sowie der sonstigen (o. A); nun insofern, als es sich um jede als faktische dreht.

Die **engere faktische Verfassung** steht als Inbegriff der *obersten Staatsorgane* – in ihrem Sein, Haben und tatsächlichen Verhalten – am höchsten. Wie sie den zwei anderen Teilbereichen übergeordnet ist, so sind diese ihr mithin untergeordnet. Demgemäß wurde sie auch insoweit schon als jener Bestandteil gekennzeichnet, der in der Staatsgrundordnung *am meisten* entscheidend ist (o. A). Bestimmend hierfür sind als Inhalt ausschließlich das an das Sein geknüpfte Haben von Zuständigkeiten und das ihnen entsprechende Verhalten.

Die **weitere faktische Verfassung,** soweit sie in bestimmten Grundlagen zur engeren hinzutritt, steht einmal deswegen niedriger, weil sie – negativ – grundsätzlich *nicht* aus *obersten Staatsorganen* – erneut in ihrem Sein, Haben und tatsächlichen Verhalten – besteht; und zum anderen deshalb, weil sie – positiv – grundsätzlich *nur* aus *Staatsorganen* der *weiteren* Verfassung besteht, auch sie in ihrem Sein usf., wieder etwa aus solchen von Hochschulen oder Gemeinden. So ist sie der engeren Verfassung untergeordnet. Dem entspricht, daß sie auch insofern bereits als der Bestandteil bezeichnet wurde, der in der Staatsgrundordnung den *weniger* entscheidenden darstellt (o. A). Im Gegensatz hierzu ist sie der sonstigen, ebenfalls als faktischen, übergeordnet. Denn aus einer Anzahl wichtiger Staatsorgane bestehend, ist sie – und mit ihr eine Anzahl wichtiger Teilordnungen der weiteren Verfassung – im Grundsatz mit in die Staatsgrundordnung eingegliedert. Demgemäß bildet die sonstige Verfassung das ihr Untergeordnete. Ausschlaggebend sind für die gekennzeichnete weitere Verfassung aufs neue als Inhalt nur das an das Sein gebundene Haben von Zuständigkeiten und das ihnen entsprechende Verhalten.

Die **sonstige faktische Verfassung,** in ihrer Verbindung mit der engeren und Teilen der weiteren, steht niedriger als diese. Zunächst deshalb, weil sie – negativ – *weder* aus *obersten Staatsorganen noch überhaupt* aus *Staatsorganen* in deren *Aufbau* besteht: Sie ist auch insoweit *keine Aufbauordnung*. Und sodann deswegen, weil sie – positiv – *allein* aus *Führungsmitteln* besteht, obschon *besonderen*; erneut beispielsweise aus Staatsflagge, -hymne, Neutralität und – innegehabten – Grundrechten. Sie stellt gleichfalls in dieser Hinsicht lediglich eine gewisse *Mittelordnung* dar. Auch insofern ist sie der in der Verknüpfung befindlichen engeren Verfassung und Teilen der weiteren untergeordnet. Demgemäß wurde sie bereits als jener Bestandteil bezeichnet, der in der Staatsgrundordnung den *am wenigsten* entscheidenden bildet (o. A). Hierfür bestimmend sind wieder als Inhalt einzig das Sein besonderer Mittel zum Zwecke staatlicher Einheit und/oder staatlichen Bestandes sowie – in den Händen einschlägiger Staatsorgane – das Haben von Zuständigkeiten und das ihnen gemäße Verhalten.

Ebenfalls jetzt gibt es eine unterschiedliche Rangordnung **innerhalb der drei Bereiche.**

So weist die *engere* faktische *Verfassung* folgende Rangordnung auf: All ihre Organe – in Sein, Haben und Verhalten –, die mit der *Verfassungsart* die *Staatsform* bilden – wieder beispielsweise die einer Monokratie als Monarchie oder einer Polykratie als Demokratie –, stehen höher als jene, die *keine solche Staatsform* bilden. Letzteres trifft erneut mit einem obersten Gericht zu, das kein staatsformbildendes Organ ist (o. A: zu China). Hiernach ist der Teil der Staatsformorgane dem der Nichtstaatsformorgane übergeordnet; und letzterer ist demgemäß ersterem untergeordnet. Es entscheidet der *Inhalt.* – Auch hier braucht lediglich erwähnt zu werden, daß gleicherweise innerhalb der Staatsform- und möglicher Nichtstaatsformorgane Rangordnungen bestehen können.

Die *weitere* faktische *Verfassung,* soweit sie zur engeren hinzutritt, enthält *grundsätzlich keine Rangordnung* nach *fester* Über- bzw. Unterordnung. Auch dazu ist das – nunmehr faktisch – Hinzutretende, z. B. wiederum Gemeinden oder Hochschulen, einesteils zu verschieden und andernteils trotzdem zu wichtig. Dies läßt gleichfalls in vorliegender Hinsicht mehr oder weniger Gleichordnung bestehen. Nur wieder örtlich-zeitlich vermag freilich eine bestimmte Teilordnung, einen Vorrang zu haben, so daß die übrigen Teilordnungen entsprechend nachrangig sind. Dazu sei beispielsweise erneut zumal an Streitkräfte in ihrer faktischen Überordnung gedacht.

Die *sonstige,* zur engeren auch hinzutretende, faktische *Verfassung* weist *grundsätzlich* ebenfalls *keine Rangordnung* auf, die durch *feste* Über- bzw. Unterordnung bestimmt wäre. Das faktisch Hinzutretende – beispielshalber wieder Staatsflagge, -hymne, Neutralität und Staatspartei – ist nämlich als gekennzeichnetes Mittel erneut genauso grundsätzlich zu verschieden und doch zu wichtig. Es liegt daher aufs neue mehr oder weniger Gleichordnung vor. Das gilt desgleichen für den Inbegriff der in einem Staat innegehabten subjektiven Grundrechte. Freilich können wiederum örtlich-zeitlich Rangunterschiede vorkommen. Dies so, daß ein bestimmter faktischer Bereich das Vorrangige darstellt und die anderen Bereiche entsprechend das Nachrangige abgeben. Dazu sei beispielshalber ein weiteres Mal vor allem an den Bereich innegehabter subjektiver Grundrechte in seiner faktischen Überordnung gedacht.

Zusammengefaßt, ergibt sich als **Definition der faktischen Staatsverfassung:** Sie bildet das der normativen Staatsverfassung entsprechende jeweilige *Gefüge von Verfassungsfaktischem,* das, insofern eine aus Teilformen bestehende Gesamtform, innerhalb seiner eine Reihe von Rangverhältnissen besitzt, in denen das Verfassungsfaktische als das Geordnete zueinander steht.

III. Das sonstige Verhältnis zwischen normativer und faktischer Staatsverfassung

Auch jetzt dreht es sich wieder um das *Rangverhältnis*, in dem die beiden Verfassungen zueinander stehen.

Stellt man, was das **Bedingungsverhältnis** betrifft, darauf ab, daß die *normative* Verfassung mit ihrem Inhalt den der *faktischen* Verfassung *bestimmt*, so bildet die erste das *Vorrangige* und die zweite das *Nachrangige*. Denn erstere ist mit ihren Normen nun einmal das Maß-*gebende*, doch letztere in ihrem Faktischen bloß das Maß-*gemäße*, jene folglich insoweit *bedingend*, diese *bedingt*.

Stellt man demgegenüber auf den Rang im **Mittel-Zweck-Verhältnis** ab, so nimmt die *normative* Verfassung mit ihrem Inhalt lediglich die Stellung eines *Mittels* und somit des *Nachrangigen* ein, die *faktische* indes mit ihrem die des *Zwecks* und damit des *Vorrangigen*. Die Norm ist wieder um des Faktischen willen da. Wenn daher zwischen einer Norm und dem bezweckten Faktischen – wie die Beispiele des Kanzler- und Ministerwerdens (o. II 1) zeigen – nicht allein *faktisches*, sondern auch *normatives* Verhalten steht, so ist doch ebenfalls insofern das – letztlich – Bezweckte etwas Faktisches: in denselben Beispielen das Sein des Kanzlers und der Minister. Überhaupt ist aber das mit der normativen Verfassung vor allem Gewollte als Faktisches zuvörderst das Sein *aller* Verfassungsorgane. Denn ohne sie geht nichts.

Desgleichen jetzt besteht ein entscheidendes **Grundverhältnis** zwischen den Verfassungen, in dem erneut die *faktische* in ihrem Inhalt das *Vorrangige* abgibt und die *normative* in ihrem aufs neue das *Nachrangige*. Denn wie sich der Mensch bereits in seinem bestimmten Sein als *Kern* der *faktischen* Verfassung erwies, vermehrt um sein Haben und tatsächliches Verhalten; und wie das insonderheit auf den Menschen als *Verfassungsorgan* zutrifft, – so stellt er – als jeweils bestimmter – den *Erhalter* und *Entwickler* der *normativen* Verfassung dar. Daher ist er zwar auf der einen Seite in seinem *Faktischen*, vor allem als Verfassungsorgan, durch Verfassungsnormen bedingt; doch ist er auf der anderen Seite als Faktisches grundlegend für die *Verfassungsnormen* bedingend: erneut in den Bereichen der Gesetze, überhaupt oberste Normen, gebenden, der vollziehenden und richterlichen Gewalt.

Was hier bleibt, ist dies: Normative und faktische Staatsverfassung geben zwar auf Grund ihrer Inhalte etwas *Unterschiedliches* ab. Trotzdem stellen auch sie mit diesen Inhalten als dem einesteils Entsprochenen oder Maß-gebenden und dem andernteils Entsprechenden oder Maß-gemäßen eine **Einheit** dar. Dementsprechend ist gleichfalls jetzt von beiden Ordnungen – so zusammengenommen, wie sie zusammenbestehen – von *einer, der* Staatsverfassung zu reden. Das ist die **Gesamtverfassung von normativer und faktischer als Teilverfassungen.** Sie stellen das erwähnte Doppelwesen dar.

Auch für manche normative Verfassung ist nun nicht auszuschließen, daß sie Normen enthält, denen *nichts Verfassungsfaktisches*, sei es *noch* nicht, sei es nicht *mehr*, entspricht. Doch das bedeutet für das Dargelegte allein: Das Verhältnis von entsprochener normativer und entsprechender faktischer Verfassung besteht ausschließlich für den *Bereich der Entsprechung;* wie für ihn ebenso die Gesamtordnung von normativer und faktischer Teilverfassung besteht. Nur insoweit liegt aufs neue eine Besonderheit vor, als deswegen keine Entsprechung mehr gegeben ist, weil die in Frage stehenden Normen gegenstandslos wurden und sohin *obsolet*. Derartige Bestimmungen bilden nämlich bloß **Nominalnormen**; während alle sonstigen Bestimmungen, da nicht gegenstandslos, **Realnormen** abgeben. Letzteres auch in dem Fall, daß ihnen noch nicht entsprochen wurde, dies jedoch sein kann. Das Entsprechungsverhältnis ist also insoweit wieder ein *mögliches*. Ein Beispiel überholter Verfassungsnormen als nominaler bildet etwa Art. 26 Belg. Verf., 1831, die nicht mehr bestehende mitgesetzgebende Gewalt des Königs betreffend (dazu u. 3. Abschn. III 1 a). Als Beispiel von Verfassungsnormen, denen noch nicht entsprochen wurde, die aber dennoch Realnormen sind, sei auf solche hingewiesen, die einen noch nicht eingetretenen Verteidigungsfall betreffen (Artt. 115 aff. GG, 1949). Solche Bestimmungen stehen allerdings *außerhalb* des Verhältnisses von entsprochener normativer und entsprechender faktischer Verfassung. D.h. die normative ist insofern *weiter* als die faktische bzw. letztere insofern *enger* als erstere. Es sei insoweit aber z.B. auch noch an Verfassungsnormen gedacht, die in einer Monarchie die Regentschaft regeln (u. 3. Abschn., A I 3), ein solcher Fall aber noch nicht eingetreten ist. Auch hier umgekehrt: Die faktische Verfassung bildet insofern das *Weitere*, als einer und derselben Verfassungsnorm mehr- oder gar vielmals faktisch entsprochen wird; wie demgemäß die normative Verfassung das *Engere* darstellt.

IV. Die Wirklichkeits- oder Seinsweise der Staatsverfassung sowie ihre Erkenntnis

Was insoweit zur umfassenden Staatsordnung ausgeführt wurde (o. 1. Abschn., B I 4), besagt für die umfaßte Staatsverfassung das Folgende.

Zur **Wirklichkeits- oder Seinsweise:** In Hinblick auf die **normative Staatsverfassung,** d.h. einmal das in ihr Geordnete, die Verfassungsnormen, und zum anderen die Ordnung selbst, ergibt sich: Die *Norm* zählt als Willensäußerung wieder sowohl zum Bereich des *Stofflichen* als desgleichen zu dem des *Seelischen;* wobei sie ersteres als – stoffliche – Äußerung tut und letzteres als – seelisches – Wollen. Sie bildet eben erneut eine *Willenskundgabe*. Demgegenüber zählt die *Ordnung* wiederum allein zum Bereich des *Geistigen*. Das tut sie erstens als Gefüge und sohin – geistige – Formenverbindung sowie zweitens mit den – geistigen – Beziehungen oder Verhältnissen, in denen die Verfassungsnormen innerhalb ihrer stehen. – In Hinsicht auf die **faktische Staatsverfassung,** d.h. zum einen das in ihr Geordnete, das Verfassungsfaktische, und zum anderen die Ordnung selber, ergibt sich dies: Das *Faktische* kann aufs neue sowohl zum Bereich des *Stofflichen* als auch dem des *Seelischen* als gleichfalls dem des *Geistigen* zählen. Das läßt sich an Beispielen wieder in Bezug auf die Gliederung des Faktischen in solches menschlichen Seins, Habens und Verhaltens aufzeigen. Was das menschliche *Sein* angeht, beispielshalber als Verfassungsrichter oder – allgemein – überhaupt als Staatsangehöriger, so sind diese als Faktisches von *stofflich-seelischer* Art. Was das *Haben* der Menschen betrifft, z.B. von Zuständigkeiten, etwa das eines Gesetzgebers, so ist dieses als Faktisches hingegen nur *geistiger* Art. Denn jenes Haben gibt als ein – der Erfüllung einer bestimmten Aufgabe – Zugeordnetsein eine – geistige – Beziehung ab. Was das *Verhalten* von Menschen als ein voraussetzungsgemäß äußerlich wirksames anlangt, beispielsweise wieder eines Gesetzgebers, der etwa das Für und Wider eines Gesetzentwurfes erörtert, so ist dieses als Faktisches offensichtlich ein weiteres Mal *stofflich-seelischer* Art. Das *Sächliche,* das – wie dargetan – lediglich in Zusammenhang mit menschlichem Sein, Haben und Verhalten zum Faktischen gehört, etwa eine Staatsflagge, ist – von möglicherweise mit ihm verbundenen Bedeutungen auch jetzt abgesehen – bloß von *stofflicher* Art. Im Unterschied zu all dem gehört die *Ordnung* erneut einzig zum Bereich des *Geistigen.* Insoweit trifft wiederum das zu, was oben zu ihr festgestellt wurde. In Hinblick auf das **Verfassungsorgan** als besonderen Teil des in der faktischen Verfassung Geordneten gilt noch: Aus einem oder mehr als einem Menschen gebildet, ist es eben hiermit als etwas Stoffliches wie Seelisches wirklich; gibt sein Haben, insbesondere von Zuständigkeiten, etwas Geistiges ab; und ist sein faktisches Verhalten etwas Stofflich-Seelisches. Besteht das Organ aus mehr als einem Menschen, so stehen gleicherweise sie in einer beziehungsdurchwirkten Ordnung als – geistigem – Gefüge, allerdings einer weiteren. – Wenn man noch auf *beide* Verfassungen in ihrer *Einheit* abstellt, d.h. auf die *eine* Verfassung als *Gesamt*verfassung, dann ist diese als Gesamtgefüge, in dem zumal das Verhältnis des entsprochenen Normativen zum entsprechenden Faktischen vorliegt, ebenfalls *geistiger* Art.

Zur **Erkenntnis:** Die **Ordnungen,** das sind normative wie faktische Teilverfassung und die Gesamtverfassung, samt den Verhältnissen, in denen sich ihre geordneten Gegenstände befinden, werden, da sie alle geistiger Art sind, lediglich unsinnlich erfaßt. Entsprechend ist nichts von ihnen zu sehen, zu hören, zu fühlen usf. Bei dem in der *normativen* Verfassung *Geordneten:* den **Normen,** ist es dagegen so: Mit dem Wollen einesteils seelisch, sind sie wieder bloß *unsinnlich* zu erkennen; doch mit der Kundgabe andernteils stofflich, sind sie es nur *sinnlich.* Es sei dazu an gesetzliche Verfassungsnormen gedacht, d.h. an das, was sie an Seelischem stofflich übermitteln. Anders ist es auch bei dem in der *faktischen* Verfassung *Geordneten:* dem **Nichtnormativen.** Dieses Faktische, das sowohl zum Stofflichen als auch zum Seelischen als desgleichen zum Geistigen zählen kann, ist als das erste ausschließlich *sinnlich,* als das zweite und dritte jedoch allein *unsinnlich* zu erfassen. So wird der – stofflich-seelische – Gesetzgeber sinnlich-unsinnlich erfahren, das Haben seiner Zuständigkeit als – geistiges – Verhältnis unsinnlich und sein – stofflich-seelisches – Verhalten wieder nur sinnlich-unsinnlich. Auch die Verfassungsnorm und das Verfassungsfaktische sind folglich, soweit sie – über ihr stoffliches Sein hinaus – noch ein seelisches bzw. geistiges haben, nicht zu sehen, zu hören, zu fühlen usw. In Bezug auf das **Verfassungsorgan** als besonderen Teil des in der faktischen Verfassung Geordneten gilt noch das Folgende: Wie es als ein oder mehr als ein Mensch stofflich-seelischer Art ist, so wird es demgemäß sinnlich-unsinnlich erfahren; in seinem Haben, aufs neue etwa von Zuständigkeiten, als geistig Seiendem unsinnlich; und in seinem einschlägigen – stofflich-seelischen – Verhalten entsprechend wieder sinnlich-unsinnlich. Demgegenüber wird die Ordnung, in der ein Organ steht, das mehr als einen Menschen umfaßt, als Formenverbindung und in ihren Verhältnissen etwas geistig Seiendes, nurmehr unsinnlich erfahren.

Zur **Tragweite der Erkenntnis** noch dies: Wie sich ebenfalls die Staatsverfassung *außerhalb* des Bewußtseins der *Menschen* befindet, so ist sie mit ihrem Erkanntsein keinesfalls allein *im* Bewußtsein der sie erkennenden Menschen gegeben. Wie auch sie immer bloß nacheinander in *Teilen* erfaßt wird, doch nie gleich als *Ganzes.* Durch die Erkenntnis unbedingt, ist sie folglich *nicht subjektiv,* vielmehr *objektiv.* Und damit in der Erkenntnis bloß hingenommen und nicht geschaffen, stellt sie etwas *Reales* und *nichts Ideales* dar. Das besagt ein weiteres Mal **erkenntnistheoretischen Realismus** und nicht **Idealismus.** Dies gilt indes gleichermaßen von dem in der Staatsverfassung jeweils Geordneten: den Normen und dem Faktischen; innerhalb des letzteren vor allem von den Menschen, wiederum beispielshalber als Verfassungsorganen. Es geht aufs neue einzig um *Feststellung* durch die Erkenntnis, *nicht* hingegen um *Schaffung*.

C. Die Staatsverfassung in anderen Auffassungen

Es wird, soweit festgestellt, in anderen Auffassungen entweder regelmäßig *keine normative* und *faktische* Staatsverfassung vertreten, die als *Teilordnungen* im Umfang ihres Bestehens eine *Gesamtordnung* als *Einheit* bilden, dies mit ihrem jeweils *Geordneten* als *Inhalt:* den entsprochenen Verfassungsnormen bzw. dem entsprechenden Verfassungsfaktischen. Hieran ändert grundsätzlich nichts, daß sich jedenfalls *Ansätze* zur Gliederung in eine normative und faktische Verfassung finden. Oder es wird ausnahmsweise dem gekennzeichneten Verfassungsverständnis auf bestimmte Art *näher* gekommen; doch nur so, daß *beträchtliche Unterschiede* bleiben.

Soweit ferner festgestellt, wird *keine Gliederung* der Staatsverfassung als Staatsgrundordnung in eine *engere* Verfassung, eine – in Grundlegendem zu dieser hinzutretende – *weitere* und in eine gänzlich hinzutretende *sonstige* Verfassung vertreten; so, wie im Einzelnen dargetan (o. A). Gleichfalls insoweit finden sich zwar *Ansätze;* doch ändert das am Fehlen der Gliederung grundsätzlich nichts.

Nach all dem bleibt allein Folgendes übrig: zum einen festzustellen, welche Verfassungsansichten in Hinblick auf eine *Staatsverfassung überhaupt* vertreten werden; und zum anderen, was in diesem Rahmen zu einem – von einem großen Teil der Lehre besonders wichtig genommenen – Gegenstand ausgeführt wird: der sog. *Repräsentation*.

I. Zur Staatsverfassung überhaupt

Statt *systematisch* auf die Ansichten anderer Verfasser einzugehen, geschieht dies nach *Personen.* Nur so ist es möglich, die – wie angebracht – jeweilige Lehre im Zusammenhang darzustellen und zu übermitteln. Dabei geht es jeweils lediglich um ihren *Kern,* außerdem *ohne Berücksichtigung* von teils zwischen ihnen bestehenden *Verbindungen.* So unvollständig die folgende Reihe selbstverständlich ist, so sehr gibt sie doch einen wichtigen Ausschnitt aus dem Verfassungsdenken des 20. Jahrhunderts wieder. Dabei ist ein Teil der Auffassungen derart verschieden, daß sich insoweit der Eindruck aufdrängt, als hätten sie, jedenfalls beträchtlich, gar nicht denselben Gegenstand: die Staatsverfassung.

1. Jellinek, G.

Wie schon gesagt, bildet für ihn die „Ordnung" jedes dauernden Verbandes eine „*Verfassung*", so daß „jeder Staat eine Verfassung" hat (o. 1. Abschn., A II). Daß diese Bestimmung, wie dort gleichfalls gesagt, viel zu weit ist, zeigt näher Folgendes: Es handelt sich um eine „Ordnung, der gemäß sein" – des Verbandes, also auch des Staates – „Wille gebildet und vollzogen" wird, „sein Bereich abgegrenzt" und „die Stellung seiner Mitglieder in ihm und zu ihm geregelt" (JELLINEK, S. 505). Indes – unter vielem anderen erstreckt sich dies auch auf die Willensbildung und -vollziehung hinsichtlich etwa einer Verkehrsordnung, genauso wie auf die insoweit bestehende Regelung der Stellung der Mitglieder. Damit geht es aber gar nicht um die *viel engere* Ordnung der *Staatsverfassung* als Staats*grund*ordnung, sondern um die *viel weitere* der *Staats*ordnung. Und das ist angesichts dessen, daß die Staatsverfassung lediglich einen *Teil* der Staatsordnung bildet, verfehlt.

Zwar findet sich danach je ein entfernter Ansatz zur *normativen* und *faktischen* Staatsverfassung. Zunächst zur faktischen, wenn es heißt: „Selbst den ‚Willkürstaaten' im antiken Sinne ist sie", die Verfassung, „zu eigen", z. B. „der sog. Despotie"; so daß „das Dasein einer faktischen, die Staatseinheit erhaltenden Macht" genügt, „um dem Minimum von Verfassung zu genügen, dessen der Staat zu seiner Existenz bedarf" (S. 505). Sodann zur normativen Verfassung, wenn im Anschluß hieran gesagt ist: „Die Regel aber bildet bei Kulturvölkern eine rechtlich anerkannte, aus Rechtssätzen bestehende Ordnung" (a.a.O.). Jedoch – wie wenig das Wiedergegebene mit normativer und faktischer Verfassung tatsächlich zu tun hat, ergibt sich bereits daraus, daß die ‚Rechtssätze' und ‚faktische Macht' nicht in dem Verhältnis von *Entsprochenem* und *Entsprechendem* gesehen sind, vielmehr in dem der *Regel* zur *Ausnahme;* etwas, worauf es nun gar nicht ankommt.

Hinzu kommt aber noch – im Anschluß an das zuletzt Zitierte – eine *andere* Bestimmung der Staatsverfassung: „Die Verfassung des Staates umfaßt demnach in der Regel die Rechtssätze, welche die obersten Organe des Staates bezeichnen, die Art ihrer Schöpfung, ihr gegenseitiges Verhältnis und ihren Wirkungskreis festsetzen, ferner die grundsätzliche Stellung des einzelnen zur Staatsgewalt" (S. 505). Hierzu ist zu sagen: Mit dem erneuten Verständnis der „Rechtssätze" als staatlicher Normen, und zwar Verfassungsnormen, ist nunmehr erstens *allein* die *normative* Verfassung betroffen. Wobei freilich übersehen ist, daß Normen auch *Unrechts*sätze sein können. Außerdem spielt der entfernte Ansatz zur faktischen Verfassung keine Rolle mehr. Zweitens geht die – an sich zutreffende – *Verengung* des Verfassungsverständnisses aber nun zu *weit.* Denn, wie gezeigt, dreht es sich bei der Staatsverfassung um mehr als nur „die obersten Organe des Staates" (o. A). Zu ihr zählt, wie dort ausgeführt, daher nicht bloß die *engere* Staatsverfassung als die der obersten Staatsorgane, sondern auch die *weitere,* soweit sie in Grundlagen zur engeren hinzutritt, und die *sonstige* Verfassung; eine jede überdies als normative (o. B I) *und* faktische (o. B II). Und daß zur weiteren Verfassung, soweit zur engeren hinzutretend, *ebenfalls* Staatsorgane gehören, wenngleich grundsätzlich keine obersten, keine Verfassungsorgane, wurde auch dargetan, z. B. Gemeindeorgane. Drittens endlich handelt es sich mit der Beschränkung auf die „grundsätzliche Stellung des einzelnen zur Staatsgewalt" zutreffend zwar nicht mehr um die – gesamte – „Stellung" der Mitglieder des Verbandes „in ihm und zu ihm". Aber daß es insofern um eine Stellung geht, die dem Einzelnen im Rahmen der *sonstigen* Verfassung zugeteilt ist (o. A), und zwar normativ *wie* faktisch, ist wieder unerkannt.

Unerkannt ist nach allem indes gleichfalls, daß die erste und zweite Definition der Staatsverfassung einander weitgehend *ausschließen.*

Mit der zweiten gelangt Jellinek nun zur – auf das Altertum zurückgeführten – „*Verfassung im materiellen* Sinne" (S. 506 f.), von der aus er sich dann der modernen, „geschriebenen Verfassung oder der *Verfassung im formellen Sinne*" zuwendet (S. 508, 2). So sehr dieser geläufigen Gegenüberstellung zuzustimmen ist, so wenig doch dem, was ihre Begriffe nach Jellinek jeweils umfassen. Das ergibt sich, was die materielle Verfassung angeht, bereits aus dem, was oben zu seinem Verfassungsverständnis abgelehnt wurde. Und es ergibt sich, was die formelle betrifft, aus Folgendem: Zwar ist die formelle Verfassung *stets geschrie-*

ben. Aber nicht *dies* macht sie aus, sondern daß sie dasselbe wie der Inbegriff der in einem oder mehr als einem Gesetzeswerk *zusammengefaßten Verfassungsnormen, Nichtverfassungsnormen* und *Nichtnormen* ist (o. B I 2). Das Formelle liegt also *nicht* einfach im *Geschriebensein*, vielmehr im genannten *Zusammengefaßtsein*. Zwar kann es für JELLINEK „wichtig ... werden ..., die materiellen Verfassungsbestimmungen von den formellen zu scheiden", unter letzteren etwa „das Schächtverbot der Schweizerischen Bundesverfassung" (S. 533, Anm. 1) (Art. 25bis Schweiz. Verf., 1874). Allein – dies führt nicht dazu, daß – materielle – Nichtverfassungsnormen deshalb als *nur formelle* Verfassungsnormen anerkannt werden, weil sie mit – materiellen – Verfassungsnormen als *auch formellen* in *einem* Gesetzeswerk *zusammengefaßt* sind. Von Nichtnormen im selben Gesetzeswerk, zumal in einer Verfassungsurkunde, nicht zu reden.

Nun versteht JELLINEK die formelle Verfassung auch noch als diese *Verfassungsurkunde*. Die „förmliche Urkunde über die Grundlagen der staatlichen Organisation" (S. 504) wird für ihn über den – geschichtlich näher behandelten – „Begriff des Grundgesetzes, der lex fundamentalis" (S. 508, 2), zum „geschriebenen" Fundamentalgesetz, „der Verfassungsurkunde" (S. 515, 4). Indes, wie insoweit gezeigt (o. B I 2), bildet die Verfassungsurkunde als Verfassungsgrundwerk nur den *Hauptteil* der formellen Verfassung, *nicht* aber diese *insgesamt*. Denn neben diesem Hauptteil gibt es desgleichen Gesetzeswerke als *Nebenteile;* ja, statt eines Hauptwerkes als Grundwerkes sind ebenfalls *Einzelgesetzeswerke* möglich (a.a.O.). Nicht, daß dies durch JELLINEK schlechthin unerkannt wäre. So stellt er zutreffend fest: „Viele Verfassungen enthalten keineswegs das ganze Verfassungsrecht im materiellen Sinne" (S. 532), so daß beispielsweise „genaue Bestimmungen über die Wahlrechte" „in einfache Gesetze verwiesen" sein können (S. 533). Doch daß hiermit die formelle Verfassung über die Verfassungsurkunde hinausreicht, wenn ein Wahlgesetz Nichtverfassungsnormen und/oder Nichtnormen enthält, ist unerkannt. Auch stellt JELLINEK wieder zutreffend fest: „Die Staaten teilen sich in solche mit und ohne Verfassungsurkunde" (S. 531 II). Aber daß gleicherweise die letzteren mit Verfassungseinzelwerken eine formelle Verfassung haben können, ist wieder unerkannt. Dies bestätigt das Folgende: Zu „den Alten" heißt es zwar, erneut zutreffend: „Nebst anderen Gesetzen haben ... auch einzelne Verfassungsgesetze ihre Aufzeichnung erhalten" (S. 507). Doch gerade sie werden dadurch von der formellen Verfassung ausgeschlossen, daß im Anschluß daran von der zu Beginn dieses Absatzes genannten ‚förmlichen Urkunde' gesagt ist, daß sie – als formelle Verfassung – „nirgends" „errichtet" wurde (a.a.O.). Eine Bestätigung liegt aber gleichfalls noch darin, daß der „Begriff des Verfassungsgesetzes ... gänzlich fremd den Staaten mit ungeschriebenen Verfassungen" sei, vor allem „England" (S. 532). Dies beschränkt nämlich wieder die formelle Verfassung irrig auf die Verfassungsurkunde und schließt genauso irrig aufs neue Verfassungseinzelwerke, die Großbritannien auch zur Zeit JELLINEKS schon hatte (o. B I 1), von ihr aus.

Ist ferner gesagt: „Das wesentliche rechtliche Merkmal von Verfassungsgesetzen", d.h. hier: Verfassungsurkunden, „liegt ausschließlich in ihrer erhöhten formellen Gesetzeskraft" (S. 534), so ist das nicht so absolut gemeint, wie es gesagt ist. Denn im Anschluß daran ist gleich ausgeführt: „Irgendwelche praktische juristische Bedeutung kommt den Verfassungen in den Staaten, die keine besonderen erschwerenden Formen für deren Feststellung und Abänderung haben, nicht zu." Das relativiert nämlich die sog. erhöhte formelle Gesetzeskraft richtig auf die Staaten, deren Verfassungen die erschwerenden Formen *anord-*

nen. Und solche, die es nicht tun, kannte in damaliger Zeit auch JELLINEK (S. 532: z. B. Spanien). Doch daß Erschwerungen keineswegs nur für Verfassungsurkunden angeordnet sein können, sondern gleichermaßen für Verfassungseinzelwerke, wurde bereits gezeigt (o. B I 2: zu Frankreich, 1875). Überdies: Bei der Erschwerung handelt es sich nicht sogleich um ein *rechtliches* Merkmal, vielmehr um ein *normatives*, das – je nach rechtlichem oder unrechtlichem Inhalt der Verfassung – selber rechtlich bzw. unrechtlich ist. Man denke für letzteres daran, daß die in einer Verfassungsurkunde festgelegte Führungsstellung einer Partei, obwohl zumindest überholt, nur mit einer ebenso festgelegten Zweidrittelmehrheit von Abgeordneten beseitigt werden kann.

Zum Schluß übernimmt JELLINEK noch mit „Rücksicht auf Dasein und Fehlen formeller Verfassungsgesetze" eine Gliederung der „Verfassungen in materiellem Sinne in starre und biegsame Verfassungen" (S. 534f.); wobei die „beiden äußersten Enden ... die amerikanische Unions- und die englische Verfassung" bezeichnen (S. 535): „Für das erste System", „das amerikanische", „läßt sich anführen, daß es die Dauerhaftigkeit der Verfassung verbürgt und den Minoritäten Schutz vor rücksichtsloser Herrschaft der absoluten Mehrheit gewährt" (a.a.O.). Und für „das englische System", daß „jederzeit ohne Schwierigkeit die Gesetzgebung den gegebenen Verhältnissen und Bedürfnissen angepaßt werden kann" (S. 536). So sehr der Einteilung, obschon sie keine grundsätzliche ist und nichts für den – inneren – Aufbau der Verfassung hergibt, zuzustimmen ist, so sehr gilt doch dies: Die Einteilung ist über die Einschränkung „auf Dasein und Fehlen formeller Verfassungsgesetze", diese wieder falsch als Verfassungsurkunden begriffen, *hinaus* möglich. Denn biegsame materielle Verfassungen sind auch solche, die – etwa in einer Verfassungsurkunde als Hauptteil einer formellen Verfassung und in Einzelgesetzen als Nebenteilen gegeben – *keiner* erschwerenden Änderung unterliegen. Außerdem: Wie wenig *gewisse* Minoritäten in den Vereinigten Staaten geschützt waren, wird noch an den Indianern und Negern zu zeigen sein.

2. Kelsen

Er unterscheidet zur Staatsverfassung zwischen einer „*Verfassung im rechtslogischen und im positivrechtlichen Sinne*" (Staatslehre, S. 248, § 36). Dazu vorweg einige Voraussetzungen.

„Staatsfunktion ist Rechtsfunktion", und das besagt „Rechts*erzeugungs*funktion: der stufenweise fortschreitende Prozeß der Normsetzung" (S. 248f.). Hierzu kommt es nun weniger darauf an, daß – wie die „Normsetzung" zeigt – ‚Recht' nur wieder fälschlich für ‚Norm' steht, da diese auch Unrecht sein kann und folglich eine ‚*Unrechts*erzeugungsfunktion' nicht ausgeschlossen ist. Statt dessen kommt es mit dem ‚stufenweise fortschreitenden Prozeß' mehr auf ein damit verbundenes „Über- und Untereinander einander bestimmender Rechtserzeugungsstufen" (S. 249) an: eine „Abfolge der Rechtserzeugungsstufen von der Grundnorm über die Verfassung im positivrechtlichen Sinne, die Gesetze, Verordnungen und individuellen Rechtsakte" (a.a.O.); dies so, daß die genannte Grundnorm „an höchster Stelle" steht (S. 250). Letztere, die „das System der Rechtsordnung begründende Grund- oder Ursprungsnorm hat zu ihrem ... Inhalt, daß eine Autorität, eine Rechtsquelle eingesetzt wird, deren Äußerungen als rechtsverbindlich zu gelten haben: Verhaltet euch so wie die Rechtsautorität: der Monarch, die Volksversammlung, das Parlament etc. befiehlt – so lautet ... die Grundnorm" (S. 99). In ihr „drückt sich der die Einheit der staatlichen

Rechtsordnung konstituierende Geltungsgrund" aus; und „vom Standpunkt des Primats der eigenstaatlichen Ordnung" – um den es hier mit der Staatsverfassung gegenüber dem des „Primats der Völkerrechtsordnung" allein geht – hat sie nur „hypothetischen Charakter: Die Grundnorm ist nicht selbst gesatzt, sondern von der Rechtserkenntnis vorausgesetzt"; sie ist eine „rechtstheoretische Hypothese" (S. 126 F).

Von hier aus ergibt sich nun zu den beiden Verfassungen: Der gekennzeichnete „Stufenbau mündet in der die Einheit der Rechtsordnung ... begründenden *Grundnorm*. Indem diese allererst ein das Recht erzeugendes Organ einsetzt, bildet sie die *Verfassung in einem rechtslogischen Sinne*. Und indem der solcherweise geschaffene Gesetzgeber Normen setzt, die die Gesetzgebung selbst regeln, entsteht – als nächste Stufe – die *Verfassung im positivrechtlichen Sinne*. Doch liegt die ‚Konstitution', d.h. die Konstituierung der einzelstaatlichen Rechtsordnung, die Begründung ihrer Einheit, eigentlich in der als Verfassung im rechtslogischen Sinne bezeichneten, nicht gesatzten, sondern nur vorausgesetzten Grundnorm. Denn auf ihr beruht der erste, noch durch keine positivrechtliche, d.h. hier: gesatzte Norm bestimmte Akt der Gesetzgebung" (S. 249).

Dazu ist, wie folgt, Stellung zu nehmen.

Was mit der „*Verfassung in einem rechtslogischen Sinne*" als erstes die *Grundnorm* angeht, so besteht diese weder, was die Normauffassung KELSENS betrifft, als Norm, noch was die eigene Normauffassung betrifft. Zunächst zur ersteren: Damit, daß zwischen dem „Willensakt" als „Sein" und der „Norm" als „Sollen", „Sinn" des Willensaktes, unterschieden wird und als Willens-„Akte, deren Sinn eine Norm ist", vor allem „gesprochene und geschriebene Worte" genannt werden (o. 1. Abschn., B II 1: KELSEN), kann es *keine Norm ohne Willensakt* geben. Doch gerade eine solche behauptet er mit der Grundnorm. Zwar ist sie noch normativ gestaltet: „Verhaltet euch so" usw.; aber in dieser Gestaltung ist sie bloß hypothetisch, unterstellt, „nicht selbst gesatzt, sondern von der Rechtserkenntnis vorausgesetzt", lediglich eine „rechtstheoretische Hypothese". All das heißt jedoch: Es fehlt gänzlich an dem „Willensakt", mit dem sie als „Sollen", als sein „Sinn", gesetzt sein müßte. Die sog. Grundnorm – oder Ursprungsnorm – ist allein dem *Namen* nach eine Norm, aber *nicht* in der *Sache*. Sodann zur zweiten, der eigenen Normanschauung. Wie die Norm hiernach eine – mit dem Anspruch auf Verbindlichkeit auftretende – anordnende Willensäußerung ist (a.a.O., B I 1), so gibt die sog. Grundnorm damit gleichfalls keine Norm ab. Denn mit dem fehlenden Willensakt fehlt es – als dasselbe – auch an der Willensäußerung.

Was als zweites die beanspruchte *Stellung* der scheinbaren Grundnorm anlangt, so gilt dazu dies: Wie sollte sie als „rechtstheoretische Hypothese", als *Unterstellung im Kopf des Theoretikers*, „das System der Rechtsordnung" *begründen?* Wie sollte sie „eine Autorität, eine Rechtsquelle", „ein das Recht erzeugendes Organ", *einsetzen?* Wie sollte in ihr „die ‚Konstitution', d.h. die Konstituierung der einzelstaatlichen Rechtsordnung, die Begründung ihrer Einheit", *liegen?* Ja, wie sollte „auf ihr ... der erste, noch durch keine ... gesatzte Norm bestimmte Akt der Gesetzgebung" *beruhen?* All das ist offenbar *ausgeschlossen:* Eine „rechtstheoretische Hypothese", zutreffend nur *norm*theoretische, *begründet kein* „System der Rechtsordnung", zutreffend *Norm*ordnung; sie *setzt keine* „Rechtsquelle", zutreffend *Norm*quelle, *kein* „erzeugendes Organ" *ein;* in ihr liegt *keine* „Konstituierung der einzelstaatlichen Rechtsordnung", zutreffend

*Norm*ordnung, *keine* „Begründung ihrer Einheit"; und auf ihr *beruht kein* „Akt der Gesetzgebung", auch nicht „der erste".

Was als drittes noch die Kennzeichnung der scheinbaren Grundnorm als *„Verfassung"*, überdies *„in einem rechtslogischen Sinne"*, anlangt, so ergibt sich dazu: Wie sollte zuerst die Grundnorm als „rechtstheoretische Hypothese", wieder als *Unterstellung im Kopf des Theoretikers,* eine *Verfassung* sein? Auch das ist offenbar *ausgeschlossen,* ja, ein Unding. Dies trifft selbst in dem Fall zu, daß es sich bei der Grundnorm um eine *wirkliche* Norm handelte. Denn *eine* Norm kann eben *keine Verfassung* sein. Wie sollte dann noch die Grundnorm als das Gesagte eine *rechtslogische* Verfassung sein? „Indem" sie „allererst ein das Recht erzeugendes Organ einsetzt"? Dies scheitert schon daran, daß, wie oben festgestellt, eine „rechtstheoretische Hypothese" *kein* derartiges Organ *einsetzen* kann. Oder aus folgendem Grunde: „Daß die einen nicht nur *faktisch* befehlen und die anderen nicht nur *faktisch* gehorchen, sondern daß die einen von *Rechts* wegen befehlen sollen und die anderen von *Rechts* wegen gehorchen sollen, ... kann nur unter der *Voraussetzung* einer *Norm* angenommen werden, die eine oberste Autorität einsetzt, auf deren mittelbare oder unmittelbare Delegation die Befehlsakte – als Normsetzungsakte – zurückgehen" (S. 251)? Jedoch – erstens ist die Grundnorm wieder *keine* Norm; zweitens setzt sie erneut *keine* „oberste Autorität" ein; und drittens gehen damit auf ihre Delegation *keine* „Befehlsakte" zurück. Außerdem: Selbst wenn man jene Voraussetzung einräumte, würde doch mit ihr *niemand* „von *Rechts* wegen befehlen sollen" und *niemand* „von *Rechts* wegen gehorchen sollen", vielmehr bloß ‚von *Norm* wegen'. Mehr, da eine Norm nun einmal nicht bloß *Recht* sein kann, sondern auch *Unrecht,* sind Befehlen und Gehorchen sogar ‚von *Unrechts* wegen' möglich. Etwas, das die Erfahrung vollauf bestätigt. Die sog. Grundnorm bildet folglich, anders als zu Beginn von Kelsen behauptet, ebenfalls *keinen* „Geltungsgrund".

Insgesamt: Die *„Verfassung in einem rechtslogischen Sinne"* gibt es nicht.

Im Anschluß daran, daß für Kelsen die Staatsordnung unrichtig nur eine normative ist, doch nicht auch eine faktische, und daß sie als normative unrichtig dasselbe wie Rechtsordnung ist (o. 1. Abschn., A II i. V. m. B II 1), ergibt sich zur *„Verfassung im positivrechtlichen Sinne"* dies: Sie muß, nicht minder unrichtig, desgleichen *bloß* eine *normative* und *nicht* auch eine *faktische* sein; die Norm hierbei zudem, wie oben in Erinnerung gebracht, fälschlich als „Sollen" oder „Sinn" eines Willensaktes verstanden, nicht folglich als der anordnende Willensakt selber. Dieses beschränkte Verfassungsverständnis spricht nun insbesondere aus Folgendem: Zur *„Stufe der Verfassung"* heißt es, daß „der Weg der Gesetzgebung, das Verfahren der Erzeugung genereller Normen, selbst durch positive generelle Normen bestimmt sein kann." Und diese „Normen bezeichnet man als *Verfassungs*normen", so daß „die ‚Verfassung' ... dem Gesetze gegenüber eine höhere Rechtsstufe" ist (S. 234 G). Überdies ist hiermit aber gleichfalls die Verfassungsnorm mißverstanden. Denn das, was sie bestimmt, geht über den sog. „Weg der Gesetzgebung, das Verfahren der Erzeugung genereller Normen", weit hinaus (o. B I und 1). Man denke insoweit nur an die der sonstigen Verfassung, etwa mit der Festlegung der Staatsflagge und der Staatsfarben. Ja, Normen, die dies festlegen, sind gerade *keine* „generelle Normen", vielmehr *‚spezielle':* Einzelfallnormen. Kelsens Verfassung muß aber auch noch, mit dem irrigen Verständnis der *Norm* als *Rechts*norm, nicht bloß zutreffend als Teil der *Normen*ordnung, sondern unzutreffend als Teil der *Rechts*ordnung begriffen sein. Das folgt nun, was das falsche Verständnis als Recht anbelangt, schon aus ihrer Kennzeichnung als solcher *„im positivrechtlichen Sinne"*. Außerdem folgt es daraus, daß zum „Begriff des ‚Staats'-Rechts" gesagt ist, daß es „mit Verfassungsrecht identisch" sei (S. 45 B); ohne also, daß die Möglichkeit einschlägigen Staats-Unrechts zugelassen wäre.

Zu Kelsens Verfassungsnormen gilt aber noch mehr: Gemäß seiner verfehlten Gliederung der Normen in selbständige, Sanktionen anordnende, und unselbständige, nur die Bedingungen dafür anordnende, (o. 1. Abschn., B II 1) können seine Verfassungsnormen – genauso verfehlt – zumindest teilweise auch nur unselbständige sein; etwa solche, die das Gesetzgebungsverfahren regeln. So werden denn in Bezug auf eine gerichtliche Strafsanktion „die Normen der Verfassung, die zur Erzeugung von generellen Normen ermächtigen, ..." – samt den ihren Bereich betreffenden „Normen der Strafprozeßordnung" – als „unselbständige Normen" bezeichnet, „da sie nur Bedingungen bestimmen, unter denen die Strafsanktionen zu vollstrecken sind" (Rechtslehre, S. 58). Wie ebenfalls derartige Verfassungsnormen „nur in Verbindung mit einer einen Zwangsakt statuierenden Norm gelten" (o. 1. Abschn., a.a.O.). Statt dessen: Sie sind selbständig und gelten, d.h. stehen in Kraft, auch ohne diese Verbindung.

Nun unterscheidet Kelsen in Hinblick auf seine positvrechtliche Verfassung noch zwischen einer *„Verfassung im formellen und im materiellen Sinne"* (S. 251 C). Geschichtlich gesehen, „kam es" nach ihm dazu, „daß sich der Begriff der Verfassung auch auf die Festsetzung jener Grenze gegenüber der individuellen Freiheit erstreckte, über die hinaus die staatlichen Rechtsnormen überhaupt nicht, oder doch nur unter den erschwerenden Bedingungen der Verfassungsänderung greifen sollten. Unter *Verfassung im materiellen Sinne* versteht man demgemäß Normen, die sich auf die obersten Organe (Verfassung im engeren Sinne) und ... das Verhältnis der Untertanen zur Staatsgewalt (Verfassung im weiteren Sinne) beziehen" (S. 252f.). Hierbei ist erstere die im „ursprünglichen Sinn, in dem das" zuletzt genannte „Verhältnis ..., der Gedanke der Freiheitsrechte, noch nicht aufgenommen ist" (S. 321). „Von einer *Verfassung im formellen Sinne* spricht man, wenn zwischen gewöhnlichen und solchen Gesetzen unterschieden wird, die nur unter schwereren Bedingungen als die ersten zustandekommen und abgeändert werden dürfen. Dabei können begreiflicherweise auch Normen, die ihrem Gehalt nach ... nicht zur Verfassung im materiellen Sinne gehören, in die Form von Verfassungsgesetzen gekleidet werden" (S. 253).

Mit dem Verständnis der *materiellen* Verfassung verfährt Kelsen *unfolgerichtig* und somit *unsystematisch*. Denn im Ausgang beschränkt er, wie oben zitiert, die *„Verfassung"* in Gestalt – materieller – *„Verfassungs*normen" auf jene „Normen", die „das Verfahren der Erzeugung genereller Normen" bestimmen. Hier indes nimmt er mit den „Normen", die sich auf „das Verhältnis der Untertanen zur Staatsgewalt ... beziehen", noch all jene hinzu, die insoweit gerade *nicht* das genannte Verfahren betreffen: die „Freiheitsrechte"-Normen. Er berücksichtigt eben gleichfalls in dieser Hinsicht nicht die *sonstige* Verfassung, in deren Rahmen auch diese geschichtlich späten Normen ihren Platz haben (o. A). Hinzu kommt: Zwar ist es richtig, daß die normative Verfassung in *engerem* Sinn die *obersten* Staatsorgane betrifft (a.a.O.). Doch die normative Verfassung in *weiterem* Sinn betrifft *nicht* das Verhältnis Untertan – Staatsgewalt, genau: Untertan – Staatsführung. Denn zum einen gehört dieses Verhältnis in die *sonstige* Verfassung; und zum anderen betrifft die – wirkliche – *weitere* all jene Organe, die grundsätzlich gerade *nicht* zu den obersten Organen gehören. Sie ist von KELSEN gar nicht berücksichtigt. Überhaupt ist mit alledem unerkannt, daß – im Rahmen der Staatsverfassung – zur *engeren* Verfassung die zutreffende *weitere* in Grundlagen, z. B. Gemeinden betreffend, *hinzutritt* und die *sonstige* Verfassung sogar *völlig* (a.a.O.). Erst dies zeigt das ganze Ausmaß der Verkenntnis der materiellen Verfassung.

Die *formelle* Verfassung hat, wie dargetan, nichts mit Gesetzen zu tun, „die nur unter schwereren Bedingungen" als andere „zustandekommen und abgeändert werden dürfen"; vielmehr einzig damit, daß in einem oder mehr als einem Gesetzeswerk *Verfassungsnormen, Nichtverfassungsnormen* und *Nichtnormen zusammengefaßt* sind (o. B 1 2). Und das kann ebenfalls auf Gesetzeswerke zutreffen, die *keine* Erschwerungen anordnen. Zwar stimmt es ferner nicht, daß „auch Normen", die inhaltlich „nicht zur Verfassung im materiellen Sinne gehören, in die Form von Verfassungsgesetzen gekleidet werden" können. Denn sie werden nicht in die *Form* solcher Gesetze *gekleidet* – das geht gar nicht –, sondern in ein *Werk* solcher Gesetze *mit aufgenommen*. Aber hiermit ist KELSEN doch der Nichtverfassungsnorm nahegekommen. Die Nichtnorm freilich nennt er nicht.

Mit der „schriftlichen *Verfassungsurkunde*" verknüpft er schließlich als „Problem" den Gedanken „einer die ganze Verfassung zu einem einheitlichen und abgeschlossenen Ganzen zusammenfassenden Urkunde" (S. 253 D). Dieser setzt nach ihm jedoch „den Bestand einer geschlossenen, d. h. ... nicht abänderbaren Verfassung voraus. Das ist" aber „nicht die Verfassung im positivrechtlichen Sinne. Und daher setzen sich die Verfassungen der modernen Staaten meist aus einer Mehrheit von Verfassungsgesetzen zusammen, unter denen eines historisch wie politisch immerhin das Hauptgesetz, die Haupturkunde sein mag" (S. 254). Hierzu ist zu sagen: Zwar ist unerkannt, daß zur Verfassungsurkunde *nicht* als Voraussetzung eine geschlossene, nicht abänderbare, Verfassung gehört. Genauso, daß die Verfassungsurkunde nur das Verfassungs*grund*werk und als *dieses* der *Hauptteil* der *formellen* Verfassung ist. Doch kommt KELSEN der – wirklichen – Verfassungsurkunde insofern nahe, als er auf das „Hauptgesetz" und damit auf einen Hauptteil abstellt, um den herum mit anderen „Verfassungsgesetzen" noch Nebenteile bestehen (zu allem o. B I 2).

Es bleibt etwas hinzuzufügen: Daß KELSEN „1919–23 Rechtsberater der österreich. Regierung" war und „zus. mit M. Mayr die österreich. Verfassung von 1920 ausarbeitete (BROCKHAUS, X, S. 78 l., Artikel: „Kelsen"), zeigt lediglich dies: Es ist etwas anderes, einerseits an der Ausarbeitung einer bestimmten Verfassung praktisch beteiligt zu sein und andererseits die Verfassung überhaupt theoretisch zu durchdringen. Davon abgesehen, daß ersteres viel leichter ist als letzteres.

3. Smend

Es geht ihm um das „*Wesen der Verfassung*" (Verfassung, S. 187).

Hierzu wird als Aufgabe festgestellt, daß es sich „um die Einheit der Staatsverfassung als ideelles Sinnsystem" handele, „für dessen Erfassung mit Recht die Einbeziehung auch" der „‚soziologischen Kräfte' neben dem geschriebenen Verfassungstext gefordert wird" (S. 188f.), der „‚wirklichen' Kräfte" (S. 188). Der Weg der Erfassung ist folgender:

Zuerst wird die „Verfassung" als „die Rechtsordnung des Staats" bestimmt, „genauer des Lebens, in dem der Staat seine Lebenswirklichkeit hat, nämlich seines Integrationsprozesses. Der Sinn dieses Prozesses ist die immer neue Herstellung der Lebenstotalität des Staates" (S. 189; auch S. 190) (näher o. 1. Abschn., A II: SMEND). „Als positives Recht ist die Verfassung nicht nur Norm, sondern auch Wirklichkeit; als Verfassung ist sie integrierende Wirklichkeit" (S. 192).

Dies wird sodann mit der Unterscheidung *zweier Integrationssysteme* erklärt. Zum einen ist auf die „Verfassungen" als auf „die normierten Integrationssysteme" abgestellt (S. 190). Hierbei handelt es sich jeweils um die genannte Verfassung als „die Rechtsordnung des Staats" oder die als „Norm". Und zum anderen ist zu dieser „formulierten Verfassung" als einem „System", das „sich gegebenenfalls von selbst ergänzt und wandelt", als Gegenüber auf das „des von ihr gewollten und geregelten Gegenstandes, des tatsächlichen Integrationssystems", abgestellt (S. 191). Hierbei dreht es sich um die erwähnte „Verfassung" als „integrierende Wirklichkeit".

All das führt, nochmals getrennt, zum „integrierenden" Sinn „von Verfassung und Verfassungsrecht" (S. 193); die erstere als das ‚tatsächliche Integrationssystem' verstanden, das letztere als das ‚normierte'. Und es führt, zusammengefaßt, zur „Staatsverfassung als einer Integrationsordnung" (S. 195).

Hiermit ist ein Verfassungsverständnis wiedergegeben, das, wenngleich recht undeutlich, dennoch dem dieser Arbeit auf bestimmte Art näher kommt.

Denn einmal gehört, obschon es nicht gesagt ist, die Verfassung als ‚tatsächliches Integrationssystem' – als System jedenfalls des einschlägigen nichtnormativen Verhaltens – *mit* zur *faktischen* Verfassung. Und zum anderen zählt die Verfassung als ‚normiertes Integrationssystem' – beschränkt freilich auf die „gesetzliche Normierung" (S. 189) – *mit* zur *normativen* Verfassung. Beide Systeme bestätigen übrigens, daß – wie zur Staatsordnung ausgeführt (o. 1. Abschn., B II 1: zu SMEND) – die Integration sowohl faktisch als auch normativ erfolgt, d.h. hier: zur normativen *und* faktischen Verfassung gehört. Hinzu tritt, was die „Verfassung" als „Rechtsordnung" angeht, allerdings, daß eine normative Staatsverfassung, die auch *Unrecht* enthält, nicht auszuschließen ist. Und daß die normative Verfassung anders, als eingangs zitiert, nicht „die" staatliche ‚Rechtsordnung' ist, sondern bloß ein *Teil*, wird dann ebenfalls von SMEND anerkannt. Dies geschieht unausdrücklich mit der „Inanspruchnahme eines eigenen sachlichen Lebensgebiets für sie als ihren Gegenstand und ihre Aufgabe, so wie andere Rechtsnormenkomplexe die ihrige bezüglich anderer sachlicher Lebensgebiete haben" (S. 191). Hinzu tritt aber auch noch, daß – soweit die Integration durch ein verfassungs*normatives* Verhalten erfolgt – dieses zur *normativen* und *nicht* zur *faktischen* Verfassung gehört. Ja, was die *übrige* normative Tätigkeit angeht, also die nicht Verfassungsnormen schaffende, zählt diese allein zur normativen *Staats*ordnung.

Daß – gemäß dem Anliegen SMENDS – die Integration im Vordergrund und die Gliederung der Verfassung erst dahinter steht, setzt sich in Hinblick auf die faktische Verfassung zunächst fort. Heißt es daher, daß „Organe" und zumal „formelle Funktionen ... wesentliche Stücke der Verfassung" sind, und das besagt: auch der faktischen, so steht dies doch, wie folgt, im Dienste der Integration: „In der Bildung der Organe, in ihrem Dasein und in ihrer verfassungsmäßigen Tätigkeit lebt der Staat, wird er persönlich integriert"; und „in den formellen Funktionen besteht sein Leben als Prozeß, seine funktionelle Integration" (S. 198). Trotzdem wird gleichfalls auf diese Weise die faktische Verfassung insoweit anerkannt, als das Genannte wieder – zwar nicht verfassungs*normativ*, jedoch – verfassungs*nichtnormativ* ist: etwa im erwähnten Dasein der Organe und in ihrer einschlägigen nichtnormativen Tätigkeit.

Die Anerkennung erfolgt sodann aber desgleichen, wie folgt: „Das erste Stück der Verfassung und ihres Lebens als geistiger Wirklichkeit sind die Staatsorgane" (S. 198, 2). Dies entspricht nämlich der eigenen Anschauung, wonach – innerhalb der faktischen Staats*ordnung* – das „Staatsorgan" als „ein *Glied* oder *Teil* des *uneigentlichen* Staates, der *Staatsführung*," begriffen ist (o. 1. Abschn., B I 2); und wonach dies ferner – innerhalb der faktischen Staats*verfassung* – auf das „*Verfassungsorgan*" als „*bestimmtes* Staatsorgan": „ein *oberstes Staatsorgan*", ausgedehnt ist (o. B II 1). Es entspricht der eigenen Ansicht allerdings nicht mit der Behauptung „geistiger Wirklichkeit"; oder noch mit der, daß auch die „Verfassung" zu den „geistigen Wirklichkeiten" zähle (S. 233, 1). Denn ob normative oder faktische Verfassung oder beide insgesamt, – die Staatsverfassung gehört, wie einzeln dargetan, *allen* Seins- oder Wirklichkeitsbereichen an: dem stofflichen, seelischen und geistigen (o. B IV). Doch eben das wird durch das bloß scheinbar Geistige: ein in Wirklichkeit vorrangig Seelisches und nachrangig Stoffliches (o. 1. Abschn., B II 2: zu SMEND), verdeckt. Die teilweise unausdrückliche Anerkennung der faktischen Verfassung liegt jedoch, was die Staatsorgane, und zwar wieder unausdrücklich als Verfassungsorgane, anlangt, auch noch in Folgendem: Am Beispiel der „Weimarer Verfassung" wird nicht allein auf die „Bildung ... der Organe" abgehoben, sondern überdies auf ihr „Dasein"; auf das „Dasein von Parlamenten und ihr Gewähltwerden ... Art. 17)" (Länderparlamente); auf den plebiszitären Präsidenten als „ein wesentliches Stück ihres", der Verfassung, „Aufbaus"; auf „das Kabinett" und auf den „Reichsrat", die Ländervertretung, in seinem „Dasein" als „Stück gewollten Verfassungslebens" (S. 199f.). Mehr, im Zusammenhang mit letzterem ist gar „von seinen Zuständigkeiten" – nämlich als Tatsächlichem – die Rede (S. 200). Entsprechend gehören das *Sein* der Staatsorgane, auch als Verfassungsorgane, und ihr *Haben* von Zuständigkeiten – noch *vor* ihrem faktischen *Verhalten* – mit zur faktischen Verfassung.

Was nach alledem die Staatsverfassung als Integrations*mittel* anbelangt, und zwar als normative und faktische sowie als gesamte, so ist das in der eigenen Staatsdefinition folgendermaßen ausgedrückt: wieder dadurch, daß die „Bevölkerung" „von ihrer Führung ... mittels" der „Ordnung" zum „Verband zusammengefaßt wird" (o. 1. Abschn., A I). Denn zur Ordnung, d.h. der des Staates, gehört eben als ihr Teil gleicherweise die Staatsverfassung.

Gemäß seinem Ausgang: „in vieler Hinsicht mehr nur eine Skizze, ein Arbeitsprogramm" zu bringen (Verfassung, S. 120), geht SMEND bloß kurz auf die „obersten Staatsorgane" ein (S. 246); dies, ohne sie in ihrer Ordnung, der *engeren* Staatsverfassung, zu berücksichtigen. Die *weitere* Verfassung, soweit sie in Grundlagen zur engeren hinzutritt, ist gleichfalls unberücksichtigt. Und genauso ist es die *sonstige*, zur engeren gänzlich hinzutretende, Verfassung (zu allem o. A). Damit ist jedoch Wesentliches zum Inhalt der Verfassung: daß sie die aus jenen Teilordnungen bestehende Staatsgrundordnung ist, ausgelassen. Doch sind immerhin unter der Überschrift: „*Integrierender Sachverhalt der Verfassungen. – Insbesondere die Grundrechte*" (S. 260), außer den letzteren (S. 262) auch die

„Farben" eines Staates mit inbegriffen, ja, zuvor sogar die „Nationalflagge" (S. 217). Gegenstände also, die – unter vielen anderen – zur sonstigen Verfassung gehörend, staatlicher Einheit und/oder staatlichem Bestande dienen. Aber jene Zugehörigkeit und mit ihr die sonstige Verfassung sind damit nicht erfaßt. Das „Problem" endlich, das sich mit „der Unterscheidung der Verfassung im materiellen und formellen Sinne" stellt, wird zwar für lösbar gehalten, indes nicht selbst gelöst (S. 237 f.).

4. Schmitt

Für ihn bestehen ein *„Absoluter Verfassungsbegriff"* (S. 3 ff.), ein *„Relativer"* (S. 11 ff.), der *„positive Verfassungsbegriff"* (S. 20 ff.) und der *„Idealbegriff der Verfassung"* (S. 36 ff.); wobei für alle das „Wort ‚Verfassung' ... auf die ... des *Staates"* als „der politischen Einheit eines Volkes beschränkt" ist (S. 3).

Der „Verfassungsbegriff" ist nun *erstens „absolut"*, wenn „er ein (wirkliches oder gedachtes) *Ganzes* angibt" (S. 3); und das ist auf zweierlei Weise möglich. *„Verfassung im absoluten Sinne* kann zunächst die konkrete, mit jeder existierenden politischen Einheit von selbst gegebene *Daseinsweise* bedeuten." Das folgendermaßen: „Erste Bedeutung: Verfassung = der konkrete Gesamtzustand politischer Einheit und sozialer Ordnung eines bestimmten Staates." „Der Staat *hat* nicht eine Verfassung, ‚der gemäß' ein staatlicher Wille sich bildet und funktioniert, sondern der Staat *ist* Verfassung, d. h. ein seinsmäßig vorhandener Zustand, ein *status* von Einheit und Ordnung" (S. 4 I und 1). „Zweite Bedeutung: Verfassung = eine besondere Art politischer und sozialer Ordnung", „die konkrete Art der *Über-* und *Unter*ordnung", „die besondere *Form* der *Herrschaft":* „Verfassung = *Staatsform."* Ebenfalls „etwas Seinsmäßiges", ein *„Status"* (S. 4 f.). In „diesem Sinne des Wortes" – ‚Verfassung' – „hat jeder Staat selbstverständlich eine Verfassung"; doch auch „hier wäre es genauer zu sagen, daß der Staat eine Verfassung *ist;* er *ist* eine Monarchie, Aristokratie" usf. „und *hat* nicht nur eine monarchische usw. Verfassung" (S. 5). „Dritte Bedeutung: Verfassung = das Prinzip des *dynamischen Werdens* der politischen Einheit, des Vorganges" ihrer stets erneuten *„Bildung und Entstehung"*. „Hier wird der Staat nicht als etwas *Bestehendes,* ruhend Statisches, sondern als etwas Werdendes, immer von neuem *Entstehendes* aufgefaßt" (S. 5 f.). Zwar steht dieser „Begriff von Verfassung ... im Gegensatz zu den vorigen Begriffen". Doch wie „die scharfe Trennung von Statisch und Dynamisch ... etwas Künstliches und Gewaltsames" hat, so bleibt der „‚dynamische' Begriff von Verfassung in der Sphäre des (werdenden) Seins und des Existierens" (S. 6). Sodann kann „Verfassung im absoluten Sinne" noch „eine *grundgesetzliche Regelung,* d. h. ein einheitliches, geschlossenes *System* höchster und letzter *Normen* bedeuten (Verfassung = Norm der Normen)"; und zwar, wie folgt: „Hier ist Verfassung nicht ein seinsmäßiger Zustand, auch nicht ein dynamisches Werden, sondern etwas Normatives". Zwar ist es jetzt „auch möglich, Staat und Verfassung zu identifizieren; aber nicht, wie bei der vorigen Bedeutung des Wortes, ... daß Staat = Verfassung ist, sondern umgekehrt: die Verfassung ist der Staat, weil der Staat als etwas normgemäß Sein-*Sollendes* behandelt wird und man in ihm nur ein Normensystem, eine ‚Rechtsordnung', sieht" (S. 7 II und 1). Dem wird von SCHMITT zumal entgegengehalten: „In Wahrheit gilt eine Verfassung, weil sie von einer verfassunggebenden Gewalt ... ausgeht und durch deren Willen gesetzt ist. Das Wort ‚Wille' bezeichnet im Gegensatz zu bloßen Normen eine seinsmäßige Größe als den Ursprung eines Sollens" (S. 9, 2).

Der ‚absolute Verfassungsbegriff' ist ein *Unbegriff.* ‚Absolut' besagt soviel wie ‚losgelöst', nämlich von einer Bedingung, also ‚unbedingt'. Doch wird *kein* Begriff dadurch absolut, daß er ein „*Ganzes* angibt". Denn weder hat die Angabe eines Ganzen noch dieses selbst etwas mit Absolutheit, Unbedingtheit, zu tun. Das besagt freilich noch nichts für die fälschlich als absolut bezeichneten Verfassungen selbst. – Zuerst daher zur Verfassung als konkreter „Daseinsweise" „jeder existierenden politischen Einheit". Was die erste Bedeutung dieser ‚absoluten' Verfassung angeht – „Verfassung = der konkrete Gesamtzustand politischer Einheit und sozialer Ordnung eines bestimmten Staates" –, so ist gewiß nicht auszuschließen, daß die Verfassung derart *verstanden* wird. Doch daß sie nichts Derartiges *ist,* liegt nach den Ausführungen zu ihr (o. A, B) auf der Hand. Deswegen nur dies: Kein Staat, d.h. als eigentlicher, als Staatsverband, *ist* gleich seiner Verfassung, sondern er *hat* sie; und er hat sie nicht in Gestalt einer *Staatsordnung* als eines *Gesamt*zustandes, vielmehr in der seiner Staats*grund*ordnung als eines *Teil*zustandes. Das aber betrifft sie nicht bloß als etwas *Nicht*normatives, d.h. *faktische* Verfassung, sondern außerdem als etwas *Normatives,* d.h. *normative* Verfassung. Zur zweiten Bedeutung der genannten ‚absoluten' Verfassung – „Verfassung ... = *Staatsform*" – ist zwar wieder nicht auszuschließen, daß sie auch so *begriffen* wird. Doch *ist* sie wieder nichts Derartiges. Die Staatsform bildet statt dessen eine Verfassungs*art* und damit nicht *die Verfassung.* Und es wäre nicht etwa „genauer zu sagen, daß der Staat eine Verfassung *ist*", vielmehr bleibt es allein genau, zu sagen, daß er eine Verfassung *hat,* und zwar nun in der *Art* dieser Verfassung. Hiernach verhält es sich so: Gewiß *ist* „der Staat" „eine Monarchie, Aristokratie" usw.; doch das ist er nur in *übertragener* Bedeutung: von der Staats*form*, die er *hat,* auf ihn *selber.* Letztere stellt überdies nicht bloß „etwas Seinsmäßiges" dar, d.h. einen Teil der *faktischen* Verfassung, sondern obendrein etwas Normatives, einen Teil der *normativen:* jeweils den, der die Staatsform regelt. Was noch die dritte Bedeutung der genannten ‚absoluten' Verfassung betrifft – „Verfassung = das Prinzip des *dynamischen Werdens* der politischen Einheit", so ist sicher wiederum nicht auszuschließen, daß sie ebenfalls derart *verstanden* wird. Doch aufs neue *ist* sie nichts dergleichen. Sie ist *kein* „Prinzip", sondern die – normative und faktische – Grundordnung eines Staates. Und daß die politische Einheit, der Staat als Verband, dynamisch *wird,* in stets neuer Zusammenfassung der Bevölkerung, erfolgt durch den Staat als Führung: wie mittels der Staatsordnung, so auch der zu ihr gehörenden Staatsgrundordnung als Verfassung; und wie mittels des führenden Verhaltens, so gleichfalls des zu ihm gehörenden, zur Staatsgrundordnung zählenden Verhaltens. Damit übrigens, daß der „‚dynamische' Begriff von Verfassung in der Sphäre des (werdenden) Seins und des Existierens" bleibe, ist wieder außer Acht gelassen, daß es mit der Verfassung nicht lediglich um *Faktisches* geht – die sog. Seins- und Existenzsphäre –, vielmehr überdies um *Normatives.* – Dann noch zur ‚absoluten' Verfassung als einem einheitlichen, geschlossenen „*System* höchster und letzter *Normen* ... (Verfassung = Norm der Normen)", so daß „die Verfassung ... der Staat" ist: als „Sein-*Sollendes*", als „Normensystem". Gewiß ist ein weiteres Mal nicht auszuschließen, daß eine Verfassung so *begriffen* wird. Doch *ist* sie wieder nichts dergleichen. Schon deswegen nicht, weil sie nicht allein normativ, sondern außerdem faktisch ist; weil eine Verfassung einem Staate bloß zukommt, nicht aber der Staat ist; und weil die Verfassung als Ordnung lediglich einen Teil der Staatsordnung bildet, nicht hingegen diese insgesamt. Der Ablehnungsgrund SCHMITTS ist demgegenüber nicht haltbar. Daß „eine Verfassung" in „Wahrheit gilt ..., weil sie von einer verfassunggebenden Gewalt ...

ausgeht und durch deren Wollen gesetzt ist", läßt sie damit zwar insoweit gelten, als sie in Kraft steht. Aber was in Kraft steht, kann außer durch ein rechtliches Wollen desgleichen durch ein unrechtliches gesetzt sein. Kein bloßer Wille stellt daher „den Ursprung eines Sollens" dar: Ein ‚Ich will, deshalb sollst Du', gibt es nicht; gleich, wer immer das Ich ist.

Der Verfassungsbegriff ist *zweitens* damit *relativ*, „daß statt der einheitlichen Verfassung im Ganzen, nur das *einzelne Verfassungsgesetz*, der Begriff des Verfassungs*gesetzes* aber nach äußerlichen und nebensächlichen, sog. *formalen Kennzeichen* bestimmt wird": *„Die Verfassung als eine Vielheit von Gesetzen"* (S. 11, § 2). Das bedeutet näher: „Ob das Verfassungsgesetz die Organisation des staatlichen Willens regelt oder irgendeinen anderen Inhalt hat, ist für diesen ‚formalen' Begriff gleichgültig" (a.a.O., I). So „heißen" z. B. der „Satz des Art. 1 Abs. 1 RV" (Deutsche RV, 1919): „‚Das Deutsche Reich ist eine Republik' und der Satz des Art. 129, daß ‚dem Beamten Einsicht in seine Personalnachweise zu gewähren ist, .. beide ‚Grundnormen', ‚Gesetz der Gesetze'". Bei „solcher Formulierung" werden aber „die echten Fundamentalbestimmungen auf die Stufe der verfassungsgesetzlichen Einzelheiten herabgedrückt" (S. 12). Einerseits wird nun „als ‚Verfassung im formellen Sinne' nur eine *geschriebene* Verfassung bezeichnet und andrerseits soll das Formale ... darin bestehen, daß" die *„Abänderung an erschwerte Voraussetzungen und Verfahren gebunden* ist" (a.a.O.). Die „formale Begriffsbestimmung: Verfassung im formalen Sinne = geschriebene Verfassung, besagt ... heute weiter nichts als: Verfassung = eine Reihe geschriebener Verfassungsgesetze" (S. 16). Es gilt die *„Erschwerte Abänderbarkeit als formales Kennzeichen des Verfassungsgesetzes":* daß „die ‚Gesetzeskraft erhöht'" werde (a.a.O., III). Ein derart formaler „Verfassungsbegriff" ist aber nicht „möglich": „Man kann die Begriffsbestimmung der *Verfassung* nicht daran orientieren, wie ein einzelnes *Verfassungsgesetz* abgeändert werden kann" (S. 19). Insgesamt: „Über dem Begriff des einzelnen Verfassungs*gesetzes* geht der Begriff *der* Verfassung verloren", nämlich „der Verfassung im Sinne einer geschlossenen Einheit" (S. 16).

Auch der ‚relative Verfassungsbegriff' ist ein *Unbegriff.* Denn *kein* Verfassungsbegriff wird dadurch relativ, daß er „das *einzelne Verfassungsgesetz"* begreift und es „nach äußerlichen und nebensächlichen, sog. *formalen Kennzeichen* bestimmt wird". Dies hat eben nichts mit Relativität als Bedingtheit – im Gegensatz zur Absolutheit als Unbedingtheit – zu tun. Allerdings ist das noch ohne Bedeutung für die als relativ bezeichnete Verfassung selber. – Hierzu ergibt sich jedoch: Zwar ist es für den „‚formalen' Begriff" in der Tat „gleichgültig", welchen Inhalt die formelle Staatsverfassung, zumal als Verfassungsurkunde, noch neben den erforderlichen – materiellen – Verfassungsnormen hat. Und in dieser Hinsicht ist dem Beispiel: „‚Das Deutsche Reich ist eine Republik'" (= ‚Grundnorm'), sowie, daß „‚dem Beamten Einsicht in seine Personalnachweise zu gewähren'" ist (= ‚verfassungsgesetzliche Einzelheit'), zuzustimmen. Dennoch ist es unrichtig, daß *beide* Bestimmungen „‚Grundnormen', ‚Gesetz der Gesetze'" hießen; und daß so „die echten Fundamentalbestimmungen auf die Stufe der verfassungsgesetzlichen Einzelheiten herabgedrückt" würden. Denn aus den zwei Bestimmungen ist, kraft ihres Inhalts, nur die *erste* eine *Verfassungs*norm, die *zweite* indes bloß eine *Nicht*verfassungsnorm (zu beiden o. B I, vor 1, und 2). Freilich gibt es ebenfalls ‚verfassungsgesetzliche Einzelheiten', die *Verfassungsnormen* sind, z. B. Bestimmungen über Staatsflagge und Nationalhymne. Aber sie geben – auch noch – ‚Grundnormen' ab: zwar nicht der *engeren* normativen Staatsverfassung, doch der *sonstigen* (o. A). Und sie kennt SCHMITT nicht. – Unrichtig ist ferner die Gleichsetzung: „Verfassung im formalen Sinne = geschriebene Verfassung". Gewiß ist die formelle Verfassung immer geschrieben. Doch das ist es gerade nicht, was sie ausmacht, vielmehr: daß sie gleich dem Inbegriff der in einem oder mehr als einem Gesetzeswerk *zusammengefaßten Verfassungsnormen, Nichtverfassungsnormen* und *Nichtnormen* ist (o. B I 2). Zwar ist es zutreffend, wenn die *„Erschwerte Abänderbarkeit als formales Kennzeichen des Verfassungsgesetzes"* und sohin als solches der formellen Verfassung abgelehnt wird. Das entspricht im Ergebnis der eigenen Ablehnung einer schlechthin erschwerten Abänderbarkeit (a.a.O.). Doch besagt das – im Gegensatz zu SCHMITT – gerade *nichts* gegen die formelle Verfassung, weil das, was ihr formelles Wesen ausmacht, wie gezeigt, etwas *anderes* ist. – Schließlich ist es noch unrichtig, daß „Über dem Begriff des einzelnen Verfassungs*gesetzes* ... der Begriff *der* Verfassung", als „einer geschlossenen Einheit", „verloren" gehe. Die Verfassung in formellem Sinne *gibt* es nun einmal, vor allem in Gestalt der Verfassungsurkunde als ihres regelmäßigen Hauptteils. Und daß sie, außer Verfassungsnormen, gleichfalls Nichtverfassungs- und Nichtnormen enthält, läßt die ersteren als Verfassung in materiellem Sinn, als *die* Verfassung, *nicht verlorengehen*.

Der Verfassungsbegriff ist *drittens* damit *positiv*, daß er die *„Verfassung als Gesamt-Entscheidung über Art und Form der politischen Einheit"* betrifft (S. 20, § 3). Das besagt näher: „Ein Begriff von Verfassung ist nur möglich, wenn Verfassung und Verfassungsgesetz unterschieden werden" (a.a.O.). „Die Verfassung im positiven Sinne entsteht" so „durch einen *Akt der verfassunggebenden Gewalt*"; dieser *„konstituiert* Form und Art der politischen Einheit" (S. 21 I), also des Staates. „Die *Verfassungsgesetze* dagegen gelten erst auf Grund der Verfassung und setzen eine *Verfassung* voraus" (S. 22). „Vor jeder Normierung", nämlich von Verfassungsgesetzen, „liegt" daher „eine grundlegende *politische Entscheidung des Trägers der verfassunggebenden Gewalt*", d.h. die *„Verfassung als Entscheidung"* (S. 23 II). Bei ihr ist es „notwendig, ... als von einer Einheit zu sprechen und insofern einen absoluten Sinn von Verfassung beizubehalten", dem gegenüber „die Relativität der einzelnen Verfassungs*gesetze* nicht verkannt werden" darf (a.a.O.). Entscheidungen der genannten Art sind nun für „die Weimarer Verfassung ...: die Entscheidung für die *Demokratie*" „in Art. 1 Abs. 2: ‚Die Staatsgewalt geht vom Volke aus'; ferner die Entscheidung für die *Republik* und gegen die Monarchie in Art. 1 Abs. 1: ‚Das Deutsche Reich ist eine Republik'; dann die Entscheidung" zu Gunsten „einer *bundesstaatlichen ... Struktur des Reiches'* (Art. 2)" usw. (S. 23 f.). Folgerichtig heißt es hierzu: Diese „Bestimmungen der Weimarer Verfassung sind keine Verfassungsgesetze." „Sie sind *mehr* als Gesetze und Normierungen, nämlich die konkreten politischen Entscheidungen, welche die politische Daseinsform des deutschen Volkes angeben und die grundlegende Voraussetzung für alle weiteren Normierungen, auch diejenigen der Verfassungsgesetze, bilden" (S. 24, 1). In einer Aufzählung von *„Bedeutungen des Wortes ‚Grundgesetz'"* (S. 42, § 5) kommt SCHMITT deswegen abschließend zum „Grundgesetz = Verfassung im positiven Sinne, wobei das sog. Grundgesetz nicht eine gesetzliche Normierung, sondern die *politische Entscheidung* zum wesentlichen Inhalt hat" (a.a.O., 9). Dem folgt die ausdrückliche Entscheidung zu Gunsten des *„positiven* Verfassungsbegriffs" (S. 44 III).

Zu diesem Verfassungsbegriff ist festzustellen: Zwar ist das Wort ‚positiv' zutreffend in der Bedeutung von ‚gegeben' benutzt; denn die Verfassung, die er meint, kommt ja vom Träger der *„verfassunggebenden Gewalt"*. Doch er meint unzutreffend nicht „Gesetze und Normierungen", sondern die genannte(n) grundlegende(n) Entscheidung(en). Allein – wie gezeigt – ist positiv oder gegeben die *Norm allgemein,* und *besonders* ist es zumal die *gesetzliche,* nämlich als in bestimmten Verfahrensweisen schriftlich gegebene, gesetzte (o. 1. Abschn., B I 1). Unzutreffend ist es aber vor allem, daß ein „Begriff von Verfassung ... nur möglich" sei, „wenn Verfassung und Verfassungsgesetz unterschieden werden". Nichts steht eben im Wege, daß *grundlegende politische Entscheidungen* über Form und Art des Staates in *Gestalt gesetzlicher Normen erfolgen*: Keins von beiden schließt das andere aus. Dem entspricht, daß die von SCHMITT gebrachten Beispiele aus der Weimarer Verfassung seine Ansichten nicht bloß *nicht belegen,* vielmehr geradezu *widerlegen.* Es ist eine *Norm* als *Gesetz,* wenn es in Art. 1, 1 Deutsche RV, 1919, heißt: „Das Deutsche Reich ist eine Republik." Daß diese Bestimmung zugleich eine *Entscheidung* darstellt, nämlich „für die *Republik* und gegen die Monarchie", ändert daran nichts. Es ist weiter eine *Norm* als *Gesetz,* wenn es in Art. 1, 2 ferner heißt: „Die Staatsgewalt geht vom Volke aus." Daß ebenfalls diese Bestimmung zugleich eine *Entscheidung* bildet, und zwar „für die *Demokratie"*, steht nicht entgegen. Und es ist erneut eine *Norm* als *Gesetz,* wenn es in Art. 2, 1 heißt: „Das Reichsgebiet besteht aus den Gebieten der deutschen Länder." Daß auch diese Bestimmung zugleich eine *Entscheidung* abgibt, nämlich zu Gunsten „einer *bundesstaatlichen ... Struktur",* bedeutet wieder kein Hindernis. Deshalb: Daß die wiedergegebenen „Bestimmungen der Weimarer Verfassung ... keine Verfassungsgesetze" seien, ja, „überhaupt keine Gesetze", sogar *„mehr"* als diese, ist sonach grundfalsch: ein Unding. Zumal angesichts dessen, daß SCHMITT die gebrachten Sätze zwar als „Bestimmungen" anerkennt, aber nicht, obschon dies doch dasselbe ist, als *Normen!* Hinzu tritt: Wie sollten die *„Verfassungsgesetze"* SCHMITTS seine *„Verfassung" voraussetzen,* wenn *beide* im *selben Verfahren* von der damaligen Nationalversammlung *angenommen* wurden, und zwar *als Gesetze* in *einer Verfassungsurkunde,* und erst mit der *Verkündung* durch den Reichspräsidenten *vollendet* waren? Es ist offenbar ausgeschlossen. Um aber *unterschiedliche Gewichte* herauszustellen, bedarf es keiner Gegenüberstellung von Verfassung als Nichtgesetzen und Verfassungsgesetzen als Nichtverfassung. Solche Unterschiede erfaßt vielmehr erstens die Herausstellung der Rangstufen zwischen Verfassungs-, Nichtverfassungs- und Nichtnormen; innerhalb der Verfassungsnormen zweitens die weitere Herausstellung der Rangstufen zwischen Normen der engeren, weiteren und sonstigen Verfassung; sowie innerhalb der engeren drittens die erneut weitere Herausstellung der Rangstufe zwischen Normen der Verfassungsart als Staatsform und anderen. Alles mit dem Ergebnis, daß die Normen zur Staatsform die höchsten sind (o. B I 4). Überhaupt jedoch: Was ist schon für das Verständnis der Staatsverfassung, d.h. in ihrem *Inhalt* – einzeln wie zusammengefaßt – erreicht, wenn sie als *„Gesamt-Entscheidung"* gekennzeichnet wird? Nichts. Einmal nämlich ist *alles,* was in einer Verfassungsurkunde steht, eine *Entscheidung,* da mit dem jeweils Gesetzten nicht nur *für dieses,* vielmehr auch *gegen anderes,* das von ihm Ausgeschlossene, *entschieden* ist. Dies derart, daß die *„Gesamt-Entscheidung"* bloß eine *besondere,* die *wichtigste,* ist. Zum anderen bringt diese Entscheidung *keinerlei Inhalt* der Staatsverfassung: nichts von der Staatsgrundordnung, nichts von ihrer Zusammensetzung aus engerer Verfassung, Grundlagen der weiteren und aus der sonstigen Verfassung; nichts von normativer und faktischer Verfassung usw. Der sog. positive Verfassungsbegriff geht nach allem an dem, was eine Staatsverfassung ausmacht, völlig vorbei. Er ist insoweit ein *negativer.* Und dann werden zum Schluß noch „Grundgesetz" und „Verfassung im positiven Sinne" *ineinsgesetzt,* obschon doch zuvor „Verfassung und Verfassungsgesetz unterschieden“ wurden. Das nachgezogene „sog. Grundgesetz“ ändert daran nichts.

Viertens ist der Verfassungsbegriff noch *ideal,* wenn aus „politischen Gründen ... als ‚wahre‘ oder ‚echte‘ Verfassung ... nur das bezeichnet“ wird, „was einem bestimmten Ideal von Verfassung entspricht“ (S. 36 I). Dazu gehört insbesondere der *„Idealbegriff der bürgerlich-rechtsstaatlichen Verfassung“* (S. 37 II); was näher besagt: „1. *Verfassung = ein System von Garantien der bürgerlichen Freiheit“* (S. 38, 1), „2. *Verfassung = sog. Teilung* (richtiger: *Unterscheidung) der Gewalten“* (S. 39, 2), und „3. *Verfassung = geschriebene Verfassung* (Verfassungsurkunde)“ (S 39, 3). Diese Festlegung auf eine bestimmte, *„in einem auszeichnenden Sinne, wegen eines bestimmten Inhaltes sogenannte ‚Verfassung‘“* (S. 36, § 4) teilt SCHMITT zutreffend nicht. So anerkennt er die „Verfassung der Sowjetrepublik vom 11. Juli 1918“ neben der bürgerlich-rechtsstaatlichen als „einen neuen Typus von Verfassungen,“ eine „sozialistische“ (S. 40). Und „das Bürgerlich-Rechtsstaatliche“ „kann“ nach ihm „nur einen Teil der gesamten Staatsverfassung ausmachen ..., während ein anderer Teil die positive Entscheidung über die Form der politischen Existenz enthält“ (S. 41).

Was von SCHMITTS Verfassungsverständnis bleibt, ist im Hinblick auf seine sog. positive Verfassung, die *„Verfassung als Entscheidung“,* nur ein geläufiges Schlagwort: „Dezisionismus“ (z. B. HELLER, S. 264).

Soweit SCHMITT noch bezüglich der Abänderbarkeit auf die *„biegsamen (flexiblen) Verfassungen“* und auf „andere Verfassungen“ als *„starr (rigide)“* eingeht (S. 16 f.), ist dazu auf das insoweit Gesagte zurückzuverweisen (o. 1: JELLINEK, G., Ende).

Hinzuzufügen ist noch, daß es für SCHMITT „unrichtig“ ist, „die auf Grund eines Verfassungsgesetzes zugewiesene ... Befugnis, verfassungsgesetzliche Bestimmungen zu ändern, ... als verfassunggebende Gewalt oder ‚pouvoir constituant‘ zu bezeichnen“ (S. 98, 2). Indes – ebenfalls Verfassungsänderung stellt Verfassungsgebung dar (o. B I, vor 1). Daß die „Befugnis ... prinzipiell begrenzt“ ist (SCHMITT, a.a.O.), besagt nichts dagegen. Wie ja auch Verfassungsgebung nicht ‚prinzipiell unbegrenzt‘ ist.

5. Heller

Er kennt, wie *fünf Verfassungsbegriffe,* so fünf begriffene Verfassungen (S. 274 f.).

Zusammenfassend, unterscheidet er zuerst „vier Verfassungsbegriffe ...: zwei soziologische und zwei juristische“ (S. 274), d. h. die einen in tatsächlicher, die anderen in normativer Hinsicht, freilich ohne Tatsächliches und Normatives im Ergebnis zu trennen.

Zunächst zum ersten soziologischen und juristischen.

Dieser soziologische, der „inhaltreichste Verfassungsbegriff meint“ als Verfassung „die charakteristische Machtstruktur, die konkrete Existenz- und Tätigkeitsform des Staates“ (S. 274). Die so bestimmte „Verfassung eines Staates deckt sich mit seiner Organisation insofern, als diese die durch bewusste menschliche Tätigkeit hervorgebrachte Verfassung ... bezeichnet“ (S. 249). D. h. aber insoweit: tatsächliche oder faktische Verfassung = „tatsächliche“ oder faktische „Organisation“ (Ordnung) als Staat (zu letzterem o. 1. Abschn., A II: HELLER). Die damit gegebene „Weite“ des ersten „Begriffs“ der Verfassung „macht ihn“ jedoch „wissenschaftlich so gut wie unbrauchbar“ (S. 274).

Dem ersten soziologischen Verfassungsbegriff entspricht ein erster sinnwissenschaftlicher, nämlich juristischer, Begriff „der Verfassung. Der umfassende Rechtsbegriff hätte" nun „den gesamten Rechtsbestand des Staates zum Inhalt; mindestens aber alle in der Verfassungsurkunde enthaltenen Rechtsnormen zusammen mit sämtlichen andern verfassungsmässigen Rechtssätzen der staatlichen Ordnung" (a.a.O.). Und das besagt: normative Verfassung = gesamter staatlicher Rechtsbestand, zumindest = alle Rechtsnormen der Verfassungsurkunde + alle verfassungsmäßigen staatlichen Rechtssätze. „Hier ist nicht der wirkliche", faktische, „Gesamtzustand, sondern nur der von Rechts wegen geltende", normative, „Zustand politischer Einheit und Ordnung gemeint, allerdings ohne Rücksicht darauf, welche unter den zahllosen Rechtssätzen als ‚grundlegend' und welche als abgeleitet zu gelten haben. Man kann in diesem Falle von einer materiellen Verfassung im weiteren Sinne sprechen" (S. 274f.).

Zum ersten soziologischen Verfassungsbegriff ist zu sagen: In seiner Weite ist er nicht allein „wissenschaftlich so gut wie unbrauchbar", sondern unhaltbar. Kein Verfassungsbegriff „meint die" – *gesamte* – „konkrete Existenz- und Tätigkeitsform des Staates". So umfaßt die *weitere faktische* Verfassung dieser Arbeit das, was über die *engere* Staatsführung: die *obersten* Staatsorgane, *hinausreicht:* die *übrigen* Staatsorgane als *weitere* Staatsführung (o. A). Einzig die faktische *Staatsordnung* umfaßt *alles:* engere *und* weitere Verfassung. Deshalb sind aber hiermit diese beiden lediglich je ein *Teil* der Staatsordnung: hier der faktischen. HELLER setzt also mit seiner weiteren faktischen Verfassung irrig Verfassung = Staatsordnung. Daß außerdem seine weitere faktische Verfassung, die „Organisation" als Handlungsgefüge, *nicht* gleich *Staat* ist, wurde bereits gezeigt (o. 1. Abschn., A II: zu HELLER).

Und zum ersten juristischen Verfassungsbegriff ergibt sich: Der sog. „umfassende Rechtsbegriff" ist, was das zweite Wort angeht, nur ein *Norm*begriff, da Verfassungsnormen, überhaupt Normen, als Unrecht nicht auszuschließen sind. Dieser ‚Rechtsbegriff' hätte nun keineswegs „den gesamten Rechtsbestand des Staates zum Inhalt", nicht einmal den Mindestumfang aller „in der Verfassungsurkunde enthaltenen Rechtsnormen" samt den „verfassungsmässigen Rechtssätzen der staatlichen Ordnung". Auch kein juristischer Verfassungsbegriff meint eben solche Gesamtheiten. Daher umfaßt die *weitere normative* Verfassung dieser Arbeit das, was über die *engere* normative: die den *obersten* Staatsorganen als *engerer* Staatsführung geltenden Normen, *hinausreicht:* die den *übrigen* Staatsorganen als *weiterer* Staatsführung geltenden (o. A). Ausschließlich die normative *Staatsordnung* umfaßt erneut *alles:* engere *und* weitere Verfassung. So sind ein weiteres Mal die erste *wie* die zweite bloß ein *Teil* der Staatsordnung: hier der normativen. HELLER setzt also jetzt mit seiner weiteren normativen Verfassung irrig wieder nur Verfassung = Staatsordnung, letztere in einem Gesamt- bzw. Mindestumfang. Damit ist aber gleichfalls ihre Ineinssetzung mit „einer materiellen Verfassung im weiteren Sinne" verfehlt. Wie die – wirkliche – materielle überdies nur die Verfassungsnormen der Staats*grund*ordnung als Verfassung umfaßt.

Sodann zum zweiten soziologischen und juristischen Verfassungsbegriff.

Zu diesem soziologischen heißt es gegenüber dem ersten: „Sehr viel fruchtbarer, weil enger ist .. der zweite wirklichkeitswissenschaftliche Verfassungsbegriff, der dadurch zustande kommt, dass ... innerhalb der staatlichen Totalität eine Grundstruktur des Staates als fundamental bewertet und als relativ bleibender Aufbau der staatlichen Einheit herausgehoben wird" (S. 274). Das besagt: tatsächliche oder faktische Verfassung = tatsächliche oder faktische „Grundstruktur" des Staates als Organisation oder Ordnung, d.h. als teilweise Staatsstruktur.

Der zweite – dem engeren soziologischen Verfassungsbegriff entsprechende – juristische ist folgendermaßen verstanden: Er ist gegenüber dem der genannten „materiellen Verfassung im weiteren Sinne" „der Begriff der materiellen Verfassung im engeren Sinne, die innerhalb der totalen Rechtsordnung des Staates einen als grundlegend bewerteten Teilinhalt als Grundordnung ... heraushebt" (S. 275). Das bedeutet: normative Verfassung = teilweiser staatlicher ‚Rechtsbestand' als Grundordnung.

Zum zweiten soziologischen Verfassungsbegriff ist festzustellen: So zutreffend es ist, auf eine „Grundstruktur" als *Teil*struktur abzustellen und damit – im Sinne HELLERS – auf eine *Staatsgrundordnung* als faktische, so wenig ist diese doch gleich der – wirklichen – faktischen Staatsgrundordnung. Denn diese besteht einmal aus der *engeren* faktischen Staatsverfassung, zum anderen aus der *weiteren* faktischen, soweit sie in Grundlagen zu ersterer hinzutritt, und schließlich aus der zu beiden gänzlich hinzutretenden *sonstigen* faktischen (o. A). Diese Unterscheidung fehlt. Hinzu kommt noch Folgendes: Die – wirkliche – faktische Staatsgrundordnung wird nicht bloß „als fundamental bewertet", – sie *ist* es; und sie *wird* nicht „herausgehoben", – sie hebt sich auf Grund ihres Inhalts *selbst* heraus.

Und zum zweiten juristischen Verfassungsbegriff ergibt sich: So zutreffend es nunmehr ist, auf eine „Grundordnung" abzustellen und sohin auf eine – wiederum im Sinne HELLERS – *Staatsgrundordnung* als normative, so wenig ist diese doch jetzt gleich der – wirklichen – „Verfassung im engeren Sinne" als normativer. Letztere ist nämlich nicht gleich der *gesamten* normativen Staatsgrundordnung, vielmehr – die obersten Staatsorgane betreffend – bloß gleich ihrem obersten *Teil*. Dies erklärt nun, warum HELLER diese *engere* normative Verfassung genauso wenig als Teil der gesamten normativen Grundordnung unterscheidet wie deren übrige Teile: die normative *weitere*, soweit sie in Grundlagen zur engeren hinzukommt, und die gänzlich hinzukommende *sonstige* normative (o. A). Auch jetzt tritt aber noch etwas hinzu: Die – wirkliche – normative Staatsgrundordnung hat nicht allein „einen als grundlegend bewerteten" Inhalt, – er *ist* es; und ebenfalls sie hebt sich mit ihrem Inhalt *selber* heraus.

Der noch ausstehende „fünfte Verfassungsbegriff" ist der „Begriff der formellen Verfassung"; er „meint die Gesamtheit der in der Verfassungsurkunde schriftlich fixierten Rechtssätze" (S. 275). Das besagt: „Keine geschriebene Verfassungsurkunde enthält alle grundlegenden Normen, und jede Verfassung enthält auch solche Rechtssätze, die ... nicht als grundlegend gelten können. Deshalb setzen sich die materiellen Verfassungen i.e.S. immer aus einer Mehrheit von Verfassungsgesetzen zusammen, unter welchen eine Urkunde ihrer überragenden Bedeutung wegen als die ‚formelle' bezeichnet wird" (a.a.O.).

Hierzu dies: Zwar ist der Gegenüberstellung von materieller und formeller Verfassung aufs neue zuzustimmen. Aber daß der „Begriff der formellen Verfassung" die „Gesamtheit der in der Verfassungsurkunde ... fixierten Rechtssätze" meine, oder daß unter mehreren Verfassungsgesetzen „eine Urkunde ihrer überragenden Bedeutung wegen als die ‚formelle' Verfassung bezeichnet" werde, ist unzutreffend. Denn die formelle Verfassung ist, wie dargelegt, der Inbegriff der in einem oder mehr als einem Gesetzeswerk *zusammengefaßten Verfassungsnormen, Nichtverfassungsnormen* und *Nichtnormen;* und die Verfassungsurkunde als Gesetzesgrundwerk ist allein der *Hauptteil* der formellen Verfassung, doch nicht *gleich* dieser als *ganzer* (o. B I 2). Nun sagt HELLER aber noch: „Der Begriff der formellen Verfassung wird wissenschaftlich deshalb nötig, weil es eine vollkommene Deckung zwischen materieller und formeller Verfassung niemals geben kann“ (S. 275). Doch gleichfalls das trifft nicht zu. Der „Begriff der formellen Verfassung“ ist ausschließlich deswegen nötig, weil es die formelle Verfassung – mit dem beschriebenen Inhalt – nun einmal *gibt.* Und eine solche Verfassung deckt sich deshalb nicht mit der materiellen, weil diese *nur Verfassungsnormen* enthält, die formelle jedoch außerdem *Nichtverfassungsnormen* und *Nichtnormen.*

Mit alledem ist es zwar so, daß HELLER ein Verfassungsverständnis vertritt, das dem dieser Arbeit auf gewisse Art näher kommt. Demgemäß spricht er auch noch von der „nichtnormierten Verfassung“ (S. 252), der faktischen, bzw. von der „normativen Verfassung“ (S. 271). Daß dieses Näherkommen allerdings ein geringeres ist als das SMENDS (o. 3), zeigt zumal das Folgende.

Wie dargetan, stehen sich in der – von HELLER fälschlich als Staat begriffenen – Staatsordnung eine faktische und eine normative Ordnung *nicht getrennt* gegenüber, derart, daß sie dennoch eine Gesamtordnung als *Einheit* bildeten; vielmehr so, daß die Staatsordnung als faktische, als Handlungsgefüge, die normative lediglich als Sinngefüge *hat* (o. 1. Abschn., B II 1, Ende). Hier indes, zur Verfassung, scheinen bisher faktische und normative Verfassung voneinander *getrennt* zu sein. Das trifft nun in bestimmter Hinsicht zu, in anderer aber, entscheidender, nicht. Unter der Überschrift: *„Die verselbständigte Rechtsverfassung“* (S. 259 B), d.h. HELLERS normative, wird im Ergebnis festgestellt: „Von der Staatsverfassung als politische Tätigkeitsform“, der faktischen, „unterscheiden wir ihr im Recht vergegenständlichtes Korrelat als objektivierte Rechtsverfassung“ (S. 269). Trotzdem bedeutet dies *keine volle* Trennung beider. Denn mit der normativen Verfassung geht es nur um ein aus der „Wirklichkeit“ der „Struktur eines politischen Gesamtzustandes“ – erneut seiner faktischen Verfassung – „isolierten normativen Rechtsgehalt“, „ein normatives Sinngebilde“ (S. 259 B; auch S. 264) oder „Sinngefüge“ (S. 263). Die sog. Verselbständigung findet also bloß *innerhalb* HELLERS *faktischer* Verfassung statt, und zwar unter *Herausstellung* der normativen als *deren Sinngefüge.* Dies zu dem Zweck, daß „die Verselbständigung einer normativen Rechtsverfassung des Staates“, nämlich als „Objektivierung“, „der wirklichen“, d.h. faktischen, „Staatsverfassung dient“ (S. 260); die „Objektivierung“ als „Vergegenständlichung“ begriffen (S. 261). Die Verselbständigung als bloße Herausstellung wird durch die Anschauung von „dem letztlich unlösbaren Zusammenhang von Normativität und Normalität“ (S. 268), d.h. Faktizität, bestätigt. Statt dessen haben sich auch – wirkliche – faktische und normative Staatsverfassung als *getrennte* Ordnungen erwiesen, die jedoch, indem erstere letzterer entspricht, insoweit als *Teil*ordnungen eine *Gesamt*ordnung, die Staatsverfassung als sie umschließende *Einheit,* bilden (o. B I, II, III). Hinzu kommt: Die „Staatsverfassung als politische Tätigkeitsform“ ist einzig insofern eine tatsächliche oder faktische, als die Tätigkeiten *nicht*normativ sind; sie ist aber insofern, als die Tätigkeiten *normativ* sind, eben eine *normative;* beides mit der Folge, daß sie *nie* in *einem* Verhalten bestehen. *Normatives kann* also einfach nicht Sinngehalt eines ihm zwar entsprechenden, doch von ihm getrennten, *Nichtnormativen* sein. Hinzu kommt ferner noch, daß die faktische Verfassung, wie festgestellt, als eine nicht nur des faktischen *Verhaltens,* sondern auch des – faktischen – *Seins* und *Habens*, nämlich von Organen (o. B II 1), *weit* über eine *Tätigkeits*verfassung *hinausreicht;* so daß Sein und Haben sogar das *Vorrangige* sind.

Was die Staatsverfassung nur als Ordnung in ihren Rangverhältnissen anlangt, so sind es nach HELLER zwar „Menschen, welche einander im Stufenbau der staatlichen Organisation ... über- und untergeordnet sind" (S. 266). Allein – gemäß seiner verfehlten Anschauung, daß der „Staat" „nicht aus Menschen" bestehe, vielmehr gleich einer „Organisation" als „Handlungsgefüge" sei (o. 1. Abschn., A II), verhält es sich in Wirklichkeit so: Jene Menschen sind nicht in diesem *Handlungsgefüge* einander über- und untergeordnet, sondern in einem *Handelndengefüge;* und das hängt zwar erneut mit ersterem *eng zusammen*, doch *ist* es nicht gleich ihm. Die genannten Menschen stehen folglich in ihrem Sein, indes ebenfalls in ihrem Haben, etwa von Zuständigkeiten, *nicht* in HELLERS faktischer Verfassung; und damit tut es auch nicht ihre Rangordnung.

6. Nawiasky

Er behandelt die *„Staatsverfassung"* (Staatsrechtslehre, S. 96ff.) als Teil im *„Aufbau der staatlichen Rechtsordnung"* (S. 93ff.). So sehr dies von vornherein den unrichtigen Ausschluß einer *faktischen* Staatsordnung bedeutet, so wenig doch schon die Gleichsetzung der Staatsverfassung mit einer *normativen*. Das liegt – wie zum Schluß zu zeigen – im falschen Normverständnis NAWIASKYS begründet. Die Staatsverfassung als *Teil* einer umfassenden Ordnung zu verstehen, ist – vom Wie hier noch abgesehen – zwar richtig. Doch gilt dies, weil von der Ordnung nicht das *Unrecht* auszuschließen ist, von ihr nicht einfach als *„Rechtsordnung"*.

Ausgang ist für NAWIASKY eine *„Grundlegung"* (S. 93ff.). Danach „bestimmt" erst einmal das „oberste Organ eines Staates ... über die *Staatsfundamentalnorm*, in der Monarchie der Fürst, in der Demokratie das Volk oder die Volksvertretung, in einer aus Monarchie und Demokratie gemischten Staatsform beide Teile durch übereinstimmende Willensakte" (S. 93, 1). Diese „Staatsfundamentalnorm – oder die Staatsfundamentalnormen ... – legitimieren zum Erlaß der die Grundlage der staatlichen Rechtsordnung bildenden *Verfassung*" (S. 94).

Von hier aus wendet sich NAWIASKY der *„Staatsfundamentalnorm"* selber zu (S. 95f.). Sie – „oder die Staatsfundamentalnormen" – hat bzw. „haben einen *doppelten Inhalt. Einmal* bestimmen sie, wer dazu berufen ist, die Verfassung (das Staatsgrundgesetz oder die Staatsgrundgesetze ...) zu erlassen, verfassunggebendes Organ bzw. verfassunggebende Organe zu sein. Die maßgebende Formel lautet etwa: der Wille des Fürsten oder des Volkes oder der Vertretung des Volkes erläßt die staatliche Grundnorm" oder die „grundlegende Rechtsnorm" (S. 95, 4). „Dieser Satz bedeutet nicht nur, daß der betreffende Willensakt gedankliche Voraussetzung für die Geltung der grundlegenden Norm ist, was an sich zutrifft, sondern auch weiter, daß er effektiv ergangen sein muß" (a.a.O.). *„Außerdem* kann die Staatsfundamentalnorm – das ist möglich – auch bestimmte materielle Prinzipien festlegen, welche in der grundlegenden Norm enthalten sein müssen, wie beispielsweise eine bestimmte Staatsform" (a.a.O.). Sie „legt ... die Bedingungen fest, an deren Einhaltung die Entstehung einer gültigen Rechtsnorm gebunden ist. Sie hat also den Charakter einer Geltungsvoraussetzung" (S. 96). So bildet sie, zusammengefaßt, „Ermächtigung und ... Geltungsvoraussetzung für die Verfassung" (S. 105, 2).

Hiernach wird auf die *„Staatsverfassung"* eingegangen (S. 96ff.).

Nunmehr „kann von den dazu berufenen Faktoren eine grundlegende Ordnung gültig ins Leben gerufen werden, die sich an die in der Fundamentalnorm aufgestellten Grundsätze hält"; und eine „solche Ordnung, die für das ganze übrige Recht der betreffenden Gemeinschaft maßgebend ist, bezeichnet man als *Staatsverfassung* oder *Staatsgrundgesetz.* Wenn es sich dabei um das Nebeneinander einer Mehrzahl von Beschlüssen handelt, die sich inhaltlich ergänzen, spricht man von *Verfassungsgesetzen* oder *(Staats)Grundgesetzen"* (S. 96, 5). „Wenn die Verfassung in einem feierlichen Dokument festgelegt ist, gebraucht man dafür häufig das Wort *‚Verfassungsurkunde'"* (a.a.O.). – Bei alledem ist es freilich im „Verhältnis zwischen Staatsfundamentalnorm und Staatsverfassung ... *nicht notwendig,* daß effektiv ein *zweiphasischer Vorgang* stattfindet. Es kann auch in *einem* Akt ... gleichzeitig über beides beschlossen werden." „Wegen dieser Gleichzeitigkeit wird der zweifache Sinn und die doppelte Tragweite der Beschlußfassung gewöhnlich nicht beachtet" (a.a.O., 6).

„Der Inhalt der Verfassung ist ... *komplex.* Er umfaßt regelmäßig *vier Bestandteile.* Zunächst handelt es sich um die *Organisation des Staates,* d.h. um die Bestimmung seiner Organe und die Verteilung der Staatsfunktionen unter diese" (S. 96f.). Er ist der „wichtigste Bestandteil der Verfassung, mindestens derjenige, der am meisten Raum beansprucht" (S. 99, 11). – „Zweitens werden unter Umständen *gewisse für die Staatsangehörigen als besonders wichtig erachtete Verhaltensnormen* angesprochen, die an den ... Erschwerungen der Verfassungsänderung teilhaben sollen, um ihnen eine erhöhte Bestandfestigkeit zu verleihen" (S. 97). Sie hätten „an sich der Statuierung durch die einfache Gesetzgebung ... überlassen werden können". Es sind *„nicht wesentliche* oder *zufällige* Bestandteile einer Verfassung ..., während den übrigen Arten von Verfassungsnormen das Attribut *wesentliche* oder *notwendige* Verfassungsbestandteile zuerkannt werden muß" (a.a.O., 8). – „Drittens wird bestimmt, daß die im Bereich des Staates weilenden *Einzelpersonen* die ... nach Maßgabe der Verfassung aufgestellten ... Rechtsnormen *zu befolgen haben,* widrigenfalls gegen sie gewisse Sanktionen verhängt werden" (S. 97). „Meistens wird dieser Befehl nicht besonders ausgesprochen, sondern als selbstverständlich vorausgesetzt." Er „ist in jedem Fall ein integrierender Bestandteil der Rechtsordnung" (a.a.O., 8). – „Und endlich viertens wird vorgesehen, in welchem Verfahren die *Vorschriften der Verfassung* sollen *geändert* werden können" (S. 97), „manchmal als *Formalien der Verfassung* bezeichnet" (S. 99, 10). „Hierher zählen die gegenüber dem gewöhnlichen Gesetzverfahren erschwerenden Bedingungen für Verfassungsänderungen" (a.a.O.). – „Nebenbei bemerkt könnte man" allerdings „noch einen fünften Verfassungsbestandteil" herausstellen (S. 97). „Wenn man wollte", wie folgt: Die *„Verfassung"* kann *„den Erlaß gewisser Gesetze negativ ausschließen":* „einmal dadurch, daß sie gewisse *institutionelle Garantien* schafft in dem Sinn, daß bestimmte Einrichtungen als solche nicht aufgehoben werden dürfen, und dann durch die Aufstellung von *Grundrechten* mit einem näher bestimmten Inhalt, der durch die Gesetzgebung nicht oder nur in beschränktem Ausmaß berührt werden darf" (S. 106).

Zu allem ist zu sagen:

Was als erstes die *„Staatsfundamentalnorm"* betrifft, so ist vorweg eine *Klarstellung* erforderlich. An sich besteht zwischen den Begriffen ‚Fundamentalnorm', ‚Grundnorm' und ‚grundlegender Norm' *kein Unterschied.* NAWIASKY trifft aber folgende künstliche Unterscheidung: Der Begriff ‚Fundamentalnorm' meint die das verfassungsgebende Organ bestimmende Norm; und die Begriffe ‚Grundnorm' und ‚grundlegende Norm' – oder ‚grundlegende Rechtsnorm' – meinen die Verfassung; derart also, daß die erste Norm den Grund der zweiten abgibt. Deshalb die „Formel" der *„Staatsfundamentalnorm":* daß „der Wille des Fürsten" usw. „die staatliche Grundnorm" erläßt; deshalb ihre Bedeutung: „daß der betreffende Willensakt" die „gedankliche Voraussetzung für die Geltung der grundlegenden Norm ist"; und deshalb die besondere Kennzeichnung der grundlegenden „Norm" als „Staatsverfassung" (S. 103, 14). – Die Fundamentalnorm nun des gekennzeichneten Inhaltes ist keineswegs auszuschließen. Ein Beispiel zur Deutschen RV, 1919: Der *„Rat der Volksbeauftragten"* entschied sich *„mit der Verordnung vom 30. November 1918"* – *„Verordnung über die Wahlen zur verfassunggebenden deutschen Nationalversammlung (Reichswahlgesetz)"* – (HUBER, III, S. 32) für diese Versammlung als Verfassungsgeber: die nachmalige Weimarer Nationalversammlung. Doch auszuschließen ist schon, daß dies *stets* so wäre. Anders ist es daher z. B., wenn ein Monokrat dem Staat gegen den Willen einer erheblich überwiegenden Volksmehrheit eine Verfassung aufzwingt. Auszuschließen ist ferner, daß „auch in *einem* Akt ... gleichzeitig über beides": „Staatsfundamentalnorm und Staatsverfassung", „beschlossen werden" könne: Eine Norm, die zum *Geben* einer Verfassung *ermächtigt, kann nicht* erst mit der *gegebenen* Verfassung vorhanden sein; wie die zu *gebende* Verfassung *nicht* bereits mit der zu *ihr ermächtigenden* Norm vorhanden sein kann. Beides ist ontisch wie logisch unmöglich. Auszuschließen ist die Fundamentalnorm auch als „Geltungsvoraussetzung für die Verfassung". Denn Geltung als *Inkraftstehen* kommt einer Verfassung *ohne* eine ihr vorausliegende, sie ermöglichende, Norm zu. Auszuschließen ist ferner, daß nur *mit* der Fundamentalnorm eine Verfassung gebildet werden könne. So gibt etwa der genannte Monokrat auch *ohne* eine solche seine Verfassung. Auszuschließen ist aber insbesondere noch, daß die „Staatsfundamentalnorm – oder die Staatsfundamentalnormen ... – legitimieren zum Erlaß der ... *Verfassung".* Das *kann* bloß so sein, *muß* es indes *nicht.* Nur eine *rechtliche* Norm legitimiert, aber *keine unrechtliche.* Man denke zu letzterer beispielhalber daran, daß Separatisten einen Teil des Staatsverbandes so unrechtlich wie erfolgreich herauslösen und nun eine bestimmte Gruppe mit dem Geben einer Verfassung beauftragen. Daß hiernach die „Verfassung ... sich selbst auf eine Norm" stützt, „aus der sie ihre Legitimation ableitet" (NAWIASKY, Staatsrechtslehre, S. 77), ist also deswegen ausgeschlossen, weil einmal eine Verfassung auch ohne eine solche bestehen kann, und weil diese zum anderen unrechtlich sein kann.

Was als zweites die *„Staatsverfassung"* selber anlangt, so ergibt sich zunächst: Sie ist nicht einfach die „grundlegende Rechtsnorm", d. h. genau: ein bestimmter Inbegriff von Rechtsnormen. Es sind eben auch Verfassungsnormen als Unrecht möglich. Sodann: Daß die Verfassung als „grundlegende Ordnung" bezeichnet ist, stimmt zwar mit ihrer Kennzeichnung als Staatsgrundordnung (o. A) überein. Doch wird es entscheidend um den noch zu behandelnden *Inhalt* der Ordnung gehen; und von ihm ist ja, wie bereits festgestellt, die *faktische* Verfassung schon unzutreffend *ausgeschlossen.* Bezeichnet NAWIASKY seine Verfassung weiter „als *Staatsverfassung* oder *Staatsgrundgesetz",* so ist das insofern zu eng, als der zweite Begriff, lediglich eine *geschriebene* Verfassung betreffend, eine *ungeschriebene ausschließt.* Dem möglichen Nebeneinander „von *Verfassungsgesetzen"* ist wieder zuzustimmen; nicht jedoch der abschließenden Ansicht, daß man

„häufig das Wort ‚*Verfassungsurkunde*'" gebrauche, wenn „die Verfassung in einem feierlichen Dokument festgelegt ist". Als Verfassungsurkunde hat sich nämlich das Hauptgesetzeswerk als Verfassungsgrundwerk und somit Hauptteil der formellen Verfassung erwiesen (o. B I 2). Ob es als dieses außerdem ein ‚feierliches Dokument' abgibt, d. h. ein feierlich verabschiedetes oder eingeführtes, ist gleichgültig. Das kann lediglich erneut so sein, muß es indes nicht.

Zum „Inhalt der Verfassung" ist festzustellen, daß seine *„vier Bestandteile"* bzw. *fünf* keine übergreifenden, leitenden Gesichtspunkte besitzen. Es ist eine bloße Aneinanderreihung. Gewiß geht es um „die *Organisation des Staates*, d. h. um die Bestimmung seiner Organe und die Verteilung der Staatsfunktionen unter diese". Aber es geht nicht um die *gesamte* Staatsorganisation und also nicht die Bestimmung *aller* seiner Organe; sie erfolgt innerhalb der – umfassenden – *Staatsordnung*. Vielmehr dreht es sich um eine *teilweise* Staatsorganisation und folglich die Bestimmung eines *Teils* seiner Organe; und sie erfolgt bloß innerhalb der – umfaßten – *Staatsverfassung*. Es sind die Organe der *engeren* und gleichfalls *weiteren* Verfassung, soweit letztere zur ersteren in Grundlagen hinzutritt (o. A). Auch mögen sich *„gewisse für die Staatsangehörigen als besonders wichtig erachtete Verhaltensnormen"* finden, die einzig deswegen in die Verfassung aufgenommen sind, damit sie „an den ... Erschwerungen der Verfassungsänderung teilhaben". Aber als *„nicht wesentliche* oder *zufällige* Bestandteile einer Verfassung" können sie, wenn diese Kennzeichnungen ernst genommen werden, einzig *Nicht*verfassungsnormen sein und sohin *keine* Bestandteile der *materiellen* Verfassung, sondern bloß der *formellen*, zumal als *Verfassungsurkunde* (o. B I 2). – Die Bestimmung, „daß die im Bereich des Staates weilenden *Einzelpersonen* die ... nach Maßgabe der Verfassung aufgestellten ... Rechtsnormen *zu befolgen haben"*, hat ihren Niederschlag in Bayern gefunden, allerdings mit einem weiteren Inhalt. Gemeint ist der schon zitierte Art. 117, 2 Bayer. Verf., 1946, mit seiner Aufforderung zur Achtung und Befolgung der Verfassung und der Gesetze des Staates (o. A). Daß die Bestimmung insoweit Gesetz wurde, hat seinen Grund wahrscheinlich darin, daß NAWIASKY „Mitarbeiter an der bayer. Verfassung von 1946" war (BROCKHAUS, XIII, S. 260 r., Artikel: „Nawiasky"). Eine derartige Norm gehört nun zwar zur *sonstigen* Verfassung. Doch wie sich diese als der *am wenigsten entscheidende* Teil der Staatsverfassung erwiesen hat, so ist sie insofern, also die Gesamtverfassung betreffend, schon damit *keineswegs wesentlich* oder *notwendig*. Hinzu kommt aber noch: Da es zu jeder Norm gehört, mit dem Anspruch auf *Verbindlichkeit* aufzutreten (o. 1. Abschn., B I 1), deshalb gehört es bereits *wesenhaft* zu ihr, Achtung bzw. Befolgung zu verlangen; das besagt, auch *ohne* daß dies durch eine allgemeine Norm angeordnet ist. – Zwar finden sich ferner – und das sogar in der großen Regel – Normen, die anordnen, „in welchem Verfahren die *Vorschriften der Verfassung* sollen geändert werden können". Allein – das ist durchaus nicht schlechthin der Fall. Und daß zu ihnen – aber auch zu Nichtvorschriften der Verfassung – „die gegenüber dem gewöhnlichen Gesetzgebungsverfahren erschwerten Bedingungen für Verfassungsänderungen" zählten, ist wieder durchaus nicht schlechthin so (o. B. I 2). Damit sind sie aber *nicht wesentlich* oder *notwendig*. – Schließlich gibt es sicher „gewisse *institutionelle Garantien"* – etwa Art. 33 V GG, 1949 (Gewährleistung des Berufsbeamtentums) – sowie insonderheit Grundrechtsbestimmungen, die gewisse gegen sie gerichtete Gesetze ausschließen. Jedoch – es sind ebenfalls Verfassungen *ohne* sie möglich. Davon geht aber wohl gleicherweise NAWIASKY mit seinem Ausdruck „Wenn man wollte" aus.

Daß, wie zu Beginn gesagt, das falsche Normverständnis NAWIASKYS die Gleichsetzung seiner Verfassung mit einer *normativen* ausschließt, zeigt Folgendes: Entsprechend seiner unrichtigen Gliederung der Normen in *„primäre* und *sekundäre, materielle* und *Sanktionsnormen"* (o. 1. Abschn., B II 1) können seine Verfassungsnormen – genauso unrichtig – weitgehend bloß primäre oder materielle sein, d.h. indes: keine sog. Rechtsnormen als „Zwang anordnende" (a.a.O.). Beispielsweise aufs neue solche, die das Gesetzgebungsverfahren regeln. Doch setzt NAWIASKY insofern schon bei der „Staatsfundamentalnorm" ein: Sie „schreibt ... nicht vor, daß ein bestimmter Akt bei sonstiger Sanktion vorgenommen werden muß, enthält also keine eigentliche Rechtsnorm" (S. 95f.). Und zur Verfassung heißt es dann hinsichtlich der „Art und Weise, wie" – nach ihr – „Rechtsnormen erlassen werden können": „Die Verfassung selber hat unmittelbar nicht den Charakter einer Rechtsnorm. Denn sie schreibt den Gemeinschaftsangehörigen kein Verhalten vor, sondern sie setzt nur fest, wie ihnen ein Verhalten vorgeschrieben werden kann" (Grundlegung, S. 52). Die oben genannten *„Vorschriften der Verfassung"* sind also nun *keine* mehr. Und weiter heißt es: Mit „dem Gebot, bestimmte Gesetze zu erlassen," „vollzieht sich" – nur – „der Übergang zu eigentlichen Normen ...". „Immerhin fehlt es noch an Sanktionsvorschriften, da die gesetzgebenden Organe keinem Zwang unterliegen" (Staatsrechtslehre, S. 106). All das nun, obwohl ausdrücklich, wie oben zitiert, von der Verfassung als „Rechtsnorm" die Rede ist! Daß aber NAWIASKYS Verfassung auch *mittelbar* „nicht den Charakter einer Rechtsnorm" hat, ist nach alledem offensichtlich; genauso, daß eine *uneigentliche* Rechtsnorm eben *keine* in seinem Sinne ist.

In Hinsicht auf die erwähnte Mitarbeit NAWIASKYS an der bayerischen Verfassung bleibt noch zu sagen: Es ist wieder etwas anderes, einerseits an der Ausarbeitung einer bestimmten Verfassung praktisch beteiligt zu sein und andererseits die Verfassung überhaupt theoretisch zu durchdringen. Erneut davon abgesehen, daß ersteres viel leichter ist als letzteres.

7. Loewenstein

Mit der Ansicht von der „Verfassung" als „der grundlegenden Apparatur und dem grundlegenden Instrument der Kontrolle des Machtprozesses" (S. 127) wird eine Verfassung vertreten, wie sie nach LOEWENSTEIN *sein soll.* Dies bestätigt, von Späterem abgesehen, hier schon Folgendes: „Es dauerte viele Jahrhunderte, bis der politische Mensch erkannte, daß die gerechte Staatsgemeinschaft, die ihm individuelle Rechte gewährt und gewährleistet, davon abhängt, daß die Machtträger in der Ausübung ihrer Macht beschränkt sind"; und „daß diesem Zweck am besten dadurch gedient werde, daß die Beschränkungen, die die Gesellschaft den Machtträgern aufzuerlegen wünscht, in der Form eines Systems fester Regeln – der ‚Verfassung' – niedergelegt werden, welche die Ausübung der politischen Macht begrenzen" (a.a.O.).

Indes – hierzu gilt: Ob eine „gerechte" oder ungerechte „Staatsgemeinschaft"; ob dem politischen Menschen „individuelle Rechte gewährt und gewährleistet" sind oder nicht; ob insoweit „die Machtträger in der Ausübung ihrer Macht beschränkt sind" oder nicht; und ob dies dadurch geschieht, „daß die Beschränkungen" der Machtträger „in der Form eines Systems fester Regeln" als „‚Verfassung'" „niedergelegt" sind oder nicht, – all das ist für das *Wesen* der Verfassung, das, was sie auf allgemeinste Weise *ist,* völlig gleichgültig. Selbst die ungerechteste Verfassung ist noch eine Verfassung; und wenn sie sofort beseitigt werden sollte. – An dem, was sie *wirklich* ist, wird daher weiter gründlich vorbeigegangen.

Zum *„Konstitutionalismus"*, dem Ausgang LOEWENSTEINS (S. 27f.), gehört so zumal das Folgende: daß – auf der Grundlage der „aktiven Teilnahme" der „Machtadressaten" „am politischen Prozeß" – „mehrere Machtträger sich in die Ausübung der politischen Macht" teilen „und zu wechselseitigem Zusammenwirken verpflichtet" sind, „statt daß ein einziger Machtträger die gesamte Herrschaftsausübung monopolisiert"; und daß, „Wo die Macht aufgeteilt ist, ... die Herrschaft begrenzt" ist „und mit der Begrenzung ... eine Beschränkung und Kontrolle" erfährt. Dies derart, daß die „Gesamtheit dieser Grundsätze und Grundregeln ... die ontologische Verfassung einer Staatsgesellschaft" ist (S. 128). Damit ist es nun aber folgerichtig so, daß eine „Staatsgesellschaft", in der all das *fehlte*, nicht etwa nur eine *ungerechte* Verfassung hätte, sondern *keine*. Und das wäre z. B. in der absoluten Monokratie, etwa in Gestalt der absoluten Monarchie, der Fall. Daher heißt es auch: „Wenn Haile Selassies Verfassung von Äthiopien (1931) in Artikel 5 sagt: ‚In dem Äthiopischen Reich liegt die oberste Gewalt beim Kaiser', so kann sie nicht als echte Verfassung gelten, da sie es unterläßt, die Aufteilung und Begrenzung der Herrschaftsmacht zur Institution zu erheben" (S. 129). Dabei steht übrigens der Ausdruck „nicht als echte Verfassung" für den anderen ‚nicht als Verfassung'. Wie auch an anderer Stelle von STALINS Verfassung (1936) als „einer bloßen Scheinverfassung" die Rede ist (S. 156). In Hinblick auf die vielen geschichtlichen wie gegenwärtigen Verfassungen, die den von LOEWENSTEIN geforderten Inhalt *nicht* haben, ist es daher verfehlt, „das ideologische Ziel einer jeden" (!) „Verfassung", wie folgt, als „ein doppeltes" zu bezeichnen: „die Befreiung der Machtadressaten von der absoluten sozialen Kontrolle ihrer Herrscher und die Zuteilung eines legitimen Anteils am Machtprozeß an sie selbst" (S. 129). Auch Verfassungen *ohne* dieses Ziel *sind* eben *Verfassungen*.

Unzutreffend ist es ferner, wenn vom „Begriff ‚Verfassung'", und zwar in Abstellung auf „seine heutige Bedeutung", gesagt wird: „Er" bezeichnet „die einheitliche Urkunde, welche die Grundnormen der Staatsgesellschaft vollständig und in einem geschlossenen System" enthält „und von ihrem spezifischen ideologischen telos durchdrungen" ist, „die Willkür des alleinigen Machtträgers ... zu beugen und ihn Beschränkungen und Kontrollen zu unterwerfen" (S. 130). Das Unzutreffende liegt aber nicht allein in der erneuten wesenhaften Bindung der Verfassung an ihr sog. Telos (Ziel), vielmehr obendrein in Folgendem: Da erstens zahlreiche Verfassungen anders gestaltet waren und sind, geht es *nicht* um die „heutige Bedeutung" des Begriffs „‚Verfassung'", sondern bloß um *eine – seinsollende –* Bedeutung, die fälschlich zu *der* Bedeutung gemacht ist. Weil zweitens die Verfassungsurkunde *weder* eine *durchgehende* Erscheinung war bzw. ist *noch* die Grundnormen der Staatsgesellschaft *vollständig* und in *geschlossener* Systematik enthielt bzw. enthält, deshalb geht es ebenfalls insoweit *nicht* um die „heutige Bedeutung", vielmehr aufs neue nur um *eine – seinsollende –* Bedeutung, die wiederum fälschlich zu *der* Bedeutung gemacht ist. So sehr übrigens mit dem Zitierten die *ungeschriebene* Verfassung *nicht anerkannt* ist, so wenig ist dies doch derart gemeint, wenn es an anderer Stelle heißt: In „England" besteht „die stolze Tradition des Verfassungsstaates ohne geschriebene Verfassung" (S. 137). Eine Lage allerdings, die sich auch sonst noch findet (z. B. S. 128, Anm., gegen S. 140). Mit dem Zitierten ist aber vor allem *keine faktische Verfassung* anerkannt.

Im Zusammenhang mit der Verfassungsurkunde ist es noch unzutreffend, von „einer geschriebenen Urkunde" als „einer Verfassung im formellen Sinne" (S. 129) zu sprechen. Wie nämlich gezeigt, ist die Verfassungsurkunde lediglich der *Hauptteil* der formellen Verfassung: als Hauptgesetzeswerk oder Verfassungsgrundwerk. Und von der – wirklichen – formellen Verfassung als *Zusammenfassung von Verfassungs-, Nichtverfassungsnormen* und *Nichtnormen* in einem oder mehr als einem Gesetzeswerk (o. B I 2) ist nichts erkannt. Deswegen kommt es für LOEWENSTEIN zur „Unterscheidung zwischen materieller und formeller Verfassung" unrichtig allein auf die „Kodifikation der Grundnormen der Staatsgesellschaft in einer geschriebenen Urkunde" an (S. 132). Darauf geht er später noch näher ein (u.).

Unzutreffend ist jedoch insbesondere die an das gekennzeichnete Telos geknüpfte Abstellung auf *„den materiellen Gehalt der Verfassung"* (S. 129). Es werden nämlich „als das unreduzierbare Minimum einer echten Verfassung" – d.h. *der* Verfassung – „betrachtet: 1. Eine Differenzierung der verschiedenen Staatsaufgaben und ihre Zuweisung an verschiedene Staatsorgane oder Machtträger zur Vermeidung der Machtkonzentration in den Händen eines einzigen autokratischen Machtträgers. 2. Ein planvoller Mechanismus für das Zusammenspiel der mehreren Machtträger" mit „Hemmungen und Gegengewichten" zwecks „Aufteilung und damit Begrenzung der Herrschaftsausübung. 3. Ein ebenfalls im voraus geplanter Mechanismus zur Vermeidung von gegenseitigen Blockierungen der mehreren autonomen Machtträger, damit nicht einer von ihnen ... dem Machtprozeß eine autokratische Richtung geben kann. 4. Eine ebenso im voraus festgelegte Methode zur friedlichen Anpassung der Grundordnung an veränderte ... Verhältnisse – die rationale Methode der Verfassungsänderung –, um zu verhindern, daß es zur Illegalität, Gewalt oder Revolution kommt. 5. Schließlich sollte das Grundgesetz auch die ausschließliche Anerkennung gewisser Sphären der individuellen Selbstbestimmung – der Individualrechte und Grundfreiheiten ... enthalten" (S. 131). Indessen – selbst wenn es in einer Verfassung – wie in „der napoleonischen Autokratie" (S. 137) – an alledem *fehlte,* wäre sie trotzdem eine *Verfassung;* eine *nichtseinsollende* vielleicht, aber *keine Nicht*verfassung.

Wenn LOEWENSTEIN weiter über *„die Klassifizierung der Verfassungen"* handelt (S. 140ff.), dann unter sehr verschiedenen Gesichtspunkten.

So dreht es sich zuerst um die *„veralteten Einteilungs-Schemata"* (S. 140ff.). Erstens: „Der Unterschied zwischen Verfassungen, die in einer formellen Urkunde enthalten sind, und solchen, bei denen das nicht der Fall ist", gehe „an der Sache vorbei" (S. 141, 3). Jedoch – wie es Staaten *mit Verfassungsurkunden* und solche *ohne* sie gibt, aber dennoch *mit Verfassungen,* so ist die Einteilung keineswegs falsch. Allerdings ist sie nicht grundsätzlicher Art. Heißt es ferner: „Alle Staaten mit einer Verfassungsurkunde besitzen auch zusätzliches Verfassungsrecht in Gesetzesform" (S. 142), so trifft das gewiß zu. Nur – es können solche Gesetze nicht bloß *neben* einer Verfassungsurkunde vorliegen, vielmehr als Einzelgesetzeswerke desgleichen *statt* ihrer. So etwa bei den Verfassungsgesetzen Frankreichs von 1875 (o. B I 2), damals ohne Verfassungsurkunde. Ist dann plötzlich die Rede von „der nützlichen Unterscheidung zwischen formellem Verfassungsrecht, das in einer einheitlichen Urkunde, genannt die ‚Verfassung', zusammengefaßt ist, und materiellem Verfassungsrecht, das aus Einzelgesetzen und Verfassungsgewohnheitsrecht besteht" (a.a.O.), so verkennt dies freilich wieder Folgendes: daß es formelles sog. Verfassungsrecht gleichfalls mit Einzelgesetzen gibt, z. B. einem Wahlgesetz, das auch Ahndungsbestimmungen für Verstöße enthält; und daß materielles sog. Verfassungsrecht desgleichen innerhalb der Urkunde besteht, etwa als Regelung der obersten Staatsorgane: daß also das Formelle über die Urkunde hinausreicht und das Materielle über die Einzelgesetze. – Zweitens handelt es sich, „entsprechend der Mechanik des Verfahrens zur Verfassungsänderung", um die Unterscheidung „zwischen nachgiebigen und starren Verfassungen" (S. 142, 2). Denn weil „selbst in Staaten mit Verfassungsurkunden die formelle Verfassungsänderung nicht mehr das wichtigste Mittel zur Anpassung der Verfassungsurkunde an die tatsächlichen Verhältnisse" sei, habe „das Verfahren der Verfassungsänderung ... seine Bedeutung als Kriterium für eine Klassifizierung weitgehend verloren" (S. 143). Hierzu ist nur festzustellen, daß jene Einteilung, obschon wieder nicht grundsätzlicher Art, dennoch zutreffend ist (dazu o. 1: Jellinek, G., Ende). – Soweit Loewenstein noch drittens die Unterscheidung „zwischen der monarchischen und der republikanischen Regierungs- oder ‚Staatsform'" ablehnt (S. 143, 3) und viertens grundsätzlich die „zwischen der föderativen und der unitarischen Staatsgliederung" (S. 143 f.), gehört das mit der *Verfassungsart* als *Staatsform* gar nicht mehr hierher.

Sodann dreht es sich um „neue, mehr nach der Substanz und dem Wesen der Verfassung orientierte Klassifikationskategorien" (S. 144).

Dazu gehört erstens die Einteilung in *„Originäre und abgeleitete Verfassungen"* (S. 144). Sie hat indes mit „der Substanz und dem Wesen der Verfassung" gar nichts zu tun. Ob nämlich originär, ursprünglich, oder abgeleitet, derivativ, – die eine *wie* die andere Verfassung hat zur „Substanz" *oder* zum „Wesen" das, was insoweit dargelegt wurde (o. A, B). So besagt es denn auch hierzu nichts, ob eine „Verfassung" „ein neuartiges ... und daher ‚ursprüngliches' Funktionsprinzip für den Prozeß der politischen Macht und die Bildung des Staatswillens enthält"; oder ob sie „in weitem Umfange bestehenden in- oder ausländischen Verfassungsvorbildern folgt" (S. 144).

Zweitens gehört dazu noch die Gliederung in *„Ideologisch-programmatische und utilitäre Verfassungen"* (S. 145 ff.). Doch ebenfalls sie hat nichts mit „der Substanz und dem Wesen der Verfassung" zu tun. Denn ob ideologisch-programmatisch oder utilitär, – aufs neue hat die eine *wie* die andere Verfassung das zur „Substanz" *oder* zum „Wesen", was insofern dargetan wurde (o. A, B). Daher besagt es hierfür denn auch nichts, wenn es zu vielen „jüngeren" ideologiebewußten Verfassungen heißt: „Diese Verfassungen lesen sich eher wie politische Katechismen als wie sachliche Anweisungen zum rationalen Betrieb des Regierungsverfahrens"; dies beispielsweise in Hinsicht auf „die ungarische Verfassung von 1948" (S. 147). Wie es dafür erneut nichts besagt, wenn zur utilitären Verfassung auf einen „Rahmen" abgestellt wird, „der sich ohne offene oder verdeckte ideologische Absichten auf die Mechanik des Regierungsverfahrens beschränkt"; dies z. B. in Hinblick „auf Bismarcks Föderativverfassung von 1871" (S. 146).

Nun wird aber diese Gliederung, kaum gebracht, im wesentlichen gleich wieder verworfen, und zwar zu Gunsten einer weiteren neuen Gliederung, der endgültigen.

Die beiden wiedergegebenen Einteilungen „verfehlen nämlich, einen Umstand in Rechnung zu stellen, der in der jüngsten Zeit die Bedeutung der geschriebenen Verfassung entscheidend verändert hat. Wenn ursprünglich ein formuliertes Verfassungsinstrument dazu diente, die Ausübung der politischen Macht im Interesse der Freiheit der Machtadressaten zu beschränken, so bedeutet heute die Existenz einer geschriebenen Verfassung keineswegs mehr ipso facto eine Garantie für geteilte und deshalb begrenzte Macht. Immer mehr wird die Technik der geschriebenen Verfassung bewußt zur Tarnung autoritärer und totalitärer Regime benutzt" (S. 148). „Am weitesten .. ist die Pervertierung der geschriebenen Verfassung für autokratische Zwecke im kommunistischen Bereich verbreitet" (S. 150). „Im Hinblick auf die" hiermit „von Grund auf veränderte Rolle der geschriebenen Verfassung erscheint" daher „ein neuer Versuch zur Klassifizierung unumgänglich"; eine „neue Analyse", die „‚ontologische'" genannt: *„‚ontologische' Klassifizierung der Verfassungen"* (S. 151). „Statt sich mit der Substanz und dem Inhalt der Verfassungen zu beschäftigen, stellt" sie „auf die Übereinstimmung der Verfassungsnormen mit der Wirklichkeit des Machtprozesses ab" (S. 152). Das führt zur Unterscheidung der „Verfassungen nach ihrem normativen, nominalistischen und semantischen Charakter" (S. 151; auch S. 420, wo vom „nominellen" Charakter gesprochen ist).

„Die normative Verfassung" umfaßt folgenden Fall: „Ihre Normen beherrschen den politischen Prozeß, oder, umgekehrt gesehen, der Machtprozeß paßt sich den Normen der Verfassung an und ordnet sich ihnen unter": „Die Verfassung gleicht einem Anzug, der paßt und tatsächlich getragen wird" (S. 152). – *„Die nominalistische Verfassung"* wird, wie folgt, bestimmt: „Mag auch eine Verfassung rechtlich gültig sein: wird in der Dynamik des politischen Prozesses nicht nach ihr verfahren, so fehlt ihr die existenzielle Wirklichkeit. In diesem Falle kann man die Verfassung als nominalistisch kennzeichnen" (a.a.O.). „Die Hoffnung besteht aber, gegründet auf den guten Willen der Machtträger und der Machtadressaten, daß früher oder später die Wirklichkeit des Machtprozesses dem in der Verfassung niedergelegten Modell entsprechen wird": „Der Anzug hängt zur Zeit noch im Schrank; er soll aber getragen werden, wenn die Figur der Nation in ihn hineingewachsen ist" (S. 153). – *„Die semantische Verfassung"* endlich ist folgendermaßen begriffen: Es ist „zwar die Verfassung voll angewendet ...; ihre ontologische Realität ist aber nichts anderes als die Formalisierung der augenblicklich bestehenden politischen Machtsituation zum ausschließlichen Nutzen der faktischen Machtinhaber, die über den staatlichen Zwangsapparat verfügen"; „gleichgültig, ob diese eine Einzelperson (Diktator), eine Junta, ein Komitee, eine Versammlung oder eine Partei sind" (S. 153). „Der Anzug ist überhaupt kein ehrliches Kleidungsstück; er ist nur eine Maskerade" (S. 154). „Die semantische Verfassung ... kann überall auftauchen. In der Vergangenheit stellten die Verfassungen der beiden Napoleons den Prototyp dar" (S. 155). Sie ist aber auch „im Sowjet-Kreis allgemein üblich geworden" (S. 156; einschränkend im Nachtrag, S. 421: „Annäherung zwischen ihr und dem nominellen Verfassungstypus angebahnt").

Zu dieser Einteilung ist festzustellen:

Wieso gerade sie eine *ontologische* sein soll, d. h. im Gegensatz etwa zu der in eine materielle und formelle Verfassung als scheinbar veralteter, ist nicht einzusehen. ‚Ontologisch' heißt ‚seinswissenschaftlich'. Und das gilt von jeder, der Verfassung geltenden, zutreffenden Gliederung, also keineswegs nur einer solchen, die „auf die Übereinstimmung der Verfassungsnormen mit der Wirklichkeit des Machtprozesses" abstellt. Außerdem vermag diese Abstellung in keiner

Weise die Beschäftigung „mit der Substanz und dem Inhalt der Verfassungen" zu ersetzen.

Zur sog. *normativen* Verfassung gilt zuerst, daß die Bezeichnung ‚normativ' irreführend ist. *Jede* materielle Verfassung besteht aus *Normen,* also den gekennzeichneten staatlichen Willensäußerungen, die mit dem Anspruch auf Verbindlichkeit auftreten (o. 1. Abschn., B I 1, o. B I, vor 1); gleich, ob sie ungeschrieben sind oder, wie hier vorausgesetzt, geschrieben. Insofern ist es daher falsch, wenn es heißt: „Der nominalistische und der semantische Verfassungstyp geben stets vor, normativ zu sein" (S. 154); denn sie *sind* es. Nur haben die Normen der nominalistischen Verfassung *noch keine Entsprechung* im Machtprozeß gefunden; und die der semantischen *haben* sie zwar, aber sie dienen einzig dem „Nutzen der faktischen Machthaber". Sodann geht es mit der normativen Verfassung, da sich der „Machtprozeß" ihren „Normen" anpaßt, im Gegensatz zur nominalistischen in Wirklichkeit um eine *realistische.* Das rückt sie nun zwar in die Nähe der in dieser Arbeit so genannten *realen* Verfassung (o. B I 3), indes auch nicht mehr. Diese reale normative Verfassung stellt nämlich eine solche dar, der eine *faktische* entspricht. Und letztere ist damit, daß sie – nur – *nicht*normativ ist, etwas anderes als der – *sowohl nicht*normative *wie normative* – Machtprozeß.

Zur sog. *nominalistischen* Verfassung ergibt sich: Sie steht zwar in der Nähe der in dieser Arbeit so bezeichneten *nominalen* Verfassung (o. B I 3), doch wiederum auch nicht mehr. Denn es handelt sich bei letzterer um eine normative Verfassung, der *keine faktische* entspricht. Und diese ist erneut damit, daß sie – nur – *nicht*normativ ist, wieder etwas anderes als der – *sowohl nicht*normative *wie normative* – Machtprozeß. Hinzu kommt: Für die nominale Verfassung dieser Arbeit ist eine bestehende „Hoffnung", „daß früher oder später die Wirklichkeit des Machtprozesses dem in der Verfassung niedergelegten Modell entsprechen wird", völlig unerheblich. – Übrigens läßt LOEWENSTEIN noch außer Acht, daß, wenn der Machtprozeß auch nicht der *geschriebenen* Verfassung angepaßt ist, dann doch einer *anderen, ungeschriebenen.* Denn der staatliche Machtprozeß setzt nun einmal ihn anordnende Normen voraus.

Zur sog. *semantischen* Verfassung ist zunächst eine Erklärung erforderlich: ‚Semantisch' – von griechisch σῆμα (séma), Zeichen (BENSELER-AUTHENRIETH, S. 764 r., Wort: „σῆμα") – besagt hier soviel wie: nur eine Verfassung *bezeichnend,* aber *nicht sein,* d.h. *keine* Verfassung, wie sie – oben geschildert – nach LOEWENSTEIN *sein soll.* Dem entspricht, daß sie zwar „voll angewendet" ist, aber „zum ausschließlichen Nutzen der faktischen Machtinhaber". Hiermit ist es dann jedoch unrichtig, daß der Anzug „kein ehrliches Kleidungsstück", sondern „nur eine Maskerade" sei. Denn er trägt ja offen zur Schau, daß er gerade *keine* Verfassung im Sinne LOEWENSTEINS ist. Hinzu tritt: Es ist verfehlt, von der semantischen Verfassung als „Scheinverfassung" (S. 156; auch S. 165) zu sprechen. Denn selbst, wenn sie wirklich eine Verfassung ist, wie sie *nicht sein soll,* so dennoch gerade hiermit eine *Verfassung.* Andernfalls könnte sie ja auch nicht Teil der von LOEWENSTEIN vorgenommenen *Verfassungsgliederung* sein. – Was er übrigens noch hier außer Acht läßt, ist dies: daß die Anbahnung einer „Annäherung zwischen ihr" – der semantischen Verfassung – „und dem nominellen Verfassungstypus" ausgeschlossen ist. Die semantische nämlich, der im Machtprozeß *entsprochen* wird, ist für LOEWENSTEIN eine *nichtseinsollende,* doch die nominalistische, der im Machtprozeß *noch nicht entsprochen* wird, ist für ihn eine *sein-*

sollende. Statt der Annäherung wäre sohin auf eine *Ersetzung* oder jedenfalls eine *grundlegende Änderung* der semantischen Verfassung abzustellen.

Nach allem hat die sog. ontologische Klassifizierung wesentlich nur dem Namen nach etwas mit Seinswissenschaft zu tun. Anders, als LOEWENSTEIN es will, „dürfte" sein Klassifizierungsversuch nicht „zumindest das Verdienst für sich in Anspruch nehmen, mit den gänzlich unrealistischen überkommenen Kategorisierungen gebrochen zu haben und in höherem Maße den Erfahrungen unserer Zeit zu entsprechen" (S. 157). Außerdem: Es geht stets um mehr als lediglich ‚unsere Zeit'. Gerade dies bestätigt das zwischenzeitliche Verschwinden von kommunistischen Verfassungen.

8. Weitere Verfasser

(Helfritz, v. Hippel, Krüger, Küchenhoff-Küchenhoff, Zippelius)

Zuerst **Helfritz.**

Mit der Ineinssetzung „Staatsgrundgesetz (Verfassung)" (S. 69) ist zwar zutreffend auf eine Staatsgrundordnung abgestellt, aber vorab nur als gesetzliche und also geschriebene. Das hindert dann indes nicht die Feststellung, daß „es eine geschriebene Verfassung" für England nicht gibt (S. 187, 2). Im Ausgang von dem „Oberbegriff ‚Staatsrecht im weiteren Sinne' mit den beiden Unterbegriffen ‚Staatsrecht im engeren Sinne oder Verfassungsrecht' und ‚Verwaltungsrecht'" (S. 62) werden nun „formelles und materielles Verfassungsrecht" unterschieden (S. 269): „Formelles Verfassungsrecht ist alles, was in der Verfassungsurkunde eines Staates Aufnahme gefunden hat, auch wenn es inhaltlich nicht zum Verfassungsrecht gehört"; und „materielles Verfassungsrecht" ist „alles Staatsrecht im engeren Sinne, gleichviel, ob es in die Verfassungsurkunde aufgenommen ist oder nicht" (a.a.O.). Dabei ist als „Staatsrecht im engeren Sinne oder" – materielles – „Verfassungsrecht ... im Gegensatz zum Verwaltungsrecht dasjenige Recht bezeichnet, das den rechtlichen Aufbau des Staatswesens sowie die Grundlagen des Rechtsverhältnisses zwischen dem Staat und seinen Angehörigen enthält" (S. 269 i. V. m. S. 61, 1, 2). Dieses Verfassungsrecht „verteilt sich" nun „über eine Reihe von Einzelgesetzen, z. B. den Aufbau der inneren Verwaltung, die Gerichtsverfassung, die Finanzverfassung, während die Verfassungsurkunde nur das Grundgesetz des Staates darstellt. Daraus ergibt sich, daß längst nicht alles materielle Verfassungsrecht zugleich auch formelles Verfassungsrecht ist" (S. 269). – Hierzu sei angemerkt: Soweit die Gliederung in „formelles und materielles Verfassungsrecht" die in eine formelle und materielle Verfassung (o. B I 2) trifft, ist ihr zuzustimmen. Aber das reicht nicht weit. Denn zunächst geht es, da Verfassungs*unrecht* erfahrungsgemäß nicht ausgeschlossen ist, keineswegs durchgehend um Verfassungs*recht*, vielmehr schlicht um Verfassungs*normen*. „Formelles Verfassungsrecht" sodann, d.h. nunmehr richtig: die formelle Verfassung, ist durchaus nicht bloß „alles, was in der Verfassungsurkunde ... Aufnahme gefunden hat", sondern ebenfalls außerhalb ihrer Bestehendes. Stellt sie doch den Inbegriff der in einem oder mehr als einem Gesetzeswerk *zusammengefaßten Verfassungsnormen, Nichtverfassungsnormen* und *Nichtnormen* dar; so daß die Urkunde, soweit es sie gibt, lediglich einen *Teil* bildet, den *Haupt*teil freilich (a.a.O.). Zum Inhalt des sog. Verfassungsrechts, soweit es „den rechtlichen" – normativen – „Aufbau des Staatswesens ... enthält", ist daran zu erinnern, daß es sich nicht allein um eine *Aufbau*ordnung dreht, sondern außerdem – und zwar mit der *sonstigen* Verfassung – um eine *Mittel*ordnung; etwa mit der Regelung von Nationalflagge und -lied. Gewiß ist es ferner richtig, „daß längst nicht alles materielle Verfassungsrecht zugleich auch formelles Verfassungsrecht ist". Z. B. deshalb, weil ein einzelnes Verfassungsgesetz *nur* – materielle – Verfassungsnormen enthält. Aber nicht deshalb, weil es außerhalb der Verfassungsurkunde – fälschlich allein als formelle Verfassung begriffen – auch „eine Reihe von Einzelgesetzen" gibt, „z.B. den Aufbau der inneren Verwaltung, die Gerichtsverfassung" und „die Finanzverfassung" betreffend. Sie gehören eben allein der *weiteren* Verfassung an, doch nicht der Verfassung als Staats*grund*ordnung, die sich auf eine Verknüpfung aus *engerer* Verfassung, nur *Grundlagen* der *weiteren* und aus *sonstiger* Verfassung beschränkt (o. A). HELFRITZ begreift also sein „Staatsrecht im engeren Sinne" mit der Aufnahme der gesamten weiteren Verfassung zu weit und mit der Auslassung der sonstigen zu eng. – Sagt er noch: „Die Änderung einer Verfassungsvorschrift pflegt an irgendwelche Erschwerungen ... gebunden zu sein, während für die Abänderung anderer Gesetze der regelmäßige Gang der Gesetzgebung genügt" – dies als der „wesentliche Unterschied zwischen Verfassung und anderen Gesetzen" – (S. 270), so ist gleichfalls das unzutreffend: Es *kann* bloß so sein, *muß* es jedoch *nicht* (o. B I 2), so daß der Unterschied *kein* wesentlicher ist. – Mit alledem ist es übrigens noch so, daß es die *faktische* Verfassung (o. B II) für HELFRITZ nicht gibt.

Der zweite Verfasser ist v. **Hippel.**

Im Ausgang wird auf die *„Postulate einer moralischen Staatslehre"* abgehoben (Staatslehre, S. 177). In der Folge liegt, daß „der Staat ... als *Machtverband* von egoistischen Einzelinteressen" verneint, doch „als ein menschlicher Ordnungszusammenhang" bejaht wird, „der einen Teil der Menschheit politisch zusammenfaßt und repräsentiert", „auf" sie „als ein Ganzes bezogen und durch sie verpflichtet ist" (S. 202). Dies so, daß die „Verbindung des Staates zur Menschheit ... als eine rechtlich-moralische dort" entsteht, „wo die Ideen und insbesondere die Gerechtigkeit als Prinzipien der eigenen *Ordnung* anerkannt werden" (a.a.O.; zu allem auch S. 212). *„Das Problem der Verfassung"* (S. 211, § 1) löst sich insoweit, wie folgt: Ist – als Charakterisierung, nicht als Definition – „der *Staat* ... eine Gemeinschaft und menschliche Teilordnung, die *unmittelbar* unter der Menschheit steht" (S. 213), derart, daß die *„Menschheit* die jeden einzelnen Staat überragende Grundwertigkeit" bildet (a.a.O.), so ergibt sich: „Die Auffassung der Staatsverfassung als bloßer Teilordnung stellt ebenso die Bindung des Teils an das Ganze fest, wie umgekehrt aus dem ‚unmittelbar' Zur-Menschheit-Stehen das Staates sich seine *Freiheit* ergibt und seine Kennzeichnung als höchster, wenn auch verpflichteter Verband" (a.a.O.). Dies bestimmt einmal die *„Verfassung als überpositive Norm"* (S. 213 c): „Die Bindung des Staates an die Menschheit ... läßt die Ideen, wie sie als Gerechtigkeit, Wahrheit, Moralität, Humanität usw. die Menschheit geistig konstituieren, auch zu den *überpositiven* Voraussetzungen jeder staatlichen Verfassung werden" (a.a.O.). Ohne „daß die Prinzipien der Humanität als maßgeblich für den Staat vorausgesetzt werden, kann auch seine Verfassung keine rechtliche Verpflichtungskraft besitzen" (S. 214). Das Gesagte bestimmt zum anderen die *„Verfassung als Plan und konkrete Ordnungsaufgabe"* (S. 214 d). Zwar beruht die „Verfassung als konkrete Ordnung in Zeit und Raum auf *freien* Satzungen von Menschen. Doch bedeutet auch so Freiheit nur die Befugnis zur Betätigung der moralischen Phantasie im Hinblick auf konkrete Lagen und also freies Ermessen innerhalb des rechtlich-moralischen An-sich, nicht aber das ungebundene Willkürrecht des Egoismus über das Recht" (a.a.O.). „Entsprechend geht es in der Verfassung als einer konkreten Ordnung von Rechts wegen nicht zunächst um Zweckmäßigkeit, der gegenüber stets die Frage der Berechtigung bleibt, da auch Verbrechen ... zweckmäßig sein können, sondern um *Sinn*, d.h. um die Verwirklichung eines rechtlich-moralischen Miteinander und um eine Ordnung, die dem Guten dient" (S. 214f.). Des „weiteren" stellt „die Verfassung als solche einen *Plan* dar, indem durch sie ... etwas vorgestellt zu sein pflegt, was man als das anzustrebende positive Ideal einer konkreten Gemeinschaft bezeichnen könnte, wie etwa den ‚sozialen Rechtsstaat'" (S. 215). Damit „erhält" zwar „die politische Welt etwas wie eine Vielheit von Farben, bleibt jedoch als solche bezogen auf das eine Licht des Guten" (a.a.O.). „Im übrigen" darf „auch von der Staatsverfassung der Mensch nicht als bloßes Objekt, als Untertan und ‚Machtunterworfener' betrachtet werden"; so daß „auch jede Verfassung zu einer rechtswidrigen" wird, „in der die Würde und Freiheit der Menschen nicht anerkannt und ihm die Möglichkeit entzogen wird, sich im Hinblick auf sein eigentliches Wesen und seine Natur als Mensch zu gestalten" (a.a.O.). Wobei es mit letzteren um seine „moralische Natur" geht, darum, daß er „nicht nur aus Stoff- und Begierdenatur, sondern auch aus seiner moralischen Wesenheit besteht" (S. 180). – Dazu ist zu sagen: So sehr nach allem die Staatsverfassung, wie sie nach Ansicht v. HIPPELS *sein soll*, unzutreffend im Vordergrund steht, so wenig wird sie doch als *alleinige* betrachtet; mit der Folge, daß die *nichtseinsollende* Verfassung *keine* wäre. Dies bestätigt, daß – als Auswirkung der *„Verfassung als" überpositiver „Norm"* – eine Staatsverfassung „keine rechtliche Verpflichtungskraft besitzen" könne, „ohne daß die Prinzipien der Humanität als maßgeblich ... vorausgesetzt" seien. Denn das besagt: Sie ist zwar Verfassung, aber keine rechtlich verpflichtende. Eine Bestätigung liegt auch in Folgendem: Geht es mit der „Verfassung" um die „Verwirklichung eines rechtlich-moralischen Miteinander und ... eine Ordnung, die dem Guten dient", so ist damit gleichfalls die Möglichkeit einer Verfassung eines *unrechtlich-unmoralischen* Miteinanders, die dem *Bösen* oder *Schlechten* dient, vorausgesetzt. Hinzu tritt zumal die Herausstellung jeder „Verfassung" als „einer rechtswidrigen, in der die Würde und Freiheit des Menschen nicht anerkannt" werden usf. Freilich ist mit alledem das, was die Verfassung – ohne Rücksicht auf ihr Sein- bzw. Nichtseinsollen – *ist, nicht herausgestellt.* Gerade das wirkt sich nun aber auf die wiedergegebene *Gliederung* der Verfassung aus. Zunächst gibt es *keine „Verfassung als überpositive Norm".* Dies folgt daraus, daß – wie dargetan – jede normative Staatsverfassung nur als *positive*, d.h. *gegebene*, besteht; und zwar gleich, ob als geschriebene oder ungeschriebene (o. B I). Eine *überpositive*, d.h. erstens eine *nichtgegebene* sowie zweitens eine *über* – oder *vor* – der gegebenen stehenden Verfassung ist danach indes *ausgeschlossen.* Dies bestätigt der Inhalt, den v. HIPPEL für eine solche Verfassung annimmt: „die Ideen, wie ... Gerechtigkeit, Wahrheit, Moralität, Humanität usw." als die *„überpositiven* Voraussetzungen jeder staatlichen Verfassung". Denn hiermit sind sie – bloß *Maßstäbe* bzw. *Maße für* die Verfassung – gerade *nicht* ihr *Inhalt.* Sodann läßt sich zwar jede normative Verfassung als *„Plan und konkrete Ordnungsaufgabe"* kennzeichnen. Doch damit ist zu ihrem Sein als Staatsgrundordnung, nämlich als Verknüpfung von *engerer* Verfassung, *Grundlagen* der *weiteren* sowie der gesamten *sonstigen* (o. A), nichts gesagt. Es kommt hinzu, daß es Staaten gab und gibt, deren Verfassungen *nicht* „auf *freien* Satzungen von Menschen" beruhen, und die daher insoweit der „Freiheit" entbehren. Überhaupt fehlt es jedoch mit v. HIPPELS Gliederung an der in eine *normative* und *faktische* Verfassung (o. B). Er nimmt stets nur auf erstere als die positive Bezug. Insgesamt gilt noch, daß das Allgemeine als nicht hinreichend Bestimmtes das Besondere als hinreichend Bestimmtes weitgehend verdrängt.

Der dritte Verfasser ist **Krüger**.

Mit der Abstellung zuerst auf „die Verfassung als Norm" (S. 150 V), d.h. genau: als Inbegriff von Normen, also eine *normative* Verfassung, ist eine *faktische* als ihr entsprechende *unberücksichtigt*. Daran ändert nichts, daß der Verfassung die „Verfassungswirklichkeit" gegenübergestellt ist (S. 701). Wie nämlich gezeigt, ist als Verfassungswirklichkeit nicht bloß *Faktisches* zu verstehen, vielmehr außerdem *Normatives (Normen)*; und beides nicht nur insofern, als es der normativen Verfassung als geschriebener *ent*spricht, sondern gleichfalls insoweit, als es ihr *wider*spricht (o. B, vor I). Mit der Abstellung sodann auf das „*Verfassungsrecht*" als Gesetze (S. 697 ff.) ist unberücksichtigt, daß es auch Verfassungs*unrecht* geben kann; und daß die Verfassungs*norm beidem* offensteht. Nun verbindet sich aber mit jenem sog. Verfassungsrecht eine Besonderheit. Wird im Ausgang das „*Gesetz als die beste Gestalt der Norm*" angesehen (S. 286 II), so gilt das folgerichtig desgleichen für die gesetzliche Verfassung (daher auch S. 292, 3). Allein – wie die beste Gestalt nicht den schlechtesten Inhalt ausschließt, so schränkt Krüger selbst, wie folgt, ein: „Man hat ... das Gesetz als mit denjenigen Eigenschaften ausgestattet zu denken, wie sie erforderlich sind, um das Einbringen schlechter Gehalte in diese Gestalt auszuschließen oder jedenfalls erheblich zu erschweren" (S. 294); wie es demgemäß zu den Verfassungssätzen als besonderen Gesetzen heißt: „Das Verfahren der Integration und Repräsentation einer Gruppe zum Staat darf offensichtlich" kein „ungerechtes ... sein" (S. 703). Doch solchen, in der Sache durchaus zwischen Sein und Seinsollen des (Verfassungs-)Gesetzes unterscheidenden Äußerungen stehen dann wieder andere, das Seinsollen unzutreffend in das Sein aufnehmende gegenüber. So z.B. die von dem „Bemühen, das Gesetz nicht nur als Norm überhaupt, sondern als gestaltlich und vor allem hierdurch auch inhaltlich richtige Norm zu verstehen" (S. 303 aa). Daß übrigens das Gesetz *vielgestaltig* sein kann und, als solches wie als Verfassungsgesetz, ebenfalls *nicht*normativ, wurde gezeigt (o. 1. Abschn., B I 1, o. B I 1). Genauso, daß es unter den etlichen gesetzlichen Verfassungsnormen in ihren verschiedenen Gestalten ausgesprochen *schlechte* und deshalb zu *ändernde* gibt (o. B I, vor 1). Auf eine andere Besonderheit: „Verfassungsrecht" als „Staatsrepräsentationsrecht" (S. 699), ist erst zur Repräsentation einzugehen (u. II, Ende). – Ist ferner von den „gesetzesförmigen Verfassungen" als „Ordnungen von Sein und Wirksamkeit des Staates" die Rede, „deren Sätze in einer Urkunde niedergelegt sind" (S. 292, 3), so gilt dazu: Zwar stimmt es, von Verfassungen als Ordnungen zu sprechen, doch nicht, sie – auf normative beschränkt – als solche „von Sein und Wirklichkeit des" – gesamten – „Staates" zu begreifen. Denn mit der Staatsverfassung handelt es sich ja gerade nicht um die Ordnung „des Staates" als staatliche *Gesamt*ordnung, sondern lediglich um die Staats*grund*ordnung als staatliche *Teil*ordnung: bestehend – nur – aus *engerer* Verfassung, *Grundlagen* der *weiteren* und aus der *sonstigen* Verfassung (o. A). Auch stimmt es nicht, daß die Sätze der „gesetzesförmigen Verfassungen" „in einer Urkunde niedergelegt" seien. Wie nämlich gezeigt, sind Verfassungen möglich, die, aus *einzelnen Gesetzeswerken* bestehend, damit gerade *nicht* in einer Verfassungsurkunde niedergelegt sind (o. B I 2: Frankreich, 1875). Zu eng ist es auch, von „dem formellen, d.h. in der Verfassungsurkunde enthaltenen Verfassungsrecht", zu sprechen (S. 292, 3); greift doch die formelle Verfassung, wie gleicherweise gezeigt, über die Verfassungsurkunde hinaus (o. B I 2). Und wird dem sog. „formellen" als in der Urkunde „enthaltenen Verfassungsrecht" das „außerhalb dieser" stehende als „‚materielles' Verfassungsrecht" gegenübergestellt (S. 292,

3), so ist dazu festzustellen: *Verfassungsnormen* als – wesenhaft – materielle gibt es desgleichen in einer Verfassungsurkunde, ja, überhaupt in der – über die Urkunde hinausgreifenden – formellen Verfassung; mehr, sie bilden neben den *Nichtverfassungsnormen* und *Nichtnormen* sogar den Hauptteil (o. B I 2). – Daß die gesetzesförmige Verfassung für KRÜGER im Vordergrund steht, hindert nicht, im Rahmen der sog. „*Konventionalregeln*" (S. 486f.) von den „*Konventionen der englischen Verfassung*" zu sagen: Sie „bilden ... einen wesentlichen Bestandteil der Verfassung selbst" (S. 487). Heißt es allerdings weiter: „Diese Normen sind keine Rechtsnormen, man kann sich daher vor Gericht ebensowenig auf sie berufen, wie ein Gericht seine Entscheidung auf sie stützen könnte" (a.a.O.), so ist dem entgegenzuhalten: Für eine Rechtsnorm ist allein entscheidend, daß sie erstens eine mit dem Anspruch auf Verbindlichkeit auftretende anordnende Willensäußerung darstellt sowie zweitens sachlich geboten und hiermit seinsollend oder gerecht ist (o. 1. Abschn., B I 1), sonst jedoch nichts. Soweit die englischen Verfassungskonventionen dem genügen, sind sie Recht(snormen); gleich, ob man sich auf sie vor Gericht nicht berufen kann, und ob keine gerichtliche Entscheidung auf sie gestützt werden könnte. Das hat mit dem Wesen der Rechtsnorm überhaupt nichts zu schaffen. Von hier aus steht Folgendes gar außerhalb der Sache: daß die „Normativität einer Verfassung ... letzten Endes" von einer – hier nicht näher bewegenden – Einstellung „im Innern des Bürgers" abhängt (S. 703). Denn ist eine Willensäußerung, auch eine solche der Staatsverfassung, Norm, so einzig deshalb, weil *sie – objektiv* – das hat, was zu ihr gehört; nicht aber deshalb, weil der *Bürger – subjektiv* – eine gewisse innere Einstellung besitzt. – Was die „Parteien" angeht, so vertritt KRÜGER dies: „Engt man das Verständnis des Begriffs ‚Verfassung' nicht auf das System der Ämter ein, dann sind sie als Faktoren der politischen Verfassung anzusehen" (S. 378, 4): „Zugehörigkeit der Politischen Parteien zur Verfassungsordnung" (S. 407). Indessen – es gibt nur *eine* Verfassung: die gekennzeichnete Staatsgrundordnung (o. A), als normative wie als faktische (o. B I, II). Und zu ihr zählen die Parteien wesenhaft *nicht*. Einmal nämlich verleiht eine Bestimmung wie Art. 21 I 1 GG, 1949 – die KRÜGER nennt (S. 378, Anm. 41) – lediglich ein Grundrecht der Parteien auf Mitwirkung „bei der politischen Willensbildung des Volkes", so daß bloß das *Haben* dieses Rechtes zur faktischen Verfassung zählt (o. B II 1); und zum anderen erwiesen sich die Parteien gerade nicht als Verfassungsorgane, auch nicht als Kreationsorgane (a.a.O.). Für die Partei „als Verfassungsorgan" aber gleichfalls noch das deutsche BUNDESVERFASSUNGSGERICHT (z.B. BVerfGE, Bd. 12, S. 280) (näher dazu wie dagegen GK-BRINKMANN, Art. 21, S. 14f., mit Schrifttum). – Die Einteilung in eine ‚rigide' oder starre Verfassung und eine ‚flexible' findet sich desgleichen bei KRÜGER (S. 293; hierzu wieder o. 1: JELLINEK, G., Ende).

Vierte Verfasser sind **Küchenhoff-Küchenhoff.**

Wie bereits festgestellt, bildet für sie die „äußere Ordnung" der drei Faktoren: Staatsgebiet, Staatsvolk und Staatsgewalt, die – viel zu weite – „*Staatsverfassung*" (o. 1. Abschn., A II). Denn Staatsordnung und Staatsverfassung stehen zueinander wie – umfassendes – Ganzes und – umfaßter – Teil (o. A). Doch verbinden sich mit jener Ansicht jedenfalls *Ansätze* zur Gliederung in eine normative und faktische Ordnung. Insofern heißt es in einer Zusammenfassung: „*Die Staatsverfassung im soziologischen Sinne ist ... die tatsächliche Grundordnung des Zusammenlebens in einem Staate. Die Staatsverfassung im juristischen Sinne ist dagegen inhaltlich die rechtliche Grundordnung des Staates, formell die Urkunde, in der diese Grundordnung schriftlich niedergelegt ist*" (S. 91). So sehr mit der jeweiligen „*Grundordnung*“ ihrer nunmehrigen Beschränkung auf einen *Teil* zuzustimmen ist, – anders steht es doch teilweise mit dem, was zu beiden einzeln vorweg gesagt ist: „Der soziologische Verfassungsbegriff“ zuerst umfaßt, daß es in „jeder Verbandseinheit ... Über-, Unter- und Nebenordnungen“ gibt. Eine „Tatsache“, die im „Staate ... in dem bestimmten Verhältnis der einzelnen zur Gesamtheit und in der alle verbindenden Staatsorganisation in Erscheinung“ tritt (S. 88 I). Denn hiermit ist als Verfassung nicht die zutreffende „*Grundordnung*“ der Zusammenfassung vertreten: die *Teil*ordnung, sondern wieder die unzutreffende *Staatsordnung*: die *Gesamt*ordnung. „Der juristische Verfassungsbegriff“ sodann umfaßt, daß „materielle und formelle Verfassung auseinandergehalten werden“ (S. 89 II). Hierbei ist als „*materielle Verfassung*“ oder „*materielles Verfassungsrecht* ... die Grundregelung des staatlichen Lebens selbst“ bezeichnet; wobei die „materielle Verfassung ... jeweils auf einer (geschriebenen) *Verfassungsurkunde* oder anderen (geschriebenen) Gesetzen, ... aber auch auf nicht schriftlich niedergelegter Rechtsübung (sog. *Gewohnheitsrecht*) beruhen“ kann (S. 89, 1). Und als „*formelle Verfassung*“ ist „die Urkunde“ bezeichnet, „in der regelmäßig, aber nicht notwendig, das materielle Verfassungsrecht eines Staates niedergelegt ist“ (S. 90 B i.V. m. 1). Zum Verhältnis der beiden Rechte heißt es noch: „Materielles und formelles Verfassungsrecht fallen vielfach auseinander. So gibt es einmal materielles Verfassungsrecht, das nicht in der Verfassungsurkunde niedergelegt ist (z.B. Wahlgesetze ...), dann gibt es aber auch formelles Verfassungsrecht, das kein materielles Verfassungsrecht ist (z.B. Vorschriften über die Verkehrsverwaltung im 6. Abschnitt des 1. Hauptteils der Weimarer Verfassung)“ (S. 90f.). Mit alledem ist nun – in Bezug auf die „*rechtliche Grundordnung*“ der obigen Zusammenfassung – zutreffend wieder nur auf eine *Teil*ordnung als Verfassung abgestellt und nicht auf die Staatsordnung als *Gesamt*ordnung. Zutreffend ist diesmal – im Gegensatz zu früheren Meinungen – zwar auch die allgemeine Gliederung in materielle und formelle Verfassung, nicht aber die nähere Kennzeichnung letzterer als „Urkunde“. Denn die formelle Verfassung erstreckt sich, wie dargetan, über die Verfassungsurkunde als ihren Hauptteil *hinaus*, ebenfalls auf einzelne, *statt* einer Verfassungsurkunde bestehende, Gesetzeswerke; ja, desgleichen auf Gesetzeswerke, die *neben* einer Urkunde bestehen, z.B. auf – auch von den beiden KÜCHENHOFF erwähnte – Wahlgesetze (zu allem o. B I 2). Insbesondere ist aber nicht der Abstellung auf materielle wie formelle Verfassung sogleich als jeweiliges „Verfassungsrecht“ zuzustimmen; kann es sich doch gleichfalls, wie schon mehrfach gesagt, um Verfassungs*unrecht* handeln. Dies zumal so, daß – anders, als die zwei KÜCHENHOFF wollen – „die materielle Verfassung“ nicht einfach eine „*Rechtsordnung*“ ist und „*Grundlage der staatlichen Rechtsordnung*“ (S. 90, 2 a). Es geht in beiden Fällen schlicht um – Recht *und* Unrecht offenstehende – *Normen*ordnungen. – Nun verhalte es sich, was das *Verhältnis* von sog. soziologischer und sog. juristischer Verfassung anlangt, derart, daß erstere, die „tatsächliche Verfassung“, „in den Staaten, die auch eine juristische Verfassung haben, häufig von dieser“ abweicht: „Der tatsächliche Zustand wird dann der juristischen Form als *Verfassungswirklichkeit* oder *Verfassungsrealität* gegenübergestellt“ (S. 88 I). Jedoch – zum einen ist es so, daß, was hiermit als tatsächliche Verfassung angesprochen ist, weil teils *nicht* der normativen Verfassung entsprechend, insoweit gerade *nicht* faktische Verfassung ist. Zu ihr gehört es nämlich, wie mehrfach gesagt, der normativen zu *entsprechen*. Und zum anderen ist im Verhältnis von normativer Verfassung und Verfassungswirklichkeit letztere nicht bloß als etwas *Faktisches* zu verstehen, vielmehr außerdem als *Normatives (Normen);* kann doch nicht lediglich

Faktisches, sondern überdies Normatives Verfassungsnormen widersprechen (o. B vor I). – Soweit die beiden KÜCHENHOFF die „staatsrechtliche Bedeutung der Verfassungsurkunden ... vor allem in ihrer *erhöhten Geltungskraft* begründet" sehen, so daß zur „Abänderung der Verfassungsurkunde ... *außerordentliche*, gegenüber dem ‚einfachen' Gesetzgebungsverfahren erschwerte *Gesetzgebungsverfahren* erforderlich" seien, ja, teils sogar „gewisse Grundsätze der staatlichen Ordnung ... für unabänderlich erklärt" seien (S. 91 f.), relativieren sie das zutreffend sogleich selbst: „Entsprechendes gilt" nämlich „in manchen Staaten auch für nicht in einer Verfassungsurkunde zusammengefaßte ... Einzelgesetze des materiellen Verfassungsrechts" (S. 92). Mehr, es kann an Erschwerungen sogar *fehlen* (zu all dem o. B I 2). – Was den *Inhalt* der Verfassung angeht, so ist auf einen solchen der materiellen und einen der – zu eng auf die Verfassungsurkunde beschränkten – formellen abgehoben. Die materielle Verfassung „enthält" – als eine „*Regelung der Ausübung der Staatsgewalt*" – „Bestimmungen über die *Verteilung der Staatsaufgaben* auf verschiedene Staatsorgane und Bestimmungen über das *Verhältnis der Staatsangehörigen zum Staate*" (S. 90 b). Und als formelle der Verfassungsurkunde enthält sie – nur regelmäßig – folgende „Sachgebiete": die „*Staatsorganisation*"; die „*Staatsaufgaben und ihre Verteilung* innerhalb der Staatsorganisation"; die „*Grundrechte und Grundpflichten*"; „*Verfassungsgestaltende Grundentscheidungen*", welche „die allgemeinen, insbesondere ideellen Grundlagen der Verfassung mit unmittelbarer rechtlicher Geltung" festlegen; „programmatische Erklärungen" in „den Präambeln (Vorsprüchen)"; und „*Sondervorschriften* über Hauptstadt, Flagge ... und andere Symbole sowie Bestimmungen, die kein materielles Verfassungsrecht sind" (S. 93 ff.). Auf diese bloße Aneinanderreihung, die leitender, übergreifender Gesichtspunkte entbehrt, sei sonst nicht näher eingegangen, sondern ihr nur die eigene Gliederung des Verfassungsinhalts gegenübergestellt: desjenigen der materiellen (normativen) Verfassung in die *engere* Verfassung, *Grundlagen* der *weiteren* und in die *sonstige* Verfassung (näher o. A); sowie desjenigen der formellen Verfassung in die der von ihr umfaßten – materiellen – *Verfassungsnormen, Nichtverfassungsnormen* und *Nichtnormen* (näher o. B I 2). Wobei sich beider *einzelne* Gegenstände weitgehend mit denen der Aufzählung der zwei KÜCHENHOFF decken. – Heißt es noch zur materiellen Verfassung, daß „*auch Großbritannien* ... eine ‚*geschriebene Verfassung*'" habe, „nur keine ... Verfassungsurkunde" (S. 89, 1), so ist dem zum Teil nicht zuzustimmen. Wie nämlich gezeigt, ist angesichts der einzelnen Verfassungsgesetze *und* gewohnheitlichen Verfassungsnormen allein von einer *teils geschriebenen* wie *teils ungeschriebenen* Verfassung zu reden (o. B I 1). – Auch die beiden KÜCHENHOFF kennen die Gliederung in „*Starre*" und „*Biegsame Verfassungen*" (S. 93 B 1, 2; hierzu wiederum o. 1: JELLINEK, G., Ende).

Fünfter und letzter Verfasser ist **Zippelius.**

Er unterscheidet lediglich zwischen materieller und formeller Verfassung. „Die Gesamtheit der grundlegenden Regeln über das Zusammenleben in einem Staat kann man als ‚Verfassung im materiellen Sinn' bezeichnen" (9., S. 48 II). Zu „diesen Normen ... zählen nach heutigem Verfassungsverständnis die grundlegenden Normen über die Staatsorganisation: vor allem Bestimmungen darüber, welches die obersten Staatsorgane sind, wie sie bestellt werden, welche Regelungsaufgaben und -befugnisse sie haben, wie sie verfahren und zusammenwirken; ferner Normen über andere grundlegende Strukturen der Gemeinschaftsordnung, z. B. die Gewaltenteilung und den bundesstaatlichen Aufbau. Zu ihnen gehören auch die Grundbestimmungen über die Stellung der Bürger im Staat, insbesondere über ihre politischen Rechte und ihre Grundrechte, vor allem ihre Grundfreiheiten. Schließlich zählen zu ihnen die wesentlichen Rechtsgrundsätze, politischen Prinzipien und Staatszielbestimmungen, die diesen organisatorischen Vorschriften und Rechtsgarantien zugrunde liegen" (S. 48f.). „Demgegenüber versteht man unter ‚Verfassung im formellen Sinn' die in einer Verfassungsurkunde niedergelegten Verfassungsnormen, die ihre Geltungsgrundlage in der verfassunggebenden Gewalt ... und hierdurch einen höheren Rang und eine höhere Bestandsgarantie als ein einfaches Gesetz haben. Der Inhalt der Verfassung im formellen Sinn wird sich weitgehend ... mit der ... im materiellen Sinn decken. Es gibt Staaten, die ... eine Verfassung im materiellen Sinn, aber keine die tragenden Verfassungsgrundsätze zusammenfassende Verfassungsurkunde besitzen", z. B. „Großbritannien". „Auch können sich neben einer geschriebenen Verfassung grundlegende, verbindliche Regeln des Verfassungslebens entwickeln, die man der Verfassung im materiellen Sinn zuzurechnen hat. Andererseits können Verfassungsurkunden außer fundamentalen Normen auch nebensächliche Vorschriften enthalten, die nicht zu den politischen Grundentscheidungen des Staates, also nicht zur Verfassung im materiellen Sinn gehören; ... etwa ... die Vorschrift, daß die Abgeordneten die staatlichen Verkehrsmittel unentgeltlich benützen dürfen (Art. 48 Abs. 3 Satz 2 des Bonner Grundgesetzes)" (S. 49). – Zunächst stellt ZIPPELIUS mit alledem nur auf eine – in seinem Sinne *normative* Verfassung, aber auf *keinerlei faktische*, ab. Zwar nennt er einmal eine *„normative Komponente der Staatswirklichkeit"* (S. 8,1) und zum anderen eine *„faktische Komponente der staatlichen Rechtsordnung"* (S. 9, 2), d.h. seiner – unrichtig sogleich als Recht begriffenen – *Normen*ordnung. Doch weder die *„Staatswirklichkeit"* noch die *„faktische Komponente"* hat, ohne daß näher auf sie einzugehen wäre, etwas mit der – einer normativen Staatsverfassung *entsprechenden* – faktischen zu tun. Was nun die bleibende normative angeht, so ist sie zumal damit, daß sie „die grundlegenden Normen über die Staatsorganisation" enthält, zutreffend lediglich als *Teil* der normativen Staatsordnung verstanden, als Staats*grund*ordnung, und nicht als jene *Staats*ordnung *insgesamt.* Sodann ist zwar wieder der Gliederung in eine materielle und formelle Verfassung zuzustimmen. Aber was die materielle betrifft, so stellt doch die Bestimmung ihres Inhalts erneut eine bloße Aneinanderreihung, d.h. ohne leitende, übergreifende Gesichtspunkte, dar. Gleichfalls ihr sei indes lediglich die eigene Inhaltsbestimmung – *engere* Verfassung, *Grundlagen* der *weiteren* und *sonstige* Verfassung – gegenübergestellt. Und zur formellen Verfassung ist zu sagen: Erstens ist aufs neue nicht ihrer Einengung auf die „Verfassungsurkunde" zuzustimmen, da sie sich über diese hinaus erstreckt. Dies derart, daß die Urkunde bloß den *Hauptteil* der formellen Verfassung bildet; und daß letztere sich damit ebenfalls auf andere Gesetzeswerke erstreckt: insgesamt wieder als Zusammenfassung von *Verfassungsnormen, Nichtverfassungsnormen* und *Nichtnormen* (o. B I 2). Dabei decken sich auch jetzt wieder die *einzelnen* Gegenstände von materieller und formeller Verfassung weitgehend mit denen von ZIPPELIUS' Aufzählung. Zweitens ist nicht der Anschauung zuzustimmen, daß die „Verfassungsnormen" der Urkunde „eine höhere Bestandsgarantie als ein einfaches Gesetz haben". Denn dies *kann* einzig so sein, *muß* es hingegen *nicht* (a.a.O.). Und drittens ist nicht der Ansicht zuzustimmen, daß „nebensächliche Vorschriften" – allgemein: Bestimmungen – innerhalb von „Verfassungsurkunden", weil „nicht zu den politischen Grundentscheidungen des Staates" gehörend, auch „nicht zur Verfassung im materiellen Sinn gehören". Gewiß stellt die Normierung eines Freifahrtsrechtes für Abgeordnete keine politische Grundentscheidung dar und ist insofern nebensächlich. Doch sie regelt innerhalb der engeren, die obersten Staatsorgane als Verfassungsorgane betreffenden, Verfassung *mit* die Stellung der Abgeordneten als Teilorganen des Verfassungsorgans Bundestag. Daß sie jenes Recht haben, zählt daher – wie sie selber – zur engeren *faktischen* Verfassung; wie die das Recht verleihende Norm zur engeren *normativen* gehört und damit eine – materielle – Verfassungsnorm ist. Dem entspricht, daß gleichfalls innerhalb von Normen, die bloß *ein* Verfassungsorgan betreffen, eine *Rangordnung* möglich ist, beispielshalber in mehr oder weniger bedeutungsvolle. Auch die Norm, daß der deutsche Bundespräsident seinen „Eid ... ohne religiöse Beteuerung" leisten darf (Art. 56 II GG, 1949), ist – in ihrer politischen Nebensächlichkeit – eine nur weniger bedeutungsvolle Verfassungsnorm. Sie stellt desgleichen keine politische Grundentscheidung dar.

II. Zur sog. Repräsentation

Was die *Organstellung* betrifft, d.h. des Staats-, insbesondere Verfassungsorgans, als *Gliedes* oder *Teiles* des *uneigentlichen* Staates als der Staatsführung, so fragt sich noch, ob und, gegebenenfalls, in welcher Bedeutung es auch *repräsentierende* Organe gibt, und *was* jeweils von ihnen *repräsentiert* wird. Die Ansichten sind sehr unterschiedlich, so daß es weitgehend nicht mehr um denselben Gegenstand geht.

Die beiden **Küchenhoff** führen zuerst in Hinblick auf die „Repräsentation des Volkswillens durch andere Staatsorgane" (S. 160 II) aus: „In der modernen Demokratie wird der Wille des Staatsorgans Aktivbürgerschaft außer bei Wahlen, Volksentscheid und Volksbegehren gar nicht durch seine eigenen Organträger (also durch die wahlberechtigten Staatsangehörigen) gebildet. Vielmehr wird stets der Wille der ersten Kammern der Parlamente als Volkswille angesehen, man sagt, die Aktivbürgerschaft wird durch jene Organe repräsentiert. Daher bezeichnet man dieselbe auch als *repräsentiertes Staatsorgan,* die *Volksvertretungen* als *Repräsentationsorgane*" (a.a.O.). Weitergehend, werden gar „in den meisten Staaten ... *alle Staatsorgane außer der Aktivbürgerschaft* selber als solche *Repräsentationsorgane* angesehen; die Tätigkeit aller Staatsorgane gilt zunächst als Repräsentation des Volkswillens und erst dieser repräsentierte Volkswille als Staatswille" (a.a.O.). All das zusammengefaßt: „Willenserklärungen und Beschlüsse der als Repräsentanten handelnden Personen werden ... dem Staat oder sonst repräsentierten (dar-gestellten!) Gesellung zugerechnet" (S.219 B); die „Repräsentationsorgane ... *verkörpern ... als Staatsorgane den Staat, ... als Repräsentationsorgane die Aktivbürgerschaft*" (S. 161). – Es geht hierzu nicht mehr um die bereits abgelehnte Unterscheidung zwischen Organ und Organträger (o. 1. Abschn., B II 1: zu KÜCHENHOFF-KÜCHENHOFF), vielmehr um Folgendes: Vorweg darum, daß mit ‚Volk' nicht das *gesamte* gemeint ist, sondern – in Beschränkung auf die Aktivbürgerschaft als die Wahlberechtigten – lediglich das sog. *Wahl*volk. Doch ist gerade das zu eng. Denn wie z.B. Art. 38 I GG, 1949, zeigt, handelt es sich bei den „Abgeordneten des Deutschen Bundestages" um die „Vertreter des ganzen Volkes". Allein – selbst bei Hinnahme der unzulässigen Beschränkung ergibt sich doch: Die Wendungen: „der Wille der ersten Kammern" wird „als Volkswille angesehen", und *„alle Staatsorgane außer der Aktivbürgerschaft"* werden „als ... *Repräsentationsorgane* angesehen", bedeuten jeweils ein bloßes *Fingieren.* Genauso, daß „die Tätigkeit aller Staatsorgane ... als Repräsentation des Volkswillens" „gilt". Zumal jedoch, daß die repräsentierte Gesellung *dargestellt* wird, und daß die „Repräsentationsorgane ... *die Aktivbür-*

gerschaft" „verkörpern". Denn daß jemand etwas darstellt oder verkörpert, besagt, daß er so ist, *als ob* er das Dargestellte oder Verkörperte wäre. Daher gibt – insgesamt – die Repräsentation als Darstellung oder Verkörperung eine *Fiktion* ab. Wie sollten weiter die Staatsorgane, etwa die genannten Volksvertretungen, die jeweilige Aktivbürgerschaft darstellen oder verkörpern, wenn ein – kleinerer oder größerer – Teil der Wahlberechtigten gar nicht gewählt hat? Wenn ein gleicher Teil derjenigen, der gewählt hat, dies erfolglos tat, weil er – z. B. als Unterlegener in einer Mehrheitswahl – seinen Kandidaten nicht durchbrachte? Wenn ein – erneut gleicher – Teil bewußt ungültig wählte und damit bereits im voraus gegen seine Darstellung oder Verkörperung durch die Volksvertretung stimmte? Ja, wenn ein – wiederum gleicher – Teil mit dem, was die Volksvertretung, einmal gewählt, dann tut, nicht einverstanden ist, es gar vielleicht bekämpft? Es ist völlig ausgeschlossen: ein Unding. Was für die Volksvertretung gilt, das gilt auch für alle übrigen ‚repräsentierenden' Organe.

Nach **Jellinek, G.**, ist es so: „Unter Repräsentation versteht man das Verhältnis einer Person zu einer oder mehreren anderen, kraft dessen der Wille der ersteren unmittelbar als Wille der letzteren angesehen wird, so daß beide rechtlich als eine Person zu betrachten sind" (S. 566). „Repräsentative Organe sind ... in diesem Sinne sekundäre Organe, Organe eines anderen, primären Organes" (a.a.O.). Dies bedeutet zumal die „Erkenntnis der Volksvertretung als eines sekundären Staatsorganes, das mit dem primären, dem Volke, eine Einheit bildet" (S. 586). Bei allem ist der „Gedanke der Repräsentation ... ein rein juristischer" (S. 566). Dies so, daß im Beispielsfall *„Volk und Volksvertretung ... juristisch eine Einheit" „bilden"* (S. 582f.); und daß die „alte englische Vorstellung, die jeden Engländer persönlich im Parlament anwesend sein läßt", „die zutreffendste Veranschaulichung des rechtlichen Grundgedankens der Volksrepräsentation" ist (S. 583). Anders ausgedrückt: „Im Staate mit Repräsentativverfassung ist das Volk als ... kollegiales Staatsorgan ... derjenige Teil des Volkes, dem verfassungsmäßig die Ausübung staatlicher Funktionen ... zukommt. Einen Teil der Funktionen übt es selbst, den anderen durch einen Ausschuß aus, der als Organ des Volkes zugleich Organ des Staates selbst ist" (S. 585): „eine dauernde Verbindung zwischen dem Repräsentanten und dem Gesamtvolke, ... ein Organverhältnis" als „Rechtsverhältnis" (a.a.O.). Zu den Richtern heißt es noch vor allem: „Die Rechtsprechung im Namen des Monarchen besagt, daß der Richter als sekundäres Organ des Monarchen" als des primären „handelt, daß sein Wille unmittelbar Monarchenwille sei, wie der Wille des Volksvertreters Volkswille. Mit großartiger Anschaulichkeit haben die Engländer diese juristische Vorstellung zum Ausdruck gebracht, indem sie dem Könige Ubiquität in den Gerichtshöfen zuschreiben, so daß aus dem Munde des Richters der König selbst redet" (S. 592f.). – Damit, daß „der Wille" des Repräsentierenden „unmittelbar als Wille" des Repräsentierten „angesehen wird", liegt, wie er mit letzterem nur fingiert ist, erneut eine bloße *Fiktion* vor. Und genauso steht es mit der Folgerung, „daß beide rechtlich als eine Person zu betrachten" seien. Daß dies „rechtlich" so sei, ist zudem gänzlich nichtssagend; es sei denn, es bedeute hier soviel wie ‚fiktiv'. Ebenso steht es mit dem Wort ‚juristisch'. Demgemäß ist der sog. „Gedanke der Repräsentation" als wahrer schon gar nicht denkbar. Und die sog. „Vorstellung, die jeden Engländer persönlich im Parlament anwesend sein läßt", ist schon gar nicht vorstellbar. Es kommt indes noch zweierlei hinzu: Wenn erstens „das Volk als ... kollegiales Staatsorgan ... derjenige Teil des Volkes" ist, „dem verfassungsgemäß die Ausübung staatlicher Funktionen zukommt", etwa als Wählerschaft (Wahlvolk), – wie sollte dann ein „Organverhältnis" „zwischen dem Repräsentanten", der Volksvertretung, „und dem Gesamtvolke" bestehen? Es geht nicht, da das Gesamtvolk, *nicht* zur *Staatsführung* zählend, hiermit bereits *kein Staatsorgan* ist (o. B II 1). Wenn zweitens noch zu jedem Volk soundsoviele Menschen gehören, die sich gar nicht parlamentarisch verhalten können, z. B. Kinder und Geisteskranke, – wie sollte dann – nochmals – die „Vorstellung, die jeden Engländer persönlich im Parlament anwesend sein läßt", „die zutreffendste Veranschaulichung des rechtlichen Grundgedankens der Volksrepräsentation" sein? Auch das geht nicht. Ferner kann, „wie der Wille des Volksvertreters" *nicht* unmittelbar „Volkswille" sein kann, so gleichfalls der Richterwille *nicht* „unmittelbar Monarchenwille" sein. So denke man allein daran, daß der Monarch vom jeweiligen Richterwillen nichts weiß oder vereinzelt zwar weiß, doch ihn nicht billigt. Und was, wenn der Richter, nur dem Gesetz unterworfen oder anderen Normen, vom Monarchen *unabhängig* ist? Auch daß der Richterwille „Monarchenwille" sei, ist daher wieder eine bloße *Fiktion.* Dementsprechend ist ebenfalls die sog. „juristische Vorstellung" vom Richterwillen als unmittelbarem Monarchenwillen schon gar nicht vorstellbar. Genauso steht es um die „dem Könige" zugeschriebene „Ubiquität", Allgegenwart. Kurz, das Verhältnis, sogar „Rechtsverhältnis", zwischen sog. primären und sog. sekundären Organ ist ein Unding: juristische Ersatzmetaphysik.

Schmitt geht davon aus, daß „in einer modernen Demokratie" „Jeder Abgeordnete ... als ‚Vertreter des *ganzen* Volkes', d.h. eben als Repräsentant, betrachtet" wird (S. 206, 2); so auch in der „Weimarer Verfassung ... Art. 21 ...: ‚Die Abgeordneten sind Vertreter des ganzen Volkes'" (S. 206f.). Dazu ist gesagt: „Repräsentieren heißt, ein unsichtbares Sein durch ein öffentlich anwesendes Sein sichtbar machen und vergegenwärtigen. Die Dialektik des Begriffs liegt darin, daß das Unsichtbare als abwesend vorausgesetzt und doch gleichzeitig anwesend gemacht wird" (S. 209f.). Mit letzterem geht es dabei um „ein als *politische Einheit* existierendes Volk" (S. 210). Dies führt zu Folgendem: „Repräsentiert wird die *politische Einheit als Ganzes*", und „Nur wer *regiert*, hat teil an der Repräsentation"; beides mit dem Ergebnis, „daß jede echte Regierung die politische Einheit eines Volkes – nicht das Volk in seinem natürlichen Vorhandensein – *repräsentiert*" (S. 212, 3). In dieser Bedeutung heißt es zum „Prinzip der Repräsentation" auch, daß „kraft" seiner „die politische Einheit durch die Regierung dargestellt wird" (S. 214, 6); wie entsprechend vom „Moment des Repräsentierens" als „Darstellung der politischen Einheit" die Rede ist (S. 215). Ja, die „Repräsentation bewirkt die Einheit", d.h. „die Einheit eines *Volkes* im politischen Zustand" (S. 214, 5). Zur Regierung zählt desgleichen „der absolute Fürst": Auch er „ist nur Repräsentant der politischen Einheit des Volkes" (a.a.O.). Der Beschränkung der Repräsentation auf den (die) Regierenden entspricht schließlich, daß „nicht jedes beliebige ‚Organ' Repräsentant" ist (S. 212, 3); mehr, das „Wort ‚Organ' muß hier" sogar „vermieden werden" (S. 213). All das steht unter folgendem Bestreben: „dem Wort" ‚Repräsentation' „wieder einen prägnanten Sinn zu geben und es auf die Darstellung der politischen Einheit als solcher" zu „beschränken" (a.a.O.). – Hierzu ergibt sich zunächst: So sehr diesmal das Wort ‚Repräsentation' in wörtlicher Übersetzung als *Vergegenwärtigung* begriffen ist, so sehr verhält es sich doch, wie folgt: „wer *regiert*", ist einfach *nicht* in der *Lage*, mit *seiner* Anwesenheit „ein als *politische Einheit* existierendes Volk", das als diese Einheit *unsichtbar* und *abwesend* ist, dennoch insoweit *sichtbar* wie *anwesend* zu machen. Leere Worte. Daher ist es ausgeschlossen, aufzuzeigen, *daß* und *wie* „jede echte Regierung die politische Einheit eines Volkes ... *repräsentiert*": sichtbar, anwesend machend, vergegenwärtigt. Sodann: Die „Repräsentation bewirkt" *nicht* „erst die Einheit". Denn die „politische Einheit" ist als „unsichtbares Sein", das lediglich „sichtbar" gemacht wird, vorher bereits *vorhanden* und *kann* so nicht erst *bewirkt* werden. Endlich: Das Repräsentieren als „Darstellung der politischen Einheit" bedeutet, wie oben zu den beiden KÜCHENHOFF gesagt, mit dem Als-ob-sein des Dargestellten wieder nur eine *Fiktion*. Was einzig möglich ist, das ist das *Ausdrücken* der politischen Einheit, z. B. durch eine Volksvertretung oder einen Monarchen. Aber das ist etwas anderes als die genannte Vergegenwärtigung und Darstellung. Was noch die Vermeidung des Wortes ‚Organ' anbetrifft, so sind Volksvertretung und Monarch selbstverständlich Organe: solche der Vertretung. Das Wort „‚Repräsentation'" hat zwar keinen „prägnanten Sinn" erhalten, doch dafür den einer weiteren juristischen Ersatzmetaphysik.

Maunz vertritt eine erheblich andere Vergegenwärtigung, und zwar zu Art. 38 I GG, 1949: „Sie", die „Abgeordneten des Deutschen Bundestages", „sind Vertreter des ganzen Volkes". Hierzu ist gesagt: „Der Bundestag ist eine *Volksvertretung*. Der Ausdruck ‚Vertretung' ist im Zusammenhang mit dem Begriff ‚Volke' ... im Sinne einer *verfassungsrechtlichen Repräsentation* zu verstehen, d.h. als Aufgabe, das rechtsabwesende Volk gegenwärtig zu machen." Repräsentation ist „die dem Wesen der Volksvertretung innewohnende Zweiheit des Volkes und seiner Vertretung, die aber den gleichen Willensträger darstellt" (M.-D.-H.-S./MAUNZ, Art. 38, RN 1). Beim „System der Repräsentation bedient sich das Volk" so „eines *Organes*, um in unmittelbarer Weise Rechte auszuüben" (RN 2). – Demgegenüber verhält es sich einmal so: Ein Volk, das nicht nur „rechtsabwesend" – ein Wort ohne Sinn – ist, sondern schlicht abwesend, nicht gegenwärtig, *kann* einfach nicht „gegenwärtig", anwesend – oder gar ‚rechtsanwesend' – gemacht werden. Daher stellt die „*verfassungsrechtliche Repräsentation*" „als Aufgabe, das rechtsabwesende Volk gegenwärtig zu machen", etwas *Unverwirklichbares* dar: wieder leere Worte. Zum anderen kann keine Repräsentation als „dem Wesen der Volksvertretung innewohnende Zweiheit des Volkes und seiner Vertretung" „den gleichen Willensträger" – gemeint ist vielleicht gar ‚denselben' – darstellen. Dazu sind beide nach Personen und Stellung offenbar *viel* zu *verschieden*. Schließlich: Wie sollte sich „beim System der Repräsentation ... das Volk eines *Organes*" bedienen können, „um in unmittelbarer" (!) „Weise Rechte auszuüben"? Ebenfalls das ist ausgeschlossen: Das *ganze Volk*, um das es sich ja dreht, *kann* dies offensichtlich *nicht*. Man denke wiederum nur an die zu ihm gehörenden vielen Kinder und noch an Geisteskranke. Doch sogar das *Wahl*volk *kann* es *nicht*. Es sei bloß erneut an Nichtwähler, erfolglos Wählende, bewußt ungültig Wählende und an solche gedacht, die der Volksvertretung nicht zustimmen. Einzig *diesen* Standpunkt und *nicht* seinen *eigenen* bestätigt MAUNZ mit der Ausführung: „Die Volksvertretung kann rechtlich gesehen auch Beschlüsse fassen oder Haltungen einnehmen, die mit dem wirklichen oder vermuteten Willen des Volkes *in Widerspruch* stehen" (a.a.O). Deutlicher kann man sich in seiner juristischen Ersatzmetaphysik nicht selbst widerlegen.

Nun kommt zu allen bisherigen Fällen noch hinzu, daß **für die Annahme einer Repräsentation** des jeweiligen Inhalts **keinerlei Grund** besteht.

Um was es sich zuerst in Bestimmungen wie Art. 21, 1 Deutsche RV, 1919, und Art. 38 I 2 GG, 1949, mit dem Abgeordneten als „Vertreter des ganzen Volkes“ handelt, ist – wie dargelegt (o. B II 1) – das Folgende: Ganz dem Wort „Vertreter“ gemäß, sind die Abgeordneten, Gliedorgane des Gesamtorgans Volksvertretung, in verfassungsgesetzlicher, nach Inhalt und Grenzen im Rahmen der Zuständigkeit festgelegten, **Vertretung** tätig, d.h. mit *Wirkung für* das ganze Volk. Und dafür ist es nicht nur völlig gleichgültig, wer nicht bzw. wie gewählt hat, sondern auch, ob bzw. wie man im Volk dazu steht: zustimmend oder ablehnend. Um was es dann in Bestimmungen geht, die – wie etwa Art. 86 I Preuß. Verf., 1850 – festsetzen: „Die richterliche Gewalt wird im Namen des Königs durch unabhängige ... Gerichte ausgeübt“, ist ein Gleiches: daß die Richter als *Vertreter* des Königs tätig sind; daß dies, (verfassungs)gesetzlich nach Inhalt und Grenzen im Rahmen der Zuständigkeit festgelegt, geschieht; und daß diese Vertretung – wie nun hinzuzufügen ist – mit *Wirkung für* den König erfolgt. Dafür ist es aber z.B. gleichgültig, ob der König im Einzelnen damit einverstanden ist oder nicht, ja, überhaupt etwas davon erfährt oder nicht. Entsprechendes gilt endlich gleichfalls zu Bestimmungen, die, wie etwa § 268 I StPO, i.d.F. 1987, anordnen, daß Urteile „im Namen des Volkes“ ergehen: Die Richter sind aufs neue als *Vertreter* tätig, d.h. wieder mit *Wirkung für* das Volk; gleichgültig, ob bzw. wie dieses zu den Urteilen steht. Daß nunmehr dem Volk – dem ganzen oder auch nur Wahlvolk – Ubiquität (Allgegenwart) in den Gerichten zukäme und aus dem Munde des Richters jetzt das Volk spräche, nähme sich demgegenüber wie ein Witz aus.

Zeigt all dies klar die gänzliche Grundlosigkeit der Annahme einer Repräsentation für alle wiedergegebenen Ansichten, so ist doch die SCHMITTS darüber hinaus noch in einer weiteren Hinsicht grundlos. Während die anderen Verfasser zwar keine vertretenen, aber repräsentierte Organe kennen, kennt SCHMITT solche Organe *nicht* mehr: Er hat sie durch die genannte politische Einheit als – scheinbar – Repräsentiertes verdrängt. Mehr, während der König für JELLINEK der *Repräsentierte* ist, ist er für SCHMITT der *Repräsentierende*: jener Einheit nämlich.

Nun wird aber gerade die Vertretung von einigen Verfassern ausdrücklich abgelehnt, obschon unbekümmert zumal von ‚Vertretung‘ oder von ‚Vertreter‘ gesprochen wird. So werden einerseits „die Volksvertretungen ... als ... *Repräsentationsorgane*“ bezeichnet (KÜCHENHOFF-KÜCHENHOFF, S. 160 II); und andererseits heißt es von den „Repräsentanten“, daß sie im „Gegensatz zum ‚Vertreter‘ ... an Weisungen des Vertretenen (in Wahrheit: Repräsentierten) nicht gebunden“ sind (S. 219 B). Als wenn es wesenhaft zum Vertreter gehöre, an Weisungen des Vertretenen *gebunden* zu sein! Dies *kann* vielmehr nur so sein, auch (verfassungs)gesetzlich, *muß* es indes *nicht* (o. B II 1). Statt dessen gehört es wesenhaft zum Vertreter allein, sich mit *Wirkung für* den Vertretenen zu verhalten; und zwar gleich, wie er in diese Stellung gelangte, also desgleichen (verfassungs)gesetzlich. Ebenfalls JELLINEK spricht auf der einen Seite von der „Volksvertretung“ (z.B. S. 580) oder vom „Vertreter des ganzen Volkes“ (S. 583); doch auf der anderen Seite führt er aus, daß kein „mittelst der Lehre von der gebundenen Stellvertretung zu erfassendes Rechtsverhältnis ... zwischen dem Volke und seiner Vertretung“ besteht (S. 582). Damit ist erneut nicht erkannt, daß eine Vertretung auch ohne Gebundenheit des Vertretenden durch den Vertretenen möglich ist. Gleichfalls MAUNZ spricht einerseits von der „*Volksvertretung*“, andererseits sagt er jedoch: „Der Ausdruck ‚Vertretung‘ ist ... nicht im Sinne der

Vertretung des bürgerlichen Rechts oder eines Rechtsverhältnisses, bei dem der Vertreter nach den Weisungen des Vertretenen handeln muß, ... zu verstehen" (M.-D.-H.-S./MAUNZ, Art. 38, RN 1). Hiermit ist aufs neue unerkannt, daß eine Vertretung auch außerhalb des bürgerlichen Rechts und ohne Weisungsgebundenheit möglich ist. Aber gleichfalls innerhalb seiner ist bekanntlich eine gesetzliche Vertretung ohne irgendwelche „Weisungen des Vertretenen" möglich, z. B. unmündiger Kinder an ihre Eltern.

Wenn übrigens bisher nicht darauf abgestellt wurde, daß der Vertreter *an Stelle* des Vertretenen handele und in diesem Sinne *für* ihn, dann aus folgendem Grunde: Das *kann* nur so sein, *muß* es hingegen *nicht*. Ersteres ist in den Fällen so, in denen der Vertretene das, was der Vertreter tut, *auch* könnte und wollte; letzteres dagegen in jenen, in denen der Vertretene das schon gar nicht *könnte*. Man denke etwa daran, daß ein Kind nicht so handeln kann wie sein gesetzlicher Vertreter; doch ebenfalls daran, daß ein Volk nicht so handeln kann wie ein Parlament als sein verfassungsgesetzlicher Vertreter. Was also stets und damit wesenhaft zutrifft, ist einzig die Wirkung-für.

Infolge der Trennung, zumal von Volksvertretung und Volk, ist **das Verhalten des Vertretenden niemals das des Vertretenen noch ihm** als ein solches **zuzurechnen**. Nicht deswegen also, weil dies anders wäre, ist die Wirkung des Organverhaltens für das betroffene Volk, wenn nicht gerechtfertigt, so jedenfalls begründet; vielmehr deshalb, weil hinter ihr die – angeordnete – *Macht* oder *Gewalt* des *Organs* steht. Hiermit ist indes das Folgende unzutreffend: „Die Beschlüsse des repräsentierenden Organs werden dem Volk als Willensäußerung *zugerechnet*" (M.-D.-H.-S./MAUNZ, Art. 38, RN 2; ebenfalls KÜCHENHOFF-KÜCHENHOFF, S. 219 B). Statt dessen: Ob solche Beschlüsse rechtlich oder unrechtlich sind und so gerechtfertigt oder ungerechtfertigt, – sie sind, vom *Vertreter* gefaßt, einzig *diesem* zuzurechnen und *nicht* dem *Vertretenen*, im vorliegenden Fall dem Volk. Ist denn die in freier Entscheidung von einem Parlament getroffene unrechtliche Kriegserklärung dem Volk zuzurechnen?! Doch nicht. Wäre es anders, so wäre ja auch – von der *Schuld* einmal nicht zu reden – zumindest die *Verantwortung* des *Vertreters* dem *Vertretenen* zuzurechnen; jedenfalls folgerichtigerweise. Ein Unding. Daß das Verhalten des Vertreters für den Vertretenen wirkt, sei es zu seinen Gunsten, sei es zu seinen Ungunsten, kann daher letzterenfalls für den Vertretenen bloß zu einer *anderen, neuen* Verantwortung führen. Dies aber auch nur, wenn und soweit er *verantwortungsfähig* ist. Und das ist ein *Volk* – man denke bloß wieder an alle Kinder – *nie*. Von der ‚Verantwortung eines Volkes' zu sprechen, beliebtermaßen etwa des deutschen, ist daher grundfalsch. Genauso, davon zu reden, daß Verbrechen ‚im Namen eines Volkes' begangen werden, beispielsweise – wieder beliebtermaßen – „in deutschem Namen". Hinter solchen Redewendungen steckt nur entweder Ahnungslosigkeit oder böse Absicht.

Daß das **repräsentierte Organ** – fälschlich – **durch das repräsentierende handelt**, findet sich nun, obwohl unterschiedlich, auch in *Verfassungen* vertreten. Ein erstes Beispiel: „Das deutsche Volk hat durch seine Nationalversammlung diese Verfassung beschlossen und verabschiedet" (Art. 181, 1 Deutsche RV, 1919). Ebenfalls das ist unrichtig. Denn obgleich die Nationalversammlung aus dem deutschen Volke *gewählt* wurde (am 19. 1. 1919 ; nach HUBER, III, S. 63), sogar mit der *Aufgabe* zur Verfassungsgebung, hat damit dennoch nicht das deutsche Volk „durch seine Nationalversammlung" die Verfassung beschlossen und verabschiedet; vielmehr hat es die Nationalversammlung mit *Wirkung für* das deutsche Volk getan. Die Nationalversammlung war *nichts Repräsentierendes*; und das deutsche *Wahlvolk*, soweit es erfolgreich wählte, oder gar das *gesamte* deutsche Volk war *nichts Repräsentiertes*. Vielmehr war erstere die *Vertreterin*, und letzteres war das *Vertretene*. In einem zweiten Beispiel findet sich im Ausgang unausdrücklich die nicht gegebene Repräsentation vertreten und im Ergebnis ausdrücklich die gegebene Vertretung. So heißt es zunächst: „Die ganze Macht in der UdSSR gehört dem Volk. Das Volk übt die Staatsgewalt durch die Sowjets der Volksdeputierten aus" (Art. 2 I, II Sowj. Verf., 1977/1988). Und sodann ist bestimmt: „Die Deputierten ... sind bevollmächtigte Vertreter des Volkes in den Sowjets der Volksdeputierten" (Art. 103 I).

Schon zur Zeit JELLINEKS war übrigens, wie dieser berichtet, „das Repräsentativsystem heftigen Angriffen ausgesetzt"; es wurde „als Lüge und Schein bezeichnet" (S. 566). Dem „Schein" wird hier zugestimmt, der „Lüge" hingegen die – bewußte oder unbewußte – Irreführung vorgezogen. D.h. zumal die der Vielen, die glauben oder gar glauben sollen, daß wirklich *sie durch* ihre ‚Repräsentanten' handeln.

Es finden sich auch **wirklichkeitsnähere Auffassungen** zur Repräsentation, nämlich im Vergleich zu den wiedergegebenen **wirklichkeitsfremden. Zippelius** führt so einerseits aus: „Man hat mehr Einbildungskraft als Scharfsinn auf Repräsentationstheorien verwendet, die anschaulich machen sollen, daß in Wahrheit ... das Volk selbst – wenn auch nicht das empirische Volk, so doch das Volk als politische Einheit ... – im Parlament präsent sei" (9., S. 172, 2). Andererseits hält er nun zwar an den Ausdrücken „Repräsentation" (S. 256), „Repräsentativsystem" (S. 172, 2 und S. 255, 2) sowie „Repräsentativorgane" (S. 173, S. 255, 2) fest. Doch geschieht dies mit der Erklärung, daß es „unerläßlich" sei, „die Bildung des Gemeinwillens durch Repräsentativorgane zu mediatisieren" (S. 255, 2); und hiermit ist es ausgeschlossen, daß das sog. repräsentierte Organ – unmittelbar – durch das sog. repräsentierende handelt. – Nach **Loewenstein** verhält es sich so: „Die Rechtsnatur der Repräsentation ist, daß die Repräsentanten ... im voraus Auftrag und Vollmacht erhalten, gemeinschaftlich für ihre Auftraggeber zu handeln und sie durch ihre kollektive Entscheidung zu verpflichten" (S. 35). „Nur in einem figürlichen, symbolischen Sinne ‚repräsentieren' die gewählten Magistrate die Autorität der Staatsgemeinschaft und die Masse der Machtadressaten. Letzten Endes befehlen sie ihnen" (a.a.O.). Zwar wird auch hiermit an den einschlägigen Ausdrücken – „Repräsentation" und „Repräsentanten" – festgehalten; doch ist eindeutig klargestellt, daß die sog. Repräsentanten, indem sie „für ihre Auftraggeber ... handeln", bis zum Befehlen, *für* diese *wirken*.

Gegenüber den bisher abgelehnten **Anschauungen** gibt es aber **noch wirklichkeitsfremdere.**

Das ist so mit dem Repräsentationsverständnis eines Verfassers, der fälschlich zum einen den Staat ausdrücklich nicht aus Menschen bestehen läßt, vielmehr aus einer Normenordnung: dem „System der positiven Rechtsnormen" als Staatsordnung (sog. Rechtsordnung) (o. 1. Abschn., A II); und der zum anderen – ebenso fälschlich – das Staatsorgan wie den Staat als Personifikationen von Normen je eine fingierte Person sein läßt: den Staat als Gesamtpersonifikation und die Organe als Teilpersonifikationen (a.a.O. und B II 1). Es geht um **Kelsen.** Zur Sache sagt er nun: „Repräsentation in einem weiteren Sinne" ist „Organschaft schlechthin ... Das Wesen des Organs ist, daß es den Staat ‚repräsentiert', und zwar durchaus so, wie von ‚Repräsentation' im engeren Sinne gesprochen wird: Der Wille des Organs ‚gilt' als der des ‚repräsentierten' Staates" (Staatslehre, S. 310, § 43). „Im Verhältnis zwischen Staat und Organ" – der „Repräsentation in einem weiteren Sinne" – „bedeutet, daß der Staat einen Willen nur durch seine Organe (als seine Repräsentanten) äußern kann, daß es neben dem Willensakt des Organs keinen Tatbestand gibt, der als Wille des Staates gedeutet werden könnte. Allein ... im Verhältnis der sekundären Organschaft, dem ... der Repräsentation im engeren Sinne, das ein *Verhältnis zwischen zwei Organen* und daher zwischen *zwei Tatbeständen* ist, liegt die Sache anders" (a.a.O.): „Das Verhältnis des Organs zum Staate ist eine Rechts*wesens*beziehung, das ... eines Organs zu einem anderen ... ein positivrechtliches, d.h. rechts*inhaltliches*" (S. 311). Und dieses letztere ist nun das der „*Stellvertretung*" (a.a.O., B). So tritt mit dem Urteil, „der Wille des Parlaments habe als Wille des Volkes zu gelten", „im Gedanken dieser Repräsentation nur der Gedanke der Stellvertretung" auf (S. 314). „Indem" jedoch „die modernen Verfassungen" „die Beschlüsse des Parlaments rechtlich unabhängig machen von dem Willen des Volkes, wird der Behauptung, der Wille des Parlaments habe als Wille des Volkes zu gelten, jede positivrechtliche Grundlage entzogen, wird diese Behauptung zur Fiktion" (a.a.O., 2). Auch daß – gegen „die positivrechtliche Unabhängigkeit der Gerichte" – „die *Richter* als sekundäre Organe des Monarchen bezeichnet" werden und der Monarch „als das primäre Organ der Gerichtsbarkeit", ist eine „Fiktion". „Aus dem subjektiven Sinn, mit dem" bestimmte „Akte" – etwa Urteile „‚Im Namen des Königs, Kaisers' usw." – „auftreten, ja sogar kraft positiver gesetzlicher Vorschrift aufzutreten haben, folgt nichts für die objektive Bedeutung ..." (S. 318). – Zwar ist zuerst dem jeweiligen *Ergebnis* zu Volksvertretung und Volk bzw. zu Richter und Monarch zuzustimmen: daß nämlich die behauptete Repräsentation – KELSENS Repräsentation im engeren Sinn – eine Fiktion und somit verfehlt sei. Das trifft aber auf die *Begründung* einzig insoweit zu, als die Repräsentation bereits daran scheitert, daß Volksvertretung und Richter jeweils *unabhängig* gewollt sind: erstere vom Volk und letztere vom Monarchen. Doch trifft es insofern *nicht* zu, als in der Repräsentation eine *mißlungene Stellvertretung* erblickt ist. Denn die abgelehnte Repräsentation ist ja gerade *nicht* als *Stellvertretung* gewollt. Mehr, die Vertretung erwies sich gar als *gegeben*: im Verhalten der Vertreter mit *Wirkung für* die Vertretenen: das Volk bzw. den Monarchen. Dann ist aber noch die von KELSEN bejahte Repräsentation, die in weiterem Sinn, verfehlt. Es ist nicht so, daß sie „Organschaft schlechthin" sei, so daß der „Wille des Organs ... als der des ‚repräsentierten' Staates" „‚gilt'". Vielmehr *ist* dieser Wille – mit den Organen als Menschen der Staatsführung – Staatswille, und zwar mit *Wirkung für* den Gesamtstaat. Hinzu kommt: Wie sollte der „Wille des Organs ... als der des ‚repräsentierten' Staates" gelten, wenn Organ und Staat als die oben nochmals genannten Normenpersonifikationen eben *Fiktionen* sind: der Staat als – umfassende – Gesamtfiktion und das Staatsorgan als – umfaßte – Teilfiktion? Es ist unmöglich. Der Vorwurf der Fiktion fällt auf KELSEN zurück, und zwar noch härter.

Vor allem ist aber das oben Gesagte so mit einer *gänzlich anderen* Anschauung: der **Krügers**. Sie wurde bereits darin berücksichtigt, daß sie den *„Staat"* – außer *„als Institution"* – besonders *„als Repräsentation"* begreift, letztere hierbei *„als Weg zur Richtigkeit von Sein und Handeln des Staates"* verstanden; mit dem Erfolg, daß in das *Sein* des Staates unrichtig etwas *Seinsollendes* hineingetragen ist (o. 1. Abschn., A II: KRÜGER). – Zunächst ist gesagt: Der „Staat" ist „das mittels Repräsentation sich selbst darstellende und verwirklichende Richtige der politischen Gruppe" (S. 238, 3). Das „Wesen der Repräsentation" ist ein „Vorgang der Selbst = Vergütung" (S. 240 b). Sie „soll" damit „setzen ... vor allem Richtigkeit an die Stelle von Fehlsamkeit" (S. 233). Das wirft die Frage auf, was denn hier als „Staat" – das „Richtige der politischen Gruppe" – näher gemeint ist. In den „freien Demokratien", so heißt es, ist es „das Volk selbst", das „sich als repräsentative Größe versteht und als solche ... den Staat als Repräsentation ... aus sich heraussetzt"; in „allen anderen Staatsgestaltungen" wird „der Staat als Repräsentation immer ... von einer kleinen Elite, ... notfalls gegen das irrende Volk dargestellt" (S. 232). Dies bedeutet aber, daß der Staat als das „sich selbst darstellende und verwirklichende Richtige" *unzulässig verengt* ist: auf das sog. Volk bzw. eine Elite. Weiter und insonderheit stellt der „Vorgang der Selbst = Vergütung" als „Wesen der Repräsentation" eine – unter keinem, zumal nicht etymologischem, Gesichtspunkt gerechtfertigte – *unzulässige Erweiterung* der Bedeutung des Wortes ‚Repräsentation' dar. Überhaupt: Was ist als das genannte „Richtige" zu verstehen? Heißt es insoweit: Es „kann dahingestellt bleiben, um welche Art von Richtigkeit es sich handelt, ob also sittliche, rechtliche oder ökonomische Richtigkeit gemeint ist, und was man etwa in diesen Bereichen als das Richtige ansieht" (S. 236, 2), so ist damit das Richtige, wie *gänzlich subjektiviert*, so *ebenso relativiert*: Was der Eine als richtig „ansieht", das kann der Andere als unrichtig (falsch) ansehen – wie umgekehrt; und was für diese Person oder Gruppe eine „Selbst = Vergütung" ist, kann für jene eine ‚Selbst-Verschlechterung' sein – wie erneut umgekehrt. – Sodann: Aus den von KRÜGER gebrachten Einzelheiten zu den „*Personen des Staates als Repräsentanten*" (S. 243 ff.) sei lediglich zweierlei herausgestellt. Erstens: Wie „die Idee der Repräsentation auf eine substanzielle Veränderung der Stellung und der Wirksamkeit des Fürsten ausgeht, so ist damit" „an die Unterordnung unter einen besseren Willen, insbesondere also unter das Sollen des Rechts", gedacht. Dies macht seine „Verwandlung in einen Repräsentanten" (S. 244 a). Aber – so zutreffend es ist, daß auch ein an der Spitze des Staates stehender Fürst sich dem Recht unterordnet – wenn es denn Recht als das Gerechte, Seinsollende: sachlich Gebotene, ist –, so unzutreffend ist doch die Kennzeichnung eines solchen Fürsten als Repräsentanten. Damit nämlich, daß Repräsentation keine „Selbst = Vergütung" ist, ist auch der Repräsentant kein ‚Selbst-Vergüter'. Und zweitens: Zum Abgeordneten als „Vertreter des ganzen Volks und nur seinem Gewissen unterworfen" (S. 252 c) ist gesagt: Es „soll" mit „dem Appell an das Gewissen ... die bessernde Funktion der Repräsentation angesprochen und eingeschärft werden"; und mit „den Worten: Vertreter ‚des ganzen Volkes'" „soll" „der Abgeordnete" in der „Hinsicht ... einen neuen, besseren Willen bilden", daß er „sich um die Hebung des wahren und richtigen Volkswillens bemühen" soll (a.a.O.). Doch gilt einmal erneut: Wie die Repräsentation keine „Selbst = Vergütung" ist, so der Repräsentant kein ‚Selbst-Vergüter'. Zum anderen tritt aber noch hinzu, daß es einen „wahren und richtigen" Volkswillen schon wegen der vielen Kinder im „ganzen" Volk, doch ebenfalls wegen der vielen unterschiedlichen Meinungen in ihm gar nicht gibt. Der Abgeordnete soll daher auch nur schlicht wollen, was in dem zur Entscheidung Stehenden das sachlich Gebotene ist. Gleich allerdings, ob er das nun tut oder nicht. So übrigens desgleichen der Fürst. – Endlich: Es ist noch auf KRÜGERS „Verfassungsrecht" als „Staatsrepräsentationsrecht" (o. I 8) einzugehen. „Die spezifische Funktion des Verfassungsrechts besteht", so heißt es, „darin, die ihm zugeordnete Gruppe bei der Selbstformierung und Selbstrepräsentierung als Staat im Sinne der Erzielung des bestmöglichen Ergebnisses zu unterstützen" (S. 698 aa); dies – nochmals und vor allem am Beispiel der Stellung des Abgeordneten dargetan – als „Staatsrepräsentationsrecht" verstanden (S. 699), d. h. als ‚Staats-Selbstvergütungsrecht'. Aber auch ein sog. Verfassungsrecht, das *ohne* diese „spezifische Funktion" besteht – und das war und ist oft der Fall –, bildet das, um was es hier tatsächlich geht: eine normative Verfassung.

Das Wort ‚Repräsentation' hat nun jedoch ebenfalls die **Bedeutung von ‚Vertretung'**, so daß insoweit der Repräsentant gleich dem *Vertreter* ist und sein Repräsentieren gleich *Vertreten*: die – mit dem wiedergegebenen Inhalt – zutreffende Bedeutung (o. B II 1 und o.). So ist es, wenn hinsichtlich eines Parlaments auf die „Wahlen von Vertretern" abgestellt wird (NAWIASKY, Staatsideenlehre, S. 46), auf die „Einrichtung einer Vertretung der Bevölkerung" und insoweit auf die „*Repräsentation*" (a.a.O., 5). So ist es aber gleichfalls mit der älteren Auffassung: „StellVertreter des ganzen Volkes, handelt er" – der ein- bis vielköpfige Herrscher – „in dessen Namen mit andern Völkern, macht Tractaten, beschließt Krieg, macht Fried: – potestas *repraesentativa*" (SCHLÖZER, S. 101 IV). Wird daher in einer Verfassung von ‚Repräsentant' gesprochen, so geht es in der Sache nun um den (Volks-)Vertreter. Das war etwa der Fall bei den „représentants" der Departements (Titre III, Chap. I, Sect. III, Art. 1 I Franz. Verf., 1791), und zwar als „représentants ... de la nation entière" („der ganzen Nation") (Art. 7). Wie überhaupt die Selbstkennzeichnung der „Constitution" als „représentative" („Repräsentativverfassung"), derart, daß die „Repräsentanten ... die gesetzgebende Körperschaft und der König" sind (Titre III, Art. 2 II), zutreffend nur Folgendes besagt: daß es um eine *Vertretungs*verfassung ging mit dem Gesetzgeber und dem König als *Vertretern*, nämlich der „Nation" (I) als *Vertretenem*. Das Gesagte ist aber z. B. auch noch der Fall mit dem „House of Representatives" des Art. I, Sect. 1 Amerik. Verf., 1787, nach Sect. 2 „jedes zweite Jahr vom Volke gewählt". Die trotzdem bleibende Mehr- bis Vieldeutigkeit der einschlägigen Wörter wird nur durch andere, eindeutige vermieden. Freilich werden auch sie, wie gezeigt, kurzerhand mißverstanden.

Mit der zutreffenden Bedeutung ist das Einfache auch einmal das Richtige. Statt sich hierfür zu entscheiden, hat ein Großteil der Lehre die Repräsentation zu einem Tummelplatz verschrobenster Ansichten gemacht, die teils sogar Eingang in Verfassungen gefunden haben.

D. Staatsverfassung sowie Recht und Unrecht

Wie es bisher stets abgelehnt wurde, daß die Verfassung nur mit dem *Recht* verbunden wird; und wie dies immer damit begründet wurde, daß die Verfassung auch mit dem *Unrecht* verknüpft sein kann, – so geht es nunmehr um das *Verhältnis*, in dem die dargetane Staatsverfassung zu Recht und Unrecht steht.

Dazu sei wieder zwischen eigener Ansicht und anderen Ansichten unterschieden. Doch geschieht dies noch aus einem besonderen Grunde: Vielleicht gibt es keine zweite Wissenschaft, die mit dem Gegenstand, der ihr den Namen gibt, so sehr auf Kriegsfuß steht wie die Rechtswissenschaft mit dem Recht. Und sicher gibt es keine zweite, bei der dies so sehr für das Gemeinschaftsleben von Bedeutung ist. Eben in diese Lage ist nun aber, verbunden mit einem hinreichenden Überblick, ein ebensolcher Einblick zu geben.

I. Zum Verhältnis von Staatsverfassung sowie Recht und Unrecht

Letztere wurden bisher nur berührt. Dies geschah dadurch, daß das Recht mit dem Gerechten, Seinsollenden und sachlich Gebotenen ineinsgesetzt wurde sowie das Unrecht mit dem Ungerechten, Nichtseinsollenden und sachlich nicht Gebotenen. Das ist nunmehr vorweg näher darzutun.

1. Zur Recht und Unrecht

In Zusammenfassung dessen, was zu beiden an anderer Stelle ausführlich dargetan wurde (Brinkmann, besonders S. 6ff., S. 119ff.), ergibt sich hier:

Soweit Menschen *entscheiden,* handelt es sich stets um *Entscheidungen zwischen Werthaftem und Unwerthaftem.* Insonderheit geht es so um Entscheidungen zwischen nützlichen und unnützlichen Verhaltensweisen zahlloser Art, beispielshalber sicheren und unsicheren sowie unschädlichen und schädlichen; auch zwischen sittlichen (moralischen) und unsittlichen (unmoralischen) vieler Art, z. B. hilfsbereiten und unhilfsbereiten, duldsamen und unduldsamen, treuen und untreuen sowie barmherzigen und unbarmherzigen. Das stellt aber den, der sich entscheiden muß, vor die Frage: ‚Was soll ich tun, was soll ich nicht tun?', und in Voraussetzung für die Antwort hierauf vor die weitere Frage: ‚Was soll sein, was soll nicht sein?' Nun liegt zwar nichts näher, als die zweite damit zu beantworten, daß das jeweils *Werthafte sein* und deswegen – das betrifft die erste Frage – *getan* werden soll; und entsprechend, daß das jeweils *Unwerthafte nicht sein* und deshalb *nicht getan* werden soll. So folglich, daß der Wert für das Seinsollende und mithin zu Tuende sowie der Unwert für das Nichtseinsollende und damit zu Lassende maßgeblich wäre. So oft dies nun in der Tat vertreten wird, – es ist doch verfehlt. Nicht nur der Unschuldige hätte vor staatlicher Verfolgung *sicher* zu sein und *schadlos* zu verbleiben, sondern gleicherweise der – schuldige – Verbrecher. Überhaupt hätte es stets allein Nützliches, indes nie Unnützliches zu geben. Ferner hätte man sich nicht bloß gegenüber dem rechtlichen, zumal nicht verbrecherischen, Regime *duldsam* wie *treu* zu verhalten, vielmehr genauso gegenüber dem unrechtlichen, vor allem verbrecherischen. Oder die Polizei hätte einen Mörder *hilfsbereit* und *barmherzig* fliehen zu lassen. Überhaupt hätte es immer allein sittlich Werthaftes, doch nie sittlich Unwerthaftes zu geben. Es ist aber eindeutig, daß in solchen Fällen das jeweilige *Gegenteil* zutreffend ist. D. h. der – schuldige – Verbrecher soll *unsicher* vor Verfolgung sein und *nicht schadlos* verbleiben. Und gegenüber einem unrechtlichen Regime soll man sich *unduldsam* und *untreu* verhalten. Wie die Polizei den Mörder *unhilfsbereit* und *unbarmherzig* nicht fliehen zu lassen hätte. All das besagt jedoch: Wie *Werthaftes nicht* wesenhaft das *Seinsollende* ist, sondern ebenfalls *nichtseinsollend* sein kann, und wie *Unwerthaftes nicht* wesenhaft das *Nichtseinsollende* ist, vielmehr desgleichen *seinsollend* sein kann, so ist der *Wert* – Sicherheit usw. – *nicht* einfach für das *Seinsollende* und demnach zu *Tuende maßgeblich* sowie der *Unwert* – Unsicherheit usf. – *nicht* einfach für das *Nichtseinsollende* und mithin zu *Lassende.* Entsprechend verhält es sich aber mit den Werten und Unwerten zu weiterem Werthaften bzw. Unwerthaften, z. B. was die Wahrheit und das Wahre betrifft sowie die Unwahrheit und das Unwahre. Man denke für letzteres etwa daran, daß einem in böser Absicht Aushorchenden keine wahre Auskunft zu geben ist.

Diese Lage ist einzig bei *einem* Wert-Unwertpaar anders: **Gerechtigkeit** und **Ungerechtigkeit**. Das besagt: Allein *ihnen* kommt **Maßgeblichkeit** zu. D. h., nur die Gerechtigkeit ist für das Gerechte als das Seinsollende und daher zu Tuende bestimmend und nur die Ungerechtigkeit für das Ungerechte als das Nichtseinsollende und daher zu Lassende. Daß zunächst *bloß ein* Wert bzw. Unwert maßgeblich sein kann, zeigt dies: Wo auch lediglich *zwei* Werte und Unwerte maßgeblich wären, dort bestünde immer noch die Möglichkeit miteinander *unvereinbarer* Bestimmungen. Und hiermit läge in der Tat *keine* Bestimmung darüber vor, was in der betreffenden Lage von dem, was sich ausschließt, zu tun und nicht zu tun sei. Daß sodann gerade *Gerechtigkeit* und *Ungerechtigkeit* das Maßgebliche sind, zeigt Folgendes: Einzig das *Gerechte* ist das, was *in jeweiliger Lage sachlich geboten* ist; und einzig das *Ungerechte* ist das, was *in jeweiliger Lage sachlich nicht geboten* ist. Wobei Sachlich-geboten heißt: den *Lageumständen angemessen* und also *bestimmt, zu sein*; und Sachlich-nicht-geboten: den *Lageumständen unangemessen* und also *bestimmt, nicht zu sein. Was* nun jeweils als Gerechtes sein und getan werden soll, und *was* jeweils als Ungerechtes nicht sein und gelassen werden soll, ist stets etwas *anderes* Werthaftes oder Unwerthaftes: Es ist das *anderer* Werte und Unwerte, das – je nach gegebener Lage – eben von der Gerechtigkeit als seinsollend: zu tun, oder von der Ungerechtigkeit als nichtseinsollend: zu lassen, *ausgewiesen* wird. Hiermit ist es, um auf die gebrachten Beispiele zurückzukommen, gerecht oder sachlich geboten, daß der Unschuldige sicher vor staatlicher Verfolgung sei und schadlos verbleibe; wie die Gegenteile ungerecht oder sachlich nicht geboten wären. So ist es gerecht oder sachlich geboten, daß der – schuldige – Verbrecher unsicher vor Verfolgung sei und nicht schadlos verbleibe; wie auch jetzt die Gegenteile ungerecht oder sachlich nicht geboten wären. So wäre es weiter ungerecht oder sachlich nicht geboten, sich gegenüber einem unrechtlichen Regime duldsam und treu zu verhalten; doch ist es gerecht oder sachlich geboten, sich ihm gegenüber unduldsam und untreu zu verhalten. Und so wäre es ungerecht oder sachlich nicht geboten, wenn die Polizei einen Mörder hilfsbereit und barmherzig fliehen ließe; doch ist es gerecht oder sachlich geboten, wenn sie dies unhilfsbereit und unbarmherzig nicht tut. In jeder dieser Lagen entscheidet sich nach alledem der in Kenntnis ihrer Handelnde nicht bloß zwischen dem jeweiligen *übrigen* Werthaften und Unwerthaften, sondern auch zwischen ihnen als jeweils *Gerechtem* und *Ungerechtem*, d.h. dem *insofern entscheidenden* Werthaften und Unwerthaften. Doch ist ebenfalls ein Verhalten, mit dem sich – z.B. mangels Kenntnis oder genauer Kenntnis der Lage – *nicht* zwischen Gerechtem und Ungerechtem entschieden wird, dennoch das eine oder andere: als gerecht sachlich geboten, seinsollend, oder als ungerecht sachlich nicht geboten, nichtseinsollend. Und wie *jedes* das eine oder andere ist, so gleicherweise das so oft genannte *normative* und *faktische.* Mehr, über das bisher behandelte *Verhalten* hinausgreifend, sind auch das so oft genannte *Sein* und *Haben*, etwa das von Organen und ihren Zuständigkeiten, das eine oder andere.

Hieraus folgt noch viererlei: Erstens die **Ablehnung des sog. Wertpluralismus**. Darunter ist nicht die Anschauung zu verstehen, daß es *viele* Werte und Unwerte gibt; z.B. außer den berührten Nutzwerten und -unwerten sowie sittlichen Werten und Unwerten – etwa Unschädlichkeit und Schädlichkeit bzw. Duldsamkeit und Unduldsamkeit – noch viele andere; beispielshalber als Seinswerte und -unwerte Freiheit – Unfreiheit, Glücklichkeit – Unglücklichkeit, Friedlichkeit – Unfriedlichkeit usf. Denn das ist richtig. Gemeint ist vielmehr die Anschauung, daß für den *einen* Menschen *dieses* Wert-Unwertpaar maßgeblich sein könne, für den *anderen* indes *jenes* usf. Insoweit gibt es statt dessen nur einen **Wert-Unwertmonismus**: den von Gerechtigkeit und Ungerechtigkeit. Die Vorwürfe hiergegen,

z. B. der des *Wertpurismus*, wissen deshalb von dem oben Ausgeführten nichts. Der Monismus hindert allerdings keineswegs, daß – auf Grund entsprechend *unterschiedlicher* Lagen – das, was für den *Einen gerecht* ist, für den *Anderen ungerecht* ist, etwa die gleiche Bestrafung schwerer wie leichter Verbrechen. Aber ausschließlich das entspricht der genannten *Lageangemessenheit* des Gerechten und der *Lageunangemessenheit* des Ungerechten. Dies bedeutet zugleich die *Lagegebundenheit* des Gerechten in positiver und die des Ungerechten in negativer Hinsicht, genauso die *Lagebezogenheit* von Gerechtigkeit und Ungerechtigkeit. – Zweitens die **Ablehnung der ursprünglichen Maßgeblichkeit des Menschen**, d. h. ohne Rücksicht auf Gerechtigkeit und Ungerechtigkeit. Vielmehr kommt ihm nur **abgeleitete Maßgeblichkeit** zu. So ist er immer dann maßgeblich, wenn er in dem, was *er* will, der so oft erwähnten *Forderung der Gerechtigkeit* nach dem Gerechten *entspricht*, und in dem, was er *nicht will*, der *Forderung der Ungerechtigkeit* nach dem Ungerechten *nicht entspricht*. Redet daher beispielsweise das deutsche BUNDESVERFASSUNGSGERICHT von der Forderung der Gerechtigkeit (BVerfGE, Bd. 9, S. 294, 1), so trifft das durchaus zu. Mit der ursprünglichen Unabhängigkeit vom Menschen ist zugleich **für die Objektivität** des Gerechten und Ungerechten und **gegen ihre Subjektivität** entschieden. Das besagt: Der Mensch, auch in Gestalt der Staatsführung, kann *nicht* durch sein *Dafür* Gerechtes und Ungerechtes erst dazu *machen* und *nicht* durch sein *Dagegen aufheben;* wie er ebenfalls *nicht* in der Lage ist, *Gerechtes* zu *Ungerechtem* zu machen und *Ungerechtes* zu *Gerechtem*. Man denke nur an Hexen-, Neger-, Indianer-, Kulaken- und Judenverfolgungen, die trotz herrschenden Dafürseins ungerecht waren. Ja, mit der ursprünglichen Unabhängigkeit vom Menschen ist dieser, erneut auch in Gestalt der Staatsführung, für das von ihm verwirklichte Gerechte und Ungerechte *als* dieses **nicht begründend (konstitutiv)**, vielmehr lediglich **erklärend (deklaratorisch)**. Insofern *findet* er sie nur, *macht* sie also *nicht*. Mit der gekennzeichneten Unabhängigkeit des Gerechten und Ungerechten vom Menschen ist es zugleich so, daß beide insoweit **nicht bedingt, relativ**, sind, sondern **unbedingt, absolut.** Etwas, das erst recht für ihre Maßstäbe: den Wert der Gerechtigkeit bzw. den Unwert der Ungerechtigkeit, gilt. – Drittens: Als das in jeweiliger Lage *sachlich* Gebotene bzw. Nichtgebotene sind Gerechtes und Ungerechtes **nicht formal, vielmehr material**. Etwas, das wieder erst recht für Gerechtigkeit und Ungerechtigkeit mit ihren *Forderungen nach* dem Gerechten bzw. Ungerechten gilt. – Viertens noch: Wer die Gerechtigkeit als Maßstab des Gerechten als des Seinsollenden, sachlich Gebotenen, *ablehnt*, der beansprucht dennoch für diese Ablehnung, sofern sie ernst gemeint ist, unausdrücklich, daß sie *gerecht, seinsollend, sachlich geboten*, sei. Es geht nicht anders. Und so widerlegt er sich, ohne es zu merken, selber.

Ist mit alledem zumal die Identität des Gerechten mit dem Seinsollenden und sachlich Gebotenen sowie des Ungerechten mit dem Nichtseinsollenden und sachlich nicht Gebotenen dargetan, so bleibt noch übrig, die **Identität des Gerechten mit dem Recht** und die **des Ungerechten mit dem Unrecht** darzutun.

Es ist in der Sache gänzlich unerheblich, ob man nun feststellt: ‚Eine Notwehrhandlung ist *Recht*', oder: ‚Sie ist etwas *Gerechtes*'. Wie es genauso in der Sache unerheblich ist, ob man nun feststellt: ‚Ein Mord ist *Unrecht*', oder: ‚Er ist etwas Ungerechtes'. Denn in jedem Fall geht es um *dasselbe*. Das bedeutet jedoch: Das Recht zunächst ist dasselbe wie das Gerechte; und damit ist es auch dasselbe wie das in jeweiliger Lage Seinsollende oder sachlich Gebotene. Die Notwehr bestätigt das. Und das Unrecht sodann ist dasselbe wie das Ungerechte; und hiermit ist es auch dasselbe wie das in jeweiliger Lage Nichtseinsollende oder sachlich nicht Gebotene. Der Mord bestätigt das. Danach fallen jedoch ebenfalls Rechtlich sowie Gerecht, Seinsollend und Sachlich-geboten zusammen; nicht anders, als Unrechtlich sowie Ungerecht, Nichtseinsollend und Sachlich-nicht-geboten zusammenfallen. Deshalb treffen die sprachlich teils unterschiedlichen Feststellungen: ‚Eine Notwehrhandlung ist *rechtlich*', und: ‚Sie ist *gerecht*', genauso wenig etwas Verschiedenes wie die sprachlich teils unterschiedlichen Feststellungen: ‚Ein Mord ist *unrechtlich*', und: ‚Er ist *ungerecht*'. Nichts anderes gilt, sofern man noch statt ‚rechtlich' ‚recht' setzt und statt ‚unrechtlich' ‚unrecht'. Die Probe aufs Exempel ermöglichen alle oben gebrachten Beispiele: Die Ausdrücke ‚Gerechtes' und ‚Ungerechtes' sowie ‚gerecht' und ‚ungerecht' lassen sich, ohne daß dies in der Sache etwas änderte, ohne weiteres durch die Ausdrücke ‚Recht' und ‚Unrecht' bzw. ‚recht(lich)' und ‚unrecht(lich)' ersetzen. Alles, was bislang zum Gerechten und Ungerechten ausgeführt wurde, gilt so gleichermaßen für Recht und Unrecht.

Die **Etymologie**, also die Wissenschaft über die Grundbedeutungen der Wörter, bestätigt die Lage. Hiernach ist nämlich erstens „*Recht*" „das substantivierte Adj. *recht*" (Kluge-Mitzka, S. 589 l., Wort: „Recht"). Für dieses aber hatte sich schon im Althochdeutschen „die konkrete Bedeutung ‚in gerader Richtung' … weiterentwickelt zu ‚gerecht' … ‚wie es sich geziemt' " (S. 588 r., Wort: „recht"); was ja nichts anderes bedeutet als: wie es sein soll. Daß der Ausgang von der deutschen Sprache gleichgültig ist, zeigen andere Ausgänge: So hat zuerst lateinisch iustus nicht allein die Bedeutung von *„gerecht"*, sondern ebenfalls wieder die von *„recht"*, ja, zugleich die von *„gehörig";* wie die Mehrzahl „iusta" „das *Gehörige, Gebührende*" bezeichnet (Georges-Georges, II, Sp. 504f., Wort: „iustus"); und das ist nichts anderes als das Seinsollende. Doch gleichfalls griechisch δίκαιος (díkaios) bezeichnet sodann „wie *justus, was so ist wie es seyn soll, recht*" (Passow-Rost usw., I 1, S. 688 l., Wort: „δίκαιος", 2).

Hieraus, aber noch mehr aus dem vorweg Ausgeführten, ergibt sich noch Folgendes: **Was sein soll,** hat wesenhaft **nichts mit dem Sittlichen (Moralischen) zu tun**; genauso, wie das, **was nicht sein soll,** wesenhaft **nichts mit dem Unsittlichen (Unmoralischen) zu tun** hat. Mag auch beides bekanntlich noch so oft, sei es gar durchgehend, vertreten werden. Es gibt stattdessen nur Seinsollendes, Gerechtes, Recht, auf *sittlichem Gebiet*: dem sittlich Werthaften; wie es nur Nichtseinsollendes, Ungerechtes, Unrecht, auf *unsittlichem Gebiet* gibt: dem sittlich Unwerthaften. Aber – und gerade das zeigt ja ein Teil der zuerst gebrachten Beispiele: Es gibt ebenfalls sittlich *Unwerthaftes*, das *sein* soll, *(ge)recht* ist, z. B. das unhilfsbereite wie unbarmherzige Nichtfliehenlassen des Verbrechers; und es gibt desgleichen sittlich *Werthaftes*, das *nicht sein* soll, *un(ge)recht* ist, z. B. das hilfsbereite wie barmherzige Fliehenlassen des Verbrechers. Entsprechend ist die **Gerechtigkeit kein sittlicher Wert** und die **Ungerechtigkeit kein sittlicher Unwert**; vielmehr ist erstere der **Rechtswert** und letztere der **Unrechtsunwert**. Mehr, entsprechend ist nicht die **Ethik (Morallehre)** die Wissenschaft von dem, was sein bzw. nicht sein soll, und was man demgemäß tun bzw. lassen soll, sondern die **Rechtsphilosophie**: *Nicht* die *Ethik* steht *über* der *Rechtsphilosophie*, vielmehr die *Rechtsphilosophie über* der *Ethik*. Ganz so, wie Gerechtigkeit und Ungerechtigkeit bestimmend über allen sittlichen Werten und Unwerten stehen, ja, bestimmend über *sämtlichen* Werten und Unwerten. Zwar ist all das hiermit Abgelehnte bekanntlich breite herrschende Lehre; aber von dem, was die Ablehnung begründet, weiß sie nichts.

Nach alledem ist es übrigens *tautologisch*, von ‚gerechtem Recht‘ oder ‚ungerechtem Unrecht‘ zu sprechen; wie es *widersprüchlich in sich* ist, von ‚ungerechtem Recht‘ oder ‚gerechtem Unrecht‘ zu reden. Trotzdem – teilweise findet es sich.

Nun können zwar die Wörter ‚gerecht‘ und ‚recht‘ auch noch anderes bedeuten, zumal soviel wie ‚gemäß‘ oder ‚entsprechend‘. Ersteres ist z. B. bei dem Wort ‚wunschgerecht‘ so. Doch bringt ein bezahlter Mörder, der sein Opfer *wunschgerecht* tötet, es damit ersichtlich noch nicht *gerecht* um. Das letztere ist zumal mit der Redewendung so, daß ‚jemandem etwas recht‘ ist. Doch wird jener Mord dadurch, daß er dem *Auftraggeber recht* ist, auch damit ersichtlich nicht *recht(lich)*.

Zum Bereich des Gerechten als des Seinsollenden oder sachlich Gebotenen, kurz, des Rechts, zählt nun gleichfalls das **Billige**; wie zu dem des Ungerechten als des Nichtseinsollenden oder sachlich nicht Gebotenen, kurz, des Unrechts, ebenfalls das **Unbillige** zählt. Nur ist das Billige oder Billigkeitsrecht ein **Ausnahmerecht,** nämlich im Gegensatz zum bisherigen Recht als dem der *Regel;* und das Unbillige oder Unbilligkeitsunrecht ist ein **Ausnahmeunrecht,** nämlich im Gegensatz zum bisherigen Unrecht als dem der *Regel.*

Billig, d.h. ausnahmsweise rechtlich, ist zunächst ein Verhalten, das, obwohl es für den von ihm Betroffenen Unrecht ist, dennoch für den sich Verhaltenden auf Grund einer Ausnahmelage *allein zumutbar* ist. Anders gesagt: Das rechtliche Regelverhalten ist ihm demgegenüber *unzumutbar.* Man denke daran, daß in einem Strafverfahren die Beweislage *gegen* den *unschuldigen* Angeklagten spricht, derart überdies, daß der Richter an ihr keine Schuld trägt. Dann ist es ausnahmsweise rechtlich, billig, daß der Richter den Unschuldigen *nicht freispricht,* sondern *verurteilt.* Nur dieses Ausnahmeverhalten ist ihm zumutbar, das rechtliche Regelverhalten jedoch, der Freispruch, nicht. Dennoch: Das Ausnahmerecht besteht bloß in Hinblick auf den *Richter,* während es für den *Angeklagten* beim Freispruch als Regelrecht verbleibt und bei der Verurteilung als Regelunrecht. Insgesamt: Das *Regelunrecht* ist, bezogen auf den sich Verhaltenden, *vorrangiges Ausnahmerecht.* Auf das Billige stößt man oft, sei es, daß der sich Verhaltende um seine Ausnahmelage, wie der Richter, nicht weiß, sei es, daß er darum weiß. Das ist z.B. so, wenn eine überfallene und vergewaltigte Frau, schwanger geworden, die Leibesfrucht abtreiben läßt: Sie handelt ausnahmsweise rechtlich, billig; genauso der Abtreibende. Daß sodann ebenfalls ein Sein und ein Haben ausnahmsweise rechtlich sein können, sei lediglich erwähnt.

Unbillig, d.h. ausnahmsweise unrechtlich, ist zuerst ein Verhalten, das, obschon es für den von ihm Betroffenen Recht ist, dennoch auf Grund einer Ausnahmelage dem sich Verhaltenden *unzumutbar* ist. Auch jetzt anders gesagt: Das unrechtliche Ausnahmeverhalten ist ihm *allein zumutbar.* Hierzu denke man daran, daß, wieder in einem Strafverfahren, die Beweislage nun *für* den *schuldigen* Angeklagten spricht, erneut derart, daß der Richter an ihr unschuldig ist. Dann ist es ausnahmsweise unrechtlich, unbillig, daß der Richter den Schuldigen *nicht freispricht,* ihn *verurteilt.* Dieses rechtliche Regelverhalten ist ihm nicht zumutbar, das Ausnahmeverhalten aber, der Freispruch, allein zumutbar. Trotzdem: Das Ausnahmeunrecht liegt einzig in Hinsicht auf den *Richter* vor, während es für den *Angeklagten* beim Freispruch als Regelunrecht verbleibt. Auch jetzt zusammengefaßt: Das *Regelrecht* ist, bezogen auf den sich Verhaltenden, *vorrangiges Ausnahmeunrecht.* Ebenfalls auf das Unbillige stößt man oft, sei es wiederum, daß der sich Verhaltende um seine Ausnahmelage nicht weiß, wie der

Richter, sei es, daß er darum weiß. Das verhält sich etwa so, wenn ein von einem Bankräuber mit Niederschießen bedrohter Bankangestellter, ohne Möglichkeit erfolgversprechender Gegenwehr, das verlangte Geld herausgibt: Mit dem Versuch der Gegenwehr handelte er ausnahmsweise unrechtlich, unbillig. Daß sodann gleichfalls ein Sein und ein Haben ausnahmsweise unrechtlich sein können, sei aufs neue nur erwähnt.

Zwar ist der dem Billigen zugeordnete Wert die **Billigkeit** und der dem Unbilligen zugeordnete Unwert die **Unbilligkeit**. Doch ist die erste dasselbe wie die *Gerechtigkeit* und die zweite dasselbe wie die *Ungerechtigkeit*. Nur – die Gerechtigkeit ist gleich der Billigkeit, und die Ungerechtigkeit ist gleich der Unbilligkeit *ausschließlich* für Lagen der gerade beschriebenen Art, eben *Ausnahmelagen*. Sie sind insoweit **Ausnahmegerechtigkeit** bzw. **-ungerechtigkeit**. Entsprechend ist das zugehörige Gerechte als Seinsollendes oder sachlich Gebotenes jeweils eines der *Ausnahme*, genauso das zugehörige Ungerechte als Nichtseinsollendes oder sachlich nicht Gebotenes. All diese Ausnahmegegenstände im Gegensatz zu den bisherigen als solchen der *Regel*.

Billiges und Unbilliges sind ein besonderer Ausdruck der genannten *Lagegebundenheit* von Recht und Unrecht; wie Billigkeit und Unbilligkeit ein besonderer Ausdruck der genannten *Lagebezogenheit* von Gerechtigkeit und Ungerechtigkeit sind.

Zusammenfassend, ergibt sich als **Definition des Rechts und des Unrechts**: *Recht* ist – als solches der Regel wie der Ausnahme, als Billiges – gleich dem in jeweiliger Lage Gerechten als Seinsollendem oder sachlich Gebotenem; und *Unrecht* ist – auch als solches der Regel wie der Ausnahme, als Unbilliges – gleich dem in jeweiliger Lage Ungerechten als Nichtseinsollendem oder sachlich nicht Gebotenem.

Ging es bisher um das **objektive Recht**, so geht es nunmehr um das schon mehrfach genannte **subjektive Recht** – die Berechtigung, die Befugnis –, ein *Erlaubtsein* als **Dürfen**. Es ist nicht bloß ein Tun- oder Unterlassendürfen, vielmehr desgleichen ein Haben- und Seindürfen. So ist das Recht *an* einem Eigentumsgegenstand ein Habendürfen; das, seine Herausgabe zu verlangen, ein Tundürfen; das Recht, ihn selbst nicht herauszugeben, ein Unterlassendürfen; und das endlich, als Unschuldiger frei zu sein, ein Seindürfen. Bei allem ist das Dürfen nicht *einzig* gleich Erlaubtsein – erlauben kann auch ein Bandenchef –, sondern gleich *rechtlichem*, d.h. *gerechtem*, Erlaubtsein. Soweit das objektive Recht aus *Normen* besteht, also aus ihrerseits etwas Seinsollendem, Gerechtem, sachlich Gebotenem; und soweit sie ein subjektives Recht anordnen, – ist das Verhältnis zwischen beiden zwar das des Gewährenden oder Verleihenden zum Gewährten oder Verliehenen. Dennoch hindert dies nicht, daß – allerdings unter anderem Gesichtspunkt – auch das *subjektive* Recht *objektives* ist. Denn ebenfalls zu ihm gehört es, gerecht als seinsollend oder sachlich geboten zu sein. Hiermit stellt aber das subjektive Recht, ein Teil des objektiven, lediglich *besonderes* objektives Recht dar: Das Recht bleibt *eines*. Dem entspricht, daß es ein subjektives Recht stets nur auf ein objektives als Sein, Haben oder Verhalten gibt, sei es eines der Regel, sei es eines der Ausnahme. – Daß all dem die Wirklichkeit, auch die gesetzliche, oft genug nicht entspricht, und zwar trotz Benutzung der gleichen oder gleichbedeutender Wörter, ist nur zu bekannt. Was wurde eben und wird nicht alles als Recht, Berechtigung usf. ausgegeben?! Sprachmißbrauch. **Können** als In-der-Lage-sein hat nichts mit Dürfen als Berechtigung zu tun.

Außerdem kann man bekanntlich nicht allein *Recht* tun, sondern auch *Unrecht*; aber nur ersteres *darf* man. Hiermit ist indes gleicherweise die *Gewalt* oder *Macht* als gekennzeichnetes überlegenes Können kein subjektives Recht: Macht = Recht = Unsinn. Doch auch **Freisein** als Wählen-können hat nichts mit Dürfen als Berechtigung zu tun. Überdies kann man – erneut bekanntlich – nicht bloß *Recht* wählen, vielmehr ebenfalls *Unrecht*; nur ersteres indes *darf* man wieder. Dennoch wird das Abgelehnte oft vertreten, aber dabei zumal die Freiheit auch zum Verbrechen vergessen. Schließlich ist, obschon wiederum häufig vertreten, nicht der **Anspruch** dasselbe wie subjektives Recht oder Dürfen. Dies ergibt sich bereits daraus, daß es desgleichen *unrechtliche* Ansprüche gibt, auch als sog. Rechtsansprüche, d.h. vor allem gesetzlich verliehene; sowie daraus, daß der Anspruch sich nur auf ein Tun oder Unterlassen erstreckt, das subjektive Recht aber zudem auf das genannte Haben oder Sein.

Die bislang noch unerwähnte **objektive Pflicht** ist das *Aufgegebensein* von etwas Rechtlichem für ein Subjekt; und die wiederum bereits mehrfach erwähnte **subjektive Pflicht** – die Verpflichtung – ist sein *Gehaltensein* zur Erfüllung dieser Aufgabe als **Sollen**. Es ist nicht allein ein Tun- oder Lassensollen, sondern gleichermaßen ein Haben- und Seinsollen; ohne daß dies erneut auszuführen wäre. Hierbei ist das Sollen nicht *nur* gleich Gehaltensein – denn ein solches gibt es auch gegenüber einem Bandenchef –, vielmehr gleich *rechtlichem*, d.h. *gerechtem*, Gehaltensein. Soweit das objektive Recht wieder aus *Normen* besteht und diese nun eine subjektive Pflicht anordnen, ist das Verhältnis zwischen beiden zwar das des Auferlegenden zum Auferlegten. Aber nichts von allem steht der Einheit des Rechts im Wege. Unter dem Gesichtspunkt nämlich, daß ebenfalls objektive und subjektive Pflicht gerecht, seinsollend oder sachlich geboten sind, bilden beide, wieder ein Teil des objektiven Rechtes, bloß ein *besonderes* aus diesem: Das Recht bleibt auch insoweit *eines*. Dem entspricht jetzt, daß eine objektive und subjektive Pflicht immer nur zu einem objektiven Recht als Sein, Haben und Verhalten bestehen, sei es aufs neue einem der Regel, sei es einem der Ausnahme. – Wieder ist nur zu bekannt, daß alledem die Wirklichkeit, gleichfalls die gesetzliche, oft genug widerspricht, und zwar erneut trotz Gebrauchs der gleichen oder gleichbedeutender Wörter. Denn was wurde und wird nicht alles als Pflicht, Verpflichtung usw. ausgegeben?! Wiederum Sprachmißbrauch. *Obliegenheit* ist übrigens dasselbe wie Aufgabe, *Obliegen* das wie Gehaltensein.

Als seinsollend oder sachlich geboten, ist **alles Recht** aus *sich* heraus **gerechtfertigt**: als Regelrecht regelmäßig, als Ausnahmerecht, Billiges, ausnahmsweise. Doch **verbindlich**, d.h. für das in gegebener Lage Seinsollende entscheidend, ist *einzig* eine *Willensäußerung* als Recht, zumal als normative, *Norm* (zu ihr o. 1. Abschn., B I 1). Entsprechend ist, als nichtseinsollend oder sachlich nicht geboten, **alles Unrecht** aus *sich* heraus **ungerechtfertigt**: als Regelunrecht regelmäßig, als Ausnahmeunrecht, Unbilliges, ausnahmsweise. Aber **unverbindlich**, d.h. für das in gegebener Lage Seinsollende nicht entscheidend, ist *allein* eine *Willensäußerung* als Unrecht, besonders wiederum als normative, *Norm*. In Gemäßheit hierzu ist, was ersteres angeht, die verbindliche Willensäußerung **gültig**, d.h., weil verbindlich, beachtlich (zu befolgen bzw. jedenfalls zu achten). Und was letzteres anlangt, so ist die unverbindliche Willensäußerung **ungültig**, d. h., weil unverbindlich, unbeachtlich (nicht zu befolgen bzw. jedenfalls nicht zu achten). Insofern gilt aber, daß Rechtsnormen, in Ausnahmelagen der geschilderten Art unbillig, ausnahmsweise unverbindlich wie ungültig sind und Unrechtsnormen, in entsprechenden Lagen billig, ausnahmsweise verbindlich wie gültig. – Um andere Bedeutungen von ‚verbindlich' und ‚unverbindlich' geht es nicht. Etwa als ‚bindend' („sich festlegend") und ‚nicht bindend' („sich nicht festlegend"), z. B. was ein Angebot betrifft; und insbesondere als ‚verpflichtend' und ‚nicht verpflichtend'. Denn ein bindendes Angebot kann beispielshalber auch das unverbindliche eines Hehlers sein; und verbindlich sind desgleichen Normen, die keine Verpflichtungen auferlegen, sondern Rechte verleihen. – Die bisher ausschließlich genannte **Geltung als Inkraftstehen** hat weder etwas mit Verbindlichkeit noch mit Gültigkeit zu schaffen. Denn in Kraft stehen können bekanntlich auch unrechtliche Willensäußerungen, erneut zumal Normen; und nicht in Kraft stehen können ebenso bekanntlich gleichfalls rechtliche Willensäußerungen, wieder besonders Normen.

Mit Rücksicht auf die als solche weder gute noch böse (schlechte) **Macht** oder **Gewalt**, die aber ersteres ist, wenn sie auf Recht gerichtet ist, und letzteres, wenn sie es auf Unrecht ist, (o. 1. Abschn., B II 1: zu LOEWENSTEIN) bleibt noch dies: **Das objektive Gute** ist dasselbe wie *Recht* und das **objektive Böse (Schlechte)** dasselbe wie *Unrecht.* Denn es ist ausgeschlossen, daß etwas zwar *rechtlich* in der Bedeutung von *gerecht* als *seinsollend, sachlich geboten,* ist, doch nicht zugleich objektiv gut; und daß etwas zwar *unrechtlich* in der Bedeutung von *ungerecht* als *nichtseinsollend, sachlich nicht geboten,* ist, indes nicht zugleich objektiv böse (schlecht). Auf Recht als Gutes gerichtet, ist also die Macht selber recht(lich) oder gut; und auf Unrecht als Böses gerichtet, ist die Macht somit selber unrecht(lich) oder böse. Das **subjektive Gute** ist demgegenüber dasselbe wie *Nützliches,* z. B. alles Sichere und Zweckmäßige, und das **subjektive Böse (Schlechte)** dasselbe wie *Unnützliches,* z. B. alles Unsichere und Unzweckmäßige. Es ist dies das Feld des Utilitarismus. Besteht das jeweils objektive *an sich,* so das jeweils subjektive *für* jemanden oder etwas. Selbstverständlich können sie *zusammen* vorliegen. Dies auch so, daß das objektive Gute nicht nur subjektiv gut ist, sondern ebenfalls schlecht und das objektive Böse nicht bloß subjektiv böse ist, vielmehr desgleichen gut. Ausschlaggebend ist stets das objektive. Anders gesagt: Nicht Nützlichkeit und Unnützlichkeit sind entscheidend, sondern Gerechtigkeit und Ungerechtigkeit, gleich, auf welcher Seite der zwei letzteren eine der zwei ersteren steht. Glücklich die Lage, in der Gerechtigkeit und Nützlichkeit zusammen bestehen.

2. Das Verhältnis der Staatsverfassung zu Recht und Unrecht

Es handelt sich hier um dieses Verhältnis nur insoweit, als die Verfassung bisher dargestellt wurde, also in ihrem allgemeinsten Wesen.

Die Frage, ob die *Staatsverfassung überhaupt* sein soll und folglich bereits insofern gerecht oder sachlich geboten ist, stellt sich hier nicht. Sie ist, wie es keinen – umfassenden – Staat ohne – umfaßte – Verfassung gibt, nur eine Frage der – ebenso umfassenden – Staatslehre als allgemeiner (zu ihr o. Einleitung, 3) und nicht mehr der – genauso umfaßten – Verfassungslehre. So dreht es sich erstens nicht um die **Theorien von der Nichtrechtfertigung des Staates:** den **Nihilismus,** der Staat und Staatsverfassung verneint, ohne dafür einen Ersatz zu wollen; sowie den **Anarchismus,** der beide zwar gleichfalls verneint, aber dafür einen Ersatz will. Und zweitens geht es nicht um die **Theorien von der Rechtfertigung des Staates**: darunter z. B. **theologische** sowie **vertragliche.** Dennoch ist hier selbstverständlich vorausgesetzt, daß mit dem Staat überhaupt auch seine Verfassung sein soll. Nur – es ist damit lediglich etwas für das *Ob* des Staates und seiner Verfassung gewonnen, doch nichts für ihr *Wie.* Und allein *darum* handelt es sich. Wie es ja auch nirgendwo Staat und Verfassung *überhaupt* gibt, sondern überall einzig als *ganz bestimmte.*

Nach den Ausführungen zu Recht und Unrecht ergibt sich allgemein dies: Die Staatsverfassung kann nicht nur *Recht*, vielmehr desgleichen *Unrecht* sein. Sie ist ersteres, wenn und soweit sie, den jeweiligen Lageumständen gemäß, als seinsollende gerecht oder sachlich geboten ist; und sie ist letzteres, wenn und soweit sie, denselben Umständen nicht gemäß, als nichtseinsollende ungerecht oder sachlich nicht geboten ist. Ob nun aber und inwieweit sie das eine oder das andere ist, also rechtlich legitimiert oder nicht, – eine *Verfassung* ist sie unberührt davon.

Daß eine Verfassung *völlig* Recht oder Unrecht sei, ist zwar *theoretisch* nicht auszuschließen, wohl aber *praktisch.* So ist es im Rechtsfall, da weder gewolltes noch ungewolltes Unrecht gänzlich ausgeschlossen sind. Und so ist es im Unrechtsfall, da weder gewolltes noch ungewolltes Recht gänzlich ausgeschlossen sind. Dies bedeutet jedoch, daß es **keine völlige Rechtsverfassung** gibt und **keine völlige Unrechtsverfassung**, sondern höchstens eine jeweils *wesentliche*, d.h. hier: eine weit überwiegend rechtliche bzw. unrechtliche. Mehr, in vielen Fällen geht es überhaupt nur um eine jeweils *überwiegende* Rechts- bzw. Unrechtsverfassung. Dies besagt aber, daß rechtliche und unrechtliche Verfassung in *jeder* Staatsverfassung in einer gewissen **Gemengelage** bestehen; und daß im *Gegenüber* von Verfassungen zwar insoweit noch annehmbar von Rechtsverfassung einerseits und Unrechtsverfassung andererseits gesprochen werden kann, als die eine wie die andere es *wesentlich* ist, doch selbst dies die Lage *nicht genau* trifft. Es ist das ganz so wie beim Staat als **Rechts- bzw. Unrechtsstaat**: Keinen von beiden gibt es *völlig*, vielmehr höchstens *wesentlich*, in vielen Fällen bloß wieder *überwiegend.* Denn ein Staat *gänzlich* ohne *Unrecht* besteht genauso wenig wie ein solcher *völlig* ohne *Recht.* Auch dies besagt, daß rechtlicher und unrechtlicher Staat in *jedem* Staate in einer gewissen **Gemengelage** vorliegen; und daß im *Gegenüber* von Staaten zwar insofern noch annehmbar von Rechtsstaat einerseits und Unrechtsstaat andererseits gesprochen werden kann, als der eine wie der andere es wieder *wesentlich* ist, doch selbst das die Lage erneut *nicht genau* trifft. Rechts- und Unrechts*staat* umgreifen nun nicht allein Rechts- bzw. Unrechts*verfassung*, sondern außerdem die *übrige Staatsordnung* als rechtliche bzw. unrechtliche. Und besteht der – **weitere** – **objektive Zweck des Staates** darin, **Rechts- und nicht Unrechtsstaat zu sein**, so besteht in seinem Rahmen der – **engere** – **objektive Staatszweck** darin, eine **Rechts- und nicht Unrechtsverfassung zu haben**. Was jeweils bedeutet: *wesentlich*, mindestens *überwiegend* ein Rechtsstaat zu sein und *wesentlich*, zumindest *überwiegend* eine Rechtsverfassung zu haben. Dabei ist der engere Staatszweck der vorrangige und also der weitere der nachrangige. Denn die Staatsverfassung in ihrer gekennzeichneten Rechtlichkeit bzw. Unrechtlichkeit macht den *Kern* von Rechts- und Unrechtsstaat aus. Rechtsstaat und Rechtsverfassung lassen sich auch als **materieller Rechtsstaat** bzw. **materielle Rechtsverfassung** bezeichnen, der erste ebenfalls als *Gerechtigkeitsstaat* und die zweite desgleichen als *Gerechtigkeitsverfassung.* Und entsprechend lassen sich Unrechtsstaat und Unrechtsverfassung auch als **materieller Unrechtsstaat** bzw. **materielle Unrechtsverfassung** kennzeichnen, ersterer gleichfalls als *Ungerechtigkeitsstaat* und letztere desgleichen als *Ungerechtigkeitsverfassung.* – Der **subjektive Staatszweck** besteht demgegenüber darin, ein **Nützlichkeits- und nicht Unnützlichkeitsstaat zu sein,** insbesondere einer der Sicherheit und nicht der Unsicherheit, sowie demgemäß eine **Nützlichkeits- und nicht Un-**

nützlichkeitsverfassung zu haben. Beide Zwecke – objektiver und subjektiver – können sich decken, indem das Nützliche zugleich das Gerechte ist; sie können aber auch auseinanderfallen, indem das Nützliche etwas Ungerechtes ist, doch das Unnützliche etwas Gerechtes. In diesem Fall geht das letztere vor: Der **Gerechtigkeitszweck** steht **vor** dem **Nützlichkeitszweck**, der des Rechtes vor dem des Nutzens. Glücklich die Lage, in der sich beide Zwecke decken.

In dem hiermit dargetanen Rahmen dreht es sich um das Folgende: Mit dem Recht als dem in *jeweiliger Lage* sachlich Gebotenen (o. 1) kann gleichermaßen die Verfassung nur in einer derartigen Lage als sachlich gebotene eine – nun als wesentlich rechtlich vorausgesetzte – Rechtsverfassung sein; genauso, wie sie mit dem Unrecht als dem in *jeweiliger Lage* sachlich nicht Gebotenen nur in einer solchen Lage eine – jetzt als wesentlich unrechtlich vorausgesetzte – Unrechtsverfassung sein kann: Die rechtliche Verfassung wird eben der Lage gerecht, die unrechtliche nicht. Näher besteht nun **jede Lage aus** für die Verfassung **erheblichen, berücksichtigungswerten, Umständen.** Und so wesentlich gleich oder ungleich diese Lageumstände von Staat zu Staat sind, so gleich oder ungleich sind rechtliche und unrechtliche Verfassung. Einzig so erklärt es sich, warum im wesentlichen *ungleiche* Verfassungen dennoch ebenso wesentlich *gleich rechtlich* sein können, doch im wesentlichen *gleiche* Verfassungen genauso wesentlich *gleich unrechtlich.* Auf eine nur schematische Formel gebracht: Gleichen Lageumständen können nur gleiche Verfassungen gerecht werden, ungleichen allein ungleiche. Die Lageumstände sind nun sehr verschieden: vorab das grundlegende politische Wollen und Können im Staate sowie die Sicherheit nach innen wie nach außen; und dann z. B. die Überlieferung, der zivilisatorisch-kulturelle Entwicklungsstand der Bevölkerung, die gesellschaftliche Schichtung, der Ausbildungsstand staatstragender Menschen, mögliche Nationalitäten nebst unterschiedlichen Sprachen, ein Gesamtstaats- oder auch noch ein Gliedstaatsbewußtsein, überhaupt das vorherrschende Staatsformbewußtsein, Größe oder Kleinheit von Staatsgebiet und -volk, Frei- oder Unfreisein von Besatzern usw. Entscheidend indes und auf *jeden* Staat zutreffend ist folgender Umstand: **Eignung oder Nichteignung der einschlägigen Führung**, angesichts der übrigen vorliegenden Lageumstände den objektiven Staatszweck, vorweg den engeren, zu verwirklichen: eine Rechts- und keine Unrechtsverfassung zu haben. Auf ihn, und das heißt vor allem: auf **das rechtliche oder unrechtliche Wollen**, kommt es **ausschlaggebend** an. – In diesem Zusammenhang stellt die **Verfassungsänderung**, als Gesamt- oder Teiländerung (Total- oder Partialrevision) *das* Mittel dar, **veränderten Lageumständen** oder noch **nicht berücksichtigten** gerecht oder nicht gerecht zu werden. Ersterenfalls ist sie ein Beitrag zur rechtlichen Verfassung, letzterenfalls ein solcher zur unrechtlichen.

Haben sich Recht und Unrecht als etwas *Objektives* herausgestellt (o. 1), so gilt das desgleichen zur **Rechts- und Unrechtsverfassung**: Auch ihnen kommt **Objektivität** zu. D. h. nun: Der Mensch, zumal in Gestalt der Staatsführung, vermag *nicht*, durch sein *Dafür* Verfassungs*recht* und *-unrecht* erst dazu zu *machen* und *nicht* durch sein *Dagegen aufzuheben*; wie er es gleichfalls *nicht* vermag, Verfassungs*recht* zu Verfassungs*unrecht* zu machen und umgekehrt. Die *Lageangemessenheit* auch des Verfassungsrechts und die *Lageunangemessenheit* ebenfalls des Verfassungsunrechts hindern ihn daran; wie dies genauso in positiver Hinsicht die *Lagegebundenheit* des ersteren und in negativer Hinsicht die des letzteren tun. Die Lageumstände können eben einzig – ganz oder teils – *berücksichtigt* oder *nicht berücksichtigt* werden. Dies setzt – über die *Lagebezogenheit* – desgleichen jetzt eine **ursprüngliche Maßgeblichkeit ausschließlich von Gerechtigkeit und Ungerechtigkeit** voraus und eine lediglich **abgeleitete des Menschen**. Letztere, wenn er wieder der *Forderung der Gerechtigkeit entspricht*, doch *jener* der *Ungerechtigkeit nicht*. Auch jetzt ist der Mensch – erneut zumal in Gestalt der Staatsführung – für die von ihm verwirklichte Rechts- und Unrechtsverfassung *als* diese **nicht begründend (konstitutiv)**, vielmehr bloß **erklärend (deklaratorisch)**. Er *findet* sie insoweit nur. Zu Verfassungsrecht und -unrecht, das infolge veränderter oder noch nicht berücksichtigter Lageumstände durch Verfassungsänderung erst geschaffen wird, gilt insgesamt nichts anderes.

Bei alledem geht es nun um die Verfassung nicht allein als *normative*, sondern gleicherweise als *faktische*, d.h. soweit letztere, der normativen entsprechend, gegeben ist (zu beiden o. B I – III). Das bedeutet aber: Es gibt **nicht bloß normatives Verfassungsrecht und -unrecht, vielmehr ebenfalls faktisches**. Wie ja auch ein faktisches Verhalten einzig dann einer Rechtsnorm oder Unrechtsnorm entsprechen kann, wenn es selber Recht bzw. Unrecht ist. Mehr, wie es ja entsprechend nicht ausgeschlossen ist, daß auch Faktisches seinsollend als gerecht oder sachlich geboten: Recht, ist bzw. nichtseinsollend als ungerecht oder sachlich nicht geboten: Unrecht. Die Staatsführung tut also nicht allein in ihrem normativen Verhalten Recht oder Unrecht, sondern gleichermaßen in ihrem faktischen. Das bedeutet aber auch noch: Das Faktische ist nicht bloß *rechts(norm)gemäß* oder *unrechts(norm)gemäß*, vielmehr obendrein *selber recht* oder *unrecht*. Was im besonderen die faktische Verfassung betrifft, so erstreckt sich das Recht- oder Unrechtsein auf das Sein, Haben und tatsächliche Verhalten ihrer Organe. Man denke insoweit an eine unbeschränkte – gewaltenvereinigende, diktatorische – Mehrherrschaft in einem Staat, dessen Bevölkerung in ihrer Erwachsenenmehrheit – unter wesentlicher Wahrung des Staatszwecks – fähig und bereit zu einer beschränkten – gewaltenteilenden, nichtdiktatorischen – Vielherrschaft als Demokratie ist. Dann stellt nicht allein das Sein der einschlägigen Verfassungsorgane Unrecht dar, sondern das tut auch ihr Haben an Zuständigkeiten, ja, außerdem ihr faktisches Verhalten, wenn und soweit alles Ausdruck der sachlich nicht gebotenen Mehrherrschaft ist. Gleiches gilt von ihrem normativen Verhalten. Als Beispiel sei auf die normative wie faktische Bekämpfung von gegen die Mehrherrschaft gerichteten Bestrebungen hingewiesen, etwa in einem unrechtlichen sozialistischen Staat als Pleokratie. Insgesamt ist mithin unter Rechts- und Unrechtsverfassung die normative wie faktische Staatsverfassung als *Gesamtverfassung* zu verstehen, d.h., wie oben vorausgesetzt, als wesentlich rechtliche bzw. unrechtliche, keinesfalls *nur* die normative.

Im jeweiligen Umfang allerdings, in dem die Staatsverfassung **Rechtsverfassung** ist, aber auch *nur* in diesem Umfang, ist sie – gleich *allem* Recht – als seinsollend oder sachlich geboten aus *sich* heraus **gerechtfertigt**. Insoweit kommt allein ihr **Legitimität (Gerechtfertigtheit)** zu. Dem entspricht, daß eine beispielshalber *demokratisch* legitimierte Verfassung (dazu o. A) keine – jedenfalls überwiegende – Rechtsverfassung sein muß, dies aber eine *nicht demokratisch* legitimierte durchaus sein kann. Letzteres trifft z.B. auf die Bonner Verfassung zu, die in ihrer Entstehung demokratisch nicht legitimiert war (hierzu u. 3. Abschn., A III 1 b, Ende). **Verbindlich**, d.h. für das in gegebener Lage Seinsollende entscheidend, ist hingegen – im Gegenüber von normativer und faktischer Verfassung – *einzig* die normative als rechtliche. In dem Umfang sodann, in dem die Staatsverfassung **Unrechtsverfassung** ist, und zwar wieder *nur* in diesem Umfang, ist sie – gleich *allem* Unrecht – als nichtseinsollend oder sachlich nicht geboten aus *sich* heraus **ungerechtfertigt**. Insofern kommt allein ihr **Illegitimität (Ungerechtfertigtheit)** zu. **Unverbindlich** dagegen, d.h. für das in gegebener Lage Seinsollende nicht entscheidend, ist – wieder im Gegenüber von normativer und faktischer Verfassung – *einzig* die normative als unrechtliche. Entsprechend zu all dem ist die verbindliche normative Verfassung **gültig**, d.h., weil verbindlich, beachtlich (zu befolgen bzw. jedenfalls zu achten). Und die unverbindliche normative Verfassung ist **ungültig**, d.h., weil unverbindlich, unbeachtlich (nicht zu befolgen bzw. jedenfalls nicht zu achten). Auch insoweit kann es aber so sein, daß Rechtsnormen, in Ausnahmelagen unbillig, ausnahmsweise unverbindlich wie ungültig sind und Unrechtsnormen, in entsprechenden Lagen billig, ausnahmsweise verbindlich wie gültig. Letzterenfalls denke man etwa an auf Besatzer zurückgehende Normen, die, obwohl unrechtlich, zwar nicht sofort, doch später überwindbar sind. – Gleichfalls jetzt haben Verbindlichkeit und Gültigkeit nichts mit der bislang ausschließlich erwähnten **Geltung als Inkraftstehen** zu tun. Man denke nur an inzwischen überwundene, aber auch noch an fortbestehende geltende sozialistische Verfassungen. Das wird noch darzutun sein (u. 3. Abschn., zumal III 3 b, Anhang). Gegenüber unrechtlichen und damit unverbindlichen wie ungültigen, doch geltenden Verfassungsnormen bleibt rechtlicherweise nur die möglichst baldige rechtliche Verfassungsänderung. Dem die sog. **Rechtssicherheit** entgegenzuhalten, wäre verfehlt. Denn gesichert würde ja gerade *kein Recht*, sondern *Unrecht*, so daß es tatsächlich um **Unrechtssicherheit** ginge. Wird dennoch gegenteilig verfahren, so haben oft genug nicht bloß die dafür Verantwortlichen die Folgen zu tragen, sondern es hat dies obendrein der Staat. So verhielt es sich in Bezug auf die im Weimarer Staat die Verhältniswahl anordnende Verfassungsbestimmung (Art. 22, 1 Deutsche RV, 1919), einen der Hauptgründe für sein fortschreitendes Versagen und seinen gleichen Verfall (dazu u. 3. Abschn., III 2 b).

Was innerhalb der normativen die **geschriebene und ungeschriebene Verfassung** anlangt (dazu o. B I 1), so läßt sich zu ihnen am wenigsten sagen, die eine sei, in ihrer Lage sachlich geboten, insofern Recht und die andere, in derselben Lage sachlich nicht geboten, insoweit Unrecht. Dies liegt erstens daran, daß es – wie am Beispiel Großbritanniens gezeigt – eine völlig ungeschriebene Verfassung nicht gibt, sondern lediglich eine weitgehend ungeschriebene. Und es liegt zweitens sowie besonders daran, daß Geschriebenheit und Ungeschriebenheit in keiner Weise etwas über den *Inhalt* der normativen Verfassung aussagen, ja, auch nichts über den der ihr entsprechenden faktischen. D.h. aber: Die Frage nach der Rechtlichkeit oder Unrechtlichkeit von geschriebener oder ungeschriebener Verfassung gilt lediglich ihrer **Form**, folglich etwas, insgesamt gesehen, doch bloß *Nachrangigem*. Und dazu gilt: Es geht weniger darum, daß die ungeschriebene Verfassung z.B. leichter abänderbar ist als die geschriebene und somit an veränderte Umstände besser anpaßbar. Denn wenn die geschriebene für ihre Veränderung keine oder nur geringe Erschwerungen kennt, steht es um sie genauso oder ähnlich. Noch weniger dreht es sich darum, daß die geschriebene Verfassung etwa infolge erschwerter Abänderbarkeit bestandssicherer und so fester ist als die ungeschriebene. Denn selbst wenn eine solche Erschwerung vorliegt, können doch viele Veränderungen erfolgen. Es sei insofern auf die zahlreichen des GG, 1949, vor der Wiedervereinigung hingewiesen. Statt dessen handelt es sich mehr sowie entscheidend um Folgendes: Wie, bedingt zumal durch eine jeweils unterschiedliche Verfassungsüberlieferung, für das eine Land, z.B. Frankreich, eine weitgehend ungeschriebene Verfassung nicht einmal vorstellbar ist, so ist für das andere, das genannte Großbritannien, eine geschriebene, vor allem als Verfassungsurkunde, nicht einmal vorstellbar. Hiermit ist aber, beschränkt auf die genannte Form, für ersteres Recht, was für letzteres Unrecht wäre, und umgekehrt.

Zur **materiellen und formellen Verfassung** (o. B I 2) handelt es sich nurmehr um die zweite. Doch auch um sie geht es bloß insoweit, als sie – außer den hier ausscheidenden *materiellen* Verfassungsnormen als zugleich formellen – ebenfalls *bloß formelle* als *Nichtverfassungsnormen* und überdies *Nichtnormen* enthält. Auch die **Nichtverfassungsnormen** stehen Recht und Unrecht offen. Doch darauf, also *inhaltlich*, kommt es hier für sie nicht an, sondern darauf, daß sie, obschon materiell keine Verfassungsnormen, dennoch in ein Verfassungsgesetzeswerk *Aufnahme* gefunden haben, also **formell**. Mithin eine – allerdings nicht unerhebliche – *Nebensache*. Hierzu ist die bereits vorgenommene Kennzeichnung solcher Normen als **verfassungsgesetzlich nicht überflüssig oder überflüssig** (a.a.O.) ausschlaggebend: Erstere sind, die materielle Verfassung betreffend, in ihrer Aufnahme in das Gesetzeswerk sachlich geboten, insoweit Recht, letztere, die materielle Verfassung nicht betreffend, in der gleichen Aufnahme sachlich nicht geboten, insofern Unrecht. Zu jenen zählt beispielsweise die schon genannte Norm über das Inkrafttreten der Verfassung der Bundesrepublik Deutschland (Art. 145 II GG, 1949); zu diesen zählen etwa die gleichfalls bereits genannten Normen, die den Wucher verbieten bzw. sittenwidrige Geschäfte für nichtig erklären (Art. 152 II Deutsche RV, 1919). Dem Recht und dem Unrecht stehen zwar desgleichen die **Nichtnormen** offen. Doch auch zu ihnen dreht es sich zuerst nur darum, daß sie, ohne überhaupt Normen zu sein, trotzdem **formell** in einem Verfassungsgesetzeswerk *Aufnahme* gefunden haben. Folglich aufs neue eine – nicht unerhebliche – *Nebensache*. Ebenfalls in dieser Hinsicht ist wieder die schon vorgenommene Kennzeichnung derartiger Nichtnormen als **verfassungsgesetzlich nicht überflüssig oder überflüssig** ausschlaggebend. Erstere sind erneut, die materielle Verfassung betreffend, in ihrer Aufnahme in das Gesetzeswerk sachlich geboten, insoweit Recht, letztere, die materielle Verfassung nicht betreffend, in der gleichen Aufnahme sachlich nicht geboten, insoweit Unrecht. Zu jenen gehört beispielshalber der schon erwähnte Zweck der Präambel GG: die „nationale und staatliche Einheit“ des Volkes „zu wahren“; zu diesen etwa die auch bereits erwähnte Nichtnorm über die Ausrottung des „deutschen Militarismus und Nazismus“ (Art. 6 I 1 Verf. DDR, 1968/1974). Sodann dreht es sich indes bei den Nichtnormen noch darum, ob sie **inhaltlich überhaupt zutreffen oder nicht**. Was letzteres betrifft, so sei auf den Satzteil der Präambel GG hingewiesen, daß „das deutsche Volk in“ seinen „Ländern ... dieses Grundgesetz ... beschlossen“ hat. Denn das deutsche Volk hat 1949 das Grundgesetz gerade *nicht* beschlossen (u. 3. Abschn., A III 1 b, Ende). Der Satzteil ist Unrecht. Was innerhalb der formellen Verfassung noch die Möglichkeiten einer **Verfassungsurkunde** einerseits **oder einzelner Verfassungswerke** andererseits (Beispiel: Frankreich, 1875) angeht, so handelt es sich insoweit nicht nur wieder um etwas *Formelles* als *Nebensache*, vielmehr um eine überdies nur *wenig erhebliche*: Im Verfassungsgrundwerk ist zusammen, was in Verfassungseinzelwerken getrennt ist. Zwar reicht dies, dem Grundwerk, falls nicht besondere Umstände dagegen sind, den Vorzug zu geben; aber es reicht nicht, die Einzelwerke als schlechthin sachlich nicht geboten zu betrachten.

Es bleiben zwar noch die *Teile* der Staatsverfassung: **engere Verfassung, Grundlagen der weiteren** und **sonstige Verfassung** (o. A). Doch ist auf die ersten beiden in ihrem Verhältnis zu Recht und Unrecht erst später einzugehen. Wie sie nämlich vor allem mit den *Verfassungsarten* oder *Staatsformen* zu tun haben, so handelt es sich entsprechend um *deren* Verhältnis zu Recht und Unrecht (u. 3. Abschn., allgemein vor A). So bleibt hier allein die **sonstige Verfassung**. Aus den mannigfaltigen besonderen Führungsmitteln, die nun ihren Inhalt zum übergreifenden Zweck der Einheit und/oder des Bestandes des Staates, auch seiner Verfassung, bilden (o. A), kommt es einmal auf einige Beispiele an und zum anderen auf die ja – ebenfalls zu ihr zählenden – Grundrechte.

Zunächst die **Beispiele**. Wenn zwei im Staatsvolk gesprochene, verbreitete Sprachen als Amtssprachen angeordnet sind und so gehandhabt werden (etwa Irland), dann ist das offensichtlich sachlich geboten, Recht; mag auch die eine von ihnen die eines früheren Eroberers und Unterdrückers sein. Zumindest liegt Ausnahmerecht vor. Gleichfalls sachlich geboten, Recht, ist es, wenn eine seit Jahrhunderten als Hauptstadt bestehende und bewährte Stadt in einer neuen Verfassung wieder als Hauptstadt bestimmt wird und als solche dient (Art. 5 I Öster. Verf., 1920: Wien). Ist ferner eine Partei zur führenden Macht im Staat erklärt und überdies als solche tätig (Beispiel: früher Art. 1 I 2 Verf. DDR, 1968/1974), so ist das ersichtlich sachlich nicht geboten, Unrecht. Ist damit doch der unhaltbare Anspruch verbunden, daß in einer Bevölkerung, deren Mehrheit fähig und bereit zur Demokratie ist, nur diese Partei zur Führung in der Lage sei. Genauso sachlich nicht geboten, Unrecht, ist es – um ein neues Beispiel hinzuzufügen –, der Fraktion einer solchen Partei den Vorschlag zur Besetzung des höchsten Staatsamtes vorzubehalten (Art. 67 III: „des Vorsitzenden des Staatsrates"). Wie vorsichtig man übrigens mit der Anordnung eines Wahlspruchs, desgleichen zur sonstigen Verfassung gehörend, sein soll, zeigt Art. 2 IV Franz. Verf., 1958: „Der Wahlspruch der Republik lautet: ‚Freiheit, Gleichheit, Brüderlichkeit.'" So begeisternd er nämlich auch in der französischen Revolution gewirkt hat und zum Teil heute noch wirkt, er war und ist doch, da ohne die Schranke der Gerechtigkeit, sachlich nicht geboten, unrechtlich. Freiheit, Gleichheit und Brüderlichkeit sind eben auch im Unrecht möglich. Man denke nur an einen von mehreren verübten Diebstahl, der frei ausgeführt und dessen Beute gleich sowie brüderlich geteilt wird. Selbstverständlich ist das in dem Wahlspruch – subjektiv – *nicht mitgemeint,* aber es ist doch – objektiv – *mitgetroffen.* Einzig haltbar ist der Wahlspruch: ‚Gerechtigkeit'. Er läßt nichts aus, umfaßt alles.

Sodann zu den **Grundrechten** (näher zu ihnen GK-Brinkmann, zumal Art. 1, S. 8ff.).

Es sind – durch Grundlagencharakter und/oder überragende Wichtigkeit gekennzeichnete – **Hauptrechte** zu Gunsten des Einzelnen und, soweit möglich, auch von Gemeinschaften; sei es nur gegenüber der Staatsführung als uneigentlichem Staat, sei es, sofern möglich, ebenfalls gegenüber anderen Einzelnen oder Gemeinschaften. Sie sind **objektiv als Grundrechtsbestimmungen, subjektiv als Grundrechtsbefugnisse**, die von den Bestimmungen verliehen werden. Als Bestimmungen gehören sie, gesetzliche Normen abgebend, zur normativen Verfassung, als Befugnisse, von den Begünstigten innegehabt, zur faktischen. Die subjektiven Grundrechte sind, je nachdem sie allen Menschen oder bloß bestimmten zustehen, jedenfalls **Menschen- und Bürgerrechte**. Nur „jedenfalls", weil es etwa noch **Fremdenrechte** als Grundrechte geben kann, z. B. das Asylrecht. Die zugehörigen objektiven Grundrechte lassen sich, weil sie Menschen-, Bürgerrechte usf. verleihen, allenfalls in übertragener Bedeutung genauso bezeichnen.

Gewiß zählen nun die Grundrechte, wenn sie zu einer Staatsverfassung gehören, zu dieser als *Rechtsverfassung*, überhaupt zu einem Staat als *Rechtsstaat*. Nur – sie *machen* Verfassung und Staat *nicht* erst zu den genannten. D.h. aber: Eine Rechtsverfassung und ein Rechtsstaat können auch *ohne* sie vorliegen. Was hiernach allein zutrifft, ist dies: Sie lassen eine solche Verfassung *mehr* eine des Rechts und einen solchen Staat *mehr* einen des Rechts sein: Sie tragen zu ihrer Vervollkommnung bei. Schon *gar nicht* machen Grundrechte eine Staatsverfassung erst zur *Verfassung*. So war etwa die Deutsche RV, 1871, grundsätzlich ohne Grundrechte, dennoch eine Verfassung. Hieran änderte nichts, daß damalige Länderverfassungen solche Rechte hatten, beispielshalber, mit den Artt. 3ff., die Preuß. Verf., 1850, und ihren faktischen Entsprechungen. Auch die Amerik. Verf., 1787, war – von Ausnahmen, z.B. Art. I, Abschn. 9 II (Habeas Corpus), abgesehen – bis 1791, als mit den ersten zehn Zusatzartikeln vor allem Grundrechtsbestimmungen Aufnahme fanden, dennoch eine Verfassung. Damit ist jedoch folgende – außerdem nur nichtnormative – Willensäußerung falsch: „Eine jede Gesellschaft, in der“ „keine Gewährleistung der Rechte“, d.h. der Menschen- und Bürgerrechte, „zugesichert ... ist, hat keine Verfassung“ (Art. 16 Erkl. Menschen-, Bürgerrechte, 1789); übrigens noch heute durch die Präambel, I Franz. Verf., 1958, mit in die Verfassung einbezogen. So etwas ist hohles Pathos.

Wichtig ist nun, wenn man auch nur einen *Teil* der Verfassungen mit Grundrechtsbestimmungen verfolgt, insbesondere dies: Läßt man den teils größeren, teils kleineren Sammelsuriumscharakter der ohne übergreifenden, leitenden rechtlichen Gesichtspunkt verfaßten Grundrechtskataloge außer Acht, so gibt es doch kaum mehr gesetzliche Bestimmungen, bei denen so sehr zwischen **Sein und Schein** zu unterscheiden ist, als eben Grundrechtsbestimmungen. D.h. es gibt kaum mehr gesetzliche Normen hervorragender Art, für die so ungeteilt *beansprucht* ist, daß sie *Recht* sind, und die es doch so sehr – ganz oder teilweise – *nicht* sind; die also insoweit **bloß nominal, aber nicht real Rechte** darstellen. Das reicht von kleinen bis zu schweren Mängeln. Hierzu einige Beispiele.

Heißt es etwa, daß ‚Jeder‘ oder ‚Jeder Staatsbürger‘, und daß ‚Alle Menschen‘ oder ‚Alle Staatsbürger‘ das und das Recht haben, beispielsweise unter bestimmten Voraussetzungen „seine Meinung ... frei zu äußern und zu verbreiten“ (Art. 5 I, II GG, 1949: „Jeder“), oder noch „sich ... zu versammeln“ (Art. 8 I: „Alle Deutschen“), so ist das jeweils erstere in bestimmter, weitreichender Hinsicht verfehlt. Denn danach hätte – was in der Tat vertreten wird – beispielshalber auch das Kind in der Wiege die Grundrechtsbefugnis, seine Meinung frei zu äußern und zu verbreiten bzw. sich zu versammeln. Ein Unding. Tatsächlich setzt daher das Haben des subjektiven Grundrechts: die **Grundrechtsfähigkeit,** in Fällen solcher Art die zu seiner Ausübung erforderliche Reife voraus: die **Grundrechtsmündigkeit**. Daß in *anderen* Fällen die Grundrechtsfähigkeit *ohne* Grundrechtsmündigkeit besteht, zeigt z.B. das Recht, zu erben (Art. 14 I). Doch dazu bedarf es eben jener Reife nicht. Der gekennzeichnete Mangel ist leicht durch eine Norm zu beheben, welche die Grundrechtsmündigkeit für die erforderlichen Fälle vorschreibt.

Manchmal werden Rechte, die als **Menschenrechte** zu verleihen wären, **bloß als Bürgerrechte verliehen**. So haben nur „Alle Deutschen“ das schon genannte

Versammlungsrecht, genauso nur „Alle Deutschen" das Vereinigungsrecht (Art. 9 I GG). Für diese Beschränkung gibt es aber keinen hinreichenden Grund. Denn nicht allein, daß die für das Sich-versammeln und das Sich-vereinigen gestellten Voraussetzungen für Deutsche und Nichtdeutsche dieselben wären; mehr, dadurch, daß auch letztere das jeweilige Recht hätten, würden sie keines anderen Recht verletzen. So ist die jeweilige Beschränkung gleichfalls in weitreichender Hinsicht verfehlt.

Ferner werden manchmal sog. **Rechte ohne jede Einschränkung gewährt**, obschon ein derartiges Recht offenbar einzig *mit* einer solchen besteht. So waren etwa nach Art. 142, 1 Deutsche RV, 1919, „Die Kunst, die Wissenschaft und ihre Lehre ... frei"; wie damit das Recht der Künstler und Wissenschaftler auf diese Freiheit unbeschränkt war. Es ist aber demgegenüber eindeutig, daß beispielshalber kein Wissenschaftler das Recht besitzt, einen *unrechtlichen Umsturz* zu lehren, zumal keinen gegenüber einer wesentlich rechtlichen Staatsführung.

Oder es werden sog. **Rechte ohne hinreichende Einschränkung verliehen**, obwohl ein solches Recht allein *mit* einer solchen vorliegt. Als Beispiel sei Art. 123 I Deutsche RV, 1919, genannt, wonach „Alle Deutschen ... das Recht" hatten, „sich ohne Anmeldung oder besondere Erlaubnis friedlich und unbewaffnet zu versammeln". Denn demgegenüber ist es eindeutig, daß z. B. niemand sich mit anderen in ihnen *nicht zustehenden Räumen* versammeln darf, auch wenn dies noch so friedlich und unbewaffnet geschieht.

Oder es wird noch ein **Recht zwar mit einer Beschränkung gewährt**, indes einer jedenfalls teils **sachlich nicht gebotenen**. So bestimmte Art. 123 II Deutsche RV, 1919: „Versammlungen unter freiem Himmel können durch Reichsgesetz anmeldepflichtig gemacht und bei unmittelbarer Gefahr für die öffentliche Sicherheit verboten werden." So sehr das in einem Rechtsstaat genügt, so wenig doch in einem Unrechtsstaat. Denn in ihm *muß* die öffentliche Sicherheit geradezu unmittelbar gefährdet werden, wenn anders nicht gegen ihn, d. h. in seiner Führung, vorgegangen werden kann. Die Beispiele in sozialistischen Staaten, etwa 1989, bestätigen das mit Nachdruck. Das Verbot der genannten Versammlungen wäre folglich allein bei Gefährdung der *rechtlichen*, sachlich gebotenen, öffentlichen Sicherheit gerechtfertigt gewesen.

Schlimmer ist es, wenn sog. **Rechte unter der Beschränkung gewährt** sind, **daß ein einfaches Gesetz nichts anderes bestimme**: Sie stehen unter dem **Vorbehalt des Gesetzes.** Das traf z. B. mit den Artt. 111, 114 I, 115, 117 und 118 I 1 Deutsche RV, 1919, zu auf die Rechte der Freizügigkeit, der körperlichen Freiheit, der Unverletzlichkeit der Wohnung, des Brief-, Post-, Telegraphen- und Fernmeldegeheimnisses sowie der Meinungsfreiheit. Hiermit ist nämlich das jeweilige Recht im Ergebnis der *einfachen Gesetzgebung überantwortet*, so daß nicht die *Verfassung*, sondern *sie* abschließend bestimmt, wann es vorliegt. Und daß ein einfaches Gesetz nicht nur sachlich geboten, Recht, sein kann, vielmehr auch sachlich nicht geboten, Unrecht, ist nur zu bekannt. Mit dem Vorbehalt des Gesetzes dem einfachen Gesetzgeber überlassen, bilden die einschlägigen Normen lediglich eine **Grundrechtsfassade.**

Noch schlimmer ist es, wenn sog. Rechte unter der **Beschränkung** gewährt sind, daß ihre **Ausübung irgendeiner ideologischen Zielsetzung entspreche**: Sie stehen unter dem **Vorbehalt der Ideologie.** So ist es beispielsweise, wenn in „Übereinstimmung mit den Interessen des Volkes und zur Festigung und Entwicklung der sozialistischen Ordnung ... den Bürgern der UdSSR die Redefreiheit, die

Pressefreiheit, die Versammlungsfreiheit, die Kundgebungsfreiheit, die Freiheit zur Durchführung von Straßenumzügen und die Demonstrationsfreiheit garantiert" werden (Art. 50 I Sowj. Verf., 1977/1988); oder wenn noch in „Übereinstimmung mit den Zielen des kommunistischen Aufbaus ... die Bürger der UdSSR das Recht" haben, „sich in gesellschaftlichen Organisationen zu vereinigen" (Art. 51 I; geändert 1990, u. 3. Abschn., III 3 b, Anhang). Hiermit ist eben das sog. Recht im Ergebnis den – von der Staatsführung kommenden – *ideologiebestimmten Normen überantwortet*, so daß wieder nicht die *Verfassung* abschließend bestimmt, wann es vorliegt, vielmehr die *Staatsführung* es tut. Und daß ebenfalls sie nicht bloß Recht tun kann, sondern desgleichen Unrecht, ist erneut nur zu bekannt. Auch mit dem Vorbehalt der Ideologie liegt folglich bloß wieder eine **Grundrechtsfassade** vor.

Am deutlichsten sowie zugleich umfassend kommen der **Gesetzes- und Ideologievorbehalt** und damit eine weitere **Grundrechtsfassade** zum Ausdruck, wenn es heißt: „Keine der dem Bürger zuerkannten Freiheiten darf gegen die verfassungsmäßige und gesetzliche Ordnung, gegen die Existenz und Ziele des sozialistischen Staates oder gegen die Entscheidung des kubanischen Volkes, den Sozialismus und den Kommunismus aufzubauen, ausgeübt werden. Der Verstoß gegen diesen Grundsatz ist strafbar" (Art. 61 Kub. Verf., 1976).

Nun ist allerdings klar, daß es **kein unbeschränktes Grundrecht auf etwas** geben kann. Gilt dies zum subjektiven Recht, so gilt zum objektiven Recht als Grundrechtsbestimmung, daß es **kein unbeschränktes Recht verleihen** kann. Klar ist aber nach den Ausführungen zu Recht und Unrecht (o. 1) auch noch, daß die Schranke nur aus *ersterem* kommen kann mit dem Zweck der Verhütung des *letzteren*. Diese Schranke liegt nun – stellt man allein auf das Verhältnis des möglichen Rechtsträgers zu anderen, auch der Staatsführung, ab – in Folgendem: daß er als **Grundrechtsfähiger ein Recht nur insofern hat, als er keines andern Recht verletzt, es sei ihm denn die Nichtverletzung unzumutbar**. Mit der ersten Schranke ist der Bestand des Grundrechts als *Regelrechts* getroffen: wenn kein fremdes Recht verletzt wird; mit der zweiten sein Bestand als *Ausnahme-* oder *Billigkeitsrecht*: wenn die Nichtverletzung unzumutbar ist. Es geht also um eine Regelschranke, die ihrerseits eine Ausnahmeschranke hat. Gilt dies für ein allgemeines, umfassendes Grundrecht, so gilt für alle besonderen Grundrechte, daß sie – bei aller sachlich gebotenen Besonderung – doch in dieser Besonderung einzig umfaßte, lediglich näher dargetane *Anwendungen* des allgemeinen Rechtes sind; oder sie stellen gänzlich oder teils *keine* Rechte dar. Und das trifft auf die besonderen objektiven Grundrechte ebenso zu wie auf die subjektiven. Man denke insofern einerseits an die gewährenden Grundrechtsbestimmungen, die Meinungs-, Versammlungs- und Vereinigungsfreiheit betreffen, sowie andererseits an die gewährten Grundrechtsbefugnisse auf diese Freiheiten. Auch sie, die Freiheiten als Anwendungsfälle der *einen* Freiheit, haben damit als einzig zulässige Schranke das *Recht*. Sie ist außerdem zureichend und weder dem einfachen Gesetz noch einer Ideologie überantwortet. Im Gegenteil: Diese sind es dem *Recht*.

Entscheidend sind die allgemeine Grundrechtsbestimmung und die allgemeine Grundrechtsbefugnis. Und beiden ist nun näher gekommen mit Art. 2 I GG, 1949, indem er jedem das „Recht auf die freie Entfaltung" verleiht, „soweit er nicht die Rechte anderer verletzt". Allerdings wird das zum einen durch die hinzugefügten alternativen Zusatzschranken: „und nicht gegen die verfassungsmäßige Ordnung oder das Sittengesetz verstößt", merklich beeinträchtigt; denn sie sind unhaltbar (näher GK-BRINKMANN, Art. 2, S. 5ff.). So ist die verfassungsmäßige Ordnung, stellt man nur auf die einschlägigen Gesetze ab, ein riesiger Gesetzesvorbehalt und zudem viel zu weit, als daß sie jemand im Lagefall erfassen und so wissen könnte, ob er das Entfaltungsrecht hat oder nicht; ganz anders als in der Regel das fremde Recht. Und so ist gleichfalls das Sittengesetz unhaltbar; denn das gibt es nicht. Seine einzig sinnvolle Fassung wäre, daß das sittlich Werthafte zu tun und das sittlich Unwerthafte zu lassen wäre. Doch es hat sich gerade herausgestellt, daß es Regellagen gibt, in denen es sachlich geboten ist, eben das Unwerthafte zu tun und das Werthafte zu lassen, weil ersteres zugleich gerecht und letzteres zugleich ungerecht ist (o. 1, Anfang). Die Verfehltheit soll aber hier auch noch an dem wohl bekanntesten sog. Sittengesetz, dem KANTS, dargetan werden. Sein sog. *kategorischer Imperativ* als *„Sittengesetz"* lautet: „Handle so, daß die Maxime deines Willens jederzeit zugleich als Prinzip einer allgemeinen Gesetzgebung gelten könne" (Kritik d. pr. V., S. 142, Folgerung, i. V. m. S. 140, § 7, und Grundlegung M. d. S., S. 51). Allein – nicht nur daß offenbleibt, *welche* Maxime, und daß eine Maxime wie ein allgemeines Gesetz auch *unrechtlich* sein können; man denke zu beiden bloß an die Judengesetzgebung im sog. Dritten Reich. Mehr, das Ganze endet in einem bloßen Formalismus. Daher kommt es letztlich auf *„die bloße Form des Gesetzes"* als „Bestimmungsgrund" sowie als „oberste Bedingung aller Maximen" an (Kritik d. pr. V., S. 141). Auch insofern ist mit KANT nichts anzufangen. Zum anderen ist zur Grundschranke als Regelschranke die der Ausnahme unberücksichtigt: daß ausnahmsweise die Nichtverletzung unzumutbar ist. Fälle solcher Art werden deshalb von Art. 2 I nicht gedeckt. Etwa nicht der sog. entschuldigende Notstand (§ 35 I StGB, i. d. F. 1987): „Wer in einer gegenwärtigen, nicht anders abwendbaren Gefahr für Leib, Leben oder Freiheit eine rechtswidrige Tat" (= regelmäßig unrechtliche) „begeht, um die Gefahr von sich, einem Angehörigen oder einer anderen ihm nahestehenden Person abzuwenden, handelt ohne Schuld"; es sei denn, ihm konnte „zugemutet werden, die Gefahr hinzunehmen". Wenn eben unzumutbar, so handelt der Täter trotz Verletzung eines anderen Rechts – nicht nur schuldlos, sondern – ausnahmsweise rechtlich, billig (o. 1). Die Bedeutung des Art. 2 I ist aber auch noch dadurch sehr geschmälert, daß die besonderen Grundrechtsbestimmungen zumeist *keine Anwendungsfälle* seines Inhalts, soweit dieser haltbar ist, darstellen und insofern *kein Verhältnis* von umfassendem Allgemeinen und umfaßtem Besonderen besteht (näher GK-BRINKMANN, Art. 2, S. 17f.). Die ‚Väter des Grundgesetzes' haben sich nach all dem selber eines übergreifenden, leitenden rechtlichen Gesichtspunktes weitgehend begeben.

Was eine – über die angeführte zulässige Beschränkung hinausgehende – **zusätzliche Beschränkung oder gar die Aufhebung von Grundrechten** anbelangt, so gilt nach obigen Ausführungen dies: Wenn der mögliche Rechtsträger das Recht *hat*, weil er ein fremdes Recht nicht verletzt oder allein zumutbar verletzt, dann ist weder sein subjektives Grundrecht noch das es gewährende objektive irgendwie zu beeinträchtigen. Nur seine *Freiheit* kann noch beeinträchtigt werden, sei es durch Beschränkung, sei es durch ihre Aufhebung. Doch das geschähe zu *Unrecht*. Und wenn der mögliche Rechtsträger, weil er ein fremdes Recht trotz Zumutbarkeit der Nichtverletzung verletzen würde, das Recht *nicht hat*, dann kann erneut weder ein subjektives Grundrecht noch das es gewährende objektive irgendwie beeinträchtigt werden. Denn wie er das erstere schon *nicht besitzt*, so wird es ihm vom letzteren schon gar *nicht gewährt*. Anders: Das objektive *gilt* bereits *nicht* für ihn; es hat für ihn *keine Geltung*. Einzig seine *Freiheit* ist allerdings wieder durch Beschränkung oder Aufhebung zu beeinträchtigen. Und das geschähe zu *Recht*. Dies und *nur* dies ist durch eine Norm zu bestimmen. Für eine zusätzliche Beschränkung von Grundrechten oder gar ihre Aufhebung besteht mithin kein Grund. D.h., wenn es sich wirklich um Grundrechte handelt. – Daß Verfassungen, indes auch die herrschende Lehre, das ganz anders sehen, ist bekannt (dazu GK-BRINKMANN, Art. 1, S. 22f.). Ohne daß hier darauf einzugehen wäre, erklärt es sich, wie folgt: Die sog. Grundrechtsbestimmungen, wie sie zumeist verstanden werden, sind derart weit gefaßt, daß sie, und zwar durchaus zu Recht, einer – freilich sachlich gebotenen – Einschränkung bedürfen, ja, in besonderer Lage sogar der befristeten Aufhebung.

Am schlimmsten ist es, wenn **sog. Grundrechte mit Grundrechten nichts zu tun haben**. Dies aufzuzeigen, reichen zwei Beispiele, und zwar aus dem namhaftesten Grundrechtskatalog: der *„Erklärung der Menschen- und Bürgerrechte“* (1789). Sie stellt zwar im Vorspruch, II, auf die folgenden „Menschen- und Bürgerrechte“ ab; doch findet sich darunter auch dies:

„Die Menschen werden frei und gleich an Rechten geboren und bleiben es“ (Art. 1, 1). Es ist aber eine Binsenwahrheit, daß erstens alle Menschen *nicht* derart geboren werden und zweitens *nicht* derart bleiben. Ja, es ist auch eine Binsenwahrheit, daß sie es *nicht* einmal *sein sollen*: Sie sollen nicht frei und gleich an Rechten geboren werden, weil das schon *unmöglich* ist. Und sie sollen nicht frei und gleich an Rechten bleiben, weil das, außer daß es teils wieder *unmöglich* ist, teils – gemessen an den unterschiedlichen Fähigkeiten und Leistungen – *ungerecht, unrechtlich*, wäre. Dies wird denn auch mittelbar durch Satz 2 halbwegs eingeräumt: „Die gesellschaftlichen Unterschiede können nur im gemeinen Nutzen begründet sein.“ Wozu allerdings noch gilt, daß es einen gemeinen Nutzen als den für *alle* gar nicht gibt; und daß der höchstens erreichbare Nutzen, der für eine Vielheit, nur als gerechter, rechtlicher, begründend wäre. Doch das läuft auf die *Gerechtigkeit* als begründend hinaus (näher zum sog. Gemeinwohl BRINKMANN, S. 282ff.). Satz 1, kein Menschenrecht, ist zudem nicht einmal eine Norm. Er ist einzig hohles Pathos.

In Art. 3 heißt es: „Der Ursprung aller Souveränität liegt wesenhaft bei der Nation. Keine Körperschaft und kein Einzelner kann eine Gewalt ausüben, die nicht ausdrücklich von ihr ausgeht.“ Allein – der Ursprung der Souveränität, hier als oberste Gewalt zu verstehen (u. 3. Abschn., A, Eigene Einteilung), liegt bei dem Organ, das Quelle der Staatsgewalt ist. Und das ist selbst in der Polykratie als Demokratie *nicht* die *Nation*, das *Volk*, sondern lediglich die *Mehrheit* des *Wahl*volks. Und das *soll* auch nur in einer *Demokratie* so sein, außerdem einzig dann, wenn sie als Staatsform *gerechtfertigt* ist. Überdies kann eine Körperschaft oder ein Einzelner durchaus „eine Gewalt ausüben, die nicht ausdrücklich“ von der Nation, richtig: vom genannten Wahlvolk, „ausgeht“. Das ist bei jeder unbeschränkten Pleokratie bzw. Monokratie der Fall. Und sind diese Staatsformen in ihrer jeweiligen Lage *gerechtfertigt*, so *darf* die Gewalt sogar *nicht* von einem Wahlvolk ausgehen. Neben der Volksherrschaft können eben gleichfalls Mehr- und Vielherrschaft gerechtfertigt sein. Auch jener Artikel hat nichts mit einem Menschenrecht zu tun. Desgleichen nichts mit einem Bürgerrecht. Darüber hinaus ist er wiederum keine Norm. Er ist ebenfalls nur hohles Pathos.

Sicherlich enthält die Erklärung auch – fast wirkliche – Grundrechte, z. B. Art. 11, Hs. 2: „jeder Bürger kann ... frei reden, schreiben und drucken, vorbehaltlich seiner Verantwortlichkeit für den Mißbrauch dieser Freiheit in den durch das Gesetz bestimmten Fällen." Wobei jedoch zu ergänzen ist: wenn diese Fälle gerecht geregelt sind, d.h. die Verantwortlichkeit einzig an die Verletzung fremder Rechte bei zumutbarer Nichtverletzung knüpfen. Auf weitere Normen kommt es hier nicht an.

Statt dessen: So richtig es mit jenem Halbsatz ist, die Möglichkeit eines Mißbrauchs der Freiheit und die Verantwortlichkeit für den tatsächlichen Mißbrauch vorauszusetzen, so wenig ist indessen damit folgende gesetzliche Freiheitsdefinition vereinbar: „Die Freiheit besteht darin, alles tun zu können, was einem anderen nicht schadet" (Art. 4, 1, Hs. 1). Danach ist nämlich jener, der einem anderen schadet, *nicht frei*: Er hatte *keine Freiheit*, die er mißbrauchen konnte, und ist sonach unverantwortlich. Es ist also unerfaßt, daß die Freiheit sich auch auf die *Schädigung* anderer erstrecken kann. Daran ändert Halbsatz 2, so wesentlich er, für sich gesehen, zutrifft, nichts: „die Ausübung der natürlichen Rechte jedes Menschen hat also nur die Grenzen, die den übrigen Mitgliedern der Gesellschaft den Genuß eben dieser Rechte sichern." Der gekennzeichnete Fall der Unzumutbarkeit freilich ist unberücksichtigt.

Daß die Erklärung trotz schwerer Fehler begeisternd gewirkt hat und teils noch wirkt, ändert an den Fehlern nichts.

II. Andere Anschauungen

Auf sie wurde, was *Recht* und *Unrecht* angeht, ausführlich bereits an anderer Stelle eingegangen. Dies geschah vor allem zu *rechtspositivistischen* und *naturrechtlichen* Anschauungen (Brinkmann, zumal S. 18ff.) als den wichtigsten. Allein solche seien hier berücksichtigt, außerdem in Beschränkung auf Entscheidendes. Dies allerdings ergänzt durch ihr *Verhältnis zur Staatsverfassung*.

1. Zum Rechtspositivismus

Das Positive, Gegebene, des *Rechtspositivismus* ist – jedenfalls und insbesondere – das normative *Gesetz*, d.h. das formelle wie materielle; gleich, was näher darunter verstanden sowie ob und wie weit darüber hinausgegangen wird, z.B. durch Einbeziehung der *gewohnheitlichen* Norm. Ja, auch gleich, was näher als Norm begriffen wird. Auf all das, früher behandelt (o. 1. Abschn., B I 1, II 1), kommt es hier nicht mehr an. Entscheidend ist aber nun, daß die einschlägigen *staatlichen Normen* ohne weiteres als *Recht* angesehen werden; also ohne Rücksicht darauf, ob sie, wie geschildert, als gerechte oder sachlich gebotene seinsollend sind bzw. als ungerechte oder sachlich nicht gebotene nichtseinsollend (o. I 1). Das trifft nun auf jene Auffassungen zu, die, wie bereits festgestellt und vorweg abgelehnt, ihre Normen kurzerhand als *Rechtsnormen* betrachten und damit *Unrechtsnormen ausschließen* (o. 1. Abschn., B II 1: zumal Kelsen, Nawiasky, Jellinek, G.). Abgelehnt gleichfalls deshalb, weil die Norm lediglich eine *Form*, etwas bloß *Formales*, ist: offen für *Recht oder Unrecht*; ausgewiesen durch ihren sachlich gebotenen bzw. sachlich nicht gebotenen Inhalt (a.a.O.).

Dies sei nochmals an der gesetzlichen und gewohnheitlichen Norm dargetan. Daß beide *nicht* allein *Recht* sein können, ergibt sich daraus, daß es *keineswegs* zu ihrem *Wesen* gehört, das für die jeweilige Lage *sachlich Gebotene* zu bestimmen. Und daß beide *auch Unrecht* sein können, folgt daraus, daß es vielmehr zu ihrem *Wesen* gehört, ebenfalls das für die jeweilige Lage *sachlich nicht Gebotene* zu bestimmen. Sie sind eben – so unterschiedlich sie zustandekommen – bloße

Verfahrensgegenstände und desgleichen insoweit nur *Formen*. Und je nachdem, ob sie nun Recht oder Unrecht in sich aufnehmen, sind sie *selbst Recht* bzw. *Unrecht*. Und zwar sind sie es in dem *Ausmaß*, in dem sie es tun. Daß übrigens die Möglichkeit besonders gesetzlichen Unrechts nicht lediglich *theoretisch*, sondern gleichfalls *praktisch* besteht, zeigt die Reihe inzwischen gebrachter einschlägiger Beispiele. Es sei insofern als insgesamt *schweres* wie *gänzliches* Unrecht auf das gesetzliche Verbot der Eheschließungen „zwischen Juden und Staatsangehörigen deutschen oder artverwandten Blutes" erinnert (o. 1. Abschn., B I 1) und hinzugefügt, daß nach demselben Gesetz für Zuwiderhandlungen Zuchthausstrafe vorgesehen war (§ 5 I BlutschutzG, 1935)! Es sei aber auch als sehr *leichtes*, wenngleich weitreichendes, sowie lediglich *teilweises* Unrecht an die Bestimmung des Art. 8 I GG, 1949, also eine Verfassungsbestimmung, erinnert, soweit sie ohne zureichenden Grund die Fremden vom Versammlungsrecht ausschließt (o. I 2).

Genau das nun aber: **unrechtliche Gesetze oder Gewohnheitsnormen** – überhaupt unrechtliche staatliche Normen – **muß der Rechtspositivismus folgerichtig ablehnen.** Dies geschieht denn auch. Sei es unausdrücklich, indem man die Frage nach ihrem Unrecht erst gar nicht stellt; sei es ausdrücklich, indem man sie zwar stellt, doch verneint. Ersteres ist etwa der Fall, wenn – auch Gesetze und Gewohnheitsnormen betreffend – einfach auf „Rechtsnormen" abgestellt wird (JELLINEK, G., S. 333). Und das letztere ist z. B. damit so, daß „der Staat ein König Midas" sei, „dem alles, was er ergreift, zu Recht wird" (KELSEN, Staatslehre, S. 44) oder – noch deutlicher – mit dem Satz: Der „Staat kann kein Unrecht tun" (S. 79). Wo die staatliche Norm – besonders als gesetzliche und gewohnheitliche – eben *stets Recht* ist, dort ist für ihr *Unrecht* folgerichtig *kein Raum*. Näher wird hierbei das Unrecht noch, wie folgt, ‚ausgeschaltet': In dem Satz, „daß, wenn ein bestimmtes Verhalten vorliegt, ein bestimmter Zwangsakt vollzogen werden soll", „erscheint das Unrecht als eine Bedingung, nicht als Negation des Rechts ... und gegen dieses stehender, sondern ein innerhalb des Rechts stehender, von diesem bestimmter Tatbestand ... Wie alles, so kann auch das Un-Recht juristisch nur als Recht begriffen werden" (Rechtslehre, S. 119; auch Staatslehre, S. 79). Es stellt also z. B. nicht der Mord ein Unrecht dar, sondern in dem Satz: ‚Wer mordet, ist so und so zu bestrafen', stellen die Wörter ‚Wer mordet' das „Un-Recht" dar; und sie bilden mit den übrigen Wörtern einen Rechtssatz. Alles mit dem Ergebnis: „Das Problem des Staatsunrechtes verschwindet damit als solches" (Staatslehre, a.a.O.). Wofür wird dann jedoch der Mörder bestraft? Nur für ein *Verhalten*, nicht hingegen für ein *unrechtliches*; denn das Unrecht steckt ja als „Recht" einzig im Rechtssatz: ein Unding. Dafür, daß „auch der Gesetzgeber Unrecht setzen kann", ist z. B. das deutsche BUNDESVERFASSUNGSGERICHT (BVerfGE, Bd. 3, S. 232).

Weiter folgerichtig **muß für den Rechtspositivismus das Recht** als staatliche Norm, *ohne Rücksicht* auf ihren *Inhalt*, **etwas bloß Formales, nichts Materiales,** sein. So ist es denn auch. Die fehlende Rücksicht auf den Inhalt ergibt sich beispielsweise daraus, daß es „außerhalb des Rechtes" liege, „den Inhalt eines legislatorischen Willens zu bestimmen" (JELLINEK, G., 583). Vor allem aber daraus, daß „die staatliche Rechtsordnung" als souveräne „jeden beliebigen Inhalt aufnehmen kann" (KELSEN, Staatslehre, S. 107 F). Und das bloß Formale ergibt sich daraus, „daß das Recht nur" als „die Form ... für ... irgendwelche Inhalte" aufgefaßt wird (S. 40). Beides, fehlende Rücksicht auf den Inhalt und das bloß Formale, spricht aber auch noch daraus, daß das Recht als „*Form*" begriffen wird (Stammler, S. 87, § 42), das als bestimmtes „*Wollen*“ (S. 93) „sowohl innerlich gerechtfertigt, als auch verwerflich sein“ kann (S. 3). Wie weit all das in höchster Rechtsprechung seinen Ausdruck fand, zeigt folgende Ansicht des früheren deutschen Reichsgerichts: Der „Gesetzgeber“ sei „selbstherrlich und an keine anderen Schranken gebunden als diejenigen, die er sich selbst in der Verfassung oder in anderen Gesetzen gezogen hat“ (RGZ, Bd. 118, S. 327); Schranken, die er – überdies – gesetzlich ändern oder gar aufheben kann. Demgegenüber ist das heutige Bundesverfassungsgericht der Auffassung, daß der Gesetzgeber immerhin innerhalb von „letzten Grenzen der Gerechtigkeit“, äußersten „Gerechtigkeitsgrenzen“ gebunden sei (BVerfGE, Bd. 3, S. 233). Doch ist selbst das, da es solche Grenzen nicht gibt, noch erheblich zu weit. Daß „Unrecht nicht deshalb als Recht angesehen werden kann, weil es in die Form“ (!) „eines Gesetzes gekleidet ist“, stellt die zutreffende Meinung des deutschen Bundesgerichtshofs dar (BGHZ, Bd. 9, S. 44).

Ferner folgerichtig **muß für den Rechtspositivismus die Gerechtigkeit** gleichermaßen **etwas lediglich Formales und nichts Materiales sein**. Auch das ist wieder der Fall. Daher wird sie als „*Form*“ bezeichnet (Stammler, S. 201). Daher heißt es zur „Definition des ‚formalen‘ Gerechtigkeitsbegriffes“ (Kelsen, Rechtslehre, S. 365, Anm. 4): „Ein allgemeiner Begriff der Gerechtigkeit kann in bezug auf die entscheidende Frage: Wie Menschen behandelt werden sollen, wenn die Behandlung als gerecht gelten soll, nur völlig leer sein“ (S. 397). Und daher wird noch – im Ausgang davon, daß die „Idee der Gerechtigkeit ... formal“ sei (Radbruch, Rechtsphilosophie, S. 169) – die „Gerechtigkeit“ als „eine leere Kategorie“ bezeichnet, „die sich mit dem mannigfachsten Inhalt erfüllen kann“ (S. 197). Indes – auf das Gerechte als jeweils sachlich Gebotenes gerichtet, ist die Gerechtigkeit eben damit etwas Materiales. Wie sie als Maßstab und nicht „Begriff“ in Entsprechung zur jeweiligen Lage die Behandlung von Menschen als gerecht ausweist. Und wie sie als Maßstab und nicht als „Kategorie“ oder „Idee“ in Entsprechung zu mannigfachsten Lagen in der Tat Mannigfachstes als gerecht ausweist, so ist sie gerade deshalb nicht leer, sondern – im Sinne von umfassend – *voll*.

Daß das Gerechte in mancher Lage wegen ihrer – gänzlichen oder teilweisen – Unerfaßbarkeit *unerkennbar* ist, teilt es durchaus mit vielem anderen. Deswegen ist dies nur Grund für die Regel, wie man sich in einem solchen Fall zu verhalten hat: **nach bestem Wissen und Gewissen.**

Zum Rechtspositivismus gehört der Utilitarismus, nach dem – als einer der Lehren der sog. Güterethik – das Nützliche zu tun und das Unnützliche, besonders Schädliche, zu lassen sei. D.h. aber: Zuerst ist der Rechtspositivismus insofern – entgegen seinem eigenen Anspruch – *nicht formal*, sondern *material*, als er auf bestimmte *Nützlichkeiten* abstellt, zumal als **Sicherheit**. Es ist ja auch sinnlos, lediglich auf einen x-beliebigen Inhalt des sog. Rechts abzustellen und dabei zu verbleiben. Irgendwie werthaft *muß* er schon sein: wenn nicht gerecht, dann doch jedenfalls sicher. So ist es z.B. mit der Meinung, daß mit „jeder positiven Rechtsordnung“ ein „von ihr mehr oder weniger“ gesicherter „Friedens- und Sicherheitszustand“ gegeben ist (Kelsen, Rechtslehre, S. 401, 27). Oder noch mit folgender: Das „Dasein einer Rechtsordnung“ ist „wichtiger als ihre Gerechtigkeit“, letztere nur als Teil der zweiten großen „Aufgabe des Rechts; die erste“ aber sei „die Rechtssicherheit, d.h. die Ordnung, der Friede“ (Radbruch, Rechtsphilosophie, S. 169). Indes – wie es Ordnung und Friede auch in einem

Unrechtsstaat geben kann – die Geschichte kennt Beispiele genug –, so ist eine solche Sicherheit **keine Rechts-**, vielmehr eine **Unrechtssicherheit**; etwa in der früheren DDR mit der ‚Stasi'. Was tatsächlich sein soll, ist daher nur die *Sicherheit als gerechte*, d.h. selber als Recht. Es ist die – *wirkliche* – Rechtssicherheit, sei es als die rechtlicher Normen, sei es als die rechtlichen faktischen Verhaltens, aber auch Seins und Habens.

Ein weiterer Fehler ist, daß der **Rechtspositivismus bloß Normen als sein sog. Recht kennt**, also **nicht auch Faktisches**. Zwar ist dies mit seinem sog. *positiven* Recht nur folgerichtig; denn einzig *Normen* können *gegeben* werden. Doch gibt es halt Recht – *und* Unrecht – nicht lediglich als *Normen*, besonders gesetzliche, sondern gleichermaßen *außerhalb* ihrer: als *Faktisches*. Wer sich daher faktisch verhält, der tut das eben – wie schon berührt (o. I 2) – nicht ausschließlich *recht(snorm)mäßig* oder *recht(snorm)widrig*. Vielmehr tut er es, falls die Norm Recht ist, zugleich *rechtlich* bzw. *unrechtlich*: Sein Verhalten ist *selbst Recht oder Unrecht*. Dies muß es gar sein, weil es allein als Recht *rechtmäßig* und allein als Unrecht *rechtswidrig* zu sein vermag. Man denke an eine Tötung in Notwehr und die dies erlaubende Norm sowie an einen Mord und die ihn verbietende Norm: beide als Recht. Die Wörter *‚legal' (‚gesetzlich')* und *‚illegal' (‚ungesetzlich')* stellen keinen Ausweg dar. Nicht nämlich nur, daß sie – jedenfalls in ihrer genauen Bedeutung – auf das Gesetz beschränkt sind; mehr, gesetzlich kann man sich nicht bloß in Hinblick auf ein *rechtliches* Gesetz verhalten, sondern ebenso in Hinblick auf ein *unrechtliches*. So haben **Gesetzlichkeit (Legalität)** und **Ungesetzlichkeit (Illegalität)** nichts mit *Gerechtfertigtheit (Legitimität)* bzw. *Ungerechtfertigtheit (Illegitimität)* (zu diesen a.a.O.) zu tun.

Das Verhältnis zur Staatsverfassung

Das jetzige *Verhältnis der Verfassung*, wieder nur in ihrem allgemeinsten Wesen, *zu Recht und Unrecht* schrumpft nach alledem lediglich auf ein solches zum *Recht* als *positivem* zusammen; denn auch die Staatsverfassung besteht ja für den Positivismus bloß aus Normen, erneut zugleich als Rechtsnormen. Ja, mit dem Zusammenfall von Norm und Recht(snorm) ist es gar so, daß nicht einmal mehr das Verhältnis nur zum Recht besteht: Die Staatsverfassung *ist* einfach *Recht*. Deshalb ja auch die – bereits vorweggenommene – Kennzeichnung der „Verfassung des Staates" als „Rechtssätze" (o. C I 1: JELLINEK, G.); als „*Verfassung im rechtslogischen*" und „*im positivrechtlichen Sinne*" (a.a.O., 2: KELSEN); der „*Staatsverfassung*" als Teil im „*Aufbau der staatlichen Rechtsordnung*" (a.a.O., 6: NAWIASKY); usw. Von Unrecht keine Spur. All das bedeutet jedoch: Der **Positivismus kennt nur eine Rechts- und keine Unrechtsverfassung**; und dies trifft großzügigerweise stets auf die *gesamte* Verfassung zu. Mehr, soweit die Normen über die Verfassungsnormen hinausreichen, gibt es mit ihnen, da auch sie selbstverständlich Rechtsnormen sind, **bloß einen Rechts- und keinen Unrechtsstaat**. Und das ist, wieder großzügigerweise, stets der *gesamte* Staat.

Dies wird denn auch von dem bewußtesten Rechtspositivisten, wie folgt, vertreten: Es „ist unter ‚Rechts'-Staat nicht eine Staatsordnung spezifischen Inhalts, nicht also ein Staat mit ganz bestimmten Rechtsinstitutionen," darunter „Freiheitsrechte der Untertanen", „zu verstehen, sondern ein Staat, dessen sämtliche Akte auf Grund der Rechtsordnung" – Normenordnung – „gesetzt werden. Dieser formelle Begriff des Rechtsstaates ist ... gegenüber dem ... materiellen der primäre. Von einem streng positivistischen ... Standpunkt aus muß aber *jeder Staat Rechtsstaat* in diesem formellen Sinne sein"; wie er als „Ordnung", „welchen Inhalt immer sie haben mag, eine *Rechtsordnung* sein muß" (KELSEN, Staatslehre, S. 91). Selbstverständlich gilt dies auch für die Staatsverfassung als von der Staatsordnung umfaßt: *Jede Staatsverfassung* ist *Rechtsverfassung*; wie sie als Ordnung, gleich, welchen Inhalts, eine *Rechtsordnung* ist. Die ungerechteste Tyrannis wäre also auch ein Rechtsstaat, und ebenfalls sie hätte eine Rechtsverfassung. Es geht – insgesamt – um die **formelle Rechtsverfassung** und um den **formellen Rechtsstaat.**

Es ist klar, daß sich dies, folgerichtig fortgeführt, an einem bestimmten Punkt selbst ad absurdum führt. Das geschieht folgendermaßen: Es wird „eine sich als Recht darstellende Zwangsordnung nur dann als gültig angesehen ..., wenn sie im großen und ganzen wirksam ist" (KELSEN, Rechtslehre, S. 48), d.h. mittels Machtanwendung durchgesetzt wird. Und das leitet nun im Verhältnis von Zwangsordnung als Rechtsordnung zur Zwangsordnung als der einer Räuberbande allein zu folgender Unterscheidung: daß „die als Rechtsordnung angesehene Zwangsordnung wirksamer ist als die die Räuberbande konstituierende Zwangsordnung" (S. 49). D.h. aber: Ist die Zwangsordnung der Räuberbande wirksamer, so ist *ihre* Ordnung eine *Rechts*ordnung, die *Bande* in ihrer Ordnung ein *Rechts*staat und die *Banden*verfassung als Teil der Ordnung eine *Rechts*verfassung! Ununterbietbar. Doch wird das sogleich – und zwar durchaus ernsthaft – durch „die Existenz der sogenannten Seeräuber-Staaten an der Nordwestküste Afrikas (Algier, Tunis, Tripolis) ... vom 16. bis zu Beginn des 19. Jahrhunderts" zu beweisen versucht. Nur – damit, daß es in der Tat *Staaten* waren, ist *nicht bewiesen*, daß es *Rechts*staaten mit *Rechts*verfassungen waren; es sei denn, daß diese mit *beliebigem Inhalt*, also *formal*, zu verstehen seien. Doch gerade das hat sich oben als falsch erwiesen. All das trifft auch noch auf die Ansicht zu, nach der selbst die „*Despotie* ... noch einen *rechtlichen* Zustand" bedeute (STAMMLER, S. 93, 1)!

Ein Rechtspositivismus eigener Art wird – gleich in Zusammenhang mit Staat und Staatsverfassung –, wie folgt, vertreten: „Jede existierende politische Einheit", der Staat, „hat ihren Wert und ihre ‚Existenzberechtigung' nicht in der Richtigkeit oder Brauchbarkeit von Normen, sondern in ihrer Existenz. Was als *politische* Größe existiert, ist, juristisch betrachtet, wert daß es existiert. Daher ist ihr ‚Recht auf Selbsterhaltung' die Voraussetzung aller weiteren Erörterungen; ... sie schützt ‚ihre *Existenz*, ihre *Integrität*, ihre *Sicherheit* und ihre *Verfassung*' – alles existenzielle Werte" (SCHMITT, S. 22). Richtig: alles Dinge, die auch auf den Staat einer Räuberbande zutreffen. Entsprechend ist auf den „Rechtsstaat" nur als „*Gesetzes*-staat", mit der „‚Herrschaft des Gesetzes'", abgestellt. Dies freilich, weil sonst „die heutige" (1928) „Sowjetrepublik" auch „ein Rechtsstaat" wäre, vorweg derart, daß „in den Begriff des Gesetzes *gewisse Qualitäten* hineinzunehmen" seien (S. 138, 1), darunter auch die „Gerechtigkeit"; und daß, in der Voraussetzung dafür, „das Gesetz eine *generelle* Norm" sei (S. 139). Hieraus kann aber, nachdem „Gerechtigkeit, Vernünftigkeit ... dadurch problematisch" wurden, „daß das Naturrecht seine Evidenz verloren hat", nur auf „*eine* Eigenschaft ... nicht verzichtet werden, ohne daß der Rechtsstaat selbst entfällt: auf den *generellen* Charakter der Rechtsnorm" (S. 142). Jedoch – wie damit wieder das Gesetz, wenngleich nur als allgemeines, sogleich als „Rechtsnorm" genommen wird, so sind ein *materieller* Rechtsstaat und eine *materielle* Rechtsverfassung aufgegeben und statt ihrer im Ergebnis ausschließlich der *formelle* Rechtsstaat wie die *formelle* Rechtsverfassung anerkannt. Dem entspricht, daß der „Gegensatz ... von Recht und Gesetz" ausgeschlossen wird (a.a.O.). Hierzu gilt indes: Nicht nur, daß das Gesetz ebenfalls als *besondere, konkrete,* Norm, als Einzelfallgesetz, sofern es gerecht als sachlich geboten ist, etwas *Rechtsstaatliches* bildet, und zwar auch in einer Verfassung; mehr, das *allgemeine, abstrakte,* stellt, sofern es ungerecht als sachlich nicht geboten ist, etwas *Unrechtsstaatliches* dar, und zwar erneut auch in einer Verfassung. D.h. aber: Die Allgemeinheit oder Abstraktheit eines Gesetzes bewahrt in *keiner Weise* vor dem *Unrecht*; weshalb sie denn zum geläufigen Mittel des Unrechtsstaates und der Unrechtsverfassung wurde. Soweit SCHMITT doch noch eine „Gerechtigkeit" anerkennt, nämlich des Gesetzes, ist sie als dessen „Gleichheit" (S. 154f.) völlig mißverstanden. Es kann nämlich auf gleiche Weise durchaus ungerecht verfahren werden, etwa bei gesetzlicher Festsetzung viel zu hoher Strafen für geringfügige Verbrechen oder gar von Strafen für Nichtverbrechen. Was im besonderen noch die Verfassung angeht, so entspricht dem erwähnten Formalismus das Folgende: „Die Verfassung gilt kraft des existierenden politischen Willens desjenigen, der sie gibt" (S. 22). Aber damit steht sie bloß, wenn noch die wesentliche Durchsetzbarkeit hinzutritt, in *Geltung,* in *Kraft.* Und dies hat, wie gezeigt, mit ihrer *Verbindlichkeit* und *Gültigkeit* nichts zu schaffen (o. I 2). Denn sie sind an die *gerechten, sachlich gebotenen,* Verfassungsnormen gebunden und nicht an den – ja möglicherweise auch *ungerechten, sachlich nicht gebotenen* – Willen des jeweiligen Gebers. Und heißt es noch: „Eine Verfassung ist legitim, d.h. ... als rechtmäßige Ordnung anerkannt, wenn die Macht und Autorität der verfassunggebenden Gewalt ... anerkannt ist" (S. 87 I), so gilt dazu: Legitim oder gerechtfertigt ist die Verfassung als *sachlich gebotene* und in diesem Sinne als *gerechte* oder *seinsollende,* und damit schon aus *sich* heraus (o. I 2). Sie wird es nicht erst durch – äußere – Anerkennung der verfassungsgebenden Gewalt in ihrer „Macht und Autorität", obschon es ohne diese nicht geht. Mehr, anerkannt werden kann ebenfalls eine verfassungsgebende Gewalt, die *unrechtlich* ist, und mit ihr auch eine von ihr hervorgebrachte *unrechtliche* Verfassung, beispielsweise die eines Räuberbandenstaates. Davon nicht zu reden, daß die Anerkennung bekanntlich sogar durchgedrückt werden kann.

Doch gerade mit den Räubern hat es auch noch SCHMITT: „Daß die Regierung eines geordneten Gemeinwesens etwas anderes ist als die Macht eines Seeräubers, ist mit Vorstellungen von Gerechtigkeit, sozialer Nützlichkeit" usf. „nicht zu fassen, denn allen diesen Normativitäten kann auch der Räuber entsprechen" (S. 212, 2). Freilich – mit der Gerechtigkeit SCHMITTS als genannter Gleichheit ist das durchaus so. Alles Geraubte wird dann nämlich, wenn es nach allgemeinem Gesetz *gleich* verteilt wird, hiermit zugleich *gerecht* verteilt. Nur – es bleibt beim Raub. Und dazu, daß die immerhin vertretene „Verschiedenheit" – zwischen Gemeinwesen und Räuberbande – „darin" liegt, „daß jede echte Regierung die politische Einheit eines Volkes ... *repräsentiert*" (a.a.O.), ist zu sagen: Das kann ebenfalls die Regierung eines Seeräuberstaates. Überdies gibt es die Repräsentation SCHMITTS nicht (o. C II), d.h. nicht als zutreffende.

Der Rechtspositivismus, gleich, welcher Art: ob nun z.B. mit dem Schwergewicht darauf, daß der Staat kein Unrecht, sondern einzig Recht tun könne (KELSEN), oder noch darauf, daß der Staat seine Existenzberechtigung nicht in richtigen Normen, sondern in seiner Existenz habe (SCHMITT), ist nun nicht allein grundfalsch. Vielmehr ist er, indem er *jeden* Staat mit *jeder* Verfassung deckt, den rechtlichsten genauso wie den unrechtlichsten, überdies von einer geradezu widerlichen Staatsbeflissenheit. Ja, mit der Lösung des Staates und seiner Verfassung von der Gerechtigkeit und mit ihr der sachlichen Gebotenheit bildet er überdies einen einzigen Appell an die Dummheit und Willfährigkeit der Beherrschten sowie an die Fahrlässigkeit oder gar Böswilligkeit der Herrschenden. Dabei ist es freilich noch so, daß die Positivisten ihr Zeug, zwar unausdrücklich, dennoch auch ihrerseits für sachlich geboten und also gerecht halten; denn sonst würden sie es nicht ernsthaft vertreten.

Daß und wie der deutschsprachige Positivismus nach alledem das spätere **Unrecht des Nationalsozialismus mit vorbereitet** hat, ist offensichtlich. Daß und wie er aber außerdem den **Staat des Nationalsozialismus mit vorbereitet** hat, zeigt noch dies: Zum Rechtspositivismus gehört auch der **Relativismus**. So wird ersterer geradezu der „relativistische Rechtspositivismus" genannt (KELSEN, Rechtslehre, S. 441, 51). Das besagt: Im Anschluß an eine „relative Gerechtigkeit" (S. 401, 27) geht er von „vielen Gerechtigkeitsnormen" aus, derart, daß eine „positivistische Rechtslehre" „keiner von ihnen den Vorzug vor einer anderen geben kann" (S. 404): Keine ist bevorrechtigt, alle sind gleichberechtigt. Und das besagt, da ohnehin jeder Staat Rechtsstaat ist: Gleich, welche politische Richtung im Staate herrscht, ja, gleich, was sie aus ihm in Recht und Unrecht macht, – keine dieser Richtungen ist bevorrechtigt, alle sind vielmehr gleichberechtigt. In Entsprechung hierzu sind für SCHMITT die „Eigenschaften des Gesetzes als einer ... gerechten und vernünftigen Anordnung ... heute" (1928) „relativiert" (S. 156). Gilt all dies allgemein, so wird es besonders – und zwar zum Ende der Weimarer Demokratie – folgendermaßen vertreten: Der „Relativismus ist die gedankliche Voraussetzung der Demokratie: sie lehnt es ab, sich mit einer bestimmten Auffassung zu identifizieren, ist vielmehr bereit, jeder politischen Auffassung, die sich die Mehrheit verschaffen konnte, die Führung im Staate zu überlassen, weil sie ein eindeutiges Kriterium für die Richtigkeit politischer Anschauungen nicht kennt, die Möglichkeit eines Standpunktes über den Parteien nicht anerkennt" (RADBRUCH, Rechtsphilosophie, S. 84). Und das in der zweiten Hälfte des Jahres 1932, dem der bis dahin größten Erfolge des Nationalsozialismus, als in der Tat herrschende Meinung. Und nicht durch irgendwen vertreten, sondern durch einen zuvor zweimaligen Reichsjustizminister! Der eingesetzte politische Untergang der Weimarer Republik war begleitet, sogar ‚geistig' begründet, durch einen rechts- wie staatstheoretisch – wesenhaft – verkommenen Positivismus.

Mit RADBRUCH, KELSEN und SCHMITT ging es sozusagen um ‚triumviri rei publicae destituendae', die – über hier unerhebliche wissenschaftliche, politische, ja, auch rassische Gegensätze hinweg – in Entscheidendem zwar keine vertragliche, doch eine zufällige Geistesgemeinschaft bildeten. Wohl hat RADBRUCH nach dem Zweiten Weltkrieg unter dem Eindruck des Unrechts der nationalsozialistischen Herrschaft, die ebenfalls ihn in Mitleidenschaft gezogen hatte, seine Ansichten geändert, freilich höchstens zur Hälfte (Gesetzliches Unrecht, durchgehend). Nicht so aber KELSEN und SCHMITT, obschon sie dafür nach dem Krieg Jahrzehnte Zeit hatten; mehr, obschon ersterer, sogar erheblich von der nationalsozialistischen Herrschaft betroffen, Deutschland verlassen mußte. Der Klügere gibt nicht nach. Man fragt sich nach dem massenweisen inner- wie zwischenstaatlichen Unrecht des 20. Jahrhunderts überhaupt, was denn noch an weiterem staatlichen Unrecht geschehen muß, damit vom Positivismus gelassen wird. Es gibt nichts. Der Positivismus ist eben so herrlich einfach: Gesetz = Recht, da endet alles Fragen.

Mit der Ansicht des deutschen BUNDESGERICHTSHOFS von der „Bindung auch des Verfassungsgesetzgebers an die unabdingbaren Gebote der Gerechtigkeit" (BGHZ, Bd. 11, Anh., S. 42) wird gegenüber dem Positivismus etwas jedenfalls weitgehend anderes vertreten. Ähnlich anderes vertritt gleichfalls das deutsche BUNDESVERFASSUNGSGERICHT. Dies geschieht damit, daß es – in Wendung gegen einen „wertungsfreien Gesetzespositivismus" (BVerfGE, Bd. 3, S. 232) – folgende Meinung vertritt: daß die *„Norm einer Verfassung … dann nichtig sein"* kann, *„wenn sie grundlegende Gerechtigkeitspostulate, die zu den Grundentscheidungen dieser Verfassung selbst gehören, in schlechthin unerträglichem Maße mißachtet"* (S. 225, 2). Dabei geht es freilich nicht um eine – nur subjektive – Unerträglichkeit, sondern um einen hinreichenden – objektiven – Verstoß. Auch sagt das Gericht noch: „Die Wahrscheinlichkeit, daß ein freiheitlich demokratischer Verfassungsgeber diese Grenzen" – die „letzten Grenzen der Gerechtigkeit" – „irgendwo überschritte, ist … so gering, daß die theoretische Möglichkeit originärer ‚verfassungswidriger Verfassungsnormen' einer praktischen Unmöglichkeit nahezu gleichkommt" (S. 233). Aber wie das Freiheitlich-Demokratische keineswegs vor Unrecht schützt, so geht das „nahezu" erheblich zu weit. Dies zeigen als einschlägige Beispiele für einen solchen Verfassungsgeber schon die gebrachten Grundrechtsartikel 111, 114 I usw. der Deutschen RV, 1919, die mit ihrer Überantwortung an den einfachen Gesetzgeber (o. I 2) nicht etwa nur zu *Nicht*recht, sondern zu *Un*recht gemacht waren. Es sei insoweit aber auch noch auf die Amerik. Verf., 1787, hingewiesen, wonach „nichts in dieser Verfassung … so ausgelegt werden" soll, „daß daraus den Ansprüchen der Vereinigten Staaten oder irgendeines einzelnen Staates Abbruch geschehe" (Art. IV, Abschn. 3 II, Hs. 2). Das ist nicht weniger unrechtlich als das bekannte – ausdrücklich für den „‚Verkehr mit fremden Nationen'" geäußerte Wort: „‚Our country, right or wrong!'" (so „der amerikanische Kommodore … DECATUR [1779–1820] in einem Toast"; nach BÜCHMANN, S. 671): *Pragmatismus*, der Utilitarismus auf amerikanisch. Hingewiesen sei aber auch noch auf Zusatzart. 5, 1791, wo es u.a. heißt: „niemand soll wegen derselben Straftat zweimal der Gefahr eines Verfahrens um Leib und Leben ausgesetzt werden": ein in der Tat ‚Grundrecht', etwa das eines freigesprochenen Mörders! Das zutreffende ‚ne bis in idem': die Verhinderung einer *mehr* als einmaligen Bestrafung für eine Straftat (z.B. Art. 103 III GG, 1949), ist insoweit, schlechthin unrechtlich, zur Verhinderung der schon *einmaligen* Bestrafung verdorben. Und das angesichts des im Vorspruch geäußerten Verfassungszwecks: „Gerechtigkeit zu verwirklichen".

Stellt man abschließend auf die insgesamt wichtigste staatliche Norm ab: die als Gesetz, sowie nochmals darauf, daß dieses nicht nur dem Recht offensteht, sondern auch dem Unrecht, und daher selbst Recht oder Unrecht ist, so ist noch festzustellen: Es mag jemand, Theoretiker oder Praktiker, noch so viel von Gesetzen und ihrer Anwendung verstehen, – wenn er nichts von ihrem Recht- oder Unrechtsein versteht, ist er zwar ein *Leg*ist, aber kein *Jur*ist, betreibt er zwar **Legisprudenz** (*Gesetzeswissenschaft*), aber keine **Jurisprudenz** (*Rechtswissenschaft*).

2. Zur Naturrechtslehre

Zwar gibt es innerhalb der *Naturrechtslehre* sehr unterschiedliche Richtungen. Dennoch lassen sich alle dahin zusammenfassen, daß sie ihr Recht aus der sog. *Natur* herleiten; und zwar mit dem Ergebnis, daß an diesem Recht zumal das sog. *positive* Recht, also jedenfalls das Gesetz, im Ent- und Bestehen *gemessen* wird. Dies mit dem Erfolg, daß es gerechtfertigt und somit gebilligt wird oder nicht gerechtfertigt und damit verworfen; sei es jeweils teils oder gänzlich. So wird das Naturrecht in jedem Fall als ein Recht begriffen, das außerhalb vor allem des sog. positiven Rechts steht, und zwar derart, daß es diesem *vor-* oder *übergeordnet* sei. In einem solchen Sinn wird daher das **Naturrecht als vor- oder überpositives Recht** begriffen. Dazu Beispiele.

Das *„Naturrecht"*, das „der Sphäre der Geltenden" angehört (v. Hippel, Naturrecht, S. 21), „der *moralischen Weltenordnung*" als „Bereich des An-sich-Geltenden, Gerechten, Guten und im wahren Sinne Menschlichen" (S. 20, 3), „ist ... Leitbild und Maßstab für *jede* positive Satzung" (S. 22). Mit ihm verbinden sich „jene unsichtbaren Postulate, die sowohl *Ziele* anweisen und Richtungen enthalten, wie sie andererseits *Grenzen* setzen für das, was als Gesetz und positive Satzung zulässig ist" (a.a.O.). Daher trägt „*jedes* von Menschen aufgestellte Gesetz ... nur insoweit den Charakter des Rechts ... als es dem Naturrecht entspricht" (S. 39 b). Dieses umfaßt „als eine zentrale Idee die der *Gerechtigkeit*, auf welcher im eigentlichen Sinne die *Rechts*qualität einer Satzung erst beruht" (S. 21). – „Das Naturrecht ... als eine Summe von Sätzen der Gerechtigkeit" (Coing, S. 205, 8) „bildet den Maßstab für die Beurteilung des positiven Rechts" (S. 206). Dies so, daß „es nicht nur die Übereinstimmung zwischen Naturrecht und positivem Recht" gibt, sondern „auch das Problem des Widerspruches zwischen beiden" (S. 202, 7), so daß „u. U. kein wahres Recht mehr" vorliegt (S. 274f.). – Und: Das „Naturrecht steht über dem positiven Recht, es bildet die notwendige Grundlage, die dauernde Quelle und Norm und die unübersteigliche Schranke des letzteren" (Cathrein, S. 298). Ersteres sind „die ewigen Grundsätze der Gerechtigkeit" (S. 182 i.V. m. S. 181); und damit ist „die Gerechtigkeit" das „Merkmal zur Unterscheidung des *wahren* und *echten Rechts* vom bloßen Scheinrecht" (S. 322), des gerechten Gesetzes vom ungerechten (S. 322f.).

Zwar folgt die Unterschiedlichkeit bis Gegensätzlichkeit der naturrechtlichen Richtungen entscheidend daraus, daß die **sog. Natur oder das, was sich aus ihr ergibt**, *ungleich* begriffen wird. Doch braucht das hier nicht dargetan zu werden, weil das Wiedergegebene schon zur Stellungnahme reicht.

Die naturrechtlichen Lehren vertreten erstens das Vorhandensein zweier Rechte: einerseits jedenfalls des sog. positiven Rechts und andererseits des Naturrechts. Doch das ist verfehlt. Es gibt nur *ein* Recht, nämlich das Gerechte als das in jeweiliger Lage sachlich Gebotene. Es ist nun zwar dem *Grund* nach stets die Gerechtigkeit, die mit ihrer Forderung nach dem Gerechten alles gegebene Recht *rechtfertigt* und alles gegebene Unrecht als das in jeweiliger Lage sachlich nicht Gebotene *nicht rechtfertigt*; und zwar darüber, daß das Recht der Forderung *entspricht* und das Unrecht ihr *nicht entspricht.* Dies mit der *Folge*, daß – wie bisher gesagt – das Recht als sachlich geboten, seinsollend, aus *sich* heraus *gerechtfertigt* sei und das Unrecht, als sachlich nicht geboten, nichtseinsollend, aus *sich* heraus *ungerechtfertigt* (o. I 1). Aber wie damit das Recht auf das *Forderungsentsprechende beschränkt* ist, so bildet die *Forderung* der Gerechtigkeit selbst gerade *kein Recht.* Und daß sie, gemäß *unterschiedlichen* Lagen, auf entsprechend *Unterschiedliches* als gerecht gerichtet ist, ändert daran ersichtlich nichts. Ob es daher um die „unsichtbaren Postulate" in Verbindung mit der vom „Naturrecht" umfaßten zentralen „Idee ... der *Gerechtigkeit*" (v. Hippel) geht oder darum, daß das Naturrecht „als eine Summe von Sätzen der Gerechtigkeit" (Coing) verstanden ist bzw. als „ die ewigen Grundsätze der Gerechtigkeit" (Cathrein), –

sie alle sind selber *kein Recht*; sie weisen vielmehr höchstens das ihnen Gemäße als Recht aus und das ihnen nicht Gemäße als Unrecht.

Zweitens fehlt es weitgehend gerade an der Unterscheidung zwischen Recht und Unrecht; und das läßt auf eine gewisse *Systemwidrigkeit* in den weitaus meisten Naturrechtslehren blicken. So ist gar in dem Fall, daß „Positives Recht, das sich im Gegensatz zum Naturrecht befindet, ... kein Recht, sondern Unrecht" sei (SÜSTERHENN, S. 21), dennoch vermieden, letzteres nun klar als *positives* Unrecht zu bezeichnen. Weiter geht es, wenn zwar einerseits gesagt wird, daß das „Naturrecht ... die Durchsetzung der materiellen Gerechtigkeit" verlangt (COING, S. 279), aber andererseits dennoch auf „das positive Recht" – auch – „im Falle seiner materiellen Ungerechtigkeit" abgestellt ist (S. 281). Nicht so weit geht es noch mit der Ansicht, daß „das staatliche Recht", wenn es „zum Natur- und Kulturrecht in Widerspruch tritt", trotzdem „in gewissen Grenzen auch ungerechtes Recht" sein könne (DAHM, S. 40f.). So ist erst das „grob Ungerechte, das die Ordnung zerstörende ... Gesetz ... kein Recht" (S. 41). Der Grund für all das liegt im unrichtigen Verständnis des Naturrechts als *überpositiven Rechts.* Denn damit ist desgleichen positiviertes *Unrecht* noch – mehr oder weniger – als *positives Recht* vorausgesetzt. Insofern stimmen gar Naturrechtslehre und Rechtspositivismus überein. Außerdem: „ungerechtes Recht" ist, wie schon gesagt, ein Widerspruch in sich (o. I 1).

Drittens vertreten die Lehren des Naturrechts weitgehend die unrichtige Beschränkung des Rechts auf Normen, eben das sog. positive Recht; unter Ausschluß also des Faktischen als Rechts. So z. B., wenn „als *positives Recht*" nur auf Gesetze, Befehle, Erlaubnisse „der jeweils Machthabenden" abgestellt ist (v. HIPPEL, Naturrecht, S. 14, 1). Oder noch, wenn das „Verhalten" ausdrücklich vom „Recht" ausgeschlossen wird (COING, S. 264). Hierzu gilt indes noch Folgendes: Auch Normen sind ja, wie gesagt, ein Verhalten, sei es ein festgehaltenes, wie etwa in Gesetzen, sei es ein nicht festgehaltenes, wie z. B. mit der Verkehrsregelung durch einen Polizisten (o. 1. Abschn., B I 1). Ebenfalls was das Verständnis des Rechts bloß als bestimmter Normen betrifft, stimmen also Naturrechtslehre und Rechtspositivismus überein. Doch auch das Naturrecht selber ist weitgehend auf Normen beschränkt. So beispielsweise, wenn es als „eine Summe von ... bindenden Normen" bezeichnet wird (CATHREIN, S. 222 I; gleichfalls SÜSTERHENN, S. 18 IV).

Viertens ist es überhaupt unmöglich, aus einer gleich wie begriffenen Natur das Recht abzuleiten. Das sei zwar an lediglich einem, allerdings stellvertretenden, Beispiel dargetan. Das *„Naturrecht"* ist *„Ausdruck der moralischen Natur des Menschen"*, d. h. „seiner *höheren* Natur" (v. HIPPEL, Naturrecht, S. 12 b), und zwar gegenüber dem *„Egoismus der niederen Natur des Menschen"*, des „Sinnenmenschen" (S. 13). Ist so mit der niederen Natur „der Egoismus ... nicht bereit ..., dem Nächsten zu geben, was ihm gebührt, soweit dadurch eigene Interessen betroffen oder beeinträchtigt werden", erweist sich mit der höheren Natur die „Anerkennung des Naturrechts ... als *Bereitschaft*, die Gerechtigkeit anzuerkennen und anzunehmen, auch wenn man in seinen Interessen durch sie betroffen wird" (a.a.O.). Hiermit kommt nun zum Ausdruck, daß die Natur des Menschen nicht einzig auf das *Recht*, vielmehr desgleichen auf das *Unrecht* angelegt ist: entsprechend seinem Recht- *und* Unrechttun. Ist der Mensch jedoch auf *beides* angelegt, so kann er weder *allein* noch *mit* die Quelle (der Maßstab) für das eine oder das andere sein. Stattdessen *setzt* er je eine *andere* für sie *voraus.* Und das sind, wie gezeigt, für das Recht die *Gerechtigkeit* mit ihrer Forderung *nach* dem Recht und für das Unrecht die *Ungerechtigkeit* mit ihrer Forderung *nach* dem Unrecht (o. I 1). *Sie* gehören aber *nicht* zur Natur des Menschen, ja, zu keinerlei Natur. Daher ist ja auch stillschweigend die erstere als Maßstab für die sog. höhere Natur des Menschen vorausgesetzt; und daher ist es genauso die letztere als Maßstab für seine sog. niedere. Genau das nun aber: die Voraussetzung der Gerechtigkeit für das Bejahte und die der Ungerechtigkeit für das Verneinte, und zwar als – eigentliche – Maßstäbe für Recht und Unrecht, verbindet sich, soweit ersichtlich, stillschweigend mit *jeder* Art von Natur, wie sie auch andere Naturrechtslehren als Quelle annehmen. Damit ist indes gerade diese Annahme durchaus überflüssig.

Im übrigen sind die **Lehren vom Naturrecht** in einem solchen Ausmaß uneinheitlich, daß sie **teils sogar dem Rechtspositivismus gleichkommen**. Das ist der Fall, wenn „das positive Recht" als „nichts Anderes" bezeichnet wird „als die konkrete Erscheinung des natürlichen Rechtes"; dies gar so, daß „es nichts Anderes seyn" kann „als diese konkrete Erscheinung" (v. Droste = Hülshoff, S. 237). Denn damit ist zumal – wie beim Positivismus – jedes Gesetz Recht.

Sieht man von solchen Fällen und ähnlichen, sich dem Positivismus jedenfalls nähernden, ab, so ist doch Folgendes als **grundsätzlicher Unterschied zum Rechtspositivismus** herauszustellen: Die Naturrechtslehren stellen insoweit irgendwie auf die *Gerechtigkeit* als das für das *Recht Bestimmende* ab; gleich, wie sie dies näher begreifen. Allerdings nicht gleich, ob die sog. **Naturrechtssätze** *wirklich* Rechtssätze sind. So ist z.B. der Satz: *„‚pacta sunt servanda'"* (Süsterhenn, S. 19), teils *kein* Rechtssatz. Denn Verträge, die – weil auf Unrecht gerichtet – *selber* Unrecht abgeben, sind gerade *nicht* zu halten; es sei denn, daß es wegen eines gewichtigen Grundes ausnahmsweise rechtlich, billig, ist (o. I 1), daß sie dennoch gehalten werden. Es verhält sich aber auch noch so mit dem Satz: „‚neminem laedere'" (Coing, S. 208). Es gibt eben auch verletzendes Verhalten, das *Recht* ist. Man denke nur an eine Verletzung in Notwehr. Mit der folgenden Kennzeichnung als „schuldhafter Verletzung" (a.a.O.) ist die mögliche rechtliche Verletzung unausdrücklich eingeräumt.

Das Verhältnis zur Staatsverfassung

Das nunmehrige *Verhältnis der Verfassung*, aufs neue in ihrem allgemeinsten Wesen, *zu Recht und Unrecht* schrumpft diesmal, soweit die Gerechtigkeit als bestimmend anerkannt ist, *nicht* zu einem solchen zum *Recht* als sog. *positiven* zusammen; wie ja auch letzteres gerade *nicht* schlechthin als Recht anerkannt ist. D.h. im Ergebnis: **Die Naturrechtslehre kennt neben einer Rechtsverfassung ebenfalls eine Unrechtsverfassung**, überhaupt – umfassend – **neben einem Rechtsstaat auch einen Unrechtsstaat**. Dies allerdings unter der Voraussetzung, daß – gleichsam nachhelfend – für das jeweilige Unrechtsgebilde nicht bloß auf „kein wahres Recht" (Coing), kein „Scheinrecht" (Cathrein) oder ähnlich Unklares abgestellt wird, sondern schlicht und klar auf *Unrecht.* Und unter der Voraussetzung, daß auf den Rechtspositivismus hinauslaufende oder ihm nahekommende Lehren (z.B. v. Droste = Hülshoff) *ausscheiden.* In diesem Rahmen geht es nun zwar um eine **materielle Rechtsverfassung** und einen **materiellen Rechtsstaat**, doch um merklich andere, als sie mit der eigenen Auffassung gekennzeichnet wurden (o. I 2).

Dazu sei zuerst auf die Verfassungsanschauung v. HIPPELS zurückverwiesen (o. C I 8). Als Beispiel eines Verständnisses der Staatsverfassung nicht, wie sie ist, sondern wie sie nach v. HIPPELS Ansicht sein soll und – demgemäß – nicht sein soll, unterscheidet sie, zwar nicht den Worten, doch der Sache nach zwischen einer Rechts- und Unrechtsverfassung. So ist die rechtliche damit gemeint, daß „die Ideen, wie sie als Gerechtigkeit, Wahrheit, Moralität, Humanität usw. die Menschheit geistig konstituieren, auch zu den *überpositiven* Voraussetzungen jeder staatlichen Verfassung werden"; und daß, „ohne daß die Prinzipien der Humanität als maßgeblich für den Staat vorausgesetzt werden, ... auch seine Verfassung keine rechtliche Verpflichtungskraft besitzen" kann. Und die unrechtliche ist damit gemeint, daß „jede Verfassung zu einer rechtswidrigen" wird, „in der die Würde und Freiheit des Menschen nicht anerkannt und ihm die Möglichkeit entzogen wird, sich im Hinblick auf sein eigentliches Wesen und seine Natur als Mensch zu gestalten", seine „moralische Natur". Über das hinaus, was dazu nun bereits ausgeführt wurde (a.a.O.), ist hier nur noch dies zu sagen: Maßgeblich für den Staat und also gleichfalls seine Verfassung ist, wie gezeigt, letztlich *einzig* die *Gerechtigkeit*, die, wie alles Haben, Sein und Verhalten, so auch das zu Staat und Verfassung gehörende *allein* als sachlich gebotene gerecht: Recht, sein läßt (o. I 1, 2). Das besagt jedoch: Insbesondere „Moralität" und „Freiheit" prägen bloß insoweit den Rechtsstaat und die Rechtsverfassung *mit*, als ebenfalls sie in Staat und Verfassung, wie jeweils sachlich geboten, so ihrerseits jeweils gerecht sind.

Weiter sei auf die Verfassungsanschauung COINGS, enthalten in der vom Rechtsstaat, eingegangen. „Der Rechtsstaat", so heißt es einmal, „ist der Versuch, die bestehende, auf keine Weise aufzulösende staatliche *Herrschaft* durch Begrenzung mit der Forderung der Gerechtigkeit, alle Menschen zu achten, so weit als möglich in Übereinstimmung zu bringen. ... Geschichtlich ist er überall da entstanden, wo der Wille zu Freiheit und Recht sich gegenüber der Macht der Herrschenden durchsetzen konnte" (S. 237). So zutreffend es ist, den Rechtsstaat an die Gerechtigkeit zu knüpfen (o. I 2), – es ist doch nicht so, daß ihre „Forderung" für den Rechtsstaat *nur* darauf ginge, „alle Menschen zu achten". Wie sie auf das geht, was in jeweiliger Lage gerecht als sachlich geboten ist, so kann das zwar auch die Achtung von Menschen sein; allein doch bloß insoweit, als diese das in ihrem Sein, Haben und Verhalten *verdienen*. Überdies ist es nicht so, daß „Freiheit und Recht" einfach der „Macht der Herrschenden" *entgegengesetzt* wären. Deshalb kann die Herrschermacht ja auch geradezu Freiheit und Recht *dienen*. Hinzu tritt, daß der Rechtsstaat weit über die Herrschaftsbegrenzung zwecks Achtung von Menschen *hinausgeht*. So kann ein Staat ebenfalls schon in seiner Verfassungsart als *Staatsform* sachlich geboten und sonach rechtsstaatlich sein, und zwar ohne daß dies eine Staatsform beschränkter Art sein müßte. Hiermit ist es aber viel zu eng, daß der „Aufbau des Rechtsstaates ... den Prinzipien der iustitia protectiva" folge (S. 237). Er folgt vielmehr denen der Gerechtigkeit überhaupt. Heißt es dann noch zum anderen, daß sich ‚daraus', den genannten Prinzipien, die „leitenden Grundsätze" des Rechtsstaates ergeben, so muß dies folgerichtig gleichfalls viel zu eng sein: „Die Staatsgewalt darf nicht in einer Hand konzentriert sein (Grundsatz der Gewaltenteilung). Alle staatliche Gewalt muß eine rechtliche Grundlage haben und vom Recht auf bestimmte Zwecke begrenzt sein (Grundsatz der Rule of Law, der Gesetzmäßigkeit von Verwaltung und Justiz, der Verfassungsbindung der Legislative). Alle staatliche Machtausübung muß vom Bürger selbst kontrolliert sein, sei es durch die Möglichkeit, staatliche Hoheitsakte in einem Rechtsverfahren vor unabhängigen Gerichten auf ihre Gesetzmäßigkeit nachprüfen zu lassen, sei es durch gewählte Vertretungen. Die Grundrechte dürfen eingeschränkt, aber nicht aufgehoben werden" (a.a.O.). Danach wäre indes nur der Staat mit Gewaltenteilung, mit der Gesetzmäßigkeit von Ausführung und Rechtsprechung sowie der Verfassungsmäßigkeit der Gesetzgebung, mit der genannten Überprüfbarkeit staatlicher Hoheitsakte und allein mit der Einschränkbarkeit von Grundrechten, nicht aber ihrer Aufhebbarkeit, ein Rechtsstaat. Wie sehr dies nun zu eng ist, zeigen bereits das zuerst und das zuletzt Genannte. Auch ein gewalten*vereinigender* Staat kann *rechts*staatlich sein und – umgekehrt – ein gewalten*teilender* Staat *unrechts*staatlich, und zwar in erheblichem Umfang (zu letzterem u. 3. Abschn., B I 1 a, Ende). Und wie Rechtsstaaten *ohne* Grundrechte möglich sind (o. I 2), so erhebt sich die Frage nach deren Einschränkbarkeit oder Aufhebbarkeit (dazu jedoch a.a.O.) schon gar nicht. Insgesamt: Der Rechtsstaat ist *kein* bloßer *Schutzstaat.* Davon nicht zu reden, daß der letzte in bedenklicher Nähe zum *Nachtwächterstaat* steht.

Was schließlich noch CATHREIN angeht, so ergibt sich seine Ansicht zur Rechtsverfassung aus Folgendem: „Sieht man das Staatsgesetz als die letzte Quelle alles Rechts an, so muß man jedes auch noch so absurde, vernunftwidrige, niederträchtige Gesetz als wahres Gesetz ansehen, und darf man sich nicht mehr über Unrecht beklagen. ... Sollen wir ... Mordbefehle" eines „blutdürstigen Despoten mit dem heiligen Namen des Rechts ehren? Und welche himmelschreienden ‚Gesetze' haben die französischen Revolutionsmänner unter der Schreckensherrschaft oft in wenigen Stunden erlassen und zur Ausführung gebracht!" (S. 139, 3). Die „Leugnung des Naturrechts" führt zu „offenbar *vernunftwidrigen Folgerungen*" (S. 257 V), zumal folgender: „Gibt es kein Naturrecht, so *kann es auch kein ungerechtes menschliches Gesetz* geben, und die höchste Staatsgewalt kann den Untergebenen nie unrecht tun, wenigstens so lange sie die nötige Macht hat, ihren Willen durchzusetzen. Sie mag dann mit dem Leben, der Ehre, der Keuschheit, dem Eigentume der Untertanen schalten und walten, wie sie will, sich das Treiben eines Nero und Caligula oder das des ärgsten orientalischen Despoten zum Muster nehmen, stets ist sie im Recht" (S. 257f.). Vorweg ist hierzu festzustellen, daß damit nunmehr das Unrecht *klarer* angesprochen ist. Dann läßt sich zwar sagen, daß es unzutreffend ist, zwischen Gesetz und wahrem Gesetz zu unterscheiden; denn für das Gesetz als Form für Recht oder Unrecht ist allein das entscheidend, was es eine solche Form sein läßt (dazu o. 1. Abschn., B I 1). Aber einmal ist vor allem der KELSENsche Positivismus um etliche Jahre vorweggenommen und genauso vorweg bereits ebenso zutreffend wie vernichtend beurteilt. Und zum anderen steht das sog. wahre Gesetz lediglich für das *gerechte* oder *rechtliche*; wie das entgegengesetzte nur für das *ungerechte* oder *unrechtliche* steht. Und dies hat zur Folge: Mit der Verwerfung des letzteren, zumal in seiner Bindung an die Despotie, werden zugleich Unrechtsstaat und Unrechtsverfassung, richtig als möglich begriffen, ebenfalls verworfen; und mit der Bejahung des ersteren werden zugleich Rechtsstaat und Rechtsverfassung, auch richtig als möglich begriffen, gleichfalls bejaht. Die Kraßheit der Beispiele, für das 20. Jahrhundert durch viel krassere noch vermehrbar, darf allerdings nicht dazu führen, allein in Fällen solcher Art das Unrechtsstaatliche zu finden. Das liegt vielmehr desgleichen in kleinem staatlichen Unrecht, besonders wenn es gehäuft auftritt. Hierzu sei auf fehlerhafte Grundrechtsbestimmungen zurückverwiesen (o. I 2, Ende).

Zwar gehört in diesen Bereich im Ausgang ebenfalls das deutsche BUNDESVERFASSUNGSGERICHT, wenn es ausführt: *„Das Bundesverfassungsgericht erkennt die Existenz überpositiven, auch den Verfassungsgesetzgeber bindenden Rechtes an und ist zuständig, das gesetzte Recht daran zu messen"* (BVerfGE, Bd. 1, S. 18, 27). Dies freilich mit dem, was insoweit oben dagegen ausgeführt wurde. Doch verbiete sich nach dem Gericht weiter, die „verfassungsrechtliche Prüfung an" naturrechtlichen „Vorstellungen zu orientieren, ... schon durch die Vielfalt der Naturrechtslehren, die zutage tritt, sobald der Bereich fundamentaler Rechtsgrundsätze verlassen wird, und die sich vor allem bei der Erörterung der innerhalb der naturrechtlichen Diskussion selbst sehr bestrittenen Fragen des Verhältnisses ‚Naturrecht und Geschichtlichkeit', ‚Naturrecht und positives Recht' zeigt" (Bd. 10, S. 81 b). Und das bedeutet nicht bloß eine Abkehr von den einschlägigen Auffassungen der Naturrechtslehren, sondern – angesichts der Wichtigkeit gerade des letzten Verhältnisses – die jedenfalls beträchtliche Abkehr von der Naturrechtslehre selber.

Zum sog. **Konstitutionalismus** als der *Lehre vom Verfassungsstaat*, auf Naturrechtslehren zurückgehend, ist abschließend bloß das Folgende herauszustellen: Der Verfassungsstaat wurde bereits im Zusammenhang mit LOEWENSTEINS Konstitutionalismus, ohne daß es besonders auf seinen Namen ankam, gekennzeichnet (o. C I 7). Er ist also, wie dort zur Anschauung LOEWENSTEINS festgestellt, ein Staat mit einer Verfassung, wie sie nach Ansicht ihres Vertreters sein soll. Zusammengefaßt, wird der *„Verfassungsstaat"*, wie folgt, verstanden: als „Staat mit einer Verfassung, in der die Staatsgewalt beschränkt, die Zuständigkeit und der Pflichtenkreis der Staatsorgane bestimmt und den Staatsbürgern ein bestimmtes Maß von Mitbestimmung, Freiheit und Rechtsschutz gesichert ist" (BROCKHAUS, XIX, S. 494 l., Artikel: „Verfassungsstaat"). Wie dies aber nur eine allgemeine Wiedergabe der oben gebrachten Rechtsstaatsgrundsätze COINGS darstellt, so gibt das Verständnis des Verfassungsstaates zugleich ein bestimmtes des Rechtsstaates ab. Weshalb denn auch „‚Verfassungsstaat'" und „‚bürgerlicher Rechtsstaat'" als „gleichbedeutend" gekennzeichnet werden (SCHMITT, S. 125, 1). Als seine „Hauptarten ... sind die konstitutionelle Monarchie und der parlamentarisch-demokrat. Staat" genannt (BROCKHAUS, a.a.O., r.). Was nun zuerst das Wort ‚Verfassungsstaat' betrifft, so bildet es, für sich genommen, etwas Sinnloses. Denn insoweit setzt es voraus, daß es – entgegen der Tatsache, daß *jeder* Staat eine Verfassung hat (o. 1. Abschn., vor A) – auch Staaten *ohne* Verfassung gibt. Es wird aber etwas Sinnvolles, wenn man auf das abstellt, was mit ihm, wie gezeigt, *gemeint* ist: einen *Rechts*verfassungsstaat bestimmten Inhalts, und wenn man es dahin *ergänzt*. Allerdings ist nun aber auch dieser Rechtsstaat mit seiner Verfassung viel zu eng begriffen. So braucht – um lediglich auf eines abzuheben – nur wiederholt zu werden, daß ebenfalls ein gewalten*vereinigender* Staat *rechts*staatlich sein kann und – umgekehrt – ein gewalten*teilender unrechts*staatlich (o.: zu COING). Und stellt man noch auf die zwei als Beispiele genannten Staaten ab: die konstitutionelle Monarchie und den parlamentarisch-demokratischen Staat, so verhält es sich gar so, daß, wo die *eine* Staatsform *sachlich geboten* ist und die *andere* folglich *sachlich nicht geboten*, damit nur jeweils *einer* von beiden in gegebener Lage eine *Rechts*verfassung besitzt, der jeweils andere aber eine *Unrechts*verfassung. Daß übrigens die Meinung: ein Staat, der *keine Gewaltenteilung* besitzt, auch *keine Verfassung* habe, tatsächlich vertreten wurde und wird, ist noch zu zeigen (u. 3. Abschn., B I 1 a).

Wesentlich gegenteilig ist die Auffassung, wonach – anders als der „absolute

Staat" (KÜCHENHOFF-KÜCHENHOFF, S. 240 I) – im „*konstitutionellen Staat* oder *Verfassungsstaat* ... nicht nur die Tätigkeit der dem Obersten Staatsorgan nachgeordneten Staatsorgane, sondern auch die ... des Obersten Staatsorgans selbst an die Beachtung von *in der Regel geschriebenen*, ... zumeist mit erhöhter Geltungskraft ausgestatteten *Rechtsvorschriften* (eben von *Verfassungen*) gebunden" ist (a.a.O., II). Dies derart, daß es nicht „auch" um die Verwirklichung der „Ideen der Gewaltenteilung und der Liberalität" gehe (S. 241); mit der Folge, daß u.a. „die vielen Parlamentsdiktaturen wie die Sowjetunion und die sogenannten Volksdemokratien" ebenfalls „als konstitutionelle Staaten ... angesehen werden" (a.a.O.). Dies steht aber außerhalb der Sache.

Dritter Abschnitt
Die Arten der Verfassung: Die Staatsformen

Es handelt sich, wie gesagt, um das *weniger allgemeine* Wesen der Staatsverfassung als ihren unfesten, veränderlichen Inhalt; ein Inhalt aber, der sie in dieser Veränderlichkeit gleicherweise erst zu einer solchen macht oder begründet (konstituiert) (o. Einführung, 4). Dieses Wesen wird durch das *Unterschiedliche* der *Verfassungsarten* oder *Staatsformen* gebildet.

Aus der Staatsverfassung als Staatsgrundordnung: der Verknüpfung von engerer Verfassung, Grundlagen der weiteren und von sonstiger Verfassung (o. 2. Abschn., A), handelt es sich nach dem, was insoweit zu den drei Teilen ausgeführt wurde, nurmehr um die ersten beiden. Sind sie es doch, die als *Aufbau*ordnungen, staatliche *Organe* in ihrem Sein, Haben und Verhalten betreffend, eben damit die Verfassungsart bestimmen. *Wesentlich* gilt das für die engere Verfassung mit ihren obersten Staatsorganen als Verfassungsorganen, *unwesentlich* für die weitere, soweit sie mit Staatsorganen, die Verfassungsart gleichfalls bestimmend, zur engeren hinzutritt. Insofern dreht es sich, ohne daß freilich nochmals grundsätzlich geschieden würde, sowohl um die *normative* als auch um die *faktische* Verfassung (a.a.O., B).

Nun fragt sich allerdings, wieso denn **Verfassungsart** und **Staatsform,** näher betrachtet, *dasselbe* sind. Zur Verfassung hat sich ergeben, daß sie als Ordnung ein Gefüge, d.h. eine aus *Teilformen* bestehende *Gesamtform,* ist (a.a.O., B, vor I). Zu den Teilformen der engeren Verfassung sowie Grundlagen der weiteren zählt nun aber auch die Verfassungsart. Und zu ihr – z.B. erneut als Monokratie in Gestalt einer Monarchie oder als Polykratie in der einer Demokratie oder noch als Einheits- oder Vielheitsstaat in Gestalt eines Bundesstaates – gilt nun dies: Sie besteht, über die ganze Staatsführung als uneigentlichen Staat hinaus, desgleichen für den ganzen Staatsverband als eigentlichen Staat: als *Form des Staates.* Damit läßt sich jedoch, statt von *Verfassungsart* ebenfalls von *Staatsform* sprechen. Von den beiden Begriffen ist der zweite der übliche. Daher wird grundsätzlich er im Weiteren benutzt.

Hiermit wird indes neben der *Staatsform nicht* auch noch auf eine sog. **Verfassungsform** und eine sog. **Regierungsform** abgestellt. Dies geschieht aber im Schrifttum, wie folgt: Zu einer Reihe etlicher „*Staatsformen*" (KÜCHENHOFF-KÜCHENHOFF, S. 209 ff.) gehörend, zeige zunächst die „*Verfassungsform eines Staates die Zusammensetzung seiner Staatsträgerschaft* ... (Monarchien, Aristokratien, Demokratien)" und sodann die „*Regierungsform eines Staates ..., in welcher Weise sein oberstes Staatsorgan an der Ausübung seiner Staatsgewalt mitwirkt* (unmittelbar, mittelbar; beschränkt, unbeschränkt)" (S. 212, 3). Allein – was ersteres anbelangt, so ist einmal das Wort ‚Verfassungsform', da die Verfassung als Ordnung ja bereits *Form ist,* pleonastisch (ebenso dennoch JELLINEK, G., S. 664). Und zum anderen bilden die sog. Verfassungsformen „Monarchien, Aristokratien, Demokratien" gerade und *nur* gewisse *Staats*formen, nämlich innerhalb der Hauptstaatsformen (u. A.). Was letzteres angeht, so gehört die Regierungsform auch gerade und *nur* zu den *Staats*formen, und zwar wieder innerhalb der Hauptstaatsformen. Denn eben sie, d.h. als Mono-, Pleo- und Polykratien, werden sich jeweils – wie alsbald vorwegzunehmen – als unbeschränkt oder beschränkt, unmittelbar oder mittelbar erweisen. So ist – insgesamt – neben den Staatsformen für Verfassungs- und Regierungsformen gar kein Raum. Außerdem läßt dies die erforderlichen Einteilungen viel einfacher und somit übersichtlicher wie greifbarer sein. Es wird aber auch noch auf andere untaugliche Weise versucht, in „*Staats- und Regierungsformen*" einzuteilen (NAWIASKY, Staatsgesellschaftslehre, II, S. 123 ff.). So lasse es das „Auseinanderfallen von formeller Ordnung und realer Gestaltung ... geboten erscheinen, die ... Unterscheidung vorzunehmen" (S. 124). Indes – wenn z. B. „in einem formell als Monarchie gestalteten Staatswesen die eigentliche Leitung des Staates Persönlichkeiten übertragen" ist, „deren Berufung auf einem Vertrauensvotum von seiten des Volkes bzw. seiner Vertretung beruhte" (a.a.O.), so liegt damit eben *keine Monarchie* (fürstliche Einherrschaft) mehr vor, sondern eine *Demokratie* als fürstliche Vielherrschaft (u. A III 1 a). Und um das zu erfassen, genügt die Staatsform. Daß die „Prinzipien bürgerlicher Freiheit" – „Grundrechte ... und Gewaltenteilung" – „aus *Staats*-Formen bloße *Gesetzgebungs-* oder *Regierungs*-Formen" machen (SCHMITT, S. 200), ist vollends ausgeschlossen.

Etwas ganz anderes bedeutet es, wenn, statt auf die **Verfassung,** auf die **Regierungsform** abgestellt ist. So etwa mit der „*Regierungsform*" Schwedens (Schwed. Regierungsform, 1975). Denn damit ist die Regierungsform einfach dasselbe wie die Verfassung. – Wird die **Regierungsform als Staatsform** begriffen (LOEWENSTEIN, S. 19 ff., zu den „‚*Regierungsformen*'"), so bedeutet das nur einen Unterschied im Wort. Allerdings ist der Begriff ‚Regierung' doppeldeutig. Er meint einmal das *Staatsorgan Regierung* in Sein, Haben und Verhalten: *Regierung im engeren Sinn;* und zum anderen außerdem noch *andere oberste Staatsorgane* in gleicher Hinsicht: *Regierung im weiteren Sinn.* Und allein was letztere betrifft, steht die Regierungsform für die Staatsform. Gegenüber dieser Doppeldeutigkeit ist nun jedoch der Begriff ‚Staatsform' eindeutig. Zwar ist der Begriff ‚Regierungsform' der ältere. So stellte SCHLÖZER Ende des 18. Jahrhunderts auf „Verschiedene *RegirungsFormen*" als "*StatsVerfassungen*" ab (S. 112, Abschn. I). Aber das ändert am Gesagten nichts.

Entscheidend ist nun vorweg die **allgemeinste Einteilung der Staatsformen.**

Insoweit wird in **Hauptstaatsformen** und **Nebenstaatsformen** gegliedert. Das bedeutet: **Hauptstaatsform ist diejenige, die dartut, wer grundlegend die Herrschaft im Staat hat, und wie diese gestaltet ist.** Ein Beispiel bildet etwa die Monokratie. In ihr ist es eben Einer, der im Staate grundlegend herrscht, sei die Herrschaft eine fürstliche oder nichtfürstliche, eine unbeschränkte oder beschränkte, eine unmittelbare oder mittelbare. **Nebenstaatsform** ist hingegen **erstens diejenige, die von der Hauptform eines Staates umschlossen wird.** Ein Beispiel hierfür bildet etwa die gewaltenteilende Herrschaft als Nebenstaatsform, die von einem Staat durch seine Hauptstaatsform, etwa eine Polykratie als beschränkte Demokratie, umschlossen wird. Und **Nebenstaatsform ist zweitens die Form eines Staates, die weitere Staaten, und zwar in ihren Hauptformen, umschließt.** Dazu bildet ein Beispiel etwa die bundesstaatliche Herrschaft als Nebenstaatsform, die andere Staaten in ihren Hauptformen, wieder beispielsweise Polykratien als beschränkte Demokratien, umschließt. Im ersten Fall stellt sich die Nebenstaatsform als *Ausgestaltung* einer Hauptstaatsform, im Beispiel als beschränkter, dar und im zweiten als *Gemeinschaftsgestaltung* von Staaten, im Beispiel als bundesstaatliche. Man kann von jener auch als **Unterstaatsform** sprechen und von dieser als **Überstaatsform.** Es mag übrigens die umschlossene Staatsform, z. B. wieder als gewaltenteilende Herrschaft, genauso die umschließende Staatsform, etwa erneut als bundesstaatliche, für den jeweiligen Staat noch so wichtig sein, – eine jede ist dennoch nur eine *Neben*staatsform. So sind Gewaltenteilung und Bundesstaatlichkeit beispielsweise für die Vereinigten Staaten von Amerika und die Bundesrepublik Deutschland geradezu besonders wichtig; und doch sind beide gegenüber der Polykratie als jeweils bestimmter Demokratie in beiden Staaten das Nachrangige.

Nun zählt zwar der genannte Bundesstaat zu den sog. **Staatenverbindungen;** und ein Teil von ihnen *bildet keinen Staat* (u. B II, vor 1). Wie aber ein weiterer Teil *Staaten bildet* (a.a.O.), so haben diese, z.B. als Bundesstaaten, gleichfalls eine jeweils bestimmte *Staatsform,* wenngleich als Nebenform. Die Staatsformen daher schlechthin von den Staatenverbindungen, soweit diese also *auch* Staaten bilden, zu *trennen,* ist nicht richtig. Dennoch geschieht das (z.B. JELLINEK, G., S. 661 ff.: „*Staatsformen*", S. 737 ff.: „*Staatenverbindungen*"; auch HELFRITZ, S. 139 ff. bzw S. 177 ff.). Was auf den Bundesstaat zutrifft, wird ebenfalls auf den sog. Staatenstaat zutreffen.

Das *Maß der Gliederung* in Haupt- und Nebenstaatsformen bilden der *unterschiedliche Inhalt* und die *unterschiedliche Stellung* beider zueinander.

Zum Verhältnis der Staatsformen zu Recht und Unrecht

Hierzu allgemein das Folgende.

Mit der Staatsverfassung als *Rechts-* bzw. *Unrechtsverfassung* (o. 2. Abschn., D I 2) und der *Verfassungsart* als *Staatsform,* die von der Staatsverfassung umfaßt wird, ist die Staatsform genauso Recht bzw. Unrecht, wie es die Staatsverfassung ist. Was zu dieser insoweit ausgeführt wurde, gilt daher auch für sie. D.h. insbesondere:

Zunächst gibt es **keine völlig rechtliche Staatsform,** ebenso **keine völlig unrechtliche,** vielmehr bloß eine im Höchstfall jeweils *wesentliche,* d.h. wieder: eine weit überwiegend rechtliche bzw. unrechtliche. Ja, in vielen Fällen handelt es sich überhaupt nur um eine jeweils überwiegende Rechts- bzw. Unrechtsstaatsform. Dies mit der Folge einer bestimmten **Gemengelage** beider in *jeder* Staatsform; und daß im *Gegenüber* von Staatsformen zwar insofern noch annehmbar von rechtlicher und unrechtlicher geredet werden kann, als jede von beiden es *wesentlich* ist, doch sogar das *ungenau* ist. Sodann vermag allein die in *jeweiliger Lage* sachlich gebotene Staatsform eine – jetzt als wesentlich rechtlich vorausgesetzte – **Rechtsstaatsform** zu sein; wie auch bloß die in *jeweiliger Lage* sachlich nicht gebotene eine – nun als wesentlich unrechtlich vorausgesetzte – **Unrechtsstaatsform** zu sein vermag. Ferner: So wesentlich gleich oder ungleich die **erheblichen, berücksichtigungswerten Lageumstände** sind, so gleich oder ungleich sind rechtliche und unrechtliche Staatsform. Einzig dies erklärt, warum im wesentlichen *ungleiche* Staatsformen trotzdem genauso *gleich rechtlich* zu sein vermögen, aber im wesentlichen *gleiche* Staatsformen ebenso *gleich unrechtlich.* Hierbei dreht es sich mit den Lageumständen um die, wie sie als Beispiele bereits herausgestellt wurden, also zumal die auf *jeden* Staat zutreffenden: die **Eignung oder Nichteignung der einschlägigen Führung,** angesichts der sonstigen gegebenen Lageumstände **den objektiven Staatszweck zu verwirklichen:** im weiteren Zweck des *Rechtsstaates* den engeren der *Rechtsverfassung* und mit ihm den der *Rechtsstaatsform.* **Ausschlaggebend** ist wieder zumal das **rechtliche oder unrechtliche Wollen.** Endlich: Im jeweiligen Ausmaß, in dem die Form **Rechtsstaatsform** ist,

ist sie als seinsollend oder sachlich geboten aus *sich* heraus **gerechtfertigt:** Sie besitzt insofern **Legitimität (Gerechtfertigtheit).** Und in dem Ausmaß, in dem sie **Unrechtsstaatsform** ist, ist sie aus *sich* heraus **ungerechtfertigt:** Sie besitzt **Illegitimität (Ungerechtfertigtheit).** Das trifft auf normative und faktische Staatsform zu. **Verbindlichkeit** hingegen, d.h. für das entscheidend sein, was sein soll, kommt *allein* der normativen als rechtlicher zu. Genauso, wie **Unverbindlichkeit,** d.h. nicht entscheidend für das sein, was sein soll, *bloß* der normativen als unrechtlicher zukommt. Entsprechend hat lediglich die normative als rechtliche **Gültigkeit,** d.h., sie ist, weil verbindlich, beachtlich (zu befolgen bzw. zumindest zu achten). Wie allein die normative als unrechtliche **Ungültigkeit** hat, d.h., sie ist, weil unverbindlich, unbeachtlich (nicht zu befolgen, zumindest nicht zu achten). Auch jetzt wieder den Fall der Unbilligkeit von Rechtsnormen und der Billigkeit von Unrechtsnormen ausgenommen. Aufs neue haben Verbindlichkeit und Gültigkeit nichts mit **Geltung als Inkraftstehen** zu schaffen. Denn in Kraft stehen können bekanntlich ebenfalls unrechtliche Staatsformen, z.B. wiederum sozialistische (u. zumal III 3 b, Anhang).

Zweierlei ist zu ergänzen:

Erstens: Ohne Berücksichtigung von Eignung oder Nichteignung zur Erfüllung des objektiven Zwecks kann eine Staatsform durchaus **relativ gerechtfertigt** sein. Das ist etwa so, wenn das grundlegende politische Wollen und Können der Mehrheit des Wahlvolkes eines Staates einer Polykratie gilt, d.h. ihr Bereit- und In-der-Lage-sein zur Vielherrschaft. Aber **absolut gerechtfertigt** ist eine Staatsform einzig insoweit, als – unter Hinzutritt der Eignung – die Staatsführung sich *rechtlich* verhält. Es kann also durchaus so sein, daß eine *relativ gerechtfertigte* Staatsform dennoch insofern eine *absolut ungerechtfertigte* darstellt, als – unter Hinzutritt der Nichteignung – die Staatsführung sich *unrechtlich* verhält. Damit kommt es aber entscheidend auf die absolute Rechtfertigung an und nicht auf die relative, ja, ebenso auf die absolute Nichtrechtfertigung und nicht auf die relative.

Und zweitens: Schon daß wesentlich ungleiche Staatsformen dennoch wesentlich rechtlich sein können und wesentlich gleiche trotzdem wesentlich unrechtlich, erstere in Entsprechung zu ungleichen Lagen und letztere in Nichtentsprechung zu ihnen, läßt **eine stets rechtliche Haupt- oder Nebenstaatsform genauso ausgeschlossen** sein **wie eine stets unrechtliche;** d.h. eine jeweils solche, die in *allen* Lagen rechtlich bzw. unrechtlich wäre. Und das gilt, da Recht dasselbe wie das objektive Gute ist und Unrecht dasselbe wie das objektive Schlechte (o. 2. Abschn., D I 1, Ende), auch für eine *stets gute,* die *beste,* Staatsform sowie eine *stets schlechte,* die *schlechteste.* Dagegen sind **nicht ausgeschlossen eine fallweise rechtliche und eine fallweise unrechtliche Staatsform,** nämlich in Entsprechung bzw. Nichtentsprechung zur *jeweiligen* Lage. Und das gilt auch für eine *fallweise gute* als *beste* sowie eine *fallweise schlechte* als *schlechteste.* All dies in Beschränkung auf das gekennzeichnete Mögliche: die *wesentlich* rechtliche bzw. unrechtliche Staatsform. Wie diese Lage es aber, krasse Fälle ausgenommen, so schwierig macht, jeweils gegebene Staatsformen auf ihre Rechtlichkeit oder Unrechtlichkeit hin zu beurteilen, ja, dies ohne Einzelprüfung gar nicht möglich ist, so kommt es darauf im Folgenden grundsätzlich nicht an.

Zusammengefaßt: Eine Staatsform ist im Ergebnis allein so viel wert oder unwert, wie ihre Führung wert oder unwert ist, d.h. sich rechtlich bzw. unrechtlich verhält. Die Verfassungsart ist eben doch nur *Form*, ihr *Inhalt* jedoch sind nun einmal Recht oder Unrecht tuende Menschen.

A. Die Hauptstaatsformen

Es dreht sich, wie gesagt, um die Verfassungsarten, die dartun, wer grundlegend im Staate herrscht, und wie diese Herrschaft gestaltet ist.

Zumal was sie anlangt, kommt es nun entscheidend auf die **weitere allgemeine Einteilung** an. Dazu geht es zuerst um die eigene Einteilung, dann um andere Einteilungen und schließlich um lediglich scheinbare und somit vorweg auszuscheidende Staatsformen.

Eigene Einteilung

Hier wird – mit Rücksicht auf die insofern in der engeren Verfassung ausschlaggebenden obersten Staatsorgane als Verfassungsorgane – wie folgt, gegliedert: Erstens in **Einherrschaften,** zweitens in **Mehrherrschaften** und drittens in **Vielherrschaften.** Benutzt man, einem üblichen Verfahren folgend, für sie aus dem Griechischen gebildete Fremdwörter und legt sich für das Herrschen, statt auf ἄρχειν (árchein), auf κρατεῖν (kratein) fest, so heißen sie **Monokratien, Pleokratien** (richtiger, aber umständlich: Pleonokratien) und **Polykratien.** Das *Maß dieser Gliederung* ist die *Anzahl jener Staatsorgane* als Verfassungsorgane, die dadurch im Staate grundlegend herrschen, daß sie die **Quelle** (oder den *Ursprung*) **der Staatsgewalt** (oder *Staatsmacht*) bilden; von denen also die Staatsgewalt ihrem *Grunde* nach *ausgeht.* Und das vermögen eben allein zu sein: *Einer, Mehrere* oder *Viele.* Zwar ist *jedes* Staatsorgan *Träger* von Staatsgewalt, aber nur *bestimmte* stellen ihren *Ursprung* dar. Grundlegend herrscht übrigens ein Staatsorgan nicht bloß als **Allein-**, sondern auch als – vorrangige – **Hauptquelle,** wenn also – jedenfalls – *ein* anderes Staatsorgan die – nachrangige – **Nebenquelle** der Staatsgewalt ist.

Der Eine, die Mehreren und die Vielen sind nun deshalb Quelle oder Ursprung der Staatsgewalt, weil bei ihnen die **Souveränität** liegt, d.h. hier – in Übersetzung der französischen souveraineté – die „höchste Gewalt" (SACHS-VILLATTE, I, S. 1457 m., Wort: „souveraineté", 1). Es handelt sich hierbei um die sog. **Organsouveränität.** In diesem Sinne spricht man etwa von *Fürsten-, Stände-* und *Volkssouveränität:* der ersten als einer der Möglichkeiten der *Souveränität eines Einzelnen,* der zweiten als einer entsprechenden der *Souveränität Mehrerer* und der dritten als einer gleichfalls entsprechenden der *Souveränität Vieler.* Das Wort ‚Volkssouveränität' meint also – selbst in einer Demokratie – nie die höchste Gewalt des *ganzen Volkes,* sondern stets nur die einer *Vielheit* als *Ausschnitts* aus ihm. Ersterenfalls ist sie nicht etwa bloß „eine reine Fiktion" (HELFRITZ, S. 170), sondern gar etwas *Falsches.* Das *Maß dieser Gliederung* ist – unter Voraussetzung des Maßes der Anzahl – die *Verteilung der Souveränität als höchster Gewalt.* Diese **Organsouveränität** hat übrigens nichts mit der schon besprochenen **Staatssouveränität** zu tun; ist diese doch gleich der *vollen Unabhängigkeit* des Staates nach innen wie nach außen, und zwar als einer solchen der Staatsführung (o. 1. Abschn., A II: zu SMEND). Dem entspricht, daß ein Staat *mit Organ*souveränität *ohne Staats*souveränität sein kann. So besteht in dem demokratischen Gliedstaat eines Bundesstaates zwar eine Organsouveränität als Volkssouveränität, doch keine Staatssouveränität als volle Staatsunabhängigkeit. Sie wird durch die Einordnung in den Bundesstaat verhindert. Hiernach ist zwischen **zwei Souveränitäten** zu unterscheiden. Daher ist es verfehlt, nur auf *eine* abzuheben und diese als „höchste unabgeleitete Staatsgewalt oder ‚Souveränität' " zu verstehen (so aber LOEWENSTEIN, S. 300), d.h. in der Sache als Organsouveränität (S. 4). Die oberste Staatsgewalt kann außerdem abgeleitet, nicht ursprünglich, sein (o. 1. Abschn., A II). Gemäß dem gemachten Unterschied zwischen Haupt- und Nebenquelle der Staatsgewalt gilt noch: Wo es auch die zweite gibt, liegt außer bei dem Organ, das die Hauptquelle darstellt, ebenfalls bei dem, das die Nebenquelle bildet, Souveränität: **Hauptsouveränität** und **Nebensouveränität** statt der **Alleinsouveränität.** So etwa bei einem regierenden Fürsten die erste und bei mitregierenden Ständen die zweite.

Daß der Eine, die Mehreren oder die Vielen Quelle der Staatsgewalt sind, weil sie die höchste Gewalt innehaben, heißt zwar auch, daß sie *Träger* eben *dieser* Gewalt sind; und zwar als einer *besonderen* Staatsgewalt, von der die übrige Gewalt ihren – unmittelbaren oder mittelbaren – Ausgang nimmt. Es heißt jedoch mit letzterem nicht, daß *nur* sie Träger der *gesamten* Staatsgewalt seien. Denn das ist mit ihnen die *gesamte* Staatsführung. Man kann insofern von **ursprünglicher (originärer) und abgeleiteter (derivativer) Staatsgewalt** sprechen: von ersterer als einer des Einen, der Mehreren und der Vielen, von letzterer als einer der übrigen Gewaltträger. So stellt beispielshalber in einer absoluten Monokratie der Einzelherrscher den Träger der ursprünglichen Staatsgewalt dar; wie alle sonstigen Staatsorgane die Träger der abgeleiteten Staatsgewalt darstellen. – Hiernach ist es nicht zutreffend, wenn – ohne Rücksicht auf die gekennzeichneten Unterschiede – nur auf „eine Einzelperson, eine Minderheit oder die Mehrheit des Staatsvolkes" als „Träger der Staatsgewalt" abgestellt wird (KÜCHENHOFF-KÜCHENHOFF, S. 211, 1; auch NAWIASKY, Staatsgesellschaftslehre, II, S. 123f.).

Zur mehrfach genannten **Nebenquelle** der Staatsgewalt gehört noch dies: Sie stellt eine **Beschränkung der Hauptquelle** dar: des Einen, der Mehreren, der Vielen; und eben das ist für die *Gestaltung* der einzelnen Hauptstaatsformen mitbestimmend.

Stellt man in Bezug auf das Wiedergegebene auf die **staatlich-politische Freiheit** im Staate ab, so ergibt sich: Zwar liegt diese nicht stets *nur,* doch *grundlegend* in der Monokratie bei *Einem,* in der Pleokratie bei *Mehreren* und in der Polykratie bei *Vielen.* Wo in diesen jeweils eine Nebenquelle besteht, liegt daher – nach deren gekennzeichneter Stellung – jene politische Freiheit immerhin *teils* auch bei ihr: **Hauptfreiheit** und **Nebenfreiheit** statt der **Alleinfreiheit.** Das *Maß dieser Gliederung* ist – unter Voraussetzung der Anzahl und der Souveränitätsverteilung – die *Verteilung der staatlich-politischen Freiheit.*

Insgesamt ist es so: Im Ausgang ist die **Einteilung** zwar – und das entscheidend – **formal** bestimmt, dann jedoch – und das überwiegend – **material.**

Nun zeigt die Einteilung aber noch, daß es für sie – im Gegensatz zur Freiheit – **nicht** auf die **Gleichheit** ankommt, d.h. als staatlich-politische. Der Grund hierfür liegt in Folgendem: Zwar läßt sich in Hinblick auf die Quellen der Staatsgewalt, wie geschehen, zutreffend auf Alleinfreiheit bzw. Haupt- und Nebenfreiheit abstellen, aber nicht auf Alleingleichheit bzw. Haupt- und Nebengleichheit. Das ist offensichtlich sinnlos. Dem entspricht, daß es erst *innerhalb* der *Mehreren* und der *Vielen* auf die Gleichheit ankommt. Doch wie sehr dies *nachrangig* so ist, zeigt, daß es in beiden Fällen um die **Gleichheit an Freiheit** geht. Und sie ist für die Mehreren und Vielen – jedenfalls wesentlich – *vorausgesetzt.* Wäre dies nämlich anders, würde also jene Gleichheit durch Einen oder Mehrere im wesentlichen aufgehoben, so hörte im ersten Fall die Mehr- und im zweiten die Vielherrschaft auf.

Andere Einteilungen

In ihnen sind die hier zur Frage stehenden Staatsformen mehr oder weniger anders gegliedert.

Das trifft insbesondere auf eine Lehre zu, die, geschichtlich überkommen, auch heute noch die vorherrschende ist.

„Bis gegen Ende des" – Ersten – „Weltkrieges pflegte man die Staatsformen nach zwei verschiedenen Systemen zu gruppieren. Das erste geht zurück auf *Aristoteles: Monarchie, Aristokratie, Demokratie.* Das zweite stammt von *Macchiavelli: Monarchie* und *Republik*" (HELFRITZ, S. 139); wobei allerdings „die Republik" wieder „eine Aristokratie oder eine Demokratie" ist (S. 140). Wie wenig diese Gliederung nun schon bis *da*hin in Ordnung war, zeigt dies: Mit der *Monarchie* ist zwar Einteilungsmaß die *Anzahl* derer, die im Staate grundlegend die Quelle der Staatsgewalt abgeben, hier *Einer.* Aber sie umfaßte bereits damals *nicht sämtliche* Einherrschaften, z. B. nicht die – gerade nach der vorübergehenden Abschaffung der englischen Monarchie – durch CROMWELL errichtete *nicht*monarchische als nicht*fürstliche;* so daß – wie sich bereits hieraus ergibt – die Monokratie *weiter* ist als die Monarchie. Mit der *Aristokratie,* „der Herrschaft ... einer bevorzugten Minderheit" (a.a.O.), ist Einteilungsmaß *weniger* – und auch bloß *mittelbar* – die *Anzahl* derer, die jene Quelle sind, hier *Mehrere,* sondern *mehr* – und *unmittelbar* – eine ihnen zugeschriebene *Eigenschaft,* eben als *Bester.* Denn griechisch ἄριστοι (áristoi) sind die Besten (Tüchtigsten). Überdies sind letztere etwas *Seinsollendes* und nichts lediglich *Seiendes.* Und mit der *Demokratie* ist es zwar wieder die *Anzahl* derer, die grundlegend Quelle der Staatsgewalt sind, hier *Viele;* doch ist dies erneut bloß *mittelbar* der Fall und außerdem *unbestimmt.* Denn daß es mit griechisch δῆμος (dêmos) um das sog. *Volk* geht, besagt noch nicht, um *welches*: als ganzes oder als Teil. Dies vor allem deshalb, weil eine „Herrschaft", die „beim ganzen Volk liegt" (a.a.O.), ausgeschlossen ist: Scheiden schon alle Staats*organe* als Quelle aus, so erst recht alle Staats*mitglieder,* z. B. Kinder. Hinzu kommt aber etwa noch, daß zwar jede Demokratie eine Vielherrschaft ist, indes nicht jede Vielherrschaft eine Demokratie; beispielshalber, weil die erwachsenen Frauen vom Wahlvolk ausgeschlossen sind (dazu u. III, vor 1). So läßt sich sagen, daß die **Dreigliederung in Monarchie, Aristokratie und Demokratie durchgehend verfehlt** ist. Nichts anderes gilt, soweit mit der **Aufgliederung der Republik in Aristokratie und Demokratie** diese wieder neben die Monarchie treten und damit eine insgesamt gleiche Einteilung wie die abgelehnte bilden. Außerdem: Wozu die Zusammenfassung beider? Denn im Gegenüber von „*Monarchie*" (JELLINEK, G., S. 669 II) und „*Republik*" (S. 710 III) ist letztere ja nur soviel wie „Nicht-Monarchie" (S. 710f.; auch SCHMITT, S. 223). Und das ist etwas bloß *Negatives,* das geradezu noch der *positiven Ergänzung* bedarf: eben entweder eine Aristokratie oder Demokratie zu sein. Doch damit ist deren Zusammenfassung zur **Republik** als unnötiger Umweg zu ihnen *theoretisch überflüssig.* Dies bedeutet indes nicht, daß man sie *praktisch loswerden* könne. Diese Lage bestätigt bereits das Folgende. Die deutsche Übersetzung von ‚Republik' ist ‚*Freistaat*'. So heißt es etwa zunächst: „Bayern ist ein Freistaat" (Art. 1 I Bayer. Verf., 1946). Doch damit ist gleichfalls nur ein Staat getroffen, der *keine*

Monarchie ist und nicht ein solcher, in dem eitel Freiheit im Innern wie nach außen herrschte. Wie denn auch Republiken, Freistaaten, möglich sind, in denen erhebliche Unfreiheit herrscht. Geschichtlich denke man an das republikanische Rom mit seinem Sklaventum und an die Vereinigten Staaten von Amerika mit dem ihren bis in die zweite Hälfte des 19. Jahrhunderts hinein. Insofern ist in der Tat „*FreiStat,* im Gegensatze der *Monarchie,* ein widersinniger Name!" (SCHLÖZER, S. 112, § 1). Sodann heißt es noch in der Verfassung in positiver Ergänzung: „Bayern ist ein Volksstaat. Träger der Staatsgewalt ist das Volk" (Art. 2 I); also eine Demokratie. Und dies läßt die vorherige Erklärung Bayerns zur Republik völlig überflüssig sein. Das Wort ‚Republik' – oder ‚Freistaat' – ist bloßes Beiwerk. Trotz allem ist es schon deswegen nicht loszuwerden, weil sich soundsoviele Staaten eben Republiken nennen. Daher bleibt nur seine Beibehaltung. In Satz 2 ist übrigens, statt von ‚Quelle' (oder ‚Ursprung') unrichtig von „Träger der Staatsgewalt" die Rede. Es tritt hinzu: Mit der Möglichkeit von Monokratien, die – wie im Fall der genannten CROMWELLschen – *keine Monarchien* sind, ist die **Kennzeichnung der Republik als Nichtmonarchie** obendrein **zu eng.** So wird die Kennzeichnung hier, wenn sie schon beibehalten wird, **auf die Nichtmonokratie erweitert.**

Daß der **Anschluß an Aristoteles** sehr ungenau war, zeigt im Ausschnitt Folgendes: Er scheidet „die Verfassungen in zwei Gruppen nach der Richtung der Herrscher auf das κοινὸν συμφέρον" (koinón sympheron) „oder das ἴδιον" (ídion): den gemeinen Nutzen oder den eigenen. „Zu diesem Einteilungskriterium gesellt sich als ein weiteres die *Zahl der Regierenden*": der *Eine*, die *Wenigen,* die *Vielen.* „Die Namen der darnach zu unterscheidenden sechs Staatsformen sind: βασιλεία" (basileía), Königs-, Fürstenherrschaft (nach βασιλεύς, basileús), dem rechten Fürsten, „ἀριστοκρατία" (aristokratía), „πολιτεία" (politeía); bzw. „τυραννίς" (tyrannís), „ὀλιγαρχία" (oligarchía), „δημοκρατία" (demokratía). „Die ersten drei sind die ὀρθαί" (orthaí), die *richtigen,* „die letzten drei die ἡμαρτεμέναι" (hemarteménai) „oder παρεκβάσεις" (parekbáseis), die *verfehlten* (UEBERWEG-PRAECHTER, S. 394f.; teils auch HELFRITZ, S. 140). Die Demokratie rückte später an die Stelle der Politie, die Ochlokratie (ὀχλοκρατία), Pöbelherrschaft, an die der Demokratie. Aus alledem kommt es nun allein auf das Folgende an. Nach ARISTOTELES war nicht bloß für die *Aristokratie* Einteilungsmaß eine Eigenschaft, sondern ebenfalls für alle *übrigen* Staatsformen, und zwar eine jeweils *positive* bzw. *negative:* gemeine oder eigene Nützlichkeit. Gerade hiervon hat man sich jedoch, obschon auf ARISTOTELES zurückgreifend, *fast völlig entfernt.* Dies z. B. derart, daß mit der Aristokratie nicht mehr einfach eine *positive* Eigenschaft verbunden wurde und mit der Oligarchie nicht mehr einfach eine *negative.* Was so weit ging, daß die Bedeutungsunterschiede der Begriffe ‚Aristokratie' und ‚Oligarchie' sich mehr oder weniger verwischten. Nun zeigt indes die Einteilung von ARISTOTELES noch folgende Besonderheit: eine Gliederung in – nach seiner Ansicht – seinsollende und nichtseinsollende Staatsformen. Doch das ist schon im *Grunde* verfehlt. Denn die Staatsform *als solche* ist etwas *Seiendes* und nichts, sei es *Seinsollendes,* sei es *Nichtseinsollendes.* Das ist sie erst, wie geschildert, als rechtliche bzw. unrechtliche.

Der **Anschluß an Machiavelli** war dagegen zutreffend. So beginnt sein Werk „Il principe" („Der Fürst"), 1532 – nach seinem Tode – erschienen (UEBERWEG-FRISCHEISEN = KÖHLER-MOOG, S. 9), mit den Worten: „Alle Staaten ... sind ... entweder Republiken oder Fürstentümer" („o republiche o principati") (MACHIAVELLI, S. 9). Wobei principato (Fürstentum) für Monarchie steht. Und dies erklärt, warum die Monarchie, auf die *fürstliche* Einherrschaft *beschränkt,* eben damit die *nichtfürstliche* Einherrschaft unerfaßt läßt.

Nun fährt HELFRITZ fort: „Seit 1917 entsteht als etwas vollkommen Neues die Räterepublik, seit 1922 der italienische Faschismus. Nebenher sah man sich nach dem ersten Weltkrieg in einer Reihe von Staaten mit demokratischer Verfassung durch deren innerpolitische Entwicklung zu einer strafferen Zusammenfassung der Staatsgewalt in der Hand der Staatsregierung genötigt, als es die Verfassungen vorsahen. So in Spanien, Griechenland, Rumänien" usw. (S. 139). Dies mit dem Ergebnis, daß „die Einteilung in Monarchien und Republiken" – sowie letzterer in Aristokratien und Demokratien – „keineswegs einen genügenden Aufschluß" gibt; und daß sich so *„die vorhandenen Staatsverfassungen nicht restlos einem bestimmten* Schema" einfügen, *„sondern ... eine Vielgestaltigkeit"* zeigen, *„die nur die Feststellung bestimmter Wesensmerkmale gestattet"* (a.a.O.). Damit hält aber HELFRITZ, statt ein anderes Schema zu entwickeln, das auf das Alte *wie* das Neue zutrifft, grundsätzlich an der Gliederung in *„Monarchien"* (S. 143 ff.) sowie *„Republiken"* (S. 161 ff.) fest (auch NAWIASKY, Staatsgesellschaftslehre, II, S. 125 ff.). Und das gilt entsprechend für andere Verfasser mit ihrer jeweiligen Einteilung in „Monarchie, Aristokratie und Demokratie" (SCHMITT, S. 200, 1; auch KÜCHENHOFF-KÜCHENHOFF, S. 211, 1). Für die eigene Gliederung hingegen stellen die von HELFRITZ genannten Erscheinungen nichts Neues dar. Sie fügen sich ihr, wie später einzeln zu zeigen, ohne weiteres ein.

Mit der zunächst vertretenen weiteren Gliederung in *„Monokratien"* (ZIPPELIUS, 1., S. 81 ff.), *„Aristokratie und Oligarchie"* (S. 85 ff.) sowie *„Demokratie"* (S. 87 ff.), steht es, die Monokratien ausgenommen, nicht anders als mit dem zuletzt Gebrachten. Genauso ist es, was die spätere Gliederung in *„Monokratien"* (9., S. 151 ff.), *„Oligarchien"* (S. 155 ff.) und *„Repräsentative Demokratien"* (S. 165 ff.) als *„oligarchisch-demokratische Mischform"* (S. 171 ff.) angeht. Dies zumal deshalb, weil das Nebeneinander von „Aristokratien und Oligarchien", in denen „die Kompetenzhoheit" „bei einer herrschenden Schicht" liegt (S. 155, § 22), weitgehend zu Gunsten der Oligarchie aufgehoben ist (S. 155 ff.). Anders erneut der Begriff ‚Monokratie'. Mit ihm ist bewußt, statt auf den „Begriff der Monarchie", auf „die Worte Einherrschaft oder Monokratie" abgehoben (S. 151) und somit auf eine Staatsform, in der „die Kompetenzhoheit in der Hand eines Einzelnen" liegt (a.a O., § 21). Hierbei ist unter *„Kompetenzhoheit"* „die Kompetenz, über den Umfang der staatlichen Kompetenzen zu befinden", verstanden; so daß im Ergebnis „die Kompetenzhoheit" gleich der oben genannten „‚Organsouveränität'" ist (S. 57, 2). Anders verhält es sich aber auch mit der Ansicht, nach der die *„Monokratie"* „die Herrschaft eines einzelnen" ist, und zwar „sowohl die Monarchie als auch andere Formen (Tyrannis, Diktatur)" (BROCKHAUS, XII, S. 750 r., Artikel: „Monokratie"). Wobei freilich wieder die Tyrannis unter dem Maß des Nichtseinsollens steht. Außerdem gilt zu ihr wie zur Diktatur, daß sie keineswegs bloß als Einherrschaften möglich sind, sondern – wie zu zeigen – gleichermaßen als Mehr- oder Vielherrschaften. Eine Folgerung aus beiden Auffassungen ist übrigens, daß die **Republik** nicht mehr nur eine Nicht*monarchie* ist, vielmehr – wie oben schon gesagt – zutreffend eine Nicht*monokratie*. Dies mit dem Erfolg, daß nicht bloß wieder die erwähnte Einherrschaft CROMWELLS, sondern etwa auch noch die bislang unerwähnte STALINS, obschon *Nichtmonarchien,* dennoch als *Monokratien keine Republiken* waren. Dabei steht die Republik nicht allein der *unbeschränkten* (*absoluten*) Monokratie als fürstlicher wie nichtfürstlicher gegenüber, sondern gleicherweise der *beschränkten* (*relati-*

ven). Als Gestalt kommt der Republik entweder die der *Mehrherrschaft* zu oder die der *Vielherrschaft*. Und das galt schon immer.

Folgende Ansicht nimmt auf unterschiedliche Weise zu *Gunsten* und zu *Ungunsten* der Gliederung nach dem Maß der *Anzahl* der Herrschenden Stellung, und zwar in Hinblick auf die zwar verfehlte, dennoch von ihr zugrundegelegte Dreigliederung. „Die bloß faktische Zahl der Herrscher oder Regierenden", so heißt es einmal, „ist allerdings kein geeignetes Einteilungsprinzip und es bedarf keines besonderen Scharfsinns, um kritisch zu werden, wenn gesagt wird, in der Monarchie herrsche ein Einzelner, in der Aristokratie Mehrere, in der Demokratie Viele oder Alle." Und danach heißt es zum anderen: „Nur soweit in den Worten ‚herrschen' oder ‚regieren' das Moment des Repräsentierens, nämlich Darstellung der politischen Einheit, enthalten ist, ist die Einteilung richtig" (SCHMITT, S. 215). Aber – es wird auch dann geherrscht oder regiert, wenn es beidem an jenem zusätzlichen Inhalt fehlt. Mehr, es hat sich die von SCHMITT vertretene Repräsentation als unhaltbar erwiesen (o. 2. Abschn., C II).

Es bleibt folgende Auffassung: Aristokratie und Monarchie werden vorab für die Einteilung ebenso abgelehnt wie die **Republik** (LOEWENSTEIN, S. 23f.). Auf die Begründung dafür kommt es hier lediglich, was die Ablehnung der letzten betrifft, an. Wird insoweit ausgeführt, daß „die republikanische Staatsform ... heute den Rahmen für das autokratische Machtmonopol eines einzelnen Machtträgers abgeben" und „doch ... das Regime nicht als Monarchie gelten" könne (S. 24), so ist das in verschiedener Hinsicht zutreffend wie unzutreffend. Es ist ersteres, weil in der Tat keine – fürstliche – Monarchie vorliegt. Und es ist letzteres, weil zwar eine nichtfürstliche Monokratie vorliegt, doch auch eine solche, wie gezeigt, *keine Republik* ist. Dies mit der Folge, daß der Ausdruck „das republikanische Dritte Reich" (a.a.O.) – entgegen LOEWENSTEIN – einen Widerspruch in sich darstellt. – Im Ausgang nun davon, daß „die traditionellen Klassifizierungen heute für die Bewertung von Regierungsformen völlig nutzlos" seien (a.a.O.), kommt LOEWENSTEIN zu Folgendem: In einem – der Einteilung dieser Arbeit zunächst teils gleichen, dann aber nicht weiter verfolgten – Sprachgebrauch versteht er unter „‚Polykratie'" „die Herrschaftsteilung" und unter „‚Monokratie'" „die Konzentration der politischen Macht" (S. 13). Das ist nun ersichtlich eine jeweils *andere* Bedeutung, als sie in der eigenen Gliederung mit den Begriffen ‚Polykratie' (= Vielherrschaft) und ‚Monokratie' (= Einherrschaft) verbunden wird. Danach werden indessen jene zwei Bedeutungen mit *neuen* Wörtern als Ausgang für eine *andere* Einteilung der Staatsformen genommen. So ist es mit der Abstellung auf „die grundlegende Dichotomie" (Zweiteilung) „der politischen Systeme in Konstitutionalismus und Autokratie" (S. 26f.). Derart nämlich, „daß die Unterscheidung zwischen dem Konstitutionalismus als System der geteilten Machtausübung" – zunächst = Polykratie – „und der Autokratie als System der konzentrierten Machtausübung" – zunächst = Monokratie – „den Schlüssel bildet, mit dessen Hilfe jedes politische System in die ihm zugehörige Kategorie eingepaßt werden kann" (S. 27). Indes – erstens werden hiermit nur die im Weiteren zu *jeder* Hauptstaatsform gehörende *bedingte* (*relative*) und also *beschränkte* Art sowie die *unbedingte* (*absolute*) und also *unbeschränkte* Art getroffen. Denn in ersterer ist tatsächlich die Machtausübung jeweils geteilt und in letzterer tatsächlich jeweils ungeteilt, konzentriert. Und zweitens ist damit, statt von den Hauptstaatsformen *selbst*, als dem jeweils *Umfassenden*, auszugehen, bloß von einer ihrer *Arten*, dem jeweilig *Umfaßten*, ausgegangen: statt vom Ganzen, von einem Teil. Der zweite Schritt ist vor dem ersten getan.

Keine Staatsformen

Es gibt Gebilde, die zwar als Staatsformen *betrachtet* werden, aber keine *sind.*

Dazu gehören erstens all jene, die ARISTOTELES als *seinsollende* bzw. *nichtseinsollende* vertritt. Das sind – im oben gekennzeichneten Gegenüber – **Basileia** und **Tyrannis, Aristokratie** und **Oligarchie** sowie **Politie** und **Demokratie** bzw. – später – **Demokratie** und **Ochlokratie.** Doch ebenfalls das ist wieder, wenngleich in anderer Hinsicht, bereits im *Grunde* verfehlt. Denn die sog. richtige Ein-, Mehr- und Vielherrschaft wird jeweils dadurch, daß sie zu einer verfehlten wird, *keine andere Staatsform,* sondern sie *bleibt* eine Ein-, Mehr- und Vielherrschaft. Gleiches gilt selbstverständlich, wenn die verfehlte zur richtigen wird. Daß die jeweilig Herrschenden das eine Mal für den *gemeinen* Nutzen wirken und das andere Mal für den *eigenen,* ist mithin für die Staatsform gänzlich gleichgültig.

Trotzdem ist unter dem Gesichtspunkt des Seinsollenden als des *Rechts* und des Nichtseinsollenden als des *Unrechts* (o. 2. Abschn., D I 1) – nicht also unter dem verfehlten irgendeines Nutzens, der ja auch unrechtlich sein kann – zuerst auf die **Tyrannis** einzugehen. Bei den alten Griechen war sie vor allem als „unbegrenzte Gewaltherrschaft" verstanden wie der Tyrann als „unumschränkter Gewaltherrscher" (PAULY-VOLKMANN, V, Sp. 1024, Artikel: „Tyrannis"). Daneben, doch immer mehr zurücktretend, wurde sie auch bloß als „Herrschaft, das Königtum" begriffen (BENSELER-AUTENRIETH, S. 860 r., Wort: „τυραννίς") und der Tyrann als „*Gebieter,* Herrscher, König" (a.a.O., Wort: „τύραννος", 1). „Insbes. hieß aber ... später derjenige τ., welcher sich die Herrschaft in einem freien Staate gegen Gesetz und Volkswillen angemaßt hatte: Tyrann, *Gewaltherrscher,* u. im schlimmen Sinne: willkürlich handelnder, seine Macht mißbrauchender Gewaltherr" (a.a.O., S. 860 r., S. 861 l.). Um diese Gewaltherrschaft, d.h. im schlimmen Sinne, geht es folglich. Es ist bis hierher die *unbedingte Einherrschaft als wesentlich unrechtliche.* Aber es wäre nun verfehlt, die Tyrannis auf die Einherrschaft zu beschränken. Dies zeigen schon für das antike Athen die sog. dreißig Tyrannen (u. II 1 a: zu BERVE). D.h. die Tyrannis kann auch eine *unbedingte Mehrherrschaft als gleich unrechtliche* sein; wie die in ihr Herrschenden entsprechend Tyrannen sind. Das traf z.B. desgleichen auf den sog. Wohlfahrtsausschuß während der französischen Revolution zu (a.a.O., 2 a). Mehr, die Tyrannis kann auch *als gleich unrechtliche unbedingte Vielherrschaft* bestehen; wie ebenfalls die in ihr Herrschenden Tyrannen sind. So stellt die Ochlokratie, die Pöbelherrschaft, nichts anderes dar als die Tyrannis einer Vielheit, nur unter einem anderen Namen. – Im Zusammenhang hiermit ist dann aber desgleichen auf die **Despotie** einzugehen. Sie ist im Ergebnis genauso zu beurteilen. Der Despot war zum einen der „Hausherr, bes. im Gegens. der Sklaven oder Diener", und zum anderen der „Beherrscher, bes." als „unumschränkter" (BENSELER-AUTENRIETH, S. 172 r., Wort: „δεσπότης"). „Im weiteren Sinn" – dem genannten schlimmen – „ist ein D. ein Tyrann, der Autorität und Macht mißbraucht" (BROCKHAUS, IV, S. 445 l., Artikel: „Despot", 2). Das läßt nun die Despotie eine „schrankenlose Herrschaft eines Machthabers" sein, der „durch persönl. Willkür regiert" und „sich auf militär. Gewalt ... stützt" (a.a.O., Artikel: „Despotie"): wie bei der Tyrannis. Zwar geht es bis hierher erneut wieder um die *unbedingte Einherrschaft als wesentlich unrechtliche.* Doch gilt darüber hinaus ebenfalls jetzt, daß auch *unbedingte Mehr- und Vielherrschaft gleicher Unrechtlichkeit* bestehen können, diesmal mit ihren jeweils Herrschenden als Despoten. „Despotie" kann in der Tat „in jeder RegirungsForm seyn" (SCHLÖZER, S. 114, Anmerk.), d.h. in „*Monarchie*", „*Aristokratie*" und „*Demokratie*" (S. 112, § 1). Hierbei bildet, was die Vielherrschaft angeht, die Ochlokratie aufs neue nichts anderes als die Despotie einer Vielheit, bloß unter einem anderen Namen. Die „Übergänge ... zur Tyrannis" sind nicht nur „fließend" (BROCKHAUS, a.a.O.), vielmehr gibt es sie, da Despotie und Tyrannis dasselbe sind, erst gar nicht. Daß beide nicht nur als Monokratie möglich sind, vielmehr gleichermaßen als Pleo- und Polykratie, zeigt auch insoweit, daß sie keine Staatsformen sind. Es bleibt das Folgende: Bei diesem und jenem griechischen Tyrannen erheben sich jedenfalls Zweifel, ob sie sich tatsächlich wesentlich unrechtlich verhielten. Dies angesichts dessen, daß er „Dichter" und „Künstler" an sich zog sowie mit der „Baukunst zugleich die Wirtschaft" usw. förderte, ja, mit dem „Ausschalten der Aristokraten" die „Begünstigung des niederen Volkes" verband (PAULY-VOLKMANN, a.a.O., Sp. 1025). Demgegenüber geht es hier allein um den Tyrannen, wie er oben gekennzeichnet wurde, und ebenso um den Despoten. Dies heißt, daß die helle Seite möglicher Leistungen, selbst bedeutender bis großer – sieht man von einer zwar angebrachten, aber nicht hierher gehörenden abwägenden Gegenüberstellung ab –, die dunkle Seite der Verbrechen, zumal schwerer bis schwerster, unberührt läßt. Bedeutendheit oder Größe ist kein Rechtfertigungsgrund. Selbstverständlich gilt dies auch für *die* Tyrannen oder Despoten. Umgekehrt freilich: Zumal ein unbedingt herrschender Einzelner wird nicht dadurch zum Tyrannen oder Despoten, daß er von seinen Gegnern nur deshalb so genannt wird, weil sie selbst von der Herrschaft ausgeschlossen sind. – Aus den „wirklichen RegirungsFormen" die „*LandesDespotie*" auszuschließen, trifft zwar zu, nicht jedoch die Begründung: „weil der Herrscher über Menschen wie über Tiere regirt" (so jedoch SCHLÖZER, S. 116, § 5). Denn letzteres ist nur Kennzeichen der besonderen Unrechtlichkeit einer Staatsform.

Keine Staatsform ist zweitens auch die **Theokratie,** die sog. **Gottesherrschaft,** von griechisch θεός (theós), Gott. „In Theokratien spielt eine Priesterkaste, häufig mit monokratischer Spitze, die beherrschende Rolle. Das höchste Organ gilt entweder selbst als Gott oder als Repräsentant göttlichen Willens, als Statthalter der Gottheit. Es sind also Gemeinwesen, die sich gewissermaßen von Verfassungs wegen unter eine göttliche Oberherrschaft stellen" (ZIPPELIUS, 9., S. 199, 2). Als Beispiele für diese zutreffende Kennzeichnung ist zur Vergangenheit besonders hingewiesen „auf den alten jüdischen Staat, der ein klassisches Modell für diese Sozialstruktur bietet"; ferner auf „das alte Ägypten, das die Pharaonen als Götter verehrte"; weiter darauf, daß in „der islamischen Welt ... der Kalif als Nachfolger des Propheten geistliches und weltliches Oberhaupt zugleich" war; und noch darauf, daß „bis vor kurzem eine Theokratie in Tibet, wo der Dalai-Lama kraft seines Priesteramtes auch weltlicher Herrscher war", bestand (a.a.O.). Als in der Gegenwart fortgesetztes Beispiel ist dafür, daß „immer wieder einmal Herrschaft" aufflackert, „die theokratische Züge trägt", auf „das Regime Khomeinis in Persien nach dem Sturze des Schahs im Jahre 1979" hingewiesen (S. 199f.). Doch ist, was nochmals die Geschichte anlangt, ebenfalls auf römische Kaiser hinzuweisen. Dies zeigt etwa, daß den „Titel *dominus et deus* ... schon Domitian" (81–96) „für sich in Anspruch genommen" hatte; und daß „Diokletian" (284–305) „ihn endgültig" annahm (PAULY-WALDSTEIN, II, Sp. 121, Artikel: „Dominus", 3). Wie seit letzterem auch „die Proskynese vor dem Kaiser verlangt" wurde (a.a.O.-VOLKMANN, IV, Sp. 1139, Artikel: „Princeps", 2);

d.h. „eine Art Kußhand", die, „zunächst nur Gottheiten erwiesen", „meist mit Fußfall ... oder tiefer Verbeugung ... verbunden" war (a.a.O.-FAUTH, IV, Sp. 1189, Artikel: „Proskynesis"). Die „eigentliche Priesterherrschaft" wird gleichfalls als „Hierokratie" bezeichnet (ZIPPELIUS, 9., S. 199, 2); von griechisch ἱερός (hierós), allgemein: heilig. Einen Unterschied zwischen „Theokratie" als „*Gottesherrschaft*" und als „*Priesterherrschaft*" machen KÜCHENHOFF-KÜCHENHOFF (S. 232, 1). Sie nennen zutreffend noch „die mittel- und südamerikanischen Reiche der Azteken und Inkas" sowie unter „den modernen Kulturstaaten" die „*Vatikanstadt*" eine „Theokratie" (a.a.O.). – Nach allem bildet die Theokratie keine Staatsform. Wie sie ja auch als Einherrschaft wie als Mehrherrschaft bestehen kann. Nur *diese* sind daher und bleiben *Staatsformen*. Hiermit ist es jedoch verfehlt, von der Theokratie – gleich, wie – als einer Staatsform zu sprechen. Dies geschieht aber damit, daß sie zu den „*soziologischen Staatsformen*" gezählt wird (S. 232 I). Denn zwar geht es insoweit um die „*gesellschaftlichen Mächte, die tatsächlich* den *maßgebenden Einfluß auf die staatliche Willensbildung ausüben*" (S. 232). Doch das hat mit der Staatsform als einer – entscheidend durch die Anzahl der grundlegend im Staate Herrschenden gekennzeichneten – Verfassungsart nichts zu tun. – Aus den „wirklichen RegirungsFormen" auch die „*Theokratie*" auszuscheiden (SCHLÖZER, S. 116, § 5), ist zwar richtig; aber nicht die Begründung: „weil ihr Herrscher erdichtet ist".

Hiernach sind indes gleichfalls drittens die weiteren, von den beiden KÜCHENHOFF so genannten „*soziologischen Staatsformen*" tatsächlich keine. Das sind noch die **Plutokratien oder Timokratien** „(griechisch: Reichtumsherrschaften)", „in denen *begüterte Schichten*" „*den Gang der Staatsgeschicke bestimmen*"; **Bürokratien,** „in denen eine ... *Berufsbeamtenschaft* bedeutenden Einfluß auf die Ausübung der Staatsgewalt hat"; **Feudalstaaten,** „in denen der geburtsständisch-‚adlige' Grundeigentümer ... das Staatsgeschehen beherrscht"; **Ergokratien** „(griech.: Werkherrschaften)", „in denen *Berufsvereinigungen* ... die Politik beeinflussen"; **Parteiherrschaften** als „alle modernen ‚*Einparteienstaaten*' ..., in denen ... *‚Die Partei'* ... über die Besetzung der Staatsorgane und deren Tätigkeit bestimmt"; und **Polykratien** „(griech.: Vielherrschaften)", „in denen keine bestimmte Gruppe der Gesellschaft eine eindeutige *Vorherrschaft* innehat, sondern diese Vorherrschaft *von vielen gleichstarken Gesellschaftsgruppen,* oft in Form eines Gegeneinanderarbeitens der einzelnen Staatsorgangruppen *umstritten* wird"; eine „Staatsform, die man auch *politischen Pluralismus* nennt" (S. 232ff.). Jedoch – alle diese Herrschaften haben, ob sie nun innerhalb und/oder außerhalb der Staatsführung bestehen, wiederum nichts mit der Staatsform als beschriebener Verfassungsart zu schaffen. So hat die zuletzt genannte Polykratie oder Vielherrschaft mit der dieser Arbeit bloß den Namen gemeinsam. Das Ergebnis bestätigt die Hinzufügung weiterer sog. soziologischer Staatsformen, z. B. der **Militärherrschaft.** Innerhalb der Staatsführung bestehend, und zwar entweder in einer Mono- oder Pleokratie, sagt auch sie – wie die anderen Herrschaften – nur etwas über gewisse Menschen *ohne Rücksicht* auf Staatsformen, also nichts über Staatsformen *selber* aus: über Menschen in ihrer gesellschaftlich-staatlichen Macht.

Näher ist aus ihnen dennoch auf die erwähnte **Timokratie** einzugehen. Denn sie läßt auf bestimmte Weise – mittels Abstufung – Teile des Volkes in der Verfassung bevorzugt oder benachteiligt sein, d.h. in ihrer staatlich-politischen Freiheit. Sie ist in allen Hauptstaatsformen möglich, wenngleich nur der jeweils beschränkten. Es geht hierzu unter den zwei möglichen Bedeutungen: „eine Staatsverfassung, deren Prinzip die Ehre oder der Zensus ist" (BENSELER-AUTENRIETH, S. 847 l., Wort: „τιμοκρατία"), um die zweite. Wie griechisch τιμή (timé) im ersten Fall Ehre und im zweiten (Steuer-)Schätzung bedeutet. Dies so, daß es sich im letzteren Fall um „die Staatsverfassung" handelt, „wo die Staatsleitung den Höchstbesteuerten anvertraut ist" (a.a.O., S. 846 r., Wort: „τιμή", zumal 2). Allerdings *kann* sie bloß derart weit reichen, *muß* es indes *nicht*. Wie es überhaupt mit der Schätzung – allgemeiner – irgendwie um eine solche des *Vermögens* geht, so daß an eine bestimmte unterschiedliche Schätzung ebenso unterschiedliche Rechte gebunden werden. Die „T.[imokratie] läßt sich bis zu SOLONS Verfassung zurückverfolgen. Entsprechende Systeme gab es im Röm. Reich (Census), auch in neuerer Zeit (Dreiklassenwahlrecht)" (BROCKHAUS, XVIII, S. 708 l., Artikel: „Timokratie"). Letzteres, das noch in anderem Zusammenhang zu kennzeichnen sein wird, bestand in Preußen bis 1918. Dieses war folglich, als beschränkte Monokratie in Gestalt der konstitutionellen Monarchie, timokratisch. Das Attika SOLONS, also zu Beginn des 6. Jahrhunderts v. Chr. begründet, war demgegenüber „oligarchischer ... Art", d. h. eine beschränkte Pleokratie; und zwar eine solche, in der die „Besetzung des obersten Amtes, des Archontates, ... und ... das Amt des Schatzmeisters in timokratischem Sinne den Reichsten ... vorbehalten" blieben (BERVE, I, S. 173). Zur „Centurienordnung" des antiken Roms (MEYER, S. 192f.) wird gar festgestellt, daß sie „das extremste Klassenstimmrecht" hatte, „das die Geschichte kennt" (S. 193; auch S. 212). Doch ebenfalls die Vereinigten Staaten von Amerika, sie als beschränkte Polykratie, bildeten in ihrer Anfangszeit eine Timokratie. Desgleichen das ist noch zu zeigen. Wie kraß sich eine timokratische Regelung in ihrer faktischen Entsprechung auswirken kann, zeigt noch ein letztes Beispiel: Die Verfassung des 1830 entstandenen belgischen Staates, der damals noch eine konstitutionelle Monarchie war, wurde „vom Nationalkongreß geschaffen". Doch zu seiner „Wahl ... nach einem möglichst liberalen Wahlrecht ... waren von den 3900000 Einwohnern des neuen Staates infolge des hohen Zensus nur 44000 wahlberechtigt" (FRANZ, S. 53). Weil in Fällen der genannten Art das entscheidende Gewicht in der Tat bei den *Reichen* liegt, läßt sich insofern, wie schon zitiert, desgleichen von **Plutokratie** reden; von griechisch πλοῦτος (plútos), Reichtum.

Daß übrigens die Plutokraten ihr Gegenteil in den ‚Kratopluten' und die Plutokratie ihres in der ‚**Kratoplutie**' haben, war und ist mehr als nur ein Witz. Das bestätigt für die jüngste Vergangenheit das Regime in der früheren Deutschen Demokratischen Republik, obwohl nur im Verhältnis zu den Untertanen.

I. Die Einherrschaft (Monokratie)

Einherrschaften sind, wie bereits festgestellt, alle Staaten, in denen Quelle (Ursprung) der Staatsgewalt (Staatsmacht) grundlegend *Einer* ist. Sei es, daß er die *Allein-* oder die – vorrangige – *Haupt*quelle ist. Das ist jener Mensch als Staatsorgan, näher: Verfassungsorgan, der – entsprechend – die Allein- oder Hauptsouveränität als höchste Gewalt innehat; und bei dem – wieder entsprechend – die staatlich-politische Freiheit als Allein- oder Hauptfreiheit liegt. Er ist unter den obersten Staatsorganen, den Verfassungsorganen, *das* oberste.

Hier wird nun die Einherrschaft, wie folgt, gegliedert: Nach der unterschiedlichen *gesellschaftlich-staatlichen Stellung* des Einen ist es die *fürstliche* oder *nichtfürstliche;* nach der *Ausschließlichkeit* oder *Nichtausschließlichkeit,* mit welcher der Eine Ursprung der Staatsgewalt ist, ist es die *unbedingte* (*absolute*) als *unbeschränkte* bzw. die *bedingte* (*relative*) als *beschränkte;* und nach der an ein anderes Einzelorgan *nicht übermittelten* oder *übermittelten* Herrschaft des Einen ist es die *unmittelbare* bzw. die *mittelbare*. Ihr Zusammenhang ist folgender: Die fürstliche oder nichtfürstliche Einherrschaft ist jeweils entweder unbedingt als unbeschränkt oder bedingt als beschränkt *und* entweder unmittelbar oder mittelbar. Was also in der Wirklichkeit *zusammenbesteht*, wird hier – aus Gründen der Darstellung – *getrennt*.

Daß in der Monokratie grundlegend Einer als Allein- oder Hauptquelle der Staatsgewalt *das* oberste (höchste) Staatsorgan ist, besagt übrigens noch nicht, daß er immer auch Inhaber des obersten (höchsten) Staatsamtes, stets gleichzeitig Staatsoberhaupt, sei. Das *kann* vielmehr nur so sein, *muß* es hingegen *nicht*. So ist zwar der fürstliche Monokrat nicht allein *das* oberste Staatsorgan, vielmehr außerdem regelmäßig Staatsoberhaupt. Aber der nichtfürstliche Monokrat ist manchmal *nur das* oberste Staatsorgan, doch nicht überdies Staatsoberhaupt; z. B. als Ministerpräsident, ‚über' dem es noch einen Staatspräsidenten oder gar einen König gibt. Aus welchen Gründen das so ist, etwa solchen der Verschleierung oder Überlieferung, kann dahingestellt bleiben. Als einschlägiges Beispiel sei immerhin auf das Verhältnis zwischen MUSSOLINI als Regierungschef und VIKTOR EMANUEL als königlichem Staatsoberhaupt hingewiesen (näher dazu u. 2b β).

1. Fürstliche und nichtfürstliche Einherrschaften

Die fürstliche Monokratie ist dasselbe wie die *Monarchie*. Die nichtfürstliche hat *keinen besonderen* Namen. Sie ist daher, wie noch zu zeigen, nicht dasselbe wie die Diktatur.

a) Die fürstliche Einherrschaft (Monarchie)

‚**Fürstlich**' besagt hier soviel wie ‚monarchisch'. Wie denn auch das Wort ‚Fürst' in diesem Zusammenhang nicht die besondere Bezeichnung eines bestimmten Adelsangehörigen ist, sondern die „allg. Bezeichnung für ein monarchisches Staatsoberhaupt" (HABERKERN-WALLACH, S. 218 r., Artikel: „Fürst", a), d. h. für den **regierenden Fürsten** (ausdrücklich so § 68 Deutsche RV, 1849). Dies also gleich, ob das fürstliche Staatsoberhaupt z. B. ein Kaiser, ein König oder ein anderer adliger Herrscher ist. Man denke für letzteren etwa an einen Großherzog, beispielsweise – geschichtlich – den des Großherzogtums Baden vor und nach der Gründung des Deutschen Reiches von 1871 (Vorspruch Bad. Verf., 1818, bzw. Vorspruch Deutsche RV, 1871) oder – gegenwärtig – an den Großherzog von Luxemburg (Art. 5 I 1 Lux. Verf., 1868). Nicht hierher gehört jedoch beispielshalber der heutige König von Belgien. Er ist – gleich anderen **nichtregierenden Fürsten** – kein fürstliches Staatsoberhaupt einer *Monarchie*, sondern das einer *Polykratie* in Gestalt der *Demokratie* (u. III 1 a). Ein monarchisches Staatsoberhaupt stellt aber z. B. noch der Fürst des Fürstentums Monaco als einer kostitutionellen Monarchie dar („*Verfassung* vom 17. 12. 1962": nach BROCKHAUS, XII, S. 725 l., Artikel: „Monaco").

Gegen die Beschränkung der Monarchie auf die fürstliche Einherrschaft könnte eingewendet werden: daß ursprünglich als Monarchie nicht allein die fürstliche aufgefaßt wurde, sondern ebenfalls die nichtfürstliche, ja, überhaupt die unbeschränkte Herrschaft. In diesem Sinne wurde sie zunächst in der Tat als „Alleinherrschaft, Herrschaft eines Einzigen", sogar „als jede unumschränkte Herrschaft, also auch des Volkes", verstanden (PASSOW-ROST usw., II 1, S. 272

r., Wort: „μοναρχία“). Doch hat sich dann die Bedeutung auf den fürstlichen Monokraten verengt (im Ergebnis ebenso ZIPPELIUS, 9., S. 150f.).

Hierbei ist für die Monarchie nicht entscheidend, daß der Monarch bereits *zuvor* in einer *anderen* Bedeutung *Fürst war*, vielmehr daß er es *mit* seiner Stellung *ist*. Er braucht also nicht „Mitglied eines abgeschlossenen Standes, Fürst ... i. e. S.“, nicht einmal „allg. ein Mitglied der ersten Stände, bes. der obersten Schicht des Adels“, (HABERKERN-WALLACH, S. 493 r., Artikel: „Princeps“, 1) gewesen zu sein. Obwohl dies allerdings zur Regel wurde, gab es doch noch erhebliche Ausnahmen. Man denke nur an NAPOLEON I. Daß er einer korsischen Patrizierfamilie entstammte und sein Vater „eine franz. Adelsanerkennung“ erreichte (BROCKHAUS, III, S. 105 l., Artikel: „Bonaparte“, 1), war so für die Erlangung seiner Monarchenstellung (1804) völlig unerheblich. Wie er ja auch vorher als Konsul auf Lebenszeit *kein fürstlicher* Monokrat (Monarch) war, sondern ein *nichtfürstlicher*. Für das Altertum denke man noch an DIOKLETIAN, „Kaiser 284–305“, der, „aus niederem Stande“, „Wahrscheinlich ... seine Laufbahn als gemeiner Soldat begonnen“ hat (PAULY-HANSLIK, II, Sp. 36, Artikel: „Diocletian“).

Innerhalb der fürstlichen Monokratie sind nun nach der Art, in welcher der Monarch in seine **Stellung** gelangt, die **selbstbegründete und fremdbegründete** zu unterscheiden. In der ersten verschafft sich der Monarch *selber* seine Stellung; in der zweiten wird sie ihm durch *andere* oder *anderes* verschafft. Dabei geht es aber lediglich darum, daß Selbst- und Fremdbegründung dies *entscheidend* sind. Denn die erstere ist nie ganz ohne fremde Mitbegründung möglich und die letztere nie ganz ohne eigene Mitbegründung. Im ersten Fall macht sich jemand unter Mithilfe anderer zum Monarchen. Und im zweiten wird er etwa durch ein Wahlkollegium unter seiner vor- oder nachherigen Zustimmung dazu gemacht; oder er wird es kraft normativer Regelung, etwa der Erbfolge, mit dem Ausscheiden des Vorgängers, indem er zustimmt.

Als Beispiel für den **ersten Fall** sei wieder auf NAPOLEON I. hingewiesen. Zwar wurde er durch „Senatsbeschluß vom ... 18.5.1804 ... zum erbl. Kaiser der Franzosen“ erklärt, und eine „Volksabstimmung bestätigte das Kaisertum“ (BROCKHAUS, VI, S. 495 l., Artikel: „Französische Geschichte“). Aber lenkend stand doch hinter alledem NAPOLEON selber.

Zum **zweiten Fall** sei auf die **Wahl- und Erbmonarchie** eingegangen.

In der Wahlmonarchie gelangt der Monarch (*Wahlmonarch*) entscheidend eben durch eine – im weitesten Sinne verstandene – *Wahl* in seine Stellung. Also gleichgültig z.B., ob die Wahl nun eine feste Einrichtung darstellt oder nicht. Dies so, daß auch die Ausrufung „zum Imperator“, etwa von Kaiser CLAUDIUS durch die Prätorianer (PAULY-HANSLIK, I, Sp. 1216, Artikel: „Claudius“, 39), zur Wahl gehörte. Sie erfolgt „entweder durch freie Wahl oder unter Bindung an bestimmte Anwärter (Mitglieder einer oder mehrerer Familien; *Geblütsrecht*). Wählen kann entweder das Volk“, d.h. das Wahlvolk, „(so im german. Königtum) oder ein engeres Wahlkollegium (so im Dt. Reich die Kurfürsten)“ (BROCKHAUS, XII, S. 726 r., Artikel: „Monarchie“); allerdings, wie gezeigt, auch eine andere Gruppe. Was die Kurfürsten betrifft, so ist, „einen gerechten, guten und geeigneten Mann als römischen König und künftigen Kaiser“ zu „wählen“, in der Gold. Bulle, 1356, festgehalten (besonders Cap. II, Zif. 1). Daß auch „in der Wahl-M. ... der Monarch sein Amt auf Lebenszeit“ innehabe (BROCKHAUS, a.a.O.; auch KÜCHENHOFF-KÜCHENHOFF, S. 214, 2), gehört nicht wesenhaft zu seiner Stellung: Wer gewählt wird, kann ebenfalls auf Zeit gewählt werden; mag dies auch bloß die Ausnahme sein. Daß also der auf Lebenszeit gewählte Monarch sich eben „dadurch ... von dem auf Zeit gewählten Staatsoberhaupt der Republik" unterscheide (BROCKHAUS, a.a.O.), ist keineswegs schlechthin so. Weshalb gerade auch letzteres auf Lebenszeit gewählt sein kann. Dies zeigt das bereits gebrachte Beispiel der Wahl TITOS „zum Präsidenten der Republik mit unbegrenzter Mandatsdauer" (o. 2. Absch., B I 1), nämlich in Jugoslawien. Heißt es weiter: „Keine Wahlmonarchien sind diejenigen Staaten, deren monarchische Staatsoberhäupter als Begründer einer Erbmonarchie gewählt sind" (die zwei KÜCHENHOFF, S. 215), dann trifft ebenfalls das so nicht zu. Denn es besteht, bevor die Erbmonarchie in Erscheinung tritt, also bis zum Tode des Wahlmonarchen, entsprechend eine *Wahl*monarchie. Man kann von letzterer als einer im *weiteren* Sinn sprechen und also von der bisher behandelten als einer im *engeren,* aber von jener – noch – nicht als *Erb*monarchie. Als Beispiel sei auf die durch eine „Volksabstimmung bestätigte ... Wahl Karls von Hohenzollern-Sigmaringen als Carol I. ... zum erbl. Fürsten" 1866 in Rumänien (BROCKHAUS, XVI, S. 230 l., Artikel: „Rumänien", i. V. m. IX, S. 768 l., Artikel: „Karl", 41) hingewiesen. Anders als die beiden KÜCHENHOFF urteilt daher gleichfalls folgende, außerdem zutreffend noch einen weiteren Fall einbeziehende, Meinung: „Keine Wahl-M. im eigentlichen Sinne liegt vor, wenn nur deshalb gewählt wird, weil kein Thronfolger vorhanden ist oder weil erstmalig eine Erb.-M. begründet werden soll" (a.a.O., XII, S. 726 r., Artikel: „Monarchie"). Hierbei ist die uneigentliche Wahlmonarchie gleich der genannten weiteren, die eigentliche gleich der genannten engeren (zum Ganzen auch JELLINEK, G., S. 692f.).

In der **Erbmonarchie** gelangt der Monarch (*Erbmonarch*) entscheidend durch *dynastische Erbfolge* in seine Stellung; eine Erbfolge, die recht unterschiedlich geregelt sein kann. Wenn hier darauf eingegangen wird, dann einmal, um zu zeigen, wie es sein kann, und zum anderen, um dazu teils Beispiele herauszustellen. Aber auch noch, um zu zeigen, daß sich mit der Erbfolge eine gewisse *geschichtliche Tragweite* verknüpfen kann. Im übrigen geht es hierbei zugleich um solche Staatsformen, die, weil sie nicht mehr fürstliche Monokratien, sondern etwa fürstliche Polykratien sind, damit *keinen regierenden* Fürsten mehr als Staatsoberhaupt haben, sondern einen *nichtregierenden*; z. B. die oben genannte fürstliche Demokratie. Als Beispiele sei hierzu – außer wieder auf Belgien – überdies noch auf das gegenwärtige Großbritannien hingewiesen. Vorwiegend kommt nun „*Linealfolge mit dem Rechte der Primogenitur* in Betracht, d.h. der jeweils älteste Abkömmling ... ist berufen" (als Beispiel Art. 60 I Belg. Verf., 1831). „Erst wenn Verwandte gerader Linie nicht vorhanden sind, kommt der älteste der nächsten Seitenverwandten, z.B. der nächstälteste Bruder ..., in Frage. Ist dieser nicht mehr am Leben, so ist sein ältester Sohn berufen usw. Ferner kann als Thronfolgeordnung in Betracht kommen das *Majorat,* wonach der dem Grade nach nächste Verwandte ..., bei mehreren gleich nahen aber der älteste berufen ist. Wenn also der älteste Sohn ... am Leben ist, kommt diese Art ... im Erfolg auf dasselbe hinaus wie die erste. Ist aber der älteste Sohn verstorben oder verzichtet er ..., so ist nicht sein Sohn, sondern sein nächstältester Bruder berufen. Beim *Minorat* ist ebenfalls der dem Grade nach nächste Verwandte ..., bei mehreren gleich nahen aber der jüngste berufen. Beim *Seniorat* folgt der Älteste, beim *Juniorat* der Jüngste des ganzen Fürstenhauses" (alles Zitierte nach HELFRITZ, S. 153). „Für die *Thronfolgefähigkeit der Frauen* gelten verschiedene Grundsätze. Nach dem salischen Prinzip (aus der lex salica)" – der salischen

Franken seit „der Zeit Chlodwigs I.“, zu Beginn des 6. Jahrhunderts (SCHWERIN-THIEME, S. 52f.) – „sind nur die durch Männer verwandten Männer (Agnaten ...) berufen, die Frauen aber ausgeschlossen“ (als Beispiel wieder Art. 60 I Belg. Verf.). „Nach dem Prinzip der *subsidiären Frauenerbfolge* (auch als ‚deutsches Prinzip‘ bezeichnet) sind Frauen nur dann berufen, wenn keine Agnaten vorhanden sind“ (als Beispiel II, § 5 I Bayer. Verf., 1818). Bestimmend kann gleichfalls noch sein die *„Abstammung aus einer vollberechtigten, nicht etwa morganatischen Ehe“*, oder „die *Ebenbürtigkeit* der Ehe“ oder noch *„das religiöse Bekenntnis“* (alles Zitierte erneut nach HELFRITZ, a.a.O.). Wobei die sog. morganatische Ehe, „Ehe zur linken Hand, matrimonium ... ad morganaticam“, „Morgengabe“, eine Minderehe war (HABERKERN-WALLACH, S. 427 l., Artikel: „Minderehe“). Die beiden ersten Erfordernisse stellte beispielshalber folgende Norm auf: „Zur Successions-Fähigkeit wird eine rechtmäßige Geburt aus einer ebenbürtigen ... Ehe erfordert“ (II, § 3 Bayer. Verf.). Der erwähnte Fall möglicher geschichtlicher Tragweite ist folgender: Großbritannien und Hannover hatten auf Grund der zwischen ihnen seit 1714 bestehenden Personalunion (dazu u. B II, vor 1) bis 1837 jeweils denselben Fürsten – seit 1814 beiderseits als König – zum Staatsoberhaupt. In diesem Jahr trat nun zwar VIKTORIA als Königin die Nachfolge in Großbritannien an, aber nicht in Hannover. Denn in jenem stand die Nachfolge auch Frauen offen, in diesem jedoch allein Männern. Daher wurde in Hannover ihr Onkel ERNST AUGUST König (BROCKHAUS, VIII, S. 163 l., Artikel: „Hannover“, 5; XIV, S. 403 l., Artikel: „Personalunion“). Erst in der Folge dieser monarchischen Trennung – und wahrscheinlich nicht ohne sie – konnte nun jedoch nach dem Kriege zwischen Preußen und Österreich von 1866 die Annexion Hannovers durch das erstere (20.9.1866) geschehen; denn das letztere hatte sich auf die Seite des unterlegenen Österreichs gestellt (HUBER, II, S. 215ff., besonders S. 217). Und erst in der Folge hiervon war die weitere Entwicklung in Deutschland möglich, zumal die Bildung des Zweiten Deutschen Reichs 1871. Für die erwähnte Wahrscheinlichkeit spricht auch, daß „die Hannoveraner ... als Bürger der Vereinigten Königreiche betrachtet wurden,“ und zwar als Mituntertanen des Königs (JELLINEK, G., S. 751, Anm. 2). Allerdings ist gleichfalls anzuführen, daß nach III, Zif. 2 Act o. S., 1701, das englische „Volk nicht verpflichtet“ war, „ohne Zustimmung des Parlamentes in irgendeinen Krieg zur Verteidigung einer Herrschaft oder eines Gebietes verwickelt zu werden, das nicht zur englischen Krone gehört“. Doch eben so weit wäre es – wieder wahrscheinlich – erst gar nicht gekommen. – Übrigens ist es keineswegs stets so, daß „die Herrschaft beim Tod des Monarchen unmittelbar ohne weiteren Erwerbungsakt kraft der Thronfolgeordnung auf den erbberechtigten Thronfolger“ übergeht; was „in den Formeln ‚Rex non moritur‘ (Der König stirbt nicht) und ‚Le roi est mort, vive le roi‘ (Der König ist gestorben, es lebe der König) umschrieben“ werde (so aber BROCKHAUS, XII, S., 726 r., Artikel: „Monarchie“). Anders daher z.B. Art. 79 II Belg. Verf.: „Vom Tod des Königs bis zur Vereidigung seines Thronfolgers ... werden die verfassungsmäßigen Befugnisse des Königs im Namen des belgischen Volkes durch die im Rat versammelten Minister und unter ihrer Verantwortung ausgeübt.“ D.h. aber: Der Thronfolger „besteigt den Thron erst, nachdem er ... den Eid geleistet hat“ (Art. 80 II). Seine Nachfolge ist durch diese Mitwirkung bedingt.

Zwar ist es selbstverständlich, daß **eine Monarchie** als bestimmte Einherrschaft **nur einen Monarchen** als ebenso bestimmten Einherrscher haben kann. Dennoch ist dies z.B. gegenüber folgender Ansicht herauszustellen: „Wenn auch als Normalfall die Monarchie eine einzige physische Person als höchstes Organ aufweist, so ist dennoch eine Monarchie mit einer Mehrheit monarchischer Personen möglich" (JELLINEK, G., S. 687). Wie hierbei nicht bemerkt ist, daß die Alleinherrschaft „mit einer Mehrheit" alleinherrschender „Personen" einen *Gegensatz in sich* darstellt, so stellt die nachfolgende Begründung als bloße *Fiktion keine* Begründung dar. Jene Möglichkeit bestehe nämlich, „wofern nur die monarchischen Willensakte nicht nach einer verfassungsmäßig bestimmten Form unter Anwendung des Majoritätsprinzips aus dem Willen mehrerer gewonnen werden, vielmehr jeder Akt als von jedem einzelnen der Monarchen oder von allen einzelnen als solchen gemeinschaftlich ausgehend angesehen wird" (a.a.O.). Beispiele, welche die Möglichkeit mehrerer Monarchen in einem Staat belegen sollen, versagen daher auch. So vor allem das, wonach „Rom in der nachdiocletianischen Epoche" – seit 305 – „auch dann, als mehrere Augusti und Caesares zugleich regierten, eine Monarchie" gewesen sei (a.a.O.). Vielmehr war es, sofern nicht bei *einem* Augustus ein *Vorrang* bestand, ersichtlich eine *Pleokratie*. Eine Monarchie ist daher allein noch möglich, wenn *einer* der sog. Monarchen das *Haupt-* oder *Ober*organ bildet: *den* Monarchen, und somit die anderen bloß *Neben-* oder *Unter*organe abgeben: *keine* Monarchen. So war es noch bei DIOKLETIAN: Mit einem von ihm zunächst (286) ernannten (Mit-)Augustus, MAXIMIANUS, und sodann (293) noch von jedem Augustus ernannten Caesar kam es zwar zu einer „Tetrarchie" (Vierherrschaft); doch bestand eine „ Oberaufsicht des D." (PAULY-HANSLIK, II, Sp. 37 f., Artikel: „Diocletianus"). Daß aber „England unter Wilhelm III. und Maria (1689–1694), wo die Königin alle Staatsakte mit zu unterzeichnen hatte, ebenso Monarchie" war „wie unter der folgenden Alleinherrschaft Wilhelms (1694–1702)" (JELLINEK, a.a.O.), erklärt sich tatsächlich, wie folgt: Zwar wurden WILHELM III. von Oranien *und* seine Frau MARIA, Tochter des geflohenen letzten Stuartkönigs, „durch das englische Parlament" gewählt (S. 693). Aber wie das politische und zumal militärische Gewicht weitestgehend bei WILHELM lag und seine Frau „an der Politik nur geringen Anteil" nahm (BROCKHAUS, XII, S. 138 r., Artikel: „Maria", 4, „M. II. Stuart"), so bestand zwischen ihnen – real – das Verhältnis von Haupt- oder Oberregent: Monarch, zu Neben- oder Unterregent: Nichtmonarch. Bezeichnungen der sog. Mitregenten, wie z. B. ‚Augustus' oder ‚Königin', spielen bei alledem keine Rolle. Sie täten es allerdings auch nicht, wenn es sich, etwa im letzten Fall, um eine Pleokratie gehandelt hätte.

Zur persönlichen „Stellung des ... Monarchen", so heißt es noch, „ist neben den Ehrenrechten der regierenden Fürsten als rechtlich bedeutungsvoll die *staatsrechtliche, strafrechtliche und bürgerlich-rechtliche Unverantwortlichkeit*" zu nennen. „('Princeps legibus solutus est.' ‚The king can do no wrong.' ‚Le roi ne peut mal faire')" (HELFRITZ, S. 154). Aber daß dies – ganz wie teils – *anders* sein kann, zeigt ein Blick in die Geschichte (JELLINEK, G., S. 689 ff.). Daraus beispielshalber die „Verantwortlichkeit des Monarchen" „im dualistischen Staate" (S. 690), d. h. in der ständischen Monarchie (zu dieser u. 2 b α, Anfang).

So weitgehend die fürstliche Monokratie, gerade im 20. Jahrhundert, zurückgegangen ist, so weitgehend bestand sie doch in vielen Jahrhunderten zuvor. Ihre teilweise Wiederkehr auszuschließen, wäre voreilig.

b) Die nichtfürstliche Einherrschaft

‚**Nichtfürstlich**‘ heißt hier soviel wie ‚nichtmonarchisch‘. Wie schon gesagt, ist diese Einherrschaft – *ohne eigenen Namen* – **nicht gleich Diktatur.** Das zeigt Folgendes: Die Diktatur ist keineswegs auf den *Einzelnen* als Quelle der Staatsgewalt beschränkt, sondern auch bei *Mehreren* oder *Vielen* als jeweiliger Quelle möglich. Ob Diktatur oder nicht, ist eben einzig eine Sache der *Gewaltenvereinigung* oder *-trennung*. Und erstere ist sowohl als *bestimmte* Mono- *wie* Pleo- *wie* Polykratie möglich. Das ist die jeweils *unbedingte* als *unbeschränkte*.

Von hier aus ist es nicht richtig, die Diktatur – sei es als sog. kommissarische, sei es als sog. autokratische – grundsätzlich an *Einen* zu binden (so aber ZIPPELIUS, 9., S. 151 ff.): den „Einzelnen“ (S. 151, § 21, S. 153, 1), oder auf den Begriff „des Diktators“ abzustellen (S. 154 f.); und nur ausnahmsweise Diktaturen einer „Gruppe“ zuzulassen (S. 155). Damit, daß in der Diktatur „die Ausübung der unbeschränkten Macht durch eine oder mehrere Personen“ gesehen wird (BROCKHAUS, IV, S. 744 l., Artikel: „Diktatur“, 1), ist die grundsätzliche Beschränkung auf den Einen und so die Einherrschaft zutreffend aufgegeben sowie gleich auf Mehrere und folglich die Mehrherrschaft ausgedehnt. Allerdings ist auch dies noch – mit der Auslassung der Diktatur von Vielen und also der Vielherrschaft – zu eng. Vollständig wird verfahren, wenn ebenfalls „die Wählerschaft in der absoluten Demokratie“ – und sohin in einer besonderen Polykratie – mit in die Diktatur einbezogen wird, außerdem in Knüpfung an die Gewaltenvereinigung (KÜCHENHOFF-KÜCHENHOFF, S. 241 A) (zu allem näher u. B. I 1 b).

Die nichtfürstliche Einherrschaft ist aber gleicherweise **nicht dasselbe wie Autokratie.** Denn eine solche Selbstherrschaft ist wieder nicht nur als die eines *Einzelnen* möglich, sondern genauso als die von *Mehreren* oder gar *Vielen*. Es ist deshalb grundsätzlich zutreffend, wenn zur „*Autokratie*“ gesagt wird, daß in ihr „nur ein einziger Machtträger vorhanden“ ist: „eine Einzelperson (‚Diktator‘), eine Versammlung, ein Komitee, eine Junta oder eine Partei“ (LOEWENSTEIN, S. 28). Hiermit sind nämlich sowohl Einer als auch Mehrere als desgleichen Viele eingeschlossen. Allerdings geht es *nicht* um den *einzigen* Machtträger, da auch *andere* Staatsorgane Macht tragen, vielmehr um den mit *ursprünglicher* Staatsmacht gegenüber denen mit *abgeleiteter* (o. vor I, Eigene Einteilung). Auch ist die Ineinssetzung „Einzelperson (‚Diktator‘)“ wieder zu eng. Damit ferner, daß die Autokratie als „eine monarchische ... oder diktatorische Staatsform“ bezeichnet wird (BROCKHAUS, II, S. 154 r., Artikel: „Autokratie“), ist ihr Verständnis gar noch in einer weiteren Hinsicht zu eng: Nur der Eine ist als Autokrat zugelassen, die Mehreren aber und die Vielen sind es unzutreffend nicht.

Im übrigen stimmt die Autokratie mit der Diktatur nicht bloß darin überein, daß sie in jeder der drei Hauptstaatsformen bestehen kann, vielmehr überdies noch darin, daß es, ob Autokratie oder nicht, erneut eine Sache der *Gewaltenvereinigung* oder *-trennung* ist. Daß dennoch zwischen Autokratie und Diktatur ein Unterschied zu machen sein wird, ist noch zu zeigen (u. 2 a, vor α).

Ebenfalls innerhalb der nichtfürstlichen Monokratie ist nach der Art, in welcher der Monokrat in seine **Stellung** gelangt, zwischen **selbstbegründeter** und **fremdbegründeter** zu unterscheiden. Hierzu gilt entsprechend das, was insofern bereits zur fürstlichen Monokratie ausgeführt wurde (o. a). D. h. zusammengefaßt: In der selbstbegründeten Monokratie verschafft sich der Monokrat zwar nicht gänzlich, doch *entscheidend selbst* seine Stellung; und in der fremdbegründeten wird sie ihm, zwar wieder nicht gänzlich, doch aufs neue *entscheidend* durch *andere* oder etwas *anderes* verschafft. Auch *kann* diesmal wieder der Monokrat zwar auf Lebenszeit in seine Stellung gelangen, *muß* es hingegen *nicht*.

Für den ersten Fall sei erneut an die Monokratie CROMWELLS gedacht: Der „König", KARL I., wurde „1649 hingerichtet und die Republik, das *Commonwealth of England*, gebildet, in dem C. Haupt des Staatsrats war." Es herrschte „zeitweilig eine reine Militärdiktatur ... Die neue Verfassung vom Dez. 1653 gab C. als ‚Lord-Protector' eine gleichsam monarchische Stellung, obwohl er den ihm 1657 vom Parlament angebotenen Königstitel ablehnte" (BROCKHAUS, IV, S. 207 l., Artikel: „Cromwell", 1). Daß es freilich – weil eine Republik nicht nur eine Nicht*monarchie* ist, sondern, darüber hinaus, überhaupt eine Nicht*monokratie* – um *keine Republik* ging, wurde gezeigt (o. vor I, Andere Einteilungen). Gedacht sei indes ebenfalls noch an die Monokratie HITLERS, 1934 mit dem Tode des Reichspräsidenten von HINDENBURG abschließend errichtet (§ 1 StaatsoberhauptG, 1934, und Zif. 1 ReichskanzlerErl., 1934) (näher u. 2 b, Ende). Hinter der englischen Verfassung stand lenkend CROMWELL, hinter dem Gesetz der Reichsregierung als Verfassungsgesetz lenkend HITLER. Daß übrigens ersterer aus „niederem Landadel" stammte (BROCKHAUS, a.a.O.), besagt nichts gegen ihn als nichtfürstlichen Monokraten und entsprechend nichts für ihn als fürstlichen. Ja, sogar daß CROMWELL „alle Rechte eines regierenden Monarchen" besaß (HABERKERN-WALLACH, S. 401 r., Artikel: „Lord-Protector"), läßt beides unberührt. Er war eben in seiner *Stellung* nicht Fürst, kein – regierendes – *monarchisches* Staatsoberhaupt. Entsprechend, aber noch ausgeprägter, verhielt es sich mit Charles Louis NAPOLEON Buonaparte, bevor er im Dezember 1852 „zum erblichen Kaiser der Franzosen" ausgerufen wurde: Zwischen dieser Ausrufung und seiner davorliegenden Wahl zum französischen Staatspräsidenten im Dezember 1848 erhielt der „‚prince-président' Louis N. ... nach dem Staatsstreich vom 2.12.1851 umfassende Regierungs-Vollmachten" (BROCKHAUS, XIII, S. 195 r., Artikel: „Napoleon", 3): durch Volksbefragung zumal die, „sich eine Verfassung selber zu schreiben", und zwar die „der bonapartistischen Monarchie" (MANN, S. 501 f.). Obwohl als Prinz (Fürst) dem Hochadel angehörend, war er trotzdem auch nach dem Staatsstreich noch *kein fürstlicher*, sondern ein *nichtfürstlicher* Monokrat. Er wurde erst *regierender Fürst* als Kaiser.

Für den zweiten Fall, die fremdbegründete nichtfürstliche Monokratie, ist erstens wieder an die durch – erneut in weitester Bedeutung begriffene – *Wahl* als das Bestimmende zu denken. Folglich wiederum gleich, ob die Wahl etwa eine feste Einrichtung abgibt oder nicht. Als Beispiel hierzu sei auf die „Berufung Wilhelms v. Oranien zum Statthalter von Holland" im Anschluß an de WITTS Sturz (1672) (BROCKHAUS, XX, S. 420 l., Artikel: „Witt", 2) hingewiesen. Dies geschah durch die „Militärpartei" im Hinblick auf den zuvor von LUDWIG XIV. erfolgreich in das Land hineingetragenen Krieg (TAPIÉ, S. 330). „Wilhelm III." wurde – als Einundzwanzigjähriger – „Statthalter und Generalkapitän auf Lebenszeit" (WEISMANTEL, S. 203), „1674" dann gar „Erbstatthalter der Niederlande" (BROCKHAUS, XX, S. 342 r., Artikel: „Wilhelm", 10). Daß seine „monarchische Stellung" durch diese „Schaffung der Würde eines Erbstatthalters ... anerkannt wurde" (HABERKERN-WALLACH, S. 596 l., Artikel: „Statthalter", 1), ließ ihn dennoch keinen Monarchen als regierenden Fürsten sein. Dies, obschon er, zum Hochadel zählend, Prinz war. Die Monarchie schließt insoweit – zutreffend gleichfalls CROMWELL betreffend – desgleichen JELLINEK, G., aus (S. 692). Nun zeigt aber das Beispiel WILHELMS III. zweitens – nach der nichtfürstlichen **Wahlmonokratie** – auch noch die Möglichkeit einer gleichen **Erbmonokratie** auf:

eben mit der „Würde eines Erbstatthalters". Daß diese „tatsächlich ... nach Wilhelms III. Tode" „ruhte" – er starb 1702 als zugleich englischer König kinderlos –, „bis 1747 Wilhelm IV. damit bekleidet wurde" (HABERKERN-WALLACH, a.a.O.), ändert hieran nichts. Vor allem gehört jedoch zur nichtfürstlichen Wahlmonokratie heute der *„Staat der Vatikanstadt,* italien. *Stato della Città del Vaticano*" (BROCKHAUS, XIX, S. 386 r., Artikel: „Vatikanstadt"), oben bereits als Theokratie und diese als Nichtstaatsform gekennzeichnet (vor I, Keine Staatsformen). Im „Konklave" gewählt, wird der Gewählte „durch" die „Annahme" der Wahl „kraft göttlichen Rechtes als P.[apst] ... konstituiert" (a.a.O., XIV, S. 208 l., r., Artikel: „Papst"). Er ist allein auf Lebenszeit gewählt. Daß er auf sein Amt *verzichten* kann (a.a.O., r.), ist hierfür gleichgültig. Soweit es – unter Ausschluß der kirchlichen Ämter des Papstes – allein um sein weltliches geht, ist er als *„Souverän des Staates der Vatikanstadt*" (S. 206 r.) nicht regierender Fürst, Monarch, sondern nichtfürstlicher Monokrat, allerdings durchaus ein solcher eigener Art. Dem entspricht, daß die früher „geübte Verleihung von Adelstiteln ... seit dem Zweiten Vatikan. Konzil" (1962–1965) – obschon als nicht entscheidend – „stillschweigend eingestellt" ist (S. 208 l.). Die **Vatikanstadt** „eine Wahlmonarchie" zu nennen (a.a.O., XIX, S. 386 r.) oder eine „Monarchie" (HELFRITZ, S. 144, Anm. 1), ist nach allem unzutreffend. Die erforderliche Annahme der Wahl zeigt, daß und wie der Papst für die Erlangung seiner Stellung mitbegründend ist.

Auch für die nichtfürstliche **Monokratie** als bestimmte Einherrschaft ist es selbstverständlich, daß sie **nur einen Monokraten** als bestimmten Einherrscher haben kann und nicht mehr als einen. Ein Beispiel: Im Anschluß an die Monokratie CAESARS wurden durch „die ‚lex Titia' ... Antonius, Lepidus und Cäsar" (OCTAVIANUS) „auf fünf Jahre zu Triumvirn erhoben", und zwar „mit dem umfassenden Auftrag, den Staat zu ordnen (triumviri rei publicae constituendae)" (VOGT, S. 304) (43 v. Chr.). Das ließ sie aber, obschon ihre „Machtfülle ... der der alten Diktatur", d. h. eines Einzelnen, glich (PAULY-VRETSKA, V, Sp. 939, Artikel: „Tresviri", 2 b), trotzdem nicht zu *Mono*kraten werden, sondern zu *Pleo*kraten. Wie in diesem neuen Verfassungsorgan des Triumvirats die Willensentscheidung gewonnen wurden (hierzu o. a: JELLINEK, G.), ist für die Entscheidung: Monokratie oder Pleokratie, gänzlich unerheblich. Was im hier behandelten Bereich einzig möglich erscheint, damit doch eine Monokratie vorliegt, ist Folgendes: daß einer der Beteiligten das *Haupt-* oder *Ober*organ darstellt und mithin die anderen lediglich *Neben-* und *Unter*organe bilden. So stand es beispielsweise „1799–1804" mit der Konsulatsverfassung um die „drei ... mit der höchsten Regierungsgewalt betrauten fr.[anzösischen] Beamten", Konsuln, „von denen aber tatsächlich der erste K. (Premier Consul) die gesamte Macht in Händen hatte", nämlich NAPOLEON; „während der zweite u. dritte K." – außerdem „nur bei" untergeordneten „Regierungshandlungen" – „beratende Stimme hatten" (HABERKERN-WALLACH, S. 350 r., S. 351 l., Artikel: „Konsul", 1).

Was noch die *Verantwortlichkeit* angeht, so „können ... auch unverantwortliche republikanische Staatshäupter vorkommen"; wofür „die französischen Konsuln" der soeben erwähnten Konsulatsverfassung angeführt sind (JELLINEK, G., S. 690, Anm. 3). Allerdings ging es, wie gleichfalls soeben gezeigt, tatsächlich um eine monokratische und hiermit keine republikanische Verfassung.

Zwar gab es die nichtfürstliche Monokratie mit der erwähnten CAESARS schon im Altertum. Aber dem weitgehenden Rückgang der fürstlichen Monokratie im

20. Jahrhundert entspricht im selben Zeitraum eine weitgehende Neubildung der nichtfürstlichen.

2. Unbedingte (absolute) als unbeschränkte Einherrschaften und bedingte (relative) als beschränkte

Die Bedingung, um die es geht, ist eine – für den Monokraten nicht bestehende oder bestehende – *Beschränkung* durch ein *anderes Organ* oder mehr, so daß seine, in beiden Fällen gegebene, grundlegende Herrschaft im ersten Fall unbedingt als unbeschränkt ist und im zweiten bedingt als beschränkt. Das besagt näher: **Unbeschränkt** ist die Einherrschaft, wenn der Eine die *ausschließliche* oder *Allein*quelle der Staatsgewalt darstellt, die oberste Gewalt als Souveränität sowie die staatlich-politische Freiheit folglich *allein* bei *ihm* liegen: als *Allein*souveränität und -freiheit. Und **beschränkt** ist die Einherrschaft, wenn der Eine erstens *nicht* die *ausschließliche*, sondern bloß die – *vorrangige* – *Haupt*quelle der Staatsgewalt bildet, mithin bei ihm genauso *vorrangig* die oberste Gewalt als Souveränität sowie jene Freiheit liegen; und wenn zweitens – jedenfalls – *ein anderes* Organ als – *nachrangige* – *Neben*quelle der Staatsgewalt besteht, bei dem jeweils ebenso *nachrangig* die oberste Gewalt als Souveränität sowie die staatlich-politische Freiheit liegen; wenn also – insgesamt – dem Einen nur eine *Haupt*souveränität und -freiheit zukommen sowie dem anderen Organ eine *Neben*souveränität und -freiheit. All dies in jedem Fall so, daß – mag die Beschränkung kleiner oder größer sein – der Eine doch (noch) eindeutig vorrangig *bleibt*. Mit der Beschränkung durch ein *Organ* geht es übrigens *nicht* um eine solche durch bloße *Normen*.

Die unbeschränkte Einherrschaft, ob als Autokratie oder Diktatur, sowie die beschränkte stehen **Recht oder Unrecht** offen. Erstere kurzerhand, und sei es bloß durch entsprechende Abwertung, als *wesentlich unrechtlich* hinzustellen, zeugt daher nur von Unkenntnis oder schlechter Absicht. Hierbei wird nämlich eine bestimmte *Staatsform:* die unbeschränkte bzw. nichtfürstliche Monokratie, mit ihrer *Entartung:* der *Tyrannis* oder *Despotie,* (o. vor I, Keine Staatsformen) gleichgestellt. Daß die unbeschränkte Einherrschaft allerdings insgesamt *mehr* dem *Unrecht* offensteht, und zwar meistens infolge fehlender Beschränkung, ist eine Erfahrungstatsache. Es sei insofern auf die tyrannische Autokratie CALIGULAS (37–41), d.h. seine „despotische Willkür" (PAULY-HANSLIK, I, Sp. 1016, Artikel: „Caligula"), hingewiesen; oder noch auf die tyrannische Diktatur STALINS mit ihrem „bürokratisch-terrorist. Herrschaftssystem", dem sog. „Stalinismus" (BROCKHAUS, XVII, S. 843 r., Artikel: „Stalin"), und seinen bekanntlich vielen Millionen Toten. Dennoch: Entscheidend ist weniger die Unbeschränktheit, sondern mehr das *unrechtliche Wollen des jeweils Herrschenden*. Zwar ist es auch bei der beschränkten Einherrschaft eine Erfahrungstatsache, daß sie – wieder insgesamt – *weniger* für das *Unrecht* offen ist; dies meist als Folge der Beschränkung. Trotzdem ist nun weniger die Beschränkung entscheidend, sondern mehr das *rechtliche Wollen*. Es ist ja auch keineswegs ausgeschlossen, daß eine unbeschränkte Monokratie rechtlicher ist als eine beschränkte und letztere folglich unrechtlicher als erstere.

a) Die unbeschränkte Einherrschaft

Kennzeichen der absoluten Monokratie ist, daß der **Eine** als *Allein*quelle der Staatsgewalt **über die gesamte oberste Zuständigkeit verfügt.** Das gilt im Hinblick auf Gesetzgebung – überhaupt: oberste Normgebung – Vollziehung oder Ausführung und Rechtsprechung. Damit hat er aber nicht nur die Möglichkeit, die *obersten* Entscheidungen innerhalb aller drei Bereiche zu treffen, vielmehr auch die zu *darunter* liegenden. Zwar ist es in beiden Fällen unumgänglich, daß diese Entscheidungen, da der Eine nicht alles entscheiden kann, – je nach Staatsumfang – zu einem kleinen bis großen Teil durch andere, mittels *Übertragung* (*Delegation*) dafür ihrerseits zuständig gemachte, Organe getroffen werden. Trotzdem ist dies mit der Stellung des Monokraten als absoluter vereinbar. Denn auch solche Entscheidungen vermag er grundlegend zu bestimmen, sei es allgemein, etwa durch Gesetze, sei es besonders, durch Anweisungen, Stellen(um)besetzungen usw. (Eingriffsmöglichkeit). Ja, mit der absoluten Stellung ist es gar vereinbar, daß – genauso unumgänglich – in manchem – zumal in örtlicher Hinsicht – *ohne* oder sogar *gegen* Entscheidungen des Monokraten gehandelt wird; sofern dies nur in einem Ausmaß geschieht, das die unbeschränkte Herrschaft im *wesentlichen nicht verändert.* Wie der hiermit gekennzeichnete Bereich *kein fester* ist, sondern ein *veränderlicher,* so ist es durchaus möglich, daß die eine Monokratie eine *mehr* und die andere eine *weniger unbeschränkte* ist, dennoch aber *jede* eine *unbeschränkte.* In diesem Gesamtrahmen ist die Folge der Unbeschränktheit einesteils die – unmittelbare bzw. mittelbare – *Abhängigkeit* der *übrigen Staatsorgane* in Sein, Haben sowie Verhalten vom Monokraten; und andernteils seine *letztlich ungeteilte Zuständigkeit* sowie ihre *wirkliche* bzw. *mögliche Ausübung* durch ihn. Mit der Zuständigkeit ist auch die zugehörige *Macht* verbunden.

Nach der Gliederung in **fürstliche und nichtfürstliche Einherrschaften** ist es klar, daß es die unbeschränkte in *beiden* gibt. Damit ist aber die Nennung allein der „absoluten Monarchien" (Helfritz, S. 143, 2 A), also der absoluten *fürstlichen* Monokratien, zu eng. Genauso steht es mit der Abstellung nur auf die „*Unbeschränkte ... Monarchie*" (Jellinek, G., S. 694 b). Richtig ist es demgegenüber, daß zu den „*Monokratien*" einmal mit den „*Monarchien*" auch die „*absolute Monarchie*" (Zippelius, 9., S. 151, § 21 und 1) sowie zum anderen die „*Diktaturen*" (S. 153 II) gerechnet werden.

Die unbeschränkte Monokratie läßt sich desgleichen als **Autokratie, Selbstherrschaft,** bezeichnen; wie sich der unbeschränkte, jeweils zugehörige, Monokrat ebenfalls als Autokrat, Selbstherrscher, kennzeichnen läßt. „Der Herrscher (*Autokrat*) regiert" eben „unumschränkt" (Brockhaus, II, S. 154 r., Artikel: „Autokratie"). Zutreffend ist es gleichfalls, neben der „*Autokratie*" durch „eine Einzelperson" als einzigen „Machtträger" auch die durch Mehrere oder gar Viele als einzigen Machtträger, dessen „Macht ... absolut" ist, anzuerkennen (Loewenstein, S. 28).

Die unbeschränkte Monokratie läßt sich nun aber gleichfalls noch als **Diktatur** kennzeichnen; wie sich der unbeschränkte, wieder jeweils zugehörige, Monokrat auch noch als Diktator bezeichnen läßt. Es bedeutet eben „*diktatorisch*" geradezu „unumschränkt gebietend" (Brockhaus, IV S. 744 l., Artikel: „Diktator"). Wenn man hierbei – was alsbald zu klären ist – bleibt, dann es es richtig, daß zur „*Diktatur*" gleichermaßen „der Monarch in der absoluten Monarchie" gezählt wird (Küchenhoff-Küchenhoff, S. 241 A). Daß die Diktatur zutreffend nicht auf die Monokratie beschränkt ist, wird – allerdings nur gegenüber der Monarchie – auch festgestellt; genauso, daß es für die Diktatur auf die *Gewaltenvereinigung* ankommt (a.a.O.). Demgegenüber wird der „Begriff ‚Diktatur'" unzutreffend auf einen „Regierungstyp" beschränkt, „in welchem ein einzelner ... die politische Macht als Monopol in Händen hält" (LOEWENSTEIN, S. 13f.).

Hiernach sind autokratische und diktatorische Einherrschaft dasselbe. Wenn dennoch zwischen ihnen ein Unterschied gemacht wird, dann mit folgender Begründung: Stellt man nur auf die Gewaltenvereinigung ab, so trifft es zwar die *Sache*, daß z.B. nicht bloß STALIN ein Diktator oder Autokrat war, vielmehr desgleichen LUDWIG XIV. Trotzdem ist es *weniger üblich*, letzteren einen *Diktator* zu nennen und ersteren einen *Autokraten*. Statt dessen wird in der Regel *umgekehrt* verfahren. Nicht anders verhält es sich etwa noch in Hinblick auf HITLER und FRIEDRICH DEN GROSSEN. In dieser Tatsache wirkt sich eben – ohne Rücksicht auf die Personen und ihre Taten oder Untaten – der Unterschied zwischen *fürstlicher* und *nichtfürstlicher* Monokratie aus. Dies wird indes dadurch berücksichtigt, daß einerseits **nur die fürstliche,** soweit unbeschränkt, **Autokratie (Einzelautokratie)** genannt wird und *nur* der unbeschränkte Fürst *Autokrat* (*Einzelautokrat*) sowie andererseits **allein die nichtfürstliche,** soweit unbeschränkt, **Diktatur (Einzeldiktatur)** und *allein* der unbeschränkte Nichtfürst als *Diktator* (*Einzeldiktator*). Ganz in diesem Sinne liegt es, daß CAESAR schließlich zwar die „Dictatur auf Lebenszeit" besaß, also dictator perpetuus war; aber dennoch das „ablehnte", was ihm – im „Februar 44 am Lupercalienfest ... in altröm. Königstracht mit goldenem Kranz" erschienen – zum Königtum noch fehlte: „das ihm von M. Antonius angebotene Diadem" (PAULY-GUNDEL, I, Sp. 1002, Artikel: „Caesar", II 12). Es war das „Königszeichen" (PAULY-GROSS, I, Sp. 1504, Artikel: „Diadem"). Ähnlich verhält es sich mit der schon erwähnten Ablehnung des Königstitels durch CROMWELL als lebenslangen Lord-Protector (o. 1 b). Deshalb wird hier nunmehr nach der *aufteilenden* Kennzeichnung verfahren, ohne daß damit allerdings die nichtaufteilende als unzutreffend abgelehnt würde.

α) Die unbeschränkte fürstliche Einherrschaft (Einzelautokratie) (absolute Monarchie)

Die Einzelautokratie ist mit dem ihr eigenen Namen gleich der **absoluten Monarchie.**

Dazu gehörten etwa die meisten Territorialstaaten des alten Deutschen Reiches vom 17. auf das 18. Jahrhundert, z.B. **Preußen** und **Österreich.** Insbesondere sei aber noch für diese Zeit auf **Frankreich** hingewiesen, nämlich bis 1789, und gar bis in den Anfang des 20. Jahrhunderts hinein auf das **zaristische Rußland.** „Obgleich" nämlich „Rußland nach der Revolution von 1905 eine Verfassung erhalten hatte," blieb es doch „eine absolute Monarchie ... Ausdrücklich wurde der Zar" – NIKOLAUS II. – „in der Verfassung ein unumschränkter Selbstherrscher genannt, der das Vetorecht gegen alle Beschlüsse der Reichsduma (des Reichstages) hatte und dem die Minister allein verantwortlich waren." Das dauerte bis zum Sturz des Zarentums „im März 1917" (FRANZ, S. 558). Als **Absolutismus** wird nun die *Herrschaftsweise* des absoluten Monarchen bezeichnet. Es ist die, wie sie sich aus der zu Beginn (o. a) umrissenen Zuständigkeits- wie darauf beruhender Machtfülle, der sog. *„,plenitudo postestatis'"* ergibt; allerdings nicht bloß „in Gesetzgebung und Verwaltung" (beides BROCKHAUS, I, S. 62 r., Artikel: „Absolutismus"), sondern desgleichen in der Rechtsprechung. Sonst fehlte es ja auch an der Gewaltenvereinigung. Der Ausdruck *„,princeps legibus* *solutus*'" (a.a.O.) kennzeichnet so die *gesamte* Lage. Daß „der A.[bsolutismus] Bindungen der Staatsgewalt durch Religion, Vernunft und Sittengesetz anerkennt" (a.a.O.; einschränkend ZIPPELIUS, 9., S 151, 1), *kann* lediglich so sein, *muß* es hingegen *nicht*. Zu letzterem ein Beispiel aus der Endzeit des Dreißigjährigen Krieges: „Mit Richelieu" – und also LUDWIG XIII. – „begann der Stil der Außenpolitik in Europa sich zu wandeln ... Mit dem Handeln nach der Räson des Staates wurde die Dämonie der Macht in einer Weise lebendig, wie sie dem Mittelalter und der Epoche der Glaubenskämpfe im ganzen unbekannt geblieben war" (ZEEDEN, S. 114). Zu ersterem ein anderes Beispiel: Der „Große Kurfürst begann sein politisches Testament (1667) mit dem Hinweis, daß ein rechter Regent Gottes Wort ‚die wahre Richtschnur seiner ganzen Regierung und Lebens sein lasse, dieweil darin die Gott wohlgefällige Regierungskunst und höchste Politica begriffen'" (S. 127). Ein Zeugnis aus einer viel früheren Zeit – zwar mehr dem Anspruch nach als der Wirklichkeit das eines absoluten Monarchen, aber dennoch für die Bindung an das Naturrecht – ist folgende Äußerung RUDOLF I. von Habsburg: daß der Lenker des Römischen Reiches, „ab observancia legis solutus", „tamen legis nature dominium ... profitetur" (König-Rudolf-Urk., 1282). Als **aufgeklärter Absolutismus** wird die absolute Herrschaftsweise in all den Fällen genannt, in denen ihr Ziel die *Verbesserung* der Lage auch des *Volkes* war, d.h. hier: der breiten Masse; und zwar nicht etwa bloß in wirtschaftlicher Hinsicht, vielmehr ebenso in Hinblick z.B. auf das Erziehungswesen. Vorzugsweise „in Deutschland entwickelt", „wollte" dieser Absolutismus – freilich merklich übertrieben – „alles für, aber nichts durch das Volk leisten"(BROCKHAUS, a.a.O., S. 63 l.). Noch übertriebener ist es, daß der entsprechende Monarch „nicht mehr seinen eigenen, sondern den Nutzen des Staatsvolkes als Ziel seiner Staatsführung ansieht" (KÜCHENHOFF-KÜCHENHOFF, S. 221). Der dazu angeführte „Ausspruch Friedrichs des Großen: ‚Der Fürst ist der erste Diener seines Staats'" (a.a.O., Anm. 158), ließ eben den Nutzen des Fürsten keineswegs aus. Dennoch ist mit dieser Ergänzung die Nennung FRIEDRICHS II. von Preußen und seines Wortes durchaus zutreffend (näher dazu SCHWERIN-THIEME, S. 311 f.). Die letzteren weisen außerdem richtig darauf hin, daß unter dem „aufgeklärten Absolutismus ... allerdings nur eine geistige Abart des Absolutismus, nicht eine neue Regierungsform verstanden werden darf" (S. 312), genau: nicht die Herrschaftsweise einer beschränkten Staatsform.

Nur eine *besondere* absolute stellt die sog. **cäsaristische Monarchie** dar. Wird sie als „*plebiszitäre M.* mit einer durch Volksabstimmung geschaffenen autoritären Staatsspitze" begriffen, „(*Cäsarismus;* Frankreich unter Napoleon I. und Napoleon III.)", (BROCKHAUS, XII, S. 727 l., Artikel: „Monarchie") so ist dazu festzustellen: Einmal war die jeweilige Volksabstimmung – wegen ihres vorweg bereits feststehenden Ergebnisses – kein Mittel, das die jeweilige Monarchie zu einer fremdbegründeten (dazu o. 1 a) gemacht hätte. Zum anderen wurde nicht bloß eine ‚autoritäre Staatsspitze' ‚geschaffen', d.h. ein bestimmt *beschränktes* Staatsoberhaupt (u.b β), vielmehr ein *unbeschränktes* als monarchisches lediglich bestätigt. Und hiermit kann schließlich die sog. „*plebiszitäre M.*" zutreffend auch *nicht* – als *eine* der „‚*Formen der Monarchie*" – *neben* „die *absolute M.*" gestellt werden (so jedoch BROCKHAUS, a.a.O.), vielmehr nur *als* eine absolute, freilich besonderer Art, aufgefaßt werden. Unzutreffend ist es indes ebenfalls, daß in „der *cäsaristischen* Monarchie ... der Monarch nur Diktator auf demokratischer Grundlage" sei, so daß sie – lediglich – „im Lauf der Entwicklung zu einer echten Monarchie werden" könne (so aber SCHMITT, S. 284). Richtig ist hingegen im Kern Folgendes: Die „Verfassung des Kaiserreichs“ – NAPOLEONS I. – „ist *cäsaristisch,* d. h. sie knüpft an den römischen Gedanken der lex regia an, durch welche der den Staat bildende populus die ihm zustehende Gewalt dem Cäsar überträgt, der dadurch einziger Repräsentant der Volksgemeinde wird. Der Cäsarismus ist in Wahrheit eine absolute Monarchie mit scheinkonstitutionellen Institutionen, in der die Autorität des Kaisers ins unermeßliche gesteigert ist, weil er kraft der ihm zustehenden Repräsentationsbefugnis jeden seiner Willensakte als höchsten Volksschlüssen gleichstehend proklamieren kann“ (JELLINEK, G., S. 525; dort auch zu NAPOLEON III.).

Als Beispiel einer absoluten Monarchie aus der jüngeren Vergangenheit sei auf das Königreich **Saudi-Arabien** hingewiesen, dessen Gründer IBN SA‘UD (1889–1953) nach einer Reihe von Eroberungen „1927 für seinen gesamten Herrschaftsbereich den Königstitel“ annahm. Als absoluter Monarch „regierte“ er „autokratisch“ (BROCKHAUS, VIII, S. 799 l., r., Artikel: „Ibn Sa'ūd“, 2).

β) Die unbeschränkte nichtfürstliche Einherrschaft (Einzeldiktatur)

Daß diese Einherrschaft eine **Einzeldiktatur** ist, ergibt sich aus dem insofern zur Diktatur bereits Ausgeführten (o. vor α).

Eine solche bildete z. B. **Frankreich** unter der Herrschaft NAPOLEONS als ersten Konsuls. Dies ergibt sich daraus, daß er – mit der schon genannten gesamten Macht ausgestattet (o. 1 b) – „Gesetze erließ, Minister, Beamte, Offiziere u. Richter nach Gutdünken ernannte“; und daß, während der zweite und dritte Konsul ihre bloßen Beratungsrechte 1802 „verloren“, „zugleich der erste K. lebenslänglich wurde“ (HABERKERN-WALLACH, S. 351 l., Artikel: „Konsul“, 4). Wenn hier nochmals die Einzeldiktatur STALINS erwähnt wird und, hinzutretend, auch noch die MAO TSE-TUNGS, dann aus folgendem Grunde: Zwar wurde mit der Sowj. Verf., 1936 – „Stalin“ war „ihr eigentlicher Schöpfer“ (FRANZ, S. 558) – als der einer „*Union*“ von „*Sowjetrepubliken*“ auch für die Union selbst beansprucht, eine *Republik* zu sein; genauso, wie mit der Chin. Verf., 1954 – von einem „unter Vorsitz von Mao Tse-Tung“ gebildeten „Ausschuß“ entworfen (S. 97) – als der einer „*Volksrepublik*“ ebenfalls für China beansprucht war, eine *Republik* zu sein. Tatsächlich war dies aber weder die **Sowjet-Union** noch **China.** Wie nämlich gezeigt, ist die Republik nicht nur eine Nicht*monarchie,* vielmehr desgleichen – umfassend – eine Nicht*monokratie* (o. vor I, Andere Einteilungen). Eine solche ist nun aber auch und gerade die Einzeldiktatur. All das betrifft etwa gleichfalls noch die „Koreanische ... Volksrepublik“ (Art. 1 Nordkor. Verf., 1972) unter der Diktatur KIM IL SUNGS. Rom als Einzeldiktatur unter CAESAR wurde bereits ebenso genannt (o. vor α) wie **England** als zeitweilige unter CROMWELL (o. 1 b). Die **Vatikanstadt** ist, wie keine Monarchie (a.a.O.), so auch keine „absolute Monarchie“ (derart indes HELFRITZ, S. 144, Anm. 1), also keine Autokratie. Vielmehr ist sie als absolute nichtfürstliche Monokratie eine Diktatur: „Der Papst ist Souverän und Inhaber der Staatsgewalt“ (BROCKHAUS, XIX, S. 386 r., Artikel: „Vatikanstadt“), d. h. richtig: Alleinquelle der Staatsgewalt. Dieses Beispiel zeigt außerdem im Vergleich zu den anderen Diktaturen, daß und wie sehr es mit der Diktatur lediglich um die *Form* eines Staates geht, doch nicht um seinen *Inhalt,* zumal nicht als rechtlichen oder unrechtlichen. Dies vor allem angesichts dessen, daß die Diktatur in der Öffentlichkeit gerade mit unrechtlichen Inhalten verbunden zu sein pflegt.

Fraglich ist, ob außer der bisher behandelten **selbstbegründeten Diktatur,** zu der auch die CAESARS als der hinter ihrer Begründung stehenden lenkenden Kraft gehörte, gleichermaßen die **fremdbegründete** noch eine Diktatur ist. Es geht um die sog. **kommissarische (anvertraute) Diktatur** auf Zeit. Ihr Sinn liegt darin, daß eine schwerwiegende Notlage des Staates, ein sog. Staatsnotstand, weil eine Einzelperson mit unumschränkter Vollmacht schneller und wirksamer zu handeln vermag als mehrere oder gar viele Personen, besser oder gar überhaupt überwunden werden kann. „In Rom" war es ein „außerordentlicher Magistrat mit Imperium, der bis etwa 200 v. Chr. bei Staatsnotstand auf Vorschlag des Senats von einem Konsul für höchstens 6 Monate ernannt wurde". „Die urspr. Bezeichnung des Amtes war *magister populi*" (PAULY-WALDSTEIN, II, Sp. 2, Artikel: „Dictator"). Dabei stellte das ausschlaggebende „*Imperium*" „die Amtsgewalt der höchsten röm. Magistrate und Inbegriff absoluter magistrat. Gewalt" dar (PAULY-BLEICKEN, II, Sp. 1381, Artikel: „Imperium"). Und „Urspr. hatte der d. zweifellos ein unumschränktes Imperium"; wie auch von CICERO „das Imperium des d. als *proximum similitudini regiae*" bezeichnet wurde (PAULY-WALDSTEIN, a.a.O.). Mehr, mit der „in der echten Form nur in der Frühzeit" – der Republik – vorkommenden „Dictatur" (MEYER, S. 184) war der „Dictator" „im Vollbesitz der alten uneingeschränkten Königsgewalt" (S. 185). Insoweit, d. h. mit unbeschränkter Gewalt versehen, bildet nun auch die kommissarische Diktatur wirklich eine solche. Daß sie *zweckbestimmt* ist und *zeitlich* beschränkt, steht dem nicht entgegen, da sie *nicht sachlich* – gesetzgeberisch, ausführend, richterlich – beschränkt ist. Gibt es dagegen eine derartige Beschränkung, so läßt dies nur noch *nominal,* aber nicht mehr *real,* eine Diktatur wie einen Diktator bestehen. Auch dafür **Rom** als Beispiel. Denn „seit dem 4. Jh. v. Chr." traten „Kompetenzbeschränkungen des d. auf gewisse Aufgaben" ein, und zwar in Zusammenhang „mit dem Verfall des Amtes" (PAULY-WALDSTEIN, a.a.O.): Die Diktatur war nurmehr eine nominale (zur sog. „altrömischen Diktatur" auch ZIPPELIUS, 9., S. 153, 1, allerdings ohne Herausstellung von realer und nominaler). Daß später – außer „Sulla" – auch „Caesar Titel und Vollmachten des Dictators" benutzte, „um damit" die „unumschränkte Machtstellung ... zu legitimieren, hat mit dem alten Amt" grundsätzlich „nichts mehr gemein als den Namen" (MEYER, a.a.O.). Es war eine neue, andere Diktatur.

Nun ist das zur nominalen Diktatur Gesagte nicht ohne Rückwirkung auf die sog. **Diktatur des deutschen Reichspräsidenten** der Weimarer Republik, verbunden mit Art. 48 II Deutsche RV, 1919: „Der Reichspräsident kann, wenn im Deutschen Reiche die öffentliche Sicherheit und Ordnung erheblich gestört oder gefährdet wird, die zur Wiederherstellung der öffentlichen Sicherheit und Ordnung nötigen Maßnahmen treffen, erforderlichenfalls mit Hilfe der bewaffneten Macht einschreiten" (Satz 1). Von diesen „Maßnahmen" hatte er „unverzüglich dem Reichstag Kenntnis zu geben" und sie auf dessen „Verlangen ... außer Kraft zu setzen" (III). Wird nun insofern von „*Diktaturparagraph*" – gemeint ist ‚*-artikel*' – gesprochen (BROCKHAUS, IV, S. 745 l., Artikel: „Diktaturparagraph") oder von der „Diktatur des Reichspräsidenten" als „einer kommissarischen Diktatur" (SCHMITT, S. 27, auch S. 112) oder noch – unter der Überschrift „*Die kommissarische Diktatur*" – von „der diktatorischen Gewalt des Reichspräsidenten" (ZIPPELIUS, 9., S. 153, 1), so geht all das an der Sache vorbei. Denn wie es in der Tat so war, daß der Reichspräsident nur „zu Maßnahmen ermächtigt" war, „die ... weder Akte der" – formellen – „Gesetzgebung noch der Justiz" waren (SCHMITT, S. 111), so hatte er damit gerade *keine unbeschränkte, keine absolute*

Gewalt. Und das besagt: Soweit er nach Art. 48 II tätig wurde, war er *kein Diktator;* und das Deutsche Reich stellte für die Dauer dieser Tätigkeit *keine Diktatur* dar. Außerdem verhält sich dies nicht bloß real so, sondern – mangels einschlägiger Bezeichnungen – auch nominal: Die außergesetzlichen Ausdrücke ‚Diktatur', ‚Diktator' und ‚diktatorisch' treffen nichts. Daß also der oben aus Art. 48 II zitierte „Satz ... die Regelung einer typischen Diktatur" enthielt (a.a.O.), ist frei erfunden. Und daß der Reichspräsident ebenfalls „legislative Befugnisse" gehabt habe, nämlich auf die „Rechtsetzung ohne Inanspruchnahme des Reichstages" (Brockhaus, a.a.O.), schließt einzig die Präsidialverordnung (die sog. Notverordnung) als materielles Gesetz ein, nicht hingegen das Reichstagsgesetz als formelles. Die sog. **Präsidialherrschaft** ist staatsformbestimmt anders zu erfassen (u. B I 1 a).

Wesentlich anders steht es mit der **Diktatur des französischen Staatspräsidenten,** Art. 16, Franz. Verf., 1958: „Wenn die Einrichtungen der Republik, die Unabhängigkeit der Nation, die Integrität ihres Gebietes oder die Erfüllung ihrer internationalen Verpflichtungen schwer und unmittelbar bedroht sind und wenn die regelmäßige Ausübung der verfassungsmäßigen öffentlichen Gewalt unterbrochen ist, ergreift der Präsident der Republik ... die unter diesen Umständen erforderlichen Maßnahmen" (I). Dies ist nämlich nur zuvor an eine offizielle „Beratung mit dem Premierminister, ... den Präsidenten der Versammlungen" (Nationalversammlung und Senat) „sowie ... dem Verfassungsrat" gebunden (a.a.O.) und dann – vor allem – daran, daß die „Maßnahmen ... von dem Willen bestimmt sein" müssen, „der verfassungsmäßigen öffentlichen Gewalt innerhalb kürzester Zeit die Mittel zur Erfüllung ihrer Aufgaben zu sichern" (II 1); nicht an eine Gegenzeichnung (Art. 19). Zwar tritt das „Parlament ... von Rechts wegen zusammen" (III), doch ist es sonst ausgeschlosssen. Daß der Präsident damit „über ein Notstandsrecht" verfügt, „das er nach seinem Ermessen auf unbeschränkte Zeit und ohne jedwede parlamentarische Kontrolle ausüben kann" (Loewenstein, S. 432), geht zwar mit der genannten zweiten Gebundenheit zu weit. Dennoch ist es zutreffend, insoweit auf eine „konstitutionelle Diktatur" abzustellen (S. 97), d.h. eine durch die Verfassung begründete – wirkliche – kommissarische. Auch geht es zu weit, die einschlägige „Stellung des Präsidenten" als die „eines absoluten Monarchen" zu bezeichnen (a.a.O.). Denn letztere ist keine vorübergehende und – insbesondere – keine auf gleiche Weise zweckbestimmte.

Heißt es noch, daß eine „Diktatur ... nur auf demokratischer Grundlage möglich" sei (Schmitt, S. 237), d.h. als die eines Einzelnen (a.a.O.), so ist das verfehlt. Dies zeigt schon die zeitweilige Diktatur Cromwells, die gerade *nicht* „auf demokratischer Grundlage" entstand, d.h. nicht von einer solchen ausging.

Der sog. „*Neopräsidentialismus*" (Loewenstein, S. 62ff.) gehört, sofern die „neopräsidentiellen Machthaber" – wirklich – „Diktatoren" sind (S. 65), hierher. Mit einer Reihe von erwähnten Machthabern jedoch tut er es nicht, z.B. Pilsudski (Polen) und Salazar (Portugal) (S. 63 bzw. S. 65). Sie zählen als *autoritäre* Herrscher, wie noch zu zeigen, zur *beschränkt* nichtfürstlichen Einherrschaft (u. b β).

b) Die beschränkte Einherrschaft

Gegenüber der absoluten Monokratie ist erstes Kennzeichen der relativen, daß der **Eine** als *Haupt*quelle der Staatsgewalt **über den Hauptteil der obersten Zuständigkeit verfügt;** wieder in Hinsicht auf Gesetzgebung – höchste Normgebung überhaupt –, Vollziehung oder Ausführung sowie Rechtsprechung. Damit besitzt er aber lediglich die Möglichkeit, einen entsprechenden *Teil* der *obersten* Entscheidungen und der *darunter* liegenden bezüglich der drei Bereiche zu treffen bzw. zu lenken. In dieser Beschränkung ist es zwar auch jetzt wieder unumgänglich, daß jene Entscheidungen teils durch andere, dafür durch *Übertragung* (*Delegation*) ihrerseits zuständig gemachte, Organe getroffen werden; und daß in manchem *ohne* oder gar *gegen* die Entscheidungen des Monokraten gehandelt wird. Allein – mit der schon zum unbeschränkten Monokraten gegebenen Begründung (o. a, vor α) ist das ebenfalls mit der Stellung des nunmehr eingeschränkten vereinbar. Auch der hiermit gekennzeichnete Bereich ist *nicht fest*, vielmehr *veränderlich*. So ist es durchaus möglich, daß zwar die eine Monokratie *mehr* und die andere *weniger beschränkt* ist, dennoch *jede* eine *beschränkte* bildet. Innerhalb dieses Gesamtrahmens des monokratischen Bereichs bleiben als Folgen: zum einen die – unmittelbare bzw. mittelbare – *Abhängigkeit* der *bereichsumfaßten Staatsorgane* vom Monokraten; und zum anderen seine insofern *letztlich ungeteilte Zuständigkeit* sowie ihre *wirkliche* bzw. *mögliche Ausübung* durch ihn. Auch mit dieser Zuständigkeit ist seine zugehörige *Macht* verknüpft.

Zweites Kennzeichen der relativen Monokratie ist, daß – jedenfalls – **ein anderes Organ,** als beschränkendes *Neben*quelle der Staatsgewalt, entsprechend **bloß über den Nebenteil der obersten Zuständigkeit verfügt,** und zwar in der gleichen, genannten Hinsicht. Dies mit der Möglichkeit, einen entsprechenden *Teil* der *obersten* Entscheidungen und zugehöriger *darunter* liegender zu treffen bzw. zu lenken. Wie gleichfalls mit seiner Zuständigkeit die zu ihr gehörige *Macht* verbunden ist. Ist *mehr* als nur *ein* beschränkendes Organ vorhanden, so bildet auch dieses eine Nebenquelle.

Mit der Gliederung in **fürstliche und nichtfürstliche Einherrschaften** ist es ebenfalls jetzt klar, daß die beschränkte innerhalb *beider* möglich ist. Hiermit ist jedoch die auch insoweit vollzogene Einschränkung auf die Monarchie – etwa in Gestalt der alsbald zu kennzeichnenden „*Lehnsmonarchie*" (BROCKHAUS, XII, S. 727 l., Artikel: „Monarchie") –, also auf die relative *fürstliche* Monokratie, verfehlt. Diese Einschränkung wird indes oft vertreten, z. B. mit der ausschließlichen Abstellung auf „*Die beschränkten Monarchien*" (HELFRITZ, S. 144 ff.).

α) Die beschränkte fürstliche Einherrschaft (relative Monarchie)

Sie ist – im Gegensatz zur absoluten als **relative Monarchie** bezeichnet – in mehreren Gestalten aufgetreten.

Das geschah beispielsweise in der genannten „*Lehnsmonarchie* mit lehnsrechtlich gestuftem Staats- und Gesellschaftsaufbau und Beschränkung der monarch. Gewalt durch die oberste feudale Schicht (z. B. das Königtum des Früh-MA.)" (BROCKHAUS, XII, S. 727 l., Artikel: „Monarchie"). Näher eingegangen sei aber lediglich auf die sog. **ständische** und sog. **konstitutionelle Monarchie.** Letztere kann zutreffend als „beschränkt-monarchisch" gekennzeichnet werden (§ 2, 1 Dän. Verf., 1953).

Eine **ständische Monarchie** war beispielshalber das **alte Deutsche Reich**: mit zuerst formlosen Anfängen im 12. Jahrhundert, dann sich langsam, aber sicher zu Gunsten des ständischen Bestandteils verändernd, bis in den Dreißigjährigen Krieg hinein, und beendet mit dem Westfälischen Frieden (1648). So war der König oder/und Kaiser durch die sog. *Reichsstände* beschränkt. Es waren das „die Personen u. Korporationen, welche die Reichsstandschaft (Reichstagsfähigkeit) besaßen, d.h. das Recht auf Sitz u. Stimme (beneficium sessionis et voti) im Reichstag" (HABERKERN-WALLACH, S. 527 r., Artikel: „Reichsstände", 1). „*Reichstag* ... (comitia imperii)" war „seit Ende des 15. Jh. Bezeichnung der ... Reichsstände ..., für die bis dahin allg. Ausdrücke", z. B. „(Hof, ... kaiserlicher T.[ag], königlicher T., ... curia", und zwar „c. imperialis, c. regalis ...) üblich gewesen waren." Seit 1489 gab es „die einzelnen Stände" als drei „Reichs[tags]kollegien": „das Kurfürstenkollegium, den Reichsfürstenrat u. das Städtekollegium." „Die Kompetenz des R." – zugleich Ausdruck der Beschränkung des Monarchen – „wurde im MA. nicht fest umgrenzt, doch war gewohnheitsrechtlich seit dem 13. Jh. seine Zustimmung erforderlich bei Kriegen, Verträgen, Errichtungen von Reichsfürstentümern u. wichtigeren Akten der Gesetzgebung, insbes. in Bezug auf Heerwesen u. Steuern; erst der Westfälische Friede stand dem R. diese Rechte ausdrücklich zu", also gesetzlich (a.a.O., S. 527 r., S. 528 l., Artikel: „Reichstag", 1). Zu letzterem sei auf Art. VIII, § 1, § 2, 1 Osnabrücker Friede, 1648, hingewiesen (näher zum Reichstag SCHWERIN-THIEME, S. 289ff.). Bis dahin waren die Reichsstände, obschon in ihrem Gewicht stets größer werdend, dennoch gegenüber ihrem Monarchen als *Haupt*quelle der Staatsgewalt lediglich ihre *Neben*quelle. Wenn übrigens zur ständischen Monarchie „das dt. Reich bis 1806" gerechnet wird (BROCKHAUS, XII, S. 727 l., Artikel: „Monarchie"), mithin über den Westfälischen Frieden hinaus, dann ist das unzutreffend. Wie nämlich noch zu zeigen, handelte es sich seitdem um einen *fürstlichen Ständestaat* als beschränkte *Pleokratie* (u. II 2 b).

Ständische Monarchien waren aber auch die im Gebiet des alten Deutschen Reichs bestehenden sog. **Territorialstaaten** vom 15. auf das 16. Jahrhundert. Es geht bei ihnen um die sog. „*landständische* ... Verfassung, bei der der Landesherr ... durch die Landstände mehr o. weniger beschränkt ist" (HABERKERN-WALLACH, S. 636 l., Artikel: „Verfassung, landständische"). Sie versammelten sich als „Landtag", besaßen „allein das Recht hierzu", die „Landstandschaft", und vertraten „dem Landesherrn ... gegenüber das Land" (a.a.O., S. 379 r., Artikel: „Landstände"). Die Bezeichnung „*Landtag*" kam „seit der zweiten Hälfte des 15. Jh." auf; vorher waren allgemeine Ausdrücke z. B. „[gemeiner] Tag, Landding". „Ursprgl. ungegliedert, bestand der L. später aus Kurien, u. zwar meist aus drei: Prälatenbank, Ritterbank, Städtebank; daneben findet sich manchmal eine Herrenbank" – des Adels –, „sehr selten eine Vertretung der Bauern"; und es konnten „auch von den drei ersten eine, sogar zwei fehlen." „Die Kompetenzen des L. wurden nie ... fest umgrenzt; tatsächlich lag seine Haupttätigkeit auf finanziellem Gebiet, wobei er zeitweise die gesamte Steuerverwaltung" innehatte „o. neben dem Landesherrn eine eigene mit eigener Kasse". Doch „fungierte" er „u. U. auch als Gericht" (a.a.O., S. 380 l., r., Artikel: „Landtag"). Überhaupt wird als „*örtliche obrigkeitliche Gewalt*" der Stände auf ihre „*Gerichtsbarkeit und Verwaltung in der untersten Instanz*" hingewiesen (HELFRITZ, S. 145). Als Beispiele von Territorialstaaten seien **Sachsen** und **Bayern** angeführt. Mit der „im einzelnen allerdings verschieden" starken „Abhängigkeit des Herrschers von einem durch ihn nicht auflösbaren ständischen Landtag"

(SCHWERIN-THIEME, S. 303) waren aber die Landstände, wenngleich entsprechend verschieden stark, dennoch gegenüber dem Monarchen als *Haupt*quelle der Staatsgewalt ebenfalls nur ihre *Neben*quelle.

Nun ist es üblich, als Kennzeichen des spätmittelalterlichen und frühneuzeitlichen Territorialstaates seinen sog. **Dualismus** zu bezeichnen. So wird vom „Dualismus fürstlicher und ständischer Gewalt" gesprochen (SCHWERIN-THIEME, a.a.O.); oder – allgemein – vom ständischen Staate „mit seinem Dualismus" (JELLINEK, G., S. 698); oder noch davon, daß der „T.[erritorialstaat]... als dualistischer Ständestaat bezeichnet" wird (HABERKERN-WALLACH, S. 614 r., Artikel: „Territorialstaat"). Zwar ist der Kennzeichnung der ständischen Monarchie – gar unter Ausdehnung auf das Reich als eines dualistischen Staates – mit Rücksicht auf die zwei Quellen der Staatsgewalt zuzustimmen; aber zu weit geht Folgendes: Daß jener „Staat ... bis zum 16. Jh. u. teilweise bis in die Neuzeit keine eigentliche Staatspersönlichkeit darstellte, sondern dualistisch war, indem dem Staate des Landesherrn ... ein Ständestaat der Landstände gegenüberstand"; derart gar, daß diese „Staaten ... teils mit getrennter Verwaltung u. getrennten Landgebieten nebeneinander" standen, „teils" sich „durchdrangen" (a.a.O.; JELLINEK, S. 320: „Wie ein Doppelstaat"). Zuerst nämlich hat *kein Staat* eine „Staatspersönlichkeit". Der Staat als Person ist eben, wie dargetan, bloße Fiktion (o. 1. Abschn., A I, II). Sodann ist es *ontologisch unmöglich*, daß in *einem* Staat, der nicht, wie z. B. der Bundesstaat, aus mehreren bis vielen Gliedstaaten besteht, *zwei* Staaten oder mehr bestehen. Weshalb denn auch JELLINEK an anderer Stelle als „Form der beschränkten Monarchie" ohne weiteres *die „ständische Monarchie"* nennt (S. 696) sowie die „Stände" – nur – als „Staat im Staate" bezeichnet (S. 697). Und endlich *hindert* das – außer dem Miteinander von Monarch und Ständen – gekennzeichnete Neben- und Gegeneinander *nicht*, daß es sich um *zwei*, in einer sie *umfassenden Einheit* stehende, zu *einem* Staat gehörende Organe als *Verfassungsorgane* handelte. Es waren der „Landherr, Territorialherr", der „dominus patriae, d. terrae" (HABERKERN-WALLACH, S. 371 r., Artikel: „Landeshoheit") sowie der „Landtag" *desselben* Landes oder Territoriums und *nicht verschiedener* Länder oder Territorien. Daß „in den politischen Überzeugungen" damals „rex und regnum als zwei scharf voneinander geschiedene Rechtssubjekte" hervortraten (JELLINEK, S. 320), mag – subjektiv – so gewesen sein; obschon auch das sog. Subjekt, was das regnum angeht, eine bloße Fiktion ist. Doch ist das gegenüber dem, was sie – objektiv – *waren*, bedeutungslos. Dies trifft ebenfalls darauf zu, daß man „in Deutschland sowohl die Gegenüberstellung als auch die Zusammenfassung von Kaiser und Reich ... als Einheit nicht zu denken vermochte" (S. 321). Zwar ist es ferner so, „daß es *an einer einheitlichen Staatsgewalt fehlt*"; daß die „Stände ... *kraft eigenen Rechts* an der Ausübung hoheitlicher Gewalt beteiligt" sind; und daß die – lediglich – *„persönlichen Rechte"* des Monarchen „nicht als Ausfluss eines einheitlichen Begriffes der Staatsgewalt erscheinen" (HELFRITZ, S. 144 f.). „Man spricht" aber keineswegs *deshalb* „von einem Dualismus des ständischen Staates" (so aber S. 145), sondern deswegen, weil es *zwei Quellen* der Staatsgewalt gab, aus denen entsprechend eine *geteilte* Staatsgewalt floß: zusammengefaßt, weil **Fürsten- und Ständesouveränität** bestanden, die erste als *Haupt-* und die zweite als *Neben*souveränität. Daß aber die Staatsgewalt *teilbar* ist (näher u. B I 1, vor a), vertritt auch HELFRITZ: „Aufteilung der Staatsgewalt zwischen dem Monarchen und den Ständen" (S. 145). Dazu endlich, „daß die Stände nicht" „Staatsorgane" waren, „sondern *Interessenverbände* mit *eigener juristischer Persönlichkeit*" (a.a.O.), ist noch zu sagen: Im Landtag vereinigt, *waren* sie – ob Interessenverbände oder nicht – *Staatsorgane;* doch Persönlichkeiten waren sie bloß fiktiv. Insgesamt: Nicht nur der mehr oder weniger *straff* organisierte und entsprechend *gut* funktionierende Staat ist Staat, sondern genauso der mehr oder weniger *locker* organisierte und entsprechend *schlecht* funktionierende.

Heißt es in Bezug auf den eigentlichen „Gegenstand moderner Verfassungen", die „Existenzart und -form der politischen *Einheit*", des Staates: „Beim Stände‚staat' dürfte man weder von einem monistischen noch einem dualistischen oder pluralistischen Staate sprechen, höchstens von einem Gemenge wohlerworbener Rechte und Privilegien" als „Auflösungsprozeß einer früher bestehenden politischen Einheit" (SCHMITT, S. 45), so gilt dazu: Erstens ist damit an der ständischen Monarchie, die sich durchaus als das geschilderte dualistische Staatswesen darstellt, vorbeigegangen. Zweitens ist es verfehlt, den sog. modernen Staat als Maß an das hier behandelte Gebilde anzulegen. Denn wie zum modernen Staat gerechnet wird, daß er „souverän" ist, „seine Staatsgewalt unteilbar" und daß ihm „Geschlossenheit und Undurchdringlichkeit (Impermeabilität)" zukommen (S. 49), so besaß all das die territorialstaatliche ständische Monarchie zwar in der Tat nicht. Aber das *brauchte* sie auch *nicht,* um *Staat* zu *sein,* da sie sonst *alles* hatte, was den *Staat ausmacht* (hierzu o. 1. Abschn., A I). Außerdem braucht das, was SCHMITT zum modernen Staat zählt, nicht einmal *jeder* moderne zu haben. So sind z. B. die Gliedstaaten eines Bundesstaates, etwa der Bundesrepubliken Deutschland und Österreich, gewiß moderne Staaten; und doch ist *keiner* von ihnen souverän (u. B II 1), teilen *alle* die Staatsgewalt mit dem Gesamtstaat (a.a.O.) und besitzen *alle* im Hinblick auf diesen weder Geschlossenheit noch Undurchdringlichkeit. Drittens zeigt der Ausdruck „Stände‚staat'", daß unzutreffend nicht zwischen der hier behandelten *ständischen Monarchie* und dem oben schon genannten *fürstlichen Ständestaat* unterschieden ist.

Es bleibt noch eine Besonderheit. Während die meisten Territorialstaaten im Reich durch ihre Landesherren zu absoluten Monarchien gemacht wurden, teils in kriegerischen Auseinandersetzungen mit den Ständen, blieben einige eine ständische Monarchie, darunter vor allem Mecklenburg. Dort „sind die im 18. Jahrhundert" – vom Herzog – „unternommenen Versuche, die Gewalt der Stände zu brechen, ... gescheitert" (SCHWERIN-THIEME, S. 313, § 81). Ja, durch den späteren Deutschen Bund (seit 1815) und das Zweite Reich (seit 1871) hindurch haben „die beiden Mecklenburg" – Schwerin und Strelitz – „bis 1918 die altständische Verfassung beibehalten" (S. 336, Anm. 2).

Die bisher behandelte ständische Verfassung wird nun auch als **altständische** bezeichnet; dies zumal im Unterschied zu den **neuständischen Verfassungen,** die einen Teil der *konstitutionellen* Monarchien ausmachten (u.). Also nicht bloß, soweit sie sich teilweise „bis in die neueste Zeit" erhielt (so aber HABERKERN-WALLACH, S. 636 l., Artikel: „Verfassung, altständische").

Es ist übrigens in den hier behandelten Bereich die *Wahlmonarchie* (o. 1 a) noch insofern einzubeziehen, als sie zugleich eine *ständische* war *und* die Wahl zum Monarchen unter gewissen, den Gewählten *beschränkenden,* Bedingungen stand. Dazu ist auf die sog. **Wahlkapitulation** hinzuweisen. „Dies sind vor der Wahl zwischen Kurfürsten und König vereinbarte und von diesem vor der Krönung beschworene, schriftliche Verträge, in denen der König den Reichsständen gegenüber bestimmte Verpflichtungen hinsichtlich der Reichsverwaltung und

Bindungen der königlichen Gewalt einging. Die erste Wahlkapitulation ist die Karls V. von 1519" (SCHWERIN-THIEME, S. 259, § 68). So sollte und wollte er z. B. „die churfursten, ... auch ander fursten, grafen, herren und steende bei iren hochichsten wirden, rechten und gerechtigkaiten, macht und gewalt, jeden nach seinem stand und wesen, beleiben lassen" (Abs. 5, Wahlkap., 1519). Einen Vorläufer hatte dies, allerdings nur die Kurfürsten betreffend, in Cap. II, Zif. 4 II Gold. Bulle, 1356.

Konstitutionelle Monarchien gab es zumal im **Deutschen Bund** (1815–1866). Aber zuvor auch schon in Frankreich. Es sei dazu lediglich auf die französische Revolution mit ihrer ersten Verfassung hingewiesen. Sie war – noch – konstitutionell-monarchisch (Franz. Verf., 1791).

Die konstitutionellen Monarchien des Deutschen Bundes hatten ihren Ausgang in Bestimmungen zweier zusammenhängender Werke. Einmal in denen, daß es die „souverainen Fürsten und freien Städte Deutschlands" waren, die „sich zu einem beständigen Bunde, welcher der deutsche Bund heißen soll", vereinigten (Art. 1 Deutsche BA, 1815); und daß in „allen Bundesstaaten ... eine Landständische Verfassung statt finden" wird (Art. 13). Sowie zum anderen in den Bestimmungen, daß es „den souverainen Fürsten der Bundes-Staaten ... überlassen" bleibt, „diese innere Landes-Angelegenheit" – die jeweilige Verfassung – „mit Berücksichtigung sowohl der früherhin gesetzlich bestandnen ständischen Rechte, als der gegenwärtig obwaltenden Verhältnisse zu ordnen" (Art. 55 Wiener SchlA, 1820); und daß, weil „der deutsche Bund, mit Ausnahme der freien Städte, aus souverainen Fürsten besteht, ... dem hierdurch gegebenen Grundbegriffe zufolge die gesammte Staats-Gewalt in dem Oberhaupte des Staats vereinigt bleiben" muß „und der Souverain ... durch eine landständische Verfassung nur in der Ausübung bestimmter Rechte an die Mitwirkung der Stände gebunden werden" kann (Art. 57). Diese Bestimmungen beider Gesetzeswerke standen nun in dem, worauf es hier ankommt, im Verhältnis von Grund und Folge zueinander, so daß letztere nur das *entfalteten,* was erstere bereits *enthielten.* Deshalb wurden auch schon landständische Verfassungen geschaffen, *bevor* es die letzteren gab. Diese Verfassungen sollten nun bestimmungsgemäß zugleich so sein, daß der jeweilige Staat einerseits eine absolute, unbeschränkte, Monarchie darstellte und andererseits eine relative, beschränkte: die erste mit der Vereinigung der gesamten Staatsgewalt im Fürsten und die zweite mit seiner Bindung an die Stände in der Ausübung gewisser Rechte. Wie sich beides aber ausschloß, so konnte das Ergebnis, mit der tatsächlich erfolgten teilweisen Bindung der Fürsten an die Stände, jeweils bloß eine *relative, beschränkte,* Monarchie sein. Die so gestaltete fürstliche Monokratie ist nun sinnvoll deswegen als *konstitutionelle Monarchie* zu bezeichnen, weil die *Beschränkung normativ in der Verfassung,* der *Konstitution,* festgelegt war; diese hierbei als *formelle* in der Hauptgestalt der *Verfassungsurkunde* verstanden (dazu o. 2. Abschn., B I 2). Entsprechend ist teils ausdrücklich von „Verfassungsurkunde" die Rede (z. B. I § 1 Bayer. Verf., 1818, und Vorspruch Hess. Verf., 1831).

Hierzu sei als Beispiel aus dem sog. **süddeutschen Konstitutionalismus** auf die Verfassung des Königreichs **Bayern** eingegangen und – im Vergleich dazu – aus dem sog. **mitteldeutschen Konstitutionalismus** auf die Verfassung des Königreichs **Sachsen;** erstere in Ablösung einer absoluten Monarchie, letztere in der einer altständischen.

„Der König ist das Oberhaupt des Staats, vereiniget in sich alle Rechte der Staatsgewalt, und übt sie unter der von Ihm gegebenen in der ... Verfassungs-Urkunde festgesetzten Bestimmungen aus" (II, § 1 I Bayer. Verf., 1818; entsprechend § 4, 1 Sächs. Verf., 1831). Neben dem Monarchen bestand „eine allgemeine in zwey Kammern abgetheilte Stände-Versammlung" (I, § 2 Bayer. Verf.; entsprechend § 61 I Sächs. Verf.); in Bayern „die der Reichs-Räthe" bzw. „der Abgeordneten" (VI, § 1). Dazu war vorweg grundsätzlich in Bayern auf die „Standschaft" abgestellt (Vorspruch) und in Sachsen auf die „landständische Verfassung" (§ 3). Zwar kommt es hier nicht näher auf die Zusammensetzung der einzelnen Kammern an. Doch ist allgemein zu sagen, daß die jeweils erste Kammer aus den sozusagen höheren, dem Monarchen näher stehenden, Ständen gebildet war, z. B. „den volljährigen Prinzen des" Herrscherhauses (VI, § 2, Zif. 1 Bayer. Verf.; entsprechend § 63, Zif. 1 Sächs. Verf.) oder etwa noch aus „den Häuptern der ehemals Reichsständischen" (VI, § 2, Zif. 4 Bayer. Verf.; entsprechend § 63, Ziff. 6, 7 Sächs. Verf.); und daß die jeweilig zweite Kammer aus den sozusagen niedereren, dem Monarchen ferner stehenden, Ständen gebildet war, beispielshalber „aus Abgeordneten der Städte" (VI, § 7 d Bayer. Verf.; entsprechend § 68, Zif. 2 Sächs. Verf.). Während zur ersten etwa noch bestimmte Grundbesitzer gehörten, traten zur zweiten z. B. noch Rittergutsbesitzer hinzu. Näher geht es dagegen um die durch die Stände bestehende Beschränkung des Monarchen. Hierzu seien aus einer Vielheit möglicher Beispiele nur folgende herausgestellt: „Ohne ... die Zustimmung der Stände ... kann kein allgemeines neues Gesetz, welches die Freyheit der Personen oder das Eigenthum der Staatsangehörigen betrifft, erlassen, noch ein schon bestehendes abgeändert, authentisch erläutert oder aufgehoben werden" (VII, § 2 Bayer. Verf.; weitergehend zwar § 86 Sächs. Verf.: „Kein Gesetz kann ...", doch stellt VII, § 30 Bayer. Verf. auf die „Zustimmung ... der Stände" überhaupt ab). Desgleichen konnte keine Verfassungsänderung „ohne Zustimmung der Stände ... geschehen" (X, § 7 I Bayer. Verf.; entsprechend § 88 I Sächs. Verf.). Insbesondere bedurfte aber der Monarch der „Zustimmung der Stände zur Erhebung aller directen Steuern, so wie zur Erhebung neuer indirecter Auflagen, oder zu der Erhöhung oder Veränderung der bestehenden" (VII, § 3 Bayer. Verf.; entsprechend § 96 Sächs. Verf.). Gleicherweise war zu „jeder neuen Staatsschuld" „die Zustimmung der Stände ... erforderlich" (VII, § 11 II Bayer. Verf.; entsprechend § 105 I Sächs. Verf.). – Es kam indes noch eine grundlegende, allerdings außerhalb der Beschränkung durch die Stände liegende, weitere Beschränkung des Monarchen hinzu: durch die Unabhängigkeit der Richter im Rahmen ihrer Zuständigkeit. „Die Gerichte sind innerhalb der Grenzen ihrer amtlichen Befugniß unabhängig" (VIII, § 3 Bayer. Verf.; entsprechend §§ 46, 47 I Sächs. Verf.).

Hiernach waren die Landstände zwar *auch* Quelle der Staatsgewalt, doch sie waren es nach dem Monarchen als *Haupt*quelle und somit selbst nur als *Neben*quelle. Daß der Monarch aber tatsächlich die Hauptquelle war, zeigt weniger sein oben wiedergegebener Anspruch, sondern mehr das Folgende: Zunächst waren die angeführten Verfassungen jedenfalls entscheidend das Werk des jeweiligen Monarchen (Vorspruch Bayer. und Sächs. Verf.) sowie demgemäß von ihm in Kraft gesetzt (X, § 7 IV Bayer. Verf.; entsprechend § 154 II Sächs. Verf.). Dies gleich, ob ohne Zustimmung der Stände (Bayern) oder mit ihrer Zustimmung (Sachsen) gegeben; d. h. gleich, ob es sich um eine **oktroyierte** oder **paktierte Verfassung** handelte (letztere nach Nawiasky, Staatsgesellschaftslehre, II, S. 46, 4). Sodann trat hinzu: Zum einen, daß der Monarch, wie es damals hieß,

„allein ... die Gesetze" „sanctionirt" und „erläßt" (VII, § 30 Bayer. Verf.) bzw. „erläßt und promulgirt" (§ 81 Sächs. Verf.). Wobei unter „*Sanktion*" hier der sog. „Gesetzesbefehl" zu verstehen ist, „die Zustimmung des Trägers", d.h. der Quelle, „der Staatsgewalt zu einer ... beratenen o. beschlossenen Gesetzesvorlage, wodurch dieses Gesetz wird" (Haberkern-Wallach, S. 547 r., Artikel: „Sanktion"); und wobei „*Promulgation*" gleich Ausfertigung ist, also der „Erklärung eines Gesetzes als verfassungsmäßig zustandegekommen" (S. 498 l., Artikel: „Promulgation"). Mit alledem befand sich also die letzte Entscheidung darüber, ob etwas Gesetz wurde, beim Monarchen. Zum anderen lagen die Einberufung der Stände und ihre Vertagung wie Auflösung gleichfalls bei ihm (VII, § 22 I, II, § 23 I Bayer. Verf.; entsprechend § 116 I Sächs. Verf.); derart sogar, daß die Stände kein Selbstversammlungsrecht hatten (VII, § 31 Bayer. Verf.; entsprechend § 118 Sächs. Verf.). Außerdem jedoch war der Monarch das Haupt der ausführenden Gewalt und damit zumal der Staatsminister und des Heeres. Dies ergibt sich daraus, daß er – wie oben zitiert – „in sich alle Rechte der Staatsgewalt" vereinigte. Und wie er als dieser „heilig und unverletzlich" war (II, § 1 II Bayer. Verf.; entsprechend § 4, 2 Sächs. Verf.), so waren folgerichtig – nur – die Minister „verantwortlich" (X, § 4 Bayer. Verf.; entsprechend § 43 I Sächs. Verf.). – Das gekennzeichnete **Zweikammersystem** der konstitutionellen Monarchie ist übrigens ein anderes als das noch jeweils zu kennzeichnende der mittelbaren Polykratie, besonders als Demokratie (u. III 3 b), sowie des Mehrbis Vielheitsstaates in Gestalt des Bundesstaates (u. B II 1).

Insgesamt läßt sich auch jetzt von einem **Dualismus** sprechen, und zwar wieder deswegen, weil es *zwei Quellen* der Staatsgewalt gab, aus denen daher eine *geteilte* Staatsgewalt floß: erneut in Zusammenfassung, weil **Fürsten- und Ständesouveränität** in *einem* Staate bestanden, erstere als *Haupt-* und letztere als *Neben*souveränität. Daß dies *nicht* so *ausgeprägt* war wie in der altständischen Monarchie, da in der neuständischen die Stellung des Monarchen eine erheblich stärkere war; und daß in letzterer im Gegensatz zur ersteren das Verhältnis zwischen Monarch und Ständen, in einer *Verfassungsurkunde* geregelt, gleichsam *kanalisiert* war, – ändert am Gesagten nichts.

Nun traten **während der Zeit des Deutschen Bundes sowie nach ihr Änderungen** ein, die – bei weiterem Vorrang des Monarchen – zu einer anderen Gestaltung der ihn *Beschränkenden* führten. Als Beispiel hierfür diene aufs neue zuerst **Bayern.** „An die Stelle" einer Reihe, die zweite Kammer regelnden Verfassungsbestimmungen „trat das Gesetz vom 4. Juni 1848", also im Gefolge der damaligen revolutionären Ereignisse im Bereich des Bundes. Ein Gesetz, das, „die Wahl der Landtagsabgeordneten betreffend, ... das ursprüngliche Besitz-Wahlrecht durch ein demokratisches, auf die Prinzipien der Allgemeinheit und der Gleichheit gegründetes Wahlrecht ersetzte" (Huber, I, S. 150, Anm. 27). Damit war aber die zweite Kammer von einer *Stände*vertretung zu einer *Vielheits*vertretung geworden. D.h. allerdings, da die Frauen vom Wahlrecht ausgeschlossen blieben, noch *keiner Volks*vertretung. Insoweit gab es dann indes auch – zwar noch keine *Volks-*, doch – eine *Vielheits*souveränität (zur Unterscheidung näher u. III, vor 1). Und hiermit läßt sich, da es außer dem Monarchen ebenfalls bei der ersten Kammer als Ständevertretung blieb, insofern gar von einem **Trialismus** reden. Die Quelle der Staatsgewalt war eine dreifache: der Monarch, die Stände (erste Kammer) sowie eine Volksvielheit. Dies freilich derart, daß es beim ersten als Hauptquelle verblieb und, statt *einer* Nebenquelle, nun deren *zwei* bestanden. Es lagen **Fürsten-, Stände-** und **Vielheitssouveränität** vor: die erste als

Haupt-, die letzteren als jeweilige *Neben*souveränität. Als weiteres Beispiel diene dann noch das Großherzogtum **Baden.** Zunächst bestand die „zweite Kammer ... aus ... Abgeordneten der Städte und Aemter" nach einer bestimmten „Vertheilungsliste" (§ 33 Bad. Verf., 1818). „Durch Gesetz vom 24. August 1904 erhielt" er dann „folgende Fassung: ‚Die zweite Kammer besteht aus ... Abgeordneten. Die Abgeordneten werden, jeder in einem besonderen Wahlkreis, in allgemeiner, unmittelbarer und geheimer Abstimmung gewählt.'" (Huber, I, S. 161, Anm. 12). Weil es gleichfalls insoweit bei dem Monarchen und der ersten Kammer als Ständevertretung blieb, gilt nichts anderes als zur Bayerischen Verfassung. Mit den jeweiligen Änderungen hatten Bayern und Baden als konstitutionelle Monarchien aufgehört, *nur ständische* zu sein und waren zu *teils ständischen, teils polykratischen* geworden. Daß es in Bayern statt „Ständeversammlung ... ‚Landtag' seit dem Gesetz vom 4. Juni 1848" hieß (S. 142, Anm. 5), berührt dies ebenso wenig wie, daß es in Baden bei der Bezeichnung „Ständeversammlung" im „Gesetz vom 24. August 1904" verblieb (S. 162, Anm. 21).

Einen besonderen Fall der konstitutionellen Monarchie stellte – in später Ablösung der absoluten – das Königreich **Preußen** dar, und zwar – nach der zwischenzeitlich sog. **oktroyierten Verfassung** von 1848 – mit der sog. **revidierten** von 1850, einer nunmehr paktierten.

Zunächst kurz zu ihrem kennzeichnenden Inhalt: Die Verfassung war – trotz „Uebereinstimmung mit beiden Kammern" (Vorspruch Preuß. Verf., 1850) – entscheidend das Werk des Königs, von den allein verantwortlichen Ministern (Art. 44) gegengezeichnet (im Anschluß an Art. 119). Ihm „allein" stand „die vollziehende Gewalt zu" (Art. 45, 1), und er führte „den Oberbefehl über das Heer" (Art. 46). Er berief „die Kammern und" schloß „ihre Sitzungen"; ja, er konnte sie zu Beginn „entweder beide zugleich oder auch nur eine auflösen" (Art. 51, 1). Seit 1853 galt das aber nicht mehr der ersten (Huber, I, S. 406, Anm. 40 b), weil diese seitdem nur „‚aus Mitgliedern'" zusammengesetzt war, „‚welche der König mit erblicher Berechtigung oder auf Lebenszeit'" berief (S. 408, Anm. 44). „Die gesetzgebende Gewalt" wurde „gemeinschaftlich durch den König und durch zwei Kammern ausgeübt", derart, daß die „Uebereinstimmung des Königs und beider Kammern ... zu jedem Gesetze erforderlich" war (Art. 62 I, II). Ihre „Verkündigung" erfolgte auf Befehl des Königs (Art. 45, 2). Die „erste Kammer" bestand bis 1853 wieder z. B. "a) aus den großjährigen Königlichen Prinzen;" und "b) aus den Häuptern der ehemals unmittelbaren reichsständischen Häuser" (Art. 65), die „zweite Kammer" zu Beginn „aus 350 Mitgliedern" (Art. 69, 1), den „Abgeordneten" (Art. 74): seit 1855 *Herren-* und *Abgeordnetenhaus* (Huber, I, S. 407, Anm. 43). Bis 1906 wurden es 443 Abgeordnete (S. 408, Anm. 46). „Die Mitglieder beider Kammern" waren „Vertreter des ganzen Volkes", die „nach ihrer freien Ueberzeugung" abstimmen sollten sowie „an Aufträge und Instruktionen nicht gebunden" waren (Art. 83). Außerdem: „Die richterliche Gewalt" wurde „durch unabhängige, keiner anderen Autorität als der des Gesetzes unterworfene Gerichte ausgeübt" (Art. 86 II).

Fraglich ist hierzu nun, wie man die Stellung der zweiten Kammer in ihren Abgeordneten zu begreifen hat: als Stände oder als Volksvertretung, d. h. richtig, weil die Frauen wieder vom Wahlrecht ausgeschlossen blieben, als Vielheitsvertretung. Eine solche freilich, die nach Art. 83 – genauso wie die erste Kammer – mit Wirkung für das gesamte Volk handelte. Die Antwort ergibt sich aus dem bis 1918 geltenden sog. **Dreiklassenwahlrecht** (Artt. 71 ff.). Es war zum einen mittelbar. D.h., die sog. Urwähler wählten vorweg Wahlmänner, und erst diese wählten danach die Abgeordneten. Und es war zum anderen ungleich. D.h., die „Urwähler“ waren „nach Maßgabe der von ihnen zu entrichtenden direkten Staatssteuern in drei Abtheilungen eingetheilt, und zwar in der Art, daß auf jede Abtheilung ein Dritttheil der Gesammtsumme der Steuerbeträge aller Urwähler“ fiel; und daß jede „Abtheilung … besonders“ ihr „Dritttheil der zu wählenden Wahlmänner“ wählte. Alles mit dem Erfolg, daß die kleine Anzahl der Höchstbesteuerten gleich viel Wahlmänner als die Ihren durchbrachte wie die größere Anzahl der Mittelbesteuerten und die größte Anzahl der Niedrigstbesteuerten jeweils als die Ihren. Dies zeigt nun erstens, daß die zweite Kammer, *timokratisch* zusammengesetzt (dazu o. vor I, Keine Staatsformen), zwar *auch* eine *Vielheits*vertretung war, aber, wie folgt, *ebenfalls* eine *Stände*vertretung. Die drei sog. Abteilungen der Höchst-, Mittel- und Niedrigstbesteuerten waren – durch ihre unterschiedlichen Steuerleistungen ausgewiesene – *Besitzstände*. Und wie dies, nicht jedoch die sie mittelbar wählende Vielheit, politisch ausschlaggebend war, so bildete die zweite Kammer, das Abgeordnetenhaus, *vorrangig* eine *Stände*vertretung. Da die erste Kammer, das Herrenhaus, ohnehin eine solche war, stellte also das damalige Preußen **wesentlich noch eine ständische Monarchie** als konstitutionelle dar und nur **unwesentlich auch eine polykratische.**

Anders stand es insofern um das **Zweite Reich** als konstitutionelle Monarchie.

Damit, daß der Monarch als „Deutscher Kaiser, König von Preußen etc.“ die Deutsche RV, 1871, „im Namen des Deutschen Reichs, nach erfolgter Zustimmung des Bundesrathes und des Reichstages“ ‚verordnete‘ (Vorspruch VorschaltG Deutsche RV, 1871), waren bereits vorweg die drei entscheidenden Verfassungsorgane genannt: Kaiser, Bundesrat, Reichstag. Ersterem stand das „Präsidium des Bundes“ als „dem Könige von Preußen zu, welcher den Namen Deutscher Kaiser“ führte (Art. 11 I 1). Der zweite bestand „aus den Vertretern der Mitglieder des Bundes“ als dessen Ländervertretung (Art. 6 I). Und der dritte war, „aus allgemeinen und direkten Wahlen mit geheimer Abstimmung“ hervorgehend (Art. 20 I), die sog. Volksvertretung des Bundes. Nur „sog.“, weil er, obschon in seinen Mitgliedern als Vertreter „des gesammten Volkes“ (Art. 29) mit Wirkung für dieses handelnd, dennoch bloß eine Vielheitsvertretung war; denn die Frauen waren weiter vom Wahlrecht ausgeschlossen. Innerhalb dieser drei Organe lag nun, zwar mit Beschränkung durch Bundesrat und Reichstag, der Vorrang dennoch beim Kaiser. Hiergegen spricht zwar zuerst, daß die „Reichsgesetzgebung … durch den Bundesrath und den Reichstag“ „ausgeübt“ wurde, wobei die „Übereinstimmung der Mehrheitsbeschlüsse beider … erforderlich und ausreichend“ war (Art. 5 I); also nicht auch durch den Kaiser. Gleiches gilt, was die „Veränderungen der Verfassung“ betraf; erfolgten sie doch „im Wege der Gesetzgebung“ (Art. 78 I 1). Und sodann hatte – infolge der Entstehung des Bundes vor allem durch die beteiligten Fürsten – der Bundesrat eine starke Stellung: So beschloß er z.B. „über die dem Reichstage zu machenden Vorlagen und die von demselben gefaßten Beschlüsse“ und in der Regel „über die zur Ausführung der Reichsgesetze erforderlichen allgemeinen Verwaltungsvorschriften und Einrichtungen“ (Art. 7, Ziff. 1, 2); so war zur „Erklärung des Krieges im Namen des Reichs“, einen feindlichen Angriff ausgenommen, seine „Zustimmung … erforderlich“ (Art. 11 II); so erfolgte die „Auflösung des Reichstages“ durch „Beschluß des Bundesrathes“, wenngleich „unter Zustimmung des Kaisers“ (Art. 24); und so war eine Verfassungsänderung ausgeschlossen, „wenn sie im Bundesrathe 14 Stimmen gegen sich“ hatte (Art. 78 I

2) (sog. Sperrminorität), also weniger als ein Viertel seiner Stimmen. Trotzdem war die Stellung des Monarchen eine erheblich stärkere. Das zeigt in der Reihenfolge der Verfassungsurkunde insbesondere das Folgende: Preußen – und mit ihm der Kaiser – besaß im Bundesrat die stärkste Stellung: mit 17 Stimmen 3 mehr als Bayern, Sachsen und Württemberg, die drei übrigen Königreiche, zusammen (Art. 6 I). Was folglich diese nur gemeinsam konnten: eine Verfassungsänderung verhindern, das konnte Preußen allein. Außerdem gab bei „Stimmengleichheit" seine Stimme, wenige Dinge ausgenommen, als „Präsidialstimme den Ausschlag" (Art. 7 III 3). Daher läßt sich sagen, daß der Kaiser, zwar nicht unmittelbar und stets entscheidend, doch mittelbar immer und teils entscheidend an der Gesetzgebung beteiligt war. Er hatte auch – nach einem „Gewohnheitsrechtssatz" – die Befugnis zur Gesetzesinitiative, und zwar gegenüber „dem Bundesrate" (Anschütz, S. 158). Ferner stand dem „Kaiser" aber desgleichen „zu, den Bundesrath und den Reichstag zu berufen, zu eröffnen, zu vertagen und zu schließen" (Art. 12); wobei die Berufung des ersteren allerdings erfolgen mußte, „sobald sie von einem Drittel der Stimmenzahl verlangt" wurde (Art. 14). Ja, der „Vorsitz im Bundesrathe und die Leitung der Geschäfte" stand „dem Reichskanzler zu, welcher vom Kaiser zu ernennen" war (Art. 15 I). Und hiermit war seine Stellung im Bundesrat gar die führende. Dies auch noch darüber, daß unter dem Kanzler „die Staatssekretäre der Reichsämter" standen, „die in ihrem Ressort die Stellung leitender Minister einnahmen" (Helfritz, S. 321). Weiter stand dem Kaiser nicht allein „die Ausfertigung und Verkündigung der Reichsgesetze" zu, sondern darüber hinaus „die Überwachung der Ausführung derselben" (Art. 17, 1). Zwar bedurften seine „Anordnungen und Verfügungen ... zu ihrer Gültigkeit der Gegenzeichnung des Reichskanzlers, welcher dadurch die Verantwortlichkeit" übernahm (Satz 2). Doch stellte der Monarch gerade in Bezug hierauf als seinen festen Willen heraus, „daß sowohl in Preußen wie in den gesetzgebenden Körpern des Reichs über" sein und seiner „Nachfolger verfassungsmäßiges Recht zur persönlichen Leitung der Politik" seiner „Regierung keinen Zweifel gelassen ... werde" (KönigsErl., 1882). War es auch weniger wichtig, daß dem „Kaiser ... die obere Leitung der Post- und Telegraphenverwaltung" angehörte (Art. 50 I Deutsche RV) und das „gesammte Konsulatswesen ... unter" seiner „Aufsicht" stand (Art. 56 I), so war doch für die Führungsstellung des Monarchen besonders wichtig noch dies: „Die Kriegsmarine" stand „unter" seinem „Oberbefehl" (Art. 53 I 1), genauso die „gesammte Landmacht ... unter" seinem „Befehle" (Art. 63 I). Wie demgemäß alle „Deutschen Truppen ... verpflichtet" waren, „den Befehlen des Kaisers unbedingte Folge zu leisten" (Art. 64 I 1). Mehr, er konnte, „wenn die öffentliche Sicherheit in dem Bundesgebiete bedroht" war, „einen jeden Theil desselben in Kriegszustand erklären" (Art. 68, 1). Daß es, was gerade das *„Reichskriegswesen"* betraf, Ausnahmen gab, etwa zu Gunsten Bayerns (nach Art. 68: Schlußbestimmung), fiel nicht entscheidend ins Gewicht.

Hiernach läßt sich ebenfalls in Hinblick auf das Zweite Reich von einem – teils freilich anders gearteten – **Trialismus** sprechen. Die Quelle der Staatsgewalt war erneut eine dreifache. Das waren außer dem Monarchen als *Haupt*quelle noch über den Bundesrat die Länder in ihrer obersten Führung als erste und über den Reichstag eine Volksvielheit als zweite *Neben*quelle. Zwar lag mit Bundesrat und Reichstag *auch* ein **Zweikammersystem** vor; aber es war – mit ersterem als Vertretung der Gliedstaaten und mit letzterem als einer des Gesamtstaates – das eines *Bundes*staates und *nicht* mehr das eines *Einheits*staates wie etwa in Bayern und Sachsen. Und – zumal – es ging um **keine ständische Monarchie** mehr, nicht einmal mehr teilweise; anders folglich als im gleichzeitigen Preußen bzw. Bayern. Ja, es ging beiden gegenüber in Bezug auf den Reichstag um eine, wenn auch noch *nicht demokratische,* so doch **allein polykratische Gesamtstaatsvertretung.** Zusammengefaßt, bestand sonach eine **Fürsten-, Länder-** und – zwar nicht *Volks-*, indes – **Vielheitssouveränität:** die erste beim Kaiser, die zweite bei den Ländern, d.h. den Ländermonarchen bzw. den Senaten der Hansestädte, und die dritte bei der Volksvielheit. Entsprechend war die erste eine *Haupt*souveränität, und die zweite wie dritte waren jeweils eine *Neben*souveränität. Hierbei hatte jedoch der Kaiser als König von Preußen überdies noch Anteil an der Ländersouveränität.

Die **konstitutionelle Monarchie** wird **in anderen Ansichten** zum Teil abweichend beurteilt.

Vorweg die Ansicht, daß die „konstitutionelle Monarchie ... keine besondere Staatsform" sei (SCHMITT, S. 289). Selbstverständlich ist sie keine besondere Staatsform *neben* der fürstlichen Monokratie: der Monarchie. Aber sie ist eine solche als *bestimmte* fürstliche Monokratie, nämlich als gewisse *beschränkte* (*relative*). Und als diese läßt sie „die entscheidende Frage", ob „das monarchische Prinzip gewahrt bleibt", *nicht* „offen" (anders a.a.O.): Es ist mit Vorrang gewahrt.

Zwar ist es zutreffend, daß der „*Monarch ... in der Ausübung der Staatsgewalt nur insoweit beschränkt*" ist, „*als dies die Landesverfassung vorschreibt*"; und daß bei Zweifeln „hinsichtlich der Zuständigkeit ... die Vermutung für ihn" spricht „(‚praesumtio pro rege')" (HELFRITZ, S. 148 b). Aber unzutreffend ist Folgendes: „Im Gegensatz zur ständischen sind in der konstitutionellen Monarchie die *Volksvertretungen,* durch deren Befugnisse die monarchische Gewalt beschränkt wird, *Organe des Staates.* Die Abgeordneten sind Vertreter des ganzen Volkes und nicht bestimmter Verbände. Der Dualismus des ständischen Staates fehlt ... Man spricht von einer *einheitlichen Staatsgewalt*", „nicht" aber „von einer einheitlich ausgeübten" (a.a.O.). Einmal waren, wie dargetan, die sog. „*Volksvertretungen*" der *zweiten* Kammern – und zwar erst *später,* teils gar viel später – lediglich *Vielheitsvertretungen*; selbst dann, wenn sie für das *ganze* Volk wirkten. Sie waren eben, weil ohne die Frauen gewählt, noch keine demokratische, sondern bloß eine polykratische Vertretung. *Zuvor* indes waren auch sie, d.h. mit den ersten Kammern, nur *Ständevertretungen.* Mit ihnen aber bestand, wie in der altständischen Monarchie, so ebenfalls in der neuständischen als konstitutioneller, der Dualismus fort; und zwar schon in der Staatsgewalt selber und nicht allein in ihrer Ausübung. Und nicht bloß die Landtage der neuständischen Monarchien, vielmehr auch die der altständischen waren „*Organe des Staates*". Daß etwa jedes „Mitglied der" – neuen – „Ständeversammlung" schwor, in ihr „nur des ganzen Landes allgemeines Wohl und Beste ohne Rücksicht auf besondere Stände oder Klassen nach" seiner „innern Ueberzeugung zu berathen" (VII, § 25 Bayer. Verf., 1818), läßt das Dasein als *Stände*vertretung offenbar unberührt. Gleiches gilt für die eidliche Festlegung der Mitglieder der „Ständeversammlung" auf „das unzertrennliche Wohl des Königs und Vaterlandes" (§ 82 Sächs. Verf., 1831). Von einer „*einheitlichen Staatsgewalt*" ist ferner angesichts des Dualismus *nicht* zu *sprechen.* Die *straffe* Organisation des neuständischen Staates gegenüber der *lockeren* des altständischen kann darüber nicht hinwegtäuschen. Richtig ist es zwar, daß damals „die Volkssouveränität vollkommen abgelehnt" wurde (SCHWERIN-THIEME, S. 338); aber teils nicht, daß jene konstitutionellen Monarchien „noch mit ständischem Einschlag" entstanden waren (a.a.O.): Sie *waren* ständische. Erneut ist es zwar richtig, wenn für die Zeit seit 1848, soweit es in ihr zu Vielheitsvertretungen kam, gesagt wird, daß in „keinem Staat" – des Deutschen Bundes bzw. des Deutschen Reichs – „das Parlament das Übergewicht über den Herrscher und seine Regierung erlangt" hat (S. 341); doch teils wieder nicht, daß „die tatsächliche Stellung des Kaisers", besonders „Wilhelm II.", „wenigstens den Anschein erwecken" konnte, „als sei das Reich ein einheitlicher, monarchisch-konstitutioneller Staat" (S. 327f.): Es *war* ein konstitutioneller. Dies freilich, wie gezeigt, nicht als sog. einheitlicher, schon gar nicht als Einheits-, sondern als Bundesstaat.

Daß in „der konstitutionellen Monarchie ... der *Monarch* zwar *alleiniger Träger der Staats-Gewalt*" sei, „*doch ... sie nicht allein*" *ausübe* (KÜCHENHOFF-KÜCHENHOFF, S. 221 C; ähnlich SCHWERIN-THIEME, S. 337), trifft nicht zu. Dies weniger deshalb, weil es, statt um den *Träger* der Staatsgewalt – das sind *alle* Staatsorgane –, um deren *Quelle* geht; sondern mehr deswegen, weil diese Quelle, wie dargelegt, eine *zwei-* oder *dreifache* ist. Und daß der „Herrscher ... souveränes Oberhaupt des Staates war, nicht sein Organ" (SCHWERIN-THIEME, a.a.O.), trifft gleichfalls nicht zu: Das Oberhauptsein, und zwar nur als Hauptsouverain, schloß das Organsein nicht aus.

Wird zur „Struktur der *konstitutionellen Monarchie*" darauf abgestellt, daß sich „Regierung und Stände, Fürst und Volksvertretung, dualistisch als zwei Parteien ... gegenüberstehen", „deren Beziehungen durch die Verfassung geregelt werden" (SCHMITT, S. 114 b; auch NAWIASKY, Staatsgesellschaftslehre, II, S. 128, 7), so ist damit zwar der „*Dualismus*" (S. 313), soweit nur *er* vorhanden war, erfaßt. Doch soweit statt seiner ein *Trialismus* bestand, überdies im Reich ein anderer als in den Ländern, ist dieser unerfaßt. Überhaupt ist es aber verfehlt, für die „*konstitutionelle Monarchie*" (NAWIASKY, Staatsideenlehre, S. 36) schlechthin auf eine „*Verbindung von Monarchie und Demokratie*" abzuheben (S. 35f.). Diese – übrigens *nur* dualistische – Gestaltung gab es erst, wie noch zu zeigen (u. Ende), um einiges später. Und heißt es zum Gegenüber von monarchischem und demokratischem Prinzip, zu „Fürst und Volksvertretung" in einer Verfassung: daß der „Kompromiß" zwischen ihnen „niemals ein echter Sach- sondern nur" als unechter ein sog. dilatorischer „Formelkompromiß" sei; daß in „Wirklichkeit ... die Verfassung trotz aller Verschleierungen und Ausweichungen entweder auf dem monarchischen oder auf dem demokratischen Prinzip" beruhe; und daß so der „‚Dualismus' dieser Verfassungen ... unhaltbar" sei (SCHMITT, S. 54), – so gilt dazu: Sieht man davon ab, daß es bis zum Ersten Weltkrieg noch um Vielheits- und nicht Volksvertretungen ging, so hat ein *Entweder-Oder*, und zwar in Erstreckung auf alle gekennzeichneten Fälle, trotz vieler Spannungen, *nicht* bestanden, vielmehr stets ein *Sowohl-als-auch;* gleich, ob in dualistischer oder trialistischer Hinsicht. Und genau *darauf* beruhten die einschlägigen Verfassungen und das unter Vorrang des *monarchischen* Prinzips. Wie *haltbar* ferner der Dualismus – doch ebenfalls der Trialismus – war, zeigt, daß der Grund für den Untergang jener Verfassungen vorrangig ein staats*äußerer* war: der verlorene Erste Weltkrieg, der die Revolution erst ermöglichte, und *kein* staats*innerer*. Doch wie *unhaltbar* insgesamt die Einwände SCHMITTS sind, zeigt noch dies: Mit der in Deutschland anschließenden Weimarer Verfassung, der er bescheinigt, „die grundlegenden politischen Entscheidungen über die politische Form und die Prinzipien des bürgerlichen Rechtsstaates klar und eindeutig" getroffen zu haben (S. 35), so daß sich „Beispiele dilatorischer Formelkompromisse" lediglich in *Nicht*grundlegendem fänden (S. 32 ff.), war es bereits nach kümmerlichen 14 Jahren zu Ende, und zwar vorrangig aus staats*inneren* Gründen und *nicht* staats*äußeren*.

Welche Schwierigkeiten überhaupt die Erfassung des *Kaiserreichs* als einer konstitutionellen Monarchie macht, zeigt bereits das obige Beispiel von SCHWERIN-THIEME: „wenigstens" ein erweckter „Anschein" dafür, daß es ein „monarchisch-konstitutioneller Staat" war. Doch dazu noch ein weiteres Beispiel: Der „Kaiser", so heißt es, war „nicht Monarch des Reichs ... im Sinne der konstitutionellen Monarchie, wie sie in deutschen Einzelstaaten bestand ... Er war aber auch nicht Präsident einer Republik" (HARTUNG, S. 282). „Die Grundlage der kaiserlichen Stellung waren die Präsidialrechte der Reichsverfassung. Hinter ihr stand die starke Macht des preußischen Königtums. Und vor ihr stand zwei Jahrzehnte hindurch ... der Reichskanzler ... von Bismarck. Das hat" der „Verfassungsentwicklung des Reichs ... den monarchisch-konstitutionellen Charakter gegeben" (a.a.O.). Allein – dieser bestand von vornherein; zwar in der Tat nicht „wie ... in deutschen Einzelstaaten", aber als solcher des deutschen Gesamtstaates und sohin als besonderer: wie oben geschildert. Vollends an der Sache vorbei geht folgende Meinung: „Auch eine Mehrheit von Monarchen kann sich vereinigen, um eine Republik zu bilden. Daher fällt auch das Deutsche Reich, in dem die zur Einheit verbundene Gesamtheit der verbündeten Regierungen herrscht, unter den Typus der Republik" (JELLINEK, G., S. 712). Indes – die Verfassung weiß davon nichts. JELLINEKS Berufung auf BISMARCK: „daß ‚verbündete Regierungen ... gewissermaßen'" (!) „‚eine *republikanische Spitze* ... bilden'" (S. 712 f., S. 713, Anm. 1), reicht keineswegs. Das war nur eine – übrigens anläßlich „der Beratung der norddeutschen Bundesverfassung" 1867 (Anm. 1) erfolgte – durchsichtige politische Zweckbemerkung. Das gilt sogar für die Worte BISMARCKS von 1871, daß „die Souveränität ... nicht beim Kaiser" ruhe, vielmehr „bei der *Gesamtheit der verbündeten Regierungen*" (nach ANSCHÜTZ, S. 95, Anm. 2; auch HELFRITZ, S. 165, Anm. 3, S. 321).

Was schließlich noch die wiedergegebenen Auffassungen insgesamt betrifft, so fehlt ihnen die *erforderliche Unterscheidung* zwischen den *verschiedenen Gestaltungen* der konstitutionellen Monarchie. Denn davon gibt es, wie dargelegt, nicht etwa bloß *eine*, sondern *mehrere*. Doch sie bleiben unbeachtet.

Ja, es tritt noch folgende weitere Gestalt hinzu. Es ist die, in der dem Monarchen als beschränkendes Organ nicht ein *nur polykratisches* gegenübersteht, vielmehr ein – nunmehr tatsächlich – *demokratisches*. Mit ihr geht es daher wirklich um **Fürsten- und Volkssouveränität**, erstere als *Haupt-*, letztere als *Neben*souveränität. Die Frauen wählen nun mit.

Das ist so im Großherzogtum **Luxemburg** (Art. 52 I, Ziff. 1, 3 Lux. Verf., 1868) (nach dem Ersten Weltkrieg). Zwar steht das Herzogtum – nominal – „unter dem Regime der parlamentarischen Demokratie" (Art. 51 I). Dennoch ist es – real – eine konstitutionelle Monarchie (auch BROCKHAUS, XI, S. 717 l., r., Artikel: „Luxemburg"; anders HELFRITZ, S. 151, Anm. 1, ohne Belege). Dies ergibt sich aus der vorrangigen Stellung des Großherzogs (zumal „§ 1. „*Die Vorrechte des Großherzogs*": Artt. 33 ff.) gegenüber der Abgeordnetenkammer (Artt. 50 ff.). Vor allem: Er „allein übt die vollziehende Gewalt aus" (Art. 33), „sanktioniert und verkündet die Gesetze" (Art. 34, 1), „erläßt die zur Ausführung der Gesetze erforderlichen Verordnungen und Erlasse" (Art. 36), und er „befehligt die Streitmacht" (Art. 37 VI). Daß zu „jedem Gesetz ... die Zustimmung der Abgeordnetenkammer erforderlich" ist (Art. 46), zeigt nur, daß *beide:* Großherzog und Kammer, an der – formellen – Gesetzgebung beteiligt sind. Wie der „Großherzog" auch „die Zustimmung und Verkündung verweigern" kann (BROCKHAUS, a.a.O., r.). Außerdem „kann" er „die Kammer auflösen" (Art. 74 I), und er „ernennt und entläßt die Mitglieder der Regierung" (Art. 77). Heißt es im Vergleich zu all dem: „Die souveräne Gewalt liegt bei der Nation" (Art. 32 I), und der „Großherzog übt sie gemäß dieser Verfassung und der Gesetze des Landes aus" (II), so verhält es sich demgegenüber tatsächlich, wie folgt: Zunächst kann die oberste Gewalt nicht bei der – ganzen – Nation liegen; denn zu ihr gehören z. B. auch alle Kinder. Sodann liegt die oberste Gewalt beim Großherzog als *Haupt*quelle der Staatsgewalt sowie beim Wahlvolk als *Neben*quelle; und ausgeübt wird sie entsprechend von beiden. Zu ihnen treten aber als – weitere – *Träger* der Staatsgewalt und deren Ausüber noch die vom Großherzog bestellten Organe, etwa die Regierung (dazu Artt. 76ff.), sowie die aus dem Wahlvolk gewählte Abgeordnetenkammer (dazu Artt. 50ff.). Würde nach alledem das Großherzogtum Luxemburg eine ‚*demokratisch-parlamentarische Monarchie*' genannt, so träfe das und nur das seine Staatsform. Vorrangig herrscht nämlich der Fürst, nachrangig die demokratische Abgeordnetenkammer in Beschränkung des Fürsten.

Im Ergebnis ebenso zu beurteilen ist die Staatsform des Königreichs der **Niederlande.** Ohne daß es nochmals auf Einzelheiten ankäme, gilt dies im Verhältnis des Königs (der Königin) (Artt. 10ff. Niederl. GG., 1815) zu den Generalstaaten (Artt. 88ff.), dem aus zwei Kammern bestehenden Parlament; ein Verhältnis, das seinen Ausdruck gerade auch in der Gesetzgebung findet (Artt. 119ff.). Es ist daher zutreffend, wenn gleichfalls die Niederlande als „konstitutionelle Monarchie" gekennzeichnet werden (BROCKHAUS, XIII, S. 419 l., Artikel: „Niederlande"). – Nichts anderes gilt noch zum Fürstentum **Liechtenstein.** Es bezeichnet sich selbst als „konstitutionelle Erbmonarchie auf demokratischer und parlamentarischer Grundlage", in der „die Staatsgewalt ... im Fürsten und im Volke verankert" ist und „von beiden nach Massgabe der Bestimmungen" der „Verfassung ausgeübt" wird (Art. 2 Liecht. Verf., 1921). Nimmt man noch hinzu, daß „Jedes Gesetz ... zu seiner Gültigkeit der Sanktion des Landesfürsten" bedarf (Art. 9) und nur er „das Recht" hat, „den Landtag" als Volksvertretung „zu schliessen und aus erheblichen Gründen ... zu vertagen oder ihn aufzulösen" (Art. 48 I 1), so kommt bereits damit ein die konstitutionelle Monarchie kennzeichnender Vorrang des Monarchen zum Ausdruck. Auf weitere Einzelheiten kommt es danach auch hier nicht mehr an. Immerhin ist noch festzustellen, daß der zitierte Art. 2 am deutlichsten das ausdrückt, was für die konstitutionelle Monarchie demokratischer Art, also in ihrer Fürsten- und Volkssouveränität, entscheidend ist. Etwas, das insoweit geradezu – z. B. gegenüber Luxemburg – als vorbildlich zu bezeichnen ist.

Zwar ist als beschränkte fürstliche Monokratie oder als relative Monarchie auch noch die sog. **autoritäre Monarchie** möglich. Doch kommt als autoritärer Monokrat gleichfalls ein *Nicht*fürst in Betracht. Außerdem ist überhaupt der autoritäre Staat weit überwiegend an die beschränkte *nichtfürstliche* Monokratie gebunden. So ist sein Wesen erst zu dieser darzustellen und dabei auch auf die monarchische Art einzugehen (u. β, Ende).

β) Die beschränkte nichtfürstliche Einherrschaft

Sie führt *keinen besonderen Namen*. Daher wäre es falsch, sie als *beschränkte* oder *relative Diktatur,* nämlich Einzeldiktatur, zu bezeichnen. Denn diese kann nur als *unbeschränkte* oder *absolute* bestehen. Genauso falsch wäre es, von ihr als *Republik* zu reden; läßt doch das Übergewicht des Einzelnen immer noch eine Monokratie bestehen.

Die beschränkte nichtfürstliche Einherrschaft ist besonders mit dem sog. **autoritären Staat** in Erscheinung getreten.

Ein Zurückgreifen auf ‚Autorität' – lateinisch auctoritus, u. a. das Ansehen, im Gegenüber zu lateinisch potestas, u. a. Macht – erklärt ihn nicht. Davon nicht zu reden, daß der Begriff – ebenso wie ‚autoritär' – teils ein Schimpfwort geworden ist. Der autoritäre Staat liegt daher mit etwas anderem vor.

Das ist etwa dann so, **wenn sich ein Einzelner auf dem Wege zur unbeschränkten Herrschaft befindet,** sie also noch nicht erreicht hat. Hierzu sei z. B. für **Deutschland** an HITLER gedacht, der im August 1934, mit dem Tod von HINDENBURGS, abschließend seine Einherrschaft errichtete (o. 1 b). Diese war nämlich noch eine beschränkte. Damals wurde das „Amt des Reichspräsidenten ... mit dem des Reichskanzlers vereinigt", so daß „die bisherigen Befugnisse des Reichspräsidenten auf den Führer und Reichskanzler" übergingen (§ 1 StaatsoberhauptG, 1934); obschon es bei der Anrede „Führer und Reichskanzler" blieb (Zif. 1 ReichskanzlerErl., 1934). Und damit wurde HITLER Staatsoberhaupt als Monokrat. Zwar war schon die Gesetzgebung, einschließlich der Verfassungsgesetzgebung, mit auf die Reichsregierung und sohin auf HITLER als ihren Kanzler übergegangen (Artt. 1 ff. ErmächtigungsG 1933, Art. 4 NeuaufbauG, 1934). Aber nun trat zur – ohnehin schon wesentlich bei ihm liegenden – Ausführung ihr, allerdings bedeutsamer, Rest hinzu; darunter zumal, daß HITLER „Oberster Befehlshaber der deutschen Wehrmacht" wurde (LEISTRITZ, S. 145). Dies außerdem vor dem Hintergrund des bereits vorher erfolgten Verbots aller Parteien außer der nationalsozialistischen (§§ 1 f. ParteienG, 1933), der Aufhebung der „Volksvertretungen der Länder" und des Übergangs der „Hoheitsrechte der Länder ... auf das Reich" (Artt. 1 f. NeuaufbauG) sowie der Aufhebung des Reichsrats als Ländervertretung und mitwirkenden Reichsorgans in Gesetzgebung und Verwaltung (§§ 1 f. AufhebungsG, 1934): vor dem Hintergrund folglich der schon stattgefundenen Umwandlung des Reichstags in einen rein nationalsozialistischen und des Reichs als Bundesstaates in einen Einheitsstaat. Übrigens ließ HITLER die Verknüpfung von Reichspräsident- und Reichskanzlerschaft in seiner Person, fest „durchdrungen von der Überzeugung, daß jede Staatsgewalt vom Volke ausgehen und von ihm in freier und geheimer Wahl bestätigt sein muß", „zur freien Volksabstimmung vorlegen" (Zif. 2, S. 2 ReichskanzlerErl.). Diese erfolgte (dazu ReichsregierungsB, 1934), und zwar mit angegebenen „90 Prozent Ja=Stimmen" (LEISTRITZ, S. 145). Selbst wenn sich insofern von einem autoritären Staat als *plebiszitärem* oder gar *cäsaristischem* sprechen ließe, hinderte dies nicht die Feststellung, daß – weil die Bestätigung, gleich, in welcher Höhe, schon zuvor so gut wie feststand – die Abstimmung keine entscheidende war. Denn es ist eben HITLER damals noch nicht – unbeschränkter – Diktator geworden. Wenngleich er nämlich Oberhaupt der Gesetzgebung und Vollziehung wurde, so doch grundsätzlich noch nicht der Rechtsprechung. Dies erfolgte erst später, obwohl die Richter bis dahin teils bereits an neue, nationalsozialistisch bestimmte, Gesetze gebunden waren, und obschon

Hitler bereits im Juni 1934 zum sog. Röhmputsch wie ein oberster Gerichtsherr aufgetreten war und die ‚Täter' kurzerhand erschießen ließ (zum Weiteren u. B I 1 b). Auch beherrschte er noch keineswegs die gerade übernommene Wehrmacht.

Es kann indes auch beispielsweise umgekehrt sein, derart mithin, **daß zuerst eine unbeschränkte Einherrschaft besteht und diese dann in einer beschränkten aufgeht.** Das traf etwa auf die Pilsudskis in **Polen** zu. So führte er 1926 „mit ihm ergebenen Verbänden" – der Streitkräfte – „einen Staatsstreich durch" (Brockhaus, XIV, S. 619 l., Artikel: „Pilsudski"). Seine „Maßnahmen ... waren durchaus diktatorischer Natur" (Helfritz, S. 242). Doch wurde „weder die Verf. aufgehoben noch das Parlament beseitigt" (Brockhaus, S. 619 l., r.); und Pilsudski war teils nur Kriegsminister und Generalinspekteur, teils aber auch Ministerpräsident (S. 619 l., r.). Erst „1935", kurz vor seinem Tode, „wurde ... die autoritäre Staatsführung verfassungsmäßig festgelegt" (Helfritz, a.a.O.). – Etwas anders verlief es in **Portugal.** Im Anschluß an einen militärischen Staatsstreich, die Errichtung einer Diktatur sowie die Auflösung des Parlaments und die Aufhebung der Verfassung im Jahre 1926 wurde die Macht von General Carmona übernommen. Er, von „1928 bis 1951 Staatspräsident", berief nun 1932 „Salazar zum Min. Präs." Und wie Salazar in „den folgenden Jahrzehnten ... die beherrschende polit. Persönlichkeit" wurde, so schuf er mit „der Verfassung von 1933 ... einen ständisch-autoritären Staat" (Brockhaus, XV, S. 25 r., Artikel: „Portugal"). „Seit 1936 war er zugleich Kriegs- (bis 1944) und Außen-Min. (bis 1947)" (a.a.O., XVI, S. 369 r., Artikel: „Salazar"). Dabei geht es mit dem ‚ständischen' Staat nicht um Stände, wie sie bisher vorausgesetzt wurden (o. α), also innerhalb der beschränkten Monarchie, d.h. *politische* Stände, sondern um *Berufsstände* und mit ihnen um den *berufs*ständischen Staat. Er wird auch als **korporativer Staat** bezeichnet, ein „Staat, dessen politische und gesellschaftliche Ordnung auf der Grundlage berufsständischer Körperschaften (*Korporationen*) aufbaut (*Korporativismus*)" (a.a.O., X, S. 522 r., Artikel: „Korporativer Staat").

Einzeldiktatur und autoritärer Staat sind nach allem **nicht dasselbe,** so sehr letzterer auch ersterem nahekommt und ihm insoweit *verwandt* ist. Während im diktatorischen Staat die drei Gewalten bei *einem* Menschen *vereinigt* sind, ist das beim autoritären *nicht* (*ganz*) der Fall. Vielmehr sind sie in ihm, sei es gesetzlich oder anders normativ geregelt, lediglich *teilweise,* wenngleich *überwiegend,* bei einem Menschen vereinigt. Dies folglich so, daß er in einem anderen Staatsorgan oder mehr zwar noch eine *Schranke* findet, jedoch selber das grundsätzlich *bestimmende* oder *führende* Staatsorgan bildet: Er ist die *Haupt*quelle der Staatsgewalt, das andere Organ (oder mehr) die *Neben*quelle(n). Dies kann nun auf recht unterschiedliche Weise so sein: mit Einparteiensystem oder ohne es, aber im zweiten Fall mit der Allein- oder Vorherrschaft einer Partei; dadurch, daß der Eine zugleich Staatsoberhaupt ist oder zwar nicht, doch als ein anderes Staatsorgan das führende bildet, wie z.B. Pilsudski als Kriegsminister; mit einer Volksvertretung oder ohne sie, aber im ersten Fall mit ihrer Beherrschung; usw. Stets muß der Eine jedoch eine – seine grundsätzliche Führung allerdings nicht beeinträchtigende – Schranke haben; und sei es lediglich die geringste in Gestalt der gesetzes-, überhaupt normgebundenen Richter. Daß beim „autoritären Staat ... zugleich die Vorstellung des sittlich Wertvollen vorhanden" sei, „während bei der Diktatur die Vorstellung der Gesetzlosigkeit voranzustehen pflegt" (Helfritz, S. 241), *kann* zwar so sein, *muß* es indes *nicht,* ist also in beiden Fällen nichts Wesenhaftes. Heißt es zu „den autoritären Staaten" noch, daß in ihnen nicht allein „*Regierung und Gesetzgebung, oft auch* die *Verfassunggebung* und manchmal ... auch die oberste Gerichtsbarkeit *in der Hand eines einzigen Einzelorgans* (*Staatsoberhaupt*)" liegen (KÜCHENHOFF-KÜCHENHOFF, S. 226, 3), so ist das zum Teil nicht haltbar: Bei Vereinigung *aller* Staatsgewalten im Einzelorgan besteht eben eine *unbeschränkte* Einherrschaft und damit eine *Einzeldiktatur* (o. a β). Daß es überdies „vom Volke oder von der Volksvertretung berufen" sei (die zwei KÜCHENHOFF, a.a.O.), *kann* bloß wieder so sein, *muß* es indes *nicht*. Letzteres zeigt etwa der Staatsstreich eines danach autoritären Herrschers. Die weitgehend übliche Ineinssetzung von autoritärem und diktatorischem Staat, zumal innerhalb der Medien, ist sonach verfehlt.

Dies trifft zunächst auch auf folgende Auffassung zu: „Der Begriff ‚autoritär' kennzeichnet eine politische Organisation, in welcher der alleinige Machtträger – eine Einzelperson oder ‚Diktator', eine Versammlung, ein Komitee, eine Junta oder eine Partei – die politische Macht monopolisiert" (LOEWENSTEIN, S. 53). Außerdem tritt aber noch hinzu: Im Falle der Versammlung, des Komitees und der Junta liegt, statt einer *Ein*herrschaft, bereits eine unbeschränkte (absolute) *Mehr*herrschaft vor und in dem der Partei, falls sie groß genug ist, gar eine ebensolche *Viel*herrschaft. Unbeschränkt deshalb, weil nur *das* mit dem *alleinigen* Machtträger vereinbar ist. Doch ebenfalls das ist unzutreffend, da der wirkliche autoritäre Staat gerade *keine volle* Gewaltenvereinigung kennt. Zwar schließt LOEWENSTEIN, wie unten noch zu zeigen, diese Möglichkeit mit ein. Doch zeigt dies lediglich, daß er damit diktatorische und autoritäre Herrschaft nicht trennt.

Ein besonderes Beispiel nicht nur für das Fortbestehen eines Staatsoberhauptes neben dem autoritären Herrscher, sondern desgleichen für die Beschränkung des letzteren durch ersteres bildete **Italien:** MUSSOLINIS durch VIKTOR EMANUEL III. als König. Nach dem Marsch auf Rom und der im Auftrage des Königs erfolgten Kabinettsbildung durch MUSSOLINI als Ministerpräsidenten (1922) „errang" dieser „durch den Staatsstreich vom 5.1.1925 diktator. Vollmachten, die er ... zur Änderung des Verfassungssystems im Sinne des korporativ" – berufsständisch-körperschaftlich – „geordneten" Staates „benutzte". „Als *Duce* (Führer) des Faschismus und als *Capo del Governo* (Regierungschef) gewann er" zwar eine große „Machtstellung"; der „Handlungsspielraum seines autoritären Regierungssystems blieb jedoch begrenzt. Der Weiterbestand der Monarchie setzte der Militär- und Rüstungspolitik M.s von vornherein Grenzen" (BROCKHAUS, XIII, S. 121 r., Artikel: „Mussolini"). Daß „viele Legislativbefugnisse auf die Exekutive" – und somit auf MUSSOLINI als ihre Spitze – „übergegangen waren" (a.a.O., IX, S. 314 l., Artikel: „Italienische Geschichte"), beseitigte die Beschränkung durch VIKTOR EMANUEL nicht wesentlich. Wiewohl letzterer kein Monarch mehr war und seine Herrschaft keine Monarchie mehr; denn er hatte eben aufgehört, *regierender* Fürst zu sein. Daß der Regierungschef „nur noch – formell – dem König verantwortlich war" (a.a.O.), zeigt daher bloß dies: Wie Italien früher eine konstitutionelle Monarchie war (a.a.O.) und insofern eine beschränkte *fürstliche* Monokratie, so war sie nun zu einer beschränkten *nicht*fürstlichen Monokratie geworden: Nicht der König war durch den Regierungschef beschränkt, sondern dieser durch jenen; war es auch vor dem Kriege noch so gering. Das änderte sich erst während des Krieges und endete mit dem erfolgreichen Vorgehen VIKTOR EMANUELS von 1943. All dem entspricht, daß zwar einerseits der Faschismus „das Königtum" „nicht antasten" konnte, doch dieses andererseits „durch seine Zusammenarbeit mit dem F. stark geschwächt" wurde (a.a.O., VI, S. 80 l., Artikel: „Faschismus"). Heißt es übrigens noch, daß „der

Duce der Faschistischen Partei als Premierminister ... tatsächlich das Land regierte, während der Kg. nur de jure Staatsoberhaupt war" (HABERKERN-WALLACH, S. 97 l., Artikel: „Capo del Governo"), so ist zu dieser Unterscheidung zu sagen: Staatsoberhaupt ist, wer an der Spitze des Staates steht, gleich, ob er regiert oder – mehr oder weniger – bloß repräsentiert.

Als Beispiel eines zunächst diktatorischen, dann allmählich autoritären Staates sei noch auf **Chile** unter General PINOCHET hingewiesen. Nach dem Staatsstreich vom September 1973 „errichtete die Militärjunta unter Pinochet eine harte Militärdiktatur" (BROCKHAUS, XXII, S. 289 r., Artikel: „Chile"). Dieser „leitete" dann „auf autoritärer Grundlage eine Neuorientierung ein. Im Jan. 1975 wurde" er „von der Junta zum Staatspräs. ernannt" (a.a.O., XXIII, S. 371 l., Artikel: „Pinochet Ugarte"). Ein Staatspräsident überdies, der – wie PINOCHET 1988–1990 – die Opposition über sich mitabstimmen, sich von dieser ablehnen läßt und sein Amt schließlich einem Oppositionellen übergibt, ist kein Diktator; mag er auch noch so häufig dafür erklärt werden.

Bis hierher hat es nun zwar den Anschein, als ob die beschränkte nichtfürstliche Monokratie doch einen eigenen Namen habe, eben den der autoritären Herrschaft. Doch „die autoritäre Form des Regierens" kann „in Republiken wie in Monarchien geübt werden" (HELFRITZ, S. 243). Das ist, sieht man davon ab, daß ein autoritärer Staat als beschränkt monokratischer keine Republik mehr ist, richtig. Deshalb ist auch zutreffend auf **Bulgarien** hingewiesen, „wo im Jahre 1934 das Parlament vom König aufgelöst wurde", sowie auf **Rumänien** (a.a.O.). In ihm schlug CAROL II., 1930 König geworden, „nach seiner Thronbesteigung ... einen autoritären Kurs" ein, „setzte 1938 ... die demokrat. Verfassung von 1923 außer Kraft", „verbot alle Parteien und ersetzte sie durch die ‚Front der nationalen Erneuerung'" (BROCKHAUS, IX, S. 768 l., Artikel: „Karl II.", 42). Und damit lag nun *keine* beschränkte fürstliche Monokratie als *konstitutionelle Monarchie* vor, sondern eine *weitere* beschränkte fürstliche: die **autoritäre Monarchie**; allerdings ebenfalls *keine absolute*, so sehr ihr die autoritäre auch nahekommt.

Dies läßt noch auf eine Ansicht schauen, die, wie folgt, eine Gesamtdefinition zu geben versucht: „*autoritärer Staat*" ist „ein Staat mit monarchisch-absolutistischem, bürokratisch-zentralistischem oder demokratisch-plebiszitärem Verfassungssystem, in dem die Regierung der Kontrolle durch eine Volksvertretung entrückt ist, sei es, daß es kein gewähltes Volksorgan gibt, sei es, daß dieses rechtlich oder tatsächlich ohne Kontrollgewalt ist" (BROCKHAUS, II, S. 160 r., Artikel: „autoritärer Staat"). Der entscheidende Fehler liegt schon im Ausgang: Selbst wenn man nämlich statt „monarchisch" das umfassende ‚monokratisch' setzt, – das autoritäre Verfassungssystem ist eben noch *kein absolutistisches: kein unbeschränkt herrschendes*. Auch ist alles sog. Demokratisch-Plebiszitäre bloß ein *äußerliches*.

Von hier aus ist es nicht richtig, daß „das Bismarcksche Reich", das **Zweite Reich,** „ein im Grunde autoritäres Regime" war, „das sich hinter einer Fassade demokratischer Einrichtungen und Techniken verbarg" (so indes LOEWENSTEIN, S. 54). Denn als die gekennzeichnete *konstitutionelle Monarchie* (o. α) – mit der Beschränkung des Monarchen durch den Bundesrat und den polykratisch, nicht demokratisch, bestimmten Reichstag – war sie eben als *konstitutionelle* beschränkt und *nicht* als *autoritäre*. Und dabei verbarg sie sich hinter nichts.

3. Unmittelbare und mittelbare Einherrschaften

Die Einherrschaft ist **unmittelbar,** wenn der Eine *selbst* die Allein- oder Hauptquelle der Staatsgewalt darstellt, d.h. falls seine Herrschaft *nicht* einem *anderen, vertretenden* Einzelorgan zur eigenen Ausübung *übermittelt* ist. Das wurde bisher durchgehend vorausgesetzt, so daß insoweit das bislang Ausgeführte gilt: zum fürstlichen wie nichtfürstlichen Monokraten und zum unbedingten als unbeschränkten wie bedingten als eingeschränkten.

Die Einherrschaft ist **mittelbar,** wenn der Eine *nicht selbst* die Allein- oder Hauptquelle der Staatsgewalt abgibt, d.h. falls seine Herrschaft einem *anderen, vertretenden* Einzelorgan zur *eigenen* Ausübung *übermittelt* ist. Hierauf, bisher noch nicht vorausgesetzt, ist näher einzugehen.

Der Grund für die Übermittlung ist die Unmöglichkeit von Herrschaft und Ausübung durch den Einen, weil er jedenfalls grundsätzlich daran verhindert ist; etwa infolge Minderjährigkeit oder bestimmter Erkrankung. Die Übermittlung kann auf verschiedene Weise erfolgen, z.B. durch Gesetz oder – gesetzes-, überhaupt normgemäß – durch ein bestimmtes Staatsorgan oder auch mehr; oder gar durch den Vertreter selbst.

Damit, daß es sich um eine **Vertretung** handelt, kommt Folgendes zum Ausdruck: daß die Herrschaftsausübung durch das andere Organ insoweit eine *beschränkte* bildet, als sie aus der nur *vertretenden* Herrschaft durch Verdrängung des Vertretenen *keine eigenständige,* d.h. hier: *nicht vertretende,* macht. Das bedeutet beispielsweise den Ausschluß einer darauf abzielenden Verfassungsänderung.

Das andere Organ muß folgerichtig ein **Einzelorgan** sein. Eine Staatsform ist eben nur dann eine mittelbare, wenn und soweit sie in der Übermittlung *dieselbe* bleibt, wenn und soweit sie also *nicht* durch eine *andere ersetzt* wird. Ist das andere Organ daher z.B. ein *Mehrheits*organ, so liegt *keine Ein*herrschaft mehr vor, sondern bereis eine *Mehr*herrschaft: Die Monokratie bestünde *nicht* mehr *real* und *materiell,* vielmehr einzig noch *nominal* wie *formell.* Und letzteres auch bloß deshalb, weil die Mehreren den *Einen vertreten.* In der Sache ist eben *nicht* mehr ein *Einzelner* Allein- oder Hauptquelle der Staatsgewalt, sondern es sind *Mehrere.* Die Unfolgerichtigkeit ist zwar relativ ungerechtfertigt; doch absolut wäre sie es erst, wenn und soweit sich die Mehreren unrechtlich verhielten.

Das neue Einzelorgan ist ein **vertretendes,** der Eine ein **vertretenes** Organ: ein besonderer Fall verfassungsgesetzlicher Vertretung (dazu o. 2. Abschn., B II 1). Falsch wäre es hiernach, statt von *Vertretungs*organ, von *Repräsentations*organ in dem Sinne zu sprechen, daß es den Einen *verkörperte* oder sogar *vergegenwärtigte,* und folglich von diesem nicht als *vertretenem* Organ, sondern als *repräsentiertem* in entsprechender Bedeutung. Das wurde näher dargetan (a.a.O., C II, besonders zu den beiden Küchenhoff, Schmitt und Maunz). Oder noch in dem Sinne, daß der Eine und das für ihn handelnde neue Organ eine *Einheit* bildeten (a.a.O.: Jellinek, G.). Dennoch wird auch insofern allgemein, d.h. was die mittelbaren Formen überhaupt anlangt, das Folgende vertreten: daß die „*Obersten Staatsorgane* ... entweder selbst an der *Ausübung der Staatsgewalt* teilnehmen oder nur mittelbar an ihr beteiligt“ sind, „indem andere Staatsorgane an ihrer Stelle, also als *Repräsentationsorgane,* bei der staatlichen Willensbildung mitwirken“ (Küchenhoff-Küchenhoff, S. 217). Hierzu ist, was den vertretenen Einen angeht, noch zu sagen, daß er an der genannten Ausübung gerade *nicht* mehr – nicht einmal „nur mittelbar“ – beteiligt ist.

Damit, daß das Vertretungsorgan mit Wirkung für den vertretenen Einen handelt, wäre es aber vor allem falsch, davon zu sprechen, daß der letztere als repräsentiertes Organ *durch* ersteres als repräsentierendes handele. Auch das wurde näher dargetan (o. 2. Abschn., C II, zu JELLINEK, G., und MAUNZ). Wie eben der Eine – *als* Vertretener – an der Ausübung der Herrschaft *nicht* mehr *beteiligt* ist, so handelt er gleichfalls *nicht* mehr *durch* das vertretende Organ. Demgemäß besagt mittelbare Einherrschaft nicht, daß der Eine, und zwar *über* seinen Vertreter, *mittelbar* herrsche, vielmehr daß der Vertreter auf Grund der ihm *übermittelten* Herrschaft *für* den Einen herrscht. Entsprechend besteht, wie gesagt, die Übermittlung zur *eigenen* Ausübung durch das *vertretende* Organ.

Hiernach wäre es schließlich gleichfalls noch falsch, davon zu sprechen, daß die Ausübung der Herrschaft durch das Vertretungsorgan dem Einen als vertretenem Organ *zugerechnet* werde. Auch das wurde in Verbindung mit der sog. Repräsentation schon näher dargelegt (a.a.O., zu MAUNZ und den zwei KÜCHENHOFF). Zum einen ginge es um eine bloße Fiktion. Und zum anderen ist es ein Unding, dem Einen die – sei es rechtliche, sei es unrechtliche – Ausübung nebst Verantwortung durch den Vertreter als *seine* zuzurechnen. Der *allein handelnde Vertreter* ist es, dem sie zuzurechnen ist. Daß sie für den vertretenen Einen *wirken,* d.h. ihn zu seinen *Gunsten* oder *Ungunsten betreffen,* kann (dazu o. 1. Abschn., A I), ändert hieran nichts.

Insgesamt gilt in der Tat dies: Der *vertretene Eine* ist nur noch *nominal* wie *formell* Monokrat, aber *nicht* mehr *real* wie *materiell;* und der *vertretende Eine* ist zwar *real* wie *materiell* Monokrat, aber *nicht nominal* wie *formell.*

In der **fürstlichen Einherrschaft**, der Monarchie, und zwar gleich, ob als absoluter oder relativer, läßt sich die **mittelbare Staatsform** – jedenfalls im Hinblick auf die moderne Monarchie – als **Regentschaftsmonokratie** oder **-monarchie** bezeichnen. Das vertretende Einzelorgan ist eben in ihr der **Regent.** Er ist aber nicht allein in fürstlichen *Monokratien* möglich, sondern gleichfalls in fürstlichen *Polykratien,* etwa als Demokratien, die jedoch früher einmal Monarchien waren. Für den ersten Fall sei z. B. auf Luxemburg mit einem regierenden Fürsten, Monarchen, hingewiesen, der vertreten wird (Art. 6 Lux. Verf., 1868: „Regentschaft“, Art. 8: „Regent“). Und für den zweiten z. B. auf Belgien mit einem nichtregierenden Fürsten, Nichtmonarchen (Art. 83 II Belg. Verf., 1831: „régent“, Art. 84: „régence“). Eine andere Bezeichnung des Vertreters ist „Reichs-Verweser“ (II, § 10 I Bayer. Verf., 1818), eine andere der Vertretung „Reichs-Verwesung“ (a.a.O., II). Doch finden sich in der bayerischen Verfassung auch die genannten Bezeichnungen „Regent“ (§ 15 III) sowie „Regentschaft“ (§ 20). In der belgischen Verfassung sind noch als Gründe der Regentschaft genannt, daß der „Nachfolger“ des Königs „minderjährig ist“ (Art. 81) oder „der König unfähig ist zu regieren“ (Art. 82); entsprechend in der bayerischen Verfassung die „Minderjährigkeit des Monarchen“ oder seine Verhinderung „an der Ausübung der Regierung auf längere Zeit“ (II, § 9). In ersterer ist überdies ausdrücklich angeordnet, daß die „Regentschaft ... nur einer Person übertragen werden“ kann (Art. 83 I); in letzterer ist dies mehrfach unausdrücklich vorausgesetzt (II, §§ 9ff.), beispielshalber mit der Abstellung allein auf „den Reichs-Verweser“ (§ 12, 1; auch Art. 8 Lux. Verf.: „der Regent“). Während die Begriffe ‚Regent‘ und ‚Regentschaft‘ nicht bereits aus sich zum Ausdruck bringen, daß eine Vertretung vorliegt, tun dies die Begriffe ‚Verweser' und ‚Verwesung'. Denn ‚Verweser' ist etymologisch soviel wie „‚Stellvertreter'", und *„verwesen"* heißt „‚jemandes Stelle vertreten'" (KLUGE-MITZKA, S. 820 l., Wort: „Verweser"). Mit Verkörpern oder gar Vergegenwärtigen hat das offenbar nichts zu tun. Die Vertretung ist aber auch noch gesetzlich bestätigt, wenn es heißt: Die „Regierung" wird „im Nahmen des ... Monarchen geführt" (II, § 15 I Bayer. Verf.); wenngleich hierbei vom „Monarchen" allein nominal wie formell die Rede ist. Daß „Zwischen dem Monarchen und dem Regenten" kein „mittelst der Lehre von der gebundenen Stellvertretung zu erfassendes Rechtsverhältnis" besteht (JELLINEK, G., S. 582), ist zwar zum Teil richtig. Doch ist nicht erkannt, daß es eine Vertretung desgleichen ohne Gebundenheit durch den Vertretenen gibt (o. 2. Abschn., B II 1 und C II). Außerdem ist der Regent aber verfassungsgesetzlich gebunden. Eine Beschränkung des Vertreters, die ihn im Rahmen seiner Vertretung hält, spricht beispielsweise aus folgender Bestimmung: „Während einer Regentschaft kann keine Verfassungsänderung vorgenommen werden" (Art. 84 Belg. Verf.; fast ebenso Art. 115 Lux. Verf.). Ist der Regent übrigens ein Prinz, so wird er üblicherweise ‚Prinzregent' genannt. – Zu weiteren gesetzlichen Regelungen einer Regentschaft sei noch auf die früheren Art. 56ff. Preuß. Verf., 1850, sowie auf die Art. 36ff. Niederl. GG 1815, hingewiesen.

Nun findet sich ebenfalls noch die Einrichtung des – mehrköpfigen – **Regentschaftsrates,** also eines *Mehrheits*organs. Soweit er *neben* dem Regenten oder (Reichs-)Verweser besteht und dieser lediglich „verbunden" ist, „in allen wichtigen Angelegenheiten das Gutachten desselben zu erholen" (II, § 19 Bayer. Verf., 1818: das „Gesammt-Staats-Ministerium"), ändert das am Bisherigen nichts. Anders ist es dagegen, wenn er *statt* eines Regenten besteht. Denn damit liegt, wie oben gezeigt, nur noch nominal wie formell eine Monokratie vor, real indes wie materiell eine Pleokratie. Die *Staatsform* ist in der Sache *geändert.* So war es z.B. in Österreich, als für Kaiser FERDINAND I. (1835–1848) als Regentschaftsrat die aus vier Personen – darunter METTERNICH – „gebildete ‚Staatskonferenz' die Regierung" führte (BROCKHAUS, VI, S. 145 r., Artikel: „Ferdinand", 15). Einzig darauf abzuheben, daß die „Regentschaft" „manchmal von mehreren Personen, einem sog. *Regentschaftsrat,* ausgeübt" wird (KÜCHENHOFF-KÜCHENHOFF, S. 217 I), läßt die sachliche Veränderung der Staatsform – auch als bloß vorübergehende – außer Betracht (dennoch ferner HABERKERN-WALLACH, S. 515 l., r., Artikel: „Regent", 4).

Ein Vertreter ohne einen Vertretenen ist wesenhaft ausgeschlossen. Daher: **ohne Fürst auch kein Regent** oder *(Reichs-)Verweser* und *keine Regentschaft* oder *(Reichs-)Verwesung,* überhaupt: *keine mittelbare Monarchie.* Heißt dennoch in einer fürstenlosen Monokratie das Staatsoberhaupt ‚Regent' oder ‚Reichsverweser', so ist er das ausschließlich *nominal,* also *nicht* einmal *formell,* und schon gar *nicht real* wie *materiell.* Das traf beispielsweise auf Ungarn zwischen 1920 und 1944 zu, wo Admiral HORTHY nach seinem Sieg über die Räterepublik „1920 von der Nationalversammlung zum *Reichsverweser* gewählt" wurde (BROCKHAUS, VIII, S. 691 l., Artikel: „Horthy von Nagybánya"). Das geschah zwar „unter Wiederherstellung der Staatsform *(Königreich)*"; doch nachdem „die Nationalversammlung ... 1921 die Entthronung" König KARLS IV. ausgesprochen hatte (a.a.O., XIX, S. 254 r., Artikel: „Ungarn"), war Ungarn ein Staat *ohne* Fürst. Und wie es demgemäß keinen Vertretenen hatte, so gleicherweise keinen Vertreter. Was in solchen Lagen in der Sache vorliegt, ist eine versteckte unmittelbare nichtfürstliche Monokratie; gleich, ob der Monokrat dem Adel, insbesondere Hochadel, angehört oder nicht. Wenn dennoch gerade zu HORTHY gesagt wird: „Auch" er „war ein Regent ..., wenn auch der ungarische Thron überhaupt nicht besetzt war" (KÜCHENHOFF-KÜCHENHOFF, S. 217 I), so ist das folglich unzutreffend.

Der Begriff ‚Reichsverweser' hat aber noch eine *andere* Bedeutung: die des *vorläufigen fürstlichen Staatsoberhaupts,* nämlich bis zur Ablösung durch das noch zu bestimmende *endgültige.* Auch in diesem Fall liegt *keine Vertretung* und daher wieder *keine mittelbare Monarchie* vor, statt dessen aber eine *unmittelbare Monarchie,* allerdings *eigener Art.* Das traf beispielshalber, die Deutsche RV, 1849, betreffend, auf das Verhältnis des Erzherzogs JOHANN von Österreich als Reichsverwesers zu dem noch zu wählenden „Kaiser der Deutschen" (§ 70) zu. So war ausdrücklich bestimmt, daß die „provisorische Zentralgewalt ... einem Reichsverweser übertragen" wird (Zif. 5 ZentralgewaltG, 1848); und dazu wurde am 29. Juni desselben Jahres der Erzherzog von der Nationalversammlung gewählt (HUBER, I, S. 276). Gleiches gilt noch für einen Reichsverweser „während einer Thronerledigung (Reichsvakanz)"; weshalb insofern vom „Vertreter des dt. Königs" zu sprechen (HABERKERN-WALLACH, S. 529 l., Artikel: „Reichsvikar", a), nicht richtig ist. – Was vom Begriff ‚Reichsverweser' (bzw. ‚Reichsvikar') gilt, ist dem Begriff ‚Regent' in entsprechender Lage nicht vorzuenthalten; zumal er nichts von Vertretung in sich birgt. Das trifft auf Art. 85 Belg. Verf., 1831, zu: „Im Fall der Thronerledigung beraten die Kammern gemeinsam und sorgen vorläufig für die Regentschaft", später „endgültig für die Besetzung des Thrones."

Beispiele von Regentschaften durch Prinzregenten sind etwa: „in Preußen 1858–61 der spätere König Wilhelm I., in Bayern 1886–1912 Prinz Luitpold" (BROCKHAUS, XV, S. 145 l., Artikel: „Prinz"), ersterer für König FRIEDRICH WILHELM IV., letzterer für König LUDWIG II. und dessen Bruder OTTO I.; und in Jugoslawien Prinz PAUL 1934–1941 für König PETER II. (a.a.O., XIV, S. 310 r., Artikel: „Paul Karadjordjević").

In der **nichtfürstlichen Einherrschaft**, gleich wieder, ob als absoluter oder relativer, trägt die **mittelbare Staatsform keinen eigenen Namen.** Mehr, soweit ersichtlich, ist sie nicht in der grundsätzlichen Art geregelt, wie dies in Hinblick auf das fürstliche Staatsoberhaupt festgestellt wurde. Trotzdem ist sie keineswegs ausgeschlossen. So hieß es in Art. 46 I Chin. Verf., 1954: „Falls der Vorsitzende der Volksrepublik China aus gesundheitlichen Gründen längere Zeit nicht in der Lage ist, seine Arbeit zu leisten, so übt der stellvertretende Vorsitzende der Volksrepublik China im Namen des Vorsitzenden dessen Befugnisse aus." D.h. genau: Die Befugnisse waren ihm zur eigenen Ausübung übermittelt. Die Vertretung kommt klar zum Ausdruck. Die Beschränkung auf die Verhinderung aus gesundheitlichen Gründen ist selbstverständlich, da es ja nicht außerdem um die Fortsetzung einer Dynastie in einem möglicherweise Minderjährigen ging. Deswegen lautete auch Abs. 2: „Falls das Amt des Vorsitzenden ... frei wird, so übernimmt der stellvertretende Vorsitzende das Amt des Vorsitzenden." Chinesischer Staatspräsident war damals MAO TSE-TUNG. Nicht anders zu beurteilen ist Art. 70 I, II Vietn. Verf., 1959: Sonst inhaltsgleich, unterscheidet sich dieser Artikel vom chinesischen nur dadurch, daß in ihm der Ausdruck „im Namen" fehlt. Doch das fällt sachlich, weil es hier bereits zur Vertretung eines Organs gehört, nicht ins Gewicht. Vietnamesischer Staatspräsident war seinerzeit HO SCHI MIN.

Es bleibt übrig, **für den monarchischen Bereich ein Beispiel** dafür zu bringen, wohin es mit weitreichenden Folgen führen kann, wenn der Vertreter seine *vertretende* Herrschaft zu einer *nicht vertretenden, eigenständigen,* macht. Eines der sog. „germanischen Hausämter" war im Merowingerreich „der Hausmeier (maior domus) als Vorstand der Hofhaltung" (SCHWERIN-THIEME, S. 74 I). Im 7. Jahrhundert wurde nun „das Hausmeieramt zum obersten Amt der Staatsverwaltung", „bis es Pippin" – dem Mittleren – „687 gelang, das Hausmeisteramt als einheitliches Reichsamt erblich mit seinem Hause, dem ... Herzogsgeschlecht der Arnulfinger zu verbinden" (S. 75). Der Hausmeier „nannte sich nunmehr dux et princeps Francorum" (HABERKERN-WALLACH, S. 273 l., Artikel: „Hausmeier"). Die „Nachfolger handhabten tatsächlich die Reichsregierung an Stelle der merowingischen Schattenkönige" (SCHWERIN-THIEME, a.a.O.). Sie handelten im „Namen des Königtums, das sie vertraten" (BRUNNER, I, S. 274). Dies geschah nach außen (Sieg über die Araber 732) wie nach innen (Errichtung einer starken Staatsgewalt) mit einem solchen Erfolg, daß „der letzte Hausmeier, Pippin" – der Kleine –, „der Sohn Karl Martells, das merowingische Schattenkönigtum, indem er sich ... 751 von den Franken zum König erheben ließ", beseitigte (a.a.O.). Er „hob ... das Amt des H. auf" (HABERKERN-WALLACH, a.a.O.). Verständlich. Erst all das ermöglichte das Reich KARLS DES GROSSEN.

II. Die Mehrherrschaft (Pleokratie)

Wie schon herausgestellt, sind Mehrherrschaften alle Staaten, in denen Quelle (Ursprung) der Staatsgewalt (Staatsmacht) grundlegend *Mehrere* sind. Dies derart, daß sie die *Allein-* oder die – vorrangige – *Haupt*quelle sind. Es handelt sich um jene Menschen als Staatsorgan, näher: Verfassungsorgan, die – entsprechend – die Allein- oder Hauptsouveränität als höchste Gewalt besitzen; und denen – erneut entsprechend – die staatlich-politische Freiheit als Allein- oder Hauptfreiheit zukommt; was – je nach Umfang der Mehreren – eine kleinere oder größere Erweiterung dieser Freiheit gegenüber der in der Einherrschaft bedeutet. Sie sind unter den obersten Staatsorganen, den Verfassungsorganen, *das* oberste.

Die Mehreren können – anders als bisher gesagt – auch aus *mehr* als *einem* Organ bestehen. Doch gilt das bislang Ausgeführte und das noch Auszuführende eben gleichfalls insoweit.

Die *untere Grenze* der Mehreren ist eine *feste.* Sie liegt bei zwei Personen. Die *obere* ist hingegen eine *unfeste.* Sie kann gleicherweise bei drei oder vier Personen liegen wie bei dreißig oder vierzig und wie bei dreihundert oder vierhundert, ja, bei noch mehr. Das ist in der Regel eine Sache des Verhältnisses zur übrigen Bevölkerung.

Die Mehrherrschaften werden hier folgendermaßen eingeteilt: gemäß der verschiedenen *gesellschaftlich-staatlichen Stellung* der Mehreren in *ständische* oder *nichtständische,* gemäß der *Ausschließlichkeit* oder *Nichtausschließlichkeit,* mit der die Mehreren Ursprung der Staatsgewalt sind, in *unbedingte (absolute)* als *unbeschränkte* bzw. *bedingte (relative)* als *beschränkte;* und gemäß der an ein anderes Mehrheitsorgan *nicht übermittelten* oder *übermittelten* Herrschaft der Mehreren in *unmittelbare* bzw. *mittelbare.* Sie hängen, wie folgt, zusammen: Die ständische oder nichtständische Mehrherrschaft besteht jeweils entweder als unbedingte, unbeschränkte, oder bedingte, beschränkte, *sowie* entweder als unmittelbare oder mittelbare. Auch jetzt wird demnach, was in der Wirklichkeit *zusammenbesteht,* hier aus Darstellungsgründen *getrennt.*

Soweit innerhalb der Mehreren jeweilig eine *Mehrheit* entscheidet, geht die Staatsgewalt, genau genommen, von *ihr* als Allein- oder Hauptquelle aus. Es sind das die *erfolgreich* – mit Wirkung auch für die Erfolglosen – Abstimmenden. Dies ist Ausdruck der *schließlichen* Souveränitäts-, doch gleichfalls Freiheitsverteilung in den einschlägigen Pleokratien. Wie dies jedoch einmal auf diesen und einmal auf jenen Ausschnitt der Mehrheit zutrifft, so ändert das an der Stellung letzterer insgesamt nichts.

Daß grundlegend Mehrere in der Pleokratie als Allein- oder Hauptquelle der Staatsgewalt *das* oberste (höchste) Staatsorgan bilden, bedeutet noch *nicht,* daß sie stets gleichfalls das *oberste (höchste) Staatsamt innehaben,* immer zugleich *Staatsoberhaupt* seien. Das *kann* bloß wieder so sein, doch *muß* es das *nicht.* So ist es durchaus möglich, daß Inhaber des höchsten Staatsamtes *Einer* ist, also ‚über' den Pleokraten als *dem* obersten Staatsorgan steht. Auch hier können die Gründe dafür – oft genug allerdings Zweckmäßigkeit – dahingestellt bleiben. Als einschlägiges Beispiel sei jedoch auf den Dogen von Venedig hingewiesen, der „seit dem 13. Jh. i. wesentl. nur noch repräsentatives Staatsoberhaupt" war, „von Signoria u. Senat völlig abhängig u. kontrolliert" (HABERKERN-WALLACH, S. 154 l., Artikel: „Doge", a) (näher dazu u. 1 a).

1. Ständische und nichtständische Mehrherrschaften

Beide führen *keinen eigenen Namen.* So stellt beispielsweise eine Adelsherrschaft nur einen Ausschnitt der ersteren dar und z. B. die einer Junta bloß einen solchen der letzteren.

a) Die ständische Mehrherrschaft

Unter *„Stand"* wird „eine vor allem hinsichtlich ihrer Rechte und Pflichten von anderen abgehobene Personengruppe" verstanden (BROCKHAUS, XVIII, S. 9 l., Artikel: „Stand", 1); gleich, ob es sich nun um einen höheren oder niederen Stand handelt. Unterschieden werden dabei *„Geburtsstände, Besitzstände* und *Berufsstände"* (a.a.O.). Daß Angehörige des einen Standes zu solchen des anderen werden können, zeigt folgendes Beispiel: Der „Ritterstand" war, „bevor er schließlich ... ein Geburtsstand wurde, ein Berufsstand" (a.a.O.; näher HABERKERN-WALLACH, S. 539 r., Artikel: „Ritter").

‚Ständisch' bedeutet hier nun soviel wie ‚einen *herrschenden* Stand oder die *Herkunft* aus ihm betreffend'. Das ist jener, der – ob beispielsweise als Adel oder Priesterschaft – derart *übergeordnet* ist, daß er entweder selbst *staatlich herrschend* ist oder die *Herkunft* der *staatlich Herrschenden* aus ihm vorausgesetzt ist. Ohne diese Herrschaft bzw. ohne diese Herkunft ist eben die ständische Mehrherrschaft ausgeschlossen. Bei allem kommt es nicht darauf an, ob und inwieweit, sofern möglich, der eine Stand sich noch mit einem anderen deckt.

Es geht weitgehend um ein Feld der Geschichte, und zwar mit sehr unterschiedlichen Gestaltungen der ständischen Pleokratie.

Zunächst zum **antiken Griechenland** überhaupt.

Das schon „bei Homer ... recht machtlose Königtum ... verschwindet, ein Vorgang, der zur Hauptsache ins 7. und 6. Jahrhundert v. Chr. fällt" (MEYER, S. 63). Daß sich „Echtes Königtum ... in geschichtlicher Zeit ... in Sparta in der eigenartigen Form des Doppelkönigtums zweier Familien nebeneinander" hielt (a.a.O.), ist nun freilich damit verfehlt, daß *zwei* Könige *keine Ein*herrschaft – als sog. echtes Königtum – bilden können. Tatsächlich ging es also bereits insofern in Sparta um eine ständische *Mehr*herrschaft. „An die Stelle des" verschwindenden „Königtums tritt" nun „das gemeinsame Regiment des herrschenden Adels, die Aristokratie"; wobei – unter Aufteilung ganzer Landschaften und Stämme – „die Adelsgruppen in den einzelnen Teilgebieten oder Städten selbständig" werden (S. 64). Inwieweit hierbei die Aristoi die Besten als die Tüchtigsten waren, zeigen „heftigste Klagen über die rücksichtslose Ausnutzung der Machtstellung des Adels, Unterdrückung der Ärmeren, bestechliche parteiische adlige Richter" usf. (a.a.O.). Kurz, es ging um die sog. Aristoi bloß als die Oligoi: die Wenigen oder *Mehreren*. Folge ist der „Kampf der Stände" (a.a.O.). Sein Ergebnis „ist die Auflösung der alleinigen Vorrechte des Geburtsadels, an dessen Stelle zunächst der Besitzadel, also Zugehörigkeit zur herrschenden Schicht und eventuell Abstufung der Rechte nach dem Besitz und damit auch von Nichtadligen tritt und weiterhin die vermehrte stufenweise Zulassung breiterer Schichten vor allem der grundbesitzenden Bauernschaft zu den politischen Rechten": An „die Stelle der reinen Standesherrschaft einer noch staatlosen Adelsgesellschaft" tritt „über die Stufe des Adelsstaates", also einer Mehrherrschaft, „eine mit politischen Rechten und Funktionen ausgestattete Bürgerschaft" (S. 65). Aber daß so die „Herrschaft des einzelnen Staates ... abgelöst" wurde und „sich die klassische Staatsform der griechischen ‚Polis'" herausbildete (S. 65f.), besagt keineswegs, daß damit die Standesherrschaft überhaupt und mir ihr die ständische Mehrherrschaft aufhörten. Das zeigt wieder das Beispiel **Spartas.**

„Ist der Prozentsatz der Vollbürger", so heißt es weiter, „zu den sonstigen Angehörigen desselben Volkes klein, so ist dieser Staat eine ... Oligarchie" (S. 69). Dabei waren „auch im 5. Jahrhundert" v. Chr. „mehr oder weniger oligarchische oder aristokratische Verfassungen häufiger", d.h. als die „Demokratie". „Und im 4. Jahrhundert gewann diese Staatsform mit dem Sturz der attischen Vormachtstellung und dem Sieg Spartas ... weitere Verbreitung" (S. 107). Daß aber gerade auf Sparta „die sonst übliche Unterscheidung von Demokratie und Oligarchie oder Aristokratie nicht recht passen will", ist – auch und zumal unter dem Gesichtspunkt der ständischen Mehrherrschaft – nicht zutreffend: „Zahlenmäßig bei weitem am stärksten waren die ‚Perioeken', die ‚Herumwohnenden'", die an „der politischen Willensbildung des Staates ... keinen Anteil" hatten (a.a.O.). Dies, obschon sie „Stammesgenossen" waren (PAULY-BELLEN, IV, Sp. 639, Artikel: „Perioikoi"). „Neben dieser ... Gruppe gab es eine wahrscheinlich zahlreiche Schicht von einzelnen Angehörigen des spartanischen Staates, die ebenfalls das volle Bürgerrecht aus verschiedenen Gründen nicht besaßen, die Hypomeiones, die ‚Minderen'". „Politisch vollberechtigt war innerhalb der Gesamtbürgerschaft nur die Gruppe der Spartiaten", die „in klassischer Zeit nur etwa 2000 bis 4000 Mann zählte" (MEYER, S. 107). Hiermit bestand indes die „Gesamtbürgerschaft" nicht bloß „aus drei verschiedenen Gruppen" (a.a.O.), sondern aus drei *Ständen*. Dabei ist aber noch unberücksichtigt, daß es – außerhalb ihrer – mit „den unfreien Heloten", welche die „Güter der spartanischen Herren" bewirtschafteten (S. 108), noch einen weiteren – gegenüber den übrigen Ständen – abgehobenen Stand gab. Dies bestätigt, was den griechischen Sklaven überhaupt angeht, daß zwischen dem Angehörigen „freien Standes" und dem des „unfreien" unterschieden wird (PAULY-VOLKMANN, V, Sp. 231, Artikel; „Sklaverei"). Hinzu kommt, daß innerhalb der spartanischen Vollbürger das entscheidende Gewicht bei ihrer Vertretung lag: einmal den **Königen**, „die hauptsächlich Heerführer waren und wichtige kultische Funktionen hatten"; zum anderen den neben diesen stehenden – „die Aufsicht über das Gemeinschaftsleben der Spartiaten" führenden – **Ephoren**; sowie ferner der **Gerusia**, dem „„Ältestenrat"", der „aus den beiden Königen und 28 weiteren lebenslänglichen Mitgliedern" bestand, dem „eigentlichen Staatsrat und ... zugleich Gericht in schweren Straffällen" (MEYER, S. 108f.). Und dieser Vertretung gegenüber besaß die sog. **Apella**, die „Versammlung der Vollbürger", „nur geringe Befugnisse" (S. 109; auch S. 89); obschon zu diesen beispielsweise der – freilich debattenlose – Beschluß „über Gesetze" sowie „Krieg und Frieden" zählte oder noch die Wahl der Geronten (S. 109). „Wichtigste staatliche Behörde" waren dabei die Ephoren (PAULY-SCHROT, II, Sp. 298, Artikel; „Ephoroi"), die, fünf an der Zahl, „zum entscheidenen Organ des oligarchischen Staates" wurden, „so daß sie auf der Höhe iher Macht im 5. Jh. v. Chr. die gesamte Außenpolitik bestimmten und selbst die Könige anleiteten" (Sp. 298f.). – Auf Näheres hierzu kommt es nicht an. Denn schon all das ließ Sparta, wie auch im letzten Zitat gebracht, eine Oligarchie sein oder, wie es in dieser Arbeit heißt, eine *Pleokratie*, und zwar eine *ständisch* gegliederte wie *beherrschte*.

Sodann zum antiken **Rom.**

Vorweg: Für die Römer waren die *„Optimates"* das, was für die Griechen die Aristoi waren, die „„Besten"". Und das war die „Bezeichnung des Senatorenstandes, die dessen polit. Führungsanspruch ausdrückt und dem griech. ἄριστοι" (áristoi) „entspricht" (PAULY-VOLKMANN, IV, Sp. 320, Artikel: „Optimates"). Hiermit gilt aber auch zu den Optimates das, was oben zu den Aristoi gesagt wurde: Es geht für sie unter dem Gesichtspunkt der Staatsform bloß um die Wenigen oder *Mehreren*. Dabei kündigt sich aber schon jetzt mit der Nennung des „Senatorenstandes" das entscheidende *ständische* Verfassungsorgan im republikanischen Rom an.

„Mit dem Sturz des Königtums" (508/507 v. Chr.) „übernahmen" die Patrizier „in scharfem Gegensatz zur *plebs* die Macht im Staate" (PAULY-VOLKMANN, IV, Sp. 551, Artikel: „Patres, patricii"). Dies geschah, gestützt „auf ihren Grundbesitz, ihre große Klientel, ihre sakralrechtl. Machtmittel und ihre Vorrechte im Kriegsdienst" (BROCKHAUS, XIV, S. 305 1., Artikel: „Patrizier", 1). Der entstandene „patriz. Geschlechterstaat" hatte „3 Aufgaben, die Verwaltung der *res publica*, die Befriedung der *Plebs* und die Abwehr äußerer Feinde." Hierbei waren es nun „Senat, Magistrate (*consul*, später Praetoren, Censoren, Quaestoren, in Notzeiten ein Diktator) und das weitgehend durch Klientelen gebundene Volk *(comitia)*" (Volksversammlungen), die „das Staatsleben" regelten (PAULY-VOLKMANN, IV, Sp. 1440, Artikel: „Roma", I). In einem lange währenden Ständekampf setzte die „Plebs ... mit Volkstribunen das Zwölftafelgesetz ... 451, *conubium* mit den Patriziern ..., Zulassung zu den Ämtern ... 367 und Priesterkollegien ... 300 durch." Im Jahre 287 wurde der „Ständekampf" beendet. „Aus den führenden patriz. und pleb. Geschlechtern entstand allmählich die Nobilität, deren Angehörige fast ausschließlich die hohen Ämter bekleideten" (a.a.O.). Dabei galten – die Nobilität, den Amtsadel, ausmachend – „die Patrizier und diejenigen plebejischen Familien, deren Mitglieder ein kurul.[isches] Amt bekleidet hatten, als n.[obiles]"; unter den Ämtern zuerst vor allem das des Konsulats, dann, „vom 2. Jh. ab", nur noch dieses (a.a.O.-VOLKMANN, IV, Sp. 142, Artikel: „Nobiles"). Zwar war nun danach erstens der **Konsul** „der Höchstmagistrat der röm.

Republik", nämlich im kollegialen Doppelkonsulat. „Als Trägern der höchsten Staatsgewalt, des *imperium*," stand „den beiden Konsuln die Oberleitung der Staatsgeschäfte zu." Doch galt das nur ursprünglich. „Faktische Einengung" erlitt so „das grundsätzlich allumfassende konsular. *imperium* einmal durch mannigfache Bindungen an den Senat ... und das Volk" sowie „durch schrittweise Ausgliederung neuer Ämter aus dem urspr. Zuständigkeitsbereich", etwa des Praetors und des Censors (a.a.O.-HAUSMANINGER, I, Sp. 1293, Artikel: „Consul"). Die **Comitia** zweitens waren „Versammlungen des populus Romanus", und zwar „zwecks Entscheidung über Krieg und Frieden, Abstimmung über Gesetzesanträge, Wahlvorschläge und Strafanklagen" (a.a.O., Sp. 1254, Artikel: „Comitia"). Doch war das „Komitialverfahren ... in allen Stadien durch den Magistrat beherrscht, dessen *ius agendi cum populo* ihn" ermächtigte, „die Volksversammlung ... einzuberufen, ... Anträge zu stellen, die Abstimmung zu leiten und das Ergebnis zu verkünden bzw. auch das Verfahren vorzeitig abzubrechen" (Sp. 1255f.). Entscheidend kam es aber drittens auf den **Senat** an, der „als Nachfolger des Adelsrates der Königszeit ... nach seiner rechtlichen Stellung" – bloß – „Beirat der Beamten" war (MEYER, S. 202), und der die ihm vorgetragenen Angelegenheiten begutachtete oder über sie Beschluß faßte (S. 203). Er zählte noch während der Königszeit „300 Mitglieder"; und „dies blieb in der Republik bis Sulla" – 600 Mitglieder – „die Normalzahl" (PAULY-VOLKMANN, V, Sp. 105, Artikel: „Senatus"). Hierbei unterschied die „Anrede *patres conscripti*" „wohl 2 Gruppen, die ‚Väter'" als Patrizier „und die ‚Eingeschriebenen'" als „die seit dem 5. Jh. hinzugekommenen minderberechtigten vornehmen Plebejer" (a.a.O.), „der plebeischen Aristokratie" (a.a.O., IV, Sp. 920, Artikel: „Plebs"). Wie nun die „lebenslänglichen Mitglieder" des Senats „durch Autorität und Erfahrung eine kontinuierliche Staatsführung" sicherten, doch „die Magistrate jährl. wechselten" (a.a.O., Sp. 105); und wie „im Senat alle gewesenen hohen Beamten saßen" und sein „Gewicht ... so groß" war, „daß es kaum ein Beamter wagen konnte, anders zu handeln, als es die hohe Versammlung für richtig hielt oder wünschte", – so „muß man den Senat als die eigentliche Regierung Roms bezeichnen, die alle wichtigen Entscheidungen traf" (MEYER, S. 204). Dies derart, daß – zusammengefaßt – „die gesamte Staatsverwaltung unter der Aufsicht des Senats" stand (a.a.O.). Dafür ist nun zwar eine Vielzahl von Beispielen angeführt (S. 204f.; auch PAULY-VOLKMANN, V, Sp. 106); doch kommt es auf sie hier nicht näher an. Denn sie erstreckten sich auf alle Gebiete staatlicher Tätigkeit. Deshalb nur ein – das Verhältnis Senat-Volksversammlung betreffendes – Beispiel: Es geht um „das Aufsichtsrecht des Senats über die Volksbeschlüsse, die nur gültig waren, wenn der Senat seine Zustimmung gegeben hatte"; ein „Recht", das „zu allen Zeiten nur den patrizischen Senatoren zustand ... und ... daher patrum auctoritas, die ‚Mehrung durch die patres'", hieß. Selbst als diese später „bereits vor der Volksversammlung erteilt" werden mußte, „bedeutete sie praktisch auch jetzt noch, daß keine Anträge an die Volksversammlung gelangen konnten, die nicht vorher die Zustimmung des Senats gefunden hatten" (S. 205). Und diese „*auctoritas patrum* war für Gesetze und Wahlen erforderlich" (PAULY-VOLKMANN, a.a.O.), also gleichfalls des Höchstmagistrats: die „Wahl der Konsuln ... in den *comitia centuriata*" des Volkes (a.a.O.-HAUSMANINGER, I, Sp. 1294, Artikel: „Consul"; auch Sp. 1331, Artikel: „Creatio"). Überhaupt sei aber gleichfalls noch auf „die Sonderung der Bürgerschaft in feste Stände" hingewiesen: zuerst – im Ausgang vom „römischen Uradel, dem Patriziat" – mit der „Herausbildung eines eigenen Ritterstandes, der ursprünglich wohl mit dem Patriziat identisch war", „sich dann aber erweiterte" (MEYER, S. 199); ferner mit einem – aus „dem allgemeinen Ritterstand ... im Laufe der Zeit" herausgelösten – besonderen „Senatorenstand" als „Kreis derjenigen Familien, ... deren Angehörige ... im Senat saßen" (S. 199 f.), und aus dem sich wiederum „eine oberste Führungsschicht der Nobilitätsfamilien absonderte" (S. 201); sowie endlich mit den Leuten „des dritten Standes, der breiten Volksmasse" (a.a.O.). Ja, sieht man von dem bedeutsamen Gegenüber der Bürger (cives) und Fremden (peregrini) ab, so gab es außerhalb der übrigen Stände noch den weiteren, von ihnen abgesonderten, Stand der Sklaven. Wie denn auch mit dem einschlägigen Wort ‚status' insbesondere der *„Stand"* gemeint war, „den die Geburt macht", u. a. „zwischen einem Freigeborenen und Sklaven" (GEORGES-GEORGES, II, Sp. 2792, Wort: „2. status", 2 a). – Ebenfalls jetzt kommt es nicht auf Näheres hierzu an. Bereits all das ließ nämlich auch das republikanische Rom eindeutig eine Oligarchie sein oder – nach der hier gebrauchten Bezeichnung – eine *Pleokratie,* und zwar erneut eine *ständisch* gegliederte wie *beherrschte.* Was letzteres angeht, wird daher geradezu gesagt, daß „das republikanische Rom der vollendete Adelsstaat geblieben" ist (MEYER, S. 165): „ein Adelsstaat reinster Ausprägung" (S. 202).

Ferner noch zum mittelalterlichen **Venedig** vom 12. bis zum 14. Jahrhundert, der ‚Republik von S. Marco', mit einer in der Tat verwickelten Verfassungsgestaltung.

Der **Doge**, „ursprgl. dux des byz.[antinischen] Dukates Venetien", wurde „seit der Mitte des 9. Jh. unabhängig" (HABERKERN-WALLACH, S. 154 l., Artikel: „Doge", a). Wobei dux „nicht ... nur mil. Oberhaupt einer Provinz" war, „sondern alleiniger oberster Verwaltungsbeamter u. Richter einer solchen (ducatus, Dukat)" (S. 162 r., Artikel: „Dux", 1). Der Doge war nun „zunächst nahezu absolut, vom gesamten Volk gewählt" (S. 154 l.). Dann wurde er jedoch derart eingeschränkt, daß er – wie schon gesagt – seit dem 13. Jahrhundert wesentlich bloß noch ein repräsentatives Staatsoberhaupt darstellte, von Signoria und Senat völlig abhängig und kontrolliert (o. vor 1). Als „Heerführer" war er „nur noch im Kriege mit größerer Bewegungsfreiheit" versehen (S. 154 l.). „Gewählt wurde er" jetzt „vom Senat" (S. 154 r.). Die **Signoria** zuerst – eigentlich die einem Machthaber durch eine Stadt freiwillig eingeräumte Herrschaft (S. 576 r., Artikel: „Signoria", a) – war ein „Ende des 12. Jh. neben dem Maggior Consiglio" (Großer Rat) „entstandener kleiner Rat" (deshalb „zuerst Minor Consiglio"). Er wurde „schon Mitte des 13. Jh. das eigentliche Staatsoberhaupt, den Dogen überwachend, oberster Kompetenzgerichtshof" (a.a.O., b). „Die S. bestand aus den sechs eigentlichen consiglieri" (Ratgebern, Räten), „(als Ganzes Consiglio ducale)"; „seit 1231" noch aus „den drei capi" (Häuptern, Leitern) „der Quarantia" (‚Vierzig') (S. 576 r., S. 577 l.). Diese *Quarantia,* die „quadraginta sapientes", „seit Beginn des 13. Jh. vom ... Maggior Consiglio abgezweigt", war „zuerst hauptsächlich pol. tätig u. die einflußreichste Behörde", doch „bald bedeutungslos u. seit dem 14. Jh. nur noch Berufungsinstanz für Zivil- u. Strafsachen mit Ausschluß der Stadt" (S. 503 l., r., Artikel: „Quarantia"). Der **Senat** sodann, „um 1230 aus einer Delegation des Maggior Consiglio ... hervorgegangen", übertraf „sehr bald den Großen Rat an Bedeutung"; er leitete „neben Handel usw. bes. die äußere Politik". „Die Zahl der vom Großen Rat gewählten ... Mitglieder ... betrug ursprgl. 60", dann durch Erweiterung 120. Außerdem gehörten ihm „ex officio" Doge und Signoria „(diese beiden als Präsidium)" an sowie andere Organe, z. B. die genannte Quarantia an Weisen, „so daß die Gesamtzahl etwa 300 betrug" (S. 567 l., Artikel: „Senat", 2). Der **Maggior Consiglio** schließlich war „Ende des 12. Jh. aus dem ungeteilten comune neben dem Kleinen Rat

... entstanden"; und „als eigentlicher Träger der Staatssouveränität den arengo" (die Volksversammlung) „zurückdrängend", war er „seit 1323 durch die Serrata abgeschlossen" (S. 403 l., Artikel: „Maggior Consiglio"). Hierbei ging es mit dem **comune** um die „seit dem 11. Jh. ... als juristische Person auftretende Stadtgemeinde, ursprüngl. der ... Verband der wehrfähigen Bürger, in den einerseits die Ritter u. der Adel, andrerseits die Handwerker eintraten". „Organ war die" genannte „Volksversammlung", **arengo,** „die die Beamten ... wählte" (S. 118 l., Artikel: „Comune"). Und bei der Serrata handelte es sich um „die in den Jahren 1297–1323 allm. erfolgte Abschließung des ... Maggior Consiglio, wodurch die bis dahin übliche Wahl seiner Mitglieder beseitigt u. durch Erblichkeit ersetzt wurde; die Mitgliedschaft gewährte eo ipso den Adel (nobilità)" (S. 571 r., Artikel: „Serrata [di Maggior Consiglio]"). Zumal durch sie und die „seit 1314 entstandenen ... Standesregister des Patriziates" sowie „die Einsetzung des Rates der Zehn" „wurde die oligarch. Verfassung der Republik gefestigt" (BROCKHAUS, XIX, S. 407 r., Artikel: „Venedig"). Wobei dieser Rat, der „Consiglio dei Dieci", **Rat der Zehn,** eine „1310 provisorisch, 1335 endgültig eingesetzte zehngliedrige Kommission des ... Maggior Consiglio und der Signoria" war; ein „Staatsgerichtshof, der bes. im 14. u. 15. Jh. in weitgehendem Maße die innere u. äußere Politik leitete" (HABERKERN-WALLACH, S. 507 l., Artikel: „Rat der Zehn"). Die Entwicklung gerade des großen Rates stellt nun in der Tat einen Beleg dafür dar, daß die – nachrömischen – Patrizier „vom MA. bis ins 19. Jahrh. die Angehörigen städtischer Oberschichten" waren, „sobald sie eine geburtsständische Abschließung oder die Ebenbürtigkeit zum niederen Adel erreicht hatten" (BROCKHAUS, XIV, S. 305 l., Artikel: „Patrizier", 2). Im übrigen kommt es zu alledem nicht darauf an, daß gegenüber dem Dogen als wesentlich *repräsentativem* Staatsoberhaupt die Signoria als *eigentliches* gekennzeichnet ist. Obschon ebenfalls jetzt gilt, daß Staatsoberhaupt nur ist, wer an der Spitze des Staates steht; und das war der Doge. Auch geht es nicht darum, wie es vereinbar sei, daß der Senat „sehr bald den Großen Rat an Bedeutung" übertraf, dennoch letzterer „eigentlicher Träger der Staatssouveränität" war. Denn von beidem unberührt, war die Republik Venedig, wie auch zu BROCKHAUS zitiert, eine Oligarchie oder – wieder nach der Kennzeichnung dieser Arbeit – eine *Pleokratie,* und zwar überdies eine *ständisch* gegliederte und *beherrschte.*

Ein besonderer, in diesen Bereich gehörender, Fall ist das sog. **Condominium oder Coimperium.** Darunter werden nur die „gemeinsame Staatsgewalt" und ihre Ausübung „seitens mehrerer Staaten über ein und dasselbe Staatsgebiet" (HELFRITZ, S. 113) verstanden oder die „gemeinsame Herrschaft mehrerer Staaten" über ein solches Gebiet (JELLINEK, G., S. 396, 1). Tatsächlich ist es aber so, daß eine Mehrherrschaft vorliegt, die im beschriebenen Sinn eine ständische ist, falls etwa die zweier Fürsten auf Grund ihrer Herkunft aus dem (Hoch-)Adel besteht. So war es z. B. beim Kondominat Österreichs und Preußens über Schleswig und Holstein – erst mit, dann ohne Lauenburg – zwischen 1864 und 1866 (dieses Beispiel auch bei HELFRITZ und JELLINEK, jeweils a.a.O., freilich ohne daß ihm die tatsächlich zukommende Bedeutung beigemessen würde). In Art. III Wiener Friede, 1864, hieß es nämlich: „Se. Majestät der König von Dänemark verzichtet auf alle Seine Rechte auf die Herzogthümer Schleswig, Holstein und Lauenburg zu Gunsten Ihrer Majestäten des Kaisers von Österreich und des Königs von Preußen" usw. Dies zeigt außerdem, daß es mit der obigen Nennung „mehrerer Staaten" nur darum geht, in zweckmäßiger Vereinfachung den *Wirkungsbereich* darzutun, in dem ein *Teil* einer jeden Staats*führung* – im Beispiel der jeweilige Monarch – mit *Wirkung für* seinen jeweiligen Staats*verband* die Herrschaft im neuen Staat hat und ausübt. Daß übrigens die genannten Herzogtümer damals als *eigenes* Staatsoberhaupt ein *Mehrheits*organ hatten, dessen jedes Glied als *Einzel*organ ein *fremdes* Staatsoberhaupt war: Österreichs bzw. Preußens, stand der Pleokratie nicht entgegen. Auch nicht, daß 1865 „eine Theilung des Condominiums" vereinbart wurde (Art. 10 I Gasteiner Konv., 1865); derart, daß seine „Ausübung" „in Bezug auf ... Holstein auf ... den Kaiser von Österreich, in Bezug auf ... Schleswig auf ... den König von Preußen" überging (Art. 1). Denn das geschah „unbeschadet der Fortdauer" der „Rechte beider Mächte an der Gesammtheit beider Herzogthümer" (a.a.O.). Mit der ständischen Pleokratie als **Dyarchie** (Zweiherschaft) war nun jedoch gleichfalls eine *fürstliche Monokratie* als *Monarchie ausgeschlossen.* D.h. aber: Es ging mit den Herzogtümern um eine *Republik.* – Auf eine teilweise Unterscheidung zwischen Condominium und Coimperium (JELLINEK und HELFRITZ, jeweils a.a.O.) oder gar eine gänzliche (VERDROSS, S. 207) wird hier nicht abgestellt. Entscheidend ist eben, daß es zwar um einen *eigenen Staat,* indes mit einem aus *mehr* als *einem* Staat *herrührenden Staatsoberhaupt* geht, so daß der Staat zu *keinem* der *fremden* Staaten gehört.

Hierher zählt aber auch noch ein weiterer besonderer Fall: daß **eine fürstliche Monokratie,** eine Monarchie, **nur nominal wie formell besteht, doch real wie materiell eine ständische Pleokratie vorliegt.** Das verhielt sich etwa so für die Dauer des schon wesentlich gekennzeichneten Regentschaftsrates mit Österreich, der sog. Staatskonferenz (o. I 3). Wie diese nämlich aus dem „Oheim" des Kaisers, „Erzherzog Ludwig", und dem „Bruder Franz Carl, dem Staatskanzler Metternich und dem Minister Grafen Kolowrat" bestand (BROCKHAUS, VI, S. 145r., Artikel: „Ferdinand", 15), so ließ sie den Staat damit vorübergehend eine *ständische Mehrherrschaft* sein. Mehr, sie machte den Staat damit vorübergehend – real wie materiell, nicht freilich ebenfalls nominal wie formell – zu einer *Republik.*

Auch innerhalb der ständischen Pleokratie sind nun nach der Art, in der die Pleokraten in ihre **Stellung** gelangen, die **selbstbegründete und fremdbegründete** zu unterscheiden. Dazu gilt entsprechend das, was insoweit schon zur fürstlichen Monokratie dargetan wurde (o. I 1 a). Das besagt in Zusammenfassung: In der selbstbegründeten Pleokratie verschaffen sich die Mehreren zwar nicht völlig, indes *entscheidend selber* ihre Stellung; und in der fremdbegründeten wird sie ihnen erneut zwar nicht völlig, allein wieder *entscheidend* durch *andere* oder etwas *anderes* verschafft. Auch die Pleokraten *können* wohl auf *Lebenszeit* in ihre Stellung gelangen, *müssen* es dagegen *nicht.*

Zum **Fall der Selbstbegründung** sei auf die **Beispiele Griechenlands und Roms** zurückverwiesen, als es mit dem Sturz des jeweiligen Königtums der herrschende Adel, in Rom die Patrizier, war, der in dem jeweiligen Staatswesen zur Herrschaft gelangte. Es sei aber, was **nurmehr Rom** betrifft, noch folgendes Beispiel gebracht: „Kaiser *Mark Aurel*" (161–180) erhob „sofort seinen Adoptivbruder L. Aurelius Commodus, der von nun an den Beinamen Verus führte" (161–169) „zum Mitregenten ..., indem er ihn zum Augustus ernannte ...". Damit wurde er „der Begründer eines neuartigen Systems. Es handelte sich nicht mehr um eine Mitregentschaft, bei der ein Kaiser die höchste Gewalt innehatte, sondern um eine Zweiherrschaft, bei der beide Kaiser ihre Regierungstätigkeit gemeinsam ausübten" (WOLF, S. 128). D.h. jedoch: Es ging *nicht* mehr um eine fürstliche Monokratie als *Monarchie,* sondern, und zwar erneut in Gestalt der

Dyarchie, um eine – von *beiden* Augusti unterschiedlich herbeigeführte – *ständische Pleokratie*. Insoweit ständisch, als die Zugehörigkeit der Herrschenden aus dem Stande der Patrizier vorausgesetzt war. „Der Princeps selbst mußte immer Patrizier sein"; dies gar, wie folgt: „Gelangte ein Plebejer wie Vespasian" (69–79) „zur Herrschaft, wurde er durch Senatsbeschluß Patrizier" (PAULY-VOLKMANN, IV, Sp. 922, Artikel: „Plebs"). Doch gleichfalls die genannte ständische Pleokratie des österreichischen Kaisers und des preußischen Königs, ja, zumal sie, war eine selbstbegründete. Wie diese **Schleswig-Holstein,** so ließ desgleichen die Dyarchie der beiden Augusti **Rom** eine *Republik* sein.

Zum **Fall der Fremdbegründung** sei erstens ein **Beispiel** wieder **aus Griechenland** gebracht: Nach dem Verlust des Peloponnesischen Krieges durch das ‚demokratische' **Athen** versuchten Oligarchen – unter Führung von THERAMENES und bald auch KRITIAS – „die ‚väterliche Verfassung', das hieß etwa die Solonische Ordnung, zu erneuern". Es gelang ihnen, „die Volksversammlung unter dem Druck des ... herbeigerufenen Lysandros", des spartanischen Siegers, „zu einem Beschlusse" zu nötigen, „durch den *dreißig* Männer bestellt wurden, welche die ‚väterliche Verfassung' wieder einführen sollten"; und die so als die sog. „‚Tyrannen' ... schließlich eine streng oligarchische Bürgerschaft ... konstruierten" (404–403 v. Chr.) (BERVE, II, S. 58f.). Entscheidend war für die Begründung Sparta. Nicht hierher gehört allerdings das Beispiel der Erhebung von ANTONIUS, LEPIDUS und CAESAR (OCTAVIANUS) durch die genannte lex Titia zu Triumvirn (o. I 1 b, Ende). Obgleich nämlich auch damit eine Mehrherrschaft entstand, war es doch – weil hinter dem Gesetz die genannten Drei mit ihrem zuvor bei Bononia (Bologna) geschlossenen Bündnis und ihrer großen Truppenmacht standen (näher VOGT, S. 304) – eine selbst- und nicht fremdbegründete. Zweitens gehört hierher jedoch – als weiteres **Beispiel eines Condominiums oder Coimperiums – das Andorras.** Zwar wird hierauf, da seine Zweiherrschaft bis in die Gegenwart andauert und insoweit eine nichtständische ist, erst später näher eingegangen (u. b). Aber – im 13. Jahrhundert durch den spanischen Bischof von Urgel und den französischen Grafen von Foix begründet, war sie lange Zeit eine ständische. Und insofern war nun diese Pleokratie, was die bischöflichen und gräflichen *Nachfolger* anging – unter letzteren ebenfalls die französischen Könige –, eine fremdbegründete. Denn die jeweilige Nachfolge fand auf Grund bestehender Verfassungsbestimmungen statt. Ebenfalls das Andorra des Mittelalters war übrigens eine *Republik*.

Wenn **Rom** „zur Zeit des Prinzipates" zu den „Dyarchien" gezählt wird (JELLINEK, G., S. 716) und somit zu den *oligokratischen „Republiken"* (S. 715 b), dann ist das in solcher Allgemeinheit nicht richtig. Dies zeigt die Begründung: daß „Princeps und Senat in Form der Dyarchie die Fülle der Staatsgewalt ausüben" (S. 714). Denn in „der Kaiserzeit wurde der S.[enat]" zwar „gesellschaftlich hoch geachtet, polit. aber entmachtet." „Nachdem Caesar den S. auf 900 erhöht hatte, übernahm Augustus die seit Sulla übliche Normzahl 600." „Zur Erfüllung seiner teils erweiterten, teils eingeschränkten Funktionen war der S. letztlich von dem guten Willen der Kaiser abhängig" (PAULY-VOLKMANN, V, Sp. 107f., Artikel: „Senatus"). Tatsächlich war, dem zuletzt Ausgeführten näher stehend, der **Prinzipat** grundsätzlich eine *Monarchie*, und zwar eine, wenngleich nur gering, so doch vom Senat *beschränkte*. Nur „grundsätzlich", weil jedenfalls die genannte Tyrannis CALIGULAS (o. I 2, vor a), aber auch die NEROS, eine unbeschränkte Monarchie war. „Die Stellung des Kaisers von Anfang an als rein monarchisch zu bezeichnen" (MEYER, S. 231), d.h. als absolut, geht umgekehrt zu weit. Mehr, die erwähnte gemeinsame Herrschaft von MARK AUREL und VERUS als Pleokratie *unterbrach* die Monarchie. Ja, das ließ sie desgleichen keinen Prinzipat mehr sein: Ein Prinzipat als die Herrschaft des „Ersten schlechthin" (PAULY-VOLKMANN, IV, Sp. 1137, Artikel: „Princeps", 1, 2) kann eben nicht *zwei* Erste als Herrscher haben. Statt der Bezeichnung **‚Prinzipat'** wird die weitere, nicht antike Bezeichnung **‚Dominat'** für die Kaiserherrschaft wesentlich seit DIOKLETIAN (284–305), d.h. für die absolute Monarchie, verwendet, obschon es diese teils schon zuvor gegeben hatte. Aus dem princeps, dem Ersten, war der dominus, der Herr, geworden. Bereits vorher war zwar die Anrede als ‚Herr' üblich geworden; aber erst „seit Diokletian wurde *dominus* fester Teil der Titulatur" (Sp. 1139). – In diesem Zusammenhang ist es noch unrichtig, zu den zitierten *oligokratischen „Republiken"* die „Gesamtherrschaft von Bundesregierungen, wie im Deutschen Reiche" (seit 1871), (JELLINEK, S. 716) zu rechnen. Das Zweite Reich war vielmehr, wie ausgeführt, eine beschränkte Monarchie als konstitutionelle (o. I 2 b α). Überhaupt ist es unzutreffend, den Begriff ‚Dyarchie' so zu verwenden, wie es JELLINEK tut. Er ist, im Gegensatz zur Monarchie als der Herrschaft *eines* Menschen, auf die *zweier* Menschen, und zwar ständischer Herkunft, zu *beschränken*.

Was zu einigen Staaten besonders gezeigt wurde, gilt auch – trotz des ständischen Charakters – von den übrigen behandelten: Gleichfalls bei ihnen geht es mit dem Ausschluß der *fürstlichen Monokratie* um *Republiken*.

b) Die nichtständische Mehrherrschaft

‚Nichtständisch' besagt hier – mit demselben, schon wiedergegebenen allgemeinen Standesverständnis (o. a) – soviel wie *‚nicht* einen *herrschenden* Stand oder die *Herkunft* aus ihm betreffend'. So kommt es *weder* auf einen solchen Stand als *staatlich* herrschend *noch* auf die *Herkunft* der *staatlich Herrschenden* aus ihm an.

Auch die Gestaltungen der nichtständischen Pleokratie sind sehr unterschiedlich, allerdings, wie in der Geschichte, so in der Gegenwart anzutreffen.

Geschichtlich gehören hierher die **Herrschaften bestimmter Handelskompanien.** „Den in den entfernteren Gebieten tätigen H. gestattete der Staat vielfach gegen finanzielle Beihilfen für den Staatshaushalt die Anwendung polit. Machtmittel: Bewaffnung der Handelsschiffe, Anlage von Forts, Befestigung der Faktoreien, Ausübung der Münz- und Gerichtshoheit, das Recht, Verträge und Bündnisse zu schließen, Anwendung militär. Gewalt u.a." (BROCKHAUS, VIII, S. 135r., Artikel: „Handelskompanien"). Eine der bedeutendsten unter ihnen, zunächst in England entstanden, war „die *Privilegierte Ostind. H.* (gegr. 1600)" (S. 136 l.). Es „war ein rein privates Unternehmen von hundert Londoner Kaufleuten, die ... 1599 ... ein Aktienkapital von 30000 Pfund aufbrachten und zur Verwaltung einen ‚Gouverneur' und einen Aufsichtsrat von 24 Mitgliedern einsetzten. Diese" **Ostindienkompanie** „erhielt am 31. Dezember 1600 von der Königin Elisabeth den Freibrief mit dem Vorrecht des Indienhandels, auch die Ermächtigung, mit jeder nicht christlichen Macht ‚zu Ehren unserer Nation und des Wohlstandes unseres Volkes' Kriege zu führen" (HELFRITZ, S. 209, 4). „Begründer der brit. Macht in Ostindien" – u.a. ebenfalls durch Einsatz militärischer Macht – war nun CLIVE (1725–1774), „1764 zum Gouverneur und Oberbefehlshaber in Ostindien ernannt" (BROCKHAUS, IV, S. 87r., S. 88l., Artikel: „Clive"). Danach festigte „HASTINGS, ... 1774 als erster GenGouv. eingesetzt ..., ... die brit. Macht in Indien". Und unter „seinen Nachfolgern wurden in den nächsten Jahrzehnten weite Gebiete Indiens erobert" (a.a.O., IX, S. 57 r., Artikel: „Indische Geschichte"). „1833 verlor die brit. Ostind. Handelskompanie ihre Privilegien" (a.a.O.). Und nach der – durch entscheidendes Eingreifen Großbritanniens ermöglichten – Niederschlagung einer „Rebellion" der „zu vier Fünfteln aus Indern" bestehenden „Armee", der „Great Mutiny" (1857), weicht die „Ostindien-Kompanie ... der direkt ausgeübten Autorität der Krone." „Ein Vizekönig tritt an die Stelle des Generalgouverneurs" (MANN, S. 552): 1858 geht die „Herrschaft der Ostindien Kompanie auf Großbritannien über" (S. 756 r.). – Das damit zu Ende gegangene Gebilde zu den *„Republiken mit korporativem Herrscher"* zu zählen (JELLINEK, G., S. 715 a), ist vorweg insofern zutreffend, als dies seine Anerkennung als *Staat* beinhaltet, und zwar, weil „Republik ... Mehrherrschaft im Gegensatz zur Einherrschaft" ist (S. 712), als *republikanischen.* Unerkannt ist hingegen das Wesen jenes Staates als einer *nichtständischen* Pleokratie. Hinzu kommt, daß der sog. korporative Herrscher *nicht kennzeichnend* ist. Ob nämlich nun korporativ oder nicht, – das eine wie das andere ist für die oberste Staatsführung gleichgültig. Kennzeichnend ist vielmehr, wie bislang, ob es sich um den Herrscher als *eine* Person, *mehrere* Personen oder um *viele* handelt. Hiernach ist es aber unzutreffend, wenn JELLINEK zu seinen korporativ beherrschten Republiken desgleichen „die Herrschaft des Deutschen Ordens in Preußen" (ab 1226) rechnet (S. 715 a). Denn wie an seiner „Spitze ... der auf Lebenszeit gewählte Hochmeister" stand (BROCKHAUS, IV, S. 568 r., Artikel: „Deutscher Orden", 1), so besaß dieser „anfänglich unbeschränkte Macht", die erst „im Laufe der Zeit mehr u. mehr durch das Ordenskapitel eingeschränkt" wurde (HABERKERN-WALLACH, S. 423 r., Artikel: „Meister", 1); wobei Ordenskapitel die „Versammlung der Ordensgeistlichen" war (S. 462 r., Artikel: „Ordenskapitel"). Und das besagt: Es handelte sich beim **Ordensstaat** um eine – zuerst unbeschränkte und dann beschränkte – (Wahl-)*Monarchie.* Daß – wie im Falle der Ostindischen Kompanie – die oberste Staatsführung *zwei* Staaten angehört: dem einen, geführten, in *öffentlicher* Stellung, dem anderen, nicht geführten, dagegen bloß in *privater,* steht übrigens nicht entgegen. Im Ergebnis ebenso JELLINEK (a.a.O.): „Doppelstellung" des den Staat leitenden Willens, nämlich „im Staate und außerhalb des Staates".

Gleichfalls hierher gehört das schon gekennzeichnete **Condominium oder Coimperium** (o. a), sofern es diesmal im beschriebenen Sinn eine nichtständische Mehrherrschaft ist. Als – in seiner Art besonderes – Beispiel sei hierzu nochmals auf **Andorra** eingegangen. „Die Oberhoheit über" Andorra „steht dem Präsidenten der französischen Republik und dem Bischof von Urgel" – in Nordostspanien – „gemeinsam zu" (HELFRITZ, S. 179, Anm. 2). Also nicht etwa, statt des Präsidenten, Frankreich (so aber BROCKHAUS, I, S. 503 l., Artikel: „Andorra"). Beide werden „durch je einen Vogt (Viguier) repräsentiert ... Ein Generalrat (Conseil Géneral, Grand Conseil) von 24 Mitgl. erläßt die Gesetze und wählt die beiden höchsten Verwaltungsbeamten (Syndics). Die Urteile der Zivilgerichtsbarkeit (2 Friedens-, 1 Appellationsrichter) sind vor dem französ. ‚Tribunal supérieur d'Andorre' in Perpignan oder dem bischöfl. Gericht in Urgel anfechtbar. Die beiden Vögte und der Appellationsrichter üben die Strafjustiz im ‚Tribunal des Corts' aus" (a.a.O.). Dabei geht der „Titel veguer (veguaro, viguier)", d.h. „Landvogt, Statthalter", auf lateinisch vicarius zurück (HABERKERN-WALLACH, S. 643 l., Artikel: „Vikar, vicarius", 2). Die beiden Statthalter „kommandieren" außerdem „die Miliz" (a.a.O.). Im Verhältnis nun zum französischen Präsidenten stellt der spanische Bischof nicht mehr den Vertreter eines herrschenden Standes dar, so daß Präsident und Bischof Andorra eine *nicht*ständische Mehrherrschaft sein lassen. Das war früher anders. Die Zweiherrschaft geht zurück auf den sog. „Paréage von 1278" (BROCKHAUS, I, a.a.O.), einen bestimmten Vertrag gleicher (lateinisch par) Teilhabe. Damit war sie zuerst das „Condominium" von „Lehnsherren, bei dem die gleichzeitige oder alternierende Ausübung der Besitz- und Hoheitsrechte und die Aufteilung der Einkünfte vertraglich geregelt waren"; im Süden „Frankreichs bes. verbreitet" (a.a.O., XIV, S. 233 l., Artikel: „Paréage"). Insoweit bestand nun seit 1278 mit der Herrschaft „des spanischen Bischofs von Urgel und des französischen Grafen von Foix (seit 1589 der französischen Krone ...)" (VERDROSS, S. 207) eine *ständische* Mehrherrschaft als Dyarchie. Und diese wurde später mit dem Präsidenten der Republik zu einer *nichtständischen*. Nennt man die Zweiherrschaft überhaupt **Dyokratie** und, wie gesagt, die ständische **Dyarchie**, so bleibt für die nichtständische nur nochmals die Benennung als **Dyokratie**; letztere führt folglich *keinen eigenen Namen*. Daß im Fall Andorras das Staatsoberhaupt: Präsident und Bischof, jeweils einem *anderen* Staat angehört, ja, der Präsident zugleich Staatsoberhaupt des *anderen* Staates ist, steht nicht entgegen.

Die nichtständische Mehrherrschaft findet sich gleicherweise **infolge Revolution, Nachfolge oder Staatsstreichs.** Dafür Beispiele.

Erstens: In der französischen Convention nationale „(Konvent, Nationalkonvent) 1792 bis 1795 die fr. Volksvertretung, deren Ausschüsse die tatsächliche Regierung ausübten", war dies „bes. das Comité de salut public (Wohlfahrtsausschuß) (1793–1795)" (HABERKERN-WALLACH, S. 127 r., S. 128 l., Artikel: „Convention [nationale]"). Es war so Träger der damals bestehenden **Revolutions-Pleokratie.** Das bestätigt Folgendes: Der Wohlfahrtsausschuß war „1793–95 das oberste Exekutivorgan". Er „bestand ... seit dem 6.4.1793 aus neun, nach der Ausschaltung", d.h. zumal Hinrichtung, „der Girondisten (Juni 1793) aus 12 ‚Exekutivkommissaren', die die Minister ersetzten. Unter der Führung M. de ROBESPIERRES wurde der W. durch die Schreckensherrschaft zum Hauptträger des Widerstandes gegen Invasion und Gegenrevolution" (BROCKHAUS, XX, S. 435 r., Artikel: „Wohlfahrtsausschuß"). Hierbei wird das Adelsprädikat ROBESPIERRES kaum dazu verleiten, von einer ständischen Mehrherrschaft zu reden. Zwar war seine Macht zeitweise groß, aber nicht so, daß, statt von einer Mehrherrschaft, bereits von einer Einherrschaft zu sprechen wäre. Er war sozusagen der erste Despot unter sonst gleichen.

Zweitens: Nach dem Tode STALINS – und damit am Ende seiner Monokratie – sollte an „die Stelle der Machtfülle eines einzelnen ... prinzipiell die ‚kollektive Führung' treten. MALENKOW, zunächst MinPräs. und Generalsekretär der Partei" – und so offizieller Nachfolger STALINS – „mußte" daher „das Parteiamt bis zum Sept. 1953 an Chruschtschow abtreten" (BROCKHAUS, XVII, S. 610 r., Artikel: „Sowjetunion"). Das Ergebnis war eine **Nachfolge-Pleokratie.** Doch dauerte diese *Dyokratie* nur sehr kurz. „Der Vorwurf, im Rahmen seiner Politik des ‚Neuen Kurses' die Schwerindustrie zugunsten der Konsumgüterindustrie vernachlässigt zu haben, führte" im Februar „1955 seinen", MALENKOWS, „Sturz als MinPräs. herbei. Sein Nachfolger wurde N. BULGANIN" (a.a.O., XII, S. 48 l., Artikel: „Malenkow"). Allein – ebenfalls die neue Zweiherrschaft währte nicht lange: „Mit der Übernahme des Amtes des MinPräs. 1958 konnte Chruschtschow in Widerspruch zum Prinzip der ‚kollektiven Führung' das höchste Partei- mit dem höchsten Staatsamt verbinden“ (a.a.O., XVII, a.a.O.). Die Pleokratie war wieder durch eine Monokratie ersetzt.

Drittens noch: In Griechenland führte ein „Putsch“ – genau: Staatsstreich – „konservativ ausgerichteter Militärs unter dem Obersten G. PAPADOPOULOS“ im April „1967 ... zur Errichtung einer Diktatur. Nach einem gescheiterten Gegenputsch“ im Dezember „1967 ging König Konstantin ins Exil“ (BROCKHAUS, VII, S. 628 l., Artikel: „Griechische Geschichte“). Ein „Vizekönig“ wurde eingesetzt, in „einer Volksabstimmung“ im September „1968 eine neue Verfassung“ gebilligt, „die die Rechte von König und Parlament stark einschränkte, und“ im Januar „1971 ... ein aus 56 Mitgl. bestehender *Legislativrat* gebildet.“ „Papadopoulos ... übernahm“ im März „1972 selbst das Amt des Regenten“; im „Juni 1973 wurde Konstantin II. für abgesetzt erklärt“; und nachdem „ein Referendum eine republik. Verfassung gebilligt hatte, trat Papadopoulos als Staats-Präs. an die Spitze des Staates“: insgesamt eine **Staatsstreich-Pleokratie** der damals so genannten „Obristen“. Was dem Einen ‚recht‘ war, das war nun dem Anderen ‚billig‘: Im November „1973 setzten Offiziere und Generale der Streitkräfte Papadopoulos und sein Kabinett ab“, mit der Folge eines neuen Staats- sowie Ministerpräsidenten: einer zweiten Staatsstreich-Pleokratie. Diese führte, ohne daß es hier auf Näheres ankommt, zur „Rückkehr“ in die „parlamentarisch-demokrat. Regierungsweise“ (a.a.O., XXII, S. 587 l., r., Artikel: „Griechenland“). – In diesem Zusammenhang wird nun von „Militärjunta“ gesprochen (a.a.O., r.). ‚Junta‘ (spanisch) bezeichnet allgemein die Versammlung, den Rat, die Kommission. In gesellschaftlich-staatlichem Zusammenhang geht es nun „insbes.“ um „die auf Grund revolutionärer Bewegungen gewählten Versammlungen“ (HABERKERN-WALLACH, S. 316 l., Artikel: „Junta“, 1); „heute“ um „allgemein revolutionäre Ausschüsse, bes. von Offizieren *(Militärjunta)*“ (BROCKHAUS, IX, S. 570 r., Artikel: „Junta“). Allerdings ist die zweimalige Abstellung auf die **Revolution** allein dann richtig, wenn man unter ihr **in weiterem Sinn** die *Verfassungsumwälzung* versteht sowie diese einmal als **Revolution in engerem Sinne,** d.h. Verfassungsumwälzung von *unten,* begreift und zum anderen als **Staatsstreich,** d.h. Verfassungsumwälzung von oben. Beschränkt man dagegen, wie es üblicher geworden ist, die Revolution allein auf die Umwälzung von unten, dann ist die Definition der Junta auf den Staatsstreich zu erweitern. Und nur eine solche lag dann in den geschilderten Fällen vor.

Zum hier behandelten Bereich zählt noch ein erster besonderer Fall: daß eine lediglich **scheinbare nichtfürstliche Vielherrschaft,** zumal als scheinbare Demokratie, **tatsächlich eine nichtständische Mehrherrschaft** ist. Etwas, das gerade auf **die sozialistischen Staaten** zutrifft, soweit sie nicht bereits Einherrschaften waren oder noch sind. Denn in ihnen stellt – als das Entscheidende – das Wahlvolk bloß scheinbar die Quelle der Staatsgewalt dar, während es in Wirklichkeit nur eine bestimmte Mehrheit ist. Doch ist darauf, weil es das Verständnis von Polykratie und Demokratie voraussetzt, erst mit der Behandlung dieser beiden einzugehen (u. III 3 b, Anhang). Als Beispiel sei aber schon jetzt die frühere **Deutsche Demokratische Republik** bis 1989 genannt.

Und es zählt zu diesem Bereich als ein zweiter besonderer Fall folgender: Wenn **in einer mittelbaren Vielherrschaft,** zumal als bestimmter parlamentarischer Demokratie, das Wahlvolk **mit der Wahl des Parlaments diesem die Herrschaft auf Zeit übermittelt** hat, dann liegt für diese Dauer lediglich eine nichtständische Mehrherrschaft vor. Zwar ist auch hierauf – mit der zuletzt gebrachten Begründung – erst am einschlägigen Ort einzugehen (u. III 3 b). Doch sei für diesen häufigen Fall bereits jetzt auf ein Beispiel hingewiesen, in dem jene Tatsache zwar unausdrücklich, dennoch deutlich zum Ausdruck kommt: Es ist das **Großbritanniens** mit dem „Grundsatz der Parlamentssouveränität" (MAYER-TASCH, S. 227), also gerade nicht der des Wahlvolkes.

Erst und vor allem mit diesen zwei Sonderfällen werden Umfang und Gegenwartsnähe der nichtständischen Pleokratie klar.

Gleichfalls innerhalb der nichtständischen Mehrherrschaft läßt die Art, in der die Pleokraten in ihre **Stellung** gelangen, zwischen der **selbstbegründeten und fremdbegründeten** unterscheiden. Insoweit gilt vorweg wieder entsprechend das, was dazu schon zur ständischen Mehrherrschaft gesagt wurde (o. a).

Was nun den **ersten Fall** angeht, so ist an die durch die Ostindische Handelskompanie in Indien errichtete Mehrherrschaft ebenso zu erinnern wie an die durch den Wohlfahrtsausschuß in Frankreich begründete. Letzeres bestätigt, daß er „im Juli", nämlich 1793, „die Exekutive an sich riß, wobei die soeben beschlossene Verfassung" – Franz. Verf., 1793 (o. 2. Abschn., B I 3) – „beiseite geschoben wurde" (BROCKHAUS, VI, S. 531 r., Artikel: „Französische Revolution"). Was noch die sozialistischen – sich als Demokratien ausgebenden – Pleokratien betrifft, so sei etwa auf die inzwischen überwundene in der Tschechoslowakei erinnert, die nach einem Staatsstreich – dem sog. „Februar-Putsch des Jahres 1948" – errichtet wurde (dazu SLAPNICKA, S. 417).

Zum **zweiten Fall** ist an das Condominium oder Coimperium des französischen Staatspräsidenten und des spanischen Bischofs in Andorra zu erinnern. Denn der jeweilige Präsident rückt genauso in die Nachfolge auf Grund bestehender Verfassungsbestimmungen der Dyokratie ein, wie es der jeweilige Bischof tut. Und was noch die in den einschlägigen parlamentarischen Demokratien zwischen den Wahlen bestehende Pleokratie anlangt, so ist es ja das Parlament, das über die Wahlen in seine Stellung gelangt.

Auch jede nichtständische Mehrherrschaft stellt – diesmal mit dem Ausschluß der *nichtfürstlichen Monokratie* – eine *Republik* dar.

2. Unbedingte (absolute) als unbeschränkte Mehrherrschaften und bedingte (relative) als beschränkte

Wieder ist die Bedingung, um die es sich handelt, eine – nunmehr für die Pleokraten nicht gegebene oder gegebene – *Beschränkung* durch ein *anderes Organ* oder mehr, so daß ihre – in beiden Lagen bestehende – grundlegende Herrschaft ersterenfalls als unbedingte unbeschränkt ist und letzterenfalls als bedingte beschränkt. Danach ist die Mehrherrschaft **unbeschränkt,** wenn die Mehreren die *ausschließliche* oder *Allein*quelle der Staatsgewalt bilden, mithin die oberste Gewalt als Souveränität sowie die staatlich-politische Freiheit *nur* bei *ihnen* ruhen: als *Allein*souveränität und -freiheit. Und die Mehrherrschaft ist **beschränkt,** wenn die Mehreren einmal *nicht* die ausschließliche Quelle der Staatsgewalt abgeben, vielmehr einzig die – *vorrangige – Haupt*quelle, also sich bei ihnen ebenso *vorrangig* die oberste Gewalt als Souveränität sowie die staatlich-politische Freiheit befinden; und wenn zum anderen – jedenfalls – *ein weiteres* Organ als – *nachrangige – Neben*quelle der Staatsgewalt besteht, bei dem jeweils genauso *nachrangig* Souveränität und Freiheit ruhen; wenn folglich – insgesamt – die Mehreren bloß eine *Haupt*souveränität und -freiheit besitzen sowie das weitere

Organ eine *Neben*souveränität und -freiheit. Das alles in jedem Fall so, daß – ob bei kleinerer oder größerer Beschränkung – die Mehreren doch (noch) eindeutig vorrangig *bleiben*. Die Beschränkung durch ein *Organ* stellt auch jetzt etwas anderes als eine solche durch bloße *Normen* dar.

Ebenfalls die unbeschränkte Mehrherrschaft, ob als Autokratie oder Diktatur, und die beschränkte sind offen für **Recht oder Unrecht.** Nur die erste auf das Unrecht festzulegen, wäre daher falsch. Damit würde nämlich wieder bloß eine bestimmte *Staatsform*: diesmal die ständische bzw. nichtständische Pleokratie, mit ihrer *Entartung*: der *Tyrannis* oder *Despotie* (o. vor I, Keine Staatsformen) gleichgestellt. Doch ist es aufs neue eine Erfahrungstatsache, daß die unbeschränkte Mehrherrschaft, meist wegen des Fehlens der Beschränkung, insgesamt gesehen, *mehr* für das *Unrecht* offen ist. Dazu sei auf die tyrannische Autokratie von ANTONIUS, LEPIDUS und CAESAR (OCTAVIANUS) sowie auf die tyrannische Diktatur der sowjetischen Führung unter LENIN vorverwiesen (u. a). Es ist jedoch auch eine Erfahrungstatsache, daß die beschränkte Mehrherrschaft – wiederum insgesamt – *weniger* dem *Unrecht* offensteht. Gleichfalls das zumeist als Folge der Beschränkung. Doch ist im ersten Fall weniger die Nichtbeschränkung entscheidend, sondern mehr das *unrechtliche Wollen der Herrschenden* und im zweiten weniger die Beschränkung, sondern mehr das *rechtliche Wollen*. Wie es desgleichen jetzt keineswegs ausgeschlossen ist, daß eine unbeschränkte Pleokratie rechtlicher ist als eine beschränkte und also diese unrechtlicher als jene.

a) Die unbeschränkte Mehrherrschaft

Für die absolute Pleokratie ist kennzeichnend, daß die **Mehreren** als *Allein*quelle der Staatsgewalt **über die gesamte oberste Zuständigkeit verfügen.** Auch das gilt wieder in Hinsicht auf Gesetzgebung – überhaupt: oberste Normgebung – Vollziehung oder Ausführung sowie Rechtsprechung. Hiermit haben sie indes nicht allein die Möglichkeit, die *obersten* Entscheidungen in jedem der drei Bereiche zu fällen, vielmehr gleichfalls die zu solchen, die *darunter* liegen. Zwar ist es desgleichen jetzt, weil die Mehreren nicht alles zu entscheiden vermögen, in beiden Fällen unumgänglich, daß die Entscheidungen – jeweils nach Umfang des Staates – zu einem kleinen bis großen Teil von anderen, durch *Übertragung (Delegation)* ihrerseits dafür zuständig gemachten, Organen gefällt werden. Doch vereinbart sich das durchaus mit der absoluten Stellung der Pleokraten, weil sie aufs neue ebenfalls solche Entscheidungen grundlegend bestimmen können, wiederum entweder allgemein, z. B. mittels Gesetzen, oder besonders, mittels Anweisungen, Stellen(um)besetzungen usf. (Eingriffsmöglichkeit). Mehr, mit ihr vereinbart es sich nun dieses Mal, daß – genauso unumgänglich – vor allem in örtlicher Beziehung – manchmal *ohne* oder gar *gegen* die Entscheidungen der Pleokraten gehandelt wird; sofern dies bloß in einem, die unbeschränkte Mehrherrschaft im *wesentlichen nicht verändernden* Ausmaß stattfindet. Da auch der hiermit umrissene Bereich *keinen festen* bildet, vielmehr einen *veränderlichen*, kann es durchaus so sein, daß die eine Pleokratie *mehr* und die andere *weniger* unbeschränkt ist, trotzdem *jede* eine *unbeschränkte* abgibt. In diesem Gesamtrahmen ist die Folge der Unbeschränktheit, daß die *übrigen Staatsorgane* in Sein, Haben und Verhalten von den Pleokraten, sei es unmittelbar, sei es mittelbar, *abhängig* sind; und andererseits, daß die *Zuständigkeit* letzterer *schließlich ungeteilt* ist sowie deren *Ausübung* durch sie eine *wirkliche* bzw. *mögliche* darstellt. An die Zuständigkeit ist desgleichen die zugehörige *Macht* geknüpft.

Die Gliederung in **ständische und nichtständische Mehrherrschaften** läßt die unbeschränkte in *beiden* bestehen.

Nun kann man die unbeschränkte Pleokratie auch **Autokratie, Selbstherrschaft,** nennen und entsprechend die unbeschränkten – jeweils zugehörigen – Pleokraten ebenfalls *Autokraten, Selbstherrscher.* Wie nämlich gezeigt, ist die Autokratie keineswegs auf die Einherrschaft beschränkt (o. I 2 a, vor α). Es gibt eben nicht bloß *den,* sondern – so wenig das gewissen Parteigängern gefällt – auch *die* Autokraten. Demgemäß wurde es bereits als zutreffend bezeichnet, daß neben der *„Autokratie"* durch „eine Einzelperson" als einzigen „Machtträger" gleicherweise die durch Mehrere als einzigen Machtträger, dessen „Macht ... absolut" ist, anerkannt wird (a.a.O.: LOEWENSTEIN). Seine Beispiele für solche Machtträger: „eine Versammlung, ein Komitee" und „eine Junta" (S. 28), bestätigen das.

Man kann aber die unbeschränkte Pleokratie desgleichen noch **Diktatur** nennen und dementsprechend die unbeschränkten – wiederum jeweils zugehörigen – Pleokraten *Diktatoren.* Auch die Diktatur ist eben, wie angeführt, nicht auf die Einherrschaft beschränkt (o. I 2 a, vor α). Es gibt folglich keineswegs nur *den* Diktator, vielmehr – so wenig zumal das gewissen Parteigängern gefällt – gleichermaßen *die* Diktatoren. Mit der Ausdehnung der Diktatur über den Einzelnen hinaus (a.a.O.: die zwei KÜCHENHOFF) und als Beispiel dem „Parlament in der Volksdemokratie" (S. 241 A), ist unausdrücklich ebenfalls eine nichtständische Mehrherrschaft als Diktatur anerkannt. Auch das erneut zutreffend mit dem Grund der *Gewaltenvereinigung* (o. I 2 a, vor α). Allerdings wird sich zeigen, daß der Kreis der Pleokraten in der sog. Volksdemokratie ein erheblich engerer ist.

Zwar stellen hiernach autokratische und diktatorische Mehrherrschaft dasselbe dar. Trotzdem wird auch zwischen ihnen ein Unterschied gemacht. Gewiß trifft es – hebt man wieder einzig auf die Gewaltenvereinigung ab – aufs neue die *Sache,* daß beispielshalber nicht allein der französische Wohlfahrtsausschuß mit ROBESPIERRE (o. 1 b) diktatorisch oder autokratisch war, sondern außerdem der österreichische Regentschaftsrat mit METTERNICH (o. 1 a). Dennoch ist es *weniger üblich,* den zweiten als diktatorisch zu bezeichnen und den ersten als autokratisch; *üblicher* indes, *umgekehrt* zu verfahren. Darin kommt eben – wiederum ohne Rücksicht auf Personen und ihre Taten oder Untaten – die Verschiedenheit von *ständischer* und *nichtständischer* Pleokratie zum Ausdruck. Dies läßt sich aber dadurch berücksichtigen, daß einesteils **allein die ständische,** soweit sie unbeschränkt ist, als **Autokratie (Mehrheitsautokratie)** bezeichnet wird und *allein* die unbeschränkten Standesvertreter als *Autokraten (Mehrheitsautokraten)* sowie andernteils **nur die nichtständische,** soweit sie unbeschränkt ist, als **Diktatur (Mehrheitsdiktatur)** und *nur* die unbeschränkten Nichtstandesvertreter als *Diktatoren (Mehrheitsdiktatoren).* Zwar wird hier nunmehr nach dieser *aufteilenden* Kennzeichnung vorgegangen, doch ohne daß damit die nichtaufteilende als verfehlt abgelehnt würde.

Die **unbeschränkte ständische Mehrherrschaft,** die absolute Pleokratie als Mehrheitsautokratie, wurde bereits unausdrücklich berührt. Dazu das Folgende.

Erstens als Beispiel **Rom** unter der Herrschaft von ANTONIUS, LEPIDUS und CAESAR (OCTAVIANUS) (o. 1 a). Die Unbeschränktheit dieser Mehrherrschaft zeigt insbesondere dies: In ihrem – beim späteren Bologna – geschlossenen „politischen Bündnis ... wurde" zumal „vereinbart, daß die drei Führer als Triumvirn für fünf Jahre umfassende Vollmachten übernehmen sollten"; und dem genügte die lex Titia dadurch, daß sie die Drei „auf fünf Jahre zu Triumvirn" erhob „mit dem umfassenden Auftrag, den Staat zu ordnen". Dies wurde bereits festgestellt (o. I 1 b: zu VOGT). Seinen äußeren Niederschlag fand das vor allem in der – zuvor auch schon vereinbarten – „Entfernung der politischen Gegner": „gegen 300 Senatoren und 2000 Ritter fanden ... ihren Untergang. Nicht nur politische Feinde fielen dem ... Willkürregiment der Gebieter zum Opfer, sondern auch viele politisch nicht belastete Bürger, deren Vermögen den Triumvirn zum Unterhalte ihrer Heere und zum Betrieb der Kriegsrüstung erforderlich schien. Unter den Gerichteten war auch Cicero", dessen „Haupt ... Antonius an der Rednertribüne aufstellen" ließ (S. 305). Wie OCTAVIANUS, der spätere AUGUSTUS, nach „der Schlacht bei Philippi ... das Haupt des Brutus vor Caesars Statue in Rom niederlegen" ließ (PAULY-HANSLIK, I, Sp. 764, Artikel: „Augustus"). Insgesamt ging es um eine Tyrannis als Mehrheitsautokratie.

Als zweites Beispiel **Österreich** unter der Herrschaft des Regentschaftsrates (o. 1 a). Das sog. „‚System Metternich' ... war" zugleich „das System des Kaisers", FRANZ I. (bis 1835) (BROCKHAUS, VI, S. 484 l., Artikel: „Franz", 2). Und das bedeutete die Verteidigung der „europ. Ordnung des Wiener Kongresses und" des „monarch. Absolutismus" – allerdings des aufgeklärten (o. I 2 a α) – „gegen alle aufstrebenden liberalen und nationalen Gedanken" (a.a.O., XIV, S. 33 r., Artikel: „Österreich"). Dieses System blieb nun jedoch während der Regentschaft – trotz teilweiser Gegnerschaft zwischen METTERNICH und dem vierten Mitglied des Regentschaftsrates, KOLOWRAT – grundsätzlich bis zum Sturz des ersteren (1848) erhalten. Zwar begann „nach 1840" ein „allmählicher Abstieg" des Systems. Doch in Österreich „selbst, ausgenommen Ungarn, hielten das harte Polizeiregiment und eine strenge Zensur alle freiheitl. Regungen nieder" (S. 33 r., S. 34 l.).

Die **unbeschränkte nichtständische Mehrherrschaft,** die absolute Pleokratie als Mehrheitsdiktatur, wurde in einem Beispiel gleichfalls schon unausdrücklich berührt.

Es ist **der französische Wohlfahrtsausschuß** (o. 1 b). Insonderheit seine – im Anschluß an militärische Rückschläge einsetzende – Schreckensherrschaft: „vom Sturz der Girondisten (2.6.1793) bis zum Sturz Robespierres (27.7.1794)" (BROCKHAUS, XVII, S. 10 r., Artikel: „Schreckensherrschaft"), ließ Frankreich damals eine Mehrheitsdiktatur sein, und zwar als despotische. Das bestätigt Folgendes: Im Anschluß daran, daß der Ausschuß im Juli 1793 die Exekutive an sich riß und die beschlossene Verfassung beiseite geschoben wurde (o. 1 b), „entwickelten die Jakobiner das erste große Beispiel einer von einer revolutionären Minderheit diktatorisch beherrschten radikalen Demokratie" (a.a.O., VI, S. 531 r., Artikel: „Französische Revolution"). Dies derart, daß sich in „Robespierre, der auch seine Rivalen", vor allem „Danton, hinrichten ließ, ... das Verdienst um die Rettung des revolutionären Frankreichs mit den Gefahren einer Diktatur" verband (S. 532 l.). Hierbei ist allerdings die Kennzeichnung als „Demokratie" völlig verfehlt. Ein Staat nämlich, der von einer „Minderheit diktatorisch" beherrscht wird, ist offenbar *keine Demokratie,* ja, da die Minderheit eine sehr kleine war, *nicht* einmal eine *Polykratie,* sondern lediglich eine *Pleokratie,* und zwar eine unbeschränkte. Und die „Rettung" hatte schreckliche Folgen.

Als Beispiel sei noch **die frühe Sowjet-Union** hinzugenommen. Was insoweit LENIN betrifft, so kann es zweifelhaft sein, ob er bloß der Erste unter sonst mehreren Gleichen war, nämlich Despoten, darunter zumal TROTZKIJ, so daß die Sowjet-Union von vornherein eine Mehrherrschaft darstellte; oder ob er bereits Alleinherrscher war, so daß die Sowjet-Union von vornherein eine Einherrschaft bildete. Wenn hier ersteres vertreten wird, dann insbesondere mit Rücksicht darauf, daß LENIN „die Zentralisierung der Macht in den Händen einer kleinen Führungsgruppe" erstrebte „(Errichtung des Politbüros und des Sekretariats 1919, Verbot der Fraktionsbildung 1921)" (BROCKHAUS, XI, S. 336 l., Artikel: „Lenin"). Es steht nicht entgegen, daß nach der kriegerischen Machtergreifung vom „25.10./7.11.1917" durch „die Bolschewiki" LENIN „als Vorsitzender des Rates der Volkskommissare an die Spitze des Staates" trat; ebenfalls nicht, daß er die „Diktatur der Partei ... im Namen des Proletariats bis zum Ende des Bürgerkriegs ... (bis zum Massenterror)" handhabte (a.a.O.). Nicht nämlich nur, daß die Machtergreifung nicht ohne den sie organisierenden TROTZKIJ möglich gewesen wäre, mehr, auch nicht der Sieg im Bürgerkrieg mit der von ihm organisierten und geführten Roten Armee (a.a.O., XIX, S. 44 l., r., Artikel: „Trotzkij"). So zeigt all dies, daß die Sowjet-Union damals nicht nur eine unverhüllte Diktatur war, sondern außerdem keine Einzel-, vielmehr eine Mehrheitsdiktatur. Freilich ging es nicht um eine „Diktatur der Partei", sondern bloß eine solche der *Parteiführung*. Doch die „Diktatur ... im Namen des Proletariats" zeigt zutreffend, daß es *keine* **‚Diktatur des Proletariats'** *selbst* gibt. Sie war und ist ein Name, zu dem sich keine Sache fand und findet: etwas lediglich Nominales, nichts Reales. Wie wenig übrigens LENIN – aber etwa auch TROTZKIJ – mit dem Proletariat zu tun hatte, ergibt für ersteren bereits seine Herkunft. So war er (eigentlich ULJANOW) Sohn „eines ... in den Adelsrang aufgestiegenen Gouvernementsinspektors für das Schulwesen und einer Arzt- und Gutsbesitzerstochter (geb. Blank)" (a.a.O., XI, S. 335 l.). Und für letzteren ergibt es schon seine berufliche Tätigkeit: „Redakteur" und „Publizist" (a.a.O., XIX, S. 44 l.). Daß aber auch der beiden gemeinsame Berufsrevolutionär aus ihnen noch keine Proletarier machte, ist klar.

In den hier behandelten Bereich gehört noch ein besonderer Fall: Wie gesagt, werden sich **die sozialistischen Staaten** nur scheinbar als Polykratien erweisen, tatsächlich aber zum Teil als nichtständische Pleokratien (dazu u. III 3 b, Anhang). Und als diese bilden sie nun zudem **unbeschränkte,** also **Mehrheitsdiktaturen.** Auch das ist jedoch erst später zu zeigen, und zwar zur Gewaltenvereinigung (u. B I 1 b). Erst damit werden abschließend Umfang und Gegenwartsnähe der unbeschränkten Mehrherrschaft eindeutig.

Zwar wird in Hinblick auf die Weimarer Nationalversammmlung von 1919 ausgeführt: „Die ... Lage einer ‚verfassunggebenden' Versammlung, die nach einer revolutionären Beseitigung der bisherigen Verfassungsgesetze zusammentritt, läßt sich am besten als ‚souveräne Diktatur' bezeichnen" (SCHMITT, S. 59); dies im Gegensatz zur kommissarischen (a.a.O.). Allein – daß alles, „was sie tut ... Ausfluß einer ihr unmittelbar übertragenen, durch keine Gewaltenteilung ... gehemmten politischen Gewalt" gewesen sei (a.a.O.), geht bereits aus folgendem Grunde an der Sache vorbei: Eine Diktatur liegt nur dann vor, wenn *alle* Gewalten – Gesetzgebung, Ausführung, Rechtsprechung – in dem obersten Organ *vereinigt* sind. Und gerade das war bei der Nationalversammlung offensichtlich *nicht* der Fall. Es gab keinerlei vorübergehende Mehrherrschaft.

Die unbeschränkte oder absolute Mehrherrschaft bildet, obschon sie als ständische autokratisch und als nichtständische diktatorisch ist, dennoch eine ***Repu-***

blik; stellt sie doch *keine Einherrschaft* dar: weder die erste eine fürstliche noch die zweite eine nichtfürstliche.

b) Die beschränkte Mehrherrschaft

Kennzeichnend für die relative Pleokratie im Vergleich zur absoluten ist zunächst, daß die **Mehreren** als *Haupt*quelle der Staatsgewalt auch bloß **über den Hauptteil der obersten Zuständigkeit verfügen;** erneut in Bezug auf Gesetzgebung – höchste Normgebung überhaupt –, Vollziehung oder Ausführung sowie Rechtsprechung. Hiermit haben sie indes nur die Möglichkeit, einen entsprechenden Teil der obersten Entscheidungen und der *darunter* befindlichen im Rahmen der drei Bereiche zu treffen bzw. zu lenken. Auch jetzt ist es zwar wieder unumgänglich so, daß ein Teil der Entscheidungen von anderen Organen getroffen wird, die dafür ihrerseits durch *Übertragung (Delegation)* erst zuständig gemacht sind; und daß bisweilen *ohne* oder sogar *gegen* die Entscheidungen der Pleokraten gehandelt wird. Doch vereinbart sich das mit der bereits zu den unbeschränkten Pleokraten gebrachten Begründung (o. a) desgleichen mit der Stellung der nun beschränkten. Ebenfalls der hiermit umrissene Bereich bildet *keinen festen,* sondern einen *veränderlichen.* Und so ist es nicht ausgeschlossen, daß zwar die eine Pleokratie *mehr* und die andere *weniger beschränkt* ist, dennoch *jede* eine *beschränkte.* In dem gekennzeichneten Gesamtrahmen bleiben als Folgen: erstens die – unmittelbare bzw. mittelbare – Abhängigkeit der *bereichserfaßten Staatsorgane* von den Pleokraten; und zweitens deren *insoweit letztlich ungeteilte Zuständigkeit* sowie ihre *wirkliche* bzw. *mögliche Ausübung* durch sie. Gleichfalls mit dieser Zuständigkeit ist die zugehörige *Macht* verbunden.

Sodann ist für die relative Pleokratie kennzeichnend, daß – jedenfalls – **ein anderes Organ** die beschränkende *Neben*quelle der Staatsgewalt ist und demgemäß **lediglich über den Nebenteil der obersten Zuständigkeit verfügt,** aufs neue in der gleichen, genannten Beziehung. Dies ist mit der Möglichkeit verknüpft, einen entsprechenden *Teil* der *obersten* Entscheidungen und zugehöriger *darunter* liegender zu fällen bzw. zu lenken. Auch zu seiner Zuständigkeit zählt die zugehörige *Macht.* Falls *mehr* als bloß *ein* beschränkendes Organ besteht, stellt ebenfalls dieses eine Nebenquelle dar.

Nach allem kommt es nicht auf Beschränkungen an, die *innerhalb* des Mehrheitsorgans vorliegen. Man denke etwa daran, daß in einer Versammlung von einigen Hundert als Pleokraten die jeweilige Minderheit durch die jeweilige Mehrheit beschränkt ist; oder noch daran, daß in einem aus zwei Personen bestehenden Staatsoberhaupt das eine Gliedorgan das andere insofern beschränkt, als jede Entscheidung Einhelligkeit voraussetzt. Beides ist nämlich gleicherweise in einer unbeschränkten Pleokratie möglich.

Mit der Gliederung in **ständische Mehrherrschaften und nichtständische** besteht auch die beschränkte in *beiden.*

Die **beschränkte ständische Mehrherrschaft** oder die relative ständische Pleokratie wurde bereits unausdrücklich berührt.

Trotz der gekennzeichneten Machtfülle des Senats **im republikanischen Rom** (o. 1 a) war seine Herrschaft doch keine unbeschränkte. Es sei insoweit daran erinnert, daß die Comitia „über Krieg und Frieden", „über Gesetzesanträge, Wahlvorschläge und Strafanklagen" entschieden (a.a.O.). Dies derart, daß sie ihnen „vorbehalten waren" (MEYER, S. 196). Und obwohl die „patrum auctoritas", nachdem sie schon vor der Volksversammlung erteilt werden mußte, zumal noch bedeutete, „daß keine Anträge an die Volksversammlung gelangen konnten, die nicht vorher die Zustimmung des Senats gefunden hatten“ (o. 1 a), – es bedeutete dies trotzdem nicht, daß die Volksversammlung nunmehr stets dem Antrag zustimmte. In jedem Fall ging es nicht ohne ihre Zustimmung. Daß die vorweg erteilte patrum auctoritas „zu einer reinen Formalität geworden zu sein“ scheint (Meyer, S. 205), ändert an dieser Lage nichts. – Für **das kaiserliche Rom** sei an die gemeinsame Herrschaft von Mark Aurel und Verus erinnert (o. 1 a). Auch sie war beschränkt. Wie nämlich – die Fälle der unbeschränkten Monarchie ausgenommen – die Herrschaft *eines* Augustus eine durch den Senat beschränkte *Monarchie* darstellte, also *keine Dyarchie* (a.a.O.), so die *zweier* Augusti eine durch dasselbe Organ beschränkte *ständische Pleokratie* als *Dyarchie*.

Ein weiteres Beispiel einer beschränkten ständischen Mehrherrschaft bildet **das alte Deutsche Reich** seit 1648 bis zu seinem Untergang. Es wurde bereits – im Gegensatz zur ständischen Monarchie – als **fürstlicher Ständestaat** bezeichnet (o. I 2 b α). Abschließend mit dem Westfälischen Frieden, erlangten nämlich die Reichsstände auch jenen Vorrang vor dem Kaiser, der nicht mehr *sie* – in ihrer *gestärkten* Stellung – eine Beschränkung des *Monarchen* sein ließ, vielmehr den *Kaiser* – in seiner *geschwächten* Stellung – zu einer Beschränkung der *Stände* machte. Er war von der Haupt- zur Nebenquelle der Staatsgewalt geworden, die Stände waren es von der Neben- zur Hauptquelle. D. h., wie der Kaiser in Bezug auf das *Reich* endgültig aufgehört hatte, ein fürstlicher *Monokrat* zu sein, wenngleich ein beschränkter, so war insofern aus ihm als fürstlich-*monarchischem* Staatsoberhaupt ein lediglich *fürstliches* geworden: Er war nur noch *nominal* Monarch, aber nicht mehr *real,* bloß *formell,* doch nicht mehr *materiell.* Daß der habsburgische Kaiser vor allem in Hinblick auf *Österreich* noch *Monarch* war, ist eine *andere, nicht* seine Stellung als *Reichs*oberhaupt betreffende, Sache; wenngleich dies seine Stellung als *Landesfürst* die *stärkste* im Reich sein ließ. Wie bereits festgestellt, gestand der Westfälische Friede den im Reichstag vereinigten Ständen ausdrücklich, gesetzlich, die Rechte zu, die sie zuvor bereits unausdrücklich, gewohnheitlich, besessen hatten; zumal geregelt in Art. VIII, § 1 und § 2 Osnabrücker Friede, 1648. Es geschah in § 1 allgemein, in § 2, 1 zuerst generalklauselartig und dann in einer Aufzählung wichtigster Beispiele: vom Erlaß oder der Auslegung von Gesetzen über die Beschließung eines Krieges bis zur Schließung eines Friedens oder von Bündnissen. Neu und entscheidend trat nun aber mit § 2, 2 Folgendes hinzu: „Vor allem aber“ – so heißt es dort – „soll das Recht, unter sich und mit dem Ausland Bündnisse für die Erhaltung und Sicherheit abzuschließen, den einzelnen Ständen immerdar freistehen, jedoch derart, daß dergleichen Bündnisse nicht gegen Kaiser und Reich und dessen Landfrieden oder besonders gegen diesen Vertrag gerichtet seien, sondern daß der Eid, durch den ein jeder dem Kaiser und Reich verpflichtet ist, unverletzt bleibt.“ Mit dieser Stellung jedoch, zu der auch „das aktive und passive Gesandtschaftsrecht“ gehörte (Schwerin-Thieme, S. 296, § 78), waren die Reichsstände zu den insgesamt vorrangigen Organen im Staat, dem Reich, geworden und der Kaiser zum nachrangigen, die Stände nur notdürftig beschränkenden Organ. Allerdings war das Reich mit dem Westfälischen Frieden noch *nicht* zu einem, *keinen Staat* mehr darstellenden *Staatenbund* geworden, sondern ein *Staat geblieben,* obschon ein sehr lockerer. Wie es auch – in manchem anders gestaltet als der Staatenbund – diesem gegenüber *notwendig* ein *Staatsoberhaupt* hatte, eben den Kaiser (zum Staatenbund u. B II, vor 1).

Die **beschränkte nichtständische Mehrherrschaft** oder die relative nichtständische Pleokratie wurde auch schon unausdrücklich berührt.

Als erstes Beispiel geht es um das **Andorras** (o. 1 b). Denn obwohl danach die beiden Vögte oder Statthalter die Oberherrschaft ausüben – sogar über die Vollziehung hinaus in Beteiligung an der Rechtsprechung –, beherrschen sie letztere doch keineswegs; auch nicht die Gesetzgebung. – Als zweites Beispiel handelt es sich noch um das **Griechenlands** unter den sog. Obristen (a.a.O.). Spätestens, nachdem sich diese verfassungsgesetzlich eingerichtet hatten, beherrschten auch sie keineswegs die drei Staatsgewalten, d.h. im geschilderten Rahmen nicht unbeschränkt.

Wird noch als *autoritärer* Staat desgleichen ein solcher verstanden, in dem „*Regierung und Gesetzgebung, oft auch* die *Verfassunggebung* und manchmal ... die oberste Gerichtsbarkeit *in der Hand eines*" – nicht bloß Einzelnen, sondern ebenfalls – „*Kollegial-Staatskabinettorgans*" liegen (KÜCHENHOFF-KÜCHENHOFF, S. 226, 3), so ist das unzutreffend. Zunächst dreht es sich um eine **Mehrherrschaft** und damit um **keine autoritäre Herrschaft**; denn diese ist an den *Einzelnen* gebunden, obschon auch an ihn als beschränkten (o. I 2 b β). Das gilt desgleichen zur Auffassung, die – außer auf „die Führung durch eine Einzelperson" – überdies auf eine durch „eine mehrköpfige oberste Behörde" abstellt (HELFRITZ, S. 241). Und sodann: Sind in einem Kollegialorgan *alle* obersten Zuständigkeiten vereinigt, so liegt eine *unbeschränkte* Mehrherrschaft als Mehrheitsdiktatur vor (o. a). Sind in ihm dagegen allein die gesetzgebende und ausführende Zuständigkeit vereinigt, so handelt es sich nur um eine *beschränkte*. Daß das Mehrheitsorgan „vom Volke oder von der Volksvertretung berufen ist" (die beiden KÜCHENHOFF, a.a.O.), *kann* erneut bloß wieder so sein, *muß* es jedoch *nicht*.

3. Unmittelbare und mittelbare Mehrherrschaften

Unmittelbar ist die Mehrherrschaft, wenn die Mehreren *selber* die Allein- oder Hauptquelle der Staatsgewalt abgeben, d.h., falls ihre Herrschaft *nicht* einem *anderen vertretenden* Mehrheitsorgan zur *eigenen* Ausübung *übermittelt* ist. Diese Lage ist die bislang wesentlich vorausgesetzte. Daher kann insofern auf das Dargetane zurückverwiesen werden: zu den ständischen wie nichtständischen Pleokraten sowie zu den unbedingten als unbeschränkten und den bedingten als beschränkten.

Mittelbar ist die Mehrherrschaft, wenn die Mehreren *nicht selber* die Allein- oder Hauptquelle der Staatsgewalt bilden, d.h., falls ihre Herrschaft einem *anderen, vertretenden* Mehrheitsorgan zur *eigenen* Ausübung *übermittelt* ist. Wie diese Lage bisher noch nicht behandelt wurde, so ist auf sie nunmehr näher einzugehen.

Auch jetzt liegt der Grund der Übermittlung wieder in der Unmöglichkeit von Herrschaft und Ausübung, diesmal durch die Mehreren; erneut wegen grundsätzlicher Verhinderung. Freilich ist dieser Fall selten, weil es sich eben um Mehrere handelt und diese – zumal wenn ihre Anzahl verhältnismäßig groß ist – kaum jemals alle verhindert sind. Doch ist er, wenn die Anzahl gering ist, wie alsbald an einem nochmals aufzugreifenden Beispiel zu zeigen, keineswegs ausgeschlossen. Aufs neue ist die Übermittlung auf unterschiedliche Art möglich, beispielsweise wieder durch Gesetz oder – gesetzes-, überhaupt normentsprechend – durch ein bestimmtes Staatsorgan oder mehr; oder sogar durch die Vertreter selber.

Wie es sich um eine **Vertretung** dreht, so kommt damit auch in diesem Fall Folgendes zum Ausdruck: Die Herrschaftsausübung stellt insofern eine *beschränkte* dar, als sie aus der bloß *vertretenden* Herrschaft – und zwar mittels Verdrängung der Vertretenden – *keine eigenständige,* d.h. erneut: *nicht* mehr *vertretende,* macht. Ebenfalls jetzt bedeutet dies beispielshalber den Ausschluß einer darauf gerichteten Verfassungsänderung.

Dieses Mal *muß* es sich beim **anderen Organ** folgerichtig um ein **Mehrheitsorgan** handeln. Eine Staatsform ist nämlich aufs neue dann einzig eine mittelbare, wenn und soweit die Übermittlung sie *dieselbe* sein läßt, wenn und soweit folglich *keine Ersetzung* durch eine *andere* erfolgt. Ist das andere Organ deshalb ein *Einzel*organ, so besteht *keine Mehr*herrschaft mehr, sondern schon eine *Ein*herrschaft: Die Pleokratie gäbe es *nicht* mehr *real* wie *materiell,* vielmehr nur noch *nominal* wie *formell.* Und das letztere auch lediglich deswegen, weil der Eine die *Mehreren vertritt.* Denn sachlich dreht es sich *nicht* mehr um *Mehrere* als Allein- oder Hauptquelle der Staatsgewalt, vielmehr bloß um *Einen.* Auch jetzt ist zwar die Unfolgerichtigkeit relativ ungerechtfertigt; aber absolut wäre sie es erst, wenn und soweit der Eine sich unrechtlich verhielte.

Das neue Mehrheitsorgan ist ein **vertretendes,** das alte ein **vertretenes** Organ: wiederum ein besonderer Fall verfassungsgesetzlicher Vertretung (hierzu o. 2. Abschn., B II 1). Danach wäre es unrichtig, an Stelle von *Vertretungs*organ, von *Repräsentations*organ in der Bedeutung zu reden, daß es die Mehreren *verkörperte* oder gar *vergegenwärtigte,* und also von diesem nicht als *vertretenem* Organ, vielmehr als *repräsentiertem.* Auf das hierzu näher Dargetane ist wieder zurückzuverweisen (a.a.O., C II, vor allem zu den zwei KÜCHENHOFF, SCHMITT und MAUNZ). Oder noch in der Bedeutung, daß die Mehreren und das für sie handelnde andere Organ eine *Einheit* abgäben (a.a.O.: JELLINEK, G.). Trotzdem wird ebenfalls insoweit wieder allgemein, also die mittelbaren Formen überhaupt betreffend, folgende Ansicht vertreten: daß die *„Obersten Staatsorgane"* „nur mittelbar an" der *„Ausübung der Staatsgewalt"* „beteiligt" seien, „indem andere Organe an ihrer Stelle, also als *Repräsentationsorgane"* wirkten (o. I 3: die beiden KÜCHENHOFF). Auch dazu ist, was die Mehreren betrifft, *soweit* sie vertreten werden, noch festzustellen, daß sie an jener Ausübung eben *nicht* beteiligt sind, nicht einmal „nur mittelbar".

Indem das Vertretungsorgan mit Wirkung für die vertretenen Mehreren handelt, ist es insonderheit unrichtig, davon zu reden, daß die Mehreren als Repräsentierte *durch* Mehrere als Repräsentanten handelten. Auf das hierzu näher Dargetane sei desgleichen zurückverwiesen (o. 2. Abschn., C II, zu JELLINEK, G., und MAUNZ). Da nämlich die vertretenen Mehreren – *als* Vertretene – *nicht* mehr an der Ausübung *beteiligt* sind, handeln sie auch *nicht* mehr *durch* die vertretenden Mehreren. In Entsprechung dazu bedeutet mittelbare Mehrherrschaft nicht, daß die Mehreren *mittelbar* herrschten, d.h. *über* die Vertreter, sondern daß die Vertreter auf Grund der ihnen *übermittelten* Herrschaft *für* die Mehreren herrschen. Dementsprechend erfolgt die Übermittlung, wie oben festgestellt, zur *eigenen* Ausübung durch das *vertretende* Organ.

Endlich wäre es hiernach gleicherweise unrichtig, davon zu reden, daß die Ausübung der Herrschaft durch das Vertretungsorgan den Mehreren als vertretenem Organ *zuzurechnen* sei. Auch auf das hierzu in Verbindung mit der sog. Repräsentation bereits näher Dargelegte (a.a.O.: zu MAUNZ und den beiden KÜCHENHOFF) sei zurückverwiesen. Zunächst drehte es sich aufs neue um eine bloße

Fiktion. Und sodann ist es ein Unding, den Mehreren die – rechtliche oder unrechtliche – Ausübung samt Verantwortung der Vertreter als *ihre* zuzurechnen. Es sind vielmehr die *Vertreter,* denen sie als *einzig Handelnden* zuzurechnen ist. Zwar kann die Ausübung für die vertretenen Mehreren *wirken,* d.h. sie zu ihren Gunsten oder Ungunsten *betreffen* (dazu o. 1. Abschn., A I); doch ändert das am Gesagten nichts.

Zusammengefaßt, verhält es sich tatsächlich so: Die *vertretenen Mehreren* sind lediglich noch *nominal* wie *formell* Pleokraten, doch *nicht* mehr *real* und *materiell;* und die *vertretenden Mehreren* sind zwar *real* wie *materiell* Pleokraten, indes nicht *nominal* und *formell.*

Was die **ständische und nichtständische Mehrherrschaft** betrifft, so wurde mit dem Condominium oder Coimperium bereits unausdrücklich ein einschlägiger Bereich berührt.

Hieraus sei nochmals auf das Beispiel **Andorras** (o. 1 b) zurückgegriffen. Damit, daß der französische Staatspräsident und der spanische Bischof von Urgel die Oberherrschaft über Andorra haben und sie „durch je einen Vogt (Viguier)" – oder „veguer" – „repräsentiert" werden (a.a.O.), stellt dieser Staat eine mittelbare Pleokratie dar. Dieses „repräsentiert" ist nämlich in der zutreffenden Bedeutung von ‚repräsentieren' zu verstehen (o. 2. Abschn., C II, Ende), d.h. als ‚vertreten'. Und damit ist es richtig, wenn auf die beiden Statthalter als „die beiden Vertreter von Frankreich u. Urgel" abgehoben wird (HABERKERN-WALLACH, S. 643 l., Artikel: „Vikar, vicarius", 2). Genau allerdings: auf die Vertreter des französischen *Staatsoberhaupts* und des *Bischofs* von Urgel. Kennzeichnet dies Andorra als mittelbare *nichtständische* Mehrherrschaft, – als gleiche *ständische* kennzeichnet sie für die frühere Zeit dies: Wie die beiden Statthalter „seit dem 13. Jh. ernannt" wurden (a.a.O.), so bestand ihre Vertreterstellung – außer für den jeweiligen Bischof – zunächst für den jeweiligen adligen Herrscher von Foix und danach für den jeweiligen französischen König (o. 1 b).

Zum **Condominium oder Coimperium** kann nunmehr abschließend noch das Folgende herausgestellt werden: Innerhalb der Staatslehre geht es, statt um den unter Oberhoheit stehenden *beherrschten* Staat, nur um die *herrschenden* Staaten (HELFRITZ, S. 113 i. V. m. S. 108ff.; JELLINEK, G., S. 396, 1 i. V. m. S. 394ff.). D.h. aber: Es handelt sich insoweit *nicht* um einen beherrschten *Staat,* sondern lediglich um ein solches *Gebiet;* wie dieses demgemäß *als Staat* geradezu *verneint* wird (JELLINEK, a.a.O.). Und es handelt sich demnach desgleichen *nicht* um seine *Form* als *Pleokratie,* schon gar nicht als *mittelbare.* Kurz, am Wesentlichen von Condominium oder Coimperium ist vorbeigegangen.

III. Die Vielherrschaft (Polykratie)

Vielherrschaften sind, wie bereits festgestellt, alle Staaten, in denen Quelle (Ursprung) der Staatsgewalt grundlegend *Viele* sind. Dies so, daß sie die *Allein-* oder die – vorrangige – *Haupt*quelle bilden. Das sind jene Menschen als Staatsorgan, näher Verfassungsorgan, bei denen – entsprechend – die Allein- oder Hauptsouveränität als höchste Gewalt liegt, und bei denen – wieder entsprechend – sich die staatlich-politische Freiheit als Allein- oder Hauptfreiheit befindet. Das bedeutet – gemäß dem jeweiligen Umfang der Vielen – eine kleinere oder größere Erweiterung dieser Freiheit gegenüber der in der Mehrherrschaft. Unter den obersten Staatsorganen, den Verfassungsorganen, stellen sie *das* oberste dar.

Auch die Vielen können – anders als bislang gesagt – aus *mehr* als *einem* Organ bestehen. Aber es gilt das bisher Ausgeführte und das noch Auszuführende erneut gleichfalls insoweit.

Diesmal sind *beide Grenzen:* die *obere* und die *untere, unfeste.* D.h., die Vielen können, wie aus Hunderten oder Tausenden von Menschen, so aus vielen Tausenden wie Millionen bestehen. Das hängt von der Größe des Staatsvolkes oder/und davon ab, wie viele aus ihm zu den jeweils Vielen gehören, z.B. nur Männer oder auch Frauen, von welchem Alter an oder etwa noch von welchem Besitz an.

Was die Einteilung der Vielherrschaft anbelangt, so gilt dies: Anders als bei der Monokratie in Bezug auf den *Einen* (o. I, vor 1) und bei der Pleokratie in Hinsicht auf die *Mehreren* (o. II, vor 1), läßt sich in Hinblick auf die *Vielen nicht* nach *ihrer* unterschiedlichen *gesellschaftlich-staatlichen* Stellung gliedern. Denn einmal ist für sie der Gegensatz ‚fürstlich oder nichtfürstlich' – anders als bei Einem – ersichtlich ohne Sinn; und zum anderen ist es für sie genauso der Gegensatz ‚ständisch oder nichtständisch' – anders als bei den Mehreren. Doch ist es sinnvoll, da auch Polykraten nun einmal Staatsoberhäupter haben, zunächst entsprechend *ihrer* gesellschaftlich-staatlichen Stellung zu gliedern, nämlich wieder in *fürstliche* und *nichtfürstliche.* Dabei haben allerdings die zwei Begriffe, weil es ja nicht mehr um die *Ein*herrschaft geht, eine *teils andere Bedeutung* als zu dieser; eine solche, die vom Gegensatz *‚regierender* oder *nichtregierender* Fürst' her bestimmt wird. Dies so, daß hier allein der *letztere* für das Gegenüber ‚fürstlich – nichtfürstlich' in Betracht kommt. Weiter handelt es sich entsprechend der *Ausschließlichkeit* oder *Nichtausschließlichkeit,* in der die Vielen den Ursprung der Staatsgewalt abgeben, um *unbedingte (absolute)* Vielherrschaften als *unbeschränkte* bzw. um *bedingte (relative)* als *beschränkte.* Und endlich dreht es sich, in Entsprechung zur *nicht übermittelten* oder *übermittelten* Herrschaft der Vielen um *unmittelbare* bzw. *mittelbare.* Ihr Zusammenhang ist folgender: Die fürstliche oder nichtfürstliche Vielherrschaft ist jeweils entweder eine unbedingte, unbeschränkte, oder bedingte, beschränkte, *und* entweder eine unmittelbare oder mittelbare. Damit wird gleichfalls in dieser Lage aus Gründen der Darstellung *getrennt,* was in der Wirklichkeit *zusammenbesteht.*

Entscheidet innerhalb der Vielen jeweils eine *Mehrheit,* geht auch jetzt die Staatsgewalt, genau genommen, von *ihr* als Allein- oder Hauptquelle aus. Das sind erneut die *erfolgreich Abstimmenden,* die das mit Wirkung desgleichen für die erfolglos Abstimmenden tun. Dies zeigt die *letztliche* Souveränitäts-, doch ebenfalls Freiheitsverteilung in den einschlägigen Polykratien. Damit, daß dies aber das eine Mal für diese und das andere Mal für jene Angehörigen der Vielheit gilt, läßt es die Stellung letzterer unberührt.

Zumal in der Polykratie besagt die Tatsache, daß grundlegend Viele als Allein- oder Hauptquelle der Staatsgewalt *das* oberste (höchste) Staatsorgan sind, noch *nicht,* daß sie immer zugleich das *oberste (höchste) Staatsamt besitzen,* also zugleich stets *Staatsoberhaupt* seien. Mehr, die Vielheit schließt das sogar durchgehend aus. Deshalb ist die große Regel, daß Besitzer des höchsten Staatsamtes Einer ist; doch kommen auch *Mehrere* in Betracht. Ersteres ist beispielsweise bei der fürstlichen Polykratie so, letzteres bei der nichtfürstlichen als direktorialen (zu dieser u. 1 b).

Bevor nun auf die Vielherrschaft in ihrer dargetanen Gliederung eingegangen wird, ist zuvor noch etwas Wichtiges zu klären: das *Verhältnis* von *Polykratie* und *Demokratie*. Wenn nämlich irgendwo in der Einteilung von Ein-, Mehr- und Vielherrschaft, dann kommt einzig die *letzte* als Ort der Volksherrschaft in Frage.

Vielherrschaft (Polykratie) und Volksherrschaft (Demokratie)

Jede *Demokratie* ist zwar *auch* eine *Polykratie;* aber nicht jede *Polykratie* ist *auch* eine *Demokratie*. Das zeigt die folgende Untersuchung.

Was zuerst das Verständnis der Demokratie als Voraussetzung angeht, so ergibt sich dazu:

In wörtlicher Übersetzung ist Demokratie gleich Volksherrschaft. Hiermit fragt sich aber, ob sie eine Herrschaft *des* Volkes ist, d.h. des *gesamten*, oder ob sie eine Herrschaft *aus* dem Volke ist, d.h. bloß eines *Teils*.

Näher liegt vorab die **erste Möglichkeit:** die **Herrschaft des gesamten Volkes.** Träfe sie zu, so müßte das *ganze* Volk *Quelle* der Staatsgewalt sein. Das wird häufig vertreten, z.B. mit der Meinung, daß *„in einer Demokratie ... die Gesamtheit des Staatsvolkes Träger der Staatsgewalt"* sei (KÜCHENHOFF-KÜCHENHOFF, S. 216, 2). Auch verfassungsgesetzlich hat dies seinen Niederschlag gefunden. Etwa darin, daß „Träger der Staatsgewalt ... das Volk" ist, „das von seinen im Reichstag versammelten Abgeordneten vertreten wird" (§ 1 I Finn. Verf., 1919). Denn der Reichstag vertritt das *ganze* Volk. Daß in beiden Fällen, statt zutreffend von *Quelle* oder *Ursprung* der Staatsgewalt, unzutreffend von ihren *Trägern* gesprochen ist, wurde schon gezeigt (o. vor I, Eigene Einteilung: zu den zwei KÜCHENHOFF). Die Gesamtheit des Volkes ist auch mit der Ansicht getroffen, daß „Demokratie" die „Identität von Herrscher und Beherrschten, Regierenden und Regierten, Befehlenden und Gehorchenden" sei (SCHMITT, S. 234 III). Die Beherrschten nämlich, Regierten und Gehorchenden gehören zum *gesamten* Volk. Ebenfalls dies fand – zumindest wesentlich – seinen verfassungsgesetzlichen Niederschlag. Beispielsweise darin, daß der „Grundatz" der französischen „Republik" ist: „Regierung des Volkes durch das Volk und für das Volk" (Art. 2 V Franz. Verf., 1958) („gouvernement du peuple, par le peuple et pour le peuple"). All das ist indes verfehlt. Einmal: Herrschende, Regierende und Befehlende einerseits sowie Beherrschte, Regierte und Gehorchende andererseits, kurz, Führende und Geführte, können *nie dasselbe* sein. Denn ‚identisch sein' besagt ja soviel wie ‚dasselbe sein' und nicht – auf irgendeine Weise – ‚gleich sein'. Es bezeichnet daher *nicht* „die umfassende, d.h. Regierende wie Regierte einschließende Identität des homogenen" – gleichartigen – „Volkes" (so jedoch SCHMITT, S. 235). Dabei erkennt er ersteres damit an, „daß die Verschiedenheit von Regieren und Regiertwerden, Befehlen und Gehorchen ... bestehen" bleibt (S. 236). Doch das hindert ihn nicht, an letzterem, der Identität, festzuhalten (S. 235, S. 237). Aber daraus etwa, daß „die Macht oder Autorität derer, die herrschen oder regieren ... nur auf dem Willen, dem Auftrag und dem Vertrauen derer" beruht, „die beherrscht oder regiert werden", folgt offenbar nicht, daß sich diese „auf solche Weise in Wahrheit *selbst* regieren" (so indes S. 235). Und zum anderen: Zu jedem Volk gehören gleichfalls *Kinder*, die in einem großen sogar nach *Millionen* zählen. Und von ihnen geht eindeutig *keinerlei* Staatsgewalt aus (wie sie auch keine tragen). Das gilt aber z.B. ferner noch für *Geisteskranke*. Daß zumal die Kinder nicht wählen dürfen, bestätigt nur die Lage. Werden die „Bedeutungen des Wortes ‚Volk'" als „Bevölkerung" und als „alle Staatsangehörigen" beiseite gelassen (S. 251f.), so ist es damit allerdings notwendig, daß an den Beherrschten, Regierten, Gehorchenden als Angehörigen des gesamten Volkes, einschließlich der genannten Kinder und Geisteskranken, vorbeigegangen wird. Die gesamte Lage kennzeichnet folgende Äußerung: Wo „die Verfassung einer Republik in irgendeiner Form den Gedanken zum Ausdruck bringt, daß die *Staatsgewalt beim gesamten Volke* liege, beruht dies auf einer reinen *Fiktion*" (HELFRITZ, S. 141 f.); etwas, das desgleichen für einschlägige Äußerungen von Staatslehrern und Politikern gilt. Für eine solche Fiktion gibt es aber nicht den geringsten Grund. Sie ist ein *politisches Märchen* und läßt die Demokratie geradezu als etwas *Unmögliches, Sinnloses*, ja, *Lächerliches* erscheinen. Und der halbwegs Kritische glaubt sich zum Narren gehalten.

Hiernach bleibt ausschließlich die **zweite Möglichkeit**: die **Herrschaft eines Teils des Volkes.** Träfe sie zu, so wäre also ein *Teil* des Volkes Quelle der Staatsgewalt, allerdings eine Vielheit, überdies eine besondere. Ebenfalls das wird häufig vertreten. Es ist beispielshalber mit der Ansicht so, wonach in der Demokratie „die Mehrheit" „der Einwohner" „an der Bestimmung der Staatsgeschicke" teilnimmt (NAWIASKY, Staatsgesellschaftslehre, II, S. 134, 11). Ähnlich ist die weitere Ansicht, nach der in der Demokratie alle „erwachsenen, in der Regel bloß" die „männlichen Staatsbürger an der höchsten staatlichen Herrschaft" teilnehmen (JELLINEK, G., S. 717 d). Gleichfalls das hat verfassungsgesetzlich seinen Niederschlag gefunden. So etwa darin, daß alle „Staatsgewalt ... vom Volke" ausgeht und „vom Volke in Wahlen und Abstimmungen" usw. „ausgeübt" wird (Art. 20 II GG, 1949). Denn derart ausüben kann sie nur ein Teil des Volkes; wie sie damit auch nur von einem Teil ausgehen kann. Beides gilt desgleichen folgenden Bestimmungen: Art. 2 I 2, II 1 Bayer. Verf., 1946, wonach das „Volk" – allerdings fälschlich als „Träger der Staatsgewalt" – „seinen Willen durch Wahlen und Abstimmungen" kundtut. Denn auch das vermag bloß wieder ein Volksteil. Insoweit liegt weder eine Fiktion noch ein politisches Märchen vor.

Nach dieser Entscheidung zu Gunsten der zweiten Möglichkeit stellt sich jedoch die Frage nach der genauen **Zusammensetzung der besonderen Vielheit.**

Auf Grund der zuletzt gebrachten verfassungsgesetzlichen Bestimmungen scheint sie das *Wahl-* bzw. *Abstimmungsvolk* zu sein. Beide sind dasselbe, nur daß nach herrschender Lehre die Abstimmung eine *Sach*entscheidung ist, z. B. bezüglich eines Gesetzes, und die Wahl eine *Personen*entscheidung, z. B. bezüglich eines Staatspräsidenten. Allerdings wird auch von *Wählenden*, was *Personen* betrifft, abgestimmt und von *Abstimmenden*, was *Sachen* angeht, *gewählt*. Wer wählt, stimmt ab, wer abstimmt, wählt: Die Wahl ist eine personenbezogene Abstimmung *(Personalplebiszit)*, die Abstimmung eine sachbezogene Wahl *(Realplebiszit)*. Doch soll dies an der herrschenden Unterscheidung nichts ändern. Abkürzend, sei dennoch allein auf das *Wahl*volk abgestellt. Danach wäre nun *dieses* Quelle der Staatsgewalt. Unter dem Wahlvolk ist indessen der Inbegriff der sog. *Wahlberechtigten* zu verstehen. So z. B., wenn auf die „Herrschaft des Volkes (in Wirklichkeit der Stimmberechtigten)" abgehoben wird (HELFRITZ, S. 161, 5). Dies steht bereits unter Ausschluß all jener, die keine Wahlberechtigung haben, wie beispielsweise gewisser Verbrecher und Wahlunfähiger. Doch scheiden aus den Wahlberechtigten dann zum einen alle aus, die *nicht* wählen. Zum anderen scheiden alle aus, die *ungültig* wählen. Und schließlich scheiden noch alle aus, die zwar *gültig* wählen, doch mit ihrer Wahl *keinen Erfolg* erzielen; beispielshalber, weil sie keinen Kandidaten durchbringen. Das ist etwa dann so, wenn eine – zur Vermeidung von Splittervertretungen – angeordnete Mindestanzahl gültiger Stimmen nicht erreicht wird; oder wenn bei einer Mehrheitswahl der Kandidat, für den gültig gestimmt ist, dennoch weniger Stimmen erhält als sein Gegner und so nicht durchgebracht wird. Das Gemeinsame dieser Fälle ist jedoch, daß von den ausscheidenden Wahlberechtigten *keine Staatsgewalt* ausgeht: Sie sind *nicht* Quelle von Staatsgewalt. Damit läßt sich aber umgekehrt sagen: **Quelle der Staatsgewalt** sind aus dem Wahlvolk einzig die *erfolgreich* Wählenden; es ist **bis hierher das erfolgreiche Wahlvolk.** Hierbei ist das *erfolgreiche nicht* stets das *siegreiche* Wahlvolk. So sind beide zwar ein und dasselbe bei der Wahl eines Staatspräsidenten. Doch sie sind es nicht bei der Wahl eines aus zwei gegnerischen Fraktionen bestehenden Parlaments. Denn auch die an Zahl unterlegene Fraktion wurde zwar von einem insoweit erfolgreichen Wahlvolk, indes – gegenüber der an Zahl überlegenen Fraktion – nicht siegreichen durchgebracht: Dem zwar unterlegenen Teil des Wahlvolks und trotzdem erfolgreichen steht der siegreiche Teil und außerdem erfolgreiche gegenüber. Hiernach ist es aber zu eng, als das hier insgesamt in Frage stehende „Volk" die „einfache oder qualifizierte Mehrheit der abstimmenden Wähler oder Stimmberechtigten" (SCHMITT, S. 251, 2) zu kennzeichnen.

Doch diese Bestimmung der Vielheit genügt noch nicht. Wenn JELLINEK – wie oben zitiert – für die Demokratie auf alle „erwachsenen, in der Regel bloß" die „männlichen Staatsbürger", abhebt, dann ist das lediglich für die „erwachsenen", nicht aber auch für die „bloß ... männlichen Staatsbürger" richtig. Die *Beschränkung* auf die *Männer* als Erwachsene läßt einen Staat nur eine *Polykratie* sein; und erst die **Erweiterung auf die Frauen als Erwachsene macht aus dem Staat eine Demokratie.** Es geht also um *sämtliche* Erwachsenen. Das ist insbesondere deutlich, wenn die Zahl der erwachsenen Frauen eines Staates jener der erwachsenen Männer ungefähr gleichkommt oder sie gar mehr oder weniger übertrifft. Bedenkt man hiernach, daß im „19. Jahrh." noch „allgemein nur das Wahlrecht der Männer" bestand und erst „im 20. Jahrh. ... sich fast überall das Frauenwahlrecht als ein Gebot der Allgemeinheit und Gleichheit des Wahlrechts durchgesetzt" hat (BROCKHAUS, XIX, S. 782 r., Artikel: „Wahl"), so bedeutet dies, daß es erst mit letzterem *Demokratien* gibt. Es mochte daher so mancher Staat auch *vor* der Festsetzung des Frauenwahlrechts sich eine Demokratie genannt haben oder so genannt worden sein, sogar eine *große* Demokratie, – tatsächlich war er es jedoch erst *nach* dieser. Anders gesagt: Was Demokratie ist, bedeutet keine Ansichtssache. Mit der Einführung des Frauenwahlrechts wurde also nicht eine *engere* Demokratie, die der Männer, zu einer *weiteren*, auch einer der Frauen, *entwickelt*, sondern aus einer *Polykratie* erst eine *Demokratie gemacht*. Hiermit ist es aber nicht so, daß das „Wahl- und Stimmrecht der Frauen" (SCHMITT, S. 252, 1) mit zu den *„Folgerungen ... der Demokratie"* gehört (a.a.O., § 19), vielmehr gehört es zu ihrer *Begründung*. Überraschend wie erstaunlich ist die bereits Ende des 18. Jahrhunderts erfolgte Feststellung, daß zwar „überall das ganze weibliche Geschlecht ... von aller öffentlichen Teilnahme ausgeschlossen" sei, man dennoch aber „immer noch eine ... ware Demokratie" nenne, „wo alle volljährige MannsPersonen zugelassen sind" (SCHLÖZER, S. 125 f.). Allerdings wird dies nur als Grund dafür genommen, daß es „keine reine Demokratie" gebe (S. 125 III), nicht hingegen dafür, daß damit *keine Demokratie* vorliegt, sondern bloß eine *Polykratie*. **Quelle der Staatsgewalt in einer Demokratie ist somit bis hierher der erfolgreiche Teil des die wahlberechtigten Erwachsenen (Männer und Frauen) umfassenden Wahlvolks.**

Aber auch diese Bestimmung der Vielheit reicht noch nicht. Zur Polykratie und folglich ebenfalls zur Demokratie gehört wesenhaft, daß die *Mehrheit* entscheidet, so daß, sich mit der „Minderzahl der Volksgenossen" zu begnügen (JELLINEK, G., S. 718), verfehlt ist. Denn es geht mit dem erfolgreichen Wahlvolk als *Teil* im Verhältnis zum Wahlvolk als *Ganzem* um die Mehrheit in eben diesem Ganzen. Und das heißt: Nur dann, wenn das erfolgreiche Wahlvolk mehr als die Hälfte des *gesamten* Wahlvolks umfaßt, demnach gleich der **Mehrheit der Erwachsenen** ist, liegt eine *Demokratie* vor. Andernfalls, d. h., wenn das erfolgreiche Wahlvolk lediglich die Hälfte des ganzen umfaßt oder gar weniger, liegt nur eine *Polykratie* vor. Einzig im ersten Fall geht eben die Staatsgewalt von einer *Mehrheit* aus, im zweiten dagegen *nicht* von einer *Mehrheit* bzw. gar von einer *Minderheit*. Dies hat nun bestimmte Folgen. Erstens: Staaten können sich – zumal in geschriebenen Verfassungen – noch so sehr *Demokratien* oder *demokratisch* nennen, oder sie können noch so sehr derart genannt, ja, sogar gepriesen werden, – sie bilden dennoch, falls das erfolgreiche Wahlvolk die Hälfte des gesamten Wahlvolks nicht übersteigt, bloß *Polykratien*. Zweitens: Die Demokratie ist *nichts Feststehendes*. Entscheidet nämlich in einem Staat etwa bei *dieser* Wahl zu einer Volksvertretung die *Mehrheit* des Wahlvolks, doch tut es bei der *nächsten* Wahl eine *Minderheit* und danach wieder eine *Mehrheit*, so ist die Vielherrschaft bloß im ersten und dritten Fall auch noch eine Volksherrschaft, im zweiten hingegen nicht. Ausschließlich in jenen liegt eine *demokratische Legitimation* vor, in diesem aber nurmehr eine – nichtdemokratisch – *polykratische*. Und so etwas kommt, wie die Erfahrung lehrt – z. B. bei Wahlen in den Vereinigten Staaten von Amerika und in der Schweiz, einschließlich der Kantone –, oft genug vor. Stimmen daher etwa zu einer Präsidentenwahl 65% des Wahlvolks gültig ab, und entfällt davon auf die siegreiche Partei die gute Hälfte, so ist die anschließende Wahl des Präsidenten durch die sog. Wahlmänner zwar *polykratisch*, aber *nicht demokratisch* begründet. Und drittens: Auch wo die genannte Mehrheit durch das erfolgreiche Wahlvolk erreicht wird, kann trotzdem der betreffende Staat noch *mehr* oder *weniger* demokratisch sein. Er ist ersteres, je weiter die Mehrheit über die Hälfte des Wahlvolks hinausgeht; und er ist letzteres, je geringer sie das tut. Insgesamt ist es in der Tat so: Die Demokratie muß stets *neu erworben* werden; und sie muß, will sie es *überzeugend* sein, stets nicht lediglich *etwas*, sondern *weit* das Mindestmaß für ihr Vorliegen *übertreffen*. Die Selbstkennzeichnung eines Staates als Demokratie oder seine Fremdkennzeichnung muß daher, wenn sie zutreffend sein soll, immer *neu bewahrheitet* werden. Oder sie ist – jedenfalls teilweise – ein leeres Wort. **Quelle der Staatsgewalt in einer Demokratie ist mithin abschließend das erfolgreiche, die Mehrheit der Erwachsenen (Männer und Frauen) umfassende Wahlvolk.**

Zusammenfassend, ist nach alledem zu sagen: Soweit die Demokratie als Herrschaft *des* Volkes verstanden wird, ist das unrichtig. Soweit sie jedoch als Herrschaft *aus* dem Volke begriffen wird, ist das richtig, sofern die Vielheit aus dem Volke als das erfolgreiche Wahlvolk, das die Mehrheit der Erwachsenen umschließt, aufgefaßt wird. Daß dies, zumal letzteres, insbesondere so manchem sog. Demokraten nicht gefällt, ändert dennoch an ihm nichts. Das sind die *Wort-*, nicht *Tat*demokraten.

Mit dem wiedergegebenen Inhalt ist der Ansicht vom „eigentlich demokratischen Prinzip" als „einer größtmöglichen Mitwirkung möglichst vieler" (ZIPPELIUS, 9., S. 256) zuzustimmen.

Bildet ein Staat, der die erwachsenen Frauen aus dem Wahlvolk ausschließt, schon damit keine Demokratie, sondern bloß eine Polykratie, so tut dies erst recht folgender Staat: Es ist der, in dem – zusätzlich zu den Frauen oder nicht – **bei Ausschluß der Erwachsenen gewisser Bevölkerungsteile vom Wahlvolk nur eine Viel-, doch keine Volksherrschaft** vorliegt. Dafür Beispiele.

Zum **Altertum** ist es als sog. demokratischer Stadtstaat **Athen,** überhaupt Attika. „Im ganzen mag um die Jahrhundertmitte“ – 450 v. Chr. – „Athen 110000–150000 Menschen, Frauen und Kinder eingerechnet, ... gezählt haben.“ Bei „einer Bürgerschaft von etwa 25000 erwachsenen Männern“ muß man „gegen 20000 Metöken ... annehmen“ sowie „Kaufsklaven“ in einer Anzahl, die „etwa der Zahl der Bürger gleichkommt“ und „sich unaufhörlich mehrt“ (BERVE, I, S. 288). „Für Attika vermutet man E. 5. Jh. 60000–80000 Sklaven“ (PAULY-VOLKMANN, V, Sp. 231, Artikel: „Sklaverei“). Sklaven übrigens, die „im Haushalt als Diener und Pädagogen“, ferner als „Landarbeiter, als Handwerker im“ Betrieb „des Herrn, als Bankangestellte, Ärzte, Musiker“ arbeiteten; ja, „Staats- und niedere Tempelämter waren mit Sklaven besetzt“ (Sp. 231 f.). Tatsachen, die schwerlich der gängigen Vorstellung von Sklaven entsprechen; wie sich auch in „Athen ... Bürger und Sklaven nicht in der Kleidung“ unterschieden (Sp. 232). Läßt man nun die ohnehin ausgeschlossenen erwachsenen Frauen unberücksichtigt; nicht so aber die erwachsenen Männer unter den Metöken, die insgesamt „keine ‚politischen‘ Rechte“ besaßen, doch als „Nichtbürger ... einen integrierenden Bestandteil der Polis Athen“ bildeten (a.a.O.-BELLEN, III, Sp. 1276f., Artikel: „Metoikoi“); und auch nicht die erwachsenen Männer unter den Sklaven, die – wieder insgesamt – von „polit. Rechten ausgeschlossen“ waren (a.a.O.-VOLKMANN, V, Sp. 232), – so ergibt sich schon mit diesen Ausschlüssen Folgendes: Athen war in seiner großen Zeit *keine Demokratie,* sondern lediglich eine *Polykratie.* Daß es dennoch selbst heute weiter Demokratie genannt wird, ist hiernach, als Ausdruck von Unkenntnis, grundfalsch. Die bekannte Auffassung aber, daß das alte Griechenland – und zwar gerade in Hinblick auf Athen – die *Geburtsstätte der Demokratie* gewesen sei, ist nichts als ein *politisches Märchen.* Näher kommt es der Sache, wenn die „unmittelbare Demokratie des griechischen Stadt-Staates“ als eine „in Wirklichkeit ... breit angelegte ... Oligarchie“ bezeichnet wird (LOEWENSTEIN, S. 25); wenngleich mit dieser behaupteten Mehrherrschaft an der tatsächlichen Vielherrschaft vorbeigegangen ist. Im besonderen ist es noch verfehlt, der Beschränkung „des Staates“ durch „die antike Staatslehre“ „auf freie Menschen“ zuzustimmen (so indes JELLINEK, G., S. 408). Genauso, auf der Demokratie für die Antike zu beharren, weil „die Sklaven vom Staate gänzlich ausgeschlossen“ und „einer selbständigen, vom Staate unabhängigen Gewalt, der häuslichen, unterworfen“ gewesen seien (S. 719). Außerdem waren die Sklaven im Staatsdienst ersichtlich *nicht* „einer ... vom Staate unabhängigen Gewalt ... unterworfen“. Zum Staat gehört eben gleichfalls der *Unfreie,* sofern er nur, wie das Beispiel Athens zeigt, mit der *Einrichtung* der Sklaverei *fest* in diesen *eingeordnet* ist. Heißt es deshalb zum alten Griechenland: „Auch die vollendete Demokratie ist immer noch die Herrschaft einer Minderheit der ansässigen Bevölkerung, zu der auch nichtbürgerliche Fremde und Sklaven ... gehörten“ (MEYER, S. 69; auch S. 80ff.), so trifft das zwar insofern nicht zu, als von „Demokratie“ gesprochen ist, doch insofern, als „Metoeken und Sklaven“ mit zur „ansässigen Bevölkerung“ gezählt sind (S. 82). Läßt man obendrein noch die ausgeschlossenen erwachsenen Frauen nicht unberücksichtigt, so ist die Staatsform Athens als bloße, nichtdemokratische, Polykratie geradezu besonders auffällig. Im übrigen gibt es nicht eine *antike*, vor allem attische, Demokratie und eine *moderne*, sondern nur *eine:* die gekennzeichnete.

Zur **Neuzeit** soll auf einen Staat eingegangen werden, der zwar von vornherein als Demokratie galt, es aber lange Zeit nicht war: die **Vereinigten Staaten von Amerika.** Dies geschieht freilich weniger mit der zutreffenden Begründung, daß sie bereits mit dem Ausschluß der erwachsenen Frauen vom Wahlvolk bis in das 20. Jahrhundert hinein bloß eine Polykratie waren; sondern es geschieht mehr mit einem anderen, ebenfalls seit ihrer Entstehung gegebenen, Grund. Zwar heißt es im Vorspruch Amerik. Verf., 1787: „Wir, das Volk der Vereinigten Staaten von Amerika, ... verordnen und errichten diese Verfassung für die Vereinigten Staaten von Amerika" („We the People ..."). Doch es waren die „wohlhabenden Leute, die die Verfassung eigentlich allein geschaffen haben" (STULZ, S. 107). Und so bleibt das „‚Volk'" vorab „noch im Hintergrunde": „Solange nur ein Zwanzigstel der Bevölkerung das Wahlrecht besaß, konnte das Volk noch nicht zu dem Gefühle kommen, daß es etwas zu sagen hatte" (a.a.O.). Das besagt jedoch zum einen: Anders als im Vorspruch der Virginia B. o. R., 1776, in dem von den „Vertretern der guten Bevölkerung" („of the good people") gesprochen ist, also – gleich, in welcher Bedeutung – sehr einschränkend, war die Abstellung auf das „Volk" überhaupt offen unwahr. Und es besagt zum anderen: Die Vereinigten Staaten waren nach ihrer Gründung nur eine Viel-, doch keine Volksherrschaft; das aber nicht etwa bloß in Hinblick auf die Negersklaven, vielmehr desgleichen auf Weiße. Was die Indianer angeht, so waren sie von vornherein sogar ausdrücklich ausgeschlossen (Art. I, Abschn. 2 III 1 Amerik. Verf.; später noch Zusatzart. 14, Abschn. 2, 1, 1868). Die Lage änderte sich erst allmählich. So führten „die neuen Staaten jenseits der Alleghanies, die meist von niedrigem Volke besiedelt waren", „das *allgemeine Männerstimmrecht* ein ... Das Herrscherrecht des Besitzes", also die Timokratie (o. vor I, Keine Staatsformen), „das bisher das Wahlrecht eingeschränkt hatte, trat hinter dem der Mehrheit zurück." Und bis 1815 hob im Osten eine Reihe der alten Staaten „die Wahleinschränkungen größtenteils auf" (STULZ, S. 168). Die – selbst jetzt noch weit übertrieben so genannte – „Tendenz zu stärkerer Demokratisierung" fand „ihren Ausdruck in einem erweiterten Wahlrecht", überhaupt einer fortschreitenden sog. „Demokratisierung des öffentl. Lebens"; und zwar unter Präsident A. JACKSON (1829–1837) und seinem Nachfolger M. van BUREN (1837–1841) (BROCKHAUS, XIX, S. 469 l., Artikel: „Vereinigte Staaten"). Doch bedeutete all das schon mit Rücksicht auf die „Sklaverei als die dem südstaatl. Gesellschaftssystem eigentüml. Einrichtung" (S. 469 r.) noch keineswegs eine Umbildung der Polykratie in eine Demokratie. Erstere war nur schwächer, letztere lediglich entfernt möglich geworden. Mit der „Emanzipation der Negersklaven (1. 1. 1863)" (S. 470 l.) und deren Bestätigung durch Zusatzart. 13, Abschn. 1 Amerik. Verf., 1865, sowie mit der Lösung des Wahlrechts „von Rasse, Farbe oder vormaliger Unfreiheit" durch Zusatzart. 15, Abschn. 1, 1870, wurden dann allerdings gewisse Grundlagen geschaffen. Aber auch nicht mehr. Es ging nämlich im Ergebnis nur um eine „formalrechtl. Gleichstellung der Neger" (BROCKHAUS, a.a.O.). Gegen Ende des 19. Jahrhunderts „verschärfte sich" gar „die Diskriminierung der Neger: Terror (Lynchen, Auspeitschungen u. a.), konsequente Rassentrennung in Verkehrsmitteln, Schulen, Gaststätten u. a. ..., nahezu gänzliche Verdrängung aus dem polit. Leben (Verhinderung der Teilnahme an Wahlen durch besondere Steuern, Bildungstests ...) sowie berufl. und soziale Deklassierung brachten noch eine Verschlechterung ihrer Lage" (S. 470 r., S. 471 l.; auch a.a.O.,

XV, S. 418 r., Artikel: „Rassenfrage"). Sozusagen eine Apartheid auf nordamerikanisch. Die Vielherrschaft war also, auch was die Neger betrifft, mit der Wende zum 20. Jahrhundert noch nicht überwunden und die Volksherrschaft bereits damit noch nicht errichtet. Bezüglich der Indianer kam es dagegen kaum zu einschlägigen Schwierigkeiten. Mit einem zumal „rassisch begründeten Überlegenheitsanspruch der Weißen" wurde ihr „Problem" – gleichsam grundsätzlich – „durch Zurückdrängung und weitgehende Ausrottung ... gelöst" (XV, S. 418 l.). Nach einschlägiger Definition: *„Völkermord"* (VII, S. 106 r., Artikel: „Genocid"). Wie sehr entspricht alledem doch, wenn am *„9. Januar 1900 ... Senator Beveridge vor dem US-Kongreß"* erklärte: Innerhalb „unserer Rasse hat Gott das amerikanische Volk gekennzeichnet als sein erwähltes Volk" (nach KERN, Dokumente, S. 11 l.): „‚God's own and chosen people' " (STULZ, S. 317). – Eine demokratische Vielherrschaft bilden die Vereinigten Staaten seit 1920 mit der Zulassung der Frauen zur Wahl (Zusatzart. 19, Zif. 1, Amerik. Verf.); sofern dann noch, wie gezeigt, die Wahlen demokratisch sind und nicht bloß polykratisch. Daß die „Vereinigten Staaten" – schon – „im neunzehnten Jahrhundert" eine sog. „konstitutionelle Demokratie" wurden (LOEWENSTEIN, S. 68), ist in der Tat grundverkehrt.

Mit allem ist besonders noch Folgendes deutlich: Während der Begriff ‚Polykratie' oder ‚Vielherrschaft' jedenfalls wesentlich *eindeutig* ist und damit *unmißverständlich*, ist **der Begriff ‚Demokratie' oder ‚Volksherrschaft'** genauso wesentlich **mehrdeutig** und folglich **mißverständlich** wie **mißbrauchbar.** Und zwar bildet das Unklare sowie Mißverständliche und Mißbrauchbare an ihm der Bestandteil ‚Demos' bzw. ‚Volk'. Denn dieser umfaßt in seiner geläufigsten Bedeutung das *gesamte* Volk, in einer weniger geläufigen nur das *Wahl*volk und in einer ungeläufigen bloß den *erfolgreichen, mehrheitlichen Teil* des aus den *wahlberechtigten Erwachsenen* bestehenden *Wahlvolks.* Doch erst mit letzterem ist es möglich, die Demokratie zu begreifen, mehr, in ihr als *demokratischer Polykratie* lediglich einen *Teil* der Polykratien *neben* dem der *nichtdemokratischen* festzustellen.

Es bedeutet nur eine Herausstellung, wenn hinzugefügt wird, daß **allein in der demokratischen Polykratie eine Volkssouveränität** besteht, nicht aber in der *nichtdemokratischen.* In ihr gibt es einzig die einer *bloßen* – nichtdemokratischen – *Vielheit.* Mehr, **allein in der Demokratie** besteht – in strengem Sinne des Wortes – **eine Volksvertretung,** in der Polykratie jedoch nur eine *Vielheits*vertretung. Den Volksvertreter macht eben noch nicht aus, daß er durch ein *Verfassungsgesetz* zum Vertreter des ganzen Volkes *erklärt* ist, sondern daß er – *vorweg* – von einer *demokratischen Vielheit gewählt* ist.

1. Fürstliche und nichtfürstliche Vielherrschaften

Beide Polykratien führen *keinen besonderen Namen.* So wäre es z. B. falsch, die fürstliche eine *monarchische* zu nennen; denn gerade *einherrschaftlich* ist sie ja als *Vielherrschaft nicht.* Ebenso wäre es noch falsch, die nichtfürstliche etwa als *demokratische* zu bezeichnen. Wie nämlich soeben gezeigt, kann sie desgleichen *nichtdemokratisch* sein.

a) Die fürstliche Vielherrschaft

‚Fürstlich' ist eine Polykratie, wenn das Staatsoberhaupt zwar *kein Monarch* mehr ist, also **kein regierender Fürst,** doch, notwendig dem Hochadel angehörend, insoweit *Fürst.* Dies macht den Unterschied zum *regierenden* Fürsten als

Monarchen (o. I 1 a). Nur der regierende ist eben Allein- oder Hauptquelle der Staatsgewalt, der nichtregierende jedoch ist weder das eine noch das andere; noch stellt er für die jeweilige Vielheit eine die Staatsform mitgestaltende Schranke dar. Er ist durch die Vielheit als Quelle der Staatsgewalt ersetzt. Diese ist *das* oberste (höchste) *Staats*organ, der Fürst nurmehr das oberste (höchste) *Amts*organ. Er kann indes – wie der regierende – *gewählt* sein; oder er ist, wie in der großen Regel, durch *dynastische Erbfolge* bestimmt. Die Erbfolge so begriffen, wie zur fürstlichen Monokratie ausgeführt (a.a.O.). Daß die Wahl durchaus nicht auf Lebenszeit erfolgen muß, zeigt das Beispiel Malaysias. Das „Staatsoberhaupt" – ein König – „ist einer der islam. Herrscher, der für fünf Jahre von dem Rat der Herrscher gewählt wird". Es sind das die Herrscher der „neun islam. Fürstentümer", die vor allem als Gliedstaaten den „Bundesstaat" bilden (BROCKHAUS, XII, S. 41 r., Artikel: „Malaysia"). Es geht in der Tat um einen „König im Turnus" (STAHR, S. 2). Nur – eine „Wahlmonarchie" ist Malaysia als „Demokratie" (a.a.O.) deshalb nicht, weil letztere nun einmal eine Polykratie und keine Monokratie abgibt. Als Staatsoberhaupt kann ebenfalls der nichtregierende Fürst z.B. ein Kaiser, ein König oder ein anderer Nichtherrscher des Hochadels sein. Hierzu sei etwa noch an den König von Belgien gedacht. Nach der Belg. Verf., 1831, ursprünglich ein konstitutioneller Monarch, „dem ... die Gesetzgebung, gemeinsam mit dem Parlament, und die vollziehende Gewalt" zustanden, ist er „heute faktisch auf die Repräsentativbefugnisse eines Staatsoberhauptes beschränkt ... Ein Vetorecht gegen die Gesetze des Parlaments übt er nicht mehr aus" (BROCKHAUS, II, S. 487 l., Artikel: „Belgien", 1). Die Artt. 26 Belg. Verf. (zur mitgesetzgebenden Gewalt des Königs) und 69 (zur Sanktionierung, Bestätigung, der Gesetze durch ihn) sind obsolet.

Falsch sind die geläufigen Bezeichnungen der fürstlichen Polykratie als einer *monarchischen Demokratie* bzw. *„demokratischen Monarchie"* oder als einer *parlamentarischen Monarchie* (die zwei letzteren jedoch bei NAWIASKY, Staatsgesellschaftslehre, II, S. 130, 9 bzw. S. 131). Denn mit einer Demokratie als *Viel*herrschaft ist eine Monarchie als *Ein*herrschaft *ausgeschlossen:* Eine Demokratie kann nicht monarchisch sein, eine Monarchie nicht demokratisch. Und mit einem parlamentarischen Staat, d.h. – wie noch zu zeigen – entweder einer nichtdemokratischen oder demokratischen *Viel*herrschaft, ist eine Monarchie als *Ein*herrschaft gleichfalls *ausgeschlossen:* Eine Vielherrschaft kann keine Einherrschaft sein. Hierbei ist nicht übersehen, daß die gebrachten Bezeichnungen ihren Grund darin haben, daß die entsprechenden Staaten – z.B. Belgien und Großbritannien – früher einmal *Monarchien* waren, also einen *regierenden* Fürsten an der Spitze hatten. Doch das rechtfertigt den verfehlten Sprachgebrauch nicht. Wird ein nichtregierender Fürst dennoch als *„Monarch"* bezeichnet, etwa für Großbritannien (BROCKHAUS, VII, S. 670 l., Artikel: „Großbritannien und Nordirland"), so gilt das folglich nurmehr nominal, aber nicht mehr real. Der Name ist geblieben, die Sache vergangen. Wird am Namen *„parlamentarische Monarchie"* festgehalten, obwohl erkannt ist, daß „keine Monarchie" mehr vorliegt (HELFRITZ, S. 150 C) und in „Zweifelsfällen ... die Zuständigkeitsvermutung für die Volksvertretung" spricht „(‚praesumtio pro populo')" (a.a.O.), so ist das besonders ungerechtfertigt.

Das bekannteste Beispiel einer fürstlichen Polykratie bildet nun das genannte **Großbritannien,** und zwar sowohl das einer nichtdemokratischen als auch einer demokratischen.

Der Weg zur nichtdemokratischen Polykratie führte von der Staatsform der beschränkten Monokratie als Monarchie über die Staatsform der ständischen Pleokratie. Die sog. Glorreiche Revolution, d.h. zutreffend: der Staatsstreich des Parlaments (1688), durch den der Erbstatthalter der Niederlande, WILHELM III., und seine Frau MARIA in England zur Nachfolge gelangten, bedeutete – entgegen einer bestimmten, entstellenden Geschichtsschreibung und einer demzufolge verbreiteten Meinung – „nicht ... den Sieg demokrat. Prinzipien durch die Errichtung der Parlamentssouveränität. Sie war nicht demokratisch, denn die polit. Macht blieb ... in den Händen des Hochadels und der Gentry" (BROCKHAUS, VII, S. 691 l., Artikel: „Großbritannien und Nordirland"), d.h. des niederen Adels, als dessen Mitglied tatsächlich „jeder Großgrundbesitzer" gilt (HABERKERN-WALLACH, S. 240 r., Artikel: „Gentry"). Und sie „brachte nicht die Parlamentssouveränität, denn der König besaß nach wie vor entscheidende Prärogativrechte (Ernennung der Minister, Einberufung und Beendigung der Session des Parlaments, Leitung der Außenpolitik, vor allem Entscheidung über Krieg und Frieden und das Recht zum Abschluß von Bündnissen ...)" (BROCKHAUS, a.a.O.). Man kann deshalb – aber auch wegen des noch bestehenden, die Gesetzgebung betreffenden, Vetorechts des Königs – für das Ende des 17. Jahrhunderts von einer **beschränkten Monarchie** in England sprechen: des Monarchen durch das Parlament. Die Hauptsouveränität lag beim König, die Nebensouveränität beim Parlament. England war – auf seine Weise – eine vorweggenommene konstitutionelle Monarchie. Hierbei unterstreicht die Stellung des Königs noch, daß für ihn die „kaiserliche Würde" („imperial dignity") in Anspruch genommen war (Zif. III 2 Act o. S., 1701). Dies nicht nur als „Ausdruck der Gleichstellung mit dem" deutschen „Kaisertum" (FRANZ, S. 523, Anm. 13), vielmehr desgleichen als der eines vorzeitigen englischen Geltungsbewußtseins. – Die Lage begann sich aber – noch langsam im 18. Jahrhundert, doch schneller im 19. – zu ändern. Das „Vetorecht ... gegenüber Gesetzen" wurde seit „der Königin Anna" (1702–1714), die es zum letzten Mal ausübte, „nicht mehr ausgeübt" (v. HIPPEL, Staatslehre, S. 321; näher JENNINGS-RITTER, S. 160). ANNAS Nachfolger, Kurfürst „Georg Ludwig von Hannover", als „GEORG I. (1714–27)" König, war zunächst landfremd. Und so trat er „hinter den leitenden Ministern und dem Parlament zurück" (BROCKHAUS, a.a.O., S. 691 r.): hinter Oberhaus (House of Lords) und Unterhaus (House of Commons); wobei davon abgesehen ist, daß König oder Königin auch zum Parlament gehört. Denn es besteht „rechtlich ‚aus den geistlichen und weltlichen Lords, den Gemeinen ... und der Königin'" (JENNINGS-RITTER, S. 164 C). Was zumal das Unterhaus angeht, so nahmen sein „Ansehen und Gewicht" „in der ersten Hälfte des 18. Jahrh. beträchtlich" zu. Und wie mit dem Verlust der amerikanischen Kolonien – außer Kanadas – „zugleich das von Georg III." (1760–1820) „noch einmal wiederbelebte persönl. Regiment" endete, so „verlagerte sich das polit. Schwergewicht" von nun an „eindeutig auf das Parlament" (BROCKHAUS, a.a.O.). Wie demgemäß auch „das Recht der Krone, eine Regierung zu entlassen, seit 1783 als überholt" gilt (v. HIPPEL, a.a.O.; näher JENNINGS-RITTER, S. 160, 9). Gleichfalls bis *dahin* lag nun offenbar noch keine Polykratie vor, schon gar keine demokratische. Vielmehr war es eine **ständische Pleokratie**: mit dem König einerseits und dem aristokratischen Parlament andererseits; ein Fall, in dem die Mehreren, wie gesagt, aus *mehr* als *einem* Organ bestehen (o. II, vor 1). Dies derart, daß – trotz wechselnden Gewichts – keiner Seite ein *entscheidender* Vorrang vor der anderen zukam. Immerhin war der König schon damals kein Monarch mehr, auch kein bloß eingeschränkter. König und Parlament hatten je eine Mitsouveränität. Die Ansicht eines damaligen Zeitgenossen des hannoverschen Kurfürsten bzw. britischen Königs: „der Monarch von Großbritannien ist eingeschränkt" (SCHLÖZER, S. 115), nämlich durch das Parlament, beurteilte also die Lage des Fürsten zu günstig. – Doch ebenfalls *seitdem*, also dem Ausgang des 18. Jahrhunderts, war Großbritannien noch keine Vielherrschaft. Vor der sog. „Reform Bill (1832)" betrug zwar „die Zahl der Wahlberechtigten ... etwa eine halbe Million". Doch wie das Unterhaus „praktisch nur durch eine Minorität von Privilegierten gewählt wurde" (BROCKHAUS, a.a.O., S. 692 r.) und das Oberhaus aus solchen bestand: Peers, Bischöfen und bestimmten Richtern (HABERKERN-WALLACH, S. 451 l., Artikel: „Oberhaus"), so war Großbritannien bis 1832 nur weiter eine *ständische Mehrherrschaft*. Allerdings eine solche, in welcher der Vorrang nun *entscheidend* beim Parlament lag; und in welcher der König – ferner, ohne Monarch zu sein – dessen freilich noch erhebliche Schranke bildete. Es ging also um eine **beschränkte ständische Pleokratie.** Die Hauptsouveränität lag beim Parlament, die Nebensouveränität beim König. – Erst mit jener Reformbill, die „eine gerechtere Verteilung der Wahlbezirke" bewirkte, „die Zahl der Wahlberechtigten" verdoppelte und die sog. *„Middle Class"* als „vollberechtigt" „in das polit. Leben" eintreten ließ (BROCKHAUS, a.a.O.), kann man die Anfänge einer – sich danach entfaltenden – **nur nichtdemokratischen fürstlichen Vielherrschaft** ansetzen. Von einer damals „beginnenden ... Entwicklung" des Unterhauses „zu einem Abgeordnetenhaus im Sinne der modernen Demokratie" (SCHMITT, S. 295, 1) kann daher zutreffend noch nicht die Rede sein. Anders deshalb an anderer Stelle SCHMITT selbst (S. 321 f.). Auch war diese Vielherrschaft noch erheblich *timokratisch* (dazu o. vor I, Keine Staatsformen), zumal das passive Wahlrecht betreffend (HABERKERN-WALLACH, S. 629 r., S. 630 l., Artikel: „Unterhaus"). Wesentlich vollendet wurde die Vielherrschaft durch die Reformbills von 1867 und 1884, die breiteren Kreisen – „allen Inhabern einer städt. Wohnung" bzw. „den ländl. Wohnungsinhabern", jeweils mit „vielen Arbeitern" – das Wahlrecht brachten (BROCKHAUS, a.a.O., S. 693 l., r.; näher SCHMITT, S. 322). Sie enthielt damit noch timokratische Reste; Beschränkungen, die den Wahlen zum damaligen norddeutschen bzw. deutschen Reichstag fremd waren. Von einer „Demokratisierung des Wahlrechts in den Reformen von 1867 und 1884" (LOEWENSTEIN, S. 46) ist zutreffend nicht zu reden. So läßt sich **seit dem Ende des 19. Jahrhunderts** für Großbritannien nur von einer **jedenfalls wesentlichen fürstlichen Polykratie** sprechen. Die Souveränität lag, was die *Entstehung* – zwar nicht des Parlaments insgesamt, aber – des Unterhauses betraf, bei einer *Vielheit*, doch was das *entstandene* Unterhaus sowie das Oberhaus betraf, auf Grund ihrer Unabhängigkeit beim *Parlament*. Dies kommt im Verhältnis zum Staatsoberhaupt noch darin zum Ausdruck, „daß der König das Parlament nicht ohne den Rat verantwortlicher Minister auflösen kann" (JENNINGS-RITTER, S. 161, 10). Übrigens findet sich um die Jahrhundertwende auch für Großbritannien eine Bemerkung über ein besonderes Verhältnis zu Gott. Es ist die von RHODES, wonach „‚Gott offenkundig die englischsprechende Rasse zu seinem auserwählten Werkzeug formt, durch welches er einen Zustand der Gesellschaft hervorbringen will, der auf Gerechtigkeit, Freiheit und Frieden gegründet ist'" (STEAD, WILLIAM T., The Last Will and Testament of C. F. Rhodes, S. 58f. i.V.m. S. 97f., London 1902; nach STERN, S. 363 l. i.V.m. S. 475 r.). RHODES „gilt als der bedeutendste Vorkämpfer des britischen Imperialismus" (BROCKHAUS, XV, S. 764 r., Artikel: „Rhodes"). Ein zweifellos ‚auserwähltes Werkzeug' ist nun zwar die englische Sprache. Aber das beruht, soweit ersichtlich, nicht auf Gott. Vielmehr beruhte und beruht es zumal auf einem solchen Ausmaß an – bildungs- wie tonfallunabhängiger – Gewöhnlichkeit und – grundlegender wie wegbereitender – Macht, daß in anderen Staaten eine wachsende sprachliche Selbst- bzw. Fremdkolonialisierung die fast schon notwendige Folge war und ist: englische Krankheit der Sprachen. – Von einer **demokratischen fürstlichen Vielherrschaft** kann zutreffend erst für das 20. Jahrhundert gesprochen werden. Der „Representation of the People Act von 1918 führte ... das volle, allgemeine, gleiche und unmittelbare Wahlrecht zum Unterhaus ein, für die Männer vom 21., für die Frauen jedoch erst vom 30. Lebensjahr an." Damit, daß der „Equal Franchise Act von 1928 ... die Frauen den Männern" gleichstellte (BROCKHAUS, XIV, S. 252 l., Artikel: „Parlament"), war die Entwicklung abgeschlossen. Das war etliche Jahre später als in Deutschland (Art. 22, 1 Deutsche RV, 1919). In Verbindung mit der im 19. und 20. Jahrhundert mehr und mehr auf eine formale Betätigung zurückgegangenen Mitwirkung des Königs, zumal in der Gesetzgebung (BROCKHAUS, VII, S. 670 l.), war Großbritannien also schließlich zu einer *Demokratie* geworden. Letztere viel früher anzusetzen, ja, auch bloß für das 19. Jahrhundert, stellt nach allem nur ein *politisches Märchen* dar. Die Souveränität, wie sie zuletzt gekennzeichnet wurde, änderte sich insofern, als sie, was die Vielheit angeht, zu der einer *demokratischen* Vielheit wurde; und was das Parlament betrifft, wesentlich zu einer solchen des *Unterhauses.* Doch darauf ist erst später einzugehen (u. 3 b, Ende). Immerhin steht bereits jetzt fest, daß für den dargetanen Zeitraum der britischen Verfassung richtigerweise *nicht* von einer **Parlamentssouveränität** *schlechthin* geredet werden kann.

Als weiteres Beispiel einer fürstlichen Polykratie sei noch **Schweden** angeführt. Auf Grund der Schwed. Regierungsform, 1809, war es **zunächst eine konstitutionelle Monarchie** (vor allem § 1: „Das Schwedische Reich soll von einem König regiert werden und ein erbliches Reich sein"; §§ 4f.: Ernennung eines Staatsrats und aus seinen „Mitgliedern" der Minister durch den König; § 14: Oberbefehl des Königs über „die Landes- und Seestreitkräfte"; § 87: Gesetzgebung durch den Reichstag und den König mit möglicher Ablehnung durch diesen). Mit der Schwed. Regierungsform, 1975, wurde Schweden – zuvor bereits stattgefundene Verfassungsänderungen hier unberücksichtigt – eine **fürstliche Vielherrschaft als Demokratie.** Nach Kap. 1, § 1 I, geht alle „öffentliche Gewalt ... vom Volke aus". Während der „Reichstag" gemäß § 3 als „erste Vertretung des Volkes" Gesetze erläßt, ist nach § 4 der „König" nurmehr „Staatschef des Reiches". Und wie es nach § 5 die „Regierung" ist, die „das Reich" regiert und „dem Reichstag verantwortlich" ist, so liegt gemäß Kap. 6, §§ 2ff. die Wahl des Staatsministers als des Hauptes der Regierung beim Reichstag und die Ernennung der – außer ihm – übrigen Staatsräte beim Staatsminister. „Der Staatschef", also der König, „wird" nach Kap. 5, § 1 lediglich „vom Staatsminister über die Angelegenheiten des Reiches unterrichtet gehalten"; und die „Regierung tritt unter dem Vorsitz des Staatschefs im Rat zusammen", nur „wenn es erforderlich ist". Der Einsatz der „Verteidigungsmacht" liegt grundsätzlich bei der „Regierung" (Kap. 10, § 9). Auf Grund Kap. 3, § 2 I schließlich hat das „Stimmrecht für die Wahl zum Reichstag ... jeder schwedische Staatsangehörige", der „am Wahltag ... das Alter von 18 Jahren erreicht hat". Damit übrigens, daß der König nur Staatschef ist, wird er zwar als Staats(ober)haupt bezeichnet, aber zutreffend nicht als Monarch, Einherrscher. Auch nachträglich stattgefundene Verfassungsänderungen (dazu Swed. Instr. of Government, 1989) bleiben unberücksichtigt, da sie das, worauf es ankommt, nicht berühren. So bestätigt der schwedische Reichstag, daß der „Staatschef" („Head of State") „keine Macht" mehr hat (SWED. RIKSDAG,

S. 14 c), seine „Pflichten“ vielmehr „hauptsächlich zeremonieller Natur“, förmlicher, sind (S. 18, 4). Wenn es dennoch heißt: „Sweden is a monarchy“ (a.a.O.), dann ist das allerdings, weil mit der Stellung des Königs unvereinbar, nicht zutreffend.

Auch innerhalb der fürstlichen Polykratie ist nach der Art, in der die Polykraten in ihre **Stellung** gelangen, die Unterscheidung zwischen **selbstbegründeter und fremdbegründeter** möglich. Hierzu gilt erneut entsprechend das, was insofern bereits zur fürstlichen Monokratie ausgeführt wurde (o. I 1 a). Zusammengefaßt, heißt das: In der selbstbegründeten Polykratie verschaffen sich die Polykraten zwar nicht gänzlich, aber *entscheidend selbst* ihre Stellung; und in der fremdbegründeten wird sie ihnen wieder nicht gänzlich, doch *entscheidend* durch *andere* oder *etwas anderes* verschafft. Eine weitere Unterscheidung dahingehend, ob die Polykraten auf *Lebenszeit* in ihre Stellung gelangen oder *nicht*, ist hingegen ohne Sinn.

Was nun den **ersten Fall** anbelangt, so sei folgendes Beispiel gebracht: Wenn eine Versammlung von einer Vielheit, insbesondere einer demokratischen, eigens oder auch zu dem Zweck gewählt wird, dem Staat eine fürstlich polykratische Verfassung, vor allem als demokratische, zu geben, und die Versammlung erfüllt diesen Zweck, dann verhält es sich, wie folgt: Zwar handelt die erfolgreiche Vielheit keineswegs *durch* die Versammlung, sondern diese handelt mit *Wirkung für* sie, ja, für das ganze Volk. Aber mit der Wahl steht doch von vornherein jene Vielheit als das jene Verfassung *wollende* Organ *hinter* der Versammlung als dem die Verfassung *schaffenden* Organ. Und insoweit gelangten die Vielen als Polykraten *entscheidend selber* in ihre Stellung. Das geschah etwa so bei der Entstehung der neuen schwedischen Regierungsform: 1954 wurde eine Verfassungskommission eingesetzt, die auch „die Abschaffung der königlichen Mitwirkungsrechte bei der Gesetzgebung“ zum Ziel hatte. Nach der Ablehnung ihres Reformentwurfs wurde 1966 eine neue Verfassungskommission eingesetzt. 1972 erfolgte die „Vorlage des Entwurfs einer neuen Regierungsform“, der – zielentsprechend – „die Funktion des Königs ... auf repräsentative Aufgaben“ beschränkte. Und 1973 verabschiedete der „Reichstag die ... zukünftige Regierungsform“, welche die genannte Beschränkung enthält (MAYER-TASCH, S. 552): die Verfassung einer fürstlichen Demokratie.

Zum **zweiten Fall** sei ebenfalls auf ein Beispiel zurückgegriffen. Es ist das Großbritanniens mit den Anfängen einer sich entfaltenden fürstlichen Polykratie seit 1832 und ihrer wesentlichen Vollendung von 1867 und 1884. Denn in Gang gebracht und vollendet wurde die Entfaltung nicht durch die jeweilige erfolgreiche Vielheit, sondern durch das jeweilige Parlament, entscheidend durch das mehr und mehr gegenüber dem Oberhaus stärker werdende Unterhaus, d.h. durch seine Mehrheit und ihr Kabinett. So stand für die Parlamentsreform von 1832 als Premierminister der Liberale (Whig) GREY, für die von 1867 der Konservative (Tory) DISRAELI in gleicher Stellung und für die von 1884 der Liberale GLADSTONE, auch in gleicher Stellung (BROCKHAUS, VII, S. 692 r., S. 693 l., Artikel: „Großbritannien und Nordirland“). Insofern gelangten aber die Vielen als Polykraten in mehreren Stufen *entscheidend* durch *andere* in ihre Stellung.

b) Die nichtfürstliche Vielherrschaft

‚**Nichtfürstlich**‘ ist eine Polykratie in dem Fall, daß sie als Staatsoberhaupt **keinen nichtregierenden,** zum Hochadel gehörenden, *Fürsten* hat; derart außerdem, daß das Staatsoberhaupt nicht nur aus *Einem*, vielmehr jedenfalls auch aus *Mehreren* bestehen kann; wobei die Anzahl letzterer kleiner oder größer sein kann. Ebenfalls dies so, daß der Eine oder die Mehreren weder die Alleinquelle der Staatsgewalt noch eine Nebenquelle sind. Die Quelle wird vielmehr von der Vielheit gebildet. Diese stellt wieder *das* oberste (höchste) *Staats*organ dar, der jeweils Eine oder die jeweils Mehreren nur das oberste (höchste) *Amts*organ. Letzteres wird – jedenfalls in der großen Regel – auf *Zeit gewählt;* eine Wahl, die durch die erfolgreichen Vielen stattfindet oder zwar durch andere, doch ihrerseits in der Vielheit gründende. Für das erste sei etwa auf Art. 41 I Deutsche RV, 1919, hingewiesen, wonach der „Reichspräsident ... vom ganzen deutschen Volke gewählt" wurde. Allerdings wurde er nicht vom „ganzen" Volk gewählt, sondern lediglich von einem Teil, dem erfolgreichen *Wahl*volk. Für das zweite sei zur **Bundesrepublik Deutschland** Art. 54 I 1, III GG, 1949, angeführt, wonach der „Bundespräsident ... von der Bundesversammlung gewählt" wird und diese Versammlung „aus den Mitgliedern des Bundestages und einer gleichen Anzahl von Mitgliedern" besteht, „die von den Volksvertretungen der Länder ... gewählt werden". Bundestag und Volksvertretungen werden eben ihrerseits von erfolgreichen Vielheiten gewählt, so daß sie in diesen gründen. Das gilt mittelbar auch für die von Volksvertretungen gewählten Mitglieder. Zum ersten Fall – der Wahl aus dem Wahlvolk – sei auch noch auf die des Präsidenten der **französischen Republik** (Art. 6 I Franz. Verf., 1958) hingewiesen; und zum zweiten – der Wahl durch andere – auf jene des Präsidenten der **Vereinigten Staaten von Amerika** durch „Wahlmänner", die „in den Einzelstaaten auf Grund staatlicher Regelung in allgemeiner und unmittelbarer Volkswahl bestimmt" sind (BROCKHAUS, XIX, S. 452 l., Artikel: „Vereinigte Staaten"); wenn es denn, wie gezeigt, eine demokratische ist (o. vor 1) (näher Art. II, Abschn. 1 II, IV Amerik. Verf., 1787, i.V.m. Zusatzart. 12 I, 1804). Die Wahl eines aus Mehreren bestehenden Staatsoberhaupts wird im Folgenden mitbehandelt.

Daß nur **Einer an der Spitze des Staates** steht, bildet die große Regel. Gehört er dem Hochadel an, ist also insofern Fürst, so ist das trotzdem für seine Stellung nicht notwendig, zufällig. Es sei dazu auf den Prinzen LOUIS NAPOLEON als gewählten Staatspräsidenten (BROCKHAUS, XIII, S. 195 r., Artikel: „Napoleon", 3) zwischen 1848 und seinem Staatsstreich von 1851 zurückverwiesen (o. I 1 b). Denn damals, also zu Beginn der sog. zweiten Republik, war **Frankreich** vorübergehend eine Polykratie; freilich bloß eine nichtdemokratische. Die jedenfalls weitaus häufigste Bezeichnung des Oberhaupts der nichtfürstlichen Polykratie ist die des Präsidenten. Gleich, mit welchen Zusätzen sie noch verbunden ist – z.B. Reichs- oder Bundespräsident –, es ist die des *Staatspräsidenten*. Und deshalb läßt sich insoweit, auch wenn der jeweilige Vorsitzende anders heißt, von **präsidialer Polykratie** reden. Dieser Präsident ist damit zwar **immer Staatsoberhaupt** einer *Republik*, aber keineswegs stets einer demokratischen, sondern, wie das gebrachte Beispiel Frankreichs zeigt, desgleichen einer nichtdemokratischen. Das gilt für alle Präsidenten, deren Staaten vor der Zulassung der erwachsenen Frauen zur Wahl im 20. Jahrhundert nur nichtdemokratische Vielherrschaften waren. Mit der Abhebung lediglich auf die *„parlamentarische Demokratie mit präsidialer Spitze"* (KÜCHENHOFF-KÜCHENHOFF, S. 227, 1) ist diese Möglichkeit übergangen. Die Bezeichnung ‚Präsident' für das Staatsoberhaupt besagt nicht immer, daß eine Polykratie, insonderheit als Demokratie, vorliegt. Es sei dazu auf **Jugoslawien** unter dem „Präsidenten der Republik" TITO in seiner verfassungsgesetzlichen Stellung (Artt. 333ff. Jug. Verf., 1974) hingewiesen. Er war

Monokrat. Ebenso noch auf **Ägypten** unter dem Präsidenten NASSER nach der Verfassung von 1964 (BROCKHAUS, I, S. 210 r., S. 211 l., Artikel: „Ägypten").

Dazu, daß **Mehrere an der Spitze des Staates** stehen, sei zuerst auf jene Einrichtung eines Staates eingegangen, nach der – ohne daß sie die erste gewesen wäre – die einschlägigen Staaten **direktoriale Polykratien** genannt werden können. Es geht um das *Direktorium* (directoire exécutif) **Frankreichs,** d. h. der französischen Verfassung aus der Zeit nach ROBESPIERRE bis zu NAPOLEONS, zum Konsulat führenden, Staatsstreich: 1795–1799. Es war „oberstes Exekutivorgan der fr. Republik, bestehend aus fünf vom conseil des anciens" (Rat der Alten) „auf Vorschlag des conseil des cinq-cents" (Rat der Fünfhundert) „gewählten Mitgliedern, von denen jährlich eines (durchs Los) ausschied; das D. entschied nach Mehrheit". Den Vorsitz hatte „der vierteljährlich wechselnde Präsident" (HABERKERN-WALLACH, S. 150 r., S. 151 l., Artikel: „Directoire exécutif"). Der Rat der Alten war die „erste Kammer", der Rat der Fünfhundert die „zweite". Letztere hatte das „Recht des Gesetzesvorschlags", erstere das, die Vorschläge „zu verwerfen o. anzunehmen". Und „in letzterem Fall wurden sie als ‚lois'" (Gesetze) „von dem directoire publiziert" (S. 122 l., Artikel: „Conseil des anciens" und „des cinq cents"). Damit nun, daß das kollegiale Verfassungsorgan des Direktoriums in der Tat an „der Spitze des Staates stand", d. h. die „fünf Direktoren" (Leiter) (BROCKHAUS, VI, S. 532 l., Artikel: „Französische Revolution"), war es als Verfassungsorgan zugleich ein **mehrköpfiges Staatsoberhaupt.** Wie ja auch kein Grund besteht, ein solches zwar für die Mehrherrschaft zuzulassen – z. B. Andorra (o. II 1 b) –, aber nicht für die Vielherrschaft. Daß aber das damalige Frankreich „mit dem Zensus-Wahlrecht die Rückkehr zu einer bürgerl. Klassengesellschaft" erlebte (BROCKHAUS, a.a.O.), nämlich nach der Schreckensherrschaft, ließ es nicht nur eine *Timokratie* sein (dazu o. vor I, Keine Staatsformen), sondern überdies eine nichtdemokratische *Polykratie.*

Hierzu gehört sodann ebenfalls die **Schweiz** mit ihrer Verf., 1874. „Die oberste vollziehende und leitende Behörde der Eidgenossenschaft ist ein Bundesrat, welcher aus 7 Mitgliedern besteht" (Art. 95): die *Regierung.* Sie „werden von der Bundesversammlung aus allen Schweizerbürgern ... auf die Dauer von 4 Jahren ernannt" (Art. 96 I 1); wobei die Bundesversammlung – vor allem für die Bundesgesetzgebung zuständig (Art. 89 I) – aus dem „Nationalrat" als Volksvertretung besteht (Art. 71 i. V. m. Art. 72 I) und aus dem „Ständerat" als Kantone(Länder)vertretung (Art. 71 i. V. m. Art. 80). „Den Vorsitz im Bundesrat führt" nun „der Bundespräsident, welcher ... von den vereinigten Räten aus den Mitgliedern desselben für die Dauer eines Jahres gewählt wird" (Art. 98 I). Zwar ist es richtig, daß der „jährlich im Dezember gewählte *Bundespräsident* ... nicht ‚Staatsoberhaupt', sondern lediglich Vorsitzender des Bundesrates (Kollegialprinzip)" ist (BROCKHAUS, XVII, S. 159 l., Artikel: „Schweiz"). Doch Staatsoberhaupt ist eben das kollegiale Verfassungsorgan Bundesrat selbst: ganz so, wie es in Frankreich das Direktorium war. Hierfür ist es gleichgültig, ob er als dieses Oberhaupt aufgefaßt ist oder nicht. Letzteres ist z. B. damit so, daß als „Hauptbeispiel" einer *„Direktorialdemokratie"*, der „ein besonderes Staatsoberhaupt" fehle, die „Schweiz mit ihrem Bundesrat (Staatskabinett)" angeführt wird (KÜCHENHOFF-KÜCHENHOFF, S. 231, 2; ähnlich HELFRITZ, S. 162, Anm. 2). Der Fehler hierbei liegt schon in der Abstellung auf „ein besonderes Staatsoberhaupt". Denn ein Staatsoberhaupt braucht, um dies zu sein, *kein besonderes* zu sein: wie in den Fällen des französischen Direktoriums und des schweizerischen Bundesrats. Außerdem kann man nicht widerspruchsfrei einerseits von einer „Demokratie mit direktorialer Spitze" handeln und ihr andererseits trotzdem das Staats*oberhaupt absprechen* (so aber a.a.O.; auch S. 230, 3). Eine Staatsspitze, die – mag sie wenig oder viel zu sagen haben – nicht zugleich Staatsoberhaupt ist, gibt es eben nicht. Übrigens ist es zu eng, für die Schweiz nur auf die Demokratie abzustellen. Vor der Einführung des Frauenwahlrechts im Bund (in Art. 74 II, 1971) (BROCKHAUS, a.a.O., S. 173 l.) war die Schweiz nämlich nur eine nichtdemokratische Polykratie.

Es gehören hierher aber ferner auch noch solche Staaten, die als **Gliedstaaten eines Bundesstaates** an ihrer Spitze kein besonderes Staatsoberhaupt haben, sondern bloß eine Regierung; also ein kollegiales Verfassungsorgan, das als Staatsspitze gleichzeitig Staatsoberhaupt ist. So etwa **Nordrhein-Westfalen** als Gliedstaat der Bundesrepublik Deutschland. „Die Landesregierung besteht aus dem Ministerpräsidenten und den Landesministern" (Art. 51 Verf. NRW, 1950). Ersterer wird vom – zumal gesetzgebenden – Landtag gewählt (Art. 52 I). Er ernennt die Minister (III 1) und „führt den Vorsitz in der Landesregierung" (Art. 54 I 1). Auch „bestimmt" er „die Richtlinien der Politik" (Art. 55 I). Damit ist der Ministerpräsident zwar – mehr als der schweizerische Bundespräsident mit *seiner* Bezeichnung – in der *Sache* ein aus der Regierung *herausgehobenes* Gliedorgan; aber er ist es – gleich dem schweizerischen Bundespräsidenten – nicht als besonderes Staatsoberhaupt. Das im Grundsatz Gleiche gilt beispielsweise noch für **Bayern** (Art. 43 II Bayer. Verf., 1946: Zusammensetzung der Staatsregierung, Art. 44 I: Wahl des Ministerpräsidenten durch den Landtag, Art. 45: Berufung der Staatsminister und Staatssekretäre durch den Ministerpräsidenten mit Zustimmung des Landtags, und Art. 47 I, II: Vorsitz des Ministerpräsidenten in der Staatsregierung sowie Richtlinienkompetenz). Daß „die Kabinettschefs der Länder (Süd-)Baden und Württemberg-Hohenzollern" – die 1952 mit in dem neuen Land Baden-Württemberg der Bundesrepublik Deutschland aufgingen – „die Amtsbezeichnung Staatspräsident" führten (KÜCHENHOFF-KÜCHENHOFF, S. 230, 3), ließ auch sie trotzdem keine aus der jeweiligen Regierung hervorgehobene, besondere, Staatsoberhäupter sein.

Es bleibt noch darzutun, daß nicht allein sog. **mittelbare Polykratien,** wie die bisher als Beispiel benutzten, ein Staatsoberhaupt – aus einer Person oder mehr als einer bestehend – haben, vielmehr desgleichen sog. **unmittelbare** (näher zu beiden sowie zum folgenden Beispiel u. 3). Es geht, und zwar für eine Person als Staatsoberhaupt, um den Halbkanton **Appenzell-Innerrhoden,** der sich als *„Eidgenössischen Stand"* bezeichnet (Verf. Appenzell-I.Rh., 1872); dies in Entsprechung zum oben genannten Ständerat als Vertretung der Kantone. Aus den Verfassungsorganen der Landsgemeinde, des Großen Rats, der Standeskommission und des Landammanns handelt es sich vor allem um die zwei letzten; denn nur sie kommen als Staatsoberhaupt in Betracht. Die Landsgemeinde ist ein zumal gesetzgebendes Kollegialorgan (Artt. 19ff.); der Große Rat ein Kollegialorgan, das besonders „Verfassungs- und Gesetzesentwürfe" anfertigt, „Verordnungen und Reglemente" erläßt sowie verwaltend tätig ist (Artt. 22ff.); die Standeskommission ein vollziehendes Kollegialorgan, die „Regierung" (Artt. 30f.); und der Landamman, soweit er insbesondere „das Präsidium der Landsgemeinde, des Grossen Rates und der Standeskommission" führt (Art. 32 I), ein wesentlich vollziehendes Einzelorgan. Der Landammann gehört ferner zugleich der Standeskommission an (Art. 20 II, Zif. 1) und die Standeskommission gleichzeitig dem Großen Rat (Art. 22 I). Stellt man nun allein auf die Zugehörigkeit des Landammanns zur Standeskommission ab, so gelangt man, obschon er ihr Präsident ist, lediglich zur *Standeskommission* als Staatsspitze und somit nicht besonderem Staatsoberhaupt. Stellt man jedoch darüber hinaus darauf ab, daß der Landammann ebenfalls Präsident der Landsgemeinde und des Großen Rates ist, so kommt man zu *ihm* als Staatsspitze, als besonderem Staatsoberhaupt. Wie er auch unter den „*Kantonsbehörden*" – nach dem Großen Rat und der Standeskommission – als „c) Der Landammann" durch die Verfassung selbst von der Standeskommission als besonderes Organ *abgesetzt* ist. – Für **mehr als eine Person als Staatsoberhaupt** sei auf die noch darzustellende **attische Polis** verwiesen (u. 2 a).

Gleichfalls innerhalb der nichtfürstlichen Vielherrschaft ist gemäß der Art, in der die Polykraten zu ihrer **Stellung** gelangen, die Unterscheidung zwischen **selbstbegründeter und fremdbegründeter** durchführbar. Hierzu gilt entsprechend wiederum das, was insofern bereits zur fürstlichen Vielherrschaft ausgeführt wurde (o. a).

Zum **ersten Fall** sei auf das Beispiel Appenzell-Innerrhodens zurückgegriffen. In der – den Verfassungsbestimmungen vorausgeschickten – Feststellung: „Von der ausserordentlichen Landsgemeinde am 24. Wintermonat" (November) „1872 angenommen", also von der damals erfolgreich abstimmenden Vielheit, kommt die Selbstbegründung zum Ausdruck. Daß nach den abschließenden Übergangsbestimmungen IV, seinerzeit die „Verfassung ... der schweizerischen Bundesversammlung zur Gewährleistung vorgelegt" wurde, ändert daran, daß sich die Vielheit jedenfalls *entscheidend selbst* in ihre Stellung brachte, nichts. Diese Gewährleistung entspricht übrigens dem späteren Art. 85, Zif. 7 Schweiz. Verf., 1874, wonach „in den Geschäftskreis beider Räte" (Nationalrat und Ständerat als Bundesversammlung) auch die „Garantie der Verfassungen ... der Kantone" fällt.

Hinsichtlich des **zweiten Falles** sei als Beispiel die Bundesrepublik Deutschland gebracht. Nach einem Teil der Präambel GG, 1949, „hat das Deutsche Volk in" seinen damaligen „Ländern" „kraft seiner verfassungsgebenden Gewalt dieses Grundgesetz ... beschlossen." Das ist, weil es lediglich „durch die Volksvertretungen in zwei Dritteln der deutschen Länder" anzunehmen war (Art. 144 I) und vom damaligen Parlamentarischen Rat als seinem Mitschöpfer ausgefertigt wurde (Art. 145 I), unwahr. Außerdem hatte das GG seine Grundlage in dem „Beschluß der Londoner Sechsmächtekonferenz (Anfang Juni 1948)" sowie in dem – in Ausführung dieses Beschlusses – von den drei westlichen Militärgouverneuren am „1. Juli 1948" „den Ministerpräsidenten der westdeutschen Länder" übergebenen „Dokument Nr. 1" (v. DOEMMING-FÜSSLEIN-MATZ, S. 1). Dieses schrieb nämlich für die als zu schaffen angeordnete Verfassung nicht nur Wesentliches zum *Verfahren* vor, sondern genauso zum *Inhalt:* bis hin zur Genehmigung durch die Militärgouverneure und zur „Ratifizierung in jedem beteiligten Land ... durch ein Referendum" (S. 1 ff.). Nach einigen vorausgegangenen Interventionen der Militärgouverneure (S. 12f.) erfolgte erstere (GenehmigungsSchr. GG, 1949); doch letztere, die jeweilige ratifizierende Volksabstimmung, erfolgte *nicht*. Sie wurde vom Parlamentarischen Rat verhindert (v. DOEMMING-FÜSSLEIN-MATZ, S. 919ff.). Und damit ist die Behauptung, das deutsche Volk habe das GG beschlossen, sogar offen unwahr (zu allem bereits GK-BRINKMANN, B I, Entstehung GG i.V.m. Präambel GG, S. 3 α). Die westdeutsche Vielheit wurde somit nicht bloß *entscheidend*, sondern *gänzlich* durch *andere* in ihre Stellung gebracht: durch die vormaligen Besatzer, den Parlamentarischen Rat und die zustimmenden Ländervolksvertretungen. Hierbei war das GG noch, grundlegend durch Besatzungsmächte bedingt, ebenso grundlegend *nicht* das Werk *freier* Menschen. Dem entspricht, daß im Parlamentarischen Rat sogar erwogen wurde, in die Präambel das Wort „‚Fremdherrschaft'" aufzunehmen (v. DOEMMING-FÜSSLEIN-MATZ, S. 24: Abgeordneter SCHMID, SPD); und daß ab 21.9.1949 das sog. *Besatzungsstatut* galt, in dem sich die „Westmächte ... die ‚oberste Gewalt' in Dtl." vorbehielten, verbunden mit einer Reihe tiefgreifender Beschränkungen (BROCKHAUS, II, S. 610 l., Artikel: „Besatzungsstatut"): Über der noch nominalen Volkssouveränität stand vorab die reale Besatzersouveränität. „Der 8. Mai" 1945 dennoch „für uns alle" – Deutschen – „ein Tag der Befreiung", nämlich von „der nationalsozialistischen Gewaltherrschaft" (v. WEIZSÄCKER, S. 441 r.)? Nach dem zuletzt Ausgeführten reichte es, hierzu nurmehr auf die „seit 1945/1946 ... 12,5 Mill. Deutsche als F.[lüchtlinge] und Vertriebene" hinzuweisen sowie darauf, daß „weitere 2 Mill." – sehr gelinde gesagt – „durch Flucht und Vertreibung zugrunde" gingen (BROCKHAUS, VI, S. 364 r., Artikel: „Flüchtling", 2); alles begleitet von dem bekannten Riesenraub anerkannt deutschen Staatsgebiets. Trotzdem soll noch die Frage beantwortet werden, was denn die damaligen – folgerichtig – Befreier von der behaupteten Befreiung hielten. Für alle vertretend, zeigen dies die Vereinigten Staaten von Amerika: Nach der Direktive ICS 1067, 1945, wurde „Deutschland ... nicht besetzt ... zum Zwecke der Befreiung, sondern als eine besiegte Feindnation"; eine Direktive, die *„von Präsident Roosevelt am 23.3.1945 gebilligt und von Präsident Truman bestätigt"* wurde (KERN, Dokumente, S. 406 r.). Dem entsprach es ganz, wenn EISENHOWER im Frühjahr 1945 im Rheinland auf Wandanschlägen kundtat: *„Wir kommen als Eroberer!"* Denn Eroberer befreien nicht. Ob folglich so oder so, – nichts von Befreiung. – Daß das GG, gemessen an der damaligen Lage, dennoch weitgehend rechtlich und insoweit sachlich legitimiert war, ändert an seiner Entstehung nichts. Auch nicht, daß es – spätestens mit der Bundestagswahl von 1957 – gleichfalls demokratisch legitimiert wurde. Ebenso nicht, daß aus den Besatzern Beschützer wurden, Verbündete und mehr. Die neue Präambel zur Wiedervereinigung wiederholt das Falsche nur.

2. Unbedingte (absolute) als unbeschränkte Vielherrschaften und bedingte (relative) als beschränkte

Die Bedingung, auf die es ankommt, ist wiederum eine – dieses Mal für die Polykraten nicht bestehende oder bestehende – *Beschränkung* durch ein *anderes* Organ oder mehr. Ihre – in beiden Fällen – grundlegende Herrschaft ist im ersten als unbedingte unbeschränkt und im zweiten als bedingte beschränkt. Hiermit ist die Vielherrschaft eine **unbeschränkte,** wenn die Vielen *ausschließlich* die Quelle der Staatsgewalt sind, die *Allein*quelle, also die oberste Gewalt als Souveränität und die staatlich-politische Freiheit einzig bei ihnen liegen: die *Allein*souveränität wie -freiheit. Und die Vielherrschaft ist eine **beschränkte,** wenn die Vielen erstens *nicht* ausschließlich die Quelle der Staatsgewalt bilden, sondern die – *vorrangige* – *Haupt*quelle, so daß sie genauso *vorrangig* die oberste Gewalt als Souveränität sowie die staatlich-politische Freiheit besitzen; und wenn zweitens – jedenfalls – *ein anderes* Organ als – *nachrangige* – *Neben*quelle der Staatsgewalt vorliegt, das jeweils ebenso *nachrangig* Souveränität und Freiheit besitzt; wenn mithin – zusammengefaßt – bei den Vielen lediglich eine *Haupt*souveränität und -freiheit liegen sowie beim weiteren Organ eine *Neben*souveränität und -freiheit. Dabei ist auch all das in jedem Fall so, daß die Vielen – ob nun weniger oder mehr eingeschränkt – doch (noch) eindeutig vorrangig *bleiben*. Wieder geht es mit der Beschränkung durch ein *Organ* nicht um eine solche durch bloße *Normen*.

Gleichfalls die unbeschränkte Vielherrschaft – sei es als Autokratie, sei es als Diktatur – und die beschränkte stehen dem **Recht oder Unrecht** offen. Es wäre deshalb verfehlt, einzig erstere an das Unrecht zu binden. Denn ebenfalls hiermit würde erneut nur eine bestimmte *Staatsform:* dieses Mal die fürstliche bzw. nichtfürstliche Polykratie, mit ihrer *Entartung:* der *Tyrannis* oder *Despotie* als *Ochlokratie* (o. vor I, Keine Staatsformen) gleichgestellt. Es auch jetzt als Erfahrungstatsache zu nehmen, daß die unbeschränkte Vielherrschaft, zumeist auf Grund des Fehlens der Beschränkung, insgesamt *mehr* für das *Unrecht* offen stehe, ginge allerdings zu weit. Es sei insofern auf Appenzell-Innerrhoden vorverwiesen (u. a). Genauso ginge es zu weit, desgleichen jetzt als Erfahrungstatsache zu behaupten, daß die beschränkte Vielherrschaft – wiederum insgesamt – *weniger* für das *Unrecht* offen sei; nämlich meistens wegen der Beschränkung. Hierzu ist auf die Vereinigten Staaten von Amerika, d.h. die Sklaverei der Neger sowie die „Zurückdrängung und weitgehende Ausrottung“ der Indianer rückzuverweisen (o. vor 1, Ende): beides schwerstes Unrecht. Es ist eben – wie gerade diese Fälle zeigen – wieder so, daß entscheidend weniger die Nichtbeschränkung oder Beschränkung ist, sondern mehr das *rechtliche oder unrechtliche Wollen der Herrschenden*. Besonders jetzt ist es ja auch keineswegs ausgeschlossen, daß eine unbeschränkte Polykratie rechtlicher ist als eine beschränkte und mithin die letzte unrechtlicher als die erste.

a) Die unbeschränkte Vielherrschaft

Die absolute Polykratie ist dadurch gekennzeichnet, daß die Vielen als *Alleinquelle* **über die ganze oberste Zuständigkeit verfügen.** Dies gilt aufs neue hinsichtlich der Gesetzgebung – überhaupt: der obersten Normgebung –, der Vollziehung oder Ausführung sowie der Rechtsprechung. Damit ist es ihnen aber nicht bloß möglich, die *obersten* Entscheidungen innerhalb eines jeden der drei Gebiete zu treffen, sondern gleicherweise solche Entscheidungen, die *darunter* liegen. Auch nun ist es zwar in beiden Fällen, da die Vielen nicht alles entscheiden können, stets unumgänglich, daß – dem Umfang des Staates gemäß – jene Entscheidungen zu einem kleinen bis großen Teil von anderen Organen, die ihrerseits mittels *Übertragung (Delegation)* dafür zuständig gemacht sind, getroffen werden. Aber das ist durchaus mit der absoluten Stellung der Polykraten vereinbar, weil sie auch solche Entscheidungen grundlegend mitbestimmen können; sei es wieder allgemein, etwa durch Gesetze, oder besonders durch Anweisungen, Stellen(um)besetzungen usw. (Eingriffsmöglichkeit). Ja, es ist mit ihr ebenfalls jetzt vereinbar, daß – genauso unumgänglich – so manches Mal *ohne* oder sogar *gegen* die Entscheidungen der Polykraten gehandelt wird; sofern dies allein in einem Ausmaß erfolgt, das die unbeschränkte Vielherrschaft *wesentlich unverändert* läßt. Erneut ist der hiermit gekennzeichnete Bereich *kein fester*, vielmehr ein *veränderlicher;* und so ist es durchaus möglich, daß die eine Polykratie *mehr* und die andere *weniger* unbeschränkt ist, dennoch *jede* eine *unbeschränkte* darstellt. In dem Gesamtrahmen, der damit umgrenzt ist, ergeben sich zur Unbeschränktheit als Folgen: zum einen, daß die *übrigen Staatsorgane* in Sein, Haben und Verhalten von den Polykraten *abhängig* sind, und zwar unmittelbar oder mittelbar; und zum anderen, daß die *Zuständigkeit* der letzteren *schließlich* eine *ungeteilte* ist und ihre Ausübung durch sie *wirklich* bzw. *möglich*. Mit der Zuständigkeit verbindet sich wieder die zugehörige Macht.

Auf Grund der Gliederung in **fürstliche und nichtfürstliche Vielherrschaften** ist die unbeschränkte in *beiden* möglich. Auch wenn für erstere kein Beispiel gefunden wurde, so schließt das doch ihre Möglichkeit nicht aus.

Gleichfalls die unbeschränkte Polykratie läßt sich als **Autokratie, Selbstherrschaft,** bezeichnen; wie sich entsprechend die jeweils zugehörigen Polykraten als *Autokraten, Selbstherrscher,* kennzeichnen lassen. Denn es wurde ja gezeigt, daß die Autokratie durchaus nicht auf die Einherrschaft beschränkt ist (o. I 2 a, vor α). Und folglich gibt es – so wenig gerade das gewissen Parteigängern gefällt – nicht einzig *den* Autokraten, vielmehr ein weiteres Mal gleicherweise *die*. In Übereinstimmung hiermit wurde bereits der Ansicht zugestimmt, daß außer der „*Autokratie*" durch „eine Einzelperson" als alleinigen „Machtträger" ebenfalls die durch Viele als alleinigen Machtträger, deren „Macht ... absolut" ist, möglich sei (a.a.O.: LOEWENSTEIN). Insofern ist sein Beispiel „eine Partei" (S. 28). Allerdings muß eine solche nicht nur – verhältnismäßig – groß sein; sie darf außerdem in sich keinen absolut Bestimmenden haben, weder als Einen noch als Mehrere; und sie muß, sei es bloß in der Sache, Staatsorgan sein.

Die Polykratie läßt sich aber desgleichen noch als **Diktatur** kennzeichnen; und demgemäß lassen sich die jeweils zugehörigen unbeschränkten Polykraten als *Diktatoren* bezeichnen. Denn auch die Diktatur ist, wie dargetan, nicht auf die Einherrschaft begrenzt (o. I 2 a, vor α). Mithin gibt es keineswegs bloß *den* Diktator, sondern außerdem, einmal mehr *die* Diktatoren; so wenig insbesondere ebenfalls das gewissen Parteigängern gefällt. In dem Fall wieder, daß die Diktatur über den Einzelnen hinaus ausgedehnt wird (a.a.O.: die beiden KÜCHENHOFF), wird auch eine Vielherrschaft als mögliche Diktatur vertreten. Gleichfalls das erneut zutreffend mit der Begründung in der Gewaltenvereinigung (a.a.O.).

Ein Grund, ein letztes Mal zwischen ‚autokratisch' und ‚diktatorisch' zu unterscheiden, so daß die fürstliche Polykratie die autokratische wäre und die nichtfürstliche die diktatorische, besteht allerdings nicht. Im ersten Fall ist eben nicht mehr der Fürst derjenige, der die Gewalten in sich vereinigt, sondern die Vielheit; wie es im zweiten Fall wiederum nicht mehr der Nichtfürst ist, der dies tut, vielmehr aufs neue die Vielheit. Hiernach läßt sich unterschiedslos für **jede unbeschränkte Vielherrschaft** von **Autokratie (Vielheitsautokratie)** oder von **Diktatur (Vielheitsdiktatur)** reden und für *alle* unbeschränkten Vielen von *Autokraten (Vielheitsautokraten)* oder von *Diktatoren (Vielheitsdiktatoren)*.

All das gilt selbstverständlich auch, wenn die Vielheit eine *demokratische* ist (dazu o. vor 1). Demokratie und Autokratie oder Diktatur schließen also einander nicht aus.

Die absolute Polykratie ist naturgemäß nur in *kleinen* Staaten möglich. Deshalb „naturgemäß", weil lediglich eine kleine Vielheit in der Lage ist, Gesetzgebung, Ausführung und Rechtsprechung in dem aufgezeigten Rahmen in sich zu vereinigen.

Als geschichtliches Beispiel diene die **attische Polis.** Haben – so ist insoweit ausgeführt – „alle erwachsenen Männer das volle Bürgerrecht", so spricht man „von vollendeter Demokratie" (MEYER, S. 81). Das erwies sich freilich mit dem Ausschluß bereits der erwachsenen Frauen und der erwachsenen Metöken insofern als verfehlt, als damit lediglich eine nichtdemokratische Vielherrschaft vorlag (o. vor 1). So geht es also nur um sie. In ihrem Rahmen bestand nun aber Gewaltenvereinigung. Die gekennzeichnete Männervielheit (a.a.O.) wurde von der Volksversammlung gebildet: der „*Ekklesia* (ἐκκλησία)" (PAULY-SCHROT, II, Sp. 222, Artikel: „Ekklesia"). Sie „kann über alles und jedes im Bereich des staatlichen Lebens beschließen, sie wählt die Beamten" – zumeist für ein Jahr (MEYER, S. 94) – „und Kommissionen, gibt die Gesetze des Staates und trifft dauernd Entscheidungen über alle möglichen Einzelheiten und Einzelmaßnahmen, nicht nur die allgemeine Politik, sondern auch die laufende Verwaltung betreffend" (S. 88, ferner S. 74f.; näher PAULY-SCHROT, a.a.O., Sp. 223). Gilt dies zu Gesetzgebung und Ausführung, so tritt „die Rechtsprechung" noch, wie folgt, hinzu: Sie gehörte ebenfalls „zu den wesentlichen Aufgaben" der „Bürgergemeinschaft". „Entweder lag ... die Wahrung des Rechts in der Hand der Volksversammlung selber oder des" – noch zu kennzeichnenden – „Rats, soweit es sich nicht um Bagatellfälle handelte, deren Regelung den Beamten überlassen war"; „oder es bestanden besondere Volksgerichte, die aber nichts anderes waren als eine andere Form der Volksversammlung", „in Athen Heliaia im Unterschied zur Volksversammlung, Ekklesia, ein Wort, das aber auch Volksversammlung bedeutet" (MEYER, S. 95f.). „Der Unterschied des Volksgerichts gegenüber der Volksversammlung lag" nun u.a. darin, „daß nur eine bestimmte, allerdings große Anzahl von Richtern aus der Gesamtheit der Bürger jährlich ausgelost wurde"; im „5. Jahrhundert ... jährlich ... 6000 Heliasten", so daß die „Zahl der einzelnen Gerichtshöfe stets sehr groß" war, „mehrere Hundert" (S. 96; teils auch PAULY-SCHROT, a.a.O.). Der genannte Rat nun, die Bule (βουλή), war die „Regierung", „eine Kollektivbehörde, die die laufenden Staatsangelegenheiten zu erledigen hatte und die allgemeine Aufsicht führte". Im klassischen Athen bestand er „aus 500 Mitgliedern", „je 50 für jede Phyle" (Abteilung), „die aus den einzelnen Demen" (Gemeinden) „gelost wurden"; seine „Amtszeit" war „einjährig" (S. 91). Weil er aber „für die laufenden Geschäfte ... zu groß und schwerfällig war, hatten jeweils nur die 50 Angehörigen einer Phyle in geloster Reihenfolge für ein Zehntel des Jahres die laufenden Geschäfte zu führen": die „Prytanie" (Vorsteherschaft) als eigentliche Regierung: das Staatsoberhaupt. Aus der Mitte der Prytanie wurde noch „ein Epistat" (Vorsteher, Leiter) „gelost", der aber nur „den Tagesvorsitz hatte" (S. 92). Damit nun, daß der „Rat ... die Volksversammlungen vorzubereiten, einzuberufen und zu leiten" hatte, „Verhandlungen mit fremden Gesandtschaften zu führen, die Kontrolle aller laufenden Staatsangelegenheiten ... auszuführen und viele Staatsangelegenheiten, vor allem die Finanzverwaltung selber zu erledigen", ja, „auch eine beschränkte richterliche Befugnis und Strafgewalt" hatte (S. 91 f.), war er zwar ein wichtiges Verfassungsorgan, aber keines, das der Volksversammlung gleichkam, geschweige denn sie übertraf. Das zeigen nicht allein der zehnmalige Wechsel seines geschäftsführenden Teils im Jahr und der tägliche Wechsel des Vorstehers, sondern – über die gekennzeichnete Stellung der Volksversammlung hinaus – noch dies: Er „hatte die Volksbeschlüsse auszuführen und hierzu die Beamten anzuweisen" (PAULY-VOLKMANN, I, Sp. 968, Artikel: „Bule"). Daß die Ratssitzungen täglich stattfanden (a.a.O.) und – „im 4. Jahrhundert v.Chr." – „40 verfassungsmäßig vorgeschriebene regelmäßige Versammlungen" der Ekklesie „im Jahr" (MEYER, S. 89), ändert an der Beurteilung nichts; zumal letzere „neben ... noch möglichen außerordentlichen" standen (a.a.O.). Überhaupt *gehörten* aber die Menschen *sämtlicher* anderen Organe der Ekklesie *an*. Auch der „‚Rat vom Areopag' oder kurz ‚Areopag'", dem, „aus gewesenen Archonten" bestehend,

„462 v.Chr. ... die politischen Befugnisse genommen" wurden, „doch ... weiterhin die Blutgerichtsbarkeit" verblieb (S. 93). So tritt dazu, daß Athen keine demokratische, sondern bloß eine nichtdemokratische Polykratie war, noch hinzu, daß es mit der geschilderten Gewaltenvereinigung in der Volksversammlung autokratisch oder diktatorisch war: eine Vielheitsautokratie oder -diktatur.

Ein Beispiel aus der Gegenwart bildet das schon genannte **Appenzell-Innerrhoden** (o. 1 b). Landsgemeinde, Großer Rat, Standeskommission und Landammann als bestimmende Verfassungsorgane wurden bereits erwähnt; auch, daß letzterer der Standeskommission angehört sowie diese dem Großen Rat; und daß der Landamman der Landsgemeinde, dem Großen Rat und der Standeskommission präsidiert. Die Landsgemeinde ist nun nicht allein die „oberste Behörde des Landes" (Art. 19 I Verf. Appenzell-I. Rh., 1872) sowie als diese „die gesetzgebende Behörde", sondern sie ist außerdem die „oberste Wahlbehörde" (Art. 20 I). Und in dieser Eigenschaft wählt sie „alljährlich: 1. die *Standeskommission,* bestehend aus neun Mitgliedern", darunter den „regierenden Landammann, der als solcher nach zweijähriger Amtsdauer auf das folgende Jahr nicht wieder wählbar ist"; „2. das *Kantonsgericht,* bestehend aus einem Präsidenten und zwölf Mitgliedern", sowie weitere Staatsorgane (Artt. 20 II, 20bis). Alles dies aber weist die Landsgemeinde insgesamt als Quelle der Staatsgewalt aus, und zwar als unbeschränkte. Standeskommission nebst Landammann und das Kantonsgericht als „Berufungsinstanz" (Art. 40 II) sind eben in ihrem Sein, Haben und Verhalten von der Landsgemeinde nicht nur als Gesetzgebungsorgan, vielmehr desgleichen als Wahlorgan abhängig; von letzterem sogar in kurzer Zeitfolge. Das trifft indes grundsätzlich auch auf den Großen Rat zu: unmittelbar, soweit diesem die Standeskommission nebst Landammann angehören; und mittelbar, soweit er überdies aus jeweils „einem Mitglied auf je 250 Seelen der Bezirksbevölkerung" besteht (Art. 22 I 1), insgesamt 60 Mitgliedern (BROCKHAUS, I, S. 625 l., Artikel: „Appenzell-Innerrhoden"). Denn diese Mitglieder werden zwar „alljährlich" durch jede „Bezirksversammlung", die als Vielheit jedes Bezirks der Landsgemeinde des Kantons entspricht, gewählt (Art. 33 I, II 1); die jedoch in ihren Gliedern mit zur Landsgemeinde zählt; genauso, wie dies die von ihnen Gewählten tun. Gleiches gilt, soweit jede Bezirksversammlung auch die „Mitglieder ins Bezirksgericht" wählt (II 2). Daß es der Große Rat ist, der „auf einjährige Dauer" das sog. Kassationsgericht wählt – „für die Beurteilung von Nichtigkeitsklagen und -Beschwerden" (Artt. 28 I, 42 II) –, läßt ihn zwar mit Wirkung für die Landsgemeinde und die Bezirksversammlungen tätig sein. Doch ist er gerade an letztere unmittelbar und an erstere teils unmittelbar, teils mittelbar gebunden. Auch können allerdings die „Mitglieder der verwaltenden Behörden des Kantons und der Bezirke (Standeskommission und Bezirksräte) ... den Gerichten ... nicht angehören" (Art. 44 II). Aber das Kassationsgericht ist davon bereits ausgenommen (a.a.O.). Und die Mitglieder der gesetzgebenden Behörde und des Großen Rats können, soweit sie nicht zu den genannten verwaltenden Behörden zählen, durchaus den Gerichten angehören; ja, sie *tun* es sogar insofern, als gleichfalls die Richter zur Landsgemeinde zählen, d.h. gleich allen Stimmberechtigten (Art. 16 I). Mehr, zu ihr zählen als Stimmberechtigte auch die Menschen der übrigen Organe: Gewaltenvereinigung. Daß – von außerordentlichen Versammlungen abgesehen – die Landsgemeinde sich regelmäßig nur einmal im Jahr versammelt (Art. 19 II), der Große Rat indes dreimal (Art. 29), läßt das Verhältnis beider zueinander unberührt. Im übrigen bestätigt die Stellung der Landsgemeinde als Alleinquelle der Staatsgewalt noch mit

Nachdruck Art. 1 I 2: „Die Staatsgewalt ruht wesentlich im Volke und wird von demselben an der Landsgemeinde ausgeübt." Mit der geschilderten Gewaltenvereinigung in der Landsgemeinde ist ebenfalls Appenzell-Innerrhoden autokratisch oder diktatorisch: wieder eine Vielheitsautokratie oder -diktatur. Zur Zeit (1990) noch ohne Frauenwahlrecht, ist sie nur eine nichtdemokratische Polykratie. Allerdings ist ihr die Einführung des Frauenwahlrechts bundesgerichtlich aufgegeben. Wie wenig übrigens Autokratie oder Diktatur für das *Unrecht* besagt, zeigt insonderheit, daß die Verfassung Appenzell-Innerrhodens über *Grundrechtsbestimmungen* verfügt (Artt. 2–7). Es ist das zwar eine Beschränkung, welche die Landsgemeinde sich selbst und den übrigen Organen auferlegt hat, aber keine durch Organe, vielmehr allein durch Normen. Unbeschränktheit bedeutet noch nicht Unrechtlichkeit.

Die **Bestimmung durch Wahl** ist übrigens polykratisch oder gar demokratisch, weil die jeweilige erfolgreiche *Mehrheit* entscheidet. Die **Bestimmung durch Los** ist hingegen nur insofern polykratisch bzw. demokratisch, als sie in der Verfassung für die einschlägigen Fälle durch die erforderliche *Mehrheit angeordnet* ist. Darüber hinaus aber, d.h. in den Fällen selbst, ist sie es *nicht,* da in ihnen der *Zufall* als Quelle der Staatsgewalt ‚entscheidet' und *keine Mehrheit* mehr. Die „Bestimmung durch Wahl" als „aristokratische Methode" zu kennzeichnen und „die Bestimmung durch das Los ... als demokratische" (ARISTOTELES, Verfassung der Athener, 22, 5; nach SCHMITT, S. 257 a), ist also unzutreffend. Die „Gleichheit" wird zwar in der Tat durch die Losentscheidung „am besten gesichert" (SCHMITT, a.a.O.), doch gerade nicht das Polykratische bzw. Demokratische. Gleichheit kann also durchaus unpolykratisch oder gar undemokratisch sein. Für SCHMITT ist noch die Wahl, ohne daß es darauf allerdings näher ankäme, in unterschiedlicher Hinsicht entweder aristokratisch oder demokratisch (a.a.O., b).

Die unbeschränkte oder absolute Vielherrschaft stellt, obwohl sie autokratisch oder diktatorisch ist, dennoch eine *Republik* dar; denn sie ist ja *keine Einherrschaft.*

Wenn zu den *„Typen unverteilter Staatsmacht in der Demokratie"* (KÜCHENHOFF-KÜCHENHOFF, S. 224 A) auch der *„autoritäre Staat"* gezählt wird (S. 226, 3), dann ist das bereits im Ausgang verfehlt. Denn während jede Demokratie eine – hier einschlägige *unbeschränkte – Viel*herrschaft darstellt, stellt der autoritäre Staat eine – *nur beschränkte – Ein*herrschaft dar (o. I 2 b β). Und letztere kann nicht ein Typ der ersteren sein.

b) Die beschränkte Vielherrschaft

Sie stellt sich teils anders dar als die jeweils beschränkte Einherrschaft und Mehrherrschaft.

Die relative Polykratie ist im Vergleich zur absoluten zuerst dadurch gekennzeichnet, daß die Vielen zwar gleichfalls die *Haupt*quelle der Staatsgewalt abgeben, aber nunmehr in folgender Bedeutung: Auch sie **verfügen zwar über die gesamte oberste Zuständigkeit, doch zu Gunsten eines anderen Organs oder anderer Organe, derart, daß sie diesem(n) ihre Zuständigkeit auf Zeit übermitteln;** erneut in Hinblick auf Gesetzgebung – höchste Normgebung überhaupt –, Vollziehung oder Ausführung und Rechtsprechung. Der Begriff ‚Hauptquelle' hat hier also *nur* eine *qualitative* Bedeutung und *keine* außerdem *quantitative;* genauso die Begriffe ‚Hauptsouveränität' und – staatlich-politische – ‚Hauptfreiheit'. Die Vielen sind nicht deshalb die Hauptquelle, weil sie noch über den *Hauptteil* der obersten Zuständigkeit verfügten, sondern weil *sie* es sind, von denen die *gesamte* oberste Zuständigkeit für das andere Organ oder die anderen Organe *herkommt.* Hiermit besitzen indes die Vielen einzig die Möglichkeit, mit der Übertragung die von ihnen *erwarteten* obersten Entscheidungen zu bestimmen: nämlich durch Wahl solcher Menschen zu Organen, die derartigen Entscheidungen am *ehesten* zu *genügen* scheinen. Danach liegen zwar diese Entscheidungen allein bei dem gewählten Organ oder den gewählten Organen; aber das steht mit der Stellung der Polykraten in ihrem gekennzeichneten Vorrang durchaus in Einklang. Es steht jedoch ebenfalls mit ihr in Einklang, daß so manches Mal *ohne* oder sogar *gegen* die Erwartungen der Polykraten gehandelt wird; sofern dies nur die beschränkte Vielherrschaft *nicht wesentlich verändert,* d.h. die Vielen als gekennzeichnete Hauptquelle weder beeinträchtigt noch gar beseitigt. Der hiermit gekennzeichnete *kleine* Bereich ist dennoch desgleichen *kein fester,* vielmehr wieder ein *veränderlicher.* Auch das folglich mit der Möglichkeit, daß zwar die eine Polykratie eine *mehr* und die andere eine *weniger beschränkte* darstellt, trotzdem jedoch *jede* eine *beschränkte.* Innerhalb des hiermit umrissenen kleinen (Wahl-)Rahmens bleiben erneut als Folgen: einmal die – unmittelbare bzw. mittelbare – Abhängigkeit der *bereichserfaßten Staatsorgane* von den Polykraten; sowie zum anderen ihre *insofern alleinige Zuständigkeit* und deren *wirkliche* bzw. *mögliche Ausübung* durch sie. Wie sich auch mit dieser Zuständigkeit die zugehörige *Macht* verbindet.

Dann kennzeichnet es noch die relative Polykratie, daß **ein anderes Organ – oder mehr** als eines – zwar ebenfalls die beschränkende *Neben*quelle der Staatsgewalt abgibt, doch nunmehr in folgender Bedeutung: Es ist dieses Organ – oder es sind diese Organe – *nicht ursprünglich,* sondern lediglich *abgeleitet* Quelle der Staatsgewalt, so daß es (sie) infolge der Übertragung allerdings **über die ganze oberste Zuständigkeit,** obwohl **auf Zeit, verfügt(en);** wiederum in der erwähnten gleichen Hinsicht. Der Begriff ‚Nebenquelle' hat somit hier auch *nur* eine *qualitative* Bedeutung und *keine* überdies *quantitative;* ebenso die Begriffe ‚Nebensouveränität' und – staatlich-politische – ‚Nebenfreiheit'. Das andere Organ oder mehr als dieses – ist nicht deswegen die Nebenquelle, weil es bloß über den *Nebenteil* der obersten Zuständigkeit verfügte, vielmehr weil es, obschon über die *ganze* verfügend, diese dennoch *nicht* von *ihm herkommt.* Mit dieser Stellung verknüpft sich nun aber die Möglichkeit, *alle obersten* Entscheidungen und zugehörigen *darunter* liegenden zu treffen, d.h. ohne Berücksichtigung der Vielen. Mit der genannten Zuständigkeit ist wieder die zugehörige *Macht* verknüpft.

Nach alledem sind Beschränkungen ausgeschlossen, die *innerhalb* des Vielheitsorgans oder mehrerer, die Vielheit ausmachender, Organe bestehen. Hierzu denke man beispielsweise daran, daß die Minderheit der erfolgreich Abstimmenden durch die Mehrheit derselben Abstimmenden beschränkt ist. Denn das gibt es gleicherweise in einer unbeschränkten Polykratie.

Damit übrigens, daß in der beschränkten Polykratie den Vielen die *ganze* oberste Zuständigkeit verlorengeht, in der beschränkten Einherrschaft aber dem Einen (o. I 2 b) und in der beschränkten Mehrherrschaft den Mehreren (o. II 2 b) nur ein *Teil,* außerdem der *Neben*teil, ist ihnen gegenüber die Stellung der Vielen die *schwächste.*

Die Einteilung in **fürstliche und nichtfürstliche Vielherrschaften** läßt auch die beschränkte in *beiden* vorliegen.

Die **beschränkte fürstliche Vielherrschaft** oder die relative fürstliche Polykratie wurde schon unausdrücklich berührt.

Das trifft erstens auf das Beispiel **Großbritanniens** (o. 1 a) zu. Indem die erfolgreiche Vielheit der Wählerschaft – als nichtdemokratische oder demokratische – die Abgeordneten des Unterhauses wählt, wählt sie zugleich jene, die in ihrer Mehrheit bis zur nächsten Wahl entscheidend einmal die Gesetzgebung bestimmen und – über die von ihr getragene Regierung – genauso die Ausführung. Die erfolgreiche Vielheit ist, mit der Wahl ausgeschieden, insoweit beschränkt. Dennoch ist sie in der Übertragung der einschlägigen obersten Zuständigkeit nebst Ausübung an das Unterhaus die *ursprüngliche* Quelle der Staatsgewalt, die *Haupt*quelle; wie das Unterhaus als Organ, dem beides übertragen ist, insofern ihre *abgeleitete* ist, die *Neben*quelle. So bestimmen die erfolgreichen Vielen nicht nur das *Sein* des Unterhauses in der und der Zusammensetzung, mehr, sie verhelfen ihm damit desgleichen zum *Haben* seiner und der Regierung Zuständigkeiten sowie zu beider, darauf beruhendem, *Verhalten;* gleich, welche – später bestätigten oder enttäuschten – Erwartungen sie an beide knüpfen. Daß Unterhaus und Regierung *allein* entscheiden, also ohne Berücksichtigung der Vielen, bringt – außer der darin liegenden Beschränkung letzterer – noch dies zum Ausdruck: Wenn zutreffend von **Parlamentssouveränität** geredet werden kann, dann einzig in Bezug auf ein solches Allein-entscheiden. Darauf ist aber erst später einzugehen (u. 3 b, Ende).

Zweitens ist das Beispiel **Schwedens** (o. 1 a) betroffen. Dadurch, daß die erfolgreiche Vielheit der Wählerschaft – erneut als nichtdemokratische oder demokratische – die Abgeordneten des Reichstags (Kap. 3, § 1 II 1 Schwed. Regierungsform, 1975) wählt (§ 2 I), wählt sie mit der „Vertretung des Volkes" zugleich jene, die in ihrer erfolgreichen Mehrheit zumal „Gesetze" erläßt sowie „Regierung und Verwaltung des Reiches" überprüft (Kap. 1, § 3), auch mit der Wahl des Staatsministers (Ministerpräsidenten) die Regierungsbildung durch diesen ermöglicht (Kap. 6, §§ 2 ff.). Ebenfalls Reichstag und Regierung entscheiden in ihren Bereichen *allein;* und darin kommt wieder die Beschränkung der insgesamt ausgeschlossenen Vielheit zum Ausdruck. Gleichfalls dies so, daß – wie zu Großbritannien ausgeführt – die erfolgreichen Vielen dennoch die *ursprüngliche* Quelle der Staatsgewalt, ihre *Haupt*quelle, abgeben, der Reichstag aber lediglich die *abgeleitete,* ihre *Neben*quelle.

Zur **beschränkten nichtfürstlichen Vielherrschaft** oder zur relativen nichtfürstlichen Polykratie seien ebenfalls zwei Beispiele gebracht.

Erstens als das einer **präsidialen Polykratie** die **Bundesrepublik Deutschland.** Zwar wird ihr Bundestag als Vertretung des Bundesvolkes (Art. 38 I GG, 1949) von der erfolgreichen, bisher stets demokratischen, Vielheit gewählt; und mit ihm wählt sie auch jene, die als Bundestagsmehrheit bis zur nächsten Wahl vorrangig besonders die Gesetzgebung bestimmen sowie ebenso vorrangig die Vollziehung der von ihr getragenen Regierung mitbestimmen. Doch von den *allein* durch dieses Organ getroffenen Entscheidungen ist die Vielheit ausgeschlossen und insofern von ihm beschränkt. Ja, dies ist sie von vornherein noch vom Bundesrat als Ländervertretung, durch den die Länder „bei der Gesetzgebung und Verwaltung des Bundes" mitwirken (Art. 50); denn der Bundesrat wird schon gar nicht von jener Vielheit gewählt. Selbst mit dieser – weiterreichenden – Beschränkung ist die Vielheit dennoch die *ursprüngliche* Quelle der Staatsgewalt. Der Bundestag aber ist nur die *abgeleitete.* Die erfolgreich wählenden Vielen bestimmen eben nicht bloß das *Sein* des Bundestages in seiner jeweiligen Zusammensetzung, sondern sie verhelfen ihm hiermit gleichzeitig wieder zum *Haben* seiner und seiner Regierung Zuständigkeiten sowie zu dem auf diesen beruhenden *Verhalten* beider; mögen die an sie geknüpften, wie immer gearteten, Erwartungen der Vielen später bestätigt oder enttäuscht werden. Doch ebenfalls der Bundesrat ist nur eine *abgeleitete* Quelle. Dies ergibt sich daraus, daß er – über die in ihm vertretenen Länderregierungen (Art. 51 I) hinaus – auf die Länderparlamente als Träger der jeweiligen Regierung zurückgeht und – über diese hinaus – auf die jeweils erfolgreiche Wählerschaft der Länder.

Zweitens ist als Beispiel einer **direktorialen Polykratie** auf die **Schweiz** (o. 1 b) zurückzukommen. Allerdings geschieht das nur in bestimmter Hinsicht. Auch bei ihr besteht zwar das Gegenüber von Vertretung des Bundesvolks: Nationalrat, und Vertretung der Länder (Kantone): Ständerat. Aber nicht bloß, daß beide in der Bundesversammlung *vereinigt* sind (Art. 71 Schweiz. Verf., 1874), mehr, in dieser Vereinigung sind sie *fast gleichberechtigt*. Das kommt am deutlichsten darin zum Ausdruck, daß für „Bundesgesetze und Bundesbeschlüsse ... die Zustimmung beider Räte erforderlich" ist (Art. 89 I); wobei grundsätzlich jeder „Rat ... abgesondert" verhandelt (Art. 92, 1). Nur beispielsweise bei „Wahlen" – etwa der des Bundesrates als Regierung (Art. 85, Zif. 4 I) – ist der Nationalrat das vorrangige Verfassungsorgan. Denn wie in solchen Fällen beide Räte als Bundesversammlung *gemeinschaftlich* entscheiden (Art. 92, 2), so fallen die 200 Abgeordneten des Nationalrates (Art. 72 I) stärker ins Gewicht als die 44 Abgeordneten des Ständerates (Art. 80, 1). Immerhin: Mit der weitgehenden Gleichberechtigung des Ständerates ist die Einschränkung der Bundesvielheit in der Schweiz eine noch *größere* als in der Bundesrepublik Deutschland. Wenn trotzdem auch diese Vielheit noch die *ursprüngliche* Quelle der Staatsgewalt auf der Ebene des Bundes darstellt, dann nicht allein mit Rücksicht auf ihre Stellung zu Sein, Haben und Verhalten der Vertretung des Bundesvolks, des Nationalrates, vielmehr überdies aus folgendem Grunde: Zumal „Bundesgesetze, sowie allgemeinverbindliche Bundesbeschlüsse sind dem Volke zur Annahme oder Verwerfung vorzulegen, wenn es von 30000 stimmberechtigten Schweizerbürgern oder von 8 Kantonen verlangt wird" (Art. 89 II). Und die erste Möglichkeit, oft genug – in demokratischer oder nichtdemokratischer Abstimmung – verwirklicht, läßt die Beschränkung der Bundesvielheit in der Schweiz insgesamt eine erheblich *kleinere* sein als in der Bundesrepublik Deutschland. Doch stellt hierbei die mögliche Volksabstimmung nichts dar, was zur *beschränkten* Polykratie gehört, sondern – als Tätigkeit der Vielheit selbst – einzig zur *unbeschränkten*. Es ist ein bedeutender Rest unbeschränkter Vielherrschaft in der beschränkten. – Darauf ist noch, da sich erstere als die *unmittelbare* Vielherrschaft erweisen wird und letztere als die *mittelbare*, bei der Behandlung letzterer näher einzugehen.

3. Unmittelbare und mittelbare Vielherrschaften

Die Vielherrschaft ist **unmittelbar**, wenn die Vielen *selber* die Alleinquelle der Staatsgewalt sind, d.h., wenn ihre ganze Herrschaft von ihnen *nicht* einem *anderen, vertretenden* Mehrheitsorgan oder anderen Organen zur *eigenen* Ausübung *übermittelt* ist. Diese Lage ist bisher mit der *unbeschränkten* Polykratie (o. 2 a) vorausgesetzt.

Die Vielherrschaft ist **mittelbar**, wenn die Vielen *nicht selbst* die Alleinquelle der Staatsgewalt abgeben, d.h., wenn ihre gesamte Herrschaft von ihnen einem *anderen, vertretenden* Mehrheitsorgan oder anderen Organen *auf Zeit* zur *eigenen* Ausübung *übermittelt* ist. Diese Lage ist zwar bislang mit der *beschränkten* Polykratie (o. 2 b) vorausgesetzt, aber nunmehr doch näher darzutun.

Der Grund der Übermittlung besteht gleichfalls jetzt in der Unmöglichkeit von Herrschaft und Ausübung, jetzt durch die Vielen, aufs neue infolge grundsätzlicher Verhinderung. Dieser Fall ist immer dann gegeben, wenn die jeweiligen Vielen derart zahlreich sind, daß sie im dargetanen Rahmen einer unbeschränkten Polykratie nicht mehr hinreichend oder gar nicht mehr herrschen können und so dazu genötigt bzw. gezwungen sind, die Herrschaft einem anderen Organ oder mehr zur eigenen Ausübung zu übermitteln. Die Übermittlung kann wiederum auf unterschiedliche Weise erfolgen, zumal jedoch durch Wahlen. In diesem Fall ist die Übermittlung ein Akt *unmittelbarer* Polykratie.

Es handelt sich ein weiteres Mal um eine **Vertretung.** Dies bedeutet wieder Folgendes: daß die Herrschaftsausübung *beschränkt* ist, und zwar insoweit, als sie aus der *vertretenden* Herrschaft – unter Verdrängung des Vertretenen – *keine eigenständige,* d.h. erneut: *nicht* mehr *vertretende,* macht. Das besagt beispielsweise auch jetzt den Ausschluß einer darauf zielenden Änderung der Verfassung.

Als Vertreter kommen diesmal offensichtlich *nicht andere Viele* – als *ein* Organ oder *mehr* – in Frage, da ja auch für sie die grundsätzliche Verhinderung ihrer Herrschaft bestünde. D.h. aber: Die Staatsform der Polykratie ist mit der Übermittlung – anders als die der Monokratie und die der Pleokratie (o. I, II, jeweils 3) – *wesentlich beendet.* Weil nun die Einherrschaft der Vielherrschaft am fernsten steht, doch die Mehrherrschaft ihr am nächsten, deshalb kommt als Vertreter, wie schon gesagt, **nur eine Mehrheit** in Betracht, und zwar wieder **als ein Organ oder mehrere.** Man denke insoweit z.B. an ein – aus *einer* Kammer bestehendes – Parlament als Mehrheitsorgan, dem die Herrschaft zur eigenen Ausübung auf Zeit durch die Vielen mittels Wahlen übermittelt ist. Oder noch an einen Staatspräsidenten, der neben dem Parlament von den Vielen auf Zeit – mit der Übermittlung eines Teils – gewählt wird. Hiernach besteht jedoch die **Vielherrschaft nur noch in Gestalt der wählenden Vielen. In Gestalt indes der gewählten Mehreren besteht lediglich eine Mehrherrschaft.** Anders ausgedrückt: Allein was erstere betrifft, liegt die Polykratie noch *real* wie *materiell* vor; was dagegen letztere betrifft, tut sie es bloß *nominal* wie *formell.* Und dies auch nur mit Rücksicht darauf, daß die Mehreren die *Vielen vertreten.* In der Sache geht es eben fortan *nicht* mehr um die *Vielen* als Allein- oder Hauptquelle der Staatsgewalt, sondern einzig um *Mehrere:* bis zur nächsten Wahl. Dennoch gilt dies: So sehr das Ergebnis in Hinblick auf die Vielherrschaft relativ ungerechtfertigt ist, – absolut wäre das erst dann so, wenn und soweit die Mehreren sich unrechtlich verhielten.

Daß **die Übermittlung eine zeitlich beschränkte, sich folglich wiederholende,** sein muß, ergibt sich daraus, daß andernfalls statt der mittelbaren *Polykratie* eine *Pleokratie* bestünde. Denn die Vielen wären damit, daß sie bloß *einmal* wählten, für die Zukunft ausgeschaltet.

Wie nun das Mehrheitsorgan mit *Wirkung für* die Vielen handelt oder die mehreren Organe dies tun, so dreht es sich erneut um **vertretende** und **vertretene** Organe: auch das ein besonderer Fall verfassungsgesetzlicher Vertretung (dazu o. 2. Abschn., B II 1). Hiernach wäre es aber verfehlt, statt von *Vertretungs*organ(en), von *Repräsentations*organ(en) in dem Sinn zu sprechen, daß es (sie) die

Vielen *verkörperte(n)* oder sogar *vergegenwärtigte(n)*, und somit von diesen nicht als *vertretenem(n)* Organ(en), sondern als *repräsentiertem(n)*. Wieder ist auf das insoweit näher Dargetane zurückzuverweisen (a.a.O., C II, besonders zu den beiden Küchenhoff, Schmitt und Maunz). Oder noch in dem Sinn, daß die Vielen und das für sie handelnde Mehrheitsorgan oder die für sie handelnden anderen Organe eine *Einheit* bildeten (a.a.O.: Jellinek, G.). Dennoch wird gleichfalls insofern erneut allgemein, d.h. bezüglich der mittelbaren Staatsformen schlechthin, die Meinung vertreten, daß die *„Obersten Staatsorgane"* „nur mittelbar an" der *„Ausübung der Staatsgewalt"* „beteiligt" seien, „indem andere Staatsorgane an ihrer Stelle, also als *Repräsentationsorgane*" wirkten (o. I 3: die zwei Küchenhoff). Hierzu ist indes wiederum festzustellen: *Soweit* die Vielen vertreten werden, sind sie an jener Ausübung gerade *nicht* beteiligt, auch nicht „nur mittelbar". In diesem Zusammenhang ist es ferner verfehlt, auf „mittelbare oder repräsentative Demokratien" abzuheben. Zumal wenn es weiter heißt: „‚Repräsentativ' bedeutet dabei, daß der Wille des Staatsvolkes nicht nur mit der Aktivbürgerschaft, sondern auch durch andere Staatsorgane, die sog. Repräsentationsorgane, dargestellt, daß alle Tätigkeit dieser Staatsorgane als Tätigkeit des Staates und damit des Staatsvolkes angesehen wird" (Küchenhoff-Küchenhoff, S. 219 B): eine ebenso verfehlte wie unnötige Fiktion. Einzig dann besteht eine Ausnahme, wenn unter ‚repräsentativ' ‚vertretend' begriffen wird, wenn also der Wille von den Vertretenden mit Wirkung für das Staatsvolk gefaßt wird. Doch gerade das wird von jenen Verfassern abgelehnt (a.a.O.). Anders ist es, wenn für die *„repräsentative Demokratie als oligarchisch-demokratische Mischform"* (Zippelius, 9., S. 171 II) darauf abgestellt ist, daß „dem Volk durch seine Repräsentationsorgane in beträchtlichem Ausmaß das Gesetz des Handelns aus der Hand genommen" wird: „Scherzhaft" daher „die Klage des Bürgers, daß er nicht mehr mitreden könne, weil er seine Stimme ja bei der Wahl abgegeben habe" (S. 172).

Auf Grund dessen, daß das Vertretungsorgan für die vertretenen Vielen handelt oder dies mehrere Vertretungsorgane tun, wäre es hiernach vor allem verfehlt, anzunehmen, daß die Vielen als Repräsentierte *durch* Mehrere als Repräsentanten handelten. Auch auf das insoweit näher Dargelegte ist zurückzuverweisen (o. 2. Abschn., C II: zu Jellinek, G., und Maunz). Denn damit, daß die vertretenen Vielen – *als* Vertretene – nicht mehr an der Ausübung *beteiligt* sind, handeln sie desgleichen *nicht* mehr *durch* die vertretenden Mehreren. In Gemäßheit hierzu besagt mittelbare Vielherrschaft nicht, daß die Vielen *mittelbar* herrschten, d.h. *über* ihre Vertreter, vielmehr daß der (die) Vertreter auf Grund der ihm (ihnen) *übermittelten* Herrschaft *für* die Vielen herrscht(en). Demgemäß wurde oben festgestellt, daß die Übermittlung zur *eigenen* Ausübung durch den oder die Vertreter erfolgt.

Hiernach wäre es schließlich gleichfalls verfehlt, anzunehmen, daß die Ausübung der Herrschaft durch das (die) Vertretungsorgan(e) den Vielen als vertretenem(n) Organ(en) *zuzurechnen* sei. Auf das insoweit in Verknüpfung mit der sog. Repräsentation schon näher Dargetane (o. 2. Abschn., C II: zu Maunz und den zwei Küchenhoff) ist wieder zurückzuverweisen: Einmal handelte es sich nämlich erneut um eine bloße Fiktion. Und zum anderen stellt es auch jetzt ein Unding dar, den Vielen die – nicht nur rechtliche, sondern außerdem unrechtliche – Ausübung samt Verantwortung durch die Vertreter als *eigene* zuzurechnen. Statt dessen sind es aufs neue die *allein handelnden Vertreter*, denen sie zuzurechnen ist. Daß sie für die vertretenen Vielen *wirken*, d.h. wiederum: sie zu ihren *Gunsten* oder *Ungunsten betreffen* können (dazu o. 1. Abschn., A I), läßt das Ganze unberührt.

Faßt man zusammen, so ist es in der Tat, wie folgt: **Die vertretenen Vielen** sind ausschließlich noch **nominal wie formell Polykraten,** nicht aber mehr *real* wie *materiell;* und **die vertretenden Mehreren** sind wohl **real und materiell Pleokraten,** nicht jedoch *nominal* und *formell.*

Alles Ausgeführte gilt gleichermaßen für die *nicht*demokratische wie *demokratische* Polykratie, die Demokratie (dazu o., vor 1).

Es bleibt noch, auf die unmittelbare und die mittelbare Vielherrschaft gesondert einzugehen.

a) Die unmittelbare Vielherrschaft

Wie gesagt, ist die Vielherrschaft dieser Art bisher mit der unbeschränkten Polykratie vorausgesetzt. D.h., beide sind, wenngleich unter verschiedenen Gesichtspunkten, dasselbe. Und hiermit erstreckt sich die **Frage, ob denn die unmittelbare Polykratie wirklich unmittelbar ist,** zugleich darauf, ob denn die unbeschränkte *wirklich unbeschränkt* ist.

Grund für diese Frage ist, daß es in der bislang so genannten unmittelbaren bzw. unbeschränkten Vielherrschaft nicht nur auch noch *andere* Organe außer der Vielheit gibt, sondern zugleich solche, die mit Wirkung für die *Vielheit* handeln; mithin so wie in der mittelbaren bzw. beschränkten.

Für die **attische Polis** sei an die von der sog. Volksversammlung gewählten Beamten erinnert; an die aus der Volksversammlung durch Los bestimmten Gerichtshöfe; und vor allem an den Rat als Regierung mit der Erledigung besonders der laufenden Staatsgeschäfte (o. 2 a). Allein – während in der mittelbaren bzw. beschränkten Vielherrschaft die Vielen, indem sie die gesamte Herrschaft nebst Ausübung an die Mehreren übermitteln, insoweit als selber Herrschende *ausscheiden,* geschieht gerade dies in der unmittelbaren bzw. unbeschränkten *nicht.* In ihr *bleiben* die Vielen Herrscher, und zwar – trotz anderer Organe – auf eine für den Staat *andauernd* grundlegende Weise; wieder in Hinblick auf Gesetzgebung – überhaupt: oberste Normgebung –, Vollziehung oder Ausführung und Rechtsprechung. Gerade dies zeigt das attische Beispiel, besonders damit, daß die Volksversammlung „über alles und jedes im Bereich des staatlichen Lebens beschließen" konnte (a.a.O.: MEYER). Insgesamt ist es sonach *zutreffend,* von einer unmittelbaren bzw. unbeschränkten Vielherrschaft zu sprechen.

Was nochmals die attische Polis angeht, so stimmt ihre Beurteilung als unbeschränkt bzw. unmittelbar im wesentlichen damit überein, daß – allgemein – die „antike Demokratie" als *„unmittelbare (absolute) Demokratie"* gekennzeichnet wird; und zwar derart, daß „die Bürgergemeinde ... die ihr zukommende Funktion selbst" ausübt und „in allen Dingen höchste, unverantwortliche Entscheidung hat" (JELLINEK, G., S. 720).

Zu **Appenzell-Innerrhoden** ist als andere Organe insonderheit an den Großen Rat und die Standeskommission mit dem Landammann als jeweiligem Vorsitzenden zu erinnern (o. 2a). Denn ebenfalls sie sind mit Wirkung für die Vielen, die Landsgemeinde, tätig. Dennoch ist auch für diesen Staat weiter an seiner bisherigen Beurteilung im Rahmen der Polykratie festzuhalten. Desgleichen jetzt trifft eben wieder das Folgende zu: daß, während in der mittelbaren bzw. beschränkten Vielherrschaft die Vielen – durch Übermittlung der ganzen Herrschaft samt Ausübung an die Mehreren – insoweit als selbst Herrschende *ausscheiden,* eben das in der unmittelbaren bzw. unbeschränkten *nicht* erfolgt. Dies erneut so, daß die Vielen Herrscher *bleiben,* und das – trotz anderer Organe – in einer für den Staat *andauernd* grundlegenden Art; wiederum in Hinsicht auf die genannten Staatstätigkeiten. Zwar kann die Landsgemeinde – anders als die attische Volksversammlung – nicht, wie im vorletzten Absatz wiederholt, „über alles und jedes im Bereich des staatlichen Lebens beschließen". Und hiermit ist ihre Stellung durchaus schwächer, als es die der Ekklesie war. Indes: Wie gesagt, ist eine unbeschränkte Polykratie auch dann noch eine solche, wenn sie *weniger* unbeschränkt ist (o. a, Anfang). Daher bleibt es denn bei der Landsgemeinde zumal als gesetzgebender Behörde und oberster Wahlbehörde, vor allem die Standeskommission als Regierung und den Landammann als Staatsoberhaupt sowie das Kantonsgericht betreffend. Insgesamt ist so desgleichen in diesem Fall *zutreffend* von einer unmittelbaren bzw. unbeschränkten Vielherrschaft zu reden.

In dieser Hinsicht heißt es nun, was *„Demokratische Republiken mit beratender und beschließender Volksgemeinde"* betrifft: „Eine unmittelbare Demokratie im vollen Sinne gibt es heute nicht mehr. Selbst in den schweizerischen Kantonen mit Landsgemeinden ist außer dieser ein repräsentierendes, gesetzgeberische und andere Funktionen ausübendes Organ vorhanden. So hat" – unter anderen Kantonen – „in Appenzell-I.Rh. der große Rat Kompetenzen, die in der antiken Demokratie nur der Volksgemeinde zustanden" (JELLINEK, G., S. 724f.). Hierzu geht es nun nicht darum, daß Appenzell-Innerrhoden mit dem Ausschluß der erwachsenen Frauen vom Wahlrecht (Art. 16 Verf. Appenzell-I.Rh., 1872) zur Zeit JELLINEKS nur eine nichtdemokratische Polykratie war. Auch nicht darum, daß der Große Rat kein – im Sinne JELLINEKS – repräsentierendes Organ war und ist (o. 3). Vielmehr geht es um Folgendes: Vorweg darum, daß der Große Rat keine – formell – *gesetzgeberische* Funktion hat. Er legt allein „Verfassungs- und Gesetzesentwürfe" der Landsgemeinde als dem Gesetzgeber vor, und er erläßt „Verordnungen und Reglemente" (o. 1 b). Und ferner geht es darum, daß nicht die Landsgemeinde, „sondern jenes oberste Regierungskollegium" – für Innerrhoden der Große Rat – „das Begnadigungsrecht" ausübt (JELLINEK, S. 725). Das trifft zwar zu (Art. 27); obschon nicht der Große Rat, vielmehr die Standeskommission die Regierung ist. Doch stellt die Begnadigung etwas gänzlich Untergeordnetes dar. Ähnlich steht es damit, daß „selbst ihre", der Landsgemeinde, „legislatorischen Beschlüsse" – die es also nun gibt – „eine Grenze an der Privatrechtssphäre des Individuums" haben (JELLINEK, a.a.O.). Denn das trifft zwar aufs neue zu (Artt. 2ff.), besagt aber nichts gegen die Unmittelbarkeit bzw. Unbeschränktheit. So ist diese Beschränkung ja auch nur eine durch bloße *Normen,* doch keine durch *Organe* (o. 2 a, Ende). Entscheidend ist jedoch, daß die Landsgemeinde *keineswegs* ihre *gesamte* Herrschaft auf Zeit an die anderen Organe *übermittelt* hat.

Das bisher noch nicht erwähnte **Appenzell-Außerrhoden** ist im wesentlichen genauso zu beurteilen. Dies, ohne daß dazu näher auf die Landsgemeinde (Artt. 40ff. Verf. Appenzell-A.Rh., 1908), den – dem Großen Rat Innerrhodens entsprechenden – Kantonsrat (Artt. 46ff.) sowie den – der Standeskommission Innerrhodens entsprechenden – Regierungsrat (Artt. 51ff.), einschließlich Landammann (Art. 51), einzugehen wäre. Allerdings ist die Stellung des Kantonsrates eine etwas stärkere; wie die der Landsgemeinde und die des Regierungsrates eine etwas schwächere sind; nämlich im Vergleich zu den entsprechenden Organen Innerrhodens. Aber dies läßt auch die Beurteilung Außerrhodens als einer im Ergebnis unmittelbaren bzw. unbeschränkten Vielherrschaft unberührt. Hieran ändert folgende Verfassungsbestimmung nichts: „Die Staatsgewalt beruht im Volke. Sie wird unmittelbar durch die Landsgemeinde, mittelbar durch die vom Volke gewählten Behörden ausgeübt" (Art. 2). Zwar ist nämlich das „mittelbar" zutreffend als ‚übermittelt' zu verstehen. Aber dies besagt nicht, daß nun insoweit in Außerrhoden eine *mittelbare* Vielherrschaft vorliegt. Denn zu ihr zählt nun einmal, daß die Vielen ihre *ganze* Herrschaft an ein Organ oder mehrere übermitteln. So *bleiben* auch jetzt die Vielen Herrscher, aufs neue – trotz sonstiger Organe – in einer für den Staat *andauernd* grundlegenden Weise.

Es fragt sich, ob zur unmittelbaren Polykratie – außer der Festlegung der **Wahlberechtigung** – ebenfalls die einer **Wahlverpflichtung** gehört, so daß nur im zweiten Fall eine solche Vielherrschaft vorliegt. Das ist *nicht* so. Zur nichtdemokratischen Vielherrschaft zählt allein, daß eine Mehrheit der Vielen entscheidet, also nicht, daß es jedenfalls die Mehrheit der Wahlberechtigten sei. Und dazu bedarf es keiner Festlegung einer Wahlpflicht. Zur demokratischen Polykratie gehört es zwar, daß die entscheidende Mehrheit zugleich die der Wahlberechtigten ist (o. vor 1). Doch gleichfalls dazu bedarf es nicht der Festlegung einer Wahlpflicht. Allerdings trägt eine solche Festlegung dazu bei, eine nichtdemokratische Vielherrschaft *polykratischer* und eine demokratische Vielherrschaft *demokratischer* zu machen. Dies zumal dann, wenn ihre ungerechtfertigte Nichtbeachtung hinreichend geahndet wird. Hierzu sei auf Art. 17 Verf. Appenzell-I.Rh., 1872, hingewiesen, wonach „Jeder Stimmberechtigte ... nicht bloss berechtigt, sondern auch verpflichtet" ist, „an allen Landsgemeinden ... teilzunehmen"; und auf Art. 40 II 2 Verf. Appenzell-A.Rh., 1908, wonach, wer „zum Besuche der Landsgemeinde berechtigt und verpflichtet ist, den Verhandlungen derselben jedoch ohne erhebliche Gründe ... nicht beiwohnt, ... mit 10 Franken zu büssen" ist. Das dürfte aber nur für einen Geizigen hinreichend sein.

Daß die unmittelbare Vielherrschaft – und zwar nicht allein als demokratische, sondern auch als nichtdemokratische – eine **plebiszitäre Polykratie** genannt werden kann, macht sie in ihrer *entscheidenden Seite* erfaßbar. Dieser Name betrifft nämlich die unmittelbare Herrschaft insoweit, als es die Vielen aus dem *Volke* sind, welche die grundlegenden Entscheidungen treffen, nicht also sonstige Organe mit Wirkung für sie. Die plebiszitäre Herrschaft ist eben – nach lateinisch plebis citum, Volksbeschluß – diejenige, in der das sog. Volk: die demokratisch oder nichtdemokratisch Vielen aus ihm, selbst beschließt.

Besonderer Ausdruck der unmittelbaren Polykratie sind sog. **Volksbegehren** (die **Initiative**) und sog. **Volksentscheid** (das **Referendum, Plebiszit**), d.h. ein Begehren aus der Vielheit des Volkes und ein Entscheid aus dieser Vielheit, nämlich der erfolgreich Abstimmenden.

Dafür als Beispiel zunächst **Appenzell-Innerrhoden.** Zuerst ist allgemein festgesetzt: „Jeder Stimmberechtigte kann durch Einreichung einer Initiative nach Massgabe" weiterer „Bestimmungen die Abänderung der Verfassung sowie den Erlass, die Abänderung oder die Aufhebung von Gesetzen beantragen" (Art. 7bis I, Verf. Appenzell-I.Rh., 1872); sei es „als allgemeine Anregung oder ... als ausgearbeiteter Entwurf" (II 1). Das weitere Verfahren – mit Stellung nehmender Beteiligung des Großen Rates – wird mittels Annahme oder Verwerfung durch die Landsgemeinde abgeschlossen (IV, V). Dann ist – und zwar die zwei überhaupt möglichen Referenden enthaltend – einmal festgesetzt: „Freie Beschlüsse des Grossen Rates über“ gewisse „Ausgaben“, z.B. einmalige „von wenigstens Fr. 500000,–“, „unterstehen dem obligatorischen Referendum“ (Art. 7ter I), also der **notwendigen Entscheidung** der Landsgemeinde. Und zum anderen: „100 stimmberechtigte Kantonseinwohner können über einen freien Grossratsbeschluss den Entscheid der Landsgemeinde verlangen, wenn der Beschluss zulasten des Staates für den gleichen Gegenstand“ z.B. „eine einmalige neue Ausgabe von wenigstens Fr. 250000,–“ „bewirkt“ (II 1): Gegenstand „des fakultativen Referendums“ (V), der **möglichen Entscheidung.** Zwar *verstärkt* der Volksentscheid die Unmittelbarkeit der ohnehin unmittelbaren Polykratie, aber er *begründet* sie *nicht.* Was sodann **Appenzell-Außerrhoden** angeht, so sei auf Art. 41 II 1 Verf. Appenzell-A.Rh., 1908, hingewiesen. Danach können außerordentliche Landsgemeinden nicht nur stattfinden, „wenn der Kantonsrat es als erforderlich erachtet“, vielmehr auch, wenn „eine der Mitgliederzahl desselben wenigstens gleichkommende Anzahl Stimmbürger es begehrt“. Hat dieses Begehren ein bestimmtes Verfahren erfolgreich durchlaufen, so findet eine außerordentliche Landsgemeinde mit ihrer Entscheidung, dem Volksentscheid, statt (Sätze 2, 3).

Wie es zur Begründung und Erhaltung einer *demokratischen* Vielherrschaft zählt, daß das erfolgreiche Wahlvolk mehr als die Hälfte aller Erwachsenen umschließt (o. vor 1), so zählt dies gerade zur demokratischen als einer *unmittelbaren.* D.h. jedoch: Die einschlägigen **Entscheidungen** der Volksversammlung müssen, um **demokratisch** zu sein, von der **Mehrheit ihrer Mitglieder** beschlossen sein, also ihrer insofern **absoluten.** Trifft dies nicht zu, werden folglich Entscheidungen mit der *relativen* Mehrheit der Mitglieder getroffen, so dreht es sich zwar noch um *polykratische,* doch *keine demokratischen* mehr. Die Möglichkeit hierzu besteht etwa in Appenzell-Außerrhoden. Wie in seiner Landsgemeinde die „Stimmenmehrheit“ (Art. 45 IV Verf. Appenzell-A.Rh., 1908) entscheidet, so *kann* diese zwar zugleich die Mehrheit der *Mitglieder* sein, *muß* es indes *nicht.* D.h., sie kann auch bloß die Hälfte von ihnen erreichen oder gar darunter liegen: statt einer demokratischen eine nichtdemokratische sein.

b) Die mittelbare Vielherrschaft

Die Vielherrschaft dieser Art, so wurde gesagt, ist bislang mit der beschränkten Polykratie vorausgesetzt. Das bedeutet: Beide sind, obschon unter verschiedenen Gesichtspunkten, dasselbe.

Diese Staatsform ist an Staaten gebunden, die – jedenfalls in ihrer Wählerschaft – über Kleinstaaten hinausgehen. Das zeigen entsprechende polykratische Staaten der Gegenwart, etwa die Schweiz sowie die Bundesrepubliken Österreich und Deutschland; aber z.B. auch Stadtstaaten wie Hamburg und Bremen. Die unmittelbare Vielherrschaft findet eben dort, wo sie nicht mehr hinreichend oder gar nicht mehr durchführbar ist, ihre Grenze. Man denke für die Bundesrepublik Deutschland nur daran, daß die Gesetzgebung in ihr nicht dem Bundestag und dem Bundesrat oblägen, sondern der Gesamtwählerschaft. Und das keineswegs so wie etwa in Appenzell-Innerrhoden, also insgesamt in öffentlicher Versammlung (Art. 19 II Verf. Appenzell-I.Rh., 1872), vielmehr durchaus getrennt, nämlich in den üblichen Wahllokalen.

Damit, daß die Herrschaft der – nichtdemokratischen oder demokratischen – Vielheit Gesetzgebung, Ausführung und Rechtsprechung betrifft, liegt eine mittelbare Vielherrschaft, zumal als Demokratie, in vollem Sinne allein dort vor, wo die Zuständigkeit zur eigenen Ausübung bezüglich *aller* drei Bereiche von der erfolgreichen Vielheit an die Mehreren als eine bestimmt geteilte Reihe von Organen übermittelt wird. Man denke z.B. und besonders an diese Übermittlung, was die gesetzgebende Gewalt einer Volksvertretung betrifft, die oberste ausführende eines Staatspräsidenten und die oberste rechtsprechende eines oder mehr als eines obersten Gerichts. Wie wenig dem aber die Wirklichkeit entspricht, ist offensichtlich. Das betrifft nicht den – von einer Vielheit – gewählten Gesetzgeber. Aber es betrifft schon in vielen Fällen das Staatsoberhaupt. Wird so zwar in Frankreich der Staatspräsident an die Spitze der ausführenden Gewalt aus dem Volke gewählt (Art. 6 I Franz. Verf., 1958), – das Schweizer Staatsoberhaupt, der Bundesrat (die Regierung), wird demgegenüber – wie gezeigt – von der Bundesversammlung (Nationalrat und Ständerat: Bundes- und Ländervertretung) ernannt (o. 1b: Art. 96 I 1 Schweiz. Verf., 1874).

Das Gesagte betrifft auch die Staaten, in denen das Staatsoberhaupt bereits *nicht* von einer Vielheit *gewählt* werden *kann;* so etwa in fürstlichen Polykratien das erbliche Staatsoberhaupt Grobritanniens. Und es betrifft noch solche Staaten, in denen das nichtfürstliche Staatsoberhaupt wesentlich nurmehr nominal wie formell an der Spitze der ausführenden Gewalt steht und *nicht* aus dem *Volke,* sondern von einem *anderen* Organ *gewählt* wird. So beispielshalber in der Bundesrepublik Deutschland der Bundespräsident, der, wie gezeigt, von der Bundesversammlung gewählt wird (o. 1 b: Art. 54 I 1, III GG, 1949). Ein derartiges Staatsoberhaupt besitzt zwar real wie materiell nur noch eine unwesentliche *Restgewalt;* doch in dieser ist gleichfalls er von der Übermittlung durch die Vielheit ausgeschlosen. Das Gesagte trifft aber noch mehr auf ein oder mehr als ein oberstes Gericht zu. So ist es etwa beim österreichischen Verfassungsgerichtshof (Artt. 137ff. Öster. Verf., 1920): Er wird vom Bundespräsidenten ernannt, und zwar teils „auf Vorschlag der Bundesregierung", teils nach Vorschlägen des Nationalrats (der Vertretung des Bundesvolks) und des Bundesrates (der Ländervertretung) (Art. 147 II 1, 2). Es sei indes auch noch auf das deutsche Bundesverfassungsgericht hingewiesen, dessen „Mitglieder ... je zur Hälfte vom Bundestag und vom Bundesrate gewählt" werden (Art. 94 I 2 GG). Beide Gerichte sind gleichfalls von der Übermittlung durch die Vielheit mittels Wahl ausgeschlossen. Daß die zwar aus dem Volkes wählbaren, aber nicht so gewählten Organe der ausführenden und rechtsprechenden Gewalt von Organen bestimmt werden, die ihrerseits aus dem Volke gewählt wurden oder auf solche zurückführbar sind, ändert nichts daran, daß es an der Übermittlung durch eine erfolgreiche Vielheit *selbst* fehlt. Solche Organe sind *nicht,* worauf es aber ankommt, *unmittelbar* polykratisch bzw. demokratisch *legitimiert.* Die einschlägigen Verfassungen gehen daran vorbei. Auch geht es nicht über Worte hinaus, wenn es z.B. heißt: „Die Justiz geht vom Volke aus" (Art. 117, Abs. 1 Span. Verf., 1978); aber das „Verfassungsgericht" in seinen „zwölf Mitgliedern ... vom König ernannt" wird, „und zwar ... auf Vorschlag" hier nicht bewegender anderer oberster Staatsorgane (Art. 159, Abs. 1); und wenn die „Justiz" noch „im Namen des Königs ausgeübt" wird (Art. 117, Abs. 1).

Diese Lage zeigt nun jedoch, daß es – anders als die *unmittelbare* Vielherrschaft „im vollen Sinne" (o.a.: zu JELLINEK) – gerade **keine mittelbare Vielherrschaft ‚im vollen Sinne' gibt;** und zwar weit mehr, als dies JELLINEK irrig für die unmittelbare annimmt. Vernachlässigt man nun von vornherein, daß zum Verständnis der mittelbaren Polykratie eigentlich auch die Wahl eines oder mehr als eines obersten Gerichts durch eine Vielheit gehört, so muß **zumindest** Folgendes gegeben sein, damit noch einigermaßen zutreffend von einer solchen Vielherrschaft gesprochen werden kann: daß ihr *Hauptorgan* – die **Vielheitsvertretung,** besonders *Volksvertretung,* als vor allem Gesetzgeber – **durch eine Vielheit bestimmt** wird. War deshalb bisher von der Übermittlung der *ganzen* Herrschaft durch eine Vielheit die Rede, so stellt sich das nun als etwas teils *Theoretisches* heraus, dem die Praxis *nicht genügt.* Die Mindestvoraussetzung ist so ein *Entgegenkommen.* Andernfalls müßte man nämlich die mittelbare Polykratie von vornherein erheblich aufgeben. Die Mindestvoraussetzung ist indes übertreffbar. So ist es zumal *polykratischer* bzw. *demokratischer,* wenn auch das *Staatsoberhaupt* von einer Vielheit gewählt wird.

Es ist aber noch etwas anderes, das **zumindest** gegeben sein muß, damit eine mittelbare Polykratie vorliegt. In Abstellung auf das genannte Hauptorgan, die – demokratische oder nichtdemokratische – **Vielheitsvertretung,** sind das möglichst regelmäßige, in nicht zu großen Abständen **wiederkehrende, Wahlen,** mit denen die Vertretung aus der Vielheit *berufen* wird; derart außerdem, daß diese *Vertretung* in einer neuen Wahl, nämlich *anderer* Vertreter, von der erfolgreichen Wählerschaft *verändert* werden kann; und derart außerdem, daß, wenn die *Regierung* – auch nur wesentlich – von der Vertretung abhängt, ebenfalls *sie verändert* werden kann. In Zusammenfassung so, daß über beide Änderungen: die *Ablösung* bisheriger Menschen und ihre *Ersetzung* durch neue, die *Politik geändert* werden kann. Und in Abstellung auf das genannte Organ des **Staatsoberhaupts** sind es, **falls es gewählt wird,** wiederum möglichst regelmäßige, in nicht allzu großen Abständen, **wiederkehrende Wahlen,** mit denen es aus der Vielheit *berufen* wird; dies zudem so, daß das Staatsoberhaupt durch die Wahl eines *anderen* Menschen oder mehr von der erfolgreichen Wählerschaft *geändert* werden kann; und zudem so, daß, wenn die *Regierung* – auch bloß wesentlich – vom Staatsoberhaupt abhängt, gleichfalls *sie geändert* werden kann. In Zusammenfassung wieder derart, daß über beide Änderungen: erneut die *Ablösung* bisheriger Menschen und ihre *Ersetzung* durch neue, die *Politik geändert* werden kann. Der erste Fall ist etwa mit den Wahlen zum britischen Unterhaus gegeben, von dem die Regierung in Ent- und Bestehen abhängt. Und der zweite Fall liegt etwa mit den Wahlen des Präsidenten der Vereinigten Staaten von Amerika vor, von dem das Kabinett in Ent- und Bestehen abhängt. Daß letzterer – wie schon gesagt – lediglich mittelbar aus der Vielheit gewählt wird, nämlich über vorab gewählte Wahlmänner (o. 1 b), ist deshalb unerheblich, weil diese – entgegen der geschriebenen Verfassung – „zu Sprachrohren der" – siegreichen – „Partei" wurden (STULZ, S. 130). Er „wird" – insoweit – „von den Stimmen der gesamten Wählerschaft unter dem Antrieb von gesamtstaatlichen Parteien ins Amt berufen" (LOEWENSTEIN, S. 305). *Ohne* die gekennzeichneten *Wahlen* ist eine mittelbare Vielherrschaft *ausgeschlossen.* Das werden die im Anhang behandelten *scheinbar* mittelbaren Vielherrschaften zeigen. Wahl bedeutet übrigens nach dem Dargetanen soviel wie *Auswahl.* Das ist nichts Zusätzliches, sondern etwas, das wesenhaft zur Wahl gehört. Wie ja auch nicht gewählt wird, wenn nicht *zwischen* etwas *entschieden* wird.

Die wiederkehrenden Wahlen haben übrigens eine bestimmte *Voraussetzung:* Wie mit *jeder* von ihnen *aufs neue* oberste Zuständigkeit an ein Organ zu eigener Ausübung übermittelt wird, so ist diese Zuständigkeit zuvor wieder an die übermittelnde Vielheit *zurückgefallen;* nämlich mit dem Ende der für ihre Übermittlung festgesetzten Zeit.

Was nun das **Wahlverfahren zur Vielheitsvertretung** anlangt, so geht es hier am wenigsten um Verhältnis- oder Mehrheitswahl oder noch um andere Verfahren. Das ist eine Frage des Sein*sollens,* also eine des *Rechts.* Immerhin verhält es sich so: In gegebener Lage ist stets nur ein solches Wahlverfahren gerechtfertigt, das – über eine *handlungsfähige Vielheitsvertretung* – eine ebenso *handlungsfähige Regierung* ermöglicht. Und dazu ist nun einmal die Mehrheitswahl *geeigneter* und die Verhältniswahl – zumal als unbeschränkte – *ungeeigneter.* Wozu die letztere führen kann, zeigt dies: Die Abgeordneten des Weimarer Reichstags wurden „nach den Grundsätzen der Verhältniswahl" gewählt (Art. 22, 1 Deutsche RV, 1919). Gerade sie wurde nun jedoch ein Hauptgrund für die Parteienhäufung im Reichstag, die Häufung seiner Neuwahlen, die noch größere Häufung der Regierungswechsel sowie die mit alledem sich steigernde Handlungsunfähigkeit von Parlament und Regierung (dazu HUBER, III, S. 606f.: Wahlenübersicht; S. 612ff.: Regierungenübersicht). Von der darin liegenden Herausforderung der Verfassungsgegner, ja, von deren seit 1930 sprunghaften Steigerung gar nicht zu reden.

Vielmehr geht es am meisten um das, was zwar nicht gänzlich zur **Wahl** einer *polykratischen,* doch **demokratischen Vielheitsvertretung** gehört. Und das ist eine Frage des Seins. Die Antwort wird von der Wahl als möglicher Entscheidung für eine andere Politik und der Gleichheit bestimmt. Das besagt: Die Wahl muß so sein, daß beides *gesichert* ist. Allgemein – und nur darum kann es sich hier drehen – heißt dies: Erstens, daß es Auszuwählende in dem Sinne gibt, daß diese eine unterschiedliche Politik vertreten; daß sie zum Zweck der Auswahl hinreichend bekannt sind sowie dazu ihre Politik entsprechend vertreten können; und daß sie ausreichend gleiche Erfolgsaussichten erhalten. Zweitens ferner, daß die Wählenden zum Zwecke der Auswahl die Auszuwählenden hinreichend kennenlernen können; daß sie, in keiner Richtung fremdbestimmt, die Wahlhandlung von sich aus vollziehen; und daß auch sie ausreichend gleiche Erfolgsaussichten erhalten. Und drittens noch, daß, gleich, wie die Wahl ausfällt: für die alten oder für neue Vertreter, das Ergebnis Anerkennung findet. Schon eine fehlende ausreichende Gleichheit läßt *keine demokratische* Wahl mehr vorliegen.

Nun zeigt aber die Tatsache, daß es Auszuwählende in dem Sinne gibt, daß sie eine unterschiedliche Politik vertreten, noch dies: Zur mittelbaren Polykratie gehört wesenhaft eine **Opposition.** Einzig sie vermag nämlich, die Auszuwählenden als Vertreter einer anderen Politik zu stellen; wie einzig sie, indem sich die erfolgreiche Wählerschaft für sie entscheidet, Ablösung und Ersetzung vorzunehmen vermag. Die staatlich-politische Freiheit der Vielen (o. vor 1) ist eben auch eine Oppositionsfreiheit.

Hier fragt sich weiter, ob zur mittelbaren Vielherrschaft – über die Festsetzung der **Wahlberechtigung** hinaus – ebenfalls die der **Wahlverpflichtung** zählt, so daß allein im zweiten Fall eine derartige Polykratie vorliegt. Auch das ist *nicht* so. Wie eben erneut für die nichtdemokratische Vielherrschaft eine Entscheidung reicht, die nicht auf der Mehrheit der Wahlberechtigten beruht, und für die demokratische eine solche, die darauf beruht, so bedarf es hierzu wieder keiner Festsetzung der Wahlpflicht. Doch weil aufs neue die erste Polykratie polykratischer und die zweite demokratischer ist, wenn die Mehrheiten höher sind, deshalb trägt die Festsetzung einer Wahlverpflichtung dazu allerdings bei. Dies wiederum zumal, wenn ihre ungerechtfertigte Nichtbeachtung hinreichend geahndet wird. Ein seltenes, teils einschlägiges Beispiel bildet Österreich mit der Wahl zum Nationalrat (der Volksvertretung). Nach Art. 26 I 2, 3 Öster. Verf., 1920, besteht „Wahlpflicht in den Bundesländern, in denen dies durch Landesgesetze angeordnet wird"; wobei zusätzlich ein „Bundesgesetz ... die näheren Bestimmungen über ... die allfällige Wahlpflicht" trifft. Doch ist gleichfalls noch auf Art. 60 I 2 hinzuweisen: „Für die Wahl des Bundespräsidenten besteht Wahlpflicht." Daß es in vielen mittelbaren Vielherrschaften keine Normierung einer Wahlpflicht gibt – so beispielsweise in der Bundesrepublik Deutschland –, läßt sich allein, wie folgt, verstehen: daß diese Staaten keinen Wert darauf legen, polykratischer bzw. demokratischer zu werden. Für „eine Wahl- und Stimm*pflicht*" schlechthin SCHMITT (S. 254 b). Sein Beispiel: Art. 48 III 1 Belg. Verf., 1831: „Die Abstimmung ist obligatorisch".

Was das genannte Hauptorgan anbelangt, die – demokratische oder nichtdemokratische – Vielheitsvertretung, so führt sie, wo sie *allein* besteht, zum **Einkammersystem.** Insofern sei z. B. auf Schweden mit seinem Reichstag hingewiesen (Kap. 3, §§ 1 ff. Schwed. Regierungsform, 1975) oder etwa noch auf Nordrhein-Westfalen mit seinem Landtag (Artt. 30 ff. Verf. NRW, 1950). In Fällen solcher Art ist die eine Kammer zugleich das **Parlament.** Die genannte Vertretung stellt nun aber auch insofern das Hauptorgan dar, als sie neben sich grundsätzlich noch eine *andere* Kammer hat: **Zweikammersystem.** Insoweit sei beispielshalber wieder Großbritannien mit Unterhaus und Oberhaus genannt; oder etwa noch Bayern mit dem Landtag (Artt. 13 ff. Bayer. Verf., 1946), der „aus den Abgeordneten des bayerischen Volkes" besteht (Art. 13 I), und dem Senat (Artt. 34 ff.), der sich aus Vertretern „der sozialen, wirtschaftlichen, kulturellen und gemeindlichen Körperschaften des Landes" zusammensetzt (Art. 34). Hierbei ist dem in „den letzten Jahrzehnten ... mehr u. mehr üblich" gewordenen Brauch gefolgt, „die Ausdrücke erste u. zweite K.[ammer]" gegenüber früher „umgekehrt zu gebrauchen, d. h. erste K. für die aus allg. gewählten Abgeordneten bestehende Versammlung, zweite K. für die andere" (HABERKERN-WALLACH, S. 323 r., Artikel: „Kammer", 2 a). So war früher das Oberhaus die erste und das Unterhaus die zweite Kammer. Das gilt nicht, wo es – wie in einer konstitutionellen Monarchie – bei den Bezeichnungen geblieben ist. So in den Niederlanden mit der Ersten und Zweiten Kammer der sog. Generalstaaten; beiden zwar als der Vertretung des Volkes (Artt. 88 ff. Niederl. GG, 1815), doch allein der Zweiten Kammer auf Grund unmittelbarer Wahl (Art. 90 I), der Ersten indes nur auf Grund mittelbarer (Art. 92 II). Darauf kommt es jedoch nicht weiter an. Für das Zweikammersystem ist nun wesenhaft, daß *beide* Kammern jedenfalls, d. h. ohne Ausnahme, mit der *Gesetzgebung befaßt* sind, und zwar in der Regel unter einem größeren oder geringeren *Vorrang* der *ersten,* in den Beispielen also der Volksvertretung; wobei das Befaßtsein der zweiten Kammer durchaus *weniger* sein kann als *Mitwirkung beim Gesetzesbeschluß.* Für das britische Unter- und Oberhaus ist das unten noch näher darzutun. Für den bayerischen Landtag ergibt es sich daraus, daß die „Gesetze" – den Fall des Volksentscheids ausgenommen – „vom Landtag ... beschlossen" werden (Art. 72 I). Demgegenüber hat der Senat nur das Recht auf Einbringung von „Gesetzesvorlagen" (Art. 39, 1), auf Stellungnahme „zu den Gesetzesvorlagen der Staatsregierung auf deren Ersuchen" (Art. 40) sowie auf Kenntnisnahme beschlossener Gesetze „vor der Veröffentlichung" und Erhebung von Einwendungen gegen sie (Art. 41 I, II 1). Beim Landtag liegt es dann, „ob er den Einwendungen Rechnung tragen will" (II 3). Als Ausnahme kann aber auch zwischen beiden Kammern *Gleichrangigkeit* bestehen. Das ist so in Italien. *„Die Kammern"* (vor Art. 55 Ital. Verf., 1947), d. h.

„Abgeordnetenkammer und ... Senat" (Art. 55 I), sind gleichrangig. Daher wird die „Gesetzgebung" von ihnen „gemeinsam ausgeübt" (Art. 70), so daß jede Kammer jeden „Gesetzentwurf" „billigt" (Art. 72 I; auch Art. 74 II). In all diesen Fällen bilden nun beide Kammern das **Parlament.** So bekanntlich in Großbritannien. So aber desgleichen in Italien, wo das „Parlament ... aus" den genannten zwei Kammern „besteht" (Art. 55 I). Doch trifft es gleichfalls auf Bayern zu. Denn für ein Parlament ist bestimmend, daß in ihm, vor allem die Gesetzgebung betreffend, *verhandelt* wird; und zwar, wie es für eine Polykratie, besonders eine demokratische, wesenhaft ist, grundsätzlich *öffentlich*. Und das trifft nicht nur – selbstverständlich – auf den Landtag zu, sondern gleicherweise auf den Senat (Art. 22 SenatG Bayern, i. d. F. 1966, i. V. m. Art. 22 I Bayer. Verf.). Das bayerische Beispiel zeigt außerdem, daß es dafür, ob ein Zweikammersystem vorliegt, nicht darauf ankommt, daß die Kammern mehr oder weniger gleichberechtigt sind; vielmehr können sie nach demselben Beispiel durchaus sehr ungleichberechtigt sein. Ein Unterschied kann jedoch zwischen ihnen dahin gemacht werden, daß von der Kammer der Vielheitsvertretung als **eigentlichem Parlament** und von jener der Nichtvielheitsvertretung als **uneigentlichem Parlament** gesprochen wird. Zwischen einer *echten* sowie *unechten zweiten* Kammer zu unterscheiden, ist auf jeden Fall unrichtig.

Ein großer Vorrang der ersten vor der zweiten Kammer kann – nicht muß – allerdings schon in einem Staat weitgehend zusammenschrumpfen, der Gebietsteilen eine besondere Bedeutung zumißt; und zwar, obschon er – wie Großbritannien und Bayern – noch ein Einheitsstaat ist. Das zeigt Frankreich. In ihm geht es um die Nationalversammlung (l'Assemblée nationale) als Volksvertretung und um den Senat (le Sénat), der insbesondere „die Vertretung der Gebietskörperschaften der Republik" gewährleistet (Art. 24 II, III 2, 3 Franz. Verf., 1958). Während die erste in „unmittelbarer Wahl gewählt" wird, wird der zweite „in mittelbarer Wahl gewählt" (II, III 1). D.h., die „Senatoren werden" „auf Départements-Ebene von Wahlkollegien gewählt" (BROCKHAUS, VI, S. 467 l., Artikel: „Frankreich"). Vorweg bilden auch diese beiden Kammern, wie ausdrücklich festgesetzt, das „Parlament" (Art. 24 I). Dann ist es so, daß der Vorrang der ersten Kammer vor der zweiten ein viel geringerer ist als in Großbritannien und Bayern. Dies zeigt vor allem, daß das „Gesetz ... vom Parlament beschlossen" wird (Art. 34 I). Denn damit ist der Senat – außer daß ebenfalls ihm die „Gesetzesinitiative" zusteht (Art. 39 I) – *Mitgesetzgeber*. Allerdings gibt es doch einen gewissen Vorrang der Nationalversammlung. Wenn es nämlich – nach Durchführung eines bestimmten Verfahrens – nicht zum Gesetzesbeschluß durch beide Kammern kommt, dann „kann die Nationalversammlung" eine gewisse „Fassung, gegebenenfalls abgeändert durch vom ... Senat angenommene Abänderungsanträge, wieder aufnehmen", nämlich zur endgültigen Beschlußfassung (Art. 45 IV). Ähnlich für sog. „Grundgesetze" – lois organiques – auch Art. 46 III. Die „den Senat" selbst „betreffenden Grundgesetze müssen" aber „von beiden Versammlungen in gleicher Fassung beschlossen werden" (IV). Unter den bisher genannten ersten Kammern ist so zwar der französischen weniger an oberster Zuständigkeit zur eigenen Ausübung übermittelt als der britischen und bayerischen. Aber hier greift Folgendes ein: Dem französischen Staatsoberhaupt ist – wie oben gezeigt, aus dem Volke gewählt – viel mehr an oberster Zuständigkeit übermittelt als dem britischen geblieben und dem bayerischen übermittelt ist; letzterem in Gestalt des direktorialen Staatsoberhaupts der Staatsregierung (dazu o. 1 b).

Nun zeigt das Ganze noch dies: **Die zweite Kammer** als *keine* Vertretung der Gesamtvielheit **gehört nicht wesenhaft zur mittelbaren Polykratie.** Weshalb sie denn jeweils etwas anderes vertritt. So haben die zweiten Kammern ihren Grund stets in einer – sei es gegenwärtig, sei es geschichtlich – bestimmten Lage, die gerade durch *ihr* Sein, Haben gewisser Zuständigkeiten und entsprechendes Verhalten für berücksichtigenswert gehalten wird. Darauf, daß der „politischen Konsequenz einer Demokratie ... das Zweikammersystem widersprechen" muß, „denn die Demokratie beruht auf der Voraussetzung der Gleichartigkeit und der Identität des einheitlichen Volkes" (SCHMITT, S. 294, 3), kommt es dagegen nicht an.

Daß die bisherigen zweiten Kammern *nicht* in der *Staatsform begründet* sind, schließt allerdings Fälle, in denen es doch so ist, nicht aus. Das gilt indes – im Gegensatz zu bisher vorausgesetzten Einheitsstaaten – unter den Mehr- bis Vielheitsstaaten dem Bundesstaat: Zu ihm gehört die zweite Kammer wesenhaft. Aber dazu erst später (u. B II 1).

Auch ein **Dreikammersystem** ist in der Polykratie möglich. Als Beispiel die „Republik von Südafrika" (Sect. 1 Südafrik. Verf., 1983): „Parliament shall consist of three Houses, namely, a House of Assembly, a House of Representatives and a House of Delegates" (Sect. 37, 1) (Versammlungs-, Vertreter-, Abgeordnetenhaus): ein „tricameral Parliament" (Constitution S.A., S. 105 1.) (Dreikammer-Parlament). Das erste ist für die „Whites", das zweite für die „Coloureds" und das dritte für die „Indians" (S. 107 r.) (auch Sect. 52 Südafrik. Verf.). Die Kammer der Weißen hat 166 Mitglieder (Sect. 41, 1 a), die der Farbigen 80 (Sect. 42, 1 a) und die der Inder 40 (Sect. 43, 1 a): eine – an der jeweiligen Stärke der Bevölkerungsgruppen gemessen – zwar sehr ungleiche Vielheitsvertretung, aber dennoch eine solche. Allerdings keine demokratische. Denn nur die weiße, aber nicht die farbige und indische Wählerschaft, vermag eine grundsätzliche Änderung der Politik herbeizuführen.

Keine dritte Kammer bilden sog. – auf den ihnen zugeordneten Bereich *eingeschränkte* – **Wirtschaftsräte.** Insoweit sei auf den Reichswirtschaftsrat der Weimarer Republik hingewiesen. Aus Vertretern aller „wichtigen Berufsgruppen" bestehend (Art. 165 III 2 Deutsche RV, 1919), sollten ihm – nur – „Sozialpolitische und wirtschaftspolitische Gesetzesentwürfe von grundlegender Bedeutung ... von der Reichsregierung vor ihrer Einbringung ... zur Begutachtung vorgelegt werden"; wie er auch allein „das Recht" hatte, „solche Gesetzesvorlagen zu beantragen" (IV 1, 2). Es entstand nun zwar 1920 ein vorläufiger Reichswirtschaftsrat, der aber zuletzt 1923 im Plenum tagte, danach lediglich in seinen Ausschüssen und 1933 sein Ende fand (HUBER, III, S. 166, Anm. 6, S. 167, Anm. 7). Hingewiesen sei gleichfalls noch auf den nationalen „Wirtschafts- und Arbeitsrat" Italiens, der, „aus Sachverständigen und Vertretern der Erzeugerkreise" gebildet (Art. 99 I Ital. Verf., 1947), nur „das beratende Organ der Kammern und der Regierung hinsichtlich der" ihm zugewiesenen „Gegenstände und Funktionen" ist; etwas, das auch für sein „Recht zur Gesetzesinitiative" und seine Mitwirkung „bei der Ausarbeitung der Wirtschafts- und Sozialgesetzgebung" gilt (II, III). Wirtschaftsräte sind – wie dies die Ital. Verf. vor Art. 99 ausdrückt – in der Tat bloß *„Hilfsorgane"*.

Kein besonderer Ausdruck der mittelbaren Polykratie sind das schon erwähnte **Volksbegehren** (die **Initiative**) und der gleichfalls schon erwähnte **Volksentscheid** (das **Referendum, Plebiszit**) (o. a.).

Einen in der Staatsform liegenden Grund gibt es für sie – anders als innerhalb der *unmittelbaren* Polykratie (a.a.O.) – ersichtlich nicht. Weshalb denn auch eine mittelbare Polykratie damit, daß es beide auch in ihr gibt, *keine reine* mehr ist, sondern eine *gemischte*. Doch ist sie als letztere *polykratischer* bzw. *demokratischer* (u.). Als Beispiel einer gegenwärtigen Vielherrschaft als mittelbarer, die Volksbegehren und Volksentscheid nicht kennt und damit rein mittelbar ist, sei auf die Vereinigten Staaten von Amerika in ihrer Bundesverfassung hingewiesen; aber gleichfalls noch auf Großbritannien (Brockhaus, XIV, S. 685 r., Artikel: „Plesbiszit", 2). Hierher gehören jedoch gleichermaßen Staaten, die zwar eine „Volksabstimmung" kennen, sie indes *nur* als *beratende* zulassen (Kap. 8, § 4 Schwed. Regierungsform, 1975, die aber seit 1979 auch den möglichen Volksentscheid bei Verfassungsänderungen kennt: Swed. Riksdag, S. 21). Oder Staaten, die sie *teils* als *beratende* zulassen (Art. 92, Abs. 1, 3 Span. Verf., 1978). Denn das *schließt* die Abstimmung gänzlich bzw. teilweise als *entscheidende aus*. So kommt die beratende Volksabstimmung lediglich einer **Volksbefragung** gleich, d.h. einer „Erkundung der Meinung eines Volkes" (Brockhaus, XIX, S. 691 l., Artikel: „Volksbefragung"). Hierher zählen aber auch noch Staaten, die das Referendum bloß in krassen Ausnahmen zulassen. Das ist etwa so in der Bundesrepublik Deutschland: einmal für die – inzwischen erledigte – Neugliederung südwestdeutscher Länder (Art. 118 GG, 1949) und zum anderen für die – immer noch ausstehende – Neugliederung der Bundesrepublik selbst (Art. 29 II 1 ff.). Erheblich anders war es demgegenüber in der Weimarer Republik als gemischter mittelbarer Polykratie. So gab es die Volksabstimmung z. B. nicht allein nach Volksbegehren, sondern auch nach Bestimmung durch den Reichspräsidenten oder auf Verlangen durch den Reichsrat (die Ländervertretung); stets in Bezug auf die Gesetzgebung, die Verfassungsänderung darin eingeschlossen (Artt. 73–76 Deutsche RV, 1919). In der Schweiz gibt es ebenfalls auf Bundesebene **fakultatives und obligatorisches Referendum.** Ersteres z.B. für „Bundesgesetze" zwecks „Annahme oder Verwerfung", „wenn es von 30000 stimmberechtigten Schweizerbürgern oder von 8 Kantonen verlangt wird" (Art. 89 II Schweiz. Verf., 1874). Und letzteres im Gefolge einer „Totalrevision" (Art. 119) oder einer „Partialrevision" der Verfassung (Art. 121 I): „Die revidierte Bundesverfassung, beziehungsweise der revidierte Teil derselben, treten in Kraft, wenn sie von der Mehrheit der an der Abstimmung teilnehmenden Bürger und von der Mehrheit der Kantone angenommen sind" (Art. 123 I); und: „Das Ergebnis der Volksabstimmung in jedem Kanton gilt als Standesstimme desselben" (III), nämlich im schon genannten Ständerat (der Ländervertretung).

Eine mittelbare Vielherrschaft kann zwar durch den Volksentscheid **einer unmittelbaren nahekommen,** ohne jedoch eine solche zu *sein*. So verhält es sich etwa im Schweizer Kanton **Thurgau.** Sein Großer Rat (das Parlament) als *„Gesetzgebende und aufsehende Behörde"* wird zwar aus dem Volke gewählt (§ 31 I Verf. Thurgau, 1869), und zwar auf vier Jahre (§ 21 I). Aber das „Volk kann jederzeit den Großen Rat ... abberufen", nämlich durch „Volksabstimmung" (§ 5). Auch der „Regierungsrat als oberste Vollziehungs- und Verwaltungsbehörde" (die Regierung) wird aus dem Volk gewählt (§ 37 I), desgleichen auf vier Jahre (§ 21 I). Doch ebenfalls ihn kann das Volk „jederzeit ... abberufen", erneut durch „Volksabstimmung" (§ 5). Mehr, der „Volksabstimmung unterliegen" zumal „alle Gesetze" (§ 4 I a), deren „Erlaß" allerdings beim Großen Rat liegt (§ 36 a). Dennoch handelt es sich *nicht* um eine – materiell – *unmittelbare* Polykratie in Gestalt einer – nur formell – *mittelbaren,* sondern *tatsächlich* um eine *mittelbare*. Das ergibt sich schon aus der Anordnung der Gewaltenteilung (§ 19 I) sowie daraus, daß eine gewaltenteilende Vielherrschaft eine ebenso beschränkte wie mittelbare ist (u. B I 1 a; dort auch noch zur Verfassung Thurgaus). Nur stellt diese mittelbare Polykratie auf Grund der gekennzeichneten Aufnahme von Bestandteilen der unmittelbaren eine *besonders* gemischte wie mittelbare dar. Nach allem ist aber die Einordnung Schweizer Kantone der geschilderten Art – weil auch einfache Gesetze „einer zustimmenden Entscheidung des Volkes" bedürfen – in die *„unmittelbare Demokratie"* (KÜCHENHOFF-KÜCHENHOFF, S. 217 f.) nicht zutreffend.

Gehört es zur Begründung und Erhaltung einer demokratischen Vielherrschaft, daß das erfolgreiche Wahlvolk mehr als die Hälfte aller Erwachsenen umfaßt (o. vor 1), so gehört in der mittelbaren Demokratie **zur demokratischen Entscheidung** eines aus dem Wahlvolk berufenen Vertretungsorgans als Mehrheitsorgans, etwa einer der genannten ersten Kammern, Folgendes: daß eine solche Entscheidung durch die **Mehrheit der Mitglieder** gefällt wird, also mit der **absoluten Mehrheit** des Organs. Ist dies nicht der Fall, werden mithin seine Entscheidungen *nicht* durch die Mehrheit seiner Mitglieder gefällt, also insoweit durch eine *relative* Mehrheit des Organs, so liegt zwar noch eine *polykratische* Entscheidung vor, aber *keine demokratische* mehr. Was also für die meisten einschlägigen Verfassungen lediglich als *Ausnahme* verlangt ist: die Entscheidung durch eine Mehrheit der Mitglieder, läßt ausschließlich sie insofern eine demokratische sein. Und was für viele einschlägige Verfassungen als *Regel* genügt: die Entscheidung nicht durch eine Mehrheit der Mitglieder, sondern eine geringere, läßt sie insoweit nur eine nichtdemokratische sein. Solche Entscheidungen sind z.B. in der Bundesrepublik Deutschland mit der Bestimmung möglich: „Zu einem Beschlusse des Bundestages ist die Mehrheit der abgegebenen Stimmen erforderlich, soweit dieses Grundgesetz nichts anderes bestimmt" (Art. 42 II 1 GG, 1949), und „wenn mehr als die Hälfte" der „Mitglieder ... anwesend ist" (§ 45 I GeschO BT, i.d.F. 1980). Großzügiger ist es für Österreich mit der Bestimmung: „Zu einem Beschluß des Nationalrates ist, soweit in diesem Gesetz nichts anderes bestimmt ist, die Anwesenheit von mindestens einem Drittel der Mitglieder und die unbedingte Mehrheit der abgegebenen Stimmen erforderlich" (Art. 31 Öster. Verf., 1920). Nicht so großzügig ist es in der Schweiz mit der Bestimmung: „Im Nationalrat ... entscheidet die absolute Mehrheit der Stimmenden" (Art. 88 Schweiz. Verf., 1874), wobei „die Anwesenheit der absoluten Mehrheit der Mitglieder" vorausgesetzt ist (Art. 87). Mit alledem ist es aber möglich, daß – durch eine Mehrheit des Wahlvolkes – demokratisch begründete und erhaltene Vielherrschaften dennoch erheblich, ja, weitgehend durch lediglich polykratische, nichtdemokratische, Entscheidungen eines Vertretungsorgans regiert werden. Soweit noch die unmittelbare Polykratie mit dem Volksentscheid in die mittelbare hineinreicht, sind gleichfalls insofern Entscheidungen möglich, die zwar polykratisch, aber nicht zugleich demokratisch sind. Dazu sei etwa auf Österreich hingewiesen: „In der Volksabstimmung entscheidet die unbedingte Mehrheit der gültig abgegebenen Stimmen" (Art. 45 I Öster. Verf.). Die unbedingte Mehrheit der gültigen Stimmen kann eben unter der unbedingten Mehrheit der Abstimmungsberechtigten liegen. Zu dem bekannten Wort, daß die **‚Mehrheit entscheidet'**, ist also insgesamt genau zwischen bloß polykratischer und demokratischer Mehrheit zu unterscheiden. Trotz allem: Ausschlaggebend ist nicht die *demokratische Mehrheit*, sondern die sachlich gebotene, die gerechte oder *rechtliche, Entscheidung*, mag sie nun allein polykratisch oder überdies demokratisch zustande gekommen sein. Das absolut Gerechtfertigte steht auch insofern vor dem relativ Gerechtfertigten.

Einteilung der mittelbaren Vielherrschaften

Es wird zwischen der *vorrangig parlamentarischen* und *nachrangig parlamentarischen Polykratie* unterschieden. Parlamentarisch sind also beide, da *jede* über ein Parlament verfügt. Doch in der einen ist das Parlament das *Vor-*, in der anderen das *Nachrangige*. Üblicherweise wird hierzu gleich von Demokratie gesprochen. Das ist aber nur für die demokratische Vielherrschaft richtig, nicht hingegen für die nichtdemokratische.

Für beide Vielherrschaften geht es, was Vor- und Nachrangigkeit betrifft, um das Verhältnis, in dem das Parlament als *gesetzgebende* Gewalt und das oberste Organ oder die obersten Organe der *ausführenden* Gewalt zueinander stehen. Nicht geht es dagegen um das oberste Organ oder die obersten Organe der *rechtsprechenden* Gewalt.

Die **vorrangig parlamentarische Polykratie** gibt es nun als fürstliche und nichtfürstliche sowie innerhalb der letzteren als präsidiale und direktoriale (zu diesen o. 1 b). Zusammengefaßt, können sie, auf die Staatsspitze bezogen, als **Vielherrschaften mit unselbständigem Staatsoberhaupt** – dem Fürsten, Präsidenten, Direktorium – bezeichnet werden. Wo es neben dem Staatsoberhaupt noch eine Regierung gibt, also in der fürstlichen Polykratie und in der präsidialen, dort besteht der Vorrang des Parlaments zwar gegenüber beiden, doch entscheidend gegenüber der Regierung. Und wo das Parlament aus zwei Kammern besteht, dort handelt es sich dann noch in der Regel um die erste Kammer als das *eigentliche* Parlament: die – demokratische oder nichtdemokratische – Vielheitsvertretung.

Zur **fürstlichen vorrangig parlamentarischen Vielherrschaft** sei als Beispiel – auch für die Unselbständigkeit des Staatsoberhaupts – auf **Schweden** (o. 1 a) zurückgegriffen. Es dreht sich um den Vorrang des Reichstags vor König und Regierung. Hierzu wurde bereits Wesentliches gesagt. Der König, nurmehr „Staatschef", spielt danach – zumal mit seinem Ausschluß von der Gesetzgebung – gegenüber dem Parlament als Gesetzgeber keine Rolle mehr; und die Regierung ist danach – mit der Wahl des Staatsministers (Ministerpräsidenten) durch den Reichstag – „dem Reichstag verantwortlich". Zum Fürsten gilt aber noch folgendes Wesentliche: „Wenn der König ohne Unterbrechung sechs Monate verhindert war, seine Aufgaben zu erfüllen, oder sonstwie unterlassen hat, sie zu erfüllen", „bestimmt" der „Reichstag" – nach Bericht durch die Regierung –, „ob der König als ausgeschieden angesehen wird" (Kap. 5, § 5 Schwed. Regierungsform, 1975). Und es ist wieder der „Reichstag", der – bei Vorliegen hier nicht erheblicher Voraussetzungen – „eine Person" „wählt", „die nach Anordnung durch die Regierung das Amt als vorläufiger Reichsverweser übernimmt" (§ 6 I); wofür besonders der „Sprecher" des Reichstags in Betracht kommt, „wenn keine" andere „berechtigte Person das Amt antreten kann" (II), d.h. der Reichstagspräsident. Daß der „König ... wegen seiner Tätigkeit nicht angeklagt werden" kann (§ 7, 1), ändert an seiner einschlägigen Nachrangigkeit nichts. Es ist ein Rest aus der Zeit der konstitutionellen Monarchie (§ 3, 2 Schwed. Regierungsform, 1809). Auch zur Regierung gilt noch Wesentliches, und zwar als Entscheidendes. Sie insgesamt, d.h. alle Staatsräte, einschließlich des Staatsministers, sind vom Vertrauen des Reichstags abhängig. Dies derart, daß, wenn der

„Reichstag“ erklärt, „daß der Staatsminister oder ein anderer Staatsrat nicht das Vertrauen des Reichstages genießt, ... der Sprecher den Staatsrat“ „entläßt“ (Kap. 6, § 5, 1 Schwed. Regierungsform, 1975); wobei, wenn „der Staatsminister entlassen wird ..., ... der Sprecher“ ebenfalls „die übrigen Staatsräte“ entläßt (§ 7). Daß die Entlassung „jedoch nicht mitgeteilt“ wird, „wenn die Regierung eine außerordentliche Wahl“ „zum Reichstag“ „binnen einer Woche nach der Mißtrauenserklärung anordnet“ (§ 5, 2), ändert an ihrer einschlägigen Nachrangigkeit jedenfalls grundsätzlich nichts (zu allem auch Kap. 12, § 4).

Von der fürstlichen Polykratie vorliegender Art als einer *„parlamentarischen Monarchie“* zu sprechen (KÜCHENHOFF-KÜCHENHOFF, S. 229, 2), ist, da der Fürst ja gerade *kein Monarch* ist, *kein regierender Fürst,* nicht zutreffend; zumal wenn das Wort *„,Monarch'“* zuvor in Anführungsstrichen steht. Heißt es daher zu **Spanien:** „Die Staatsform des spanischen Staates ist die parlamentarische Monarchie“ (Art. 1, Abs. 3 Span. Verf., 1978), so trifft das nicht zu. Spanien ist „als demokratischer“ Staat konstituiert (Abs. 1); und eben dem entspricht die Stellung des Königs. Einerseits „überwacht“ er zwar „und lenkt als Schiedsrichter den regelmässigen Gang der Institutionen“, doch andererseits „übt“ er nur „die Funktionen aus, die ihm die Verfassung und die Gesetze ausdrücklich zuschreiben“ (Art. 56, Abs. 1). Und insofern gilt dann noch: „Die Akte des Königs werden stets ... gegengezeichnet und sind ohne diese Gegenzeichnung ungültig“, mit der einen „Ausnahme“ der Ernennung und Entlassung der „zivilen und militärischen Mitglieder seines Hauses“ (Abs. 2, 2 i.V.m. Artt. 64, Abs. 1 und 65, Abs. 2). Gegenüber dem König in seinen Obliegenheiten (Artt. 62f.) liegt daher der Vorrang eindeutig beim Parlament, den *„Cortes Generales“* (Artt. 66ff.), der Volksvertretung mit zwei Kammern: „dem Kongress der Abgeordneten und dem Senat“ (Art. 66, Abs. 1); vor allem, was die Gesetzgebung und die Kontrolle der „Regierungstätigkeit“ (Abs. 2) betrifft. Mit letzterer besteht ein weiterer Vorrang aber auch gegenüber der Regierung (Artt. 97ff.), und zwar insoweit, als diese dem Kongreß, der ersten Kammer als dem eigentlichen Parlament, „solidarisch verantwortlich“ ist (Art. 108). Dies so, daß die Regierung in den „vorgesehenen Fällen des Vertrauensverlustes“ zurückzutreten hat (Art. 101, Abs. 1 i.V.m. Artt. 112–114). Ohne weitere Einzelheiten stellt daher Spanien bereits hiermit eine fürstliche Polykratie als vorrangig parlamentarische Demokratie dar. – Dies gilt übrigens gleicherweise für **Japan.** Das ergibt sich aus der nachrangigen Stellung des Kaisers (Artt. 1ff. Jap. Verf., 1947), aus der vorrangigen des Reichstags (Artt. 41ff.) in seinen „zwei Häusern, ... dem Repräsentantenhaus und dem Senat“ (Art. 42): Unter- und Oberhaus, sowie aus der des Kabinetts (Artt. 65ff.), das dem Repräsentantenhaus verantwortlich ist (Art. 69).

Innerhalb der **nichtfürstlichen vorrangig parlamentarischen Vielherrschaft** sei erstens zur genannten **präsidialen** als Beispiel – wieder auch für die Unselbständigkeit des Staatsoberhaupts – auf die **Bundesrepublik Deutschland** (o. 1 b) zurückgekommen. Das betrifft zunächst den *Bundespräsidenten.* Er wird – wie gesagt – von der Bundesversammlung gewählt, die zur Hälfte „aus den Mitgliedern des Bundestages“ besteht, also der Volksvertretung des Bundes, vor allem als Gesetzgeber, und zur anderen Hälfte aus „Mitgliedern, die von den Volksvertretungen der Länder ... gewählt werden“ (a.a.O.). Bei den letzten Mitgliedern gleich, ob sie aus den Volksvertretungen selbst kommen oder nicht. Die Mitbeteiligung der zweiten Hälfte erklärt sich aus der Bund-Länderstaatlichkeit. Dieser Abhängigkeit des Präsidenten von den Volksvertretungen auf der einen Seite entspricht seine Abhängigkeit von der Bundesregierung auf der anderen.

Denn die „Anordnungen und Verfügungen des Bundespräsidenten bedürfen zu ihrer Gültigkeit der Gegenzeichnung durch den Bundeskanzler oder durch den zuständigen Bundesminister“ (Art. 58, 1), der damit jeweils die politische Verantwortung übernimmt. Zu den Ausnahmen hiervon gehören begreiflicherweise z. B. „die Ernennung und Entlassung des Bundeskanzlers“ (Satz 2). Die Zuständigkeiten des Bundespräsidenten sind außerdem gering, darunter etwa die völkerrechtliche Vertretung des Bundes (Art. 59 I 1). An der Gesetzgebung ist er bloß abschließend – nach der Gegenzeichnung – durch Ausfertigung und Verkündung beteiligt (Art. 82 I 1). Daß er überdies, wenngleich sehr schwierig, vom „Bundestag ... oder ... Bundesrat“, der Ländervertretung, „wegen vorsätzlicher Verletzung des Grundgesetzes oder eines anderen Bundesgesetzes vor dem Bundesverfassungsgericht“ angeklagt und von diesem seines „Amtes für verlustig“ erklärt werden kann (Art. 61), bestätigt nur seine Abhängig- wie Nachrangigkeit. Sodann ist noch, und zwar entscheidend, die *Bundesregierung* betroffen. Davon, daß der Bundeskanzler im Regelfall „auf Vorschlag des Bundespräsidenten ... gewählt“ wird (Art. 63 I), war schon die Rede (o. 2. Abschn., B II 1). Wie er damit aber vom Bundestag abhängig ist, so sind es mit ihm die auf seinen Vorschlag vom Bundespräsidenten ernannten Bundesminister (Art. 64 I). Hinzu tritt besonders, daß der Bundeskanzler des Vertrauens des Bundestages bedarf; und mit ihm bedürfen seiner auch die Bundesminister. Deshalb kann der „Bundestag ... dem Bundeskanzler das Mißtrauen ... aussprechen“; allerdings „nur dadurch ..., daß er mit der Mehrheit seiner Mitglieder einen Nachfolger wählt“, den dann der „Bundespräsident“ auf sein „Ersuchen“ zu „ernennen“ hat (Art. 67 I). Mit der Endigung des Amtes des Kanzlers endigen zugleich die Ämter der Minister (Art. 69 II); d.h., es endigt die jeweilige *Ausübung* der Ämter. Dieses sog. **konstruktive Mißtrauensvotum** ist zwar, da es die Einigung auf einen neuen Kanzler voraussetzt und die absolute, demokratische, Mehrheit der Mitglieder des Bundestags, nur schwer durchführbar. Dies gegenüber dem hier so genannten **destruktiven Mißtrauensvotum** der Weimarer Republik, in welcher der Reichskanzler oder ein Reichsminister zurückzutreten hatte, „wenn ihm der Reichstag durch ausdrücklichen Beschluß sein Vertrauen“ entzog (Art. 54 Deutsche RV, 1919); wobei die nichtdemokratische „einfache Stimmenmehrheit“ genügte (Art. 32 I 1). Dennoch ändern jene Erschwernisse an der einschlägigen Nachrangigkeit der Bundesregierung nichts.

Bestehen *zwei* Kammern, so bedarf die Regierung in der Regel nur des Vertrauens der *ersten* Kammer. So z.B. in Großbritannien des Unter- und nicht des Oberhauses. Ausnahmsweise kann sie aber auch des Vertrauens *beider* Kammern bedürfen. So in Italien der Abgeordnetenkammer und des Senats: „Jede Kammer spricht das Vertrauen aus oder entzieht es“ (Art. 94 II Ital. Verf., 1947).

Die präsidiale Demokratie gekennzeichneter Art wird auch als *„Demokratie mit unselbständiger Präsidentschaft“* bezeichnet (KÜCHENHOFF-KÜCHENHOFF, S. 227) oder als gleiche *Republik* (HELFRITZ, S. 166). Doch ist sie gleicherweise als *nichtdemokratische* Polykratie möglich. Sie außerdem „kurz ... *‚das parlamentarische System‘*“ zu nennen (die zwei KÜCHENHOFF, a.a.O.), ist, weil parlamentarisch ebenfalls die noch ausstehende Polykratie mit *selbständiger* Präsidentschaft ist, nicht hinreichend. Sie muß zutreffend schon das *vorrangig* parlamentarische System heißen.

Liegt übrigens in der vorrangig parlamentarischen Vielherrschaft im Verhältnis von Regierung und Parlament die Führung entscheidend bei ersterer, und zwar auch und gerade gegenüber der ihr verbundenen Parlamentsmehrheit, so ändert das doch nichts daran, daß sie – im Rahmen des Parlaments – von eben dieser Mehrheit, und zwar noch entscheidender, *getragen* wird. Und gleichfalls das wahrt noch den parlamentarischen Vorrang. Es führt daher zu weit, wenn insofern – am Beispiel Großbritanniens – von *„Kabinetts-Regierung"* gesprochen wird (so indes LOEWENSTEIN, S. 103 ff.). Wie deswegen im Ergebnis auch – einschränkend – immerhin von einer „Verschmelzung der beiden ... Machtträger Kabinett und Parlament zu einem einzigen Machtmechanismus" die Rede ist (S. 108). Der von der Unterhausmehrheit – in Gestalt der Fraktion der Konservativen – 1990 bewirkte Rücktritt der Premierministerin THATCHER bestätigt den gekennzeichneten parlamentarischen Vorrang.

Innerhalb der *nichtfürstlichen* vorrangig parlamentarischen Vielherrschaft sei zweitens noch zur genannten **direktorialen** als Beispiel – erneut desgleichen für die Unselbständigkeit des Staatsoberhaupts – auf **Nordrhein-Westfalen** (o. 1 b) zurückgegriffen. Auch seine Verfassung enthält das konstruktive Mißtrauensvotum. Es betrifft in diesem Fall den Ministerpräsidenten und über ihn die gesamte Regierung: Zunächst vom „Landtag ... aus seiner Mitte" gewählt (Art. 52 I Verf. NRW, 1950), „ernennt" er „die Minister" (III 1). Sodann kann ihm der „Landtag ... das Mißtrauen nur dadurch aussprechen, daß er mit der Mehrheit der abgegebenen Stimmen einen Nachfolger wählt" (Art. 61 I), einer Mehrheit, die sowohl demokratisch als auch nichtdemokratisch sein kann. Desgleichen die hiermit verknüpften Erschwernisse ändern an der einschlägigen Nachrangigkeit der Regierung nichts.

Die **nachrangig parlamentarische Polykratie** gibt es **nicht als fürstliche.** Fehlte nämlich der gekennzeichnete oder ein ähnlicher Vorrang des Parlaments gegenüber dem Fürsten als Staatsoberhaupt, so bedeutete das derart einen *Nachrang,* daß mit dem Fürsten als nunmehr regierendem eine *beschränkte Monarchie* vorläge. In der Folge hiervon gibt es deswegen die nachrangige parlamentarische Polykratie **allein als nichtfürstliche,** und zwar wieder als präsidiale und direktoriale. Sie lassen sich, faßt man zusammen, in Bezug auf die Staatsspitze als **Vielherrschaften mit selbständigem Staatsoberhaupt** – dem Präsidenten, Direktorium – bezeichnen. Wo nun, wie im Fall des Direktoriums, Staatsoberhaupt und Regierung *zusammenfallen,* dort gilt die Selbständigkeit damit ebenfalls von der Regierung. Wo dagegen, wie im Fall des Präsidenten, Staatsoberhaupt und Regierung *nicht zusammenfallen,* dort ist zu unterscheiden: Ist die Regierung im Entstehen und Vergehen gänzlich oder doch entscheidend an den Präsidenten gebunden, so hat sie an seiner Selbständigkeit teil. Ist sie hingegen – jedenfalls entscheidend – nur im Vergehen an das Parlament gebunden, so hat sie an der Selbständigkeit des Präsidenten nicht teil. Auch jetzt ist es wieder so, daß, wenn das Parlament aus *zwei* Kammern besteht, es sich dann erneut in der Regel um die *erste* Kammer als das *eigentliche* Parlament handelt: die – demokratische oder nichtdemokratische – Vielheitsvertretung.

Zur nachrangig parlamentarischen Vielherrschaft als **präsidialer** sei als *erstes Beispiel* auf die **Vereinigten Staaten von Amerika** eingegangen; auch was die Selbständigkeit des Staatsoberhaupts angeht. Wie gesagt, wird ihr Präsident, weil bloß formell mittelbar, gleichfalls aus dem Volke gewählt. Doch auch das Parlament wird aus dem Volke gewählt, und zwar als Träger zumal der gesetzgebenden Gewalt (Art. I, Abschn. 2, 1 Amerik. Verf., 1787: Repräsentanten, Zusatzart. 17, Zif. 1, 1913: Senatoren). Dabei geht es aber nur um das Repräsentantenhaus als Bundesvertretung und nicht um den Senat als Ländervertretung und sohin Ausdruck der Bundesstaatlichkeit. Denn allein ersterem als Vertreter des Gesamtvolkes könnte sein Präsident zutreffend verantwortlich und somit einem Mißtrauensvotum ausgesetzt sein. Doch das ist er nicht. Wie ihm nämlich „sein Amt für die Dauer von vier Jahren" übertragen ist, und zwar als Träger der vollziehenden Gewalt (Art. II, Abschn. 1 I), so ist hiermit nur die Nichtverantwortlichkeit vereinbar: Ein Mißtrauensvotum durch das Abgeordnetenhaus ist ausgeschlossen. Daran ändert es nichts, daß der Präsident seiner Stelle zu entheben ist, wenn er „wegen Verrats, Bestechung und anderer schwerer Verbrechen unter Staatsanklage", impeachment, „gestellt und verurteilt worden" ist (Abschn. 4); und daß das Repräsentantenhaus „allein das Recht" hat, „die Staatsanklage zu erheben" (Art. I, Abschn. 2 V). Die starke Stellung des Präsidenten unterstreicht – außer der Wahl aus dem Volke – zumal noch, daß er „Oberbefehlshaber der Armee und der Marine" ist (Art. II, Abschn. 2 I), vor allem indes Folgendes: Jede vom Repräsentantenhaus und vom Senat verabschiedete Gesetzesvorlage ist von ihm gutzuheißen oder zu verwerfen (Veto); und sie kann erst dann Gesetz werden, wenn sie im Falle der Verwerfung nach erneuter Beratung durch beide Häuser die Zustimmung von zwei Dritteln jedes Hauses gefunden hat (Art. I, Abschn. 7 II). Und Gleiches gilt gar für jede „Anordnung, Entschließung oder Abstimmung, für welche übereinstimmende Beschlüsse des Senates und des Abgeordnetenhauses erforderlich sind (ausgenommen den Fall einer Vertagung)" (III). Daß der Präsident nicht – unmittelbar – die Gesetzesinitiative hat, hindert nicht, daß er sie über seine Parteifreunde im Kongreß – mittelbar – hat. So nachrangig das Parlament, so selbständig der Präsident. Und das gilt insoweit auch seiner Regierung, als diese in Entstehen und Vergehen entscheidend an ihn gebunden ist. Sie geht bereits auf WASHINGTON zurück. Er berief „seine Staatssekretäre in wichtigen Angelegenheiten zu gemeinsamer Beratung"; und das war der Anfang „des *‚Kabinetts'*, von dem die Verfassung nichts weiß" (STULZ, S. 114), d.h. die Verfassungsurkunde; das aber – wie früher schon gesagt – dennoch längst auf – nicht zur Urkunde gehörenden – anderen Verfassungsnormen beruht. Die Staatssekretäre galten und gelten „als des Präsidenten *‚Sekretäre'*", „die nur ihm verantwortlich, also *nicht* parlamentarische Minister sind" (S. 113). Entsprechend „bedürfen die Regierungsakte des Präsidenten keiner Gegenzeichnung eines Staatssekretärs" (HELFRITZ, S. 163); noch ist der Präsident im Falle einer Kabinettsabstimmung an diese gebunden (a.a.O.). Das Kabinett allerdings im Ergebnis nur „ein Beratungsgremium" (v. HIPPEL, Staatslehre, S. 370f.) zu nennen, geht zu weit. Daß die Ernennung der Staatssekretäre durch den Präsidenten, und zwar nach Art. II, Abschn. 2 II, der Zustimmung des Senats bedarf, läßt all das unberührt; auch deswegen, weil die Zustimmung *nahezu* stets erfolgt, allerdings – wie die Geschichte zeigt – nicht „stets" (so indes HELFRITZ, a.a.O.). Obschon keine Minister, werden trotzdem die Staatssekretäre oft immer wieder als Minister bezeichnet. Unberührt läßt das Gesagte aber auch noch, daß „dem Präsidenten kein Auflösungsrecht des Kongresses zur Verfügung steht" (LOEWENSTEIN, S. 114), also zumal nicht des Abgeordnetenhauses. Denn das beeinträchtigt seinen gekennzeichneten Vorrang nicht.

Als *zweites Beispiel* zur nachrangig parlamentarischen Vielherrschaft als **präsidialer** dreht es sich um **Frankreich.** Auch sein Präsident wird, wie schon gesagt, aus dem Volke gewählt, und zwar – zugleich formell – unmittelbar. Das trifft ebenfalls auf die Nationalversammlung als den ersten Teil des Parlaments zu, während der Senat als sein zweiter bloß mittelbar gewählt wird; beide als Träger der gesetzgebenden Gewalt. Hierzu kommt es jedoch nur auf die Nationalversammlung als Volksvertretung an und nicht auf den Senat als Vertretung zumal von Gebietskörperschaften des Einheitsstaates. Einzig ersterer als Vertreterin des ganzen Volkes könnte eben der Präsident verantwortlich und also ihrem Mißtrauensvotum unterworfen sein. Aber das tut auch er nicht. Denn sein Amt ist ihm „für die Dauer von sieben Jahren" übertragen (Art. 6 I Franz. Verf., 1958): Er „wacht über die Beachtung der Verfassung", „sichert durch seinen Schiedsspruch die ordnungsgemäße Tätigkeit der öffentlichen Gewalt sowie die Kontinuität des Staates"; und er „ist Garant der nationalen Unabhängigkeit" wie der „Integrität des Staatsgebietes" (Art. 5). Und hiermit ist einzig die Nichtverantwortlichkeit vereinbar: Ein Mißtrauensvotum durch die Abgeordnetenkammer ist wieder ausgeschlossen. Diesmal wird die starke Stellung des Präsidenten – erneut außer durch die Wahl aus dem Volke – vor allem durch das Folgende unterstrichen: Er ist „Oberbefehlshaber der Streitkräfte" (Art. 15, 1), kann – bevor er ein Gesetz verkündet – „vom Parlament eine neue Beratung des Gesetzes oder bestimmter Artikel desselben verlangen" (Art. 10); ja, er kann sogar „nach Beratung mit dem Premierminister und den Präsidenten der Versammlungen" – Nationalversammlung und Senat – „die Auflösung der Nationalversammlung verfügen" (Art. 12 I). Insoweit ist folglich diese – umgekehrt – von *ihm* abhängig. Daher gilt auch jetzt: So nachrangig das Parlament, so selbständig der Präsident. Doch ist das teils anders bei der Regierung. Zwar ist sie in ihrem Entstehen an ihn gebunden: „Der Präsident der Republik ernennt den Premierminister" und – auf dessen „Vorschlag" – „die übrigen Mitglieder der Regierung" (Art. 8). Mehr, sie ist gar insofern in ihrem Vergehen an ihn gebunden, als er den Premierminister „aus seinem Amt" entläßt, „wenn ihm dieser den Rücktritt der Regierung anbietet" (I 2). Dennoch ist die „Regierung" „gegenüber dem Parlament verantwortlich" (Art. 20 III). Dies zwar auf verschiedene Weise, doch stets so, daß es – nur – um die Verantwortlichkeit gegenüber der *Nationalversammlung* geht (Art. 49). Hauptfall ist nun der, daß die „Nationalversammlung ... der Regierung das Mißtrauen durch einen Tadelsantrag" ausspricht, und zwar „mit der Mehrheit der Mitglieder, aus denen sich die Versammlung zusammensetzt" (Art. 49 II 1, 4), einer demokratischen Mehrheit. In jedem Fall des Mißerfolgs der Regierung gegenüber der Nationalversammlung „muß der Premierminister dem Präsidenten ... den Rücktritt der Regierung anbieten" (Art. 50), so daß, wenngleich bloß im Ergebnis, das Ende der Regierung wieder beim Präsidenten liegt. Heißt es auch: „Die Regierung bestimmt und leitet die Politik der Nation", sowie: „Sie verfügt über die Verwaltung und die Streitkräfte" (Art. 20 I, II), beides unter Führung des Premierministers (Art. 21 I 1), so ändert das doch an der geschilderten Lage nichts. Dies zumal angesichts der Tatsachen, daß es der „Präsident" ist, der „den Vorsitz im Ministerrat" führt (Art. 9); daß seine wichtigsten Verfügungen, darunter die Auflösung der Nationalversammlung, nicht der – sonst erforderlichen – Gegenzeichnung durch den „Premierminister und gegebenenfalls" durch die verantwortlichen Minister bedürfen (Art. 19); und daß es, was die Außenpolitik betrifft, vom Präsidenten heißt: Er „führt die Vertragsverhandlungen und ratifiziert die Verträge" (Art. 52 I).

Wird die Polykratie mit selbständiger Präsidentschaft als *„Präsidialdemokratie"* bezeichnet (KÜCHENHOFF-KÜCHENHOFF, S. 230, 1), so ist dies insofern unzutreffend, als auch die Polykratie mit *unselbständiger* Präsidentschaft eine präsidiale ist. Daß die „Präsidialdemokratie ... in der Wissenschaft auch *Demokratie* *mit selbständiger Präsidentschaft* genannt wird" (a.a.O.), ist, was letzteres betrifft, hingegen zutreffend. Von *„Republiken mit selbständiger Präsidentschaft"* spricht insoweit HELFRITZ (S. 166). Doch gibt es auch Polykratien mit einer solchen Präsidentschaft, die *keine Demokratien* sind, nämlich infolge Wahlen mit nichtdemokratischer Mehrheit.

Zur nachrangig parlamentarischen Vielherrschaft als **direktorialer** ist als Beispiel auf die **Schweiz** zurückzukommen; wiederum auch, was die Selbständigkeit des Staatsoberhaupts anlangt. Es wurde bereits festgestellt, daß der schweizer Bundesrat, als Regierung zugleich Staatsoberhaupt, von der Bundesversammlung – Nationalrat und Ständerat: Vertretung des Bundesstaats bzw. der Kantone – ernannt wird, und zwar für vier Jahre (o. 1 b). Insofern ist nun zwar das Staatsoberhaupt, in seinem Entstehen durch das Parlament bedingt, abhängig. Aber das trifft mit seinem zeitlich festen Bestand nicht auf sein Vergehen zu. Ein Mißtrauensvotum durch das Parlament ist ausgeschlossen: Die Regierung ist dem Parlament nicht verantwortlich. Und das ist entscheidend. Daher läßt sich jetzt sagen: So nachrangig insoweit das Parlament, so selbständig insoweit das Staatsoberhaupt. Daß der „Bundesrat" „der Bundesversammlung jeweilen bei ihrer ordentlichen Sitzung Rechenschaft über seine Verrichtungen" erstattet, ja, „auch besondere Berichte zu erstatten" hat, „wenn die Bundesversammlung oder eine Abteilung derselben" – Nationalrat oder Ständerat – „es verlangt" (Art. 102, Zif. 16 Schweiz. Verf., 1874), ändert am Ergebnis nichts. Die starke Stellung des Bundesrates wird durch einen Teil seiner Zuständigkeiten unterstrichen: „Er hat für die Beobachtung der Verfassung, der Gesetze und Beschlüsse des Bundes ... zu wachen" (Zif. 2); „wacht für die äußere Sicherheit, für die Behauptung der Unabhängigkeit und Neutralität der Schweiz" (Zif. 9); und er ist – unter gewissen Voraussetzungen – „befugt", „die erforderliche Truppenzahl aufzubieten und über solche zu verfügen" (Zif. 11), überhaupt „das eidgenössische Militärwesen" zu besorgen (Zif. 12). Hiernach trifft es nicht zu, daß „der Bundesrat nur der untergeordnete Diener des Parlaments und nicht ein unabhängiger Machtträger aus eigenem Recht" sei (so indes LOEWENSTEIN, S. 120). Wie es auch nicht zutrifft, daß – „über den Wortlaut und die Absicht der Verfassung hinaus" – „sich der Bundesrat zu einem starken Exekutivorgan" entwickelte, „das die anderen Machtträger überspielte" (S. 121). Denn das vorrangige Organ ist er bereits auf Grund der – geschriebenen – Verfassung. Das „Unvermögen der Regierung, die Versammlung" – von National- und Ständerat – „aufzulösen" (a.a.O.), ändert daran nichts. Genauso wenig, daß „die oberste Gewalt des Bundes durch die Bundesversammlung ausgeübt" wird (Art. 71 I Schweiz. Verf.). Wie dies nämlich ausdrücklich „Unter Vorbehalt der Rechte des Volkes und der Kantone" geschieht (a.a.O.), so unausdrücklich besonders unter dem der Rechte des Bundesrats.

Zur sog. Parlamentssouveränität

Wie dargetan, besteht die Polykratie als mittelbare real wie materiell nur noch in Hinsicht auf die wählenden Vielen, während sie in Hinblick auf die gewählten Mehreren, mit denen real wie materiell eine Mehrherrschaft vorliegt, lediglich nominal und formell besteht. Denn in der Sache handelt es sich nach der Übermittlung der obersten Zuständigkeiten zur eigenen Ausübung nicht mehr um die Vielen als Quelle der Staatsgewalt, vielmehr allein um die Mehreren; ohne daß dies freilich, obwohl relativ ungerechtfertigt, zugleich auch absolut so wäre (o. vor a). So besteht folglich, wenn die genannte Übermittlung, z. B. an eine Volksvertretung, alle vier Jahre durch die erfolgreiche Wählerschaft erfolgt, in der Zwischenzeit der Sache nach **keine Vielherrschaft, sondern eine Mehrherrschaft;** in diesem Fall eine solche der Volksvertretung. Gibt es neben dieser noch ein ebenfalls aus der Wählerschaft wiederkehrend bestimmtes Staatsoberhaupt, so stellt letzteres das weitere Organ der Mehrherrschaft dar. Erst jetzt ist abschließend verständlich, warum immer wieder versucht wird, gerade das **Handeln einer Volksvertretung als** – mittelbares oder gar unmittelbares – **Handeln der Wählerschaft selbst oder gar des ganzen Volkes erscheinen** zu lassen (a.a.O.: zu den beiden KÜCHENHOFF, JELLINEK und MAUNZ). Dies geschieht – wenn nicht subjektiv, so doch objektiv – **zwecks Rettung der Demokratie vor der zwischen den Wahlen sachlich vorliegenden Pleokratie.**

Hierher gehört folgende, schon Ende des 18. Jahrhunderts geäußerte, die Lage allerdings mehr praktisch als theoretisch durchdringende, Auffassung: Es gibt auch *„scheinbare, erdichtete“* Demokratien, „wo der große Haufe durch *Repräsentanten* herrscht, – in der Tat eigentlich gar nicht herrscht, sondern blos seine Herrscher ... abwechselnd, auf bestimmte Zeit, wält, und diese one oder mit Instructionen ..., aber one Verantwortlichkeit, also in letzter Instanz, alle MajestätsRechte ausüben läßt“ (SCHLÖZER, S. 126): die *„Schein*Demokratie“ (S. 128, § 11). Das Wort „Haufe“ zeigt freilich eine verfehlte Ablehnung überhaupt.

Die gekennzeichnete Lage läßt sich, da sie für die mittelbare Vielherrschaft nun einmal wesenhaft ist, aus ihr selbst nicht ändern. Aber sie läßt sich von außen ändern, d.h. einschränken. Und dies geschieht dadurch, daß in die mittelbare Staatsform, ohne sie zu ersetzen, doch Wesenhaftes der unmittelbaren Vielherrschaft eingebaut wird. Es ist das der bereits oben behandelte **Volksentscheid.** Aus dem, was dort angeführt wurde, ergibt sich: Je mehr er – normativ wie faktisch – eingebaut ist, um so weniger Pleokratie gibt es zwischen den Wahlen; je weniger er eingebaut ist, um so mehr. Und wo er gänzlich fehlt, dort liegt in der Zwischenzeit eben nur eine Pleokratie vor. Mit dieser Maßgabe ist eine mittelbare Vielherrschaft zwischenzeitlich in der Tat bloß **mehr oder weniger eine Vielherrschaft oder sogar keine.** Und das gilt auch für die mittelbare Volksherrschaft. Daß davon die besonders einschlägigen Staaten nichts wissen wollen, ist zwar verständlich; denn wer von ihnen räumte schon gern ein, zwischen den Wahlen nur wenig oder überhaupt nicht eine Vielherrschaft, zumal Volksherrschaft, zu sein, sondern mehr oder überhaupt bloß eine Mehrherrschaft? Das aufzuzeigen, reicht schon *ein* Beispiel: Die **Bundesrepublik Deutschland** ist mit Rücksicht auf die Wahl ihres Bundestages als Volksvertretung eine mittelbare Demokratie. Bis zur jeweiligen nächsten Wahl ist sie aber, da der Volksentscheid in ihr keine Rolle spielt, lediglich eine Pleokratie. Wird sie dennoch *schlechthin* als „ein demokratischer“ Staat bezeichnet (Art. 20 I GG, 1949), so ist das folglich im wesentlichen unrichtig. Denn demokratisch ist sie allein von Wahl zu Wahl, und zwar *durch* und *in Beschränkung* auf diese, doch nicht in der Zwischenzeit. In ihr geht von der Wählerschaft keinerlei Staatsgewalt mehr aus. Der Bundesrat, als Ländervertretung schon gar nicht aus dem Wahlvolk gewählt, bestätigt nicht nur die zwischenzeitliche Pleokratie, mehr, er verstärkt sie sogar. Läßt man ihn jedoch, als Organ des Bundesstaates (u. B II 1), hier außer Acht; stellt man vielmehr im Verhältnis von Bundestag und Bundesrat auf ersteren als *eigentliches* Parlament ab, – so besteht insoweit zwischen den Wahlen, **statt der Volkssouveränität,** tatsächlich **eine Parlamentssouveränität;** zwar *keine ursprüngliche (originäre),* doch, übertragen durch die Wahlen, eine *abgeleitete (derivative):* Die Staatsgewalt geht für die Zwischenzeit vom Parlament aus. – Der Grund für die

Ausschaltung des Volksentscheids sind vor allem das Mißtrauen der Volksvertretung in die Urteilsfähigkeit des Wahlvolks und das Vertrauen in ihre eigene Urteilsfähigkeit. Sonst ist das Wahlvolk freilich der ‚Souverän', besteht aus lauter ‚mündigen Bürgern' und genießt das Vertrauen, mit den Wahlen die richtigen Volksvertreter zu wählen. Der verlautbarte Grund: daß allein mit der Ausschaltung des Wahlvolks die mittelbare Demokratie gegenüber der unmittelbaren *folgerichtig durchgeführt* sei, ist hingegen ein Scheingrund. In der Sache ist nämlich, wie gezeigt, die zwischenzeitliche Pleokratie eingeführt. Dagegen hilft nur ein angemessener, hier nicht zu klärender Einbau des Volksentscheides. Er ist sogar gerecht.

Eine Parlamentssouveränität besteht nun besonders *ausgeprägt* in **Großbritannien.** Das wurde teilweise mit der Entwicklung seiner Staatsform schon berührt (o. 1 a). Im Laufe des 19. Jahrhunderts war Großbritannien zu einer sich mehr und mehr entfaltenden Polykratie geworden und während der zwanziger Jahre des 20. zu einer – auf der Volkssouveränität beruhenden – Demokratie (a.a.O.). Obschon nun zu seinem Parlament Ober- und Unterhaus zählen, geht es doch fast ausschließlich um das letztere, das eigentliche Parlament. In einem lange dauernden Vorgang verlagerte sich das staatlich-politische Schwergewicht allmählich auf das Unterhaus. Die nahezu völlige Entmachtung des Oberhauses erfolgte allerdings erst in der ersten Hälfte des 20. Jahrhunderts, und zwar durch zwei Gesetze. Wie das erste, grundlegende ausdrücklich „zur Beschränkung der derzeitigen Machtbefugnisse der Oberhauses" erging (Vorspruch ParlG, 1911), so bestimmte es vor allem dies: Einmal, daß jeder „Finanzgesetzentwurf" „nach Bekundung der Königlichen Zustimmung selbst dann Parlamentsgesetz" wird, „wenn ihm das Oberhaus nicht zugestimmt hat" (Abschn. 1 I). Und zum anderen, daß „ein öffentlicher Gesetzentwurf (mit Ausnahme" zumal „eines Finanzgesetzentwurfes ...)", der „in drei aufeinanderfolgenden Sitzungsperioden" vom Oberhaus „verworfen worden ist", „nach Bekundung der Königlichen Zustimmung selbst dann Parlamentsgesetz" wird, „wenn ihm das Oberhaus nicht zugestimmt hat"; dies freilich in bestimmter Bindung an den Ablauf von zwei Jahren (Abschn. 2 I). Das bis dahin „gegen die vom Unterhaus beschlossenen Gesetze" bestehende absolute „Vetorecht" war „in ein aufschiebendes umgewandelt" (Helfritz, S. 200). Das zweite Gesetz verkürzte – in Anknüpfung an das erste – mit nur „‚zwei aufeinanderfolgenden Sitzungsperioden'" die Dauer des Vetos des Oberhauses um eine Sitzungsperiode und die Bindung an den Ablauf von zwei Jahren um ein Jahr (Abs. 1 a, b ParlG, 1949). Mit alledem handelt es sich jedenfalls wesentlich nur noch um eine *Unterhaussouveränität.* Doch daß auch sie lediglich eine abgeleitete ist, ergibt sich daraus, daß die Wahlen zum Unterhaus spätestens alle fünf Jahre stattfinden sowie durch sie jene Souveränität übertragen wird. So setzt Abschn. 7 ParlG, 1911, „5 Jahre an Stelle der in der Septennial-Akte von 1715 genannten 7 Jahre ... als Höchstdauer der Legislaturperiode" fest. Hiermit ist indes für eine Parlamentssouveränität einzig *zwischen den Wahlen* Platz, doch *darüber hinaus nicht.* Daß das „Recht des Parlaments zur Umgestaltung und Fortentwicklung des geltenden Verfassungsrechtes ... nach englischer Auffassung unbeschränkt und unbeschränkbar" sei, dies als Ausdruck des – jenseits „aller verfassungsrechtlichen Normen" stehenden – Grundsatzes „der Parlamentssouveränität" (Mayer-Tasch, S. 227), besagt bloß etwas über die *Reichweite* dieser Souveränität, aber *nichts* für ihre *Absolutheit* als ‚Abgelöstsein' vom erfolgreichen Wahlvolk. Außerdem: Wenn das Unterhaus sein Kreationsorgan durch ein Gesetz zu beseitigen und also mit einer neuen, ursprünglichen Souveränität eine Pleokratie einzuführen suchte, dann wäre das kein durch seine – nur abgeleitete – Souveränität gedeckter Versuch einer Umgestaltung der bestehenden Staatsform; vielmehr wäre es ein durch sie nicht gedeckter Versuch eines – seine Stellung als Volksvertretung in einer mittelbaren Polykratie überschreitenden – Staatsstreichs. Wahrscheinlich würde auch das längst obsolet gewordene königliche Veto wieder aufleben, wenn das Unterhaus dem Staatsoberhaupt ansönne, einem Gesetz, in dem es durch einen Präsidenten auf Zeit ersetzt würde, mit der – derzeitigen – Formel: „La Reine le veult" (nach v. Hippel, Staatslehre, S. 326), zuzustimmen. Dies, obschon sich die Veränderung, nur die fürstliche Polykratie durch eine nichtfürstliche ersetzend, *innerhalb* der mittelbaren Polykratie abspielte. Ja, obschon es mit zum souveränen Gesetzgeber gerechnet wird, „etwa die ... Monarchie im selben Verfahren abzuändern wie ein Gesetz über die Hundesteuer" (a.a.O.)!

Es bleibt noch, auf folgenden Unterschied zwischen Großbritannien und der Bundesrepublik Deutschland hinzuweisen: Während man sich in ersterem, wenngleich übertrieben, offen zur Parlamentssouveränität bekennt – „das eigentliche Grundgesetz des Landes" (Mayer-Tasch, S. 227) –, wird sie in letzterer, obwohl sie offensichtlich besteht, verschwiegen. Aber das gilt nicht nur für die Bundesrepublik. In reinen oder wesentlich reinen mittelbaren Vielherrschaften, zumal Demokratien, als vorrangig parlamentarischen wird mit dem Verschweigen der zwischen den Wahlen bestehenden Mehrherrschaft darüber hinweggetäuscht, daß in diesem Zeitraum bloß noch eine Parlamentssouveränität vorliegt, doch keine Vielheits-, besonders Volkssouveränität mehr.

Anhang: Scheinbar mittelbare Viel- bzw. Volksherrschaften (sozialistische Staaten)

Hier geht es darum, daß mittelbare Polykratien bzw. Demokratien, obwohl als *letztere* in *Anspruch* genommen, trotzdem *keine sind.*

Das war und ist zumal so in den sog. *sozialistischen* Staaten, d.h. in Staaten mit nach sozialistisch-kommunistischer Lehre gestalteten Verfassungen. Genau darauf kommt es hier aber *nicht* an. Denn wie sich die Verfassungsarten solcher Staaten durchaus in die bisherigen Staatsformen einordnen lassen, so kommt es allein auf Folgendes an: In diesen Staaten fehlt es bereits an dem, was sie *entscheidend* mittelbare Polykratien und also desgleichen Demokratien sein läßt. Es sind das, wie ausgeführt, *wiederkehrende Wahlen,* in denen die *Vertreter* der jeweiligen Vielheit aus dieser *berufen* werden, und zwar derart, daß ein *Vertretungsorgan* oder mehr durch die Wahl *anderer* Mitglieder von der erfolgreichen Wählerschaft *geändert* werden kann; und derart, daß gleichfalls die von dem Vertretungsorgan abhängige *Regierung* damit *geändert* werden kann; beides zum Zweck einer möglichen *Änderung* der *Politik* durch *Ablösung* bisher *Herrschender* und ihre *Ersetzung* durch *neue Herrschende.* Und hiermit *fehlt* es gleicherweise an einem *Wahlverfahren,* das – wie näher dargetan – diese Änderungsmöglichkeit *sichert;* wie es genauso an einer *Opposition fehlt,* die sie in jener Ablösung *verwirklichen* könnte.

Dies sei etwas näher dargelegt an der – zwar vergangenen, aber insofern weiter beispielhaften – **Deutschen Demokratischen Republik.** Wie sie als „sozialistischer Staat" bezeichnet war (Art. 1 I 1 Verf. DDR, 1968/1974), so ihre staatliche Grundordnung als „sozialistische Verfassung" (Vorspruch, II).

Im Ausgang hieß es: „Alle politische Macht ... wird von den Werktätigen in Stadt und Land ausgeübt" (Art. 2 I 1). Entsprechend war „Jeder Bürger" mit vollendetem 18. Lebensjahr „wahlberechtigt" (Art. 22 I). Zwar widersprach ersterem, daß die „Bürger ... ihre politische Macht durch demokratisch gewählte Volksvertretungen" ausüben (Art. 5 I). Weil nämlich die Vielen nicht *durch* ihre Vertreter handeln, sondern diese mit *Wirkung für* sie, deshalb liegen Macht und Ausübung *allein* bei den Vertretern (o. vor a). Das bestätigte die Verfassung selbst: „Zu keiner Zeit und unter keinen Umständen können andere als die verfassungsmäßig vorgesehenen Organe staatliche Macht ausüben" (Art. 5 III). Dennoch kennzeichnet gerade dies die *mittelbare Polykratie.* So ist erst die Antwort auf die Frage entscheidend, ob es denn wirklich um „demokratisch gewählte Volksvertretungen" ging, darunter die oberste Volksvertretung genauso wie die sog. „örtlichen" „in den Bezirken, Kreisen" usw. (Art. 81 I). Und eben das war *nicht* der Fall. Zwar gab es sich wiederholende Wahlen, zumal die zur Volkskammer (Art. 54). Doch gegen die demokratische Wahl sprach grundlegend zunächst die Aussage von der Deutschen Demokratischen Republik als politischer „Organisation ... unter Führung der Arbeiterklasse und ihrer marxistisch-leninistischen Partei" (Art. 1 I 2). Denn damit waren von vornherein die Ablösung der Mitglieder letzterer, der Sozialistischen Einheitspartei Deutschlands (SED), in den Volksvertretungen und deren Ersetzung durch Gegner ausgeschlossen. Dann sprach dagegen, weiterreichend, eine andere Aussage: „In der Nationalen Front ... vereinigen die Parteien und Massenorganisationen alle Kräfte des Volkes zum gemeinsamen Handeln für die Entwicklung der sozialistischen Gesellschaft" (Art. 3 II 1): sog. **Blocksystem.** Das schloß nämlich erstens Gruppen außerhalb der Nationalen Front aus, zweitens ein Handeln außerhalb des gemeinsamen Handelns und drittens politische Ziele außerhalb desjenigen der Entwicklung der sozialistischen Gesellschaft: jede Opposition, jedes andersgerichtete Handeln, jede neue Politik. All dem entsprach es, daß die Sitze der Parteien und Massenorganisationen nicht *durch* die Wahlen bestimmt wurden, sondern *vor* ihnen. Dies so, daß die SED mit den an sie gebundenen Massenorganisationen – etwa Freie Deutsche Jugend (FDJ) und Freier Deutscher Gewerkschaftsbund (FDGB), die beide nie frei waren – gegenüber den anderen Parteien, den damals so genannten Blockflöten – z. B. der Christlich-Demokratischen Union Deutschlands (CDU) und der Liberal-Demokratischen Partei Deutschlands (LDPD) – stets die *absolute Mehrheit* besaß. Und es entsprach all dem ebenso, daß die Wähler sich nicht für eine der Parteien oder Massenorganisationen entscheiden konnten, sondern lediglich für eine von der Nationalen Front für alle in ihr vereinigten Gruppen aufgestellte *gemeinsame Kandidatenliste* **(Einheitsliste)** (hierzu ARLT usw., I, S. 263). Damit war es aber ausgeschlossen, daß eine erfolgreiche Wählerschaft jemals die Vertreter der bisherigen Politik ablösen und durch solche einer anderen Politik ersetzen konnte. Ja, die genannten „Wahlen" waren nicht etwa nur *undemokratisch,* sondern sie waren überdies auf Grund der Unmöglichkeit von Ablösung und Ersetzung *Schein*wahlen: *Nicht*wahlen. Mehr, es gab sogar *kein erfolgreiches Wahlvolk,* geschweige denn eines, das als Quelle der Staatsgewalt Zuständigkeiten zur eigenen Ausübung an Mehrere als Organ oder mehr als eines übermittelte. So stellte die Deutsche Demokratische Republik **keine mittelbare Polykratie als Demokratie** dar: Sie tat es bloß *nominal, nicht* aber auch *real.* Ja, sie tat es auch *weder materiell noch formell.* Daß die „Volkskammer ... die Durchführung von Volksabstimmungen beschließen" konnte (Art. 53), läßt das ersichtlich unberührt, da gleichfalls sie bloß Schein- oder Nichtentscheide gewesen wären. Nach allem war es zwar, geschichtlich gesehen, von Anfang an *verfehlt*, von der *sog*. DDR in dem Sinne zu sprechen, daß sie *keinen Staat* darstellte, oder in gleichem Sinne „DDR“ zu schreiben. Doch es war *nicht verfehlt*, beides in der Bedeutung zu tun, daß sie – entgegen ihrem ausdrücklichen Anspruch – *keine Demokratie* war. Diese, politisch gesehen, durchaus angebrachte Ausdrucksweise wurde dann aber gerade politisch bis zur Wende 1989 nahezu aufgegeben.

All dem stehen nicht die bekannten Unterscheidungen in **‚westliche und östliche Demokratie‘** sowie **‚kapitalistische und sozialistische‘** entgegen. Denn wie die Demokratie nur *eine* ist: die vor allem zu Beginn gekennzeichnete Polykratie (o. vor 1), so sind jene Unterscheidungen falsch. Demgemäß läßt sich die Deutsche Demokratische Republik auch ohne weiteres in die gebrachten Staatsformen einordnen.

„Die Volkskammer“, so hieß es, „ist das oberste staatliche Machtorgan der ... Republik“ (Art. 48 I 1). In dieser Stellung lag bei ihr zumal das Folgende: Sie „wählt den Vorsitzenden und die Mitglieder des Staatsrates“ – des kollegialen Staatsoberhaupts als Oberregierung –, „den Vorsitzenden und die Mitglieder des Ministerrates“ – die Regierung –, „den Vorsitzenden des Nationalen Verteidigungsrates, den Präsidenten und die Richter des Obersten Gerichts und den Generalstaatsanwalt“: sämtlich als ihre Organe. Außerdem so, daß alle „jederzeit von“ ihr „abberufen werden“ konnten (Art. 50). Schon hiermit stellte die DDR aber eine **Pleokratie** dar. Denn nach dem Ausscheiden einer erfolgreichen Wählerschaft als Quelle der Staatsgewalt, die oberste Zuständigkeiten zur eigenen Ausübung übermittelt, wurde diese Quelle mit der soeben gekennzeichneten Übermittlung an die genannten Organe bis hierher von der Volkskammer gebildet. Nun fragt sich aber – vor allem angesichts der seltenen Tagungen der Volkskammer –, ob denn nicht ihre Stellung bloß eine formelle wie nominale war, materiell mithin und real die Quelle der Staatsgewalt ein anderes Organ darstellte. In der Tat stellte das kollegiale Staatsoberhaupt des Staatsrats – „ständig arbeitendes Organ der Volkskammer“ (ARLT usw., II, S. 289, 2) – die materielle wie reale Quelle der Staatsgewalt dar. Dies auf Grund der mit seinen Zuständigkeiten (zumal Artt. 66ff.) verknüpften entscheidenden Macht; unter ihnen etwa die, daß er „grundsätzliche Beschlüsse zu Fragen der Verteidigung und Sicherheit des Landes“ faßte, ja, „die Landesverteidigung mit Hilfe des“ – von ihm berufenen – „Nationalen Verteidigungsrates“ organisierte (Art. 73). Mehr, er war überhaupt im „Dringlichkeitsfalle ... berechtigt, den Verteidigungszustand zu beschließen“ (Art. 52, 2). Wie nun aber der Staatsrat wieder eine – wenngleich gegenüber der Volkskammer viel kleinere – Mehrheit bildete, so gab auch insoweit die DDR eine **Mehrherrschaft** ab und das als **unbeschränkte.** Zwar gehörte ebenfalls der Staatsrat zu den sog. Organen der Volkskammer, deren Mitglieder, wie zitiert, „jederzeit“ von ihr „abberufen werden“ konnten; wie er demgemäß „der Volkskammer ... verantwortlich“ war (Art. 66 I 2). Aber der „Vorschlag für die Wahl des Vorsitzenden des Staatsrates“ kam „von der stärksten Fraktion der Volkskammer“ (Art. 67 III), „also ... der SED“ (ASSMANN usw., S. 340). Und damit wurde Vorsitzender „des Staatsrates ... der Generalsekretär des Zentralkomitees der SED“ (S. 342). Für ihn bedeuteten indes Verantwortlichkeit gegenüber der Volkskammer und seine Absetzbarkeit durch sie, gedeckt durch ihre absolute Mehrheit, nichts. Und das traf desgleichen auf die übrigen Mitglieder des Staatsrates zu, wenn und soweit sie seine Unterstützung hatten. So war nicht die Volkskammer, sondern der SED-bestimmte Staatsrat Quelle der Staatsgewalt.

Im Ergebnis genauso zu beurteilen ist **China,** der bevölkerungsreichste Staat der Erde. So sehr sich auch aus seiner Verfassung als der einer „sozialistischen Demokratie“ (Art. 17, Chin. Verf., 1978/1979) der zur DDR dargetane Kern einer solchen Verfassung im Einzelnen nachweisen ließe, so wenig kommt es doch darauf nochmals an. Nichts Näheres daher zum Nationalen Volkskongreß als dem – scheinbar – höchsten, bloß mittelbar ‚gewählten‘, „Organ der Staatsmacht“ (Artt. 20ff.); gleichfalls nichts zum Ständigen Ausschuß des Nationalen Volkskongresses (diesmal der Oberregierung) (Artt. 24ff.) als dem – tatsächlich – höchsten Organ mit dem ihn leitenden Vorsitzenden (Art. 26); und gleicherweise nichts zum Staatsrat als der – diesmal – Zentralen „Volksregierung“ (Artt. 30ff.). Auf der Grundlage nämlich, daß die „Volksrepublik ... ein sozialistischer Staat“ (Art. 1) und die „Kommunistische Partei Chinas ... der führende Kern des ganzen chinesischen Volkes“ ist (Art. 2 I 1), sagt das Entscheidende, auf das es hier ankommt, bereits folgende Norm: „Die Bürger müssen die Führung durch die Kommunistische Partei Chinas“ und „die sozialistische Gesellschaftsordnung unterstützen“ (Art. 56). Denn schon damit sind Ablösung und Ersetzung der Herrschenden durch eine Opposition mittels Wahlen und also durch eine erfolgreiche Mehrheit des Wahlvolkes als Quelle der Staatsgewalt ausgeschlossen. Und das besagt wieder das **Fehlen einer mittelbaren Polykratie als Demokratie,** doch – mit der Herrschaft durch Mehrere als Quelle der Staatsgewalt – das Vorliegen einer **Pleokratie,** wieder als **unbeschränkter.**

Bilden die Deutsche Demokratische Republik und die Volksrepublik China Beispiele einer *Mehrherrschaft,* – Beispiele einer *Einherrschaft* bilden andere sozialistische Staaten.

So zuerst **Kuba.** Die „Republik Kuba“ ist gekennzeichnet als „ein sozialistischer Staat der Arbeiter und Bauern sowie aller Hand- und Geistesarbeiter“ (Art. 1 Kub. Verf., 1976). „Die Organe des Staates“ beruhen nun zumal „auf der Grundlage der Prinzipien der sozialistischen Demokratie“ (Art. 66). Und das besagt, was ihre Entstehung betrifft: „alle Organe der Staatsgewalt, die Exekutivorgane und alle Gerichte gehen aus periodisch wiederkehrenden Wahlen hervor“ (a.a.O., a). Auch diese Wahlen sind aber bloße Schein- oder Nichtwahlen. Dies zeigt Art. 5, wonach die „Kommunistische Partei von Kuba ... die oberste Führungsmacht der Gesellschaft und des Staates“ ist, „die die gemeinsamen Anstrengungen auf das hohe Ziel des Aufbaus des Sozialismus und der Entwicklung zur kommunistischen Gesellschaft hin organisiert und ausrichtet.“ Hiermit sind aber wieder von vornherein Ablösung und Ersetzung von Parteimitgliedern in den Organen durch Gegner ausgeschlossen; genauso, wie ein Ziel außerhalb desjenigen des Aufbaus des Sozialismus und der Entwicklung zur kommunistischen Gesellschaft ausgeschlossen ist: jede Opposition, jedes andersgerichtete Handeln, jede neue Politik. Es gibt erneut bereits *kein erfolgreiches Wahlvolk,* schon gar keines als Quelle der Staatsgewalt, das Zuständigkeiten zu eigener Ausübung an Mehrere als Organ oder an mehr als eines übermittelte. Ja, hebt man auf die „Nationalversammlung der Volksmacht“ als „das oberste Organ der staatlichen Gewalt“ (Art. 67, 1) ab, so werden deren Abgeordnete gar nicht mal durch eine demokratische Vielheit ‚gewählt‘, vielmehr „durch die Bezirksversammlungen der Volksmacht“ (Art. 69), d.h. durch deren Abgeordnete (Art. 138 II), also nur mittelbar. Damit ist zusätzlich gesichert, daß kein Andershandelnder in die Nationalversammlung gelangt. Auch die Republik Kuba bildet sonach **keine mittelbare Polykratie als Demokratie:** Sie tut es gleichfalls nur *nominal* und *nicht real, weder materiell noch formell.* Hieran ändert es eindeutig nichts, daß die „Nationalversammlung" dafür „zuständig" ist, „Volksabstimmungen ... herbeizuführen" (Art. 73 u), z.B. die „Totalrevision" der Verfassung betreffend. Dies schon deshalb nicht, weil sie lediglich zwecks zusätzlicher „Billigung" des vorherigen Beschlusses der Nationalversammlung erfolgte (Art. 141). Die tatsächliche Staatsform ist daher eine andere. Zwar wählt nach der Zuständigkeitsregelung des Art. 73 die Nationalversammlung als sog. oberstes Organ „den Präsidenten und" die übrigen „Mitglieder des Staatsrates" (a.a.O., l) (aufs neue der Oberregierung); ernennt „auf Vorschlag des Präsidenten des Staatsrates den Ersten Vizepräsidenten und" die „weiteren Mitglieder des Ministerrates" (11) (wieder der Regierung); wählt „den Präsidenten" und die übrigen „Richter des Obersten Volksgerichtes" (m) und „den Obersten Staatsanwalt" (n); ja, sie widerruft gar „die Wahl oder Ernennung von durch sie gewählten oder ernannten Personen" (o). Und hiernach scheint die Nationalversammlung, wie die Quelle der Staatsgewalt, so die Verkörperung einer *Pleokratie* zu sein. Das ist jedoch anders: „Der Präsident des Staatsrates ist Staatschef und Regierungschef" (Art. 72 II), d.h., er ist auch „Präsident" des Ministerrats (Art. 94). Und in dieser dreifachen Stellung vereinigt sich in ihm mit seinen persönlichen „Aufgaben" (Art. 91 a–i) – darunter die des Oberbefehls über die „Revolutionären Streitkräfte" (g) –, den Zuständigkeiten des Staatsrats (Art. 88 a–q) und denen des Ministerrats (Art. 96 a–q) eine derartige Machtfülle, daß *er* die Quelle der Staatsgewalt ist. Und zwar ist er das als *unbeschränkter Monokrat*. Daß der „Staatsrat ... der Nationalversammlung ... verantwortlich" ist (Art. 72 III), ebenso der „Ministerrat" (Art. 97), besagt demgegenüber nichts. Dies zumal angesichts der Tatsache, daß der Staatschef und Präsident des Staatsrats wie des Ministerrats als zugleich Erster Sekretär der Kommunistischen Partei (PESTALOZZA, S. 256), der oben genannten obersten „Führungsmacht der Gesellschaft und des Staates", die Nationalversammlung beherrscht. Es trifft deswegen durchaus zu, daß die „Fülle der Macht ... auch förmlich bei Fidel Castro Ruz", dem derzeitigen Inhaber aller vier Stellungen, liegt (a.a.O.). So bildet Kuba eine **unbeschränkte Monokratie.** Danach ist allerdings die „Republik Kuba" ebenfalls *keine Republik*. Insofern gilt eben, daß fürstliche *und* nichtfürstliche Monokratie die Republik ausschließen (o. vor I, Andere Einteilungen).

Dann noch **Nordkorea.** Um die „Koreanische Demokratische Volksrepublik", als „sozialistischer Staat" bezeichnet (Art. 1 Nordkor. Verf., 1972), der seine Grundordnung als *„Sozialistische Verfassung"* überschreibt, steht es im Kern genauso. Dennoch immerhin dies: Zwar werden die „Machtorgane aller Stufen ... bis zur Obersten Volksversammlung ... gewählt" (Art. 8 I), und das in regelmäßig sich wiederholenden Wahlen (Art. 75). Doch daß es erneut bloß um Schein- und somit Nichtwahlen geht, folglich ohne die gekennzeichnete Möglichkeit der Ablösung und Ersetzung, zeigen diesmal die Führungsrolle der – kommunistischen – „Partei der Arbeit Koreas" (Art. 4) und das Staatsziel, „den vollen Sieg des Sozialismus zu erreichen" (Art. 5). Schon damit ist aber wieder die **mittelbare Polykratie als Demokratie ausgeschlossen.** Auch ist zwar die „Oberste Volksversammlung ... das oberste Machtorgan der ... Volksrepublik" (Art. 73 I), das die „Wahl des Präsidenten" der Republik vornimmt (Art. 76, Zif. 3, Art. 90 I) sowie die Wahl und Abberufung anderer Organe (Ziff. 4ff.). Aber das läßt Nordkorea auch *keine Pleokratie* sein. Vielmehr stellt es eine **Monokratie** dar, erneut eine **unbeschränkte.** Der gewählte – dieses Mal mit einer festen Amtszeit (Art. 90 II) nicht abberufbare – Staatspräsident als „Staatsoberhaupt" (Art. 89) leitet nicht nur das – dem kubanischen Staatsrat (der Oberregierung) entsprechende – „Zentrale Volkskomitee“ als „das höchste Führungsorgan“ (Art. 91 i. V. m. Art. 100), an dessen „Spitze“ er „steht“ (Art. 101). Vielmehr leitet er gleichermaßen den sog. „Verwaltungsrat der Regierung“ (die Regierung) (Art. 107 II). So steht der Staatspräsident der Oberregierung ebenso vor wie der Regierung; d. h. ebenfalls er nimmt eine dreifache Stellung ein. Mit seinen Zuständigkeiten (Artt. 89 ff.), denen des Zentralen Volkskomitees (Artt. 100 ff.) und denen des Verwaltungsrats (Artt. 107 ff.) besitzt er nun eine Machtfülle, die auch ihn zu einem *unbeschränkten Monokraten* macht. Daß KIM IL SUNG als Staatspräsident usw. überdies Generalsekretär der Arbeitspartei ist (BROCKHAUS, XXIII, S. 94 l., Artikel: „Korea“), bestätigt mit dieser vierten, vom Präsidenten eingenommenen, Stellung nur die Lage. Als Monokratie ist der Staat desgleichen *keine Republik*.

Nun zeigt das Beispiel Nordkoreas aber noch etwas anderes. Seine Bezeichnung: „Koreanische Demokratische Volksrepublik“, ist gleichfalls noch in anderer Hinsicht verfehlt. Der Ausdruck „Demokratische Volksrepublik“: ‚Volksherrschaftliche Volksrepublik‘, ist pleonastisch. Er ist so wie die üblichere Bezeichnung „Volksdemokratie“ (Art. 9 I Vietn. Verf., 1959): die ‚Volksvolksherrschaft‘. Der Nominalismus der sozialistischen Staaten, der in Hinblick auf die Demokratie ohnehin nur eine Wortfassade aufrichtete, hat sich mit dem Pleonasmus ‚Volksdemokratie‘ gleichsam überschlagen.

Nach allem ist der **sozialistische Staat** dadurch gekennzeichnet, daß er seiner Staatsform nach bloß eine **sozialistisch-kommunistisch begründete Scheindemokratie** ist, in Wirklichkeit jedoch entweder eine **Pleokratie** oder gar **Monokratie.**

Unter kritikloser Hinnahme des Wortes *„Volksdemokratie“* (KÜCHENHOFF-KÜCHENHOFF, S. 224, 2) heißt es nun zu dieser Herrschaft als sog. „Demo-Monokratie“: In ihr „ist die *Aktivbürgerschaft durch Wahlen, z. T. auch durch* die … *mögliche Abberufung* … *der Parlamentsabgeordneten und durch Volksentscheid an der Staatstätigkeit beteiligt“* (S. 224 f.); dies so, daß den „maßgebenden Einfluß auf diese … *aber* das *Parlament“* ausübt, „das in den Volksdemokratischen Verfassungsurkunden auch ausdrücklich als *oberstes Staatsorgan* bezeichnet wird“ (S. 225). Allein – das ist, wie die gebrachten einschlägigen Beispiele zeigen, in zweifacher Beziehung unzutreffend. Erstens liegt *keine Demo-Monokratie,* Volks-Einherrschaft, vor. Denn *„Wahlen“* und möglicher *„Volksentscheid“* haben sich ja als Schein- oder Nichtwahlen bzw. als Schein- oder Nichtvolksentscheid herausgestellt. Und daß eine verfassungsgesetzlich teils ermöglichte Abberufung von Abgeordneten ohne ‚Anregung von oben‘ möglich war oder wäre, ist ausgeschlossen. All das unterstreicht folgende Norm: „Streng verboten und unter schwere Strafe … gestellt“ ist u. a. „jede Opposition gegen das volksdemokratische System“ (Art. 7 Vietn. Verf., 1959). Denn dieses System ist mit dem tatsächlichen Ausschluß des Volkes von der Macht geradezu ein nichtdemokratisches. Und zweitens besteht *kein maßgeblicher Einfluß* des Parlaments auf die Staatstätigkeit. Denn über dem jeweiligen Parlament des sozialistischen Staates steht lenkend ein anderes Organ, z. B. als Staatsrat mit seinem Vorsitzenden (o.: DDR) oder als Präsident (o.: Nordkorea). Dies mit dem Erfolg, daß das Parlament bloß scheinbar *„oberstes Staatsorgan“,* dies vielmehr tatsächlich das jeweils andere Organ ist. Der genannte maßgebende Einfluß liegt einzig bei ihm. Von „unbeschränkter Parlamentsherrschaft“ zu sprechen (die zwei KÜCHENHOFF, a.a.O.), ist daher gleichfalls unzutreffend. Davon nicht zu reden, daß eine solche Herrschaft, da sie *Pleokratie* bedeutet, erst recht *keine Demo-Monokratie* darstellt. Insgesamt ist so an der Tatsache vorbeigegangen, daß es sich bei den sog. Volksdemokratien – zu denen übrigens auch „China, ... DDR" und „Nordkorea" gerechnet werden (S. 226) – bloß um mittelbare Demokratien vortäuschende Mehr- bzw. Einherrschaften handelt.

Daß es nach „der stalinistischen Staatslehre" in „den Volksdemokratien ... noch ‚kapitalistische', in den sozialistischen Demokratien nur noch ‚proletarisch-sozialistische' Klassen und Parteien" gebe (S. 224, Anm. 165), kann hier ungeprüft bleiben. Die sog. „rechtliche Staatsorganisation, der ‚Überbau', ist" nämlich „in allen jenen Staaten grundsätzlich gleich" (a.a.O.). Und wie es einzig darum geht, so konnte schon deswegen von vornherein zutreffend von *sozialistischen* Staaten die Rede sein.

Gerade in Hinblick auf sie findet sich nun der Ausdruck „Versammlungs-Regierung", und zwar bezüglich „der Stalinschen Verfassung von 1936 ..., von wo sie sich nach dem Zweiten Weltkrieg auf alle als ‚Volksdemokratien' organisierten Satellitenstaaten ausbreitete"; darunter auch „Ostdeutschland, Rotchina", doch ebenfalls noch „Nordvietnam und Nordkorea" (LOEWENSTEIN, S. 78). Gemeint ist – im Ausgang von der zweiten französischen Revolutionsverfassung (Franz. Verf., 1793) (S. 76) – die „gesetzgebende, vom Volke gewählte Versammlung", welche „die unbestrittene Herrschaft über alle anderen Staatsorgane" innehat „und ... nur der souveränen Wählerschaft verantwortlich" ist, „die sie in regelmäßigen Zeitabständen erneuert" (S. 77): „das seltsame Phänomen der Konzentration der Macht in einer demokratisch gewählten Versammlung als einzigem Machtträger" (a.a.O.). Hieran stimmt, denkt man etwa an die Volkskammer der Deutschen Demokratischen Republik oder an die Nationalversammlung Kubas, nach dem insoweit zu den sozialistischen Staaten Ausgeführten nichts: nicht die demokratische Wahl der Versammlung; nicht ihre einzige Machtträgerschaft mit der Herrschaft über alle anderen Staatsorgane; nicht ihre Verantwortlichkeit gegenüber einer souveränen Wählerschaft; und schon gar nicht ihr Name ‚Versammlungs-Regierung'. Denn die Wahlen sind bloße Schein- oder Nichtwahlen; die Machtträgerschaft liegt entscheidend bei einer kleinen Mehrheit oder gar einem Einzelnen; es besteht vor der nichtsouveränen ‚Wählerschaft' keine Verantwortlichkeit; und nicht die Versammlung regiert, sondern entweder die kleine Mehrheit oder der Einzelne. Dies ist allerdings zu einem kleineren Teil anerkannt, wenn – im falschen Ausgang davon, daß die „Versammlungs-Regierung" eine „durch und durch demokratische Plattform" sei – gesagt wird, daß auf ihr „eine autokratische Regierung aufgebaut werden kann, sei es die einer Einzelperson, eines Diktators, eines Komitees, einer Junta oder einer Partei" (S. 79). Aber das ist – mit der gekennzeichneten Diktatur von Mehreren oder eines Einzelnen – *nicht* bloß *möglich,* sondern *wirklich;* wobei die jeweilige Versammlung die lediglich nominale wie formale Grundlage abgibt. Dies bestätigt als gebrachtes Beispiel der Aufstieg STALINS „zum völligen Beherrscher aller übrigen Staatsorgane, einschließlich der ‚souveränen' Versammlung" selbst (S. 80). Denn das war nur der Weg von der unbeschränkten Mehrherrschaft in die unbeschränkte Einherrschaft, von der Herrschaft einer kleinen Mehrheit zu der eines Einzelnen.

Es geht nach allem noch um das Mutterland der sozialistischen Verfassungen, die **Sowjet-Union.** Zwar fragt sich nicht, ob ihre Verfassungen *vor* GORBATSCHOW ebenfalls nur scheinbar polykratische als demokratische waren, also lediglich pleo- oder monokratische. Das waren sie – denkt man zumal an die Verfassung unter Stalin sowie die unter Breschnew (Sowj. Verf., 1936 bzw. 1977) als jeweils monokratische – selbstverständlich. Aber es fragt sich doch, ob dies auch noch auf die letztere nach ihren Reformen durch Gorbatschow in den Jahren 1988 und 1990 zutrifft.

Vor wie nach der **Reform von 1988** ist die „Union der Sozialistischen Sowjetrepubliken" als „sozialistischer Staat" gekennzeichnet (Art. 1 Sowj. Verf., 1977/1988), und zwar näher als „sozialistische Demokratie" (Vorspruch). Dem entspricht „die Kommunistische Partei" als „führende und lenkende Kraft", als „Kern" des „politischen Systems, der staatlichen und gesellschaftlichen Organisationen" (Art. 6 I 1). Schon hiermit sind aber aufs neue die geschilderte Ablösung und Ersetzung der Herrschenden durch eine Opposition mittels Wahlen sowie die Einführung einer neuen Politik ausgeschlossen; und schon dies bedeutet wieder das **Fehlen einer mittelbaren Polykratie als Demokratie.** Daß – erneut vor wie nach jener Reform – die „ganze Macht in der UdSSR ... dem Volk" gehört (Art. 2 I), geht demgegenüber nicht über bloße Worte hinaus; genauso, daß das „Volk ... die Staatsgewalt durch die Sowjets der Volksdeputierten", „die die politische Grundlage der UdSSR bilden", ausübt (II), sowie daß alle „anderen Staatsorgane ... der Kontrolle der Sowjets der Volksdeputierten" unterstehen „und ... ihnen rechenschaftspflichtig" sind (III).

Diese Lage bestätigt nach der Reform für die oberste Staatsebene, zusammengefaßt, Folgendes: „Höchstes Organ der Staatsgewalt ... ist der Kongreß der Volksdeputierten" (Art. 108 I), das weitere und insofern uneigentliche Parlament. Es ist vor allem für die Verfassungsgebung und -änderung (Zif. 1) sowie bestimmte, teils noch zu nennende Wahlen und Bestätigungen (Ziff. 6 ff.) zuständig. Er tritt nur „einmal im Jahr" zu ordentlichen Sitzungen zusammen (Art. 110 IV 1). Das gleicherweise verwickelte wie unausgeglichene Wahlsystem (Artt. 95 ff.; näher dazu Brunner-Schmidt, S. 81 ff.) führt nun zwar dazu, daß – in regelmäßig wiederkehrenden Wahlen – von den 2250 Deputierten nur „750 ... aus den auf Unionsebene bestehenden gesellschaftlichen Organisationen ... nach" einem festen „Schlüssel gewählt" werden (Art. 109 IV); d. h. „aus der Kommunistischen Partei ..., den Gewerkschaften, den genossenschaftlichen Organisationen, dem Leninschen Kommunistischen Jugendverband" usf. (Art. 95, 2). Aber dies bedeutet keineswegs, daß die bleibenden 1500 Abgeordneten – „750 ... aus territorialen" und „750 ... aus den national-territorialen Wahlkreisen", zumal der Unionsrepubliken – einer Opposition offenständen. Denn das „Recht, Kandidaten für die Wahlen zu Volksdeputierten nach Wahlkreisen aufzustellen, haben" nicht lediglich „die Arbeitskollektive ... sowie die Versammlungen der Wähler am Wohnsitz und der Militärbediensteten in den Truppenteilen", sondern außerdem die – bereits mit 750 Abgeordneten gesicherten – erwähnten „gesellschaftlichen Organisationen" (Art. 100 I). Und erstere, besonders jedoch letztere, darunter zumal die Partei, sind *keine Träger einer demokratischen Opposition.* So wurden denn auch „bei den ersten Kongreßwahlen ... die Hoffnungen enttäuscht, über" den „neuen Weg könnten autonome Kräfte der Gesellschaft einen beschränkten Zugang zum obersten Legislativorgan gewinnen" (Brunner-Schmidt, S. 94 E). Hinzu tritt, daß nicht der Kongreß der Volksdeputierten das – tatsächlich – höchste Organ ist, vielmehr ein anderes. Das trifft nicht auf den – später noch näher zu beschreibenden (u. B II 1, Anhang) – Obersten Sowjet (Artt. 111 ff.) zu, das engere und insoweit eigentliche Parlament; nämlich als „ständig tätiges gesetzgebendes, verfügendes und kontrollierendes Organ der Staatsgewalt" (Art. 111 I). In „geheimer Abstimmung aus den Reihen der Volksdeputierten“ vom „Kongreß … gewählt“, ist er „diesem rechenschaftspflichtig“ (II i.V.m. Art. 108 III, Ziff. 6). In Hinblick auf die Wählerschaft ist also seine Wahl bloß mittelbar. Die Zahl seiner Abgeordneten beträgt (i.V.m. Art. 111 IV) 542 (Brunner-Schmidt, S. 86 II). Höchstes Organ ist aber gleichfalls nicht das Präsidium des Obersten Sowjets (Artt. 118f.). Es hat insonderheit parlamentarische Zuständigkeiten, etwa mit der Einberufung zu den „Tagungen des Obersten Sowjets“ (Art. 119, Ziff. 1); doch auch andere, beispielsweise mit der Verhängung des Kriegsrechts oder des Ausnahmezustands (Ziff. 14). Aus dem Vorsitzenden des Obersten Sowjets, dessen Erstem Stellvertreter, fünfzehn weiteren Stellvertretern und anderen bestehend, ist das Präsidium „dem Obersten Sowjet … rechenschaftspflichtig“ (Art. 118 I, II). Zusammen mit seinem noch zu behandelnden Vorsitzenden und dessen Zuständigkeiten bildet es eine Art Oberregierung. Erst recht nicht höchstes Organ ist endlich der Ministerrat (Artt. 130ff.) (die Regierung), der „dem Kongreß der Volksdeputierten … und dem Obersten Sowjet … verantwortlich und rechenschaftspflichtig“ ist (Art. 130 I). Vielmehr ist das höchste Staatsorgan – und nicht nur „die höchste Amtsperson des Sowjetstaates“ (Art. 120 I) – der noch bleibende „Vorsitzende des Obersten Sowjets“ (zumal Art. 120f.). Daß er „vom Kongreß der Volksdeputierten … aus“ deren „Reihen … in geheimer Abstimmung für fünf Jahre und für höchstens zwei Amtsperioden nacheinander gewählt“ wird, dem „Kongreß … und dem Obersten Sowjet … rechenschaftspflichtig“ ist sowie „vom Kongreß … jederzeit durch geheime Abstimmung abberufen werden“ kann (Art. 120 II, III), ändert daran nichts. Denn er besitzt trotzdem eine *überragende Stellung:* Er ist als Vorsitzender des Obersten Sowjets – zumal die Sowjet-Union nach innen wie außen vertretend (Art. 120 I) – Staatsoberhaupt. Er steht ferner an „der Spitze des Präsidiums des Obersten Sowjets“ (Art. 118 III), ist also Vorsitzender im Vorsitz. Nach seiner erwähnten Wahl durch den Kongreß der Volksdeputierten leitet er – „oder sein Stellvertreter“ – die Sitzungen des Kongresses (Art. 110 V); und so ist er auch dessen Vorsitzender. Weiter ist er damit, daß er „an der Spitze des Verteidigungsrates“ steht (Art. 121, Ziff. 5), ebenfalls dessen Vorsitzender. Mehr, er hat als Generalsekretär desgleichen noch die Stellung des Vorsitzenden der Partei als der genannten führenden und lenkenden Kraft der Sowjet-Union inne. Zu diesen fünf Stellungen tritt indes noch die des Vorschlagenden für die Besetzung der übrigen entscheidenden Staatsämter: seines „Ersten Stellvertreters“ (Ziff. 3), „des Vorsitzenden des Ministerrates“, „des Vorsitzenden des Obersten Gerichts“ und „des Generalstaatsanwalts“ (Ziff. 4), so daß sie alle seine Vertrauenspersonen sind. Durch den Kongreß der Volksdeputierten wird dann der Erste Stellvertreter gewählt (Art. 108 III, Ziff. 8); wie der Vorsitzende des Ministerrats (Ziff. 9) sowie der Vorsitzende des Obersten Gerichts und der Generalstaatsanwalt von ihm bestätigt werden (Ziff. 10). Insgesamt trifft es in der Tat zu, daß „dem neuen Vorsitzenden des Obersten Sowjets eine fast unbegrenzte Machtfülle“ zusteht (Brunner-Schmidt, S. 90 IV): Anders, als es der Kongreß der Volksdeputierten zunächst scheinen macht, ist die Sowjet-Union hiernach auch **keine Pleokratie, sondern eine Monokratie,** und zwar eine **unbeschränkte;** wie der den genannten Organen Vorsitzende *unbeschränkter Monokrat* ist. Daß dieser – in Gestalt Gorbatschows – „eine autokratische Position“ erlangt habe (S. 94 I), geht mithin – wenngleich hier der Ausdruck ‚diktatorisch‘ vorgezogen wird (o. I 2 a, vor α) – nicht zu weit.

Die **Reform von 1990** änderte die Lage: Sie *beendete den sozialistischen Staat als unbeschränkte Monokratie* und legte den Grund für eine *nachrangig parla-*

mentarische Polykratie als Demokratie, also mit selbständigem Staatsoberhaupt, einem Präsidenten, kurz, für eine *selbständige präsidiale Vielherrschaft* (dazu o.: Einteilung). Hierzu aber, weil es außerhalb des sozialistischen Staates steht, nur knapp das Folgende.

Die **Beendigung des sozialistischen Staates** erfolgte dadurch, daß die Kommunistische Partei aufhörte, die oben gekennzeichnete – alleinige – „führende und lenkende Kraft" der Sowjet-Union zu sein. Denn nunmehr ist es, zwar noch zuerst genannt, doch nicht mehr ausschließlich die „Kommunistische Partei"; sondern es sind auch vor allem noch „andere politische Parteien", die zumal „an der politischen Arbeit des Sowjetstaates" mitwirken (Art. 6 Sowj. Verf. 1977/1988/1990). Weshalb denn auch nun die „Bürger der UdSSR ... das Recht" haben, „sich" insbesondere „in politischen Parteien ... zu vereinigen" (Art. 51 I): ein Grundrecht. Und damit sind für die Zukunft die dargetane Ablösung und Ersetzung der Herrschenden durch eine Opposition mittels Wahlen sowie die Einführung einer neuen Politik eröffnet. Daß es immer noch um die *„Union der Sowjetischen Sozialistischen Republiken"* geht (Überschrift) und um die Kennzeichnung der Union als eines „sozialistischen Staates" (Art. 7 II), ändert daran nichts. Denn dieses ‚sozialistisch' hat nur noch die Bedeutung, wie sie mit einem – wirklichen – *demokratischen Sozialismus* gegeben ist; also nicht unter *Aus-*, vielmehr unter *Ein*schluß *des erfolgreichen Wahlvolkes* als Quelle der Staatsgewalt. Dies freilich, wie bei jeder mittelbaren Polykratie, in Beschränkung auf die Übermittlung der Staatsgewalt an ein anderes Organ oder an mehrere. – Die **selbständige Präsidentschaft** ist besonders durch ein neues Kapitel – „15[1]. Der Präsident der UdSSR" – geregelt. Er wird in Zukunft „von den Bürgern der UdSSR ... für fünf Jahre gewählt" (Art. 127[1] II 1) und „darf nicht länger als zwei Amtsperioden Präsident ... sein" (I 2). Hebt ihn schon das von dem gleichfalls aus dem Volke gewählten Kongreß der Volksdeputierten ab, dem er nicht als Deputierter angehören darf (IV), so zeigen seine Selbständigkeit insonderheit Fülle und Inhalt seiner Zuständigkeiten. Das ergibt vor allem die Aufzählung des Art. 127[3]. Daraus lediglich dies: Allgemein hat der Präsident z.B. „alle erforderlichen Maßnahmen zum Schutze der Souveränität der UdSSR und der Unionsrepubliken, der Sicherheit der territorialen Geschlossenheit des Landes" usf. „zu ergreifen" (Zif. 2) und „die Zusammenarbeit der höchsten Organe der Staatsmacht und der Führung der UdSSR" zu gewährleisten (Zif. 4). Im besonderen „stellt er" u.a. „die Kandidaten für das Amt des Vositzenden des Ministerrates" (der Regierung), „des Vorsitzenden des Obersten Gerichts" und „des Generalstaatsanwalts ... vor", die er „vom Kongreß der Volksdeputierten ... bestätigen" läßt; wie er sie wieder „entpflichten lassen" kann, „mit Ausnahme des Vorsitzenden des Obersten Gerichts" (Zif. 6). Er „stellt vor dem Obersten Sowjet die Frage über den Rücktritt oder über die Annahme des Rücktritts des Ministerrates" (Zif. 7); wobei dem Folgendes zugrundeliegt: daß der „Oberste Sowjet" nicht allein „auf Eigeninitiative", sondern überdies „auf Vorschlag des Präsidenten ... gegenüber der Regierung ... sein Mißtrauen aussprechen" kann, „was den Rücktritt zur Folge hat" (Art. 130 IV). Der Präsident kann weiter vor der Unterzeichnung „ein Gesetz ... an den Obersten Sowjet ... zur nochmaligen Behandlung und Abstimmung" zurückgeben (Veto), derart, daß er nur „mit zwei Drittel Stimmenmehrheit jeder Kammer" überstimmt zu werden vermag (Zif. 8); d.h. des Unionssowjets und des Nationalitätensowjets (dazu u. B II 1, Anhang). Mehr, er hat eine weitreichende Zuständigkeit, „Erlasse" zu geben (Art. 127[7]). Auch ist er „der Oberste Befehlshaber der bewaffneten Streitkräfte" (Zif. 10). Ja, der Präsident darf sogar – unter bestimmten Bedingungen – „den Ausnahmezustand in einzelnen Gebieten" ausrufen, derart, daß „eine zeitweilige Führung durch" ihn „erfolgen" kann (Zif. 15). Außerdem „verfügt" der „Präsident ... über einen Präsidialrat der UdSSR", den er „ernennt" (Art. 127^5 I, II 1) (ein nur beratendes Organ), zu dem der Vorsitzende des Ministerrates (II 2) und der Vorsitzende des Obersten Sowjets (III) hinzutreten. – Auf die Änderungen von Bestimmungen der Reform von 1988, die der neuen Lage angepaßt wurden, kommt es hier nicht an.

Insgesamt führten die Reformen von 1988/1990 über eine unbeschränkte Monokratie zur Grundlegung einer beschränkten Polykratie als selbständiger Präsidialdemokratie. Doch auch noch nicht zu mehr. Sie verschafften GORBATSCHOW eine größere Zuständigkeitsfülle, als sie – verfassungsgesetzlich – STALIN und BRESCHNEW besaßen. Doch seine Machtfülle steht derjenigen beider – hier gleich, inwieweit selbst- und fremdverursacht – erheblich nach.

Die **Verfassungsänderung** vom **Dezember 1990** führte nochmals „zur Erweiterung der Vollmachten des Präsidenten" sowie „zur Schaffung eines direkt ihm unterstellten Kabinetts, das den ... Ministerrat ... ablösen soll"; ebenso zur Schaffung des Amtes „eines Vizepräsidenten" und zur Auflösung des Präsidialrates (Die Welt, S. 1). Die Auswirkungen sind offen.

B. Die Nebenstaatsformen

Das sind, wie vorausgeschickt (o. vor A), die Staatsformen, welche jeweils von der Hauptform eines Staates umschlossen werden, bzw. die, welche jeweils andere Staaten in ihren Hauptformen umschließen; wobei erstere sich als Ausgestaltungen einer Hauptstaatsform darstellen und letztere als Gemeinschaftsgestaltungen von Staaten, und zwar gewisser Staatenverbindungen.

I. Von Hauptstaatsformen umschlossene Nebenstaatsformen

Es handelt sich einmal um die *gewaltenteilende* und *gewaltenvereinigende* Herrschaft sowie zum anderen um die *zentralistische* und *dezentralistische.* Dabei geht es um beide grundsätzlich nur im Rahmen der Staats*grund*ordnung, also der Verfassung, und nicht in dem darüber hinausgreifenden Rahmen der *Staats*ordnung.

Beide Gruppen werden selbstverständlich auch im übrigen Schrifttum behandelt, aber, soweit ersichtlich, nicht als Nebenstaatsformen.

1. Gewaltenteilende und gewaltenvereinigende Herrschaft

Die Frage nach der *Teilung* oder *Vereinigung* der *Gewalten* hat nichts mit der anderen nach der *Teilbarkeit* oder *Unteilbarkeit* der *Staatsgewalt* zu tun.

Bei der **Teilbarkeit oder Unteilbarkeit der Staatsgewalt** dreht es sich darum, ob diese oder die Staatsmacht – wie gesagt: als **bestimmtes überlegenes Können** (o. 1. Abschn., B I 1) – *überhaupt* **teilbar** ist, oder ob sie vielmehr **unteilbar** ist. Damit gleichbedeutend ist die Frage, ob die Staatsgewalt innerhalb eines Staates bei einer *Führung* liegen kann, die *geteilt* ist, oder nur bei einer Führung, die *ungeteilt* ist. Es trifft sowohl das eine wie das andere zu. In einem *Bundesstaat* als Mehr- oder Vielheitsstaat z.B. ist die Staatsgewalt *geteilt,* und zwar zwischen der *Gesamt*staatsführung und den *Glied*staatenführungen: Sie ist in diesem Sinne *auf-*

geteilt. In einem *Einheitsstaat* jedoch *kann* – nicht *muß* (dazu u.) – sie *ungeteilt* sein, etwa in Gliedstaaten eines Bundesstaates: Sie ist in diesem Sinne *unaufgeteilt*. Man denke ersterenfalls an die Bundesrepublik Deutschland und letzterenfalls etwa an Nordrhein-Westfalen und Bayern. Statt dieser zwei Staaten sei aber auch noch auf viele *für sich* bestehende Staaten hingewiesen, beispielshalber Frankreich und Großbritannien als *selbständige* Einheitsstaaten. Trotz dieser eindeutigen Lage gehen aber die Meinungen auseinander. Einerseits wird so die *„Unteilbarkeit der Staatsgewalt"*, als schlechthin bestehende, wie folgt, zu begründen versucht: „Geteilte Gewalt setzt eine Spaltung des Staates in eine Mehrheit staatlicher Gebilde voraus" (JELLINEK, G., S. 496 III). Jedoch – so gewiß die genannten Einheitsstaaten eine solche Teilung ausschließen, so gewiß nicht der ebenfalls genannte Bundesstaat. Denn in ihm besteht nun einmal „eine Mehrheit staatlicher Gebilde"; ohne daß damit allerdings, wie noch zu zeigen ist, eine „Spaltung" verbunden wäre (u. II 1). Eine andere Begründung ist folgende: „Da der eigentliche Sinn" der *„Staatsgewalt"* die „Geltung einer Rechtsordnung und damit implicite die *Einheit* dieser Geltung, der Gedanke einer *Teilung* dieser Geltung aber ein Ungedanke ist, so kann ... als eine Konsequenz aus dem Begriffe der Staatsgewalt deren Einheit und Unteilbarkeit gelehrt werden" (KELSEN, Staatslehre, S. 229). Indes – weil Staatsgewalt gleich bestimmtem überlegenem Können der Staatsführung ist und das Können eindeutig teilbar, deshalb ist mit diesem auch die Staatsgewalt teilbar. Wie demgemäß Staatsgewalt nicht Geltung einer sog. Rechtsordnung *ist*, sondern sie in ihrer Geltung als Inkraftstehen *bedingt*. Andererseits wird gegenüber „der herrschenden Lehre", nach der „theoretisch ... die Staatsgewalt ... ebenso wenig teilbar" ist, „als es der Wille einer physischen Einzelperson ist" (HELFRITZ, S. 116 a), zutreffend auf Folgendes hingewiesen: daß – im Gegenüber von Landesherr und Ständen mit ihren jeweiligen Hoheitsrechten – „die Staatsgewalt im Dualismus des ständischen Staates geteilt" war (S. 117). Entsprechend wurde dazu nicht nur die geteilte Staatsgewalt dargetan, vielmehr außerdem, daß es sich trotzdem um *einen*, wenngleich *lockeren*, Staat gehandelt hat (o. A I 2 b α). Es wird aber auch auf den „Bundesstaat" mit seinem „‚Dualismus von Entscheidungszentren": der Wahrnehmung „der staatlichen Kompetenzen teils von den Gliedstaaten, teils von Zentralorganen des Gesamtstaates", hingewiesen (ZIPPELIUS, 9., S. 60). Insofern ist zutreffend gleichfalls von der „Aufteilung der Staatsgewalt in einer bundesstaatlichen Organisation" die Rede (LOEWENSTEIN, S. 300).

Bei der **Teilung oder Vereinigung der Gewalten** ist schon mit dem Wort ‚Gewalt' etwas *anderes* gemeint als überlegenes Können, nämlich zweierlei: Zuerst eine jeweils **bestimmte staatliche Tätigkeit** als Anwendung (Ausübung, Betätigung) jener Gewalt, so daß die *gewaltbedingte* Tätigkeit lediglich in *übertragener* Bedeutung *selber* Gewalt ist: eine **versachlichte Gewalt.** Es handelt sich um die schon mehrfach genannten drei *Grundtätigkeiten* der Staatsführung: Die *Gesetzgebung*, die *Ausführung* oder *Vollziehung* und die *Rechtsprechung*. Es geht insofern – also in *sachlicher* Bedeutung – um die *gesetzgebende*, *ausführende* oder *vollziehende* und *rechtsprechende* Gewalt. Sie gibt es aber nicht nur in Staaten mit *ungeteilter* Staatsgewalt, sondern auch in solchen mit geteilter. Und um *ihre* Aufteilung oder Vereinigung innerhalb der Staatsführung dreht es sich als erstes. Sodann meint das Wort ‚Gewalt' aber gleichfalls noch ein **bestimmtes staatliches Organ,** das, weil *Träger* der Gewalt als überlegenen Könnens, in deren Anwendung eine oder mehr als eine der drei Grundtätigkeiten *verwirklicht*. Dies so, daß auch das *gewalttragende* Organ bloß in *übertragener* Bedeutung *selbst* Gewalt ist: eine **personifizierte Gewalt.** Diesmal handelt es sich um den *Gesetzgeber,* den *Ausführenden* oder *Vollziehenden* und den *Rechtsprechenden* (Richter). Es geht insofern – also in *persönlicher* Bedeutung – um die *gesetzgebende, ausführende* oder *vollziehende* und *rechtsprechende* Gewalt. Wie aber nun die drei Tätigkeiten durch Organe verwirklicht werden können, die *je einer* von ihnen zugeordnet sind, mithin durch insoweit **besondere Organe,** so können sie desgleichen durch Organe verwirklicht werden, die ihnen *allen* zugeordnet sind, folglich durch insoweit **nicht besondere Organe.** Und um *diese* Aufteilung oder Vereinigung innerhalb der *Staatsführung* dreht es sich als zweites. Beide Bedeutungen der Gewalten *ergänzen* einander, so daß insgesamt mit den *Tätigkeiten* als Gewalten auch die *Tätigen* als Gewalten entweder auseinander- oder zusammenfallen. Beides übrigens gänzlich oder teilweise.

Nach alledem ist das Wort ‚Gewalt', weil *dreideutig,* zwar als *unglücklich* zu bezeichnen. Aber die drei Bedeutungen lassen sich nach den gemachten Ausführungen, wie folgt, leichter erfassen: Zuerst handelt es sich um die **Gewalt als überlegenes Können,** dann – in Anwendung dieses Könnens – um die **Gewalt als verwirklichte Grundtätigkeit** und schließlich um die **Gewalt als Träger jenes Könnens wie der Grundtätigkeit.** Und auf die letzten zwei Bedeutungen – die versachlichende und die personifizierende – kommt es für die Teilung oder Vereinigung der Gewalten an.

Es kommt für sie aber auch noch darauf an, daß die genannten **Tätigkeiten der Gesetzgebung, Ausführung und Rechtsprechung** in zweifachem Sinne zu verstehen sind: in einem **formellen** und einem **materiellen.** Derart mithin, daß zwischen einer Gesetzgebung, Ausführung und Rechtsprechung jeweils in *formeller* und *materieller* Bedeutung zu unterscheiden ist oder zwischen ihnen als jeweils *formeller* und *materieller* Tätigkeit.

Gesetzgebung in materiellem Sinne ist das Geben formeller und materieller Gesetze, in jedem Fall nur normativer (zum Gesetz o. 1. Abschn., B I 1). Von welchen *Staatsorganen* sie herrühren, ob von *wesenhaft* zur *Gesetzgebung* bestimmten oder zur Ausführung bzw. Rechtsprechung, ist hierbei *gleichgültig.* **Gesetzgebung in formellem Sinne** ist dagegen die *gesamte* Tätigkeit des(r) zur *Gesetzgebung bestimmten* Organs(e): der **Legislative,** d.h. jenes(r) Staatsorgans(e), das (die) *wesenhaft* für das *Geben formeller Gesetze zuständig* ist (sind). Man denke für einen Staat mit Einkammersystem eben an diese Kammer, doch für einen mit Zweikammersystem nicht bloß an die erste Kammer, sondern außerdem an die zweite, soweit ebenfalls sie mit der Gesetzgebung befaßt ist; z.B. für Nordrhein-Westfalen an seinen Landtag (Art. 66, 1 Verf. NRW, 1950) bzw. für Frankreich an seine Nationalversammlung und seinen Senat (Art. 24 I i. V. m. Art. 34 Franz. Verf., 1958). Nach allem ist die *materielle* Gesetzgebung zwar auf – formelle wie materielle – *Gesetze* beschränkt, doch nicht auf den – eigentlichen – *Gesetzgeber.* Und die *formelle* Gesetzgebung ist zwar auf diesen *Gesetzgeber* beschränkt, aber nicht auf jene *Gesetzgebung.* Letzteres deswegen, weil es um die *gesamte* Tätigkeit des Gesetzgebers geht, folglich auch um seine, soweit vorhanden, *ausführende* und *rechtsprechende.* Legislative-sein bedeutet mehr als *nur* Gesetze geben.

Ausführung in materiellem Sinn ist die normative oder nichtnormative Anwendung normativer Gesetze in Hinblick auf das von ihnen – für einen oder mehr als einen Fall – Geregelte; und zwar so, daß die Anwendung *keine rechtsprechende* ist. Dabei ist es erneut *gleichgültig,* von welchen *Staatsorganen* sie herrührt, ob von *wesenhaft* zur *Ausführung* bestimmten oder zur Gesetzgebung bzw. Rechtsprechung. **Ausführung in formellem Sinn** ist demgegenüber die *gesamte* Tätigkeit der zur *Ausführung bestimmten* Organe: der **Exekutive,** d.h. jener Staatsorgane, die *wesenhaft* für das *nichtrechtsprechende Ausführen zuständig* sind. Insofern denke man etwa an den Präsidenten und die Regierung eines Staates; aufs neue bespielshalber Frankreichs. Nach all dem ist die *materielle* Ausführung zwar auf die *nichtrechtsprechende* beschränkt, indes *nicht* auf die – eigentlich – *Ausführenden.* Und die *formelle* Ausführung ist zwar auf diese *Ausführenden* beschränkt, doch nicht auf jene *Ausführung.* Das letzte deswegen, weil es sich um die *gesamte* Tätigkeit der Ausführenden handelt, folglich gleichfalls um ihre, sofern vorhanden, *gesetzgebende* und *rechtsprechende.* Exekutive-sein bedeutet mehr als *bloß* auszuführen.

Rechtsprechung in materiellem Sinne ist die normative Anwendung normativer Gesetze in Hinsicht auf das von ihnen – wieder für einen oder mehr als einen Fall – Geregelte; dies derart, daß eine Entscheidung ergeht, mit der sich – ausdrücklich oder unausdrücklich – der Anspruch verbindet, daß sie bestimme, was *Recht* sei. Selbst also, wenn das nicht der Fall ist, d.h. Unrechtsprechung vorliegt. Hierbei ist es wiederum *gleichgültig,* von welchen *Staatsorganen* sie herrührt, ob von *wesenhaft* zur *Rechtsprechung bestimmten* oder zur Gesetzgebung bzw. Ausführung. **Rechtsprechung in formellem Sinne** ist hingegen die *gesamte* Tätigkeit der zur *Rechtsprechung bestimmten* Organe: der **Judikative,** d.h. jener Organe, die *wesenhaft* für das *rechtsprechende Anwenden zuständig* sind. Insoweit denke man etwa an ein Verfassungsgericht; beispielsweise das Bundesverfassungsgericht der Deutschen Bundesrepublik (Art. 93 GG, 1949). Nach allem ist die *materielle* Rechtsprechung zwar auf die *rechtsprechende Anwendung* beschränkt, jedoch nicht auf die – eigentlich – *Rechtsprechenden.* Und die *formelle* Rechtsprechung ist zwar auf diese *Rechtsprechenden* beschränkt, aber nicht auf jene *Anwendung.* Letzteres deshalb, weil es sich um die *gesamte* Tätigkeit der Rechtsprechenden dreht, also ebenfalls um ihre, soweit gegeben, *gesetzgebende* und *ausführende.* Judikative-sein bedeutet mehr als *allein* Recht zu sprechen.

In allen drei Fällen ist es so, daß die jeweils *materielle* Tätigkeit durch die *Sache* gedeckt ist: das Gesetzgeben, das Ausführen, das Rechtsprechen; doch daß die jeweils *formelle* Tätigkeit nur durch einen *Namen* gedeckt ist: den des wesenhaft Gesetzgebenden, Ausführenden und Rechtsprechenden; auch wenn der erste teils ausführt oder Recht spricht, der zweite teils Gesetze gibt oder Recht spricht und der dritte teils Gesetze gibt oder ausführt. Dabei kann für jeden Tätigen die für ihn nichtwesenhafte Tätigkeit in *Sachzusammenhang* mit seiner wesenhaften stehen oder nicht (dazu u.a.).

Gegenüber der Einteilung in materielle und formelle Grundtätigkeiten findet sich folgende, teils andere: die in „Materielle, funktionelle und formelle Grundformen der Staatstätigkeit" (KÜCHENHOFF–KÜCHENHOFF, S. 162f.). Dabei ist – im Unterschied zur eigenen Einteilung – „die gesamte Tätigkeit bestimmter Gruppen von Staatsorganen ohne Rücksicht auf ihren Inhalt" als *„funktionelle Staatstätigkeiten"* verstanden (S. 163, 2). Und die „formell-verfahrensmäßigen Staatstätigkeiten" werden als *„formelle Staatstätigkeiten"* begriffen (a.a.O., 3). Für diese Unterscheidung besteht indes kein zureichender Grund. Formell ist eben eine Staatstätigkeit nicht allein dann, wenn sie in dem jeweils – der Legislative, Exekutive und Judikative – eigentümlichen – formellen – *Verfahren* erfolgt,

z. B. im Gesetzgebungsverfahren durch erstere, sondern auch, wenn sie *nicht* in einem solchen erfolgt.

Zwar stellt sowohl die Anwendung durch die Exekutive als gleichfalls die durch die Judikative *Ausführung* dar; und damit könnte im Ausgang zutreffend auch nur in *zwei* Gewalten gegliedert werden: die gesetzgebende und die ausführende. Doch müßte dann – wegen der Verschiedenheit der exekutiven und judikativen Anwendung – die *ausführende aufgegliedert* werden; und hiermit wäre man wieder bei den *drei* Gewalten. Aus diesem Grunde von vornherein die Dreigliederung.

Daß bisher in Bezug auf die erste Gewalt lediglich von ‚*Gesetz*gebung' die Rede war, hindert nicht, daß es ebenfalls um das Geben solcher Normen geht, die den normativen Gesetzen *gleichstehen*. Das tut z. B. weitgehend der *Erlaß* (dazu o. 1. Abschn., B I 1); wie ja auch er exekutiv wie judikativ anwendbar ist. Es tut dies aber gleicherweise die *Gewohnheitsnorm*, obwohl nur in dem Umfang, in dem sie eine gesetzliche Norm ergänzt oder sie verdrängt, überhaupt ihre Stelle einnimmt (hierzu a.a.O.). In beiden Fällen steht sie eben *für* ein Gesetz; wie ja auch sie exekutiv und judikativ anwendbar ist. Immerhin zeigt dies doch, daß es sich um die *gesetzliche* Norm als *herrschende* handelt. Wie bisher, so wird daher gleichfalls im Folgenden nur auf die Gesetzgebung abgestellt.

Es bleibt dies: Nach allem Einschlägigen kann die **Gewaltenteilung wesenhaft eine bloß horizontale** *(waagerechte)* sein, d. h. eine Aufteilung *zwischen Organen eines Staates*. Eine „vertikale Gewaltenteilung durch die Verteilung von Kompetenzen zwischen Gliedstaaten und Bundesstaat" (Handlexikon-WINTERS, S. 157 1., Artikel: „Gewaltenteilung") (eine *senkrechte*), gibt es daher nicht. Sie ist in Wirlichkeit eine Zuständigkeitsaufteilung *zwischen Staaten:* Bund und Ländern. Außerdem ist sie etwas *inhaltlich anderes;* wie oben gezeigt, eine Aufteilung der Staatsgewalt und keine Teilung der Gewalten.

a) Die gewaltenteilende Herrschaft

Gewaltenteilung ist mehr als **Gewalteneinteilung oder -unterscheidung.** Denn einteilen oder unterscheiden lassen sich die drei Gewalten – Gesetzgebung, Ausführung und Rechtsprechung – auch dort, wo sie *nicht* geteilt, d. h. nicht *ver*teilt sind. Als staatliche Grundtätigkeiten gehören sie eben desgleichen zum *gewaltenvereinigenden* Staat. Von *„sog. Teilung* (richtiger: *Unterscheidung) der Gewalten"* zu sprechen (SCHMITT, o. 2. Abschn., C I 4), ist daher verfehlt. Übrigens war es schon „Aristoteles", der drei Gewalten kannte: „die der beschließenden Versammlungen, der obrigkeitlichen Aemter und der Gerichte" (ZELLER, II 2, S. 749); d. h. erstens „τὸ βουλευόμενον περὶ τῶν κοινῶν"(to buleuómenon perí ton koinón), das Beschlußfassen über die öffentlichen Angelegenheiten, zweitens „τὸ περὶ τὰς ἀρχάς" (to perí tas archás), das die Ämter Betreffende, und drittens „τὸ δικάζον" (to dikázon), das Gerichthaltende (a.a.O., Anm. 4). Doch wird „die Thätigkeit dieser drei Gewalten ... nicht so umgrenzt, dass sie mit der gesetzgebenden, ausübenden und richterlichen Gewalt der neueren Theorien ... zusammenfielen" (S. 749). Es war „erst *Montesquieu"* (1689–1755), der „den entscheidenden Schritt" tat, „indem er nicht nur ... objektive Staatsfunktionen ... unterschied, sondern auch diese unter voneinander getrennte Organe verteilt wissen wollte": „die gesetzgebende, vollziehende und richterliche Gewalt" (JELLINEK, G., S. 602f.). Auf die vorausliegende Gewaltenteilung bei LOCKE (1632–1704) in „die legislative, exekutive und föderative" (dazu UEBERWEG-

Frischeisen = Köhler-Moog, S. 368) kommt es hier nicht an. Unter der letzten Gewalt ist die auswärtige zu verstehen, zumal was Krieg und Frieden sowie Bündnisse betrifft, also eine solche, die zur vollziehenden Gewalt gehört. Eingang in Verfassungen fand die Gewaltenteilung vor allem zunächst in den Vereinigten Staaten von Amerika (Art. I, Sect. 1, Amerik. Verf., 1787: „legislative Powers", Art. II, Sect. 1: „executive Power", Art. III, Sect. 1: „judicial Power") sowie im revolutionären Frankreich (Titre III, Art. 3 Franz. Verf., 1791: „Pouvoir législatif", Art. 4: „pouvoir exécutif", Art. 5: „pouvoir judiciaire").

Statt von Gewalten*teilung* wird gleicherweise von Gewalten*trennung* gesprochen. So französisch „séparation des pouvoirs" (Art. 16 Erkl. Menschen-, Bürgerrechte, 1789); doch gleichfalls englisch ‚separation of powers' (Sect. 5 Virginia B. o. R., 1776: „powers of the State should be separate"). Doch soll es bei dem Ausdruck ‚Gewaltenteilung' bleiben.

Hiernach sowie nach den einführenden einschlägigen Darlegungen (o. vor a) wäre unter **Gewaltenteilung in strenger Bedeutung** zu verstehen: die *Aufteilung der materiellen Staatstätigkeiten* der Gesetzgebung, Ausführung und Rechtsprechung auf voneinander *getrennte Staatsorgane,* hier Verfassungsorgane; dies derart, daß der Gesetzgeber (die Legislative) *nur* Gesetze gäbe, der Ausführende (die Exekutive) *nur* ausführte und der Rechtsprechende (Richter) (die Judikative) *nur* Recht spräche. D.h. aber: Der Gesetzgeber übte nicht auch materiell *Ausführung* oder *Rechtsprechung* aus, der Ausführende nicht auch materiell *Gesetzgebung* oder *Rechtsprechung* und der Rechtsprechende nicht auch materiell *Gesetzgebung* oder *Ausführung.* Die mehreren Organe als Gewalten wären bestimmungsgemäß auf ihre jeweils namengebende Tätigkeit beschränkt: eine *gänzliche Gewaltenteilung.*

Daß eine **solche gänzliche Gewaltenteilung** von vornherein *ausgeschlossen* ist, zeigen bereits all jene nichtwesenhaften Tätigkeiten, die in *Sachzusammenhang* mit den wesenhaften stehen. Das sind jene, die zur *Vollendung* der gekennzeichneten materiellen Gesetzgebung, Ausführung und Rechtsprechung als jeweiligem *Zweck* die dazu nicht oder nur schwer umgehbaren *Mittel* darstellen, ohne jedoch in der gebrachten Reihenfolge selber Gesetzgebung, Ausführung und Rechtsprechung zu sein, sondern jeweils eine der anderen Tätigkeiten; sei letzteres mehr oder weniger der Fall. Wenn dennoch an dem Ausdruck ‚gänzliche Gewaltenteilung' oder der ‚in strengem Sinn' festgehalten wird, dann allein unter *Ergänzung der wesenhaften Tätigkeiten durch alle zwar unwesenhaften, aber im gekennzeichneten Sachzusammenhang mit ihnen stehenden.* Und das ist, soll nicht fest Zusammengehöriges getrennt und insofern von vornherein sinnlos verfahren werden, sogar sachlich geboten. Um diese, also **ergänzte, Gewaltenteilung** geht es mithin fortan als **solche in strengem Sinne oder als gänzliche.**

Nun hängt indes gerade sie insofern in der Luft, als sie keine Rücksicht auf die Hauptstaatsform nimmt, von der die gewaltenteilende Herrschaft umschlossen wird. Und damit erheben sich die Fragen, von welcher **Hauptstaatsform sie umschlossen ist;** ob die einschlägige Hauptstaatsform eine Gewaltenteilung in *strenger* Bedeutung: als *gänzliche,* überhaupt *zuläßt;* und ob sie, wenn das nicht der Fall ist, eine Gewaltenteilung in *nicht strenger* Bedeutung: als *teilweise,* zuläßt.

Zur *ersten* Frage ergibt sich, daß als **umfassende Hauptstaatsform** zwar *jede* ihrer drei Arten in Betracht kommt, also Ein-, Mehr- und Vielherrschaft, doch daß es aus deren jeweiliger Gliederung immer bloß eine *bestimmte,* allerdings *gleiche,* ist: **die jeweils beschränkte oder relative** (o. A I 2 b, II 2 b und III 2 b). Dies folgt allgemein daraus, daß nur in einem Staat, in dem der Eine, die Mehreren bzw. die Vielen durch ein anderes Organ oder mehr *beschränkt* sind, Raum für eine Gewaltenteilung als *weitere* Beschränkung besteht. Weil nämlich durch das andere Organ bzw. die anderen Organe eine *unbeschränkte* oder *absolute* Herrschaft *ausgeschlossen* wird, deswegen ist dies *auch* noch durch eine Gewaltenteilung möglich; und zwar damit, daß die gekennzeichnete Aufteilung der Grundtätigkeiten, also in einer Ergänzung, ihre Zusammenfassung bei dem Einen, den Mehreren oder den Vielen unmöglich macht. Dies besagt allerdings nicht, daß die Gewaltenteilung in *jeder* beschränkten Mono-, Pleo- oder Polykratie vorläge. Vielmehr ist das einzig in solchen beschränkten Staatsformen möglich, in denen die Stellung des beschränkten und die des beschränkenden Organs oder der beschränkenden Organe das erlaubt. So war in der *altständischen Monarchie* als beschränkter fürstlicher Monokratie, zumal in Gestalt der Territorialstaaten des alten Deutschen Reichs (o. A I 2 b α), trotz Aufgliederung der Staatsgewalt auf Landesherr und Landtag, eine Gewaltenteilung als weitere Beschränkung ausgeschlossen: Der mehr gegnerische Dualismus zwischen fürstlichem Landesherrn und den im Landtag vereinigten Landständen ließ sie gar nicht zu. Davon nicht zu reden, daß so etwas wie eine Teilung der Gewalten theoretisch wie praktisch noch keine Rolle spielte. Doch auch in den *autoritären Staaten* als beschränkten nichtfürstlichen oder – teils – gleichfalls fürstlichen Monokratien (a. a. O., β) war und ist eine Gewaltenteilung ausgeschlossen. Denn in ihnen sind, wie dort gezeigt, die Gewalten zwar nicht völlig, doch bereits überwiegend und entscheidend bei einem Einzelnen vereinigt. Anders all dem gegenüber die *konstitutionelle Monarchie* als beschränkte fürstliche Monokratie, und zwar bereits in der Gestalt der *neuständischen* Monarchie (a. a. O., α: Bayern und Sachsen): Die Gesetzgebung lag bei den in den zwei Kammern des Landtags vereinigten Landständen und – letztlich entscheidend – beim fürstlichen Staatsoberhaupt, die Ausführung bei letzterem und die Rechtsprechung bei in der Sache unabhängigen Richtern. Der mehr partnerschaftliche Dualismus zwischen Landesherr und Landständen ließ diese unvollkommene Gewaltenteilung durchaus zu. Wie letztere ja auch schon im 18. Jahrhundert begonnen hatte, ihre erste *große theoretische* Rolle bei MONTESQUIEU und dann eine erste *große praktische* Rolle in den Vereinigten Staaten von Amerika zu spielen, d.h. in der Verfassung von 1787 (dazu u.).

Die *zweite* Frage ist dahin zu beantworten, daß, soweit eine beschränkte Staatsform für die Gewaltenteilung offen ist, **diese Hauptstaatsform dennoch keine in strengem Sinn erlaubt.** Und zwar scheitert das an der – wesenhaft zu jeder beschränkten Hauptstaatsform gehörenden – *Hauptquelle der Staatsgewalt.* Denn sie ist das nur, wenn sie gegenüber jenen Organen, die sie beschränken, sich dennoch in einer *vorrangigen Stellung* befindet; wie dies die beschränkenden in einer *nachrangigen* tun. Und gerade das ist allein über eine – beidem genügende – nicht strenge Teilung zu Gunsten des vorrangigen Organs und zu Ungunsten der nachrangigen Organe möglich. Dies zeigt mit dem zuletzt gebrachten Beispiel vor allem, daß der Monarch als Haupt der Ausführung derart an der Gesetzgebung beteiligt ist, daß erst durch seine Sanktion oder Bestätigung ein Gesetz zustandekommt (o. A I 2 b α: zu Bayern und Sachsen). Einen *besonderen* Fall stellt die beschränkte Polykratie – ebenfalls als Demokratie – dar, und zwar, was dasselbe ist, als mittelbare Polykratie (o. A III 3, vor a, und b). Wie danach oberste Zuständigkeiten durch die erfolgreiche Vielheit von einer Wahl zur anderen an eine sie vertretende Mehrheit zur eigenen Ausübung übermittelt werden, so kann das Verhältnis von beschränktem, aber vorrangigem Organ zu beschränkenden, aber nachrangigen Organen allein *innerhalb* der *Mehrheit* als den *Vertretern* der Vielheit bestehen. Das ist denn auch so. Allerdings ist dies erst in anderem Zusammenhang: dem von möglichem Gesetzgebungs-, Ausführungs- und Rechtsprechungsstaat, mit darzutun (u.).

Für die *dritte* Frage lautet nach allem die Antwort, daß **die einschlägige Hauptstaatsform** als jeweils beschränkte **bloß eine Gewaltenteilung in nicht strenger Bedeutung erlaubt,** d.h. **als teilweise.**

Das ergibt sich indes auch noch aus einem der **Zwecke der teilweisen Gewaltenteilung.**

Vorweg: **Zweck ist nicht das Gleichgewicht der Gewalten** als das der voneinander getrennten Organe. Dies zeigt schon Folgendes: Die Legislative setzt jedenfalls grundsätzlich die *Maße,* und Exekutive wie Judikative sind daran genauso grundsätzlich gebunden. Daher liegt bei dem Organ, das – wie oben dargetan – in jeder beschränkten Herrschaft mit Gewaltenteilung trotzdem den *Vorrang* vor den beschränkenden Organen hat, zumal deshalb das *Übergewicht,* weil es entweder für die Gesetzgebung *entscheidend* ist oder aber, zusätzlich zu anderen Vorteilen, *mit*entscheidend. Und auch das gehört wesenhaft zur beschränkten Staatsform als gewaltenteilender. In diesem Sinne trifft es zu, daß innerhalb „der drei Gewalten" „der Vorrang von einer von ihnen hergestellt" sei (BROCKHAUS, VII, S. 265 r., Artikel: „Gewaltenteilung"). Die Auffassung von der „Gewaltenbalance" als Zweck (näher dazu ZIPPELIUS, 9., S. 296ff.) ist hingegen unzutreffend (dennoch ferner SCHMITT, S. 186 II i. V. m. S. 196ff.). Meine frühere Auffassung, daß es für die Bundesrepublik Deutschland „um das *Gleichgewicht* zwischen den Gewalten" gehe sowie um deren *„Gleichrangigkeit"* (GK-BRINKMANN, Art. 20, S. 17 β, mit Schrifttum), wird hiermit aufgegeben.

Der **erste Zweck** der teilweisen Gewaltenteilung besteht nun darin, mit der Verteilung der staatlichen Grundtätigkeiten auf getrennte Organe die sonst bei *einem* Organ: dem Einen, den Mehreren, den Vielen, liegende **unbeschränkte Führungsmacht zu verhindern.** Dies zu dem mittelbaren Zweck, wenn nicht der *Verhütung,* so doch der *Verringerung* des mit einer unbeschränkten Macht eher möglichen *Machtmißbrauchs,* nämlich gegenüber den von ihm Betroffenen; insgesamt: zwecks **Mäßigung staatlicher Macht.** Nun verhütete jedoch oder verringerte diese Verteilung noch *nicht* den Mißbrauch jener Macht, die sich nunmehr als *jeweils aufgeteilte* bei den sie Handhabenden befindet: dem Gesetzgeber, Ausübenden, Rechtsprechenden.

Zweiter Zweck der teilweisen Gewaltenteilung ist daher die sog. **Gewaltenhemmung.** Das besagt: Innerhalb der von der jeweiligen beschränkten Hauptstaatsform zugelassenen Verteilung der Grundtätigkeiten auf getrennte Organe sollen diese, indem sie in gewissem Umfang voneinander *abhängig* gemacht werden, sich dementsprechend *gegenseitig hemmen.* Dies wieder zu dem mittelbaren Zweck, wenn nicht der *Verhütung,* so doch der *Verringerung* des – noch möglichen – Machtmißbrauchs, und zwar erneut gegenüber den von ihm Betroffenen; insgesamt wiederum: zwecks **Mäßigung staatlicher Macht.** Allerdings ist dieser Zweck nicht bereits mit der *Teilung* erreichbar, sondern erst mit dem *Einbau der Abhängigkeiten,* so daß die Gewaltenhemmung die Gewaltenteilung nur zur *Voraussetzung* hat, *nicht* aber schon mit ihr *gegeben* ist. Gerade diese Gewaltenhemmung ist es jedoch, die gleichfalls bloß eine *teilweise* Gewaltenteilung zuläßt: Nicht dadurch, daß sie die Trennung der Organe *aufhöbe,* sondern dadurch, daß sie die *getrennten* Organe durch Abhängigkeiten derart aneinander *bindet,* daß sie aufeinander *angewiesen* sind. Die Hemmung ist nun, dargetan an der vor allem einschlägigen beschränkten oder mittelbaren Polykratie, auf *dreierlei Weise* möglich.

Einmal dadurch, daß **Organe der einen Gewalt in ihrem Bestand auf Organe einer anderen Gewalt angewiesen sind;** denn das betrifft Anfang und/oder Ende ersterer durch letztere. Dies ist nun auf vielfältige Art möglich. Deshalb nur einige Beispiele. Für die deutsche Bundesrepublik sei aufs neue darauf hingewiesen, daß ihr Bundeskanzler, das Haupt der Regierung als entscheidenden Organs der *ausführenden* Gewalt, vom Bundestag, dem Hauptorgan der *gesetzgebenden* Gewalt, gewählt wird (Art. 63 GG, 1949); und daß er vom selben Bundestag durch die Wahl eines Nachfolgers – mittelbar – abgewählt werden kann (Art. 67). Das betrifft Anfang und Ende eines Organs. Umgekehrt „kann der Bundespräsident auf Vorschlag des“ – insoweit entscheidenden – „Bundeskanzlers“ in einem bestimmten Zeitraum „den Bundestag auflösen“, wenn „ein Antrag des Bundeskanzlers, ihm das Vertrauen auszusprechen, nicht die Zustimmung der Mehrheit des Bundestages“ findet (Art. 68 I 1). Hierbei zählt auch der Bundespräsident mit zur ausführenden Gewalt. Das betrifft nur das Ende eines Organs. Im Weimarer Staat konnte das Ende der damaligen Reichsregierung von dem damaligen Reichstag durch bloßen Entzug des Vertrauens herbeigeführt werden (Art. 54 Deutsche RV, 1919), genauso das des Reichstags vom damaligen Reichspräsidenten mittels Auflösung (Art. 25, 1). Ferner sei zur Bundesrepublik auf Art. 94 I 2 GG hingewiesen, wonach die „Mitglieder des Bundesverfassungsgerichtes ... je zur Hälfte vom Bundestage und vom Bundesrate gewählt“ werden. D.h. Angehörige der *rechtsprechenden* Gewalt werden von solchen der *gesetzgebenden* berufen, diesmal vom gesamten Gesetzgeber. Ja, soweit der Bundesrat als Ländervertretung auch bei der „Verwaltung des Bundes“ mitwirkt (Art. 50), erfolgt die Wahl des Bundesverfassungsgerichts teils ebenfalls durch ein insofern auch zur *ausführenden* Gewalt zählendes Organ. Dies betrifft nur den Anfang eines Organs. In gleicher Hinsicht sind Organe der ausführenden Gewalt noch bei der Berufung der Richter der obersten Gerichtshöfe des Bundes, z.B. des Bundesgerichtshofes, eingeschaltet, zumal mit dem „für das jeweilige Sachgebiet“ zuständigen „Bundesminister“ (Art. 95 II). Das Schwergewicht liegt nun in Fällen der geschilderten Art viel weniger bei der Herbeiführung des *Anfangs* eines Organs, sondern viel mehr bei der seines *Endes*. Denn das bedeutet ein in der Regel befürchtetes Aus.

Zum anderen ist die Abhängigkeit damit erreichbar, daß **Organe der einen Gewalt solche der anderen Gewalten kontrollieren,** dies so, daß letztere auf einen möglichst *günstigen Ausgang* der Kontrolle *angewiesen* sind. Auch das ist auf vielfältige Art möglich. Deswegen erneut bloß einige Beispiele. In der Bundesrepublik Deutschland entscheidet so das Bundesverfassungsgericht als oberstes Organ der *rechtsprechenden* Gewalt über die Nichtigkeit von Gesetzen, also Normen der *gesetzgebenden* Gewalt (z.B. Art. 93 I, Zif. 2 GG, 1949, i. V. m. §§ 76ff. BVerfGG, i. d. F. 1985). In den Vereinigten Staaten von Amerika entspricht dem – ohne verfassungsgesetzliche Grundlage –, daß die „Gerichte, in erster Linie der Supreme Court, ... das Recht in Anspruch nahmen oder usurpierten, Kongreßgesetze mit der Begründung für ungültig zu erklären, sie seien mit der Verfassung nicht vereinbar“ (LOEWENSTEIN, S. 117). Hingewiesen sei aber auch auf die Prüfung der *ausführenden* Gewalt, vor allem der Regierung, durch die *gesetzgebende*. Insofern ist Art. 44 GG zu nennen, nach dessen Abs. 1, Satz 1 der Bundestag „einen Untersuchungsausschuß" einsetzen kann. Seine Beschlüsse haben zwar nur sog. Tatbestandswirkung, können jedoch trotzdem von nachteiligen Folgen für die Betroffenen sein. Zu ihnen kann gleichfalls die *rechtsprechende* Gewalt gehören, sofern ihre Unabhängigkeit und ihre Unterwerfung nur unter das Gesetz (Art. 97 I) gewahrt bleiben. Doch kann auch die *gesetzgebende* Gewalt der Prüfung durch ein Organ der *ausführenden* unterliegen. Das ist etwa so, wenn die „zustande gekommenen Gesetze ... vom Bundespräsidenten ... ausgefertigt werden" (Art. 82 I 1). Denn Ausfertigung ist soviel wie Beurkundung dessen, daß das jeweilige Gesetz – formell wie materiell – verfassungsmäßig zustandegekommen sei. Und das setzt eine einschlägige Prüfung voraus, die möglicherweise zur Ablehnung der Ausfertigung führt. Dies freilich, ohne das Verfassungsgericht zu ersetzen.

Endlich wird die Abhängigkeit damit erreicht, daß **Organe einer Gewalt bei gewissen Tätigkeiten der Mitwirkung von Organen der anderen Gewalten bedürfen,** also auf diese *angewiesen* sind. Auch hierzu, weil ebenfalls dies auf vielfältige Art möglich ist, nur einige Beispiele. So verhält es sich etwa in den Vereinigten Staaten von Amerika, wo zwar die „gesetzgebende Gewalt" dem „Kongreß ... übertragen" ist (Art. I, Abschn. 1, Amerik. Verf., 1787), doch jede „Gesetzesvorlage" im Regelfall erst dann Gesetz wird, wenn sie, dem Präsidenten vorgelegt, von diesem gutgeheißen und unterzeichnet ist (Abschn. 7 II). Und selbst in den Ausnahmefällen: daß der Präsident, beides ablehnend, sein Veto einlegt und nun von je zwei Dritteln des Abgeordnetenhauses und des Senats überstimmt wird; oder daß er „nicht innerhalb von zehn Tagen" die Gesetzesvorlage zurückleitet, so daß diese auch ohne Gutheißung und Unterzeichnung Gesetz wird (a. a. O.), – wirkt der Präsident immer noch negativ mit: Die *gesetzgebende* Gewalt ist insoweit auf die Mitwirkung der *ausführenden* angewiesen. Umgekehrt: „Die vollziehende Gewalt" ist dem „Präsidenten ... übertragen" (Art. II, Abschn. 1 I 1). Nach Abschn. 2 II soll er aber – nur – „auf den Rat und mit Zustimmung des Senats" vor allem „Gesandte ..., die Richter des Obersten Gerichtshofs und" gewisse andere „Amtsträger" „vorschlagen und ernennen": Das Haupt der *ausführenden* Gewalt ist insofern auf die Mitwirkung eines Teils der *gesetzgebenden* angewiesen. Ein anderes Mitwirkungsbeispiel ist noch folgendes: Soll eine Partei für verfassungswidrig erklärt und aufgelöst werden, so entscheidet darüber in der Bundesrepublik Deutschland das Bundesverfassungsgericht (Art. 21 II 2 GG, 1949, i. V. m. § 46 I, III 1 BVerfGG, i. d. F. 1985), und zwar auf Bundesebene nach Antrag des Bundestages, des Bundesrates oder der Bundesregierung (§ 43 I). D.h. indes: Mit den ersten zwei Antragsorganen ist das Haupt der *rechtsprechenden* Gewalt auf die Mitwirkung des *gesetzgebenden* und mit dem dritten Antragsorgan auf die des entscheidenden Teils der *ausführenden* Gewalt angewiesen. Ohne Antrag keine Auflösung; und wäre diese noch so gerechtfertigt.

Es hat *nichts* mit der hier behandelten *Gewaltenhemmung* zu tun, wenn *innerhalb* einer Gewalt – also nicht von Gewalt *zu* Gewalt – Hemmungen eingebaut sind. So ist es, wenn, was den *Bestand* eines Organs angeht, innerhalb der Exekutive beispielsweise die Minister durch den Staatspräsidenten „ernannt und entlassen" werden (Art. 64 I GG); wenn, was die *Kontrolle* betrifft, innerhalb der Judikative z.B. ein Verfassungsgericht die Entscheidung eines unteren Gerichts überprüft, mehr, sie möglicherweise aufhebt (§ 95 II BVerfGG: zur Verfassungsbeschwerde); und wenn, was die *Mitwirkung* anlangt, innerhalb der Legislative beispielshalber zu einem von einer ersten Kammer beschlossenen Gesetz die Zustimmung der zweiten Kammer erforderlich ist (Artt. 77 II 4 i. V. m. 78 GG). Man kann insofern von einer **gewalteninneren Hemmung** sprechen und damit von der bisher behandelten als einer **gewaltenäußeren Hemmung.** Doch im Zusammenhang mit der Gewaltenteilung geht es allein um letztere.

Dritter und letzter Zweck der teilweisen Gewaltenteilung besteht in der **Arbeitsteilung.** Und sie erfolgt zu dem mittelbaren Zweck der *sachkundigeren* und *zügigeren Erledigung* der jeweiligen Staatstätigkeit. Wie eben die Arbeitsteilung die gründlichere Kenntnis eines bloßen *Teils* der Staatstätigkeit gegenüber einer Kenntnis ihrer *Gesamtheit* ermöglicht, so gibt sie demgemäß auch die Möglichkeit zu einer Erledigung, die sachkundiger und zügiger ist.

Nun ist jedoch die Gewaltenteilung nicht nur auf Grund der *vorrangigen Quelle der Staatsgewalt* in der jeweils beschränkten Hauptstaatsform sowie auf Grund der *Gewaltenhemmung* eine bloß teilweise, sondern auch noch aus einem anderen, nicht in der Sache liegenden Grund: Obschon trotz Eingreifens der ersten zwei Gründe noch **ein beträchtlicher Teil an Gewaltenteilung** möglich bleibt, ist dieser jedoch, **weil nicht gewollt, auch nicht verwirklicht.**

Das ist zuerst in den Fällen so, in denen **Angehörige der einen Gewalt zugleich solche einer anderen Gewalt** sind. Derart ist es etwa beim Hohen Gerichtshof Frankreichs (Artt. 67f. Franz.Verf., 1958), der zumal für das „Urteil" über den Staatspräsidenten „im Falle des Hochverrates" zuständig ist (Art. 68 I). Er besteht nämlich „aus Mitgliedern, die von der Nationalversammlung und vom Senat ... aus ihrer Mitte ... gewählt werden" (Art. 67 II): Die Angehörigen des *rechtsprechenden* Organs sind gleichzeitig solche des *gesetzgebenden* (der genannten Kammern). Ähnlich verhält es sich beispielshalber mit der Regierung der deutschen Bundesrepublik. Denn der Bundeskanzler und die Bundesminister sind – jedenfalls in der großen Regel – Abgeordnete des Bundestages: Angehörige des *ausführenden* Organs sind zugleich solche des *gesetzgebenden.*

Sodann ist es in den Fällen so, in denen **erstens eine Gewalt zwar formell als Gesetzgeber, Ausführender oder Rechtsprechender tätig ist, nicht hingegen materiell,** weil die betreffende Tätigkeit insofern eine der *anderen* Gewalten ist; **und in denen zweitens diese Tätigkeit nicht durch die Gewaltenhemmung gedeckt ist.** Dazu zählen etwa folgende Fälle: Bei der *gesetzgebenden* Gewalt z.B. der, daß in der Bundesrepublik Deutschland der Bundestag darüber entscheidet, „ob ein Abgeordneter des Bundestages die Mitgliedschaft verloren hat" (Art. 41 I 2 GG, 1949). Daß – erst – gegen „die Entscheidung des Bundestages ... die Beschwerde an das Bundesverfassungsgericht zulässig" ist (II), ändert hieran nichts. Eine *formell gesetzgeberische* Tätigkeit ist *materiell* eine *rechtsprechende,* ohne daß die Gewaltenhemmung dies deckte. Das ist zumal in der Schweiz so, wenn die Bundesversammlung als Gesetzgeber „Kompetenzstreitigkeiten zwischen Bundesbehörden" entscheidet (Art. 84, Zif. 13 Schweiz. Verf., 1874). Was die *ausführende* Gewalt betrifft, so sind es vor allem die Fälle, in denen sie, zahlreiche Verordnungen gebend, zwar *formell ausführend* tätig ist, *materiell* indessen *gesetzgebend.* Derart verhält es sich beispielsweise wieder in der Bundesrepublik mit den sog. „Rechtsverordnungen" durch die „Bundesregierung" oder einen „Bundesminister" (Art. 80 I 1 GG). Daß „Inhalt, Zweck und Ausmaß" zuvor in einer gesetzlichen „Ermächtigung" „bestimmt werden" müssen (Satz 2), legt nur die Grenzen der gesetzgeberischen Tätigkeit fest. Besonders ausgeprägt ist diese in Frankreich, wenn von der „Regierung" in bestimmtem Rahmen durch „gesetzesvertretende Verordnungen Maßnahmen" getroffen werden, „die normalerweise Gegenstand der Gesetzgebung sind" (Art. 38 I, II Franz. Verf., 1958). Ebenfalls dies wird nicht von der Gewaltenhemmung gedeckt. Zu erwähnen sind aber auch noch Fälle, in denen die *rechtsprechende* Gewalt zwar *formell rechtsprechend* tätig ist, *materiell* dagegen zumal *gesetzgebend*. So steht es erneut in der deutschen Bundesrepublik, wenn der Entscheidung des Bundesverfassungsgerichts darüber, „ob eine Regel des Völkerrechts Bestandteil des Bundesrechts ist und ob sie unmittelbar Rechte und Pflichten für den einzelnen erzeugt" (§ 13, Ziff. 12 BVerfGG, i. d. F. 1985), „Gesetzeskraft" beigelegt ist (§ 31 II 1). Einerseits zwar formell Rechtsprechung, ist die Entscheidung doch andererseits materiell Gesetzgebung: für ein formelles Gesetz. Die Gewaltenhemmung deckt das genauso wenig. Doch sind desgleichen Tätigkeiten möglich, die wieder *formell Rechtsprechung* darstellen, *materiell* jedoch *Ausführung*. So ist es beim selben Gericht, wenn es z.B. eine „Durchsuchung" anordnet (§ 38 I). Gleichfalls das ist nicht durch die Gewaltenhemmung gedeckt.

Ob es für alle gekennzeichneten Fälle rechtfertigende oder nichtrechtfertigende Gründe gibt, ist hier unerheblich. Erheblich ist dagegen noch, **daß in verschiedenen Staaten, Gleiches betreffend, dennoch ungleich verfahren wird.** Dies sei hier aber nur in Hinblick darauf gezeigt, daß – *gegen* die Gewaltenteilung bzw. *mit* ihr – Angehörige der *einen* Gewalt zugleich solche einer *anderen* Gewalt sind oder nicht. In Frankreich – so wurde dargetan – gehören die Mitglieder des Hohen Gerichtshofs, der über den Staatspräsidenten urteilt, der Nationalversammlung und dem Senat an, also dem Parlament als Gesetzgeber. In der Bundesrepublik Deutschland ist es hingegen, wie folgt: Für die Entscheidung zumal „wegen vorsätzlicher Verletzung des Grundgesetzes" durch den Bundespräsidenten ist das Bundesverfassungsgericht zuständig (Artt. 93 I, Ziff. 5 i. V. m. 61 GG, 1949). Doch die Mitglieder des Gerichts dürfen „weder dem Bundestage, dem Bundesrate, der Bundesregierung noch entsprechenden Organen eines Landes angehören" (Art. 94 I 3), damit ebenfalls keinem Parlament als Gesetzgeber. In derselben Bundesrepublik – auch das wurde dargetan – gehören aber die Mitglieder der Bundesregierung in der großen Regel gleichzeitig dem Bundestag als eigentlichem Parlament und Hauptgesetzgeber an. In Frankreich indes ist das „Amt eines Regierungsmitgliedes" für „unvereinbar mit der Ausübung eines jeglichen parlamentarischen Mandates" erklärt (Art. 23 I Franz. Verf., 1958). Entsprechend verhält es sich in den Vereinigten Staaten von Amerika. Denn wie dort „niemand, der ein Amt unter der Hoheit der Vereinigten Staaten bekleidet, ... Mitglied eines der beiden Häuser" – des Kongresses als Parlaments und also Gesetzgebers – „sein" soll, „solange er in seinem Amte verbleibt" (Art. I, Abschn. 6 II Amerik. Verf., 1787), so sind davon gleicherweise der Präsident und die Staatssekretäre betroffen, das Kabinett. Hingewiesen sei insofern aber auch noch auf die Schweiz, in der die „Mitglieder ... des Bundesrates", der Regierung, „nicht zugleich Mitglieder des Nationalrates sein" können (Art. 77 Schweiz. Verf., 1874) und ebenfalls „nicht zugleich Mitglieder des Ständerates" (Art. 81), also insgesamt nicht des Parlaments, des Gesetzgebers.

Nach alledem erhebt sich folgerichtig die **Frage, was denn überhaupt an Teilung gegeben sein muß,** um noch zutreffend von Gewaltenteilung sprechen zu können. Dies besonders noch angesichts folgender weiterer, **Großbritannien** als angebliches Ursprungsland der Gewaltenteilung betreffender, Tatsachen: Damit, daß die „Minister Mitglieder" – weitgehend – „im Unterhause" sind (HELFRITZ, S. 198), ja, „sich im Kabinett ... die Aufgaben der Gesetzgebung und Regierung" verschmelzen (v. HIPPEL, Staatslehre, S. 332 g; auch JENNINGS-RITTER,

S. 232, 1), gibt es insoweit keine Trennung zwischen Regierung als Hauptteil der ausführenden Gewalt und Unterhaus als Hauptteil der gesetzgebenden. Daß bis „zur ersten Reformbill (1832)" (dazu o. A III 1 a) „die Kabinettsmitglieder überwiegend dem Oberhaus entnommen" waren (JELLINEK, G., S. 701), war früher vorrangiger Ausdruck der mangelnden Gewaltenteilung; wie dies heute mit nur wenigen Mitgliedern bloß nachrangig so ist (JENNINGS-RITTER, S. 241 ff.: *„Mitglieder des Kabinetts"* 1964). Hinzu tritt aber noch: Das Oberhaus als Nebenteil der gesetzgebenden Gewalt ist zugleich Gericht: vor allem *„oberstes Appellationsgericht"*, praktisch freilich in Beschränkung auf seine „Lordrichter". Doch „in seiner Gesamtheit" fungiert es noch „als erste und letzte Instanz für die Rechtsprechung über Pairs, die unter der Anklage bestimmter schwerer Verbrechen stehen" (S. 218, 2). Zwar ist es als „Staatsgerichtshof" (HABERKERN-WALLACH, S. 451 l., Artikel: „Oberhaus") noch zuständig für Anklagen wegen Hochverrats (impeachment) durch das Unterhaus (S. 301 r., Artikel: „Impeachment"); aber das letzte Verfahren fand im Jahre 1805 statt (JENNINGS-RITTER, a. a. O.). Und damit besteht insoweit auch keine Trennung zwischen gesetzgebender und richterlicher Gewalt. Weshalb insgesamt zu dem Ergebnis gelangt wird, „daß eine Trennung der Gewalten im Sinne Montesquieu's in England nicht besteht, obwohl" er „gerade hier das Vorbild für seine Lehre glaubte entnommen zu haben" (HELFRITZ, a. a. O.). Daß MONTESQUIEU demgegenüber „im vollen Bewußtsein der geschichtlichen und politischen Ungenauigkeit ... aus den englischen Verfassungszuständen das Ideal der gewaltenunterscheidenden Verfassung konstruiert" habe (SCHMITT, S. 324), ist – ob zutreffend oder nicht – in der Sache unerheblich.

Eine – auch bloß im Rahmen des Möglichen – **annähernd vollkommene teilweise Gewaltenteilung** gibt es, soweit ersichtlich, **nicht.** Das trifft sogar auf die **Vereinigten Staaten von Amerika** zu; „sogar", weil ihre Gewaltenteilung immerhin viel weiter reicht als etwa die der Bundesrepublik Deutschland. Dies in Verwirklichung von Abschn. 5 Virginia B. o. R., 1776, wonach u. a. die „gesetzgebende und die ausführende Gewalt des Staates ... von der richterlichen getrennt und unterschieden sein" sollen. Doch hat z. B. das Abgeordnetenhaus als der eine Teil der gesetzgebenden Gewalt, des Kongresses, die alleinige „Macht zur Staatsanklage" („Impeachment") (Art. I, Abschn. 2 V Amerik. Verf., 1787). Und es hat etwa der Senat als der andere Teil der gesetzgebenden Gewalt „die alleinige Macht, über alle Staatsanklagen Gericht zu halten" (Abschn. 3 VI 1). Im Fall des Abgeordnetenhauses liegt mithin formell Gesetzgebung vor, materiell dagegen Ausführung; und im Fall des Senats ist es wieder formell Gesetzgebung, materiell indessen Rechtsprechung. Letzteres übrigens im Gegensatz zu der Bestimmung, daß die „richterliche Gewalt ... einem obersten Gerichtshof und ... unteren Gerichten übertragen sein" soll (Art. III, Abschn. 1, 1). Überhaupt soll aber noch jedes „Haus ... über die Wahlen, die Abstimmungsergebnisse und die Wählbarkeit seiner eigenen Mitglieder Richter sein" (Art. I, Abschn. 5 I). Hiernach läßt sich, um die obige Frage zu beantworten, nur sagen, daß **es sich um eine teilweise Gewaltenteilung als mehr oder weniger grundsätzliche handeln muß.**

Damit ist sie in den als Beispielen benutzten übrigen Staaten weitgehend auch in der **Schweiz** verwirklicht. Daher ist nicht allein, wie schon gesagt, das gesetzgebende Organ der Bundesversammlung (National- und Ständerat) scharf vom Bundesrat (der Regierung) als oberster ausführender Gewalt getrennt; mehr, sie alle sind genauso vom Bundesgericht getrennt: „Die Mitglieder der Bundesversammlung und des Bundesrates ... können nicht gleichzeitig Mitglieder des Bundesgerichtes sein" (Art. 108 II Schweiz. Verf., 1874). In diesem Rahmen nimmt der Gesetzgeber nur geringfügig Zuständigkeiten der ausführenden Gewalt wahr, z. B. „Kriegserklärungen und Friedensschlüsse" (Art. 85, Zif. 6); noch geringfügiger solche der rechtsprechenden Gewalt, wie gesagt, „Kompetenzstreitigkeiten zwischen Bundesbehörden" entscheidend (Zif. 13). Und die „Mitglieder des Bundesrates" als oberster ausführender Gewalt haben in der Bundesversammlung nur „beratende Stimme" sowie „das Recht", „Anträge zu stellen" (Art. 101); nicht aber – wie in der Bundesrepublik Deutschland die auch dem Bundestag angehörenden Mitglieder ihrer Regierung – eine (mit)entscheidende: Sie sind von der Gesetzgebung, mit Ausnahme des Vorschlags von Gesetzen (Art. 102, Zif. 4), ausgeschlossen. Demgegenüber zur Schweiz auf eine „,organische Gewaltenkonfusion'" abzustellen (Jellinek, G., S. 727, Anm. 1), ist gänzlich abwegig. Am wenigsten ist hingegen die Gewaltenteilung – mit der schon gegebenen Begründung – in **Großbritannien** verwirklicht. Dies so, daß schon die genannten neuständischen Monarchien, besonders **Bayern** und **Sachsen,** in der ersten Hälfte des 19. Jahrhunderts in der Tat erheblich mehr an Gewaltenteilung aufwiesen. Wie daher Großbritannien je als – reales oder ideales – *Vorbild* für die Gewaltenteilung gelten konnte und teils noch gilt, ist unerfindlich. Erstaunlich ist die Stellung **Frankreichs.** Obwohl es sich „feierlich" zu „den Menschenrechten" „in der Erklärung von 1789" bekennt (Präambel Franz. Verf., 1958) und diese gar feststellt: „Eine jede Gesellschaft, in der" keine „Trennung der Gewalten festgelegt ist, hat keine Verfassung" (Art. 16 Erkl. Menschen-, Bürgerrechte, 1789), weist doch seine Verfassung, wie gezeigt, insofern merkliche Mängel auf. Zwar ist die Feststellung des Art. 16 offenbar deshalb verfehlt, weil gleichfalls gewaltenvereinigende Staaten selbstverständlich eine Verfassung haben; doch war gerade mit Rücksicht auf sie von Frankreich mehr zu erwarten.

Stellt man zu alledem noch für **Thurgau** folgende gesetzliche Bestimmung heraus: „Die gesetzgebende, die vollziehende und die richterliche Gewalt werden grundsätzlich getrennt" (§ 19 I Verf. Thurgau, 1869); eine Bestimmung, die ihre Entfaltung durch eine weitreichende Unvereinbarkeitserklärung erfährt (§ 22 b, c, d), – so zeigt dies doch nur Folgendes: das, was in der teilweisen Gewaltenteilung als *mehr* Erreichtes *möglich* ist, nicht aber, daß das *weniger* Erreichte *keine* Gewaltenteilung mehr wäre.

Auf „eine neue Dreiteilung" abzustellen: „die politische Gestaltungs- oder Grundentscheidung (policy determination), die Aus- oder Durchführung der Grundentscheidung (policy execution) und die politische Kontrolle (policy control)" (Loewenstein, S. 40), ändert nichts an Folgendem: daß sie alle nur in den Gestalten der drei Grundtätigkeiten, Gesetzgebung, Ausführung und Rechtsprechung, möglich sind. An ihnen gibt es kein Vorbei (auch a. a. O., S. 40ff., besonders S. 43f.). Daß „die klassische Dreiteilung ... überholt" sei (S. 115), ist unzutreffend; genauso, daß die „Gewaltenteilung ... von der politischen Dynamik der Gegenwart vollständig überrollt worden" sei (S. 422 II).

Sog. Gesetzgebungs-, Ausführungs- und Rechtsprechungsstaat

Es scheint innerhalb der gewaltenteilenden Staaten noch eine bestimmte *Gliederung* möglich, und zwar je nachdem, bei *welcher Gewalt* – trotzdem sie beschränkt ist – der *Vorrang* liegt, nämlich gegenüber den anderen Gewalten – obwohl diese beschränken. Ist das die *Legislative,* so ginge es um den *Gesetzgebungsstaat;* ist es die *Exekutive,* so handelte es sich um den *Ausführungs- (Voll-*

ziehungs-)staat; und ist es die *Judikative,* so drehte es sich um den *Rechtsprechungsstaat.* In diesem Sinne heißt es – zwar mit anderen Worten und teils ungenau – bei zutreffend vorausgesetzter Gewaltenteilung: „In konstitutionellen Staaten dominiert die Exekutive *(Verwaltungsstaat),* in demokrat. Staaten die Legislative *(Gesetzesstaat),* in manchen Staaten die richterl. Gewalt *(Justizstaat)"* (BROCKHAUS, VII, S. 265 r., Artikel: „Gewaltenteilung"). Das ist zu prüfen.

Den **Gesetzgebungsstaat** gibt es. Allerdings ist es nicht etwa ein neuer, bisher unbekannter, Staat, sondern ein alter, schon bekannter: die beschränkte Polykratie – besonders als Demokratie – in Gestalt der mittelbaren als vorrangig parlamentarischer (o. A III 3 b). Entscheidend ist für sie, daß die einschlägige Exekutive der Legislative *verantwortlich* ist, so daß sie von ihr *abgelöst* werden kann: *unselbständig* ist. Beispiele bildeten u. a. für die fürstliche Polykratie Schweden und für die nichtfürstliche als unselbständige direktoriale Nordrhein-Westfalen: alle Staaten mit ihren ablösbaren Regierungen (a.a.O.: Einteilung) – Der Gesetzgebungsstaat ist übrigens kein solcher des sog. **Parlamentsabsolutismus.** Denn der erste kennt – unter *Voraussetzung* der Gewaltenteilung – nur einen *Vorrang* der Legislative vor den anderen Gewalten. Doch der zweite kennt – unter *Fortfall* der Gewaltenteilung – bloß die *Vereinigung* aller Gewalten in der Legislative (u. b).

Auch den **Ausführungsstaat** gibt es. Doch ist ebenfalls er kein neuer, bislang unbekannter, vielmehr ein alter, bereits bekannter, Staat; dies indes auf zweifache Weise. Es geht einmal um die beschränkte Monokratie als fürstliche, und zwar in Gestalt der konstitutionellen Monarchie (o. A I 2 b α). Für sie ist entscheidend, daß der Monarch als Haupt der Exekutive der Legislative – zumal durch entscheidende Beteiligung an der Gesetzgebung und den Befehl über die Streitkräfte – mehr oder weniger *überlegen* ist. Als Beispiele wurden insofern u. a. für die neuständische Monarchie Bayern und für die nichtständische das Deutsche Reich von 1871 gebracht (a.a.O.). Zum anderen geht es noch – erneut – um die beschränkte Polykratie, wieder vor allem als Demokratie, und zwar in Gestalt der mittelbaren, allerdings nunmehr als nachrangig parlamentarischer (o. A III 3 b). Entscheidend ist für sie, daß die einschlägige Exekutive der Legislative *nicht verantwortlich* ist, so daß sie von dieser *nicht abgelöst* werden kann: *selbständig* ist. Beispiele bildeten u. a. für die insoweit allein mögliche nichtfürstliche Polykratie die Vereinigten Staaten von Amerika als selbständige präsidiale und die Schweiz als selbständige direktoriale: erstere mit ihrem Präsidenten, dazu das Kabinett, und letztere mit ihrer Regierung, dem Bundesrat, einschließlich Bundespräsident (a.a.O.: Einteilung). Daß die Stellung des amerikanischen Präsidenten eine merklich stärkere ist als die des schweizerischen Bundesrats, ist hier bedeutungslos; denn entscheidend ist, daß beiden Unverantwortlichkeit und – mit ihrer Unablösbarkeit – Selbständigkeit zukommen. Bedeutungslos ist gegenüber diesem Entscheidenden aber auch noch, daß der amerikanische Präsident nur mittelbar von einer Vielheit gewählt wird, obgleich dies bloß formell so ist; und daß der schweizerische Bundesrat gar nur von der Bundesversammlung ernannt wird (a.a.O.). Ist in einem Staat wie Frankreich zwar der Präsident, weil nicht ablösbar, selbständig, doch die Regierung, weil durch die Volksvertretung ablösbar, unselbständig (a.a.O.), so ändert das doch nichts daran, daß auch ein solcher Staat ein *Ausführungsstaat* ist: Der Präsident ist und bleibt das Vorrangige. – Hierher gehört noch die sog. **Präsidialherrschaft** als scheinbare kommissarische Diktatur des Reichspräsidenten im Weimarer Staat (o. A I 2 a β, Ende). Wie nämlich das Bisherige zeigt, handelte es sich bei ihr um einen – im Rahmen der Gewaltenteilung – *besonderen Ausführungsstaat* als *vorübergehenden.* Dies auch deshalb, weil in ihn, da alle „Anordnungen und Verfügungen des Reichspräsidenten ... zu ihrer Gültigkeit der Gegenzeichnung durch den Reichskanzler oder den zuständigen Reichsminister" bedurften (Art. 50, 1 Deutsche RV, 1919), die Reichsregierung *mit einbezogen* war. Allerdings zeigt diese Abhängigkeit von der Regierung ebenfalls, wie wenig es zutrifft, von einer *Präsidialherrschaft* zu sprechen oder auch von einem *„,Präsidialsystem'"* (HUBER, III, S. 412) bzw. einem *präsidentiellen System* (SCHMITT, S. 350ff.). Es ging – nur unter Einschluß des Präsidenten als Staatsoberhaupts – um ein *Ausführungs-* oder *Exekutivsystem.* Das trifft aber desgleichen auf die übrigen Ausführungsstaaten zu.

Den **Rechtsprechungsstaat** gibt es hingegen *nicht.* Ein oberstes Gericht beispielsweise – oder gar mehr – kann zwar *teils* Aufgaben der Legislative sowie der Exekutive wahrnehmen; wie es diese Gewalten auch *teils* überprüfen kann. Doch das ist *nie* in dem Umfang möglich, daß es damit einen *Vorrang* vor beiden hätte. Im Rahmen der vorausgesetzten Gewaltenteilung ist eben seine Tätigkeit zwar nicht gänzlich, doch wesentlich *Rück*wirkung, aber *nicht Vor*wirkung: Es kann im gleichen Umfang *weder gesetzgeberisch noch vollziehend* führen, auch dann nicht, wenn es, was freilich ausgeschlossen ist, innerhalb der Legislative und der Exekutive *alles* überprüfen sowie bejahen oder verneinen könnte; ja, selbst in dem Fall nicht, daß es damit *Maße* für beide Gewalten *setzte.* Davon nicht zu reden, daß noch so viele richterliche Entscheidungen dennoch stets bloß einen *Bruchteil* der gesetzgeberischen und ausführenden Tätigkeit ergriffen; oder daß sie noch für die weitaus meisten anstehenden gesetzgeberischen und ausführenden Tätigkeiten einfach zu *spät* kämen. Die Rechtsprechung ist sonach in der Tat die *am wenigsten* führende Gewalt im Staat und insofern sowohl gegenüber der Gesetzgebung wie der Ausführung *erheblich nachrangig.* Dem Ergebnis entspricht, daß es, wie herausgestellt, für die *Einteilung* der mittelbaren Vielherrschaften zwar auf das Verhältnis zwischen *gesetzgebender* und *ausführender* Gewalt ankam, indes *überhaupt nicht* auf die *rechtsprechende,* also auch nicht auf ihr Verhältnis zu den anderen Gewalten. Dies mit der Folge, daß von vornherein nur Platz für die oben wiederholte Gliederung in vorrangig und nachrangig parlamentarische Polykratien war: mit unselbständiger bzw. selbständiger Spitze der Exekutive (o. A III 3 b).

Nach allem ist mit dem sog. Rechtsprechungsstaat nichts anzufangen und mit dem Gesetzgebungs- sowie Ausführungsstaat, indem ein jeder einen schon bekannten Staat lediglich zusammengefaßt kennzeichnet, nur wenig.

Dennoch wird die Gliederung noch, wie folgt, vertreten: *„In Polizeistaaten oder Verwaltungsstaaten sind ... die Regierungs- oder Verwaltungsorgane, in Rechtsprechungsstaaten die Rechtsprechungsorgane aller Art, in Justizstaaten speziell die Justizgerichte (Zivil- und Strafgerichte)"*, und *„in Gesetzgebungsstaaten die Gesetzgebungsorgane maßgebend an der Ausübung der Staatsgewalt beteiligt"* (KÜCHENHOFF-KÜCHENHOFF, S. 239). Zunächst ist es unzutreffend, den Polizeistaat schlechthin mit dem Verwaltungsstaat oder – wie hier gesagt – Ausführungs- oder Vollziehungsstaat ineinszusetzen. Es ist eben nicht so, daß „in der Allgemeinen Staatslehre bei dem Begriffe ‚Polizeistaat' mit ‚Polizei' alle *Regierungs- und Verwaltungsorgane* eines Staates und ihr gesamter Tätigkeitsbereich bezeichnet" werden (so indes S. 236). Statt dessen ist, wie noch zu zeigen (u. b), zwischen einer geschichtlichen und gegenwärtigen Bedeutung zu unterscheiden. Überhaupt sind aber noch die (sog. Polizei- oder) Verwaltungsstaaten noch unzutreffend gegliedert: in solche *„ohne Gewaltentrennung"* (S. 236 A) und solche

„ohne Gewaltenhemmung“, „in denen es zwar eine Gewaltentrennung“ gibt, doch „keine Gewaltenhemmung in dem Sinne“, „daß die Tätigkeit der Regierungs- und Verwaltungsorgane einer richterlichen Kontrolle unterworfen und stets an die von den Gesetzgebungsorganen erlassenen Gesetze gebunden ist“ (S. 237 B). Mit ersterem ist nämlich verkannt, daß der Ausführungs- oder Verwaltungsstaat die *Gewaltentrennung* gerade *voraussetzt*, ein solcher Staat also *ohne* diese *Trennung ausgeschlossen* ist. Und mit letzterem ist verkannt, daß der Ausführungs- oder Verwaltungsstaat *auch* die *Gewaltenhemmung voraussetzt*. Dies so, daß ein solcher Staat *ohne* diese *Hemmung* ebenfalls *ausgeschlossen* ist; und daß es ihn *trotz* dieser Hemmung *gibt*. Es handelt sich eben bei ihm – *innerhalb* eines gewaltenteilenden wie -hemmenden Staates – allein um den Vorrang der Exekutive vor Legislative und Judikative. Sodann trifft es nicht zu, den Rechtsprechungs- und Justizstaat mit einzubeziehen, weil es Staaten, in denen ein Vorrang der Judikative vor Legislative und Exekutive bestünde, wie gezeigt, nicht gibt. Danach ist es bloße Behauptung, daß in „den Rechtsprechungsstaaten ... das Schwergewicht in der Ausübung der Staatsgewalt bei den unabhängigen Gerichten, insbesondere ... den obersten ordentlichen (Zivil- und Straf-) Gerichten ... und den Staats- oder Verfassungsgerichtshöfen“ liegt (a.a.O., II). Dies, obschon es zutrifft, daß man „von einem *Justizstaat*“ spricht, wenn „die ordentlichen Gerichte auch für alle Entscheidungen des öffentlichen Rechts zuständig“ sind (S. 237f.), also z.B. gleichfalls für die Verfassungsgerichtsbarkeit. Hiermit müssen folgerichtig auch die Beispiele derartiger Rechtsprechungs- bzw. Justizstaaten verfehlt sein. So wird „ihre größte Bedeutung um die Wende des Mittelalters zur Neuzeit, vor allem in den kontinental-europäischen Territorialstaaten und in Großbritannien“ gesehen sowie „in der Gegenwart ... in abgeschwächter Form noch in Großbritannien und auch in den USA“ (S. 238). Jedoch – einmal gab es „um die Wende des Mittelalters zur Neuzeit“ noch *keine Gewaltenteilung;* und hätte es sie gegeben, so wären die genannten Staaten eindeutig *Ausführungsstaaten* gewesen. Man denke nur an die Stellung des Monarchen in **England** (noch nicht Großbritannien), besonders die HEINRICHS VII. (1485–1509) (BROCKHAUS, VII, S. 688 r., S. 689 l., Artikel: „Großbritannien und Nordirland). Und während – bei gegebener Gewaltenteilung – das gegenwärtige Großbritannien mit dem Vorrang des Unterhauses ein *Gesetzgebungsstaat* ist, sind die **Vereinigten Staaten** mit dem Vorrang des Präsidenten – samt Kabinett – ein *Ausführungsstaat*. Nicht einmal das derzeitige **Japan** ist ein Rechtsprechungsstaat. „Nicht einmal“ deshalb, weil sein oberstes Gericht eine besonders hervorragende Stellung einnimmt. Es hat die „Befugnis für die Gestaltung der Gerichtsordnung ... und nimmt sie wahr zur Bestimmung der Prozeß- und Verfahrensordnung, der die Anwälte betreffenden Angelegenheiten sowie der Hausordnung und der Gerichtsverwaltungsordnung“ (Art. 77 I Jap. Verf., 1947). Dies derart, daß auch die „Staatsanwälte ... der Gerichtsordnungsbefugnis des Obersten Gerichts unterstellt“ sind (II). Eine insgesamt gerichtliche Selbstverwaltung also, verbunden mit dem einschlägigen „Recht zum Erlaß von Verordnungen“ (BROCKHAUS, IX, S. 382 r., Artikel; „Japan“)! Doch gerade seine weitere Stellung als „letzte Instanz mit der Befugnis, über die Verfassungsmäßigkeit jedes Gesetzes, jeder Verordnung, jeder Verfügung und jedes Verwaltungsaktes zu entscheiden“ (Art. 81), zeugt, so weitreichend dies ist, doch nur wieder von der oben gekennzeichneten wesentlichen Rück- und nicht Vorwirkung. So stellt ebenfalls Japan – mit dem Vorrang des Reichstags als Gesetzgebers und innerhalb seiner des Repräsentantenhauses vor dem Senat (Artt. 41ff.) – einen *Gesetzgebungsstaat* dar. Aber desgleichen der Gesetzgebungsstaat ist von den beiden KÜCHENHOFF zum Teil noch

mißverstanden. Zwar trifft es zu, daß in ihm „die Gesetzgebungsorgane überwiegenden Einfluß auf die Staatstätigkeit ausüben" (S. 238 III). Doch daß ein „solcher Vorrang der Gesetzgebungsorgane ... heute vor allem die Volksdemokratien" kennzeichne (a.a.O.), ist bereits deswegen verfehlt, weil in ihnen – wie dargetan – der Vorrang nur *scheinbar* beim jeweiligen Gesetzgebungsorgan liegt, *tatsächlich* hingegen *nicht:* von der vormaligen Deutschen Demokratischen Republik bis zur Sowjet-Union als noch sozialistischer (o. A III 3 b, Anhang). Außerdem sind diese Staaten, wie noch darzutun, gerade *keine* gewalten*teilenden,* sondern gewalten*vereinigende* (u. b).

Nun kennen die zwei KÜCHENHOFF noch eine vierte Gruppe von Staaten: die sog. *„Rechtssicherheitsstaaten"*, in denen *„die Grundsätze der Gewaltentrennung und der Gewaltenhemmung nahezu vollkommen verwirklicht"* sind (S. 239). Man kann in ihnen „also nicht mehr von dem Vorherrschen der einen oder andern Staatsorgangruppe sprechen" (S. 238 IV). Doch wenn als ein „typischer Rechtssicherheitsstaat ... z. B. die Weimarer Republik" bezeichnet wird (S. 239), dann ist dazu festzustellen: Zum einen war die Weimarer Republik auf Grund der dargetanen Verantwortlichkeit der Regierung gegenüber dem Reichstag und ihrer Ablösbarkeit durch dessen destruktives Mißtrauensvotum (o. A III 3 b: zur vorrangig parlamentarischen Polykratie) ein *Gesetzgebungsstaat.* Der Vorrang lag eben beim Reichstag als Hauptgesetzgeber; ausgenommen den gekennzeichneten Fall des vorübergehenden Ausführungsstaates (o.). Und zum anderen war die Weimarer Republik auf Grund ihrer wesentlich selbstzerstörerischen Geschichte geradezu ein Rechts*unsicherheits*staat. Die „20 Regierungen der Weimarer Epoche" (HUBER, III, S. 160, nach 8) (1919–1933) sind nicht nur äußerer Niederschlag dieser Tatsache. Daß in „Rechtssicherheitsstaaten" durch das in ihnen bestehende *„Gleichgewicht* ... die *beste Garantie für den Bestand der staatlichen Rechtsordnung* liegt" (die beiden KÜCHENHOFF, S. 238 IV), trifft gerade auf die Weimarer Republik, wie ihr rascher Verfall zeigt, *nicht* zu. Es ist dies so wie mit den sog. ‚goldenen zwanziger Jahren': Es hat sie nie gegeben. Darüber hinaus gibt es, wie oben schon dargetan, in einem gewaltenteilenden Staat wesenhaft *kein Gleichgewicht* der Gewalten.

Gewaltenteilung sowie Recht und Unrecht

Was für *alle beschränkten* Staatsformen in ihrem Verhältnis zu Recht und Unrecht gilt, das gilt auch für die *gewaltenteilende* Herrschaft; stellt sie doch nur *eine* der Möglichkeiten zur Beschränkung dar. D. h. sie steht ebenfalls **Recht oder Unrecht** offen, so daß für das erstere im Ergebnis weniger die Beschränkung entscheidend ist, sondern mehr das *rechtliche Wollen der Herrschenden* (o. A I 2, II 2, III 2, jeweils vor a). Etwas, das besonders auf die beschränkte Vielherrschaft, auch als Demokratie, zutrifft. In dem Umfang also, in dem es am rechtlichen Wollen fehlt, gibt es eben gleichfalls in ihr, gezeigt am Beispiel der Vereinigten Staaten von Amerika, Unrecht, sogar schwerstes (o. A III 2, vor a). Dementsprechend liegt nichts in der Gewaltenteilung, was sie allein für das Recht offen machte und dem Unrecht verschlösse.

Das zeigen erneut zumal die **Vereinigten Staaten.** Zunächst wieder für die Vergangenheit: Einmal aufs neue mit den Beispielen der Negersklaverei sowie der weitgehenden „Ausrottung der Indianer" (a.a.O.): Keine Gewaltenteilung hat beide verhindert, sondern zugelassen. Zum anderen aber auch mit einem bisher noch nicht gebrachten Beispiel. Es ist das der sog. *Prohibition,* d. h. des Verbots von „Erzeugung, ... Verkauf oder ... Versendung alkoholischer Getränke" „für menschlichen Genuß" (Zusatzart. 18, Zif. 1 Amerik. Verf., 1919, aufgehoben durch Zusatzart. 21, 1933). Denn dadurch wurden die Hersteller, Verkäufer und Versender, etwa von Wein, von der gesetzgebenden Gewalt erst zu Verbrechern gemacht, von der ausführenden verfolgt und von der rechtsprechenden verurteilt; alles noch unter Förderung des wirklichen Verbrechertums. Das sog. „,noble Experiment'" (nach Brockhaus, XV, S. 169 1., Artikel: „Prohibition") war tatsächlich ein ebenso törichtes wie unrechtes. Dann aber auch noch zur Gegenwart. „Anderthalb Millionen Schwangerschaften werden jährlich in den USA unterbrochen. Seit der Legalisierung vor 16 Jahren" (1973) „wären es also insgesamt 24 Millionen" (Wirth, S. 2). Selbst wenn man nun sehr viele Fälle aus unterstellten Ausnahmegründen – wie Vergewaltigung (sog. ethische Indikation), Rettung des Lebens der Mutter (sog. medizinische Indikation), soziale Notlage (sog. soziale Indikation), ja, sogar Verhütung erbkranken Nachwuchses (sog. eugenische Indikation) – als Ausnahmerecht, Billiges, ebenso ausnahmsweise gerechtfertigt sein läßt (hierzu o. 2. Abschn., D I 1), – die weitaus meisten Fälle wären doch Unrecht, und zwar zumindest schweres. Aus dem Grundrecht des Ungeborenen auf Leben wurde – verbrämt durch ein Recht auf Selbstbestimmung ohne einschlägige Schranke – ein Scheinrecht der Schwangeren auf Töten(lassen). Die reiche **Bundesrepublik Deutschland** aber, desgleichen ein gewaltenteilender Staat, steht den Vereinigten Staaten zwar sehr im *Umfang* nach; doch – zumeist mit einer nur scheinbaren, also mißbrauchten, und so an die Stelle der Fristenlösung getretenen sozialen Indikation – nicht im *Grundsatz*. Und das angesichts ihrer Grundrechtsbestimmung: „Jeder hat das Recht auf Leben ... " (Art. 2 II 1 GG, 1949). „Auch wenn" daher „Politiker über nichts zorniger reagieren als über Vergleiche mit der braunen Vergangenheit" (Dyba, S. 4), – sie sind dennoch zutreffend möglich; z.B. der Vergleich „Holocaust der Ungeborenen" (a.a.O.). Nur – was die Staatsführung damals unter Ausschluß der Öffentlichkeit selbst vollzog, das läßt sie heute unter Einschluß der Öffentlichkeit durch andere zu: Massentötungen. Die Fristenlösung – oder die ihr durch Mißbrauch gleichkommende Indikationslösung – ist der eindeutigste Beweis dafür, daß es massenhaftes schweres Unrecht nicht allein in gewaltenvereinigenden Staaten geben kann, sondern ebenfalls in gewaltenteilenden. Hierbei ist aber dieses Unrecht nur der schlimmste Ausdruck eines auch sonst grassierenden, mehr und mehr zur Verkümmerung des Rechtsbewußtseins führenden Freiheitsmißbrauchs in Staatsführung und Gesellschaft; mit dem Erfolg, daß der so oft bemühte ‚Preis der Freiheit' in der großen Regel nicht von denen bezahlt wird, die ihn schulden, sondern von denen, die ihn nicht schulden. Die Vereinigten Staaten und die Bundesrepublik sind im Hinblick auf jene Massentötungen *materiell* nicht *Rechts-*, sondern *Unrechts*staaten. Daß sie *formell Rechts*staaten sind, ändert daran nichts (zu beiden Staaten o. 2. Abschn., D I 2, II 1).

Die möglichen Gründe innerhalb der Gewaltenteilung für das jeweilige Unrecht sind sehr verschieden. Beispielshalber, daß der Gesetzgeber zwar rechtliche Gesetze schafft, doch Ausführender und Richter sie unrechtlich anwenden; oder daß unrechtliche Gesetze und ihre ebensolche Ausführung nicht justiziabel, irgendwie von der Rechtsprechung ausgeschlossen, sind; oder daß – am schlimmsten – unrechtliche Gesetze vom Ausführenden und Rechtsprechenden genauso unrechtlich angewendet werden. Aber darauf kommt es hier nicht näher an.

Statt dessen noch ein Beispiel dafür, wie die Exekutive in Gestalt eines dem Krieg zugetanen Präsidenten, der zwar Oberbefehlshaber ist (Art. II, Abschn. 2 I

Amerik. Verf., 1787), aber nicht zuständig für eine Kriegserklärung, trotzdem zu ihrem Kriege kommt. Dadurch, daß sie der Legislative in Gestalt eines dem Krieg nicht zugetanen Parlaments, des Kongresses, der indes für die Kriegserklärung zuständig ist (Art. I, Abschn. 8 XI), wie folgt, durch Täuschung auf die Sprünge hilft: Am Anfang stand „die Ballung eines wohlweislich seit März 1941 verringerten Flottenverbandes im Hafen von Pearl Harbor", zu dem „Zweck ..., die Japaner zu einem Überraschungsangriff einzuladen" (FISH, S. 175, damals Kongreßabgeordneter): das Lockmittel. Am „25. November 1941" fand ein entscheidendes „Treffen im Weißen Haus" statt, an dem außer ROOSEVELT „nur die Minister Hull, Stimson" (Krieg) „und Knox sowie General Marshall" (Generalstabschef) „und Admiral Stark" teilnahmen; wobei es laut „Stimsons Tagebuch ... darum ging, wie man Japan provozieren könnte, den ersten Schuß abzufeuern!" (S. 159 und Anm. +: „‚To fire the first shot', *Stimsons Diaries,* Bd.36, S.48f."): das Täuschungsmittel. Ergebnis des Treffens war das „Kriegsultimatum vom 26. November 1941" an Japan, in dem der „Präsident" forderte, „daß die Japaner ihre ganzen Streitkräfte aus Indochina und China mit der Mandschurei sofort zurückziehen müßten", „die Polizeikräfte ... eingeschlossen" (S. 157); „dem Kongreß absichtlich bis *nach* dem Angriff auf Pearl Harbor vorenthalten" (S. 158): das Druckmittel („Stimson in seinem Tagebuch ausdrücklich ... ‚war ultimatum'") (a.a.O.). Wie alle „Eingeweihten ... dieser Meinung" waren, „weil es Japan keinen Ausweg als den Krieg ließ" (a.a.O.), so fiel dieses denn auch am 7. Dezember über den Köder her: der Kriegsbeginn. Hierbei ist noch entscheidend, daß „Roosevelt durch Entzifferung japanischer Geheimtelegramme über Tag und Stunde des Angriffs auf Pearl Harbor rechtzeitig Bescheid wußte" (S. 161, Anm. ++), doch es „mehr als 14 Stunden vor dem Angriff" unterließ, „die Kommandos in Hawaii und im Fernen Osten *sofort* ... verständigen" zu lassen (S. 174). Zwar hat dann noch MARSHALL Hawaii unterrichtet, „allerdings *später* mit einer Nachricht, die dort lang nach dem Angriff eintraf" (S. 175). Dies geschah durch „ein Normaltelegramm über die Post" (a.a.O.); „denn bei der Post geht's nicht so schnell". Der getäuschte Kongreß beschloß die Kriegserklärung. Vom ‚Angriff' Japans auf Pearl Harbor zu sprechen, ist nach allem zwar richtig, nicht hingegen, vom ‚Überfall' zu reden. Doch das ist immer noch die große Regel. – Wie sehr man die geschilderte Lage verschleiern kann, zeigt eine andere Verfassungslehre: „Gewisse Maßnahmen wurden" – von ROOSEVELT – „vor dem japanischen Angriff ... getroffen, die dazu beigetragen haben mögen, Amerika in den Konflikt hereinzuziehen, wenn es auch zweifelhaft ist, ob sie einen irgendwie wesentlichen Faktor darstellen" (HERMENS, S. 502). Und zwar gibt es „Gründe, um den Sinn der einen oder anderen Maßnahme Roosevelts ... vor dem ... Angriff ... in Zweifel zu ziehen" (S. 503); aber „was den Gesamtkomplex der ... Maßnahmen ... angeht, spricht vom amerikanischen Standpunkte manches für sie" (a.a.O.).

Doch auch noch ein Beispiel zur Rechtsprechung: Im „19. Jahrhundert" duldete „der Oberste Bundesgerichtshof", der Supreme Court, „die Negerpolitik der Südstaaten", erklärte sie sogar noch „1896 ... für nicht verfassungswidrig"; eine „Rechtsprechung", die er erst „im 20. Jahrhundert" änderte (v. HIPPEL, Staatslehre, S. 349). Tatsächlich ging es damals um eine Unrechtsprechung.

Die bekannte herrschende Meinung, nach der die Gewaltenteilung zur „*Rechtsstaatlichkeit*" gehöre (z.B. v. MANGOLDT-KLEIN, I, S. 601, 2; auch NAWIASKY, Staatsrechtslehre, S. 124ff.) und mithin zur Rechtsverfassung, ist nach den einschlägigen Beispielen so nicht richtig. Auch die Staatsform der gewaltenteilenden Herrschaft ist eben – über ihre relative Rechtfertigung hinaus – immer nur in dem Fall absolut gerechtfertigt und damit insgesamt rechtsstaatlich, daß sie mit rechtlichem Inhalt ausgefüllt wird. Zum Gedanken „der Gewaltenteilung" als „einem wesentlichen Element der liberalen Rechtsstaatsidee" noch ZIPPELIUS (9., S. 296f.), des bürgerlichen Rechtsstaates SCHMITT (S. 126f.).

b) Die gewaltenvereinigende Herrschaft

Es läßt sich, statt von Gewalten*vereinigung*, auch von Gewalten*verbindung* reden. Wie bisher, soll es aber weiter bei dem Begriff ‚Gewaltenvereinigung' bleiben. Was er meint, ist die Häufung der Gewalten bei *einem* Organ.

Damit sowie den zu Beginn gemachten einschlägigen Ausführungen (o. vor a) wäre unter **Gewaltenvereinigung in strengem Sinn** zu begreifen: die *Häufung der materiellen Staatstätigkeiten* der Gesetzgebung, Ausführung und Rechtsprechung in *einem Staatsorgan;* so daß dieses als zugleich Gesetzgeber (Legislative), Ausführender (Exekutive) und Rechtsprechender (Judikative) *sowohl* Gesetze gäbe als *auch* ausführte als *auch* Recht spräche. Das besagt indes: Als Gesetzgeber übte es materiell gleichfalls *Ausführung* und *Rechtsprechung* aus, als Ausführender materiell desgleichen *Gesetzgebung* und *Rechtsprechung* sowie als Rechtsprechender materiell ebenfalls *Gesetzgebung* und *Ausführung*. Das eine Organ als Gewalt wäre auf keine seiner – zwar noch unterscheidbaren, aber nicht mehr namengebenden – Tätigkeiten als Gewalten beschränkt: eine *völlige Gewaltenvereinigung*.

Die **völlige Gewaltenvereinigung** hängt nun aber insoweit in der Luft, als sie keine Rücksicht auf die Hauptstaatsform nimmt, von der die gewaltenvereinigende Herrschaft umschlossen ist. Und hiermit stellen sich diesmal die Fragen, **welche Hauptstaatsform sie umschließt**; ob die einschlägige Hauptstaatsform eine Gewaltenvereinigung in *strengem* Sinne: als *völlige,* überhaupt *erlaubt;* und ob sie, falls dies nicht so ist, eine Gewaltenvereinigung in *nicht strengem* Sinn: als zwar nur *teilweise,* doch *wesentliche,* erlaubt.

Was die *erste* Frage betrifft, so kann die umfassende Hauptstaatsform zwar wieder *jede* ihrer drei Arten sein, mithin Mono-, Pleo- und Polykratie. Doch ist es aus deren jeweiliger Gliederung erneut stets nur eine *bestimmte,* freilich gleiche: die jedes Mal *unbeschränkte* oder *absolute* (o. A I 2 a, vor α, II 2 a und III 2 a). Allgemein folgt dies daraus, daß allein in einem Staat, in dem der Eine, die Mehreren bzw. die Vielen durch ein anderes Organ oder andere Organe *unbeschränkt* sind, für eine Gewaltenvereinigung Platz ist. Mehr, wie das Fehlen solcher Organe eine *beschränkte* oder *relative* Herrschaft *ausschließt,* so *schließt* es die Gewaltenvereinigung geradezu *ein*. Damit liegt aber die Gewaltenvereinigung in *jeder* unbeschränkten Ein-, Mehr- oder Vielherrschaft vor und *nicht* bloß in einer bestimmten. Dies gegenüber der Gewaltenteilung, die *nicht* in *jeder* beschränkten Hauptstaatsform vorliegt, vielmehr *nur* in einer *bestimmten* (o. a, Anfang). Deshalb konnte übrigens *keine unbeschränkte* Hauptstaatsform ohne die Berücksichtigung der *Gewaltenvereinigung* erklärt werden, wohl jedoch *jede beschränkte* Hauptstaatsform ohne Berücksichtigung der *Gewaltenteilung*.

Was die *zweite* Frage angeht, so **läßt jede unbeschränkte Hauptstaatsform keine Gewaltenvereinigung in strenger Bedeutung zu.** Dies scheitert zwar auch diesmal an der – wesenhaft zu jeder von ihr zählenden – *Quelle der Staatsgewalt*. Doch hat es seinen Grund nunmehr lediglich darin, daß *ein* Organ – der Eine, die Mehreren, die Vielen – einfach nicht in der Lage ist, die drei staatlichen Grundtätigkeiten als Gewalten *allein* auszuüben. Deshalb wurde zur unbeschränkten Ein-, Mehr- und Vielherrschaft einmal gesagt, daß es für den Monokraten, die Pleokraten und die Polykraten unumgänglich sei, die auf Grund der geweils genannten obersten Zuständigkeit möglichen Entscheidungen zu einem kleinen bis großen Teil durch andere, dafür ihrerseits zuständig gemachte, Organe treffen zu lassen; und zum anderen, daß es genauso unumgänglich sei, wenn zumal in örtlicher Beziehung in manchem *ohne* oder sogar *gegen* die Entscheidung des Mono-, der Pleo- bzw. Polykraten gehandelt wird (o. A I 2 a, vor α, II 2 a, III 2 a). Allerdings wurde dabei auch gezeigt, wieso dies nichts an der zur Frage stehenden Unbeschränktheit ändert.

Die *dritte* Frage ist nach alledem damit zu beantworten, daß **die einschlägige Hauptstaatsform,** die jeweils unbeschränkte, **lediglich eine Gewaltenvereinigung in nicht strengem Sinn zuläßt,** also **eine teilweise als wesentliche.**

Zweck der wesentlichen Gewaltenvereinigung ist es nun *allgemein,* die mit der Aufteilung der Staatsgewalt, insbesondere der staatlichen Grundtätigkeiten, auf getrennte Organe verknüpfte **beschränkte Führungsmacht zu verhindern.** Dies zu dem mittelbaren Zweck der *Verhütung* der mit einer beschränkten Macht eher möglichen, wenn nicht *Machtverwirkung,* so doch *Machtschwächung,* insgesamt: zwecks **Erhaltung oder gar Steigerung staatlicher Macht.** Darüber hinaus hat die wesentliche Gewaltenvereinigung in der Polykratie noch einen *besonderen* Zweck: daß eine Vielheit, möglichst gar eine demokratische, ihr Schicksal und das des Staates *selbst* bestimmt und nicht durch eine von ihr gewählte *Mehrheit,* der man zwischen den Wahlen vielleicht noch ausgeliefert ist, bestimmen *läßt.*

Wie der gewaltenvereinigende Staat durchweg gleich dem unbeschränkten, absoluten, ist, so ist er im Einzelnen auch gleich dessen – zur jeweiligen Hauptstaatsform dargetanen – Arten. In der Einherrschaft ist es einmal die unbeschränkte fürstliche, d.h. die *Einzelautokratie* oder absolute Monarchie. Als Beispiele wurden etwa gebracht das **zaristische Rußland** bis in den Anfang des 20. Jahrhunderts und das **Frankreich** NAPOLEONS I. (o. A I 2 a α). Zum anderen ist es noch die unbeschränkte nichtfürstliche, d.h. die *Einzeldiktatur.* Dazu wurden als Beispiele u.a. gebracht die **Sowjet-Union** unter STALIN sowie **China** unter MAO TSE-TUNG (a.a.O., β). In der Mehrherrschaft geht es erstens um die unbeschränkte ständische, also die *Mehrheitsautokratie.* Beispiel war insofern etwa **Rom** unter ANTONIUS, LEPIDUS und CAESAR (OCTAVIANUS), dem Triumvirat (o. A II 2 a). Und zweitens geht es um die unbeschränkte nichtständische, also die *Mehrheitsdiktatur.* Insoweit war Beispiel u.a. das **revolutionäre Frankreich** unter der Herrschaft des Wohlfahrtsausschusses (a.a.O.). In der Vielherrschaft handelt es sich insgesamt um die unbeschränkte fürstliche oder nichtfürstliche, die eine wie die andere als *Vielheitsautokratie* oder *-diktatur,* d.h. mit fürstlichem oder nichtfürstlichem Staatsoberhaupt. Auf den letzten Fall beschränkte Beispiele waren besonders die **attische Polis** vom 5. zum 4. Jahrhundert v. Chr. und das schweizerische **Appenzell-Innerrhoden** (o. A. III 2 a).

Daß innerhalb jeder Hauptstaatsform die Gewaltenvereinigung auf *unterschiedliche Weise* verwirklicht sein kann, zeigen schon die hiermit wiederholten Beispiele. Auch ist es durchaus so, daß die Gewaltenvereinigung eine *mehr oder weniger ausgeprägte* sein kann. Hierzu sei nochmals, was die gewaltenvereinigende Polykratie angeht, auf die Beispiele **Athens** und **Appenzell-Innerrhodens** zurückverwiesen (a.a.O.).

In diesen Bereich gehören nun auch **die sozialistischen Staaten,** die, sich für mittelbare Demokratien und also beschränkte Polykratien ausgebend, tatsächlich entweder unbeschränkte Monokratien: Einzeldiktaturen, oder unbeschränkte Pleokratien: Mehrheitsdiktaturen, sind. Für erstere, die Einherrschaften, sei die Gewaltenvereinigung am Beispiel Kubas und der Sowjet-Union nach der Reform von 1988 dargetan, für letztere, die Mehrherrschaft, lediglich an dem der vormaligen Deutschen Demokratischen Republik. Dies im Anschluß an das, was zu ihnen schon grundsätzlich ausgeführt wurde (o. III 3 b, Anhang).

Was in der dortigen Folge zuerst die **Deutsche Demokratische Republik** angeht, so hatte sich ihre Volkskammer nur nominal wie formell als das Staatsorgan mit der höchsten Gewalt und somit als Quelle der Staatsgewalt herausgestellt, real wie materiell hingegen der Staatsrat (das Staatsoberhaupt) als Oberregierung. Hiernach konnten aber auch die drei Gewalten bloß nominal wie formell bei der Volkskammer vereinigt sein, real und materiell indes mußten sie es beim Staatsrat. Dies bestätigt das Folgende: Zur Volkskammer als erster hieß es: Als „das einzige verfassungs- und gesetzgebende Organ" „verwirklicht" sie „in ihrer Tätigkeit den Grundsatz der Einheit von Beschlußfassung und Durchführung" (Art. 48 II Verf. DDR, 1968/1974). Und das spricht für die Gewaltenvereinigung bei *ihr*. Wie sich nämlich die Beschlußfassung auf „Gesetze und Beschlüsse" erstreckte (Art. 49 I), so die Durchführung keineswegs nur auf die *Ausführung*, sondern gleicherweise auf die *Rechtsprechung*. Dem entspricht, daß die „Volkskammer ... die Verwirklichung ihrer Gesetze und Beschlüsse" gewährleistete und in diesem Sinne „die Grundsätze der Tätigkeit des Staatsrates, des Ministerrates, des Nationalen Verteidigungsrates, des Obersten Gerichts und des Generalstaatsanwalts" bestimmte (III); d.h. all jener Organe, die – wie schon gesagt – von ihr nicht allein als ihre Organe gewählt wurden, vielmehr ebenfalls jederzeit von ihr abberufen werden konnten. Demgemäß hieß es nicht lediglich: „In der Hand der Volksvertretungen ist alle Macht konzentriert, indem sie sowohl die Beschlußfassung und Durchführung als auch die Kontrolle der Durchführung in sich vereinen" (Arlt usw., II, S. 249, 3); sondern es wurde folgerichtig die „sogenannte Dreiteilung der Gewalten zwischen Parlament, Exekutive und richterlicher Gewalt" *abgelehnt* (S. 247f.). Bereits hiermit stellte nun zwar die Deutsche Demokratische Republik als Pleokratie eine diktatorische dar: eine *Mehrheitsdiktatur*. Doch daß dies bloß scheinbar in der Volkskammer gründete, tatsächlich aber im Staatsrat, zeigt zu ihm als zweitem dies: Mit der schon gekennzeichneten Wahrnehmung der grundsätzlichen, ihm übertragenen Aufgaben war es so: „Die Tätigkeit des Staatsrates, die in engem" – von ihm geleiteten – „Zusammenwirken mit den Ausschüssen der Volskammer und ihren anderen Organen, dem Ministerrat, dem Obersten Gericht und dem Generalstaatsanwalt, erfolgt, hat entscheidenden Einfluß auf die ständige Verwirklichung der Einheit von Beschlußfassung und Durchführung in der gesamten Arbeit der obersten Volksvertretung" (S. 305); er hatte insoweit „die umfassende Verantwortung" (S. 306). D.h. aber: Was theoretisch Aufgabe der Volkskammer war, das war praktisch Aufgabe des Staatsrats. Und dies zeigt, daß die Gewaltenvereinigung bei *ihm* lag. Bestätigend wirkt noch im besonderen, daß der „Staatsrat ... im Auftrag der Volkskammer die ständige Aufsicht über die Verfassungsmäßigkeit und Gesetzlichkeit der Tätigkeit des Obersten Gerichts und des Generalstaatsanwalts" wahrnahm (Art. 74 I); wie diese zwischen den – seltenen – Tagungen der Volkskammer „dem Staatsrat verantwortlich" waren (Artt. 93 IV bzw. 98 IV). Aber auch, daß der „Vorsitzende des Ministerrates", der Regierung, „von der stärksten Fraktion der Volkskammer vorgeschlagen" wurde (Art. 79 II), wirkt bestätigend. Denn das war wieder die der Sozialistischen Einheitspartei Deutschlands, deren Generalsekretär, wie schon gesagt, Vorsitzender des Staatsrats war. So war dieser sowohl in der Partei als desgleichen im Staat dem Vorsitzenden des Ministerrats, den *er* vereidigte (IV), übergeordnet.

Was sodann **Kuba** anlangt, so hatte sich ergeben, daß seine Nationalversammlung bloß nominal und formell das Staatsorgan mit der obersten Gewalt und sonach die Quelle der Staatsgewalt ist, real und materiell dagegen der Präsident des Staatsrats (als Staatschef) und zugleich Präsident des Ministerrats (als Regierungschef). Hiernach scheidet jedoch die Nationalversammlung, „das einzige verfassungsgebende und gesetzgebende Organ" (Art. 68 Kub. Verf., 1976), als gleichzeitig gewaltenvereinigendes Organ aus. Dies, obschon sie, wie dargetan, die übrigen Verfassungsorgane der ausführenden und rechtsprechenden Gewalt wählt bzw. ernennt und die Wahl oder Ernennung widerrufen kann. Da die „Nationalversammlung" – nur – „zweimal im Jahr zu ordentlichen Sitzungsperioden" zusammentritt (Art. 76), „vertritt der Staatsrat sie zwischen ihren Sitzungsperioden" und „führt ihre Beschlüsse aus", und zwar als „die oberste Vertretung des kubanischen Staates" (Art. 87) sowie stets mit dem Präsidenten als Leitendem (Art. 91 b). In Hinsicht auf die Gewalten ist der Staatsrat nun „zuständig", „gesetzesvertretende Verordnungen zwischen den Sitzungsperioden der Nationalversammlung ... zu verabschieden" (Art. 88 c), „notfalls den geltenden Gesetzen eine allgemeine und verbindliche Auslegung zu geben" (ch); „den Gerichten über den Regierungsrat des Obersten Volksgerichtes allgemeine Anweisungen zu erteilen" (h); und „der Generalstaatsanwaltschaft der Republik Anweisungen zu erteilen" (i). In gleicher Hinsicht hat der Präsident persönlich folgende „Aufgaben": „die Tätigkeit der Ministerien und anderer zentraler Verwaltungsorgane zu kontrollieren und zu überwachen" (Art. 91 c); sowie „die gesetzesvertretenden Verordnungen ... des Staatsrates zu unterzeichnen und ihre Veröffentlichung im Staatsanzeiger ... anzuordnen" (h). Der „Ministerrat" als „Regierung" (Art. 93 I) ist, ebenfalls stets mit dem Präsidenten als Leitendem (Art. 91 b), erneut in gleicher Hinsicht, „zuständig", „Gesetzesentwürfe auszuarbeiten und sie je nachdem der Nationalversammlung ... oder dem Staatsrat zu unterbreiten" (Art. 96 g); sowie „Verordnungen ... auf der Grundlage der geltenden Gesetze zu erlassen" (k). Denkt man noch daran, daß der in allen Fällen selbe Präsident als Erster Sekretär der Kommunistischen Partei auch die Nationalversammlung beherrscht, so hat er in der Tat in Bezug auf alle genannten Organe die entscheidende Macht. Nach allem bildet Kuba als gewaltenvereinigender Staat eine diktatorische Monokratie: eine *Einzeldiktatur.*

Was endlich die – auch nach der Reform von 1988 noch sozialistische – **Sowjet-Union** betrifft, so hatte sich auch ihr Kongreß der Volksdeputierten lediglich nominal wie formell als das Staatsorgan mit der höchsten Gewalt und sohin Quelle der Staatsgewalt erwiesen. Doch real und materiell war es der Präsident des Obersten Sowjets (das Staatsoberhaupt), der zugleich Vorsitzender des Kongresses der Volksdeputierten, des Präsidiums des Obersten Sowjets, des Verteidigungsrates und der Kommunistischen Partei war; außerdem mit der Zuständigkeit, die Personen für die Besetzung der übrigen höchsten Staatsämter vorzuschlagen, darunter den Vorsitzenden des Ministerrats (der Regierung), den Vorsitzenden des Obersten Gerichts und den Generalstaatsanwalt. Das ließ jedoch den Kongreß der Volksdeputierten, als weiteres oder uneigentliches Parlament zumal für die Verfassungsgesetzgebung zuständig, nicht das zugleich gewaltenvereinigende Organ sein. Daß er, wie gezeigt, weitere Verfassungsorgane der gesetzgebenden, ausführenden und rechtsprechenden Gewalt wählte bzw. bestätigte und den von ihm gewählten Vorsitzenden des Obersten Sowjets jederzeit abberufen konnte, ändert daran nichts. Denn das ließ die Stellung des Vorsitzenden für die Dauer seines Vorsitzes, selbst wenn die Möglichkeit der Abberufung ernst zu nehmen war, unberührt. Daß der Volkskongreß, wie ebenfalls gezeigt, regelmäßig nur einmal im Jahr tagte, bekräftigt das nur. Am Gesagten ändert es auch nichts, daß nicht bloß – wie schon vor der Reform von 1988 – die „Richter" für „unabhängig und nur an das Gesetz gebunden" erklärt waren (Art. 155 I Sowj. Verf., 1977/1988), sondern daß dies nunmehr vor allem, wie folgt, gesichert wurde: „Jegliche Einmischung in die Tätigkeit der Richter ... bei der Ausübung der Rechtsprechung ist unzulässig und zieht die Verantwortlichkeit gemäß dem Gesetz nach sich" (II 2). Denn insofern galt nach wie vor die Bestimmung, daß die „Richter ... den Organen oder Wählern, die sie gewählt haben, verantwortlich" sind, „vor ihnen Rechenschaft" ablegen und „von ihnen in der durch Gesetz festgelegten Weise abberufen werden" können (Art. 152 VII). Abberufbarkeit bedeutet aber Abhängigkeit. In diesem Fall ist es die des Obersten Gerichts, das vom Obersten Sowjet gewählt wurde (Art. 113, Zif. 4); wie dieser demgemäß „regelmäßig die Berichte der von ihm ... gewählten Organe" hörte (Zif. 5). Doch zum Obersten Sowjet zählte insbesondere sein Vorsitzender, der den Vorsitzenden des Obersten Gerichts zur Bestätigung durch den Volkskongreß vorgeschlagen hatte. Insgesamt lag so in der Tat beim Vorsitzenden des Obersten Sowjets die entscheidende Macht. Und die Sowjet-Union stellte bis zur Reform von 1990 als gewaltenvereinigender Staat eine diktatorische Monokratie dar: eine *Einzeldiktatur.* Daß ihre Gewaltenvereinigung, wie ein Vergleich zeigt, weniger ausgeprägt war als die Kubas, läßt dies unberührt.

Zwar hat die Reform von 1990 in der Sowjet-Union den *Grund* für eine nachrangig parlamentarische Polykratie als selbständig präsidiale *gelegt* (o. A III 3 b, Anhang); und mit einer solchen ist eine Gewalten*vereinigung unvereinbar.* Dennoch läßt sich, was die mit ihr *vereinbare* Gewalten*teilung* betrifft, zutreffend auch nur von einer *Grundlegung* sprechen. Dies um so mehr, als es grundsätzlich bei der Abberufbarkeit der Richter geblieben ist und ohne deren Abschaffung eine genügende Gewaltenteilung ausgeschlossen ist. Nach allem nun, was einerseits zu den Reformen von 1988 und 1990 (a. a. O.) und andererseits zum gewaltenteilenden Staat dargetan wurde (o. a), hat die Sowjet-Union zwar aufgehört, eine Einzeldiktatur zu sein, doch wurde sie zu einem besonders ausgeprägten *Ausführungsstaat,* verkörpert durch den Staatspräsidenten.

Anders übrigens als der *autoritäre* Staat, der eine *beschränkte* Monokratie ist, und zwar zumal dann, wenn nur die rechtsprechende Gewalt noch von der Gewaltenvereinigung ausgenommen ist (o. A I 2 b β), ist dies für die *sozialistische* als *unbeschränkte ausgeschlossen.* Während also insofern **der autoritäre Staat einen nicht gänzlich gewaltenvereinigenden** darstellt, stellt **der sozialistische einen gänzlich gewaltenvereinigenden** dar. Und während – ebenfalls insofern – der autoritäre Staat stets eine – beschränkte – *Monokratie* abgibt, gibt der sozialistische *entweder* eine – unbeschränkte – *Monokratie oder Pleokratie* ab. Hieß es daher z.B. in der Deutschen Demokratischen Republik auch: „Die Richter ... sind in ihrer Rechtsprechung unabhängig. Sie sind nur an die Verfassung, die Gesetze und anderen Rechtsvorschriften ... gebunden" (Art. 96 I Verf. DDR, 1968/1974), so konnten doch gleichfalls sie „von ihren Wählern abberufen werden, wenn sie gegen die Verfassung oder die Gesetze" verstießen „oder sonst ihre Pflichten gröblich" verletzten (Art. 95, 2). Und der Abberufende war im Falle des Obersten Gerichts der Deutschen Demokratischen Republik als unbeschränkter Pleokratie, wie gezeigt, die Volkskammer (Art. 50, 2): mit dem sie beherrschenden Staatsrat über sich. Abberufbarkeit heißt eben wieder Abhängigkeit. Ebenfalls was Kuba angeht, ist zwar bestimmt: „Die Richter sind bei der Ausübung der richterlichen Gewalt unabhängig und nur dem Gesetz unterworfen" (Art. 125 Kub. Verf., 1976). Doch gilt auch für sie die Abberufbarkeit durch „das Organ ..., das sie wählt" (Art. 129). Und das ist in Kuba als unbeschränkter Monokratie für das Oberste Volksgericht, wie gesagt, die Nationalversammlung (Art. 73 m): mit dem sie beherrschenden Präsidenten des Staatsrats über sich.

In diesen Zusammenhang gehört eine Besonderheit. Wie dargetan, war **das nationalsozialistische Deutschland,** nach dem Ausscheiden von HINDENBURGS im August 1934 abschließend ein autoritärer Staat geworden, noch keine Einzeldiktatur, sondern eine beschränkte Monokratie (o. A I 2 b β). Dies änderte sich verfassungsgesetzlich am 26. April 1942 mit folgendem Beschluß des Großdeutschen Reichstags: „‚... Der Führer muß ... – ohne an bestehende Rechtsvorschriften gebunden zu sein – in seiner Eigenschaft als Führer der Nation, als Oberster Befehlshaber der Wehrmacht, als oberster Gerichtsherr ... jederzeit in der Lage sein, nötigenfalls jeden Deutschen – sei er einfacher Soldat oder Offizier, niedriger oder hoher Beamter oder Richter ... – mit allen ihm geeignet erscheinenden Mitteln zur Erfüllung seiner Pflichten anzuhalten und bei Verletzung dieser Pflichten nach gewissenhafter Prüfung ohne Rücksicht auf sogenannte wohlerworbenen Rechte mit der ihm gebührenden Sühne zu belegen, ihn im besonderen ohne Einleitung vorgeschriebener Verfahren aus seinem Amte, aus seinem Rang und seiner Stellung zu entfernen.'" (ReichstagsB, 1942). Dies stellte die verfassungsgesetzliche Herstellung einer Einzeldiktatur dar. Daß zunächst in dem Beschluß die Stellung HITLERS als ‚oberster Gesetzesherr' nicht eingeschlossen war, fällt nicht ins Gewicht. Denn die besaß er, wie festgestellt, schon als beschränkter Monokrat (o. A I 2 b β). Daß sodann in dem Beschluß seine Stellung als ‚oberster Ausführungsherr' näher und teils pleonastisch umschrieben ist, bedeutet ebenfalls nicht Neues. Denn auch sie besaß er, wie festgestellt, bereits als beschränkter Monokrat, obwohl – das gilt der Wehrmacht – teils noch nicht gefestigt (a. a. O.). Neu hingegen und vervollständigend ist die Stellung „als oberster Gerichtsherr". Denn wie ihm diese 1934 noch grundsätzlich fehlte (a. a. O.), so wurde mit ihr die Gewaltenvereinigung im Organ des Führers und Reichskanzlers gesetzlich abgeschlossen: Er war zum unbeschränkten Monokraten, d.h. zum Einzeldiktator, geworden. Daß er insgesamt an eine ‚gewissenhafte Prüfung' gebunden war, bildete – obwohl die Gewissensentscheidung eine solche für das Seinsollende: das Recht als das Gerechte, sachlich Gebotene, ist (BRINKMANN, S. 263ff.), bloß ein nominales Hindernis. Auch erfolgte die Herbeiführung der gänzlichen Gewaltenvereinigung, wie gesagt, nur „verfassungsgesetzlich"; und das bedeutet: Der Beschluß bestimmte bloß *formell* das, was *materiell* schon zuvor bestand. So begann die Diktatur HITLERS nicht erst im April 1942, sondern schon 1938; wenn nicht bereits mit dem Anschluß Österreichs im März, so doch mit dem des Sudentenlandes im Oktober.

Hier ist noch der Ort, um auf den sog. **Parlamentsabsolutismus** einzugehen. Heißt es, daß „auch in Demokratien von A.[bsolutismus] gesprochen" wird, „wenn bei Ablehnung der Gewaltenteilung die Volksvertretung eine unbeschränkte Gewalt innehat *(Parlamentsabsolutismus)*" (BROCKHAUS, I, S. 62 r., Artikel: „Absolutismus"), so ist daran nur richtig, daß es sich um einen Staat *ohne Gewaltenteilung* handelt, also *mit Gewaltenvereinigung*. Aber es geht um *keine Demokratie*. Zunächst um keine unmittelbare, weil diese zwar eine Volksversammlung, aber kein Parlament hat. Und sodann um keine mittelbare, weil diese beschränkt ist. Um was es sich daher dreht, ist eine *unbeschränkte Pleokratie:* Das Parlament stellt insoweit die Mehreren dar, die – im geschilderten Rahmen des Möglichen – die drei Gewalten auf sich vereinigen (o. A II 2 a). Der Staat mit Parlamentsabsolutheit bildet also bloß einen **Sonderfall der Mehrherrschaft** und nicht der Vielherrschaft. Einen solchen Sonderfall gäben die sozialistischen Staaten ab, wenn sie, wie vorgegeben, unter der gewaltenvereinigenden Herrschaft ihrer Parlamente ständen. Aber das tun sie – wie oben nochmals an den Beispielen der Deutschen Demokratischen Republik, Kubas und der Sowjet-Union bis 1990 gezeigt, gerade nicht. Was in einer Polykratie, auch als Demokratie, allein möglich ist, das ist die gekennzeichnete – relative – *Parlamentssouveränität* (o. A III 3 b, Ende). Dem nähert sich immerhin, zwar nicht in den Worten, doch in der Sache, folgende weitere Ansicht: Man „spricht ..., allerdings mit einer gewissen Übertreibung, von einem *Parlamentsabsolutismus* in solchen Staaten, in denen das Parlament nicht nur die gesetzgebende Gewalt, sondern auch die vollziehende beherrscht und auf die richterliche Gewalt maßgebenden Einfluß ausübt" (HELFRITZ, S. 104, Anm. 1).

Sog. Polizei-, Wohlfahrts- und Verwaltungsstaat

Zum **Polizeistaat** wurde bereits gesagt, daß es nicht zutreffe, ihn schlechthin mit dem Verwaltungs-, überhaupt dem Ausführungsstaat, ineinszusetzen (o. a.: zu den zwei KÜCHENHOFF). Denn es sei zwischen einem *geschichtlichen* und einem *gegenwärtigen* Verständnis seines Begriffs zu unterscheiden.

Der Begriff ‚Polizei' geht nun auf das schon genannte griechische πολιτεία (politeía): Staat, Staatsverfassung (o. Einleitung, 3), zurück. „Im ausgehenden Mittelalter wandelte sich der Sprachgebrauch dahin, daß man unter dem französischen Worte ‚police' und dann dem deutschen Worte ‚Polizey' die gute Ordnung verstand, die von der weltlichen Obrigkeit zu handhaben ist. In dieser Bedeutung wurden seit dem 16. Jahrhundert Reichspolizeiordnungen erlassen ... Dann aber drang die naturrechtliche Auffassung vor, wonach der Landesherr ... das Recht habe, mit allen Mitteln für das Wohl der Allgemeinheit und die einzelnen Bürger zu sorgen. Da man dieses Recht als ‚ius politiae', ‚Polizeirecht', bezeichnete, dehnte sich der Polizeibegriff" weit „aus": auf „das *gesamte Gebiet der inneren Verwaltung.*" Er „beschränkte sich also nicht auf die Ordnungsbewahrung, sondern umfaßte auch die gesamte Wohlfahrtspflege" (alles nach JELLINEK, W., S. 423, 1). Beispiele solcher Staaten bildeten früher insonderheit einige absolute Monarchien im Verbande des alten Deutschen Reiches in der zweiten Hälfte des 18. Jahrhunderts und bis ins 19. hinein. Derartige **Polizeistaaten** und – einschließlich der Wohlfahrtspflege – **Wohlfahrtsstaaten** waren die des schon erwähnten *aufgeklärten Absolutismus* (o. A I 2 a α). Außer dem dort bereits genannten **Preußen** sei hier noch auf **Baden** hingewiesen, und zwar unter „Markgraf Karl Friedrich von Baden (1748–1811)": Die „Untertanen" sollten nach seinen „Worten ... ‚frei, opulent und gesittet'" gemacht werden (nach HARTUNG, S. 140f.). Daß sich zur Erreichung des Zwecks, der Wohlfahrt, der jeweilige Staat aber fast um alles kümmerte, und zwar bis tief ins Privatleben hinein, unter Bevormundung der Bürger, hat seinen „klassischen Ausdruck in der badischen Hofkammerordnung von 1766 gefunden ...: danach sollte die Hofkammer die ‚natürliche Vormünderin' der Untertanen sein und diese ‚auch gegen ihren Willen belehren, wie sie ihre eigene Haushaltung einrichten' sollen" (S. 141). Wobei die sog. Hofkammern der deutschen „Territorien" im allgemeinen „Finanzkammern ... als zentrale Behörden" waren (HABERKERN-WALLACH, S. 288 r., Artikel: „Hofkammer"). Die Bezeichnung als **Verwaltungsstaat** bedeutet nun lediglich einen neuen Namen. Denn jener Staat wird – als *„Polizei- und Wohlfahrtsstaat"* – auch „‚als ‚Verwaltungsstaat'" bezeichnet (BROCKHAUS, XX, S. 435 r., Artikel: „Wohlfahrtsstaat", 1), ja, als „der ‚Verwaltungsstaat' des Absolutismus" (a.a.O., XIV, S. 760 l., Artikel: „Polizeistaat"). Doch das läßt ihn gemäß dem Ausgeführten nur noch eine *geschichtliche* Erscheinung sein. Dies bestätigt allgemein, daß der Begriff ‚Polizei' „Ende des 17. Jh. mit innerer Verwaltung gleichgesetzt u. in dieser Bedeutung bis in die Mitte des 19. Jh. verwendet" wurde (HABERKERN-WALLACH, S. 484 l., Artikel: „Polizei"). Die *gegenwärtige* Bedeutung ist eine andere. „Heute nennt man P.[olizeistaat] einen Staat, dessen Sicherheitsorgane weitgehend oder ganz der parlament. und/oder gerichtl. Kontrolle entzogen sind" (BROCKHAUS, XIV, a.a.O.) und damit, wie hinzuzufügen ist, ein entscheidendes Herrschaftsmittel abgeben. Während nun der **geschichtliche, ältere Polizeistaat** des monarchischen Absolutismus, überwiegend *positiven* Inhalts, wesenhaft zur gewalten*vereinigenden* Herrschaft gehörte, zur Einzelautokratie, ist das beim **gegenwärtigen, jüngeren Polizeistaat** mit einem überwiegend *negativen* Inhalt anders. Ihm stehen nicht bloß die gewalten*vereinigenden* Herrschaften innerhalb der Ein-, Mehr- und Vielherrschaft offen, vielmehr auch die nur *teils* gewalten*vereinigende* Herrschaft im autoritären Staat. Der Polizeistaat *muß* in *keiner* von ihnen vorliegen, aber er *kann* es. Die *geeignetste* Herrschaft für ihn ist freilich die gewaltenvereinigende, zumal als Einzel- oder Mehrheitsdiktatur; beispielsweise, wie die Erfahrung lehrt, gerade innerhalb der *sozialistischen* Staaten. Es sei insofern auf die vormalige Deutsche Demokratische Republik hingewiesen. Nun gibt es gegenüber dem älteren Polizeistaat als gleichfalls **älterem Wohlfahrtsstaat** auch noch einen **jüngeren Wohlfahrtsstaat.** Mit dem jüngeren Polizeistaat *kann* er allerdings nur verknüpft sein; und insoweit liegt er gleich diesem so vor, wie gerade geschildert. Doch kann er außerdem noch außerhalb seiner vorliegen, d.h. in einem gewalten*teilenden* Staat. Dem entspricht es weitgehend, wenn der Wohlfahrtsstaat als *„Versorgungsstaat"* nicht allein mit „Diktaturen und totalitären Staaten" verknüpft wird, „sondern auch" mit „Verfassungs- und Rechtsstaaten westlichen Gepräges" (a.a.O., XX, S. 435 r., Artikel: „Wohlfahrtsstaat", 2), d.h. gewaltenteilenden; und wenn dazu als Beispiele (Stand 1974) etwa „Großbritannien" und „Schweden" angeführt sind (S. 436 l.).

All das zeigt übrigens, wie *wenig* Polizei-, Wohlfahrts- und Verwaltungsstaat für die *Staatsformen* hergeben.

Gewaltenvereinigung sowie Recht und Unrecht

Was auf *alle unbeschränkten* Staatsformen in ihrem Verhältnis zu Recht und Unrecht zutrifft, das trifft gleicherweise auf die *gewaltenvereinigende* Herrschaft zu; haben sich doch unbeschränkte und gewaltenvereinigende Herrschaft als *dasselbe* erwiesen. Das besagt: Auch sie ist offen für **Recht oder Unrecht,** und zwar so, daß im Ergebnis für das letztere weniger die Nichtbeschränkung entscheidend ist, sondern mehr das *unrechtliche Wollen der Herrschenden* (o. A I 2, II 2, III 2, jeweils vor a). Demgemäß liegt nichts in der Gewaltenvereinigung, das sie ausschließlich für das Unrecht zugänglich machte und für das Recht unzugänglich. Allerdings wurde zur unbeschränkten Ein- und Mehrherrschaft ebenfalls gesagt, daß sie insgesamt *mehr* dem Unrecht offenstehen, und zwar zumeist infolge fehlender Beschränkung.

Das zeigt für die Einherrschaft – sieht man hier von dem noch weit schlimmeren Beispiel der **Sowjet-Union** unter STALIN ab – besonders das **nationalsozialistische Deutschland** mit der oben gekennzeichneten Vereinigung der Gewalten. So hingen die ersten größeren Verbrechen gegen die deutschen Juden vom 10. November 1938 (sog. Reichskristallnacht) mit der in jenem Jahr praktisch erreichten Einzeldiktatur HITLERS zusammen. Denn war es auch nicht er, der sie befahl, sondern GOEBBELS; ja, war sogar er es, der sie beendete (näher IRVING, S. 307 ff.), – er „billigte" dennoch „post factum die Exzesse seiner Parteigenossen" (S. 312). Und so hing – nach Einsetzen der Vorbereitungen im Sommer und Herbst 1941 – der Beginn der „systemat. Massenvergasung der J.[uden] ... im Juni 1942" (BROCKHAUS, IX, S. 514 l., Artikel: „Juden") mit der in jenem Jahr auch verfassungsgesetzlich erreichten Einzeldiktatur zusammen. Von den vielen, auf andere Weise Umgebrachten und von den nichtjüdischen Opfern nicht zu reden. Stehen die Zahlen, gerade was die jüdischen Opfer betrifft, mit großen Unterschieden auch noch so sehr im Streit, – es handelt sich doch klar um Massentötungen als schweres, ja, schwerstes Unrecht: ebenfalls *Völkermord* (zu den Zahlen aus jüngster Zeit z. B. BAUER, S. 8: „5, 6 bis 5, 8 ... Millionen", bzw. MIKSCHE, S. 108: „zwischen einer und 1,5 Millionen"). Lagen also die Anfänge der tyrannischen Diktatur HITLERS im Jahre 1938, – ihre Vollendung fand sie im Jahre 1942 samt allen damit verknüpften Folgen. – Was die Mehrherrschaft angeht, so zeigt das Gesagte die schon gekennzeichnete **Sowjet-Union** unter LENIN, auch sie als Tyrannis (o. A II 2 a, Ende; zur Tyrannis o. A, vor I, Keine Staatsformen).

2. Zentralistische und dezentralistische Herrschaft

Zentralisierung oder Zentralisation ist – allgemein – die *Zusammenfassung* von etwas in einer Bereichsmitte, *Dezentralisierung* oder Dezentralisation – genauso allgemein – die *Aufgliederung* von etwas in einer Bereichsmitte und möglicherweise außerhalb ihrer. Hier handelt es sich – besonders – um die Zusammenfassung bzw. Aufgliederung *staatlicher Gewalt und Tätigkeit* mit Bezug auf die *Staatsmitte.* Bei einer bestimmten Zusammenfassung liegt nun ein *zentralistischer* Staat vor, bei einer bestimmten Aufgliederung ein *dezentralistischer.*

a) Die zentralistische Herrschaft

Zentralistisch in strenger Bedeutung ist der Staat, in dem alle Staatsgewalt derart in einem obersten Staatsorgan als Staatsmitte zusammengefaßt, zentralisiert, ist, daß jede einzelne Staatstätigkeit allein von ihm den Ausgang nimmt und allein von ihm gelenkt wird. Die Staatsform ist **Zentralismus.**

Nun handelt es sich aber mit der Zentralisation *aller* Staatsgewalt, also der gesetzgebenden, ausführenden und rechtsprechenden, bei einem obersten Staatsorgan sowie dem Ausgang *jeder* Staatstätigkeit von ihm und ihrer Lenkung durch es offensichtlich um den *gewaltenvereinigenden* Staat, lediglich unter einem *anderen Gesichtspunkt.* Wie sich dieser Staat jedoch als – von der jeweils *unbeschränkten* oder *absoluten* Art der drei Hauptstaatsformen: Ein-, Mehr- und Vielherrschaft – *umfaßter* erwies (o. 1 b), so trifft dies gleichermaßen auf den zentralistischen Staat zu. Und wie zum gewaltenvereinigenden oder unbeschränkten Staat jeweils festgestellt wurde, daß *ein* Organ gar nicht in der Lage ist, die drei staatlichen Grundtätigkeiten allein auszuführen, und daß es immer wieder Organe gibt, die ohne seine Entscheidung oder gar gegen sie handeln, so trifft dies desgleichen auf den zentralistischen Staat zu. Gleich dem gewaltenvereinigenden Staat ist daher auch der **zentralistische,** von vornherein **nicht in strenger Bedeutung** zu verstehen, lediglich ein **wesentlich zentralistischer.**

Mit all dem stimmen andere Ansichten teils überein, teils nicht.

So ist es erstens, wenn z. B. unter *„Zentralismus* ... eine Form der Staatsorganisation" begriffen wird, „bei der die gesamte öffentliche Tätigkeit von einer zentralen Gewalt ausgeht, bei dieser zusammenläuft und von Behörden gelenkt wird, deren Befugnisse das ganze Staatswesen durchdringen und das gesamte Staatsgebiet umfassen" (BROCKHAUS, XX, S. 651 l., r., Artikel: „Zentralismus"). Diese im wesentlichen zutreffende Definition wird nun teils auf Staaten angewandt, auf die sie nicht paßt, so daß ihr Sinn ein teilweise anderer ist. So sehr nämlich mit ihr nur der *gewaltenvereinigende* Staat vereinbar ist, so wenig ist es doch mit ihr vereinbar, daß sich der „Z.[entralismus] ... am deutlichsten im zentralisierten Einheitsstaat ... , wie ihn z. B. Frankreich repräsentiert", äußert (S. 651 r.). Denn Frankreich ist, obwohl nicht gerade ein Vorbild der beschränkten Polykratie als gewalten*teilenden* Staates (o. 1 a), so doch *keine unbeschränkte* Polykratie als *gewaltenvereinigende.* In ihm geht „die gesamte öffentliche Tätigkeit" eben *nicht* „von einer zentralen Gewalt" aus; wie sie auch *nicht* „bei dieser zusammenläuft" usw. D.h. aber: Es ist nicht erkannt, daß der *zentralistische* Staat erst dann vorliegt, wenn das Ergebnis der Zentralisation die *Gewaltenvereinigung* ist, sonst indes nicht. Dies so, daß eine bloß teilweise Zentralisierung nicht genügt. Ob es – darüber hinaus – richtig ist, Frankreich zwar keinen zentralistischen, doch „zentralisierten Einheitsstaat" zu nennen, wird noch mit Rücksicht auf die *Selbstverwaltung* zu püfen sein (u. b). Richtig ist es dagegen, wenn vom ehemals „absoluten Frankreich" – mithin als gewaltenvereinigendem Staat, auf den die obige Definition des Zentralismus paßt – gesagt wird, daß „die Selbständigkeit der Kommunen, Seigneurien, Generalstände und Provinzen teilweise erhalten" blieb (BROCKHAUS, a.a.O.). Denn dies ließ das damalige Frankreich auf seine Weise einen zentralistischen Staat als voraussetzungsgemäß wesentlichen sein. Doch gehört das – gleich, auf welche sonstige Art: enger oder weiter – zu *jedem* zentralistischen. Mit der Ansicht endlich: „Die Idealform ... hat in der Geschichte noch kein Beispiel gefunden" (a.a.O.), ist noch verkannt, daß es angesichts der *Unmöglichkeit* eines zentralistischen Staates in strenger Bedeutung von vornherein gar nicht um einen solchen: die Idealform, geht, vielmehr um den allein *möglichen:* den wesentlichen. Deshalb ging es auch beim gewaltenvereinigenden Staat nicht um eine Idealform, sondern ebenfalls nur um den erreichbar wesentlichen.

Zweitens ist es noch so, wenn beispielsweise im Ausgang zwar auf den Gegensatz „von Zentralisation und Dezentralisation" abgestellt wird (JELLINEK, G., S. 626), doch dann beider Ergebnis: Zentralismus bzw. Dezentralismus, wieder zum Teil verfehlt wird. Heißt es nämlich weiter, daß der „Schultypus des Staates ... der zentralisierte gewesen" sei, „in dem die ganze öffentliche, sich des Imperiums bedienende Tätigkeit ausschließlich vom Zentrum des Staates ausgeht und darauf zurückführt, d. h. wo alle in das Gebiet des öffentlichen Rechtes fallenden Angelegenheiten von Organen erledigt werden, deren räumliche Kompetenz sich über das ganze Staatsgebiet erstreckt" (S. 626f.), so gilt dazu: Mit dem „Zentrum" und den „Organen" ist nicht bloß zutreffend der unbeschränkte, gewaltenvereinigende, Staat gemeint, sondern unzutreffend gleichfalls der beschränkte, auch als gewaltenteilender und somit dezentralistischer (u. b). Zutreffend ist es dagegen wieder, wenn zum „fürstlichen Absolutismus" – also bestimmten unbeschränkten, gewaltenvereinigenden, Staaten – gesagt wird, daß es ihm „niemals gelungen" ist, „das selbständige politische Leben der Kommunen, Grundherren, Ständeversammlungen usw. gänzlich zu ersticken"; dies erneut am Beispiel Frankreichs „des 17. und 18. Jahrhunderts" (S. 627). Wie hiermit aber nur wiederum der Zentralismus als lediglich wesentlicher zum Ausdruck kommt, so dreht es sich allein um ihn, nicht hingegen um einen „Schultypus". Daß übrigens die Wesentlichkeit merklich *weiter* ausfallen kann als in der absoluten Monarchie, nämlich innerhalb der *sozialistischen* Staaten, konnte JELLINEK noch nicht wissen.

Heißt es ferner: „Dem Z.[entralismus] entgegengesetzt ist der Föderalismus" (BROCKHAUS, XX, S. 651 r., Artikel: „Zentralismus"), so ist ebenfalls das unzutreffend. Letzterer ist vielmehr dem *Unitarismus* entgegengesetzt, gemäß dem Gegensatz von Einheits- und Bundesstaat; der zweite dabei als Mehrheits- bis Vielheitsstaat (u. II, vor 1). Demgemäß *kann* zwar der Einheitsstaat ein zentralistischer sein, nämlich als gewaltenvereinigender, aber auch ein dezentralistischer, zumal als gewaltenteilender (u. b).

Besonders einzugehen ist auf den sog. **demokratischen Zentralismus** der genannten **sozialistischen Staaten.** So hieß es z. B. in der Verfassungsurkunde der **Deutschen Demokratischen Republik:** „Die Souveränität des werktätigen Volkes, verwirklicht auf der Grundlage des demokratischen Zentralismus, ist das tragende Prinzip des Staatsaufbaus" (Art. 47 II Verf. DDR, 1968/1974). Wobei als Niederschlag dieser Grundlage die Volkskammer als Herrschaftsmitte galt, in der alle Staatsgewalt zentralisiert sei, und von der allein jede Herrschaftstätigkeit ausgehe sowie gelenkt werde. Entsprechend ist es in der Republik **Kuba,** wenn es heißt: „Die Organe des Staates bilden sich, funktionieren und entwikkeln ihre Tätigkeit auf der Grundlage der Prinzipien" u. a. „des demokratischen Zentralismus" (Art. 66 Kub. Verf., 1976). Wobei nunmehr als Niederschlag dieser Grundlage die Nationalversammlung als die gekennzeichnete Herrschaftsmitte gilt. In den übrigen berücksichtigten sozialistischen Staaten steht es – mit dem jeweils genannten „demokratischen Zentralismus" (Art. 9 Nordkor. Verf., 1972, Art. 3 II Chin. Verf., 1978/1979, Art. 3 Sowj. Verf. 1977/1988) und dem als Herrschaftsmitte geltenden jeweiligen Gesamtorgan – nicht anders. – Zwar enthält nun der Ausdruck ‚demokratischer Zentralismus' keinen Widerspruch in sich; denn jede unbeschränkte, gewaltenvereinigende, Demokratie, allgemein: Polykratie, ist zentralistisch. Auch ist dies mit der oben dargetanen Beschränkung stets nur wesentlich so, außerdem in der einen Polykratie – z. B. dem klassischen **Athen** – stärker und in der anderen – etwa dem gegenwärtigen **Appenzell-Innerrhoden** – schwächer; und das ändert, weil beides im Rahmen des Wesentlichen liegt, am Zentralismus nichts. Doch zu den sozialistischen Staaten hatte sich ja ergeben, daß sie gerade *keine Demokratien,* wieder allgemein: Polykratien, sind, vielmehr entweder Mehrherrschaften – etwa **China** – oder Einherrschaften – z. B. **Kuba** (o. A III 3 b, Anhang). Wie sie dies jedoch als jeweils unbeschränkte und also gewaltenvereinigende sind, so sind sie eben als *Pleo-* bzw. *Monokratien* zentralistisch. Insgesamt: ein *undemokratischer* Zentralismus.

In diesem Bereich ist auf den **Totalitarismus** einzugehen. Daß er eine „besondere Form zentralisierter Organisation" hervorbrachte (BROCKHAUS, XX, S. 651 r., Artikel: „Zentralismus"), ist so nicht haltbar. Dies ergibt sich schon daraus, daß auch eine *dezentralistische* Organisation, z. B. eines gewaltenteilenden Staates, *totalitär* oder *total* sein kann. Sein Gesetzgeber braucht nur Gesetze zu erlassen, die, weit in die gesellschaftlichen und persönlichen Lebensbereiche eindringend, *staatsfreie Bereiche grundsätzlich nicht anerkennen;* die Ausführenden brauchen bloß nach solchen Gesetzen *vorzugehen* und die Rechtsprechenden sie nur ihren Entscheidungen *zugrundezulegen,* – und der dezentralistische Staat ist *totalitär.* Dies gleichgültig, ob es nun die Bevölkerung überhaupt oder – wie zumeist – lediglich in Teilen, etwa Minderheiten, betrifft. Das gilt selbst dann, wenn dieser Staat in seiner Verfassungsurkunde *Grundrechtsbestimmungen* hat. Man denke insofern an die gewaltenteilenden **Vereinigten Staaten von Amerika** sowie an die Behandlung, die sie lange Zeit ihren Negersklaven zukommen ließen. Daß damals auch „in den Verein. Staaten ... das Sklavenrecht in der Entwicklung zum Sachenrecht" tendierte, „d.h. dem Sklaven ... keine eigene Rechtspersönlichkeit zugebilligt" wurde (a.a.O., XVII, S. 490 r., Artikel: „Sklaverei"), sagt insoweit alles. Es ist also verfehlt, als Beispiele für totalitäre Staaten *einzig* auf solche mit *zentralistischer,* gewaltenvereinigender, Organisation hinzuweisen, etwa **Deutschland** „unter dem Nationalsozialismus" und auf die **Sowjet-Union** „unter Stalin" sowie auf **Frankreich** „unter der Schreckensherrschaft" (so indes a.a.O., XVIII, S. 775 r., Artikel: „totalitärer Staat, totaler Staat"). Nach allem läßt sich vielmehr zutreffend allein sagen, daß der Zentralismus die *geeignetste* Staatsform für den Totalitarismus ist. Damit kommt aber zugleich zum Ausdruck, daß ein zentralistischer Staat keineswegs totalitär sein *muß,* sondern lediglich sein *kann.* So gibt der Totalitarismus für die *Staatsform* nur *wenig* her.

Was noch den zentralistischen Staat in seinem **Verhältnis zu Recht und Unrecht** anlangt, so gilt zu ihm das, was insofern bereits zum gewaltenvereinigenden gesagt wurde (o. 1 b, Ende). Denn beide sind ja dasselbe.

b) Die dezentralistische Herrschaft

Dezentralistisch in strengem Sinne ist der Staat, in dem alle Staatsgewalt derart auf oberste Staatsorgane als Staatsmitte und möglicherweise auf untere Staatsorgane aufgegliedert, dezentralisiert, ist, daß bestimmte Staatstätigkeiten einzig von ihnen ihren Ausgang nehmen und einzig von ihnen gelenkt werden. Die Staatsform ist **Dezentralismus.**

Auf Grund der Dezentralisation *aller* Staatsgewalt, mithin wieder der gesetzgebenden, ausführenden und rechtsprechenden, auf oberste Staatsorgane und möglicherweise auf untere sowie des Ausgangs jeweils *bestimmter* Staatstätigkeiten von ihnen und deren Lenkung durch sie ergibt sich: Es dreht sich offenbar um den die Staatsgewalt irgendwie *aufgliedernden,* zumal *gewaltenteilenden,* Staat, auch wieder bloß unter einem *anderen Gesichtspunkt.* Da dieser Staat sich jedoch als – von der jeweilig *beschränkten* oder *relativen* Art der drei Hauptstaatsformen: der Mono-, Pleo-und Polykratie – *umfaßter* herausstellte (o. 1 a), deswegen trifft das ebenfalls auf den dezentralistischen Staat zu. Und da der gewaltenteilende Staat als beschränkter sich nicht als *gänzlich* gewaltenteilend bzw. beschränkt herausstellte, vielmehr lediglich als *teilweise* (a.a.O.), deshalb gilt das desgleichen vom dezentralistischen Staat. Gleichfalls auf ihn trifft es eben zu, daß die vorrangige Quelle der Staatsgewalt, die Gewaltenhemmung und das Nichtwollen eines gewissen Restes möglicher Gewaltenteilung diese als gänzliche ausschließen. Wie der dezentralistische Staat, so ist folglich auch der **Dezentralismus** als bloß **teilweiser** von vornherein **nicht in strengem Sinn** zu begreifen. Daß die Aufgliederung *möglicherweise* auf untere Organe erfolgt, besagt dreierlei: einmal, daß schon die engere

Aufgliederung der Staatsgewalt auf oberste Organe einen dezentralistischen Staat vorliegen läßt; zum anderen, daß so die weitere Aufgliederung auf untere Organe für das Vorliegen eines dezentralistischen Staates nicht erforderlich ist; und endlich, daß die weitere Aufgliederung allein, d.h. ohne die engere, zwar keinen dezentralistischen Staat macht, doch einen solchen dezentralistischer.

Der beschränkte, irgendwie gewaltenaufgliedernde, Staat hatte sich nun keineswegs nur als gewaltenteilender erwiesen, sondern auch als auf andere Weise die Staatsgewalt aufgliedernder Staat. Dies z.B. – wie in der beschränkten fürstlichen Monokratie in Gestalt der *altständischen Monarchie* – durch den Dualismus zwischen dem fürstlichen Landesherrn und den im Landtag vereinigten Landständen (o. A I 2 b α und o. 1, vor a). D.h. aber: Wie Landesherr und Landtag ihren jeweiligen – die drei Grundtätigkeiten ungetrennt betreffenden – Bereich an Zuständigkeiten hatten, so war insofern alle Staatsgewalt nicht in einem obersten Organ als Staatsmitte zusammengefaßt, zentralisiert, sondern auf mehrere oberste Organe als Staatsmitte aufgegliedert, dezentralisiert. Schon die altständische Monarchie war also dezentralistisch. Daß der Vorrang in ihr sich beim Fürsten als Hauptquelle der Staatsgewalt befand, ändert an der Aufgliederung, der Dezentralisation, nichts.

Das Gewicht liegt allerdings seit längerem beim beschränkten Staat als *teilweise gewaltenteilendem*. Das besagt: In ihm hat nunmehr jede der drei Gewalten ihren jeweiligen – wieder die drei Grundtätigkeiten betreffenden – Bereich an Zuständigkeiten, so daß gleichfalls insoweit die Staatsgewalt auf mehrere oberste Organe als Staatsmitte aufgegliedert, dezentralisiert, ist; wenngleich dies auf andere Weise der Fall ist als in der altständischen Monarchie. Auch der gewaltenteilende Staat ist mithin dezentralistisch. Daß in diesem Fall der Vorrang entweder bei der gesetzgebenden Gewalt liegt: Gesetzgebungsstaat, oder bei der ausführenden: Ausführungsstaat, (zu beiden o. 1 a) ändert wiederum an der Aufgliederung, der Dezentralisation, nichts.

Der dezentralistische Staat als gewaltenteilender beruht nun, weil die Dezentralisierung durch Gewaltenteilung etwas allein *Sachbestimmtes* ist, auf **sachlicher Dezentralisation.** Sie kann, soweit die Dezentralisierung auch etwas *Raumbestimmtes* ist, durch **räumliche Dezentralisation** *ergänzt* werden.

Wer „den dezentralisierten Staat" als einen solchen begreift, „in dem staatliche Angelegenheiten in mehr oder minder selbständiger Weise durch Staatsorgane oder Verbände mit lokal beschränkter Zuständigkeit erledigt werden" (JELLINEK, G., S. 627), stellt damit nur auf die *räumliche* Dezentralisation ab. Das geschieht ebenfalls, wenn von der „gebietlichen Aufgliederung" als „*Dezentralisation* der Staatsgewalt" gesprochen wird (KÜCHENHOFF-KÜCHENHOFF, S. 206), d.h. von der „*Verteilung der Staatsaufgaben zwischen der Staatszentrale und den dieser nachgeordneten, aber eigenständigen Gebietskörperschaften*" (S. 207). Hiermit ist jedoch in beiden Fällen die *sachliche* Dezentralisierung, wie sie mit der Gewaltenteilung vorliegt, außer Acht gelassen und damit vom dezentralisierten Staat *unrichtig ausgeschlossen*. Der Fehler liegt bereits im Ausgang: dem von der „*Gliederung des Staates*" (JELLINEK, S. 625ff.). Denn sie hat mit der Aufgliederung auch der Staatsmitte, zumal durch Gewaltenteilung, nichts zu tun.

Daß die räumliche Dezentralisierung die sachliche, die durch Gewaltenteilung, nur *ergänzen* kann, besagt, daß jene diese *nicht* zu *ersetzen* vermag. Ein nichtgewaltenteilender Staat, also ein gewaltenvereinigender, kann durch eine –

nachgeordnete – räumliche Dezentralisierung unterhalb der Staatsmitte, soweit sie überhaupt noch möglich ist, nicht zu einem dezentralistischen werden.

Zur allein möglichen *Ergänzung* sei auf die **körperschaftliche Selbstverwaltung** eingegangen, d.h. auf die hoheitliche Tätigkeit der Körperschaften (Verbände) des öffentlichen Rechts in *eigenen Angelegenheiten,* und zwar im *Rahmen* staatlicher *Gesetze* in *eigener Verantwortung.* Wie diese Körperschaften aber teils *gegenständlich* bestimmt sind, z.B. als Handwerkskammern, und teils *räumlich,* etwa als Gemeinden, so geht es unter ihnen lediglich um die **Gebietskörperschaften.** Sie sind es mithin, die – in Beschränkung auf die genannten eigenen Angelegenheiten – einen durch Gewaltenteilung bereits *sachlich* dezentralisierten und schon damit dezentralistischen Staat auch noch zu einem *räumlich* dezentralisierten und hiermit zusätzlich dezentralistischen machen. Das ist beispielsweise in **Bayern** so. Zur Gewaltenteilung (Art. 5 Bayer. Verf., 1946) tritt, wie folgt, die gemeindliche Selbstverwaltung hinzu: „Die Gemeinden" als „Gebietskörperschaften des öffentlichen Rechts ... haben das Recht, ihre eigenen Angelegenheiten im Rahmen der Gesetze selbst zu ordnen und zu verwalten ... " (Art. 11 II). Aber gleichfalls noch **Nordrhein-Westfalen:** Zur Gewaltenteilung (Art. 3 Verf. NRW, 1950) kommt wieder die gemeindliche Selbstverwaltung (Art. 78 I). Daß neben der Selbstverwaltung noch eine ‚Fremdverwaltung' besteht, nämlich in Gestalt der sog. *Auftragsangelegenheiten* (auch, obwohl undeutlich, Pflichtaufgaben) für die übergeordnete Staatsführung, zeigt nur die *Doppelgestalt der Gemeinden.* Insoweit erneut Bayern, wo „den Gemeinden" durch „Gesetz" „Aufgaben übertragen werden" können, „die sie namens des Staates zu erfüllen haben" (Art. 11 III); und entsprechend Nordrhein-Westfalen (Art. 78 III). Die für beide Fälle – eigene und Auftragsangelegenheiten – bestehende Staatsaufsicht ist bezüglich der eigenen allein durch die Überwachung ihrer Gesetzmäßigkeit (oder Rechtsgemäßheit): „Rechtsaufsicht", gekennzeichnet, bezüglich der aufgetragenen vor allem durch ein Weisungsrecht: „Fachaufsicht" (Art. 109 Bayer. GO, i.d.F. 1970); beide auch „allgemeine Aufsicht" bzw. „Sonderaufsicht" genannt (Art. 106 GO NRW, i.d.F. 1984).

Ob man übrigens die selbständige Tätigkeit als eine den Gebietskörperschaften *ursprünglich (originär)* zustehende betrachtet oder als eine vom übergeordneten Staat *abgeleitete (derivative),* ist in der Sache ohne Gewicht. Denn auch im ersten Fall muß sie zutreffend staatlich anerkannt sein. Er ist vorausgesetzt, wenn z.B. die „Gemeinden" als „ursprüngliche Gebietskörperschaften" bezeichnet werden (Art. 11 II 1 Bayer. Verf.). Der Auffassung von der ursprünglichen Zuständigkeit liegt dann noch als weitere die des *staatlichen Aufbaus von unten nach oben* zugrunde, der Auffassung von der abgeleiteten Zuständigkeit als weitere die des *staatlichen Aufbaus von oben nach unten.* Gleichfalls das ist sachlich ohne Gewicht. Auch im ersten Fall geht es wieder nicht ohne die genannte staatliche Anerkennung. Er ist vorausgesetzt, wenn es beispielsweise heißt: „Die Selbstverwaltung der Gemeinden dient dem Aufbau der Demokratie in Bayern von unten nach oben" (IV). Mit dem jeweils ersten Fall hängt noch das sog. **Subsidiaritätsprinzip** zusammen: der Grundsatz des ersatz- oder hilfsweisen Beistands (von lateinisch subsidium: u.a. Hilfe, Beistand). Darunter ist zu verstehen, daß die höhere Einheit – hier der übergeordnete Staat – ersatz- oder hilfsweise erst dann eingreift, wenn die untere Einheit – hier im Ausgang die Gemeinde – gewisse Angelegenheiten *nicht mehr* oder *nicht hinreichend* zu erledigen vermag. Allein – der Staat gibt z.B. Gesetze nicht deshalb, weil die Gemeinden das nicht mehr oder nicht hinreichend können, also bloß ersatz- oder hilfsweise, sondern weil es zu ihm als Umfassendem, zu *seiner* und nicht der Gemeinden Zuständigkeit, gehört; und zwar gleich, ob und wie diese Gesetze geben könnten. Der Staat ist kein Lückenbüßer der Gemeinden. Der sich mit dem Subsidiaritätsprinzip in Anwendung auf den Staat verbindende, jedenfalls *ursprüngliche Vorrang* der *unteren* Einheit vor der *oberen* besteht *nicht*.

Von hier aus ist darauf zurückzukommen, daß **Frankreich** – unrichtig als Beispiel für den Zentralismus gebracht – ein ‚zentralisierter Einheitsstaat' genannt wird (o. a: BROCKHAUS). Was die soeben gekennzeichnete Selbstverwaltung angeht, so ist auch in Bezug auf sie die Benennung wieder unrichtig. Das ergibt sich, wie folgt: Zu den „Gebietskörperschaften der Republik" zählen erneut die „Gemeinden", doch ebenfalls „die Departements und die überseeischen Gebiete"; wie zu ihnen entsprechend festgesetzt ist: Sie „verwalten sich selbst durch gewählte Räte und nach Maßgabe der Gesetze" (Art. 72 I 1, II Franz. Verf., 1958). Und diese räumliche Dezentralisation bildet nur wieder eine Ergänzung zur sachlichen in Gestalt der schon festgestellten Gewaltenteilung Frankreichs (o. 1 a). Frankreich ist also ein dezentralistischer (Einheits-)Staat.

Wenn hier noch, was die räumliche Dezentralisation betrifft, auf **Italien** eingegangen wird, dann aus folgenden Gründen: In „Regionen, Provinzen und Gemeinden unterteilt" (Art. 114 Ital. Verf., 1947), sind nicht etwa nur die „Provinzen und Gemeinden ... autonome Selbstverwaltungskörperschaften" (Art. 128), sondern auch die „Regionen" (Art. 115). Ja, einigen von ihnen sind gar „nach Maßgabe besonderer verfassungsgesetzlicher Statuten besondere Formen und Bedingungen der Autonomie zugestanden" (Art. 116); darunter etwa Trient-Oberetsch (Trient-Südtirol) und Sizilien. Derart außerdem, daß alle Regionen „gesetzliche Bestimmungen für" bestimmte „Fachbereiche" erlassen können (Art. 117 I). Darüber hinaus heißt es von den „Provinzen und Gemeinden" ausdrücklich, daß sie „auch Bezirke staatlicher und regionaler Dezentralisation" sind (Art. 129 I). Mehr, zu den sog. *„Grundprinzipien"* der Verfassung gehört ebenfalls, daß die „Republik" „für die weitestgehende Dezentralisation der Verwaltung in den staatsabhängigen Diensten" sorgt (Art. 5).

Als Mittel einer räumlichen **Dezentralisierung** wird nun desgleichen die **Föderalisierung** betrachtet. Das ist z. B. so, wenn die Verteilung der „Staatsaufgaben zwischen der Staatszentrale und den ... nachgeordneten Gebietskörperschaften" auch „nach dem *föderativen Prinzip"* erfolge, d. h. in den nach ihm „organisierten *Bundesstaaten*"; dies im Ergebnis mit „den einzelnen Gebietskörperschaften" als *„Staaten": „Gliedstaaten"* (KÜCHENHOFF-KÜCHENHOFF, S. 207 B und 2). Jedoch – Dezentralisieren und Föderalisieren sind etwas *Verschiedenes*. Ersteres führt mit der gebietlichen Selbstverwaltung *nicht* zur *Staatseigenschaft* der Gebiete, so daß zumal die genannten Gemeinden weiter – nur – *Gemeinden* bleiben, sogar die gleichfalls genannten Regionen – nur – *Regionen*. Die Föderalisierung hingegen führt zur *Staatseigenschaft* der Gebiete oder beläßt sie ihnen, so daß sie *Staaten* werden bzw. solche bleiben. Überdies stellt zwar ein *förderalisierter* Staat in Gestalt des Bundesstaates eine *Staatenverbindung* dar, nicht aber etwa ein durch Gemeinden mit Selbstverwaltung *dezentralisierter* Staat eine *Gemeindeverbindung*. Die *Föderalisierung* ist die Antwort auf die Frage, wie man aus *einem* Staat mehrere bis viele *andere* Staaten macht, unter Beibehaltung der Staatlichkeit *des ersteren;* oder wie man aus mehreren bis vielen Staaten *einen* Staat macht, unter Beibehaltung der Staatlichkeit *der ersteren*. Die räumliche *Dezentralisierung* dagegen ist die Antwort auf die Frage, wie man innerhalb eines *Einheitsstaates* bestimmte Staatsgewalt und -tätigkeit gebietlich bei *anderen* Organen als *zentralen* sein bzw. von ihnen ausgehen und lenken läßt. Deshalb ist in einem *Bundesstaat* als *Gesamt*staat *keine räumliche Dezentralisierung* in Gestalt von Gebietskörperschaften möglich, wohl aber in seinen *Glied*staaten als in der Regel *Einheits*staaten. Man denke zu allem erstens etwa an die Bundesrepublik Deutschland mit ihren Gliedstaaten oder noch an die Bundesrepublik Österreich mit den ihrigen; und man denke zweitens in beiden Fällen an die Gemeinden als Gebietskörperschaften mit Selbstverwaltung innerhalb der Gliedstaaten. Nach alledem trifft es nicht zu, als die „Gliederungsformen dezentralisierter Staaten" einmal „dezentralisierte Einheitsstaaten" und zum anderen „Bundesstaaten" zu betrachten (so indes die zwei KÜCHENHOFF, S. 247, Zweiter Abschn.).

Auch zum Dezentralismus ist besonders auf **die sozialistischen Staaten** einzugehen. Zwar kann es in ihnen als gewaltenvereinigenden Staaten (o. 1 b), die sich außerdem zum Zentralismus bekennen (o. a), folgerichtig neben der *sachlichen Zentralisierung* durch Gewaltenvereinigung *keine räumliche Dezentralisierung* durch Gebietskörperschaften mit Selbstverwaltung geben. Und das kommt teilweise klar zum Ausdruck. So etwa in **Kuba.** Gegliedert „in Provinzen und Bezirke", aber „darüberhinaus" auch „andere" – mögliche – „Untergliederungen" (Art. 100 Kub. Verf. 1976), hat es an deren jeweiliger Spitze die „Versammlungen der Delegierten der Volksmacht" als „die obersten örtlichen Organe der Staatsmacht" gestellt (Art. 101). Und diese Organe „führen und setzen" – allem voran – „die allgemeinen Gesetze und Verfügungen der obersten Staatsorgane durch" (Art. 105 a). Wobei übrigens die entscheidende Stellung dem sog. „Exekutivkomitee" zukommt, das von den „Provinz- und Bezirksversammlungen" jeweils „aus der Mitte der Abgeordneten der betreffenden Versammlungen" gewählt wird (Artt. 114 I, 115 I); und das zwischen „den Sitzungen der Versammlung ... deren" – wichtigste – „Funktionen" ausübt (Art. 117 I). Allem entspricht ein System strenger Über- und Unterordnung (Art. 66 d, e, f): Nichts von Selbstverwaltung. – Teilweise wird nun aber – allerdings fassadenhaft – der gegenteilige Eindruck erweckt. So war es z. B. in der **Deutschen Demokratischen Republik.** „Die örtlichen Volksvertretungen" entschieden nämlich in ihr „auf der Grundlage der Gesetze in eigener Verantwortung über alle Angelegenheiten, die ihr Gebiet und seine Bürger betreffen" (Art. 81 II 1 Verf. DDR, 1968/1974). Weil indes diese Volksvertretungen nur die „Organe der Staatsmacht in den Bezirken, Kreisen, Städten, Stadtbezirken, Gemeinden und Gemeindeverbänden" waren (I), deshalb wurden ihre „Aufgaben und Befugnisse – auch die „ihrer Abgeordneten, Kommissionen und ihrer Räte" – „durch Gesetz festgelegt" (Art. 85). Dabei kam die entscheidende Stellung diesmal dem von jeder örtlichen Volksvertretung gewählten „Rat" (Art. 83 I 1) zu; wie dieser auch noch dem – jeweils – „übergeordneten Rat rechenschaftspflichtig" war (II 2). Mehr, es war der „Staatsrat", die Oberregierung, welcher „die örtlichen Volksvertretungen als Organe der einheitlichen sozialistischen Staatsmacht" unterstützte und „Einfluß" nahm „auf die Wahrung sowie ... Festigung der sozialistischen Gesetzlichkeit" (Art. 70); d. h. er hat die sog. Volksvertretungen tatsächlich geleitet. In dem Gesamtrahmen der Durchgriffsmöglichkeit vom obersten bis zum untersten Organ blieb für eine Selbstverwaltung kein Raum. Dem entspricht die Ausführung: „Ausgeschlossen ist ... jene illusionäre ... Vorstellung von ‚Selbstverwaltung', die von den Grundbedingungen der Gesellschaft, ihrem Systemcharakter, keine Notiz nehmen möchte und sich in der Praxis als lokale Engstirnigkeit und

Kirchturmautarkie erweist" (ARLT usw., II, S. 370). All das mit ein Grund dafür, daß zumal Städte und Gemeinden so herunterkamen. – Als letztes Beispiel noch die **Sowjet-Union.** Daß der „demokratische Zentralismus ... die einheitliche Leitung mit der Initiative und schöpferischen Aktivität im örtlichen Bereich" verbindet (Art. 3, 2 Sowj. Verf., 1977/1988), ist ausgeschlossen. Zunächst sind ebenfalls die örtlichen Organe solche „der Staatsgewalt", nämlich „in den Gauen, Gebieten, Autonomen Gebieten, Autonomen Kreisen, Bezirken (Rayons), Städten, Stadtbezirken, Siedlungen und ländlichen Ortschaften"; und das sind die jeweiligen „Sowjets der Volksdeputierten" (Art. 145). Diese entscheiden nun zwar „alle Fragen von örtlicher Bedeutung"; wobei sie jedoch „von den gesamtstaatlichen Interessen und den Interessen der Bürger ihres Territoriums ausgehen, ... die Beschlüsse der übergeordneten staatlichen Organe" verwirklichen und „die Tätigkeit der untergeordneten Sowjets der Volksdeputierten" leiten (Art. 146 I). Dies derart, daß innerhalb der gesamten örtlichen Organe eine Leitung von oben nach unten besteht. Das Oben reicht aber noch über das jeweilige höchste örtliche Organ hinaus. Dies zeigt folgende Bestimmung: „Der Ministerrat", die Regierung, „der UdSSR hat das Recht", u. a. „Akte ... der staatlichen Komitees ... sowie anderer ihm unterstellten Organe aufzuheben" (Art. 134). Zu diesen Komitees zählen nämlich desgleichen die der örtlichen Staatsorgane. Das tun sie als ihre „vollziehenden und verfügenden Organe", als die „von ihnen gewählten Exekutivkomitees" (Art. 150 I). Sie sind es, welche dieses Mal die entscheidende Stellung einnehmen. Zwar sind sie auch den jeweiligen Sowjets der Volksdeputierten, doch entscheidend „dem übergeordneten vollziehenden und verfügenden Organ unmittelbar rechenschaftspflichtig" (II, III), d.h. dem jeweils übergeordneten Exekutivkomitee. Daß schließlich der Vorsitzende des Ministerrates eine Vertrauensperson des Vorsitzenden des Obersten Sowjets ist, wurde bereits gezeigt (o. A III 3 b, Anhang). Und damit reicht das Oben gar bis zum Staatsoberhaupt. Für eine Selbstverwaltung ist im Gesamtrahmen der Durchgriffsmöglichkeit vom obersten bis zum untersten Organ erneut kein Raum. Dies hat die Reform von 1990 unberührt gelassen, nur daß an die Stelle des Vorsitzenden des Obersten Sowjets *als Staatsoberhaupts* nun der neue Staatspräsident getreten ist (a.a.O., Ende). Hiermit ist es aber nach der Reform so: Zwar wurde in der Sowjet-Union der Grund für eine gewaltenteilende Herrschaft gelegt (o. 1 b), so daß insoweit eine *sachliche* Dezentralisation begründet ist; aber die sonstige Zentralisation wurde beibehalten, so daß insoweit *keine räumliche* Dezentralisation besteht. Da die letztere die erstere nicht ersetzen, sondern allein *ergänzen* kann, sind jedoch sachliche Dezentralisation und räumliche Zentralisation durchaus miteinander vereinbar: Die Sowjet-Union ist, was die Staatsmitte – die obersten Staatsorgane – anlangt, jedenfalls dezentralistisch angelegt; was die Staatsorgane darunter betrifft, ist sie aber, freilich nicht entscheidend, zentralistisch. Wie sich dies allerdings mit ihrem Anspruch, ein Bundesstaat zu sein, vereinbart, ist erst später zu zeigen (u. II 1, Anhang).

In Entsprechung dazu, daß der totalitäre oder totale Staat sich nicht als eine Besonderheit des zentralistischen Staates erwiesen hat (o. a., Ende), erweist sich der *liberale* Staat nicht als eine – vom **Liberalismus** hervorgebrachte – Besonderheit des dezentralistischen Staates. Dies folgt bereits daraus, daß ebenfalls ein Staat mit *zentralistischer* Organisation, als *gewaltenvereinigender,* liberal sein kann. Das gewaltenvereinigende Organ braucht lediglich Gesetze zu erlassen, die, *nicht weit* in die gesellschaftlichen und persönlichen Lebensbereiche eindringend, grundsätzlich *staatsfreie Bereiche anerkennen;* die Ausführenden brauchen nur nach solchen Gesetzen vorzugehen und die Rechtsprechenden sie bloß ihren Entscheidungen zugrundezulegen, – und der *zentralistische* Staat ist *liberal*. Das gilt zumal dann, wenn die Verfassungsurkunde dieses Staates *Grundrechtsbestimmungen* enthält und diesen *entsprochen* wird. Insoweit sei an das gewaltenvereinigende **Appenzell-Innerrhoden** erinnert. Dies auch und gerade in Hinblick auf die erwähnten Grundrechtsbestimmungen seiner Verfassung. Ja, es ist sogar möglich, daß ein gewaltenvereinigender und insofern entscheidend zentralistischer Staat mit einer gemeindlichen Selbstverwaltung dennoch insoweit zugleich dezentralisiert ist. Wobei auch dies durchaus vereinbar miteinander ist. So ist es etwa im gewaltenvereinigenden **Appenzell-Außerrhoden** damit, daß die „Gemeinden ... innerhalb der Schranken der Verfassung und der Gesetzgebung ihre Angelegenheiten selbständig" ordnen (Art. 72 I und folgende Artt. Verf. Appenzell-A.Rh., 1908). Es wäre mithin verfehlt, als Beispiele für liberale Staaten einzig auf solche mit *dezentralistischer*, hier *gewaltenteilender*, Organisation hinzuweisen. Zutreffend läßt sich vielmehr allein feststellen, daß der Dezentralismus die *geeignetste* Staatsform für den Liberalismus ist. Hiermit ist allerdings zugleich gesagt, daß ein dezentralistischer Staat *nicht* liberal sein *muß*, sondern es bloß *kann*.

Soweit es noch auf den dezentralistischen Staat in seinem **Verhältnis zu Recht und Unrecht** ankommt, gilt zu ihm als *sachlich* dezentralisiertem oder gewaltenteilendem das, was zu letzterem schon insofern ausgeführt wurde (o. 1 a, Ende). Sind beide doch dasselbe. Zu ihm als überdies *räumlich* dezentralisiertem ist lediglich zu sagen: Zwar ist die Selbstverwaltung schon wegen der Nähe der Gebietskörperschaften, besonders Gemeinden, zu den örtlichen Gegebenheiten und wegen ihrer Einbindung in die Verantwortung für das Ganze auf örtlicher Ebene *relativ* gerechtfertigt. Doch *absolut* ist auch sie es erst, wenn und soweit ebenfalls in ihr rechtlich und nicht unrechtlich verfahren wird.

II. Staaten umschließende Nebenstaatsformen (Staatsformen von Staatenverbindungen)

Zwar umschließen *alle* Staatenverbindungen Staaten in ihren Hauptformen; aber es gibt, wie gesagt, nicht jede von ihnen selbst einen Staat ab; wozu als Beispiel eines neuen Staates der bundesstaatliche genannt wurde (o. vor A). Damit geht es vorweg – nach Feststellung dessen, was eine Staatenverbindung allgemein ist – zunächst darum, jene besonderen Staatenverbindungen auszuscheiden, die keinen neuen Staat bilden. Und sodann handelt es sich darum, vor dem Eingehen auf die besonderen Verbindungen, die einen neuen Staat bilden, diese als *Mehrheits-* oder *Vielheitsstaaten* von den *Einheitsstaaten* abzuheben.

Jede **Staatenverbindung** wird dadurch gekennzeichnet, daß sie, mehrere bis viele Staaten jeweils insgesamt miteinander verknüpfend, über *ein* oder *mehr* als ein, ihre Verknüpfung tragendes, *Führungsorgan* verfügt; daß sie die in ihr verknüpften Glieder, und zwar als locker bis fest zusammengefügte, *Staaten bleiben* läßt; daß sie grundsätzlich auf *unbestimmte Dauer angelegt* ist; und daß sie eine, ihrer jeweiligen Art entsprechende, *Verfassung* hat.

Hiermit sind **keine Staatenverbindungen** vor allem erstens die *Staatenbündnisse*, z. B. als Verteidigungsbündnisse. Wie diese ja auch bereits die verbündeten Staaten nicht jeweils insgesamt miteinander verknüpfen, sondern bloß teilweise: in bestimmter Hinsicht. Und zweitens etwa die sog. *Staatensysteme* oder *-blöcke*, der jeweilige, „auf der Gleichheit der polit. Interessen, der geopolit. Zusammengehörigkeit oder der ideolog. Gemeinsamkeit" beruhende „Zusammenhang mehrerer Staaten" (BROCKHAUS, XVII, S. 802 l., Artikel: „Staatensystem, Staatenblock, Staatengruppe"). Man denke insoweit z. B. an die sozialistischen Staaten, soweit sie einmal einen solchen Block gebildet haben.

Werden als *„Staatenverbindungen"* „alle rechtlich geordneten, auf Dauer angelegten Vereinigungen und Zusammenschlüsse von Staaten" verstanden, „bei denen die Eigenständigkeit der Glieder als Staaten erhalten bleibt" (a.a.O., Artikel: „Staatenverbindungen"), so geht das über die obige Definition weit hinaus. Daher werden nicht nur – wie hier (u.) – etwa Staatenbund und Bundesstaat zu den Staatenverbindungen gezählt, sondern auch „z. B. Vereinte Nationen, Nordatlantikpakt-Organisation, Weltpostverein" und die „supranationalen Europ. Gemeinschaften" (a.a.O.). Doch ebenfalls was sie betrifft, fehlt es an der Umfassendheit der staatlichen Verknüpfung. So läßt sich denn insoweit höchstens von **Staatenverbindungen in weiterer Bedeutung oder uneigentlichen** sprechen und von den hier behandelten als **Staatenverbindungen in engerer Bedeutung oder eigentlichen.** Demgegenüber wird teils *nur* für die engeren als Staatenverbindungen eingetreten, für die weiteren hingegen nicht (HELFRITZ, S. 177, S. 183).

Daß es nicht richtig ist, schlechthin zwischen Staatsformen und Staatenverbindungen, auch soweit diese also einen neuen Staat bilden, zu trennen, wurde bereits festgestellt (o. vor A). Als weitere Beispiele für eine solche Trennung sei aber noch auf die zwei KÜCHENHOFF hingewiesen (S. 209 ff.: *„Staatsformen"*, S. 255 ff.: *„Die Staatenverbindungen")* sowie NAWIASKY (Staatsgesellschaftslehre, II, S. 123 ff. bzw. S. 194 ff.).

Keinen neuen Staat bildende Staatenverbindungen

Verbindungen dieser Art lassen die in ihnen verknüpften Staaten – jedenfalls wesentlich – in einem sog. **völkerrechtlichen,** d. h. **zwischenstaatlichen, Verhältnis** zueinander stehen. Und eben deswegen ist es ausgeschlossen, daß sie jeweils einen neuen Staat abgeben.

Eine insbesondere geschichtliche Erscheinung bildet die **fürstliche Personalunion.** Sie stellt die Verbindung von Staaten dar, die, ohne ein eigener Staat zu sein, durch *Zufall* oder *nicht* allein *dasselbe* fürstliche *Oberhaupt* besitzen. So etwa über eine Erbfolge bzw. eine Wahl. Zufall besagt hierbei zumal: *nicht vertraglich* zwischen den beteiligten Staaten herbeigeführt. Für gewöhnlich wird von *monarchischer* Union gesprochen (z. B. KÜCHENHOFF-KÜCHENHOFF, S. 255, Erster Abschn., I). Jedoch – dies schließt den von der fürstlichen Union mit umfaßten Fall aus, daß das Staatsoberhaupt *nicht* – oder nicht *mehr* – *Monarch,* d. h. fürstlicher *Monokrat,* ist. Der Fürst kann also nicht nur ein *regierender,* sondern gleichfalls ein *nicht*regierender sein. Er ist das *einzige,* die Staaten in ihrer Gesamtheit verbindende *Organ.* Nur darauf erstreckt sich, ob schriftlich festgehalten oder nicht, die gemeinsame Verfassung. Sie ist **keine Staatsverfassung.** Die Staaten sind *sonst unverbunden.* Doch gehört zu jeder *ihrer* Verfassungen – wieder: ob schriftlich festgehalten oder nicht – die Gliedschaft in der Union unter demselben Fürsten. Sie stellt die lockerste der hier einschlägigen Staatenverbindungen dar; wenngleich sie fest genug ist, um z. B. Kriege zwischen ihren Gliedern auszuschließen. Beispiele sind etwa: „Sachsen und Polen 1697–1763" (Wahl) sowie „England und Hannover 1714–1837" (Erbfolge) (HELFRITZ, S. 180, Anm. 2). Der Kurfürst von **Sachsen** war zugleich König von **Polen** und der Kurfürst (1814 König) von **Hannover** war zugleich König von **Großbritannien.** „Eine

P.[ersonalunion] besteht zur Zeit" (1972) „noch zwischen Großbritannien und denjenigen Staaten des Commonwealth, die keine Republiken sind und die Königin von Großbritannien als Staatsoberhaupt anerkennen" (BROCKHAUS, XIV, S. 403, l., Artikel: „Personalunion"). Damit, daß die fürstliche Personalunion auch auf einem Zufall beruhen kann, ist es übrigens unrichtig, die hier behandelten Staatenverbindungen schlechthin als „auf einer *völkerrechtlichen* Vereinbarung" beruhend zu kennzeichnen (so aber a.a.O., XVII, S. 802 l., Artikel: „Staatenverbindungen"). Allerdings ist dies, wie das Weitere zeigt, die große Regel. Unrichtig ist es aber zumal, „die *Personalunion*" zu „den scheinbaren Staatenverbindungen" (JELLINEK, G., S. 744) zu zählen; und zwar deshalb, weil sie „keine von den Staaten absichtlich herbeigeführte, also im rechtlichen Sinne zufällig," ist (S. 750, 3): „Nichts Staatliches" ist „von Rechtswegen gemeinsam" (S. 751). Für die Verbindung ist eben das Absichtliche, Vertragliche nicht erforderlich. Und ‚vertraglich' bedeutet noch lange nicht ‚rechtlich'. NAWIASKY (Staatsrechtslehre, S. 143) läßt die „*Personalunion*" zwar nicht aus „rechtlichen", doch aus „*politischen Erwägungen*" zu den „Staatenverbindungen" gehören: z. B. der, daß „kein Krieg zwischen beiden Staaten denkbar" sei.

Eine geschichtliche Erscheinung bildet die **fürstliche Realunion.** Sie ist die Verbindung von Staaten, die, ohne einen eigenen Staat darzustellen, durch *Vertrag* zwar wieder *dasselbe* fürstliche Oberhaupt haben, doch *außerdem* noch ein *weiteres* verbindendes *Organ* oder mehr. Etwa eines für auswärtige Angelegenheiten. Üblicherweise wird auch von ihr als *monarchischer* Union gesprochen (wieder z. B. die zwei KÜCHENHOFF, S. 256 i. V. m. S. 255, Erster Abschn.). Hierzu gilt, da die geschichtlichen Erscheinungen nicht die letzten gewesen sein müssen, das schon zur Personalunion Ausgeführte auch jetzt. Auf den Fürsten und das weitere verbindende Organ oder die verbindenden Organe erstreckt sich nun die gemeinsame Verfassung. Ebenfalls sie ist **keine Staatsverfassung.** Die Staaten sind *sonst* wieder *unverbunden*. Aber zu jeder *ihrer* Verfassungen gehört die Gliedschaft in der Union unter demselben Fürsten und einem oder mehr als einem anderen selben Organ. Diese Union ist schon weniger locker, ja, sie erreicht mit mehr als einem – außer dem Fürsten – gemeinsamen Organ schon eine merkliche Festigkeit. Dies zeigt zumal das Beispiel **Österreich-Ungarns** zwischen 1867 und 1918: Nach dem sog. *Ausgleich* zwischen den beiden Staaten vom 8. 2. 1867 war jeder von ihnen „als konstitutionelle Monarchie unter dem gemeinsamen Staatsoberhaupt" – als Kaiser in Österreich, als König in Ungarn – „organisiert"; und für „die den beiden Reichshälften gemeinsamen Angelegenheiten (Auswärtiges, Finanzen, Krieg) wurden besondere Reichsminister ernannt" (BROCKHAUS, XIV, S. 35 l., Artikel: „Österreich"). Als weitere Beispiele sei noch auf **Schweden und Norwegen** „von 1814–1905 mit gemeinsamen Organen für die auswärtigen Angelegenheiten" hingewiesen, und zwar unter dem schwedischen König als gemeinsamem Staatsoberhaupt; sowie auf **Dänemark und Island,** „das bis dahin Dänische Provinz war, seit 1918" (HELFRITZ, S. 181, Anm. 1). Dies dauerte bis zur Auflösung der Union durch Island im Mai 1944. Das geschah, nachdem zunächst Großbritannien (1940) und dann die Vereinigten Staaten von Amerika (1941) – vor der ebenso überheblichen wie törichten Kriegserklärung Deutschlands an sie (Dezember 1941) – die Insel besetzt hatten (BROCKHAUS, IX, S. 269 r., Artikel: „Island"). Von dieser Union als „Personalunion" zu sprechen (a.a.O.), ist unzutreffend. So bestand – außer dem dänischen König als gemeinsamem Staatsoberhaupt – z. B. für die „Beratung gemeinsamer Angelegenheiten ... ein von den Parlamenten beider Länder gewählter Ausschuß" (HELFRITZ, a.a.O.). Für eine „Personalunion" zwischen dem Königreich Island und dem Dänemarks aber auch noch MAYER-TASCH, S. 298; dies trotz Einräumung einer gemeinsamen „Außenpolitik und ... Appellationsgerichtsbarkeit". Daß für die „Realunion ... mindestens der gemeinsame Monarch ... in seiner Person die Organisation der Verbindung darstellt" (JELLINEK, G., S. 754) und damit „die Gemeinschaft anderer Staatselemente als der Herrscherpersönlichkeit" nicht erforderlich sei (S. 755), ist, gemessen am Wesen dieser Union, zu eng (ähnlich dennoch HELFRITZ, S. 181). Heißt es noch: „An sich wäre auch bei *Republiken* eine Realunion möglich, indem beispw. die Gemeinsamkeit eines Präsidenten oder anderer Organe festgelegt wäre" (NAWIASKY, Staatsgesellschaftslehre, II, S. 197, 6), so ist das insofern zutreffend, als es durchaus *möglich* ist; allerdings in Erstreckung auf einen Präsidenten *und* ein anderes Organ oder mehr.

Die hier so genannten **Protektoratsstaaten** sind eine in der Regel vertraglich begründete Staatenverbindung, in der *ein* Staat oder mehr einem anderen Staat oder mehr zwar beträchtlich untergeordnet ist, doch noch Staat bleibt; in welcher der jeweils übergeordnete Staat gehalten ist, den jeweils untergeordneten vor Angriffen zu schützen; und in der letzterer in der Regel von ersterem in den auswärtigen Angelegenheiten, denen der Streitkräfte, der Finanzen und der Wirtschaft abhängig ist.

Für gewöhnlich hat diese Verbindung den Namen des *„Protektorats oder Schutzverhältnisses"* (HELFRITZ, S. 179; auch KÜCHENHOFF-KÜCHENHOFF, S. 260 A) oder der „Schutzherrschaft" (HABERKERN-WALLACH, S. 499 l., Artikel: „Protektorat"). Oder es werden solche „Staatenverbindungen" überhaupt nur *„Protektorate"* genannt (NAWIASKY, Staatsgesellschaftslehre, II, S. 195, 3). All das ist aber zu undeutlich und gar verwirrend, wenn man dann noch „den geschützten Staat" als „Protektorat" bezeichnet (die zwei KÜCHENHOFF, a.a.O.; auch BROCKHAUS, XV, S. 189 l., Artikel: „Protektorat", 1). Dies ändert allerdings nichts daran, daß im Verhältnis der Protektoratsstaaten zueinander der geschützte das **Protektorat** ist und der schützende der **Protektor** oder, wie es gleichfalls heißt, der „Schutzstaat", bzw. „Schützerstaat" (HABERKERN-WALLACH, a.a.O.). Es ist grundsätzlich nur letzterer, der eines seiner Organe oder mehr das verbindende gemeinsame bzw. die verbindenden gemeinsamen sein läßt. Wegen seiner beträchtlichen Überordnung stellt der *schützende* Staat zugleich einen **Oberstaat** dar und der *beschützte* wegen seiner entsprechenden Unterordnung einen **Unterstaat.** Der Protektor als „Schutzmacht" wird ebenfalls *„suzeräner Staat"* genannt (BROCKHAUS, a.a.O.; auch HABERKERN-WALLACH, a.a.O., i.V.m. S. 606 r., Artikel: „Suzeränität"). Dem wird hier gefolgt, weil darin – wie im Staatenstaat – die Oberhoheit über den Unterstaat zum Ausdruck kommt (näher u. 2). Mit dem Unterstaat die „Halbsouveränität" zu verbinden (die zwei letztgenannten, a.a.O.), ist allerdings verfehlt. Die tatsächlich fehlende Souveränität als volle Unabhängigkeit nach innen wie außen (o. 1. Abschn., A II: zu SMEND) läßt eben nichts Halbes zu. Die gemeinsame Verfassung erstreckt sich auf das, was im Einzelnen zum Verhältnis von Ober- und Unterstaat gehört. Gleichfalls sie ist **keine Staatsverfassung.** Erneut sind die Staaten *sonst unverbunden.* Doch gehört zu jeder *ihrer* Verfassungen die Gliedschaft innerhalb der Protektoratsstaaten. Auch diese Staatenverbindung ist schon weniger locker, mehr, sie erreicht nach dem Maß von Über- und Unterordnung ein entsprechendes Maß an Festigkeit. Beispiele sind zumal „die französischen Protektorate über Tunesien (1881–1956) und Marokko (1912–1956)" (die beiden KÜCHENHOFF, a.a.O.) sowie – und zwar als *„abgeschwächtes"* – „das Protektorat Frankreichs über Monaco auf Grund des Vertrages vom 17. Juni 1918" (VERDROSS, S. 254 II). Bilden **Frankreich** und **Tunesien sowie Marokko** zugleich ein Beispiel für *einen* Protektor und *mehr* als *ein* Protektorat, so bilden ein Beispiel für *mehr* als *einen* Protektor und nur *ein* Protektorat das jeweils frühere **Preußen, Österreich und Rußland** (Protektoren) einerseits sowie **Krakau** (Protektorat) andererseits, und zwar von 1815–1846 (BROCKHAUS, a.a.O.). Zu **Andorra** auf ein „eigenartiges Schutzverhältnis" abzustellen (HELFRITZ, S. 179, Anm. 2), ist besonders verfehlt. Denn weder gehört es zum „Präsidenten der französischen Republik und dem" spanischen „Bischof von Urgel" (a.a.O.) als gemeinsamem Staatsoberhaupt von Andorra, Staaten zu sein, geschweige denn Staaten als *Protektoren;* noch gehört es zu Andorra, ein *Protektorat* zu sein. Deshalb hat es sich ja auch als eine bestimmte *Mehrherrschaft* herausgestellt (o. A II 1 b), also zwar als ein *Staat,* aber nicht als Glied einer Staaten*verbindung*. Gewiß können auch „zwischenstaatliche Organisationen ... Protektoren sein", so daß „z. B. der Genfer Völkerbund zwischen den beiden Weltkriegen das Protektorat über die Freie Stadt Danzig" hatte (die zwei KÜCHENHOFF, a.a.O.) und letztere ein Protektorat war. Nur ging es ebenfalls damit nicht um eine Staatenverbindung, weil desgleichen der Völkerbund kein Staat war. **Keine Protektoratsstaaten** bildeten auch **das Deutsche Reich sowie Böhmen und Mähren** von 1939–1945, obschon letztere geradezu den Namen ‚Protektorat' trugen. Wohl bestand eine Staatenverbindung, allerdings, wie noch näher zu zeigen, die eines *Staatenstaates* (u. 2). Die Verbindung der Protektoratsstaaten ist zwar in der Regel das Ergebnis eines Vertrages, aber ausnahmsweise auch der vertragslosen Durchsetzung, nämlich durch den späteren Protektor. So „in dem Falle des P.[rotektorates] Großbritanniens über Ägypten (1914–22)" (BROCKHAUS, a.a.O.). Daß aber gleichfalls hinter der vertraglichen Begründung die *Überlegenheit* des späteren Protektors und so manches Mal gar die *Nötigung* durch ihn steht, ist eindeutig. Nun wird neben dem sog. Protektorat noch die sog. *„Protektion"* vertreten: Ein „Staat" ist „zwar unter den Schutz eines anderen Staates oder einer Staatengemeinschaft gestellt, in seiner Handlungsfähigkeit aber nicht beschränkt"; wozu als Beispiel **San Marino** im Verhältnis zu **Italien** angeführt wird (VERDROSS, S. 255 III). Von anderer Seite wird letzteres dagegen nicht vom ‚Protektorat oder Schutzverhältnis' getrennt (HELFRITZ, S. 179). Die Lösung ist darin zu sehen, daß zwar die Protektoratsstaaten, aber nicht mehr die Protektion eine Staatenverbindung im gekennzeichneten Sinn darstellen.

Der **Staatenbund** ist eine vertraglich begründete Verbindung von Staaten mit einem oder mehr als einem verbindenden gemeinsamen Organ, die zwar nicht mehr ganz, doch noch wesentlich voneinander unabhängig sind; die den gemeinsamen Schutz nach außen sowie die friedliche Beilegung von Streitigkeiten im Innern bezwecken; und die auf eine teils einheitliche innere Entwicklung abstellen.

Durch den Bund, d. h. sein einschlägiges verbindendes Organ, werden grundsätzlich nicht sogleich die Staatsangehörigen der einzelnen Staaten berechtigt wie verpflichtet, sondern lediglich die Einzelstaaten (auch JELLINEK, G., S. 765, HELFRITZ, S. 292, NAWIASKY, Staatsgesellschaftslehre, II, S. 200): Es besteht insoweit *Mittelbarkeit.* Sollen daher die „Bundesbeschlüsse", die „gesetzliche Bestimmungen zum Inhalt" haben, auch für die Angehörigen der einzelnen Staaten gelten, so bedürfen sie der „Aufnahme in die Landesgesetzgebung" (HELFRITZ, a.a.O.; auch NAWIASKY, a.a.O., S. 200 f.): Insoweit liegt *Vermittlung* vor. Art. 32, 1 Wiener SchlA, 1820, drückt dies so aus, daß, weil „jede Bundes-Regierung" (Einzelstaatsregierung) „die Obliegenheit hat, auf Vollziehung der Bundes-Beschlüsse zu halten, der Bundes-Versammlung" – deswegen – „eine unmittelbare Einwirkung auf die innere Verwaltung der Bundesstaaten" (Einzelstaaten) „nicht zusteht". Manchmal wird gelehrt, daß die „Mitglieder eines Staatenbundes ... *volle staatsrechtliche Souveränität*" besitzen und „*nur einen* mehr oder minder großen *Teil ihrer völkerrechtlichen Souveränität an die Bundesorgane*" abgeben (Küchenhoff-Küchenhoff, S. 259 I); oder gar, daß die „Souveränität der Gliedstaaten" erhalten bleibt (Brockhaus, XVII, S. 801 l., Artikel: „Staatenbund"; auch Helfritz, S. 177). Indessen – wie die Staatssouveränität aus der *vollen* äußeren wie inneren Unabhängigkeit besteht, so kann im Staatenbund *nicht* mehr zutreffend von *Souveränität* die Rede sein; vielmehr ist das nur noch – wie oben gesagt – zutreffend von der *wesentlichen Unabhängigkeit* möglich (dennoch ferner Jellinek, S. 762ff.). Und heißt es weiter: „Im S.[taatenbund] bewahren die Gliedstaaten eine selbständige militär. Organisation mit eigener Kommandogewalt, besitzen ein selbständiges Recht, diplomat. Vertretungen zu unterhalten und Staatsverträge abzuschließen" (Brockhaus, a.a.O., r.), so gilt das doch nur insoweit, als es mit den genannten *Zwecken* des Bundes *vereinbar* ist. Dem entspricht, daß der „Staatenbund" „regelmäßig *neben* den Gliedstaaten Völkerrechtssubjektivität" besitzt, „da die gemeinsame Außenpolitik durch Bundesorgane besorgt wird" (Verdross, S. 251 C). Daß „nur ein *neues Rechtsverhältnis,* kein neues Rechtssubjekt" geschaffen werde (Helfritz, a.a.O.), ist also insofern zu eng. Die gemeinsame Verfassung erstreckt sich insbesondere auf das soeben Wiedergegebene, alsbald an einem Beispiel darzutun. Sie ist ebenfalls **keine Staatsverfassung.** Die Staaten sind *sonst* aufs neue *unverbunden.* Aber zu jeder ihrer Verfassungen gehört die Gliedschaft im Staatenbund. Diese Staatenverbindung hat bereits eine erhebliche Festigkeit, so daß sie etwa auf halbem Weg zum Bundesstaat steht. Der Staatenbund *kann* zwar ein *Bundesoberhaupt* haben, *muß* es hingegen, wie das Folgende zeigt, *keineswegs.*

Hauptbeispiel für den Staatenbund ist, was **Deutschland** betrifft, der **Deutsche Bund** (1815–1866). Als Vereinigung der „souverainen Fürsten und freien Städte Deutschlands" – wozu auch „der König von Dänemark für Holstein" und „der König der Niederlande für das Großherzogtum Luxemburg" zählte – (Art. 1 Deutsche BA, 1815) hatte zum „Zweck": die „Erhaltung der äußeren und inneren Sicherheit Deutschlands und der Unabhängigkeit und Unverletzbarkeit der einzelnen deutschen Staaten" (Art. 2). Wobei Deutschland noch etwas ganz anderes war als etwa das Kleindeutschland seit 1871: ein, wenngleich unter Ausschluß preußischer und österreichischer Gebiete im Osten, viel umfassenderes; vom heutigen Kleinstdeutschland nicht zu reden. Das oberste gemeinsame Organ des Bundes war die verbindende „Bundes-Versammlung" mit „Sitz zu Frankfurth am Main" (Art 9). „Die Bundes-Glieder" behielten „zwar das Recht der Bündnisse aller Art", verpflichteten „sich jedoch, in keine Verbindungen einzugehen, welche gegen die Sicherheit des Bundes oder einzelner Bundesstaaten gerichtet wären"; wie sie „sich ebenfalls verbindlich" machten, „einander unter keinerley Vorwand zu bekriegen, noch ihre Streitigkeiten mit Gewalt zu verfolgen, sondern sie bey der Bundesversammlung anzubringen". Dies mit der Folge eines Vermittlungsversuchs „durch einen Ausschuß" und, falls er fehlschlug, einer sogleich bindenden richterlichen „Entscheidung ... durch eine wohlgeordnete Austrägal Instanz" (Art. 11 III, IV): ein bestimmtes „Schiedsgericht (Austräger, Austragsrichter, Einungsgericht)" (Haberkern-Wallach, S. 54 r., Artikel: „Austrag", 1). Was die teils einheitliche innere Entwicklung angeht, so sei an die für alle Bundesstaaten von Anbeginn vorgesehene „Landständische

Verfassung“ (Art. 13) erinnert (o. A I 2 b α). Bei alledem stellte die „Bundes-Acte“ den „Grundvertrag und das erste Grundgesetz“ dar (Art. 3, 1 Wiener SchlA, 1820). In letzterer, der Schlußakte, welche die Bundesakte ausgestaltete, ist der „deutsche Bund“ ausdrücklich als „ein völkerrechtlicher Verein der deutschen souverainen Fürsten und freien Städte“ bezeichnet (Art. 1), der „in seinem Innern als eine Gemeinschaft selbständiger unter sich unabhängiger Staaten“ besteht, „mit wechselseitigen gleichen Vertrags-Rechten und Vertrags-Obliegenheiten, in seinen äußern Verhältnissen aber als eine in politischer Einheit verbundene Gesammt-Macht“ (Art. 2). Wie mit beidem keine volle Unabhängigkeit der Einzelstaaten, ihre Souveränität, gegeben war, sondern lediglich eine wesentliche, so war der Bund als nach außen bestehende Gesamtmacht Völkerrechtssubjekt. Weshalb denn auch der „Bund ... als Gesammt-Macht das Recht“ hatte, „Krieg, Frieden, Bündnisse und andere Verträge zu beschließen“ (Art. 35, 1). Zusammengefaßt, stellte die „Bundes-Versammlung, aus den Bevollmächtigten sämmtlicher Bundes-Glieder gebildet, ... den Bund in seiner Gesammtheit vor“, und zwar als „das beständige verfassungsmäßige Organ seines Willens und Handelns“ (Art. 7). Als dieses hatte sie in „Bezug auf die auswärtigen Verhältnisse“ eine Reihe von Obliegenheiten, darunter die, die „von fremden Mächten bey dem Bunde beglaubigten Gesandten anzunehmen“ und „im Nahmen des Bundes Gesandte an fremde Mächte abzuordnen“ (Art. 50, Zif. 2). Die nur wesentliche Unabhängigkeit war übrigens ausdrücklich damit anerkannt, daß es zu der „den einzelnen Bundes-Staaten“ garantierten „Unabhängigkeit“ hieß, daß sie – nur – „im Allgemeinen jede Einwirkung des Bundes in die innere Staats-Einrichtung und Staats-Verwaltung“ ausschloß, nicht aber eine Einwirkung im besonderen (Art. 53); z. B. was die Errichtung der landständischen Verfassung betraf (Artt. 54 ff.). Ja, dies war „auf die freien Städte in so weit anwendbar, als die besondern Verfassungen und Verhältnisse derselben es“ zuließen (Art. 62). Doch der Bund war teils auch staatsrechtliches Subjekt. Dies ergibt sich beispielshalber daraus, daß bestimmte innere „Executions-Maßregeln im Namen der Gesammtheit des Bundes beschlossen und ausgeführt“ wurden (Art. 33, 1). Insgesamt ist es so zwar richtig, daß der „Bund ... als solcher sowohl völkerrechtliches wie staatsrechtliches Subjekt“ sei (SCHMITT, S. 379 II); aber das läßt ihn doch nicht von einer wesentlich zwischenstaatlichen Verbindung zu einer innerstaatlichen werden. Trotz der angeordneten landständischen Verfassung waren die Formen der Einzelstaaten *nicht gleichartig*. Neben der Monokratie als *Monarchie* gab es mit den freien Städten: Frankfurt, Hamburg, Bremen und Lübeck (Art. 4, Zif. 17 Deutsche BA), auch – die Monarchie gerade ausschließende – *Republiken*. Hiernach ist es jedoch in Hinsicht auf den Staatenbund unzutreffend, als „Voraussetzung“ für *jeden* Bund auf die *„Homogenität aller Bundesmitglieder“* abzuheben (so aber Schmitt, S. 375 f.); dies außerdem so, daß *ein* „Element der Homogenität die Gleichartigkeit des politischen Prinzips (Monarchie, Aristokratie oder Demokratie)“ sei (S. 376). Genauso unzutreffend ist es, die freien Städte in ihren nichtmonarchischen Staatsformen als „kleine Singularität“ zu betrachten und insoweit auszuscheiden (a.a.O.). Neben dem Regelprinzip der Monarchie galt eben im Deutschen Bund das Ausnahmeprinzip der Republik. Von den Unterschieden innerhalb der Monarchien – absolute und relative sowie neuständische und altständische – schon gar nicht zu reden. Als Beispiele dafür, daß zu jeder Verfassung der Einzelstaaten die Gliedschaft im Bunde gehört, sei auf das Großherzogtum Baden hingewiesen (§ 1 Bad. Verf., 1818) und auf Kurhessen (§ 1 I Hess. Verf., 1831): jeweils „Bestandtheil des deutschen Bundes“.

Als weiteres Beispiel – für **Nordamerika** – seien „‚Die Verbündeten Staaten von Amerika'" genannt: Auf Grund der am 15.11.1777 beschlossenen „‚Artikel des Bundes und immerwährenden Einung' (articles of confederation und perpetual union)", doch erst am 1.3.1781 von den 13 Mitgliedstaaten abschließend ratifiziert (STULZ, S. 91), entstand ein **Staatenbund,** die sog. **Konföderation.** Ihr folgte mit der Verfassung vom 17.9.1787, in Kraft getreten am 21.6.1788 (BROCKHAUS, XIX, S. 451 l., Artikel: „Vereinigte Staaten"), der **Bundesstaat,** die **Föderation.** Von den „Staaten" der Konföderation behielt „‚jeder seine Souveränität, seine Freiheit, seine Unabhängigkeit, sein eigenes Recht und seine Rechtsprechung ..., insoweit diese nicht durch den Bund ausdrücklich den im Kongreß vertretenen Vereinigten Staaten vorbehalten wurden'" (STULZ, S. 92). Letzteres, einziges „Regierungsorgan", „war der Kongreß von Abgeordneten oder besser Agenten der Länder". „Der Bund besaß keine Vollzugsgewalt, nicht einmal einen Präsidenten zur Symbolisierung der Einheit, keinen Bundesgerichtshof" (a.a.O.). So konnte er – in Gestalt des Kongresses – „wohl Gesetze machen, aber ihre Durchführung nicht erzwingen"; „Jede unmittelbare Verbindung mit dem Staatenbürger war ihm abgeschnitten" (a.a.O.). Zuständig war der Kongreß immerhin für „die auswärtigen Angelegenheiten, die Erklärung von Krieg und Frieden" sowie u.a. auch dafür, „zwischen den Staaten in strittigen Fragen mittels eines eigens ernannten Schiedsgerichtshofes zu entscheiden" (a.a.O.). Auch waren die Mitgliedstaaten einigen Beschränkungen unterworfen: „Sie hatten keinerlei Vertrags- und Bündnisrecht mit auswärtigen Mächten, ... konnten ohne Zustimmung des Kongresses keinen Krieg führen, es sei denn in unmittelbarer Abwehr"; und sie „mußten sich im Streite mit einem Bundesstaat dem Schiedsgericht des Kongresses unterwerfen" (S. 93). Hiermit war es aber so, daß auch im amerikanischen Staatenbund – entgegen dem oben Zitierten – tatsächlich *kein* Staat „‚seine Souveränität'" behielt. Nach all dem ist der Ansicht, daß der „Vergleich mit dem Deutschen Bunde ... die verfassungsrechtliche Lage am besten" erhellt (S. 92), wesentlich zutreffend.

Wird als Beispiel u.a. auch noch die „Sowjetunion von 1917 bis 1922" genannt (die zwei KÜCHENHOFF, S. 260; ebenfalls HELFRITZ, S. 178), so traf das angesichts des schon damals bestehenden Zentralismus nur formell, aber nicht materiell zu.

Zum Staatenbund gehört nicht wesenhaft das sog. **Nullifikationsrecht,** d.h. die Möglichkeit eines Mitgliedstaates, eine vom Bund gegebene Norm, wenn er sie mit einer übergeordneten Bundesnorm für unvereinbar hält, für nichtig zu erklären und nicht anzuwenden. Genauso wenig das sog. **Sezessionsrecht,** d.h. die Möglichkeit eines Bundesstaates, aus dem Bunde auszutreten, wenn nach seinem Urteil allein dies einer Gefährdung seiner grundlegenden Belange entspricht. Das Vorliegen der Möglichkeiten besagt also nichts für das Bestehen eines Staatenbundes, das Nichtvorliegen nichts dagegen. Vielmehr: Im ersten Fall ist der Staatenbund nur ein lockerer, im zweiten ein festerer. Aus der Souveränität der Gliedstaaten folgen die Möglichkeiten, da es an dieser fehlt, nicht. Sie müssen in der Tat schon *normiert* sein. Das ist allerdings einzig dann möglich, wenn der Inhalt der Bundesverfassung es überhaupt *zuläßt.* Wenn also z.B. kein Bundesorgan für eine mögliche Nullifikation zuständig ist, bzw. wenn die Sezession nicht – unmittelbar oder mittelbar – ausgeschlossen ist. Im Deutschen Bund war im Vorspruch Deutsche BA, 1815, von einem „beständigen Bunde" die Rede, und damit wurde folgerichtig die Sezession ausgeschlossen (u. vor 1). Nicht genau ist die Ansicht: „Entweder Dauer des Bundes, d.h. weder Sezession noch Nullifikation; oder selbständige politische Existenz der Mitgliedstaaten, d.h. – wenn auch nur im äußersten Falle – Nullifikation und Sezession" (SCHMITT, S. 375); wobei unter Bund sowohl der Staatenbund als auch der Bundesstaat verstanden ist (S. 366, 4).

Für ein *Vereintes Europa* übrigens ist die so oft geforderte „politische Union", wenn überhaupt, dann nur als Staatenbund angebracht: als Konföderation.

Eine seltsame **Mischung von Protektoratsstaaten und Staatenbund** hat übrigens ein Gebilde unrühmlichen Angedenkens dargestellt: der **Rheinbund** (1806–1813), die Conféderation du Rhin. Am „12. 7. 1806" – in Paris – „auf Betreiben Napoleons I. ... von zunächst 16 süd- und westdt. Fürsten" begründet, sollte er „unter Napoleons Protektorat der französ. Beherrschung West-Dtl.'s und der Beseitigung der Reichsgewalt dienen" (BROCKHAUS, XV, S. 739 r., Artikel: „Rheinbund", 2). Was ja auch gelang. Näher nur dies: Die – bis 1808 noch erweiterte – „conféderation" hatte den Namen „Etats conféderés du Rhin" (Art. 1 RheinbundsA, 1806); Sitz des Bundestages mit dem Zweck der Behandlung „gemeinschaftlicher Interessen" war Frankfurt (Art. 6); das Präsidium der Bundesversammlung lag beim früheren Kurerzkanzler als nunmehrigem Fürst-Primas (Art. 4 I) mit Besitz „von Stadt und Gebiet Frankfurts" (Art. 22); und zum „Protektor der Konföderation" war „der Kaiser der Franzosen ... proklamiert", dem auch die Ernennung des Nachfolgers des Fürst-Primas zukam (Art. 12). So bildeten die beteiligten deutschen „Staaten" (Art. 1) einen **Staatenbund;** und wie die Einzelstaaten – über den Bund – Protektorate darstellten, so Frankreich – über NAPOLEON – den Protektor, beide zusammen also **Protektoratsstaaten:** der Protektor als Oberstaat, die Protektorate als Unterstaaten. Zu den Fürsten zählten etwa von vornherein der König von Bayern und der Großherzog von Baden, beide freilich erst durch NAPOLEON König bzw. Großherzog geworden: der erste über einen Friedensvertrag mit Österreich (Art. VII Preßburger Friede, 1805), der zweite über den Bundesvertrag selbst (Art. 5 I I RheinbundsA, 1806). Im übrigen hatten die Bundesglieder „im Falle eines Krieges" noch ansehnliche Truppenkontingente zu stellen (Art. 38) und ja auch tatsächlich gestellt. Insgesamt: Kollaboration auf deutsch.

Einen neuen Staat bildende Staatenverbindungen: Mehrheits- oder Vielheitsstaaten

Diese Staaten sind die Antwort auf die Frage, ob sich innerhalb *eines* Staates noch mehrere bis viele *andere* Staaten befinden können; dies derart, daß die mehreren bis vielen Staaten den einen als *neuen* bilden. Den äußeren Unterschied zu den Staatenverbindungen, die keinen neuen Staat bilden, macht hierbei insonderheit Folgendes: Während es in ihnen nur die Staatsgebiete der *verbundenen* Staaten gibt, gibt es in den Staatenverbindungen, die einen neuen Staat bilden, auch noch das Staatsgebiet des *verbindenden* Staates; wobei erstere von letzterem *umfaßt* werden.

Unter Einbeziehung des bisher für alle Staatsformen vorausgesetzten *Einheitsstaates* ergibt sich zu ihm sowie zu den *Mehrheits-* oder *Vielheitsstaaten* das Folgende:

Einheitsstaaten sind z.B. Italien und die Niederlande, aber etwa gleichfalls Bayern und Nordrhein-Westfalen. **Mehrheitsstaaten** sind beispielsweise die Bundesrepublik Österreich mit ihren 9 Gliedstaaten (Art. 2 II Öster. Verf., 1920) sowie die Bundesrepublik Deutschland mit ihren zuvor 11 Gliedstaaten (aus der

Verfassungsurkunde nicht ersichtlich), nunmehr 16 Staaten (Neue Präambel II, GG, 1949). Und **Vielheitsstaaten** sind etwa die Vereinigten Staaten von Amerika mit ihren 50 Gliedstaaten (aus der Verfassungsurkunde nicht ersichtlich) und die Schweiz mit ihren 22 Gliedstaaten (Art. 1 Schweiz. Verf., 1874). Unter ihnen zählen z. B. die schon mehrfach genannten Appenzell-Innerrhoden und -Außerrhoden als *ein* Gliedstaat (Kanton); sie sind also insofern Halbgliedstaaten (Halbkantone). Darüber, wo hier die Mehrheit aufhört und die Vielheit beginnt, läßt sich natürlich streiten.

Wie diese Gliederung eine nur *quantitativ,* doch *keine qualitativ* bestimmte ist, so bedeutet es für das **Verständnis des Einheitsstaates:** Er hat zum einen nichts damit zu tun, daß er als *Verband* eine *Einheit* abgibt; denn das trifft auf *jeden* Staat zu (o. 1. Abschn., A I), also desgleichen auf den Mehrheits- und Vielheitsstaat. Er hat zum anderen nichts damit zu tun, daß es sich um einen Staat mit *ungeteilter* und insofern *einheitlicher* Staatsgewalt handele; denn eine geteilte Staatsgewalt hindert nicht, daß *ein* Staat vorliegt, z. B. als altständische Monarchie (o. A I 2 b α, auch o. I 1, vor a). Außerdem findet sich eine geteilte Staatsgewalt gleichfalls in den Mehrheits- und Vielheitsstaaten (u. 1, 2). Und daß der Einheitsstaat schließlich nichts mit einem *einheitlich gegliederten* Staat zu tun hat, schon gar nicht mit einem *straff* gegliederten, ist eindeutig. Während daher in mancher Ansicht der Einheitsstaat zwar *auch* ein *Einzelstaat* ist, doch beispielsweise mit einer ungeteilten Staatsgewalt, ist er nach der hier vertretenen **nur ein Einzelstaat.** So ist es nicht zutreffend, wenn ausgeführt wird: „Alles Leben kann im Einheitsstaate nur von *einem* Zentrum ausgehen" (so aber JELLINEK, G., S. 683). Die nochmals zu nennende altständische Monarchie mit ihren *zwei* sog. Zentren, d. h. *zwei Quellen* der Staatsgewalt: der – vorrangigen – Hauptquelle des Landesherrn und der – nachrangigen – Nebenquelle des Landtags (der Stände), bestätigt das. Wenn JELLINEK diese Monarchie als *einen* Staat *ablehnt* und einen *doppelten* sein läßt, so erwies sich gerade das als ebenfalls unzutreffend (o. A I 2 b α). **Einzelstaat ist aber nicht bloß der vereinzelte und insofern selbständige, der außerhalb eines Mehrheits- oder Vielheitsstaates bestehende,** sondern – wie die Beispiele Bayerns und Nordrhein-Westfalens in der Bundesrepublik Deutschland – **gleicherweise der innerhalb ihrer bestehende.** Weshalb denn geläufigerweise auch von den *Einzelstaaten* dieser Staatenverbindungen gesprochen wird.

Gegenüber der gebrachten Einteilung wird üblicher- wie bekannterweise in **Einheits- und Bundesstaaten** gegliedert. Es wäre nun falsch, zu sagen, daß Einheits- und Bundesstaaten unter dem hier einschlägigen Gesichtspunkt *nicht* zueinander in Gegensatz stünden. Aber das tun sie allein, weil der Bundesstaat eben ein *Mehrheits-* oder *Vielheitsstaat* ist. Das zeigen die gebrachten Beispiele, etwa der Bundesrepublik Österreich und der Vereinigten Staaten von Amerika. Deshalb ist es zutreffend, wenn im Verhältnis von Bundes- und Einheitsstaat ersterer das eine Mal als aus „einer Mehrheit von Staaten" bestehend (JELLINEK, S. 769, 5) und das andere Mal als aus einer „Vielheit von Staaten" (S. 771) betrachtet wird; allerdings ohne Erklärung und systematische Folgerung. Hinzu kommt aber noch: Mehrheits- oder Vielheitsstaaten werden nicht *ausschließlich* von *Bundesstaaten* gebildet, vielmehr desgleichen von *Staatenstaaten,* so daß auch **Einheits- und Staatenstaat** unter dem hier einschlägigen Gesichtspunkt in Gegensatz zueinander stehen. Beispiele von Staatenstaaten finden sich bereits in der Antike. So hat „die römische Bundesgenossenschaft ... vor der Provinzialisierung der bundesgenössischen Gebiete diesen Typus an sich getragen" (S. 748, 2).

Es geht um das *„Staatenbild Italiens um 265 v. Chr."* (VOGT, S. 65) und die Stellung der *„Bundesgenossen"* mit den „latinischen Gemeinden", „Städten Etruriens, Umbriens, Großgriechenlands" usf. (S. 68ff.); wobei dieses „eigenartige *Staatswesen des italischen Bundes"* (S. 69) ein Staatenstaat war.

Der genannte Gegensatz zwischen Einheits- und Bundesstaat, doch ebenfalls der zwischen Einheitsstaat und oben behandeltem Staatenbund, ist übrigens der *besondere Ausdruck* zweier ebenso gegensätzlicher *Theorien* und ihrer *Praktizierung:* des **Unitarismus** auf der einen Seite und des **Föderalismus** auf der anderen. Der erste erstreckt sich auf die Bildung bzw. Erhaltung des *Einheitsstaates* bei Ausschluß eines Mehrheits- oder Vielheitsstaates; so daß der *strenge* Unitarismus dem *zentralistischen, gewaltenvereinigenden,* Staat (o. I 2 a) gilt, der *gemäßigte* dagegen nur dem *dezentralistischen* als *gewaltenteilendem,* ohne oder gar mit Selbstverwaltung (a.a.O., b). Was dies angeht, so sei zur Veränderung eines Bundesstaates in einen Einheitsstaat auf die Umwandlung der Weimarer Republik in den zunächst autoritären Staat des Nationalsozialismus (abgeschlossen 1934) zurückverwiesen (o. A I 2 b *β*). Der zweite, der Föderalismus, ertreckt sich jedenfalls auf die Bildung bzw. Erhaltung des *Bundesstaates,* aber auch des *Staatenbundes;* etwa dann, wenn statt des ersteren einzig der letztere möglich oder weiter möglich ist; beides unter Ausschluß des Einheitsstaates. Hierzu sei an die Zusammenfassung einer Reihe deutscher Einheitsstaaten zum Norddeutschen Bund als Bundesstaat (1867) hingewiesen und an die aller deutschen Einheitsstaaten zum Deutschen Bund als Staatenbund (1815) erinnert (o.). Während so der Föderalismus mit dem Bundesstaat einen neuen, umfassenden Staat will, allerdings unter Erhaltung der ihn bildenden umfaßten Staaten, will er mit dem Staatenbund zwar keinen neuen, umfassenden Staat, doch – unter Erhaltung weitestmöglicher Unabhängigkeit der ihn bildenden Staaten – deren dementsprechende Verbindung. Unrichtig wäre es, den *Staatenstaat* vom Föderalismus auszuschließen, d.h. auch seine Bildung bzw. Erhaltung betreffend. Gleich nämlich, wie er entsteht und besteht, – gleichfalls er stellt einen Bund dar. Damit ist indes auch insoweit der Unitarismus als Gegensatz zum Föderalismus einbezogen. Er erstreckt sich in dieser Hinsicht auf das Aufgehen des(r) Unterstaates(n) im Oberstaat, etwa mittels der von JELLINEK genannten Provinzialisierung. Zur Föderalisierung gehört *nicht* wesenhaft die *Freiwilligkeit.* Beim Staatenstaat ist die Unfreiwilligkeit im Fall der Unterwerfung durch den Oberstaat sogar unvermeidlich, obschon es nicht stets um solche Fälle geht. Und beim Bundesstaat ist sie immerhin möglich. So „mußte" das Königreich Sachsen, auf Österreichs Seite zu den Verlierern gegenüber Preußen gehörend, 1866/1867 dem von letzteren unter Führung BISMARCKS gebildeten „Norddt. Bund beitreten" (BROCKHAUS, XVI, S. 322 l., Artikel: „Sachsen"). Das Gleiche traf damals das Großherzogtum „Hessen" „für seine nördlich des Mains gelegenen Landesteile" (HUBER, II, S. 225, Anm. 9), so daß es geteilt wurde.

Im Vergleich hierzu ist es erheblich zu eng, daß man im „inneren Staatsleben der Bundesstaaten ... von ‚Unitarismus' und ‚Föderalismus' als zwei verschiedenen Tendenzen der Ausgestaltung oder Auslegung der Bundesverfassung" spricht (so indes HELFRITZ, S. 178). Dies außerdem so, daß der *„Unitarismus ...* als letztes Ziel die Schaffung eines Einheitsstaates" ansieht und „dieses auf dem Wege der Erweiterung der Zuständigkeit des Bundes gegenüber den Einzelstaaten zu erreichen" sucht; doch der *„Föderalismus ...* demgegenüber die Rechte der Einzelstaaten und ihre Zuständigkeit" betont sowie „ihren Bestand gegenüber dem Bunde zum mindesten zu erhalten" sucht (a.a.O.). Heißt es im Anschluß daran sogleich: „Darüber hinaus würde er theoretisch die Richtung zum Staatenbund einnehmen", so ist damit die Beschränkung auf den Bundesstaat zutreffend aufgegeben.

Mit dem Föderalismus hat der **Partikularismus** zwar wesenhaft nichts zu tun. Denn er ist die Lehre, die für die Stärkung eines Teils oder von Teilen eines Einheits-, Mehrheits- oder Vielheitsstaates – oder noch eines Staatenbundes – zwecks Schwächung oder gar Auflösung des Ganzen eintritt, sowie ihre Praktizierung. Aber der Föderalismus läßt den Partikularismus, zumal den Staatenbund betreffend, eher zur Geltung kommen. Man denke insofern an die Sprengung des Deutschen Bundes durch Preußen (1866) und die damit verbundene große Stärkung seiner Stellung in Deutschland. – Auch der **Separatismus** hat zwar wesenhaft nichts mit dem Föderalismus zu tun. Ist er doch die Lehre, die für die Trennung eines Teils oder von Teilen eines Einheits-, Mehrheits- oder Vielheitsstaates – oder wieder noch eines Staatenbundes – zwecks Bildung eines neuen Staates oder Anschlusses an einen anderen eintritt, sowie auch deren Praktizierung. Doch läßt der Föderalismus gleichfalls den Partikularismus, aufs neue zumal den Staatenbund betreffend, eher zur Geltung kommen. Auch insofern ist an die Sprengung des Deutschen Bundes durch Preußen und darüber hinaus die Gründung des Norddeutschen Bundes (1866/1867) zu denken. Daß es sich aber wirklich um eine Sprengung handelte, ergibt sich daraus, daß am Beginn der Rücktritt Preußens vom Bundesvertrag stand, und zwar in Gestalt seiner Erklärung für „nicht mehr verbindlich" sowie „als erloschen" (Preuß. Erkl., 1866); und daß am Ende – nach dem Sieg Preußens über Österreich und seine Verbündeten – schon die im Vorfriedensvertrag Österreich abgenötigte Anerkennung der „Auflösung des bisherigen deutschen Bundes" (Art. II 1 Präliminarfrieden, 1866) stand. Dabei war der mit dem Rücktritt verbundene Austritt Preußens aus dem Bunde unzulässig. War dieser doch „als ein unauflöslicher Verein gegründet" worden, so daß „der Austritt aus" ihm „keinem Mitgliede desselben frey" stand (Art. 5 Wiener SchlA, 1820). Darauf berief sich damals auch das Bundespräsidium (Erkl. Bundespräsidium, 1866). Und daher die Verurteilung der „Austrittserklärung Preussens" als „rechtlich ungültig" durch die Bundesversammlung (Bundesbeschl., 1866). Zu denken ist aber desgleichen, und zwar zu den Vereinigten Staaten von Amerika, an die schließlich erfolglose Sezession ihrer Südstaaten. Sie nahmen – nach einer provisorischen Verfassung vom Februar 1861 – „am 11. März ... die endgültige Verfassung der ‚*Verbündeten Staaten von Amerika*' (confederated states of America)" an und wählten einen eigenen Präsidenten (STULZ, S. 205). Dabei änderte die „neue Verfassung ... an der alten" im wesentlichen „nur die Punkte, die dem Süden in Wortlaut oder Auslegung zuwider waren" (S. 205f.). – Die **Hegemonie,** die Führungsherrschaft eines Staates über einen anderen Staat oder mehr, gehört zwar gleicherweise nicht wesenhaft zum Föderalismus, wird aber durch ihn begünstigt. So ist es etwa, wenn in einem Staatenbund die Führung bei seinem wichtigsten Mitgliedstaat liegt; wie es bei Österreich im Deutschen Bund der Fall war. So ist es ferner, wenn in einem Bundesstaat die Führung bei seinem wichtigsten Gliedstaat liegt; wie es bei Preußen im Zweiten Deutschen Reich war. Und so ist es im Staatenstaat, soweit der Oberstaat gegenüber dem(n) Unterstaat(en) noch der hinreichend mächtigere ist. Als Beispiel sei insofern auf die frühere Türkei, das Osmanische Reich, mit ihren tributpflichtigen Vasallenstaaten, zumal den europäischen, hingewiesen, etwa Serbien noch im 19. Jahrhundert (auch u. 2).

Daß **Einheits-, Mehrheits- oder Vielheitsstaaten keine Staatsformen** sind, sondern **Zusammenfassungen der möglichen Staaten überhaupt,** ist nach den einschlägigen Ausführungen eindeutig.

Was nun die Mehrheits- oder Vielheitsstaaten als Bundes- oder Staatenstaaten anlangt, so lassen diese Staatenverbindungen die in ihnen verknüpften Staaten – jedenfalls wesentlich – in einem sog. **staatsrechtlichen,** d.h. **innerstaatlichen, Verhältnis** zueinander stehen. Und gerade deswegen stellen sie jeweils einen neuen Staat dar. Daß „eine *staatsrechtliche Staatenverbindung* ... ein Widerspruch in sich selbst ist und daß es *nur völkerrechtliche Staatenverbindungen* geben kann" (NAWIASKY, Staatsrechtslehre, S. 140, 3), ist hiernach verfehlt. Es verhält sich eben beim Bundesstaat nicht mehr so, daß eine *„Verbindung zwischen Staaten ... nur zwischenstaatlich* sein" kann (a.a.O.), sondern als Verbindung zwischen einem *umfassenden* Staat und den von ihm *umfaßten* Staaten ist sie *innerstaatlich.* Die schon wiedergegebene, gleichfalls dem Bundesstaat geltende, Ansicht, daß der „Bund ... als solcher sowohl völkerrechtliches wie staatsrechtliches Subjekt" sei (SCHMITT, o. zum Staatenbund), trifft zwar auch jetzt wieder zu. Ersteres, auf das es hier ankommt, z.B. in dem Fall, daß zwischen Bund und Ländern zulässige *Staatsverträge* abgeschlossen werden. Doch läßt ihn das nicht von einer wesentlich innerstaatlichen Verbindung zu einer zwischenstaatlichen werden.

Darauf, daß die "einzelnen Staaten solcher Staatenverbindungen" – d.h. die Gliedstaaten bzw. Unterstaaten – *„keine souveränen Staaten* mehr" seien (KÜCHENHOFF-KÜCHENHOFF, S. 261, Dritter Abschn.), kommt es dagegen nicht an. Denn auch in der zwischenstaatlichen Staatenverbindung des Staatenbundes gibt es, wie oben gezeigt, keine souveränen Staaten mehr, sondern nur noch wesentlich unabhängige. Im Bundesstaat nun sind die *Glied*staaten *nicht* einmal mehr *wesentlich unabhängig,* vielmehr bloß noch *weniger unabhängig* (dazu o. 1. Abschn., A I: Staatsdefinition). Und im Staatenstaat verhält es sich zwar in der *Regel* mit den *Unter*staaten *genauso;* in der Ausnahme jedoch können auch sie *wesentlich unabhängig* sein.

Wie schwer es zunächst (1793) fiel, unter den Mehr- bis Vielheitsstaaten den *Bundesstaat* als Staat mit eigener Staatsform zu erfassen, zeigt folgendes Beispiel: Das *„StatenSystem"* von den „wirklichen RegirungsFormen" auszuschließen (SCHLÖZER, S. 116, § 5), ist zwar, wie oben gezeigt, richtig. Nicht richtig ist es aber, daß „die 14 NAmerikanischen Colonien" als ein solches System aufgefaßt sind (S. 118). 1792 war Kentucky – nicht als Kolonie, sondern als Staat – hinzugekommen (STULZ, S. 124f.). Aus SCHLÖZER sprach insofern der Untertan des hannoversch-britischen Monarchen.

1. Die bundesstaatliche Herrschaft

Entgegen dem bisherigen Anschein ist das **Wort ‚Bundesstaat'** keineswegs eindeutig, sondern mehrdeutig. So bezeichnet es einmal den jeweiligen *Mitgliedstaat* eines – keinen neuen Staat darstellenden – *Staatenbundes.* In dieser Bedeutung ist zum behandelten amerikanischen Staatenbund von 1781–1788, der Konföderation, von „Bundesstaat" die Rede (STULZ, S. 93). Er ist einer der Staaten des *Bundes als Nichtstaates.* Die Kennzeichnung ist geradezu amtlich, wenn sie Eingang in ein Verfassungsgesetz des Bundes gefunden hat. So verhielt es sich beim Deutschen Bund von 1815–1866 mit den „Bundes-Staaten" (Art. 13 Deutsche BA, 1815). Das waren eben die meist so genannten „Bundes-Glieder" (z.B. Art. 11 III, IV, Art. 12 I), etwa Österreich und Preußen. Und es verhielt sich noch so mit dem „Bundes-Staat" oder „Bundesstaate" (Art. 37, 1, 2 Wiener SchlA, 1820). Zum anderen bezeichnet das Wort aber desgleichen den jeweiligen *Gliedstaat* eines – einen neuen Staat darstellenden – *Bundesstaates* (HABERKERN-WALLACH, S. 89 l., Artikel: „Bundesstaat", 2). So ist es, wenn von den ‚nordamerikanischen Bundesstaaten' als Gliedstaaten der Union die Rede ist oder noch von den ‚Bundesstaaten' des Zweiten Deutschen Reiches als seinen Gliedstaaten. Es sind das jeweils die Staaten des *Bundes als Staates*. Und schließlich bezeichnet das Wort noch diesen *Bund als Gesamtstaat, den* Bundesstaat, *selbst*. So ist es in der Regel, wenn der betreffende Staat in der Verfassungsurkunde ausdrücklich als „Bundesstaat" benannt ist (z.B. Art. 20 I GG, 1949, Art. 2 I Öster. Verf., 1920). Nur „in der Regel", weil ein Staat zwar so benannt sein kann, aber *keinen* Bundesstaat bildet (u. Anhang: Sowjet-Union). Auch die Bezeichnung als „Union" (Art. II, Abschn. 3 Amerik. Verf., 1787) steht – im Zusammenhang mit ihren Gliedstaaten – für ‚Bundesstaat'.

Der **Bundesstaat** ist nun eine – vertraglich oder nichtvertraglich begründete – Verbindung von Staaten, in der diese, die *Gliedstaaten*, einen *neuen* Staat als den sie umfassenden *Gesamtstaat* bilden; in der die *Glieder* trotz erheblicher Abhängigkeit noch so unabhängig sind, daß sie *Staaten* darstellen; in der die *Staatsgewalt*, in Entsprechung zu einer bestimmten Zuständigkeitsregelung, auf den Gesamtstaat und die Gliedstaaten *aufgeteilt* ist; und in der die *Gliedstaaten* an der *Führung* des *Gesamtstaates* selbständig *beteiligt* sind.

Die all das enthaltende staatliche Grundordnung ist somit eine **Staatsverfassung**; wie sie als Verfassungsart eines Bundesstaates eine **Staatsform** ist. Zwar wird nun durchaus vertreten, „daß die im Bundesstaat zusammengeschlossenen (Bundes-)Gliedstaaten einen besonderen *Gesamtstaat mit eigener Organisation und eigener Verfassung* bilden" (KÜCHENHOFF-KÜCHENHOFF, S. 262 A; auch NAWIASKY, Staatsgesellschaftslehre, II, S. 203, 10); aber nicht, daß dem Bundesstaat damit eine besondere Verfassungsart als Staatsform, d.h. – in der gekennzeichneten Bedeutung – als **Nebenstaatsform,** zukommt (o. vor A). Im Ergebnis genauso ist es mit der Ansicht, daß der „Bundesstaat ... ein aus einer Mehrheit von Staaten gebildeter ... Staat" ist (JELLINEK, G., S. 769, 5). Und auch mit der weiteren Ansicht, daß die „Staatsgewalt des Bundesstaates" „bei der Gesamtheit der verbundenen Staaten" liegt und so „ein neues staatsrechtliches Rechtssubjekt" besteht (HELFRITZ, S. 178), ist es im Ergebnis ebenso. Die bundesstaatliche Grundordnung als Staatsverfassung hindert nicht, daß zu jeder Verfassung der Gliedstaaten gerade deren Gliedschaft im Bundesstaat gehört; gleich, ob dies schriftlich festgehalten ist oder nicht. Ersteres ist beispielshalber so, wenn es heißt: „Nordrhein-Westfalen ist ein Gliedstaat der Bundesrepublik Deutschland" (Art. 1, 1 Verf. NRW, 1950), oder noch: „Der Kanton Appenzell Ausserrhoden ist ein ... selbständiges Bundesglied der Schweizerischen Eidgenossenschaft" (Art. 1 Verf. Appenzell-A.Rh., 1908). Die Gliedstaaten führen unterschiedliche Namen: ‚Länder' (Neue Präambel, II GG, 1949, Art. 2 II Öster. Verf., 1920); „Kantone" (Art. 1 Schweiz. Verf., 1874), daneben ‚Stände' (Stand Thurgau: Überschrift Verf. Thurgau, 1869); oder einfach „Staaten" („States") (Art. I, Abschn. 2 I Amerik. Verf., 1787). Daß der Bundesstaat zwei *ineinander* bestehende Gebilde aufweist: den Gesamtstaat und die Gesamtheit der Gliedstaaten, so daß beider *Staatsgebiete* sich zumeist *decken*, hat übrigens eine bestimmte Folge: Jeder Angehörige des *ersteren* ist insoweit zugleich ein solcher eines der *letzteren* und umgekehrt. Dies bedeutet, daß der Gesamtstaat – im Rahmen seiner Zuständigkeit – sogleich die Staatsangehörigen der Gliedstaaten berechtigt und verpflichtet, nicht aber erst die Gliedstaaten: Es besteht insofern *Unmittelbarkeit.* Bundesnormen also, die einschlägige Festsetzungen zum Inhalt haben, bedürfen, um auch für die Angehörigen der Einzelstaaten zu gelten, nicht der Aufnahme in die Landesgesetzgebung. Insofern liegt *keine Vermittlung* vor. Sog. **Bundesdistrikte** gehören ausnahmsweise keinem Gliedstaat an, z. B. in den Vereinigten Staaten von Amerika der „*District of Columbia*" mit der Hauptstadt Washington (näher BROCKHAUS, XX, S. 40 l., Artikel: „Washington"). Insoweit reicht nun zwar das Bundesstaatsgebiet über die Gliedstaatengebiete hinaus; aber die Frage nach der gekennzeichneten Vermittlung erhebt sich damit schon gar nicht. So ist der District of Columbia „unmittelbar dem Bundeskongreß unterstellt" (a.a.O., IV, S. 118 r., Artikel: „Columbia", 4) (Grundlage: Art. I, Abschn. 8, vorletzter Abs. Amerik. Verf., 1787). Übrigens müssen die *Gliedstaaten nicht* durchweg *Einheitsstaaten* sein. Vielmehr kann dieser und jener durchaus seinerseits bereits ein *Bundesstaat* sein. Etwas, das gleichermaßen für die Staaten eines *Staatenbundes* gilt.

Daß die **Bundesglieder**, wenngleich eingeschränkt, dennoch **Staaten** sind, wird zwar gleichfalls vertreten (z. B. von den zwei KÜCHENHOFF, S. 262 A, HELFRITZ, S. 178). Aber es finden sich auch andere Auffassungen. Nach einer ersten sind die Gliedstaaten zwar noch grundsätzlich Staaten (JELLINEK, G., S. 770f.), doch: „Soweit die Herrschaft des Bundesstaates reicht, verlieren die Gliedstaaten ihren staatlichen Charakter. Sie werden in diesem Bereiche entweder ganz außer Tätigkeit gesetzt, indem die eigene Verwaltung des Bundesstaates an die Stelle der ihrigen tritt, oder sie erhalten den Charakter von Selbstverwaltungskörpern nach Art der Kommunalverbände, insoweit sie nach den Gesetzen und unter Aufsicht des Bundesstaates durch ihre Organe Verwaltung üben" (S. 771; auch S. 772f.). Allein – wie beide Beschränkungen nur Ausdruck der erwähnten *geringeren Unabhängigkeit* der Gliedstaaten sind, so ändern sie – gleich anderen Beschränkungen – an ihrer Gliedstaatlichkeit nichts. Dies gilt ebenfalls dazu, „daß die Gliedstaaten außerhalb ihrer eigenen Kompetenz des staatlichen Charakters ermangeln" (NAWIASKY, Staatsrechtslehre, S. 156). Daher zeigt der Vergleich mit den genannten Kommunalverbänden auch lediglich eine insoweit gegebene *Unterordnung* der Gliedstaaten, indes *keine* insoweit gegebene *Nichtstaatlichkeit.* Gleichfalls verfehlt ist es, daß die „Glieder des Bundesstaates ... als solche, soweit sie an der Herrschaft des Bundes teilnehmen, nicht Staaten, sondern Organe des Bundesstaates" (JELLINEK, S. 773) sind. Nur ihre *Vertretung* im Bundesstaat, die Glied*staaten*vertretung, ist ein Bundesstaatsorgan, *nicht* aber sind es die Staaten *selber.* Nach einer zweiten Auffassung verlieren gar die Gliedstaaten in einer bestimmten Hauptstaatsform des Gesamtstaates ihre Staatlichkeit ganz. So führe die „Verbindung von Demokratie und bundesstaatlicher Organisation ... zu einem ... *Bundesstaat ohne bündische Grundlage*" (SCHMITT, S. 389, 2): „Durch den demokratischen Begriff der verfassunggebenden Gewalt des *ganzen* Volkes" – d. h. genau: Wahlvolkes – „wird die bündische Grundlage und damit der Bundescharakter aufgehoben. Die bundesstaatliche Organisation ... ist dann ein Teil der Verfassungsorganisation des gesamten Staates und begründet eine besondere Art von Staat" (a.a.O.). Weil es jedoch im „Bundesstaat ohne bündische Grundlage ... nur ein einziges Volk" gibt, deshalb ist der „staatliche Charakter der früheren Gliedstaaten ... beseitigt" (a.a.O., 3). Dies bedeutet aber: „Politische Gebilde wie die Vereinigten Staaten von Amerika oder das Deutsche

Reich der Weimarer Verfassung sind kein Bund mehr" (a.a.O., 2). Demgegenüber gilt: Erstens bezieht sich die verfassungsgebende Gewalt des ganzen Wahlvolkes bloß auf die Verfassung des *Gesamtstaates;* und das ist eine *bundes*staatliche, d.h. hier: mit Berücksichtigung der ihn bildenden Glieder gerade *als Staaten.* Zweitens gibt es noch die Wahlvölker der Gliedstaaten, denen – mit Bezug auf eben *diese* – eine verfassungsgebende Gewalt zukommt. Und drittens: Wie beide Gewalten auf verschiedenen Ebenen bestehen, der des Gesamtstaates und jener der Gliedstaaten, so werden durch erstere „die bündische Grundlage und ... der Bundescharakter" gerade *nicht* „aufgehoben". Nun wird die genannte „besondere Art von Staat" aber auch noch als eine „neue Staatsform" bezeichnet (a.a.O.). Doch wäre das selbst dann unzutreffend, wenn man SCHMITT zustimmte. Denn dann läge bloß nominal wie formell ein Bundesstaat vor, real und materiell hingegen ein Einheitsstaat; und – als Demokratie nur eine besondere Polykratie – stellt er damit gerade *keine neue Staatsform* dar.

Die **Aufteilung der Staatsgewalt** betrifft die *gesetzgebende, ausführende* oder *vollziehende* und *rechtsprechende* Tätigkeit. Das besagt: Die Staatsgewalt ist grundsätzlich in Hinblick auf alle drei Grundtätigkeiten des Staates auf die Staatsführung des Gesamtstaates und die Staatsführungen der Gliedstaaten aufgeteilt. Dies derart, daß hiermit Gesetzgebung, Ausführung und Rechtsprechung grundsätzlich sowohl bei Organen des Gesamtstaates als auch bei solchen der Gliedstaaten liegen. Ausnahmsweise kann allerdings – zwar nicht die Gesetzgebung oder die Ausführung, doch – die Rechtsprechung dadurch ausgeschlossen sein, daß sie dem Gesamtstaat vorbehalten wird. Das ist der Fall mit der Bestimmung: „Alle Gerichtsbarkeit geht vom Bund aus" (Art. 82 I Öster. Verf., 1920). Wie denn auch mit Bezug auf die *„Länder"* nur deren *„Gesetzgebung und Vollziehung"* normiert sind (vor Artt. 95ff.), nicht hingegen gleichfalls deren Rechtsprechung. Und das wirft für Österreich die Frage auf, ob seine Länder mit dem Ausschluß der Rechtsprechung überhaupt noch Staaten sind. Das sind sie. Jeder von einem Bundesstaat umschlossene Gliedstaat besteht damit einmal in einem von ihm mitaufgebauten und mitgeführten Staat, dem Gesamtstaat, so daß er auch die Rechtsprechung, die diesem übertragen ist, mitträgt. Zum anderen ist unter den drei Grundtätigkeiten des Staates: der Gesetzgebung, Ausführung und Rechtsprechung, die letzte – wie dargetan – die am wenigsten führende und so gegenüber den anderen die erheblich nachrangige (o. I 1 a, zum sog. Rechtsprechungsstaat), so daß ihrem Fehlen das geringste Gewicht zukommt. Und weil endlich alle Richter im Rahmen des Möglichen unabhängig sind (Artt. 87, 88), deswegen ist es auch in der Sache nicht entscheidend, daß die Rechtsprechung allein Bundesangelegenheit ist. Das Fehlen schon der Gesetzgebung hätte allerdings den Verlust der Staatlichkeit zur Folge.

Wie nun weiter die Aufteilung der Grundtätigkeiten einer entsprechenden **Zuständigkeitsregelung** bedarf, so ist zwischen *allgemeiner, umfassend absteckender, Regelung* und *besonderen, einzeln absteckenden, Regelungen* zu unterscheiden. Zur **allgemeinen Regelung** als zugleich grundlegenden, alle Tätigkeiten betreffenden zählt etwa die Bestimmung: „Die Ausübung der staatlichen Befugnisse und die Erfüllung der staatlichen Aufgaben ist Sache der Länder, soweit dieses Grundgesetz keine andere Regelung trifft oder zuläßt" (Art. 30 GG, 1949). Oder noch folgende: „Die Kantone ... üben als solche alle Rechte aus, welche nicht der Bundesgewalt übertragen sind" (Art. 3 Schweiz. Verf., 1874; ähnlich Zusatzart. 10 Amerik. Verf., 1791). Was Österreich angeht, so kann sich die Regelung folgerichtig nur auf die erste und zweite Grundtätigkeit erstrecken. Daher heißt es denn auch: „Soweit eine Angelegenheit nicht ausdrücklich durch die Bundesverfassung der Gesetzgebung oder auch der Vollziehung des Bundes übertragen ist, verbleibt sie im selbständigen Wirkungsbereich der Länder" (Art. 15 I Öster. Verf.). Solche Bestimmungen scheinen nun, als Hauptsache nicht etwa bloß eine *Zuständigkeitsvermutung,* sondern obendrein einen *Zuständigkeitsvorrang* zugunsten der *Gliedstaaten* zu normieren. Doch insofern *täuschen* sie. Denn als tatsächliche Hauptsache normieren sie die *Abhängigkeit der Zuständigkeiten der Gliedstaaten* von dem, was dem *Gesamtstaat* an *Zuständigkeiten* durch die **besonderen Regelungen** *übertragen* ist. Damit, daß die Grenze dieser Übertragung die nicht anzutastende Staatlichkeit der Gliedstaaten ist, besteht, wie das Beispiel Österreichs zeigt, in der Regel ein erheblicher Ermessensspielraum. Ausnahmsweise besteht er jedoch nicht. In einem Bundesstaat ist es so z.B. – auf Grund der Einordnung der Gliedstaaten in den Gesamtstaat und *seiner* Stellung in der Staatenwelt – nur angängig, daß grundsätzlich letzterer für die auswärtigen Angelegenheiten zuständig ist; doch nicht angängig, daß – ebenso grundsätzlich – dies auch noch oder gar allein erstere wären. Dem entspricht, wenn die „Pflege der Beziehungen zu auswärtigen Staaten" zur „Sache des Bundes" erklärt ist (Art. 32 I GG; ferner Art. 10 I, Zif. 2 Öster. Verf., und Artt. 8, 10 I i.V.m. Art. 85 Ziff. 5, 6, Art. 102, Zif. 8 Schweiz. Verf.). Ausdruck dieser Tatsache ist, daß es insoweit bloß ein *Gesamt*staatsorgan gibt, beispielshalber als Bundesaußenminister. Doch sind hiervon Ausnahmen zu Gunsten der Länder möglich. So können etwa „die Länder", soweit sie „für die Gesetzgebung zuständig sind, ... mit Zustimmung der Bundesregierung mit auswärtigen Staaten Verträge abschließen" (Art. 32 III GG; ferner Artt. 9, 10 II Schweiz. Verf.). Mehr, es kann sogar „neben dem diplomatischen Verkehr des" Gesamtstaates auch ein solcher „der Einzelstaaten mit auswärtigen Mächten den Regierungen der Einzelstaaten belassen" sein; wie im Zweiten Deutschen Reich (HELFRITZ, S. 320). Doch war dieser, „in den Einzelstaaten Sache des Monarchen (bezw. der Senate der Hansestädte)" (ANSCHÜTZ, S. 172, 3), in Grundsätzlichem beschränkt, bestimmt durch die ausschließlichen Zuständigkeiten (näher S. 170ff.). Umgekehrt besteht der Ermessensspielraum nicht in Bezug auf die Gliedstaaten, wenn diese sich z. B. in kultureller Hinsicht so weit unterscheiden, daß damit nur ihre – alleinige oder grundsätzliche – Zuständigkeit für die kulturellen Angelegenheiten vereinbar ist. Sind derartige – völlig oder wesentlich – *ausschließliche* Zuständigkeiten mit den Belangen des Gesamtstaates bzw. der Gliedstaaten vereinbar, so erst recht die beiden Staaten zukommenden, einander *entsprechenden* Zuständigkeiten. Dazu sei beispielsweise an die beiderseitige Zuständigkeit für die jeweiligen inneren Angelegenheiten gedacht. Ausdruck dieser Tatsache ist das Bestehen sowohl eines *Gesamt*staats- als ebenfalls eines jeweiligen *Glied*staatsorgans, etwa das eines Bundesinnenministers sowie mehrerer bis vieler Länderinnenminister. Zwar läßt sich aus alledem der Schluß ziehen, daß für gesamtstaatliche Belange eben der Gesamtstaat und für gliedstaatliche eben die Gliedstaaten zuständig seien. Aber – so wenig dies durchgehend objektiv gleich ist, und so wenig die Ansichten darüber subjektiv übereinstimmen, ja, so wenig es ohne angemessene Zweckmäßigkeit geht, so sehr bedarf es weitgehender einschlägiger Einzelfeststellungen. Zwar kommt es darauf hier nicht weiter an; doch erklärt es, warum bekanntlich die besonderen Zuständigkeitsregelungen nicht ohne ebenso umständliche wie erforderliche Aufzählungen der Gegenstandsbereiche auskommen, auf die sich die Zuständigkeiten erstrecken. Eine solche Regelung schließt nun nicht aus, daß gegen sie *verstoßen* wird; gleich, ob dies der Gesamtstaat tut, oder ob es die Gliedstaaten tun. Auch insofern bedarf es daher einer Regelung.

Ein solcher Verstoß erfolgt nun zuerst stets auf der Ebene von Normen, die, einerseits vom Gesamtstaat, andererseits von einem Gliedstaat ausgegangen, miteinander unvereinbar sind, weil eine von beiden die Zuständigkeitsregelung verletzt. Und hiermit erfolgt die Regelung bereits auf dieser Ebene, selbstverständlich zu Gunsten der für zuständig erklärten Seite. Ausdruck einer solchen ist etwa die Norm: „Bundesrecht bricht Landesrecht“ (Art. 31 GG; zuvor schon Art. 13 I Deutsche RV, 1919: „Reichsrecht bricht Landrecht“). Allerdings geht diese sog. **Kollosionsnorm** über den Verstoß gegen Zuständigkeitsregelungen merklich hinaus. Denn unter sie fällt beispielshalber auch, daß die Gesamtstaatsverfassung für die Gliedstaaten eine bestimmte Staatsform vorschreibt (dazu u.), doch ein Gliedstaat dagegen verstößt. Und das hat mit einer Zuständigkeitsregelung nichts zu tun. Ebenfalls geht es nicht gleich um *Recht*, sondern schlicht um *Normen*. Frühere Verfassungen waren da vorsichtiger, indem sie bloß vom Vorrang von *Gesetzen* gegenüber *Gesetzen* sprachen (§ 66 Deutsche RV, 1849, Art. 2, 1 Deutsche RV, 1871). Um welche Normen es sich im Einzelnen dreht, kann hier dahingestellt bleiben. Wie nämlich zu ihnen jedenfalls die Verfassungs- und Gesetzesnormen des Gesamtstaates und der Gliedstaaten gehören, so genügt das im vorliegenden Rahmen. Mit dieser Einschränkung brechen aber nur einschlägige Bundesverfassungs- und Bundesgesetzesnormen, die außerdem *verfassungsgemäß* sind, entgegenstehende Landesverfassungs- und Landesgesetzesnormen: Diese sind nichtig. Wenn sich daher eine einschlägige, *nicht verfassungsgemäße* Bundesgesetzesnorm und eine bundesverfassungsgemäße Landesgesetzesnorm ausschließen, so bricht – umgekehrt – die zweite die erste: Diese ist nichtig. Eine ähnliche Bestimmung ist noch folgende: „Diese Verfassung und die in deren Verfolg zu erlassenden Gesetze der Vereinigten Staaten ... sollen oberstes Gesetz des Landes sein; und die Richter in jedem Staate sollen daran gebunden sein, ungeachtet etwa entgegenstehender Bestimmungen in der Verfassung oder den Gesetzen eines Staates“ (Art. VI, II Amerik. Verf., 1787).

Der sich schon aus dem Bisherigen – bei aller Wahrung der Staatlichkeit der Bundesglieder – ergebende **Vorrang des Gesamtstaates vor den Gliedstaaten** ergibt sich aber auch noch und besonders aus der Möglichkeit des sog. **Bundeszwangs**: einen Gliedstaat bei Nichterfüllung der ihm nach der Bundesverfassung oder nach verfassungsgemäßen Bundesgesetzen obliegenden Bundespflichten durch ein Bundesorgan zur Erfüllung anzuhalten (Art. 37 GG; vorher schon Art. 19 Deutsche RV, 1871: Bundesexekution, und Art. 48 I Deutsche RV, 1919). Daß der Vorrang des Gesamtstaates vor den Gliedstaaten recht unterschiedlich sein kann, zeigt der Vergleich zwischen der österreichischen und deutschen Bundesrepublik insofern, als, wie gezeigt, wohl in letzterer die Rechtsprechung auch bei den Ländern liegt, nicht aber in ersterer.

Gegenüber dem hiermit Vertretenen wird **im Schrifttum** einiges anders gesehen. So wird erstens **zur Aufteilung der Staatsgewalt** auf die Staatsführung des Gesamtstaates und die Staatsführungen der Gliedstaaten die Unmöglichkeit der *„Teilung der Staatsgewalt ... im Bundesstaate“* vertreten (Jellinek, G., S. 502ff.). Zur Begründung heißt es zunächst: „Ein und dieselbe Staatsgewalt kann immer nur einem und demselben Staate zustehen ... Das gilt für alle Personen, physische und juristische“ (S. 502f.). Aber – daß dies nicht gegen die Aufteilung spricht, zeigt vor allem Folgendes: Wie Gliedstaaten und Gesamtstaat – nicht etwa nur gebietlich, sondern überhaupt staatlich – *ineinander* bestehen, so *muß* geradezu beider Staatsgewalt eine geteilte als aufgeteilte sein, nämlich in Bezug auf die sich aus dem Ineinander für den Gesamtstaat und die Gliedstaaten ergebenden Zuständigkeiten. Und heißt es sodann: „Weil im Bundesstaate“ die „Kompetenz an zwei Staaten verteilt ist, hat es ... den Anschein, als ob die Staatsgewalt selbst zwischen ihnen verteilt sei“ (S. 503), so handelt es sich nicht um Schein, sondern um Wirklichkeit. Denn mit der Zuständigkeit zu etwas wird im Bundesstaat auch die jeweilige Gewalt dazu aufgeteilt; wie ja auch eine Zuständigkeit ohne die Gewalt (Macht), ihr zu genügen, in der Luft hängt (dazu o. 1. Abschn., B I 2). Und heißt es ferner noch: „Zwischen Bundes- und Gliedstaat ist“ nicht „die Staatsgewalt geteilt“, vielmehr sind es „die Objekte, auf welche die Staatstätigkeit gerichtet ist, nicht die subjektive Tätigkeit, die sich auf diese Objekte bezieht“ (a.a.O.), so gilt dazu: Die grundsätzliche Teilung der Objekte zwischen Gesamtstaat und Gliedstaaten ist nicht möglich ohne Teilung (Aufteilung) der sich auf sie beziehenden Tätigkeiten und somit gleichfalls der – diese Tätigkeiten eindeutig tragenden jeweiligen – Gewalt. All das läßt sich mit der Berufung auf „Persönlichkeit“ und „Individuum“ (das Unteilbare) (S. 502) nicht beseitigen. Zum einen geht es darum nämlich gar nicht; und zum anderen stellt die juristische Person bloß eine Fiktion dar (o. 1 Abschn., A I). Daß die Teilung der Staatsgewalt im Bundesstaat zum Teil auch bejaht wird, wurde bereits in anderem Zusammenhang gezeigt: der Frage nach der Teilbarkeit der Staatsgewalt überhaupt (o. I 1, vor a: ZIPPELIUS, LOEWENSTEIN). – Zweitens wird **zum Vorrang des Gesamtstaates,** wie folgt, ein jedenfalls *ursprünglicher Vorrang der Gliedstaaten* vertreten: Die „(Bundes-)Gliedstaaten“ leiten „ihre Herrschaftsmacht ... nicht vom Gesamtstaat, sondern aus eigenem Recht ab“; dies mit dem Ergebnis, daß „die *Gliedstaaten,* nicht der Gesamtstaat, als das *ursprüngliche Element der Staatsorganisationen* eines Bundesstaates (sog. *Staatsaufbau von unten nach oben, Subsidiaritätsprinzip*)“ gelten (KÜCHENHOFF-KÜCHENHOFF, S. 250 A). Jedoch – gleich, ob ein Bundesstaat dadurch entsteht, daß er aus schon bestehenden Staaten zusammengefügt wird, oder dadurch, daß ein bestehender Einheitsstaat in Gliedstaaten aufgegliedert wird, – stets ist es so, daß Gesamtstaat und Gliedstaaten etwas *Neues* abgeben. Keiner von ihnen ist, wenn er einen Vorgänger hatte, was dieser *vorher* war. Weder leiten im Falle der Zusammenfügung die Gliedstaaten *ihre* Herrschaftsmacht „aus eigenem Recht“ ab, noch leitet im Falle der Aufgliederung der Gesamtstaat *seine* Herrschaftsmacht ‚aus eigenem Recht‘ ab. Vielmehr leiten *beide* ihre – jeweilige – Herrschaftsmacht aus der *normativen Verfassung des Gesamtstaates* ab: gemäß der Zuständigkeitsverteilung. Gesamtstaat und Gliedstaaten sind – trotz des Vorrangs, den ersterer einnimmt – *gleich ursprünglich.* Auch besorgt der Gesamtstaat nicht deswegen grundsätzlich die genannten Angelegenheiten des Äußeren, weil die Gliedstaaten das nicht oder nicht hinreichend vermögen, also bloß subsidiär: ersatz- oder hilfsweise; vielmehr weil einzig dies – wie oben gezeigt – mit dem Wesen von Gesamtstaat und Gliedstaaten vereinbar ist und somit grundsätzlich zur Zuständigkeit des ersteren und nicht der letzteren gehört. Der Gesamtstaat ist kein Lückenbüßer der Gliedstaaten. Der sich mit dem **Subsidiaritätsprinzip** – diesmal in Anwendung auf den Bundesstaat – verknüpfende, jedenfalls *ursprüngliche Vorrang* der *unteren* Einheit vor der *oberen* besteht wieder *nicht.* Daran ändert es nichts, daß das Abgelehnte „in den Verfassungsurkunden der Bundesstaaten etwa mit der Wendung eine *ausdrückliche* Formulierung“ findet, „daß die Staatsgewalt des Bundes von den ‚Ländern‘, von den ‚verbündeten Regierungen‘ (so in der RV von 1871) ausgehe“; und „das Grundgesetz ... vom ‚Deutschen Volk in den Ländern Baden, Bayern‘ usw.“ spricht (a.a.O.). Denn beides ließe die Begründung der Ablehnung unberührt. Hinzu kommt aber einmal, daß die Deutsche RV, 1871, nichts von der behaupteten Formulierung enthält (zu ihr aber BISMARCK o. A I 2 b α). Zum anderen, daß, wie gezeigt, „das Deutsche Volk in den Ländern" das Grundgesetz gerade *nicht* „beschlossen" hat (o. A III 1b, Ende); ja, Bayern, d.h. seine Volksvertretung, es gar *abgelehnt* hat (SCHMIDT=BLEIBTREU-KLEIN, S. 1084, RN 1); mehr, selbst dann, wenn das Volk so beschlossen hätte, es dies dennoch *insgesamt* getan hätte. Und endlich, daß z.B. eine Bundesstaatsverfassung, die nur vom „Volk der Vereinigten Staaten" spricht, nicht aber von dem in den einzelnen Staaten (Vorspruch Amerik. Verf., 1787), gerade *nichts* für das Behauptete hergibt.

Die **selbständige Beteiligung der Gliedstaaten an der Führung des Gesamtstaates** erfolgt durch eine **eigene Vertretung im Gesamtstaat.** Sie sei hier – in Entsprechung zum Zweikammersystem in Einheitsstaaten: der ersten Kammer als Volksvertretung und der zweiten als anderer Vertretung (o. A III 3 b) – desgleichen als *zweite Kammer* bezeichnet, und zwar gegenüber der gesamtstaatlichen Volksvertretung als *erster*. Ebenso wie mit jenem ist auch mit diesem **Zweikammersystem** nicht durchweg zum Ausdruck gebracht, daß es sich bei der ersten Kammer um das *Haupt*organ handele und bei der zweiten um das *Neben*organ. Das kann vielmehr, wie unten zu zeigen, sogar *umgekehrt* sein. Doch anders als bei jenem System, das zwar in *Einheits*staaten *möglich,* indes *nicht notwendig* ist, ist dieses System in *Bundes*staaten nicht allein *möglich*, sondern außerdem *notwendig*: Was für erstere *nicht wesenhaft* ist, das ist für letztere *wesenhaft*. Dies deshalb, weil dazu, daß die Gliedstaaten den Bundesstaat mitaufbauen, nicht bloß der *räumliche* Aufbau durch ihre *Staatsgebiete* zählt, sondern gleichfalls der *sachliche* durch ihre *Mitwirkung*. Ohne sie hörte daher ein Bundesstaat auf, ein solcher zu sein. Je nachdem, wie sein Aufbau dann näher aussähe, handelte es sich entweder um einen Einheitsstaat mit Selbstverwaltungseinheiten oder gar um einen Staatenstaat. Daß das Mitwirkungsorgan ein solches des *Gesamt*staates ist und keines der *Glied*staaten, ändert nichts daran, daß es doch von *letzteren gebildet* wird. In der **Bundesrepublik Deutschland** ist so die erste Kammer der Bundestag, und die zweite ist der Bundesrat. „Durch" ihn „wirken die Länder bei der Gesetzgebung und Verwaltung des Bundes mit" (Art. 50 GG, 1949). Er „besteht aus Mitgliedern der Regierungen der Länder, die sie bestellen und abberufen" (Art. 51 I 1). In der **Bundesrepublik Österreich** sind es entsprechend der Nationalrat und der Bundesrat. In diesem „sind die Länder ... vertreten" (Art. 34 I Öster. Verf., 1920). Seine „Mitglieder ... werden von den Landtagen ... gewählt" (Art. 35 I 1), ohne diesen jedoch angehören zu müssen (II). Er ist an der „Gesetzgebung des Bundes" neben dem Nationalrat beteiligt (Art. 24), ebenso *„an der Vollziehung des Bundes"* (vor Art. 50 E und Art. 52 I). In der **Schweizerischen Eidgenossenschaft** dreht es sich um den Nationalrat als erste Kammer und um den Ständerat, die Vertretung der Kantone (Art. 80 Schweiz. Verf., 1874), als zweite. Ohne daß es auf Einzelheiten ankäme, ist auch letzterer an der Gesetzgebung und Vollziehung des Bundes beteiligt (zumal Art. 85). In den **Vereinigten Staaten von Amerika** schließlich geht es um das Abgeordnetenhaus und den Senat (Art. I, Abschn. 3 I Amerik. Verf., 1787, i.V.m. Zusatzart. 17, Zif. 1, 1913). Ohne daß es ein weiteres Mal auf Einzelheiten ankäme, ist gleichfalls letzterer an der Gesetzgebung und Vollziehung des Bundes beteiligt (etwa Art. I, Abschn. 7 II, Art. II, Abschn. 2 II). Teils bilden die jeweils zwei Kammern *Gliedorgane* eines sie umfassenden *Gesamtorgans*. Dieses ist in der Schweiz die „Bundesversammlung", die „aus zwei Abteilungen besteht: A. aus dem Nationalrat, B. aus dem Ständerat" (Art. 71 Schweiz. Verf.); und in Nordamerika ist es der „Kongreß der Vereinigten Staaten", bestehend „aus einem Senat und einem Abgeordnetenhaus" (Art. I, Abschn. 1 Amerik. Verf.). Teils bestehen die zwei Kammern für sich. Dies ist entweder so, daß sie immerhin *fallweise Gliedorgane* eines *Gesamtorgans* bilden. Das trifft in der österreichischen Bundesrepublik auf Nationalrat und Bundesrat zu. Sie „treten als Bundesversammlung" beispielsweise „zur Angelobung des Bundespräsidenten" und „zur Beschlußfassung über eine Kriegserklärung ... zusammen" (Art. 38 Öster. Verf.). Oder es ist so, daß beide Kammern *nicht* einmal *fallweise Gliedorgane* eines *Gesamtorgans* bilden. Das trifft in der deutschen Bundesrepublik auf Bundestag und Bundesrat zu. Im Gegenüber der beiden Kammern kann nun das Schwergewicht bei der ersten Kammer als Volksvertretung des Gesamtstaates liegen. Ihr Hauptkennzeichen ist, daß sie vorwiegend, mehr oder weniger ausgeprägt, für die Gesetzgebung ausschlaggebend ist. Das erste ist in Österreich so. Die zweite Kammer, der Bundesrat, kann nämlich, soweit er an der Gesetzgebung beteiligt ist, fast stets vom Nationalrat, der ersten Kammer, überstimmt werden (Art. 42 Öster. Verf.; eine Ausnahme: etwa Art. 15 VI 2). Das zweite ist in Deutschland der Fall. Denn die erste Kammer, der Bundestag, kann die zweite, den Bundesrat, zwar in den meisten Fällen überstimmen, aber nicht in etlichen auf deren Zustimmung angewiesenen (Art. 77 II, III, IV GG). Das Gewicht kann aber auch etwa gleich bei beiden Kammern liegen. Hauptkennzeichen hierfür ist, daß die Kammern unterschiedslos an der Gesetzgebung teilhaben. So in der Schweiz (Art. 89 I Schweiz. Verf.). Und den Vereinigten Staaten (Art. I, Abschn. 1 i.V.m. Abschn. 7 II, III Amerik. Verf.). Das Schwergewicht kann jedoch ausnahmsweise ebenfalls bei der zweiten Kammer liegen. So war es im **Zweiten Deutschen Reich** beim Bundesrat als zweiter Kammer, bestehend „aus den Vertretern der Mitglieder des Bundes" (Art. 6 I Deutsche RV, 1871), den (Glied-)„Staaten" (Art. 1), gegenüber dem – „aus allgemeinen und direkten Wahlen" hervorgegangenen – Reichstag (Art. 20 I), der Volksvertretung des Gesamtstaates als erster Kammer. Hauptkennzeichen dafür war, daß letzterer nur „das Recht" hatte, „Gesetze vorzuschlagen" (Art. 23), doch ersterer – außer dem Recht des Gesetzesvorschlags an den Reichstag (Art. 7, Zif. 1) – zumal das, „über" „die von demselben gefaßten Beschlüsse" seinerseits zu beschließen (a.a.O.) und damit einen Gesetzesvorschlag erst zu einem Gesetz zu machen. Es war das die *„Sanktion"* durch „den *Bundesrat"* (ANSCHÜTZ, S. 158). Daß die „Reichsgesetzgebung ... durch den Bundesrath und den Reichstag" ausgeübt wurde, und zwar in „Übereinstimmung der Mehrheitsbeschlüsse beider" (Art. 5 I), versteht sich im wiedergegebenen Sinn und ändert daher an dem Vorrang der zweiten Kammer nichts. Wie sie entsprechend in früherer Bedeutung die erste und der Reichstag die zweite Kammer war. Nach all dem erweist sich unter den erwähnten Bundesstaaten das damalige Kaiserreich in der Tat als der bundesstaatlichste. Wo beide Kammern grundsätzlich öffentlich verhandeln, bilden auch sie wieder das **Parlament.** Das trifft auf die der deutschen und österreichischen Bundesrepublik, auf die der Schweiz und der Vereinigten Staaten zu. Auch traf es auf die Weimarer Republik mit Reichstag und Reichsrat zu (anders SCHMITT, S. 296, 3). Nicht so war es aber im Zweiten Reich, da „Verhandlungen des Bundesrates ... nicht öffentlich" waren (ANSCHÜTZ, S. 98). Daher bildete nur der damalige Reichstag, dessen „Verhandlungen ... öffentlich" waren (Art. 22 I Deutsche RV, 1871), das Parlament. Wo beide Kammern das Parlament bilden, kann von der jeweils ersten Kammer, der Gesamtstaatsvertretung, als **eigentlichem Parlament** gesprochen werden und von der zweiten Kammer, der Gliedstaatenvertretung, als **uneigentlichem.** In jedem Fall unrichtig wäre es auch jetzt, zur *zweiten* Kammer zwischen einer *echten* und *unechten* zu unterscheiden.

Die Beteiligung der Gliedstaaten an der Führung des Gesamtstaates hat eine bestimmte Folge: Zwar sind die Gliedstaaten dem Gesamtstaat insgesamt untergeordnet und dieser ihnen folglich entsprechend übergeordnet. Aber auf Grund eben jener Beteiligung besteht, anders als mit Protektor und Protektorat in den Protektoratsstaaten (o. vor 1), mit Gesamtstaat und Gliedstaat im Bundesstaat **kein Ober- und Unterstaat.** Dafür ist jedoch ein Teil der Lehre (z.B. v. MANGOLDT-KLEIN, I, S. 588f.; KÜCHENHOFF-KÜCHENHOFF, S. 265 D). Selbst nur vom Gegenüber „des Oberstaats" und „der Gliedstaaten" zu reden (LOEWENSTEIN, S. 300), ist zum Teil unzutreffend. Erst recht unzutreffend ist es, von einem „*Unterwerfungsverhältnis* der einzelnen Länder unter den Bund" (v. MANGOLDT-KLEIN, I, S. 591 d) zu sprechen. So etwas ist nur im Staatenstaat möglich (u. 2). Umgekehrt ist es allerdings gleichfalls unzutreffend, „daß in der bundesstaatlichen Gemeinschaft *Zentral- und Gliedstaaten gleichgeordnet* nebeneinander stehen" (so indes NAWIASKY, Staatsrechtslehre, S. 153, 17) (zum überdies verfehlten Zentralstaat u. Ende).

Nun wird mit der **Gliedstaatenvertretung** noch eine **Reihe von Prinzipien** verknüpft. Die „Zweiten Kammern" seien „regelmäßig nicht nach dem sog. *Senats-*, sondern nach dem *Territorialprinzip* zusammengesetzt ..., d.h. daß die Mitglieder dieser Kammern nicht bestimmte Ideen-, Interessen- oder Machtgruppen (z.B. Stände, Klassen, Gebietskörperschaften, Religionsgemeinschaften, Geistesschaffende) innerhalb des *Gesamt*staates repräsentieren, sondern als Vertreter der *Gliedstaats*interessen von den Gliedstaats*regierungen* ernannt werden und von diesen weisungsabhängig sind (*Bundesratsprinzip* ...; Art. 51 GG), oder von den Gliedstaats*parlamenten* (USA Art. 1 III) oder von der Gliedstaats*bevölkerung* (SU Art. 35)" (Sowj. Verf., 1936) „ohne eine solche Weisungsbindung gewählt werden (*Staatenhausprinzip*)" (KÜCHENHOFF-KÜCHENHOFF, S. 250 A). Das ist zwar teils haltbar, teils jedoch nicht. So entspricht die zweite Kammer der Vereinigten Staaten, obschon sie Senat heißt, nicht dem Senats-, sondern dem Territorialprinzip. Denn sie ist, wie gesagt, eine Gliedstaatenvertretung. Und so heißt die zweite Kammer Österreichs zwar Bundesrat, entspricht jedoch nicht dem Bundesrats-, vielmehr dem Staatenhausprinzip. Denn ihre „Mitglieder ... werden von den Landtagen ... gewählt" (Art. 35 I 1 Öster. Verf., 1920) und sind „an keinen Auftrag gebunden" (Art. 56). Das Wort ‚Staatenhaus' stammt übrigens aus der deutschen Revolutionsverfassung des 19. Jahrhunderts: „Das Staatenhaus wird gebildet aus den Vertretern der deutschen Staaten" (§ 86 Deutsche RV, 1849). Seine „Mitglieder" wurden aber nicht allein „durch die Volksvertretung der betreffenden Staaten ernannt", sondern „zur Hälfte" auch durch deren jeweilige „Regierung" (§ 88 I); doch waren sie „durch Instruktionen nicht gebunden" (§ 96). Zwar wurde in den Vereinigten Staaten die Wahl der Senatoren durch die Gliedstaatenparlamente (Art. I, Abschn. 3 I Amerik. Verf., 1787) später durch die Wahl aus den Gliedstaatenbevölkerungen ersetzt (Zusatzart. 17 I, Zif. 1, 1, 1913); aber das machte ihn nicht weniger weisungsungebunden. Die Sowjet-Union schließlich scheidet überhaupt aus, da sie auf Grund der Stalinverfassung kein Bundesstaat war; wie sie auch jetzt (1990) noch keiner ist (u. Anhang). Und ist gar noch als Staatenhaus „die Vertretung der Einzelstaaten" verstanden, in der „die einzelnen Vertreter nur im Namen u. im Auftrag ihrer Regierung sprechen u. abstimmen; z.B. der dt. Bundesrat" (HABERKERN-WALLACH, S. 583 r., Artikel: „Staatenhaus"), so wird damit zum Staatenhausprinzip gerechnet, was von den zwei KÜCHENHOFF zum Bundesratsprinzip gerechnet wird. Diesem Durcheinander gegenüber sind gänzlich haltbar allein folgende Prinzipien: das **Abhängigkeits-** und das **Unabhängigkeitsprinzip.** Gleich nämlich, wie die jeweilige zweite Kammer als Gliedstaatenvertretung heißt und wie sie zustande kommt, – ihre Mitglieder sind entweder von Weisungen abhängig oder unabhängig. Ersteres trifft etwa auf den Bundesrat der Bundesrepublik Deutschland zu (Art. 51 III GG, 1949, Ausnahme: Art. 77 II 3); wie es auf den des Zweiten Reichs zutraf (Art. 7 III 2 Deutsche RV, 1871). Und letzteres trifft – außer dem schon genannten österreichischen Bundesrat und dem gleichfalls genannten amerikanischen Senat – noch auf den schweizer Ständerat zu (Art. 91 Schweiz. Verf., 1874). Hierbei entspricht die abhängige zweite Kammer mehr der Stellung der Gliedstaaten als die unabhängige: Erstere ist mehr, letztere weniger föderalistisch. Insoweit ist etwa die deutsche Bundesrepublik föderalistischer als die österreichische. Das gilt ebenfalls gegenüber dem Senat der Vereinigten Staaten, der – zumal mit dem genannten Zusatzartikel – „nicht mehr für die Einzelstaaten" spricht: „durch ihn sprechen die auf gesamtstaatlicher Ebene organisierten Parteien" (LOEWENSTEIN, S. 305, 2).

Heißt es: „Alle republikanischen Bundesstaaten lassen eine der beiden Kammern als Staatenhaus" (Gliedstaatenvertretung) „fungieren, in dem die Gleichheit der Staaten durch die jedem Staate gewährte gleiche Anzahl von Vertretern zum Ausdruck" kommt (JELLINEK, G., S. 771), so trifft das tatsächlich nur *teilweise* zu. Etwa in der Schweiz mit je zwei Kantonsvertretern im Ständerat (Art. 80, 2 Schweiz. Verf., 1874). Anders ist es aber z. B. in der Bundesrepublik Österreich mit einer ungleichen Zahl von Ländervertretern im Bundesrat (Art. 34 II Öster. Verf., 1920). So sagt denn auch JELLINEK an anderer Stelle, daß „die Anteilnahme an der Bundesgewalt für die einzelnen Staaten abgestuft sein" kann, „indem Unterschiede in der Stimmberechtigung eingeführt werden" (S. 780). Überdies: Das Kaiserreich war für JELLINEK nicht bloß ein Bundesstaat (z. B. S. 782), sondern, obwohl irrig, ebenfalls eine Republik (o. A I 2 b α, Ende); und doch war die Stimmenverteilung der Länder im Bundesrat eine sehr ungleiche (Art. 6 I Deutsche RV, 1871). Für eine weitere ungleiche Verteilung sei noch auf Deutschland (Art. 51 II GG, 1949) hingewiesen, für eine weitere gleiche auf die Vereinigten Staaten (Zusatzart. 17, Zif. 1, 1, 1913: je zwei Senatoren der Länder).

Aus der dargetanen Staatlichkeit von Gesamtstaat und Gliedstaaten, der Aufteilung der Staatsgewalt auf beide und der Mitwirkung der Gliedstaaten im Gesamtstaat ergibt sich noch, daß auch die **Quelle der Staatsgewalt** im Bundesstaat **eine geteilte** ist. Sie besteht einmal aus dem(n) im Gesamtstaat gründenden Organ(en) als Quelle(n), z. B. dem erfolgreichen Wahlvolk in einer Polykratie als Demokratie: etwa in der Bundesrepublik Deutschland; oder dem Monarchen und dem erfolgreichen Wahlvolk in einer beschränkten Monokratie als konstitutioneller Monarchie: beispielsweise im Zweiten Deutschen Reich. Und sie besteht zum anderen aus dem(n) in den Gliedstaaten gründenden Organ(en) als Quelle(n), z. B. den Länderregierungen: wiederum etwa in der deutschen Bundesrepublik; oder den Ländervolksvertretungen: beispielshalber in der österreichischen; oder noch den erfolgreichen Länderwahlvölkern, z. B. in den Vereinigten Staaten. Hiermit ist die Quelle der Staatsgewalt, sieht man in den Gliedstaaten eine Einheit, eine *dualistische* bzw. *trialistische* ; ja, sieht man die Gliedstaaten als einzelne, gar eine *pluralistische.* Dennoch – der Bundesstaat ist *ein Staat*; und daran ändert der **Dualismus** oder **Trialismus** oder auch **Pluralismus** *nichts.* Eben dies bedenkt aber niemand, der bereits im ständischen Dualismus einen Mangel des ständischen Staates sieht, wenn er ihn nicht überhaupt als *einen* Staat daran scheitern läßt.

Mit ihrer Kennzeichnung als nicht bloß *wesentlich*, sondern gar als *weniger unabhängig* sind die **Gliedstaaten** des Bundesstaates erst recht **nicht souverän** (o. vor 1, Ende), d.h. nicht in ihrer Führung nach außen wie nach innen voll unabhängig. Ihre dargetane Stellung im Gesamtstaat bestätigt das. Dennoch werden sie teils für souverän erklärt. So ist es etwa, wenn auf die „souveränen Kantone" abgehoben wird (Art. 1 Schweiz. Verf., 1874). Zwar wird dies dann, wie folgt, geändert: „Die Kantone sind souverän, soweit ihre Souveränität nicht durch die Bundesverfassung beschränkt ist" (Art. 3). Doch nicht einmal das ist zutreffend. Denn mit dieser Beschränkung ist eben die volle Unabhängigkeit ausgeschlossen. Anders gesagt: Eine Teilsouveränität gibt es nicht. Gleiches gilt, wenn von einer „Kantonalsouveränität", „soweit" sie „nicht durch die Bundesverfassung beschränkt wird", die Rede ist (Art. 1 Verf. Appenzell-A.Rh., 1908). Die Unmöglichkeit einer Teilsouveränität schließt es aber gleichfalls aus, daß es sie im Bundesstaat als eine Souveränität *in verschiedener Hinsicht* gibt, z.B. als *„absolute Souveränität"* bzw. als *„relative"*. Darauf (NAWIASKY, Staatsgesellschaftslehre, II, S. 204, und Staatsrechtslehre, S. 150) kommt es hier daher nicht mehr an. Deshalb allein das Ergebnis: Die „Souveränität sowohl des Zentralstaats wie der Gliedstaaten" ist „nur eine *relative*" (Staatsrechtslehre, S. 154) (zum Zentralstaat wieder u. Ende). Souverän kann zwar nur der Gesamtstaat sein. Doch an dieser Souveränität haben die *Gliedstaaten*, wie folgt, *teil:* Indem sie über ihre Vertretung, die zweite Kammer, an der Führung des Bundesstaates beteiligt sind, sind sie genauso an dessen Souveränität beteiligt, also mittelbar. Freilich gilt dies einzig, wenn der Bundesstaat selbst souverän ist. Ist er es nicht, so sind sie – auf die gleiche mittelbare Weise – an seiner Nichtsouveränität beteiligt. Als Beispiel sei die alte Bundesrepublik Deutschland genannt. Ohne daß es hierzu auf Einzelheiten ankäme, genügt es insofern, auf das Wort von den damals ‚Gesamtdeutschland betreffenden Rechten der vier Siegermächte' hinzuweisen. Denn diese ‚Rechte' nahmen nicht nur dem *gesamten*, ohnehin zweistaatlichen, Deutschland die Souveränität, sondern auch den beiden *Teil*staaten. Dennoch nannte sich bekanntlich jeder von ihnen souverän. Daß der „Bundesstaat ... ein ... von Staaten gebildeter souveränder Staat" sei (JELLINEK, G., S. 769, 5), ist folglich so nicht richtig: Das *kann* er nur sein, *muß* es aber *nicht*. – Auch die neue Bundesrepublik ist kein souveräner Staat. Zwar heißt es in Art. 7 II Deutschland-Vertrag, 1990: „Das vereinte Deutschland hat ... volle Souveränität über seine inneren und äußeren Angelegenheiten." Aber zumal mit den Verpflichtungen, seine „‚Streitkräfte ... auf eine Personalstärke von 370000 Mann ... zu reduzieren'" (Art. 3 II) und „keinerlei Gebietsansprüche", „auch ... in Zukunft", zu „erheben" (Art. 1 III), besteht eben *keine volle* innere und äußere – nicht Souveränität, sondern – Unabhängigkeit *als* Souveränität. Im übrigen: Die erlangte wesentliche Unabhängigkeit war nicht bloß das allein Erreichbare; vielmehr ist es zumal das für ein Vereintes Europa – in *allen* dafür in Betracht kommenden Staaten – allein Angebrachte. Die Souveränität, ohnehin das goldene Kalb vieler Staaten, wäre insoweit überholt.

Die gebrachten Beispiele zeigen, daß die Staaten, die **Bundesstaaten** sind, vom einen zum anderen gesehen, **nicht schlechthin gleichartig** sein müssen. Es sei dazu einerseits auf die Vereinigten Staaten von Amerika als beschränkte *Polykratie* hingewiesen, einmal als nichtdemokratische, zum anderen – bei entsprechender Wahlbeteiligung – als demokratische; sowie andererseits auf das Zweite Deutsche Reich als beschränkte *Monokratie* monarchischer Art: die erstere mit einem Präsidenten als Staatsoberhaupt, die letztere mit einem Kaiser. Doch wäre auch eine beschränkte *Pleokratie* nicht als Bundesstaat ausgeschlossen. Immerhin besteht insofern **Gleichartigkeit,** als es sich jeweils um einen **beschränkten, relativen, Staat** handelt und nicht um einen unbeschränkten, absoluten. Der Grund hierfür liegt darin, daß die zweite, zu jeder Hauptstaatsform gekennzeichnete, Herrschaft (o. A I 2 a, II 2 a, III 2 a) mit einer zugleich bundesstaatlichen unvereinbar ist. Denn wie in dieser die Gliedstaaten durch die zweite Kammer an der Führung des Gesamtstaates teilnehmen und überhaupt teils unabhängig sind, so bedeutete das für einen absoluten Herrscher – den Monokraten, die Pleokraten sowie Polykraten – eine Beschränkung. Und eben sie höbe seine Unbeschränktheit auf.

Doch ebenfalls die im jeweiligen *Bundesstaat* bestehenden **Gliedstaaten** müssen **nicht schlechthin gleichartig** sein. Insofern sei wieder auf das Zweite Reich hingewiesen. In ihm bestanden außer den *Monokratien* als *Monarchien* mit den drei Städten Hamburg, Bremen und Lübeck (Art. 6 I Deutsche RV, 1871) – Frankfurt war 1866 von Preußen annektiert worden – auch *Pleokratien* als *Republiken*; und sie schließen ja die Monarchie aus. Hingewiesen sei aber – nur was die Städte anbetrifft – gleichermaßen auf die davor liegende bundesstaatliche Revolutionsverfassung, sie noch einschließlich Frankfurts (§ 87 I Deutsche RV, 1849); und ebenso auf die vorausgegangene bundesstaatliche Verfassung des Norddeutschen Bundes, zum ersten Mal mit den nur drei Städten (Art. 6 Norddeutsche Verf., 1867). Wird in Bezug auf die erste und letzte Verfassung gesagt, daß „die kleine Besonderheit der drei Hansestädte ... ganz unbeachtlich“ sei, und daß die „Homogenität“ insofern „auf der Gleichartigkeit der Verfassungzustände der Gliedstaaten“ beruhte (SCHMITT, S. 56f.), so ist das nach dem Ausgeführten unzutreffend. Daß nach § 195, 1 Deutsche RV, 1849, gar eine „Aenderung der Regierungsform in einem Einzelstaate“ möglich war, wenngleich „nur mit Zustimmung der Reichsgewalt“, erschloß zwar keine unbeschränkte, doch eine beschränkte *weitere* Ungleichartigkeit. Erheblich anders gegenüber diesen deutschen Verfassungen die Verfassung der Vereinigten Staaten. Sie „sollen jedem Staate in“ der „Union eine republikanische Regierungsform gewährleisten“ (Art. IV, Abschn. 4 Amerik. Verf., 1787); was soviel wie die Anordnung dieser Form bedeutete und bedeutet. Anders desgleichen die Verfassung der Schweiz: „Der Bund übernimmt“ die „Gewährleistung“ der kantonalen Verfassungen „insofern“, als „sie die Ausübung der politischen Rechte nach republikanischen (repräsentativen oder demokratischen) Formen sichern“ (Art. 6 I, II b Schweiz. Verf., 1874), d.h. näher: nach mittelbar oder unmittelbar demokratischen. Anders – und am deutlichsten – aber gleichfalls noch die deutsche Bundesrepublik: „Die verfassungsmäßige Ordnung in den Ländern muß den Grundsätzen des republikanischen, demokratischen ... Rechtsstaates im Sinne dieses Grundgesetzes entsprechen“ (Art. 28 I 1 GG, 1949; zuvor bereits Art. 17 I 1 Deutsche RV, 1919), vom „Bund“ außerdem „gewährleistet“ (III). Bundesstaatliche Monarchien sind nach alledem duldsamer und großzügiger als bundesstaatliche Republiken, und das durchaus rechtlich.

Vom Bundesstaat sind nicht wesenhaft das gekennzeichnete sog. **Nullifikations-** und **Sezessionsrecht** (o. vor 1, zum Staatenbund) ausgeschlossen. Ihr Nichtvorliegen besagt folglich nichts für das Bestehen eines Bundesstaates, ihr Vorliegen nichts dagegen. Statt dessen: Ersterenfalls ist der Bundesstaat lediglich ein festerer, letzterenfalls ein lockerer. Auch jetzt müssen sie, da sie aus der – ja fehlenden – Souveränität der Gliedstaaten nicht folgen und diese in einem Gesamtstaat bestehen, schon und erst recht *normiert* sein. Auch dies ist freilich allein wieder dann möglich, wenn der Inhalt der Bundesstaatsverfassung es – als Ausnahme von der unbestimmten Dauer des Bundesstaates – überhaupt *zuläßt.* Das war z.B. nicht der Fall im Zweiten Deutschen Reich mit der Abstellung auf einen „ewigen Bund" (Vorspruch Deutsche RV, 1871). Auch wirkt etwa ein für einschlägige Streitigkeiten zuständiges Verfassungsgericht ausschließend.

Was endlich noch den **Aufbau des Bundesstaates** anlangt, so ist es streitig, ob ihm *Zwei- oder Dreistufigkeit* zukommt. Letztere wird beispielshalber, wie folgt, vertreten: „Bei der bundesstaatlichen Gemeinschaft" sei „ein *Zentralstaat,* eine Mehrzahl von *Gliedstaaten* und eine aus ihnen gebildete *Vereinigung* gegeben" (Nawiasky, Staatsrechtslehre, S. 151, 12; auch Staatsgesellschaftslehre, II, S. 203, 10 i.V.m. S. 161, 30). Nicht nur letztere, „die gesamte staatliche Gemeinschaft", der *„Gesamtstaat",* wird hierbei als Bundesstaat begriffen, vielmehr desgleichen, „ein Teil dieser Gesamtheit ..., jener Teil, welcher die von den einzelnen übrigen Teilen abgezweigte, vereinigte, ihnen gemeinsame und darum einheitliche Staatsgewalt umfaßt, die man als *Verbindungsstaat* oder *Zentralstaat* bezeichnen kann" (S. 150, 11). Zusammengefaßt geht es um Gliedstaaten – Zentralstaat (Bund) – Gesamtstaat: **Drei-Stufen-Theorie.** Die Vertretung der ersteren erfolgt z.B. in Hinblick auf die Bundesrepublik Deutschland so: „Es gibt nicht neben dem Bundesstaat als Gesamtstaat noch einen besonderen Zentralstaat, sondern nur eine zentrale Organisation, die zusammen mit den gliedstaatlichen Organisationen ... als Bundesstaat alle ... staatlichen Aufgaben erfüllt". Es besteht „eine Aufteilung der Kompetenzen nur zwischen den Organen des Bundes und denen der Länder ..., wobei unter Bund der durch Zusammenschluß der Länder entstandene Gesamtstaat verstanden wird" (BVerfGE, Bd. 13, S. 77c; auch Küchenhoff-Küchenhoff, S. 265 D). Erneut zusammengefaßt, geht es um Gliedstaaten – Gesamtstaat (Bund): **Zwei-Stufen-Theorie.** Letztere wird auch hier vertreten. Wie bisher allein von Gesamtstaat und in ihm bestehenden Gliedstaaten die Rede war, so gibt es für einen Zentralstaat gar keinen Raum. Gesamtstaat aber und Bund sind jeweils dasselbe wie Bundesstaat. Der Begriff ‚Bund' ist lediglich der praktischere und daher der am meisten benutzte (zu all dem, die Bundesrepublik Deutschland betreffend, näher GK-Brinkmann, Art. 20, S. 5ff.). Mit diesen Ausführungen ist es ebenfalls nicht haltbar, „daß man den Bundesstaat auch als einen *qualifizierten Staatenbund* auffassen kann, in welchem zu den ... Gliedstaaten noch der Zentralstaat als weiteres Glied der Staatengemeinschaft tritt " (so aber Nawiasky, Staatsgesellschaftslehre, II, S. 206, 13; auch Staatsrechtslehre, S. 156, 21). Außerdem ist der Staatenbund nun einmal ein *nichtstaatliches:* keinen eigenen Staat abgebendes, Gebilde. Für eine verfehlte andere Unterscheidung, nämlich zwischen „Zentral- oder Oberstaat oder ‚Bund'" einerseits und „Gliedstaaten" andererseits, derart, daß der „Oberstaat ... unmittelbare Herrschaft über die Bürger des Gesamtstaates" ausübt, Loewenstein (S.297f.).

Bundesstaatlichkeit sowie Recht und Unrecht

Auch die bundesstaatliche Herrschaft ist in diesem Verhältnis dadurch gekennzeichnet, daß sie für **Recht oder Unrecht** offen ist. Es mag also ein Staat – in dem nicht allein bloß dem Gesamtstaatsbewußtsein seiner Bevölkerung genügt ist, vielmehr desgleichen zumal einem jeweiligen Gliedstaatsbewußtsein und einem entsprechenden politischen Wollen – in seiner Bundesstaatlichkeit noch so sehr *relativ* gerechtfertigt sein, – er ist es doch *absolut* erst, wenn und soweit in ihr wieder rechtlich und nicht unrechtlich verfahren wird. Das besagt aufs neue:

Entscheidend ist das *rechtliche Wollen der Herrschenden.* Und wie gezeigt wurde, daß relativ gerechtfertigte Staatsformen in grundlegendem Verhalten durchaus unrechtlich sein können, besonders zu den Vereinigten Staaten von Amerika, doch auch zur deutschen Bundesrepublik: beiden als gewaltenteilenden Staaten (o. 1 a, Ende), so trifft das gleicherweise auf sie als bundesstaatliche zu. Nicht nur die Gewaltenteilung beider, vielmehr gleichfalls ihre Bundesstaatlichkeit hat eben das gekennzeichnete Unrecht der durch Indikationen ungedeckten Massenabtreibungen nicht verhindert. Ja, es ist bekanntlich in Deutschland so, daß, wenn bestimmte Gliedstaaten in ihrer Führung die Macht dazu hätten, dann in ihnen die wesenhaft unrechtliche Fristenlösung ohne viele Umstände eingeführt würde. Doch zeigen die Beispiele auch, daß selbst schwerste Verstöße gegen das Recht durchaus noch nicht die *Staatsform* in Frage stellen; sofern sich diejenigen, die in ihr wirken, sonst eben weitgehend rechtlich verhalten. Entsprechend ist ja auch die Staatsform in gleichem Ausmaß absolut gerechtfertigt. Allerdings gibt es desgleichen Bundesstaaten, in denen Gliedstaaten bereits nicht *relativ* gerechtfertigt sind. Das ist etwa dann so, wenn dieser und jener Gliedstaat sein Dasein der Willkür von Besatzern verdankt. Davon ging in der Bundesrepublik Deutschland Art. 118 GG, 1949, aus, nach dem – wie schon erwähnt – eine Neugliederung im Südwesten des Bundesgebietes zum Fortfall von Ländern führte. Doch von einer relativen Nichtrechtfertigung geht auch noch Art. 29 GG mit der geplanten Neugliederung des Bundesgebietes überhaupt, und das besagt: vom Fortfall einiger Länder, aus. Indes blieb er bisher ungenutzt, mehr, durch die Änderung des Entscheidenden von einer Sollanordnung in einen bloßen Kannsatz (I) wurde er sogar noch abgeschwächt. Im übrigen: Relativ noch so ungerechtfertigte Gliedstaaten können im Laufe der Zeit, verfestigt zumal durch ein gewachsenes Staatsbewußtsein und ein entsprechendes politisches Wollen, also infolge einer wesentlichen Lageveränderung, zu gerechtfertigten werden.

Anhang:
Scheinbare Bundesstaaten (sozialistische Staaten)

Das sind Staaten, die zwar in *Anspruch* nehmen, Bundesstaaten zu sein, aber *keine sind.* Insoweit geht es auch bloß wieder um *sozialistische* Staaten.

Hat sich zu ihnen ergeben, daß sie *gewaltenvereinigende* sind (o. I 1 b), *zentralistisch* gestaltet sind (o. I 2 a) und *keine räumliche Dezentralisierung* kennen (a.a.O., b), so können sie damit folgerichtig *keine Bundesstaaten* sein; auch dann nicht, wenn sie bundesstaatliche Einrichtungen aufweisen. Wo nämlich Gewaltenvereinigung und Zentralismus schon eine räumliche *Dezentralisierung* ausschließen, d.h. näher: die Selbstverwaltung von Gebieten, dort erst recht eine *Föderalisierung,* d.h. näher: die Staatlichkeit von Gebieten. Letzteres mit all dem, was sich, wie oben ausgeführt, an die Staatlichkeit dieser Gebiete, der Gliedstaaten, im Verhältnis zum Gesamtstaat knüpft. Darauf kann sich eben ein gewaltenvereinigender wie zentral herrschender und keine gebietliche Selbstverwaltung duldender Staat nicht einlassen. Erfordern indes besondere Umstände, z.B. verschiedene, nicht anders zu berücksichtigende, Nationalitäten, eine – *wirkliche* – Föderalisierung, so bleibt ihm jedoch als Ausweg, sich darauf *nominal* wie *formell* einzulassen, mithin die *scheinbare* Föderalisierung. Der Bundesstaat wird so zur Form, der Einheitsstaat sein Inhalt, letzterer außerdem als zentralistischer. Das zeigen Beispiele.

Ein bloß scheinbarer Bundesstaat war die **Deutsche Demokratische Republik** zwischen 1949 und 1958.

Nun findet sich aber gerade in ihrer damaligen Verfassungsurkunde nichts von ‚sozialistischem Staat' oder ‚sozialistischer Verfassung', nichts von ‚Führung durch die Arbeiterklasse und ihre marxistisch-leninistische Partei', nichts von ‚Staatsrat' usf. Statt dessen hatte sie gar einen Ministerpräsidenten (Artt. 101 ff. Verf. DDR, 1949), eine – auch so heißende – Regierung (Artt. 91 ff.), deren Ministerpräsident „die Richtlinien der Regierungspolitik" – freilich „nach Maßgabe der von der Volkskammer aufgestellten Grundsätze" – bestimmte (Art. 89 I 1), Volkskammerabgeordnete, die „nur ihrem Gewissen unterworfen und an Aufträge nicht gebunden" waren (Art. 51 III 2), usw. Trotz allem war sie bereits damals wesentlich ein sozialistischer Staat, allerdings ein durch die Verfassungsurkunde weitgehend verkappter. Jedoch nicht völlig. So zeigten das sozialistische Wesen besonders folgende Bestimmungen zur Regierung: „Die stärkste Fraktion der Volkskammer benennt den Ministerpräsidenten; er bildet die Regierung. Alle Fraktionen, soweit sie mindestens 40 Mitglieder haben, sind im Verhältnis ihrer Stärke durch Minister oder Staatssekretäre vertreten" (Art. 92 I 1, 2). Darin kündigte sich bereits das gekennzeichnete **Blocksystem** mit **Einheitsliste** (dazu o. A III 3 b, Anhang) an. So wurden denn auch nach „einer bereits 1950 auf der Basis der Blockpolitik getroffenen Vereinbarung ... die Sitze der nach einer Einheitsliste praktisch in offener Wahl gewählten Abgeordneten zwischen den Parteien und Massenorganisationen nach festen Anteilsquoten aufgeteilt. Hierbei" erhielt „die SED 59% aller Sitze" (BROCKHAUS, IV, S. 645 r., Artikel: „Deutschland – Dt. Dem. Rep."). Das aber war das Entscheidende. Neben einigen anderen sozialistischen Bestimmungen, vor allem denen, welche die nominale Gewaltenvereinigung in der Volkskammer in Gestalt ihrer Zuständigkeiten anordneten (Art. 63), gab es aber insbesondere solche außerhalb der Verfassungsurkunde. Sei es, daß sie *mit* ihr, sei es, daß sie zumal *gegen* sie das sozialistische Wesen des Staates zeigten (auch BROCKHAUS, S. 645 l.). Damalige SED-Politiker wie PIECK (Staatspräsident), GROTEWOHL (Ministerpräsident) sowie insonderheit ULBRICHT (stellvertretender Ministerpräsident und Haupt der SED), bei denen die Gewalten – im Gegensatz zur Volkskammer – zwar unterschiedlich, doch *real* vereinigt waren, bestätigten die Lage. Es bestand eine absolute Pleokratie.

Doch nun zur **scheinbaren Bundesstaatlichkeit.** Der damalige Staat baute sich „auf den deutschen Ländern", d.h. denen der Republik, „auf". Letztere entschied „alle Angelegenheiten, die für den Bestand und die Entwicklung des deutschen Volkes" – der Republik – „in seiner Gesamtheit wesentlich" waren; während „alle übrigen Angelegenheiten ... von den Ländern selbständig entschieden" wurden (Art. 1 II). Gesamtstaat war also die Republik, Gliedstaaten waren ihre Länder, z. B. Mecklenburg und Sachsen. Erste Kammer war die schon genannte Volkskammer, zweite die „Länderkammer", deren Abgeordnete „von den Landtagen im Verhältnis der Stärke der Fraktionen ... gewählt" wurden; dies mit der Folge, daß einerseits die „Landtage ... den Willen des Landes" feststellten und andererseits „die Gewissensfreiheit der Abgeordneten ... unberührt" bleiben sollte (Artt. 71 f.). Ferner wurde der „Präsident der Republik ... in gemeinsamer Sitzung von der Volkskammer und Länderkammer ... gewählt" (Art. 101 I 1); wie er „durch gemeinsamen Beschluß" beider Kammern „abberufen werden" konnte (Art. 103, 1). Zwar wurden – im Verhältnis von erster und zweiter Kammer – die „Gesetze ... von der Volkskammer ... beschlossen" (Art.

81). Aber die Länderkammer hatte – außer dem „Recht, Gesetzesvorlagen ... einzubringen" – noch „ein Einspruchsrecht" (Art. 78), das allerdings von der Volkskammer stets überwunden werden konnte (Art. 84). Darüber hinaus war es so, daß nur, soweit „die Republik von ihrem Recht zur Gesetzgebung keinen Gebrauch" machte, „die Länder das Recht zur Gesetzgebung" hatten (Art. 111 II) und im Widerspruchsfall „Gesamtdeutsches Recht ... dem Recht der Länder" vorging (Art. 114). So sehr bereits dies – außer Weiterem, Ungenanntem – für die Bundesstaatlichkeit spricht, so wenig war sie doch tatsächlich gegeben. Und das ergibt sich schon aus *einer Tatsache:* erneut dem **Blocksystem** mit **Einheitsliste.** Denn weil zunächst die SED nicht allein in der Volkskammer herrschte, sondern gleicherweise in den Landtagen und also auch in der von diesen beschickten Länderkammer; und weil sodann – über die SED als Herrschaftsmittel – ihre genannten Größen, an der Spitze ULBRICHT, herrschten, – deshalb steckte insgesamt hinter der **Fassade des Bundesstaates** ein **Einheitsstaat,** überdies als *gewaltenvereinigender, zentralistischer.* Es bestand **keinerlei Föderalismus,** doch ein **strenger Unitarismus.** Diese Lage bestätigt, daß das genannte Sachsen bereits am „23.7.1952 ... wie die anderen Länder der Dt. Dem. Rep. in Bezirke aufgeteilt" wurde (BROCKHAUS, XVI, S. 322 r., Artikel: „Sachsen", 3), genauso Mecklenburg (a.a.O., XII, S. 312 l.), Artikel: „Mecklenburg"). Die *„Vertretung der Länder"* (vor Art. 71) mit den Artt. 71 ff. wurde allerdings erst *„durch das Gesetz über die Auflösung der Länderkammer am 8.12.1958 gestrichen"* (FRANZ, S. 284, Anm. 8). Im übrigen war die Deutsche Demokratische Republik, wie sich ebenfalls aus dem Blocksystem ergibt, schon damals keine Demokratie, sondern – wie oben herausgestellt – bereits eine Pleokratie. Und damit unternahm sie es in ihrer ersten Verfassung, gleich in zweifacher Hinsicht zu täuschen: in ihrer Nebenstaatsform als bundesstaatlicher und in ihrer Hauptstaatsform als demokratischer, beider als bloß scheinbarer.

Ein gleichfalls scheinbarer Bundesstaat ist aber auch die **Sowjet-Union.** Für die Zeit vor den Reformen von 1988 und 1990 ist das – zumal die Stalin- und die Breschnewverfassung betreffend (Sowj. Verf., 1936 bzw. 1977) – selbstverständlich. Es blieb aber auch so nach den Reformen.

Bis einschließlich der **Reform von 1988** wird die Sowjet-Union – grundlegend wie allgemein – als „ein einheitlicher multinationaler Bundesstaat" dargestellt, „der auf der Grundlage des Prinzips des sozialistischen Föderalismus als Ergebnis der freien Selbstbestimmung der Nationen und der freiwilligen Vereinigung gleichberechtigter sozialistischer Sowjetrepubliken gebildet wurde" (Art. 70 I Sowj. Verf., 1977/1988). Das sind 15, darunter besonders die „Russische Sozialistische Föderative Sowjetrepublik" und die „Ukrainische Sozialistische Sowjetrepublik" (Art. 71), die als Gliedstaaten dem Gesamtstaat als Bundesstaat eingeordnet sind. Schon das hiermit Behauptete ist insofern unrichtig, als von dem „Ergebnis der freien Selbstbestimmung der Nationen und der freiwilligen Vereinigung", z. B. in Hinblick auf die Litauische, Moldauische, Lettische und Estnische jeweilige Republik, zutreffend nicht die Rede sein kann. Denn sie wurden bekanntlich 1940 höchst unfrei bzw. unfreiwillig, unter Einsatz der Streitkräfte, zu Gliedern der Sowjet-Union gemacht; von der Wiederholung 1944/1945 nicht zu reden. Demgegenüber stellt die Norm: „Jeder Unionsrepublik bleibt das Recht auf freien Austritt aus der UdSSR" (Art. 72), wenn man obendrein noch an die Russifizierung andersvölkischer Unionsrepubliken denkt, zunächst etwas rein Nominales dar. In der sicheren Erwartung gegeben, daß nie von ihr Gebrauch gemacht werde, hat sie sich aber inzwischen – zumal was die baltischen

Staaten anlangt – als ein leichtfertig gegebenes, in der Tat normiertes, sog. **Sezessionsrecht** herausgestellt.

Doch erneut – im Einzelnen wie Besonderen – zur **scheinbaren Bundesstaatlichkeit.** Heißt es zuerst: „Die Unionsrepublik ist ein souveräner ... Sowjetstaat" (Art. 76 I), so ist das zwar schon damit aufgehoben, daß sich die „Souveränität der UdSSR ... auf ihr gesamtes Territorium" erstreckt, einschließlich der „Territorien der Unionsrepubliken" (Art. 75). Doch entspricht das noch, da die Gliedstaaten eines Bundesstaates, wie gezeigt, tatsächlich nicht souverän sind (o. vor 1), der Wirklichkeit. Wenn dann allerdings bestimmt ist, daß die „Unionsrepublik" wohl „ihre eigene Verfassung" hat, die jedoch „der Verfassung der UdSSR entspricht und" – nur – „die Besonderheiten der Republik berücksichtigt" (Art. 76 III), so schaltet das die Unionsrepubliken in wesentlichen Organen bereits der Union gleich. Daher entspricht dem Kongreß der Volksdeputierten der UdSSR (Art. 108 I) als „Höchstes Organ ... der Unionsrepublik ... der Kongreß der Volksdeputierten der Unionsrepublik" (Art. 137, 1); dem Obersten Sowjet der UdSSR (Art. 128) der „Oberste Sowjet der Unionsrepublik" als „ständig tätiges gesetzgebendes, verfügendes und kontrollierendes Organ" (Art. 138 I 1); und dem Ministerrat der UdSSR als Regierung (Art. 128) der „Ministerrat der Unionsrepublik – die Regierung" (Art. 139 I): insgesamt ein von der Unionsverfassung angeordneter Verfassungsgleichschritt. Was ferner von den „Besonderheiten" zu halten ist, die den Unionsrepubliken zur Berücksichtigung freigegeben sind, so zeigt dies Art. 76 II i.V.m. Art. 73, der die „Kompetenz der Union der Sozialistischen Sowjetrepubliken" gegenüber den Unionsrepubliken festlegt. Denn danach bleibt letzteren nur wenig. Es sei aus der Aufzählung des Art. 73 bloß auf Folgendes zu Gunsten der Union hingewiesen: „3. die Festlegung allgemeiner Grundlagen der Organisation und der Tätigkeit der republikanischen", d.h. der unionsrepublikanischen, „und örtlichen Organe der Staatsgewalt und Staatsverwaltung"; „7. die Leitung der unionsunterstellten Volkswirtschaftszweige, Vereinigungen und Betriebe; die allgemeine Leitung der unions- und republikunterstellten Zweige"; „9. die Gewährleistung der staatlichen Sicherheit", die bekanntlich bis zum Einsatz der Streitkräfte reicht; sowie überhaupt „12. die Entscheidung anderer Fragen von Bedeutung für die gesamte Union", etwas, das noch nicht festgelegten Eingriffen Tür und Tor öffnet. So wichtig all das schon ist, – entscheidend ist doch erst dies: „Dem Ministerrat der UdSSR gehören" – auch – „die Vorsitzenden der Ministerräte der Unionsrepubliken von Amts wegen an" (Art. 129 II). Hiermit geht es nämlich weniger um die Vertretung der Belange der Unionsrepubliken im Unionsministerrat, sondern mehr um die Lenkung der Ministerräte der Unionsrepubliken durch den Unionsministerrat. Daher denn auch: „Der Ministerrat der UdSSR vereinigt und lenkt die Arbeit der allunionistischen und unions-republikanischen Ministerien" (Art. 135 I). Und das ist Herabstufung der Unionsrepubliken zu obersten Verwaltungseinheiten. An der Spitze des Ministerrates der Union aber steht sein Vorsitzender als Vertrauensperson des Vorsitzenden des Obersten Sowjets, des Staatsoberhaupts (o. A III 3 b, Anhang), so daß ebenfalls insofern eine Durchgriffsmöglichkeit, von oberster Stelle aus, besteht. An der Herabstufung ändert Folgendes nichts: „Die Unionsrepublik wirkt an der Entscheidung von Fragen, die zur Kompetenz der UdSSR gehören, im Kongreß der Volksdeputierten der UdSSR, im Obersten Sowjet ..., im Präsidium des Obersten Sowjets" und „in der Regierung ... mit" (Art. 77 I). Was diese Mitwirkung in der *Regierung* tatsächlich bedeutet, wurde soeben gezeigt. Was sie in den entscheidenden Organen des *Ober-*

sten Sowjets und seines *Präsidiums* bedeutet, zeigt dies: „Wie der „Oberste Sowjet der UdSSR ... aus zwei Kammern" besteht, die „gleichberechtigt" sind, „dem Unionssowjet und dem Nationalitätensowjet" (Art. 111 III), gewählt vom „Kongreß der Volksdeputierten" (IV 1), so gehören der zweiten Kammer Abgeordnete der Unionsrepubliken an, vermehrt um solche der autonomen Republiken, der autonomen Gebiete und der autonomen Bezirke (IV 3). Das sind Bereiche, die jedoch Unionsrepubliken unterstehen (Artt. 82ff., 86ff.). Und dem „Präsidium des Obersten Sowjets der UdSSR", der Oberregierung, „gehören kraft Amtes" – außer seinem Vorsitzenden als Staatsoberhaupt, seinem Ersten Stellvertreter, den Vorsitzenden der beiden Kammern und anderen – weitere „fünfzehn Stellvertreter" an: „die Vorsitzenden der Obersten Sowjets der Unionsrepubliken" (Art. 118 II). Sind also die Unionsrepubliken einerseits durch die Mitgliedschaft der Vorsitzenden ihrer Ministerräte im Ministerrat der Union in die Führung des Gesamtstaates fest eingebunden, so sind sie es andererseits durch die Mitgliedschaft der Vorsitzenden ihrer Obersten Sowjets im Präsidium des Obersten Sowjets der Union. Und diese Eingebundenheit wird, *ohne* eine *selbständige Beteiligung* zu sein, Mitwirkung genannt. Nicht anders steht es um die Mitwirkung des Nationalitätensowjets im Obersten Sowjet der Union als zweiter Kammer: Auch er ist *nicht selbständig beteiligt,* sondern eingebunden. Und daß er mit dem Unionssowjet als erster Kammer gleichberechtigt ist, ändert daran nichts. Über allem und in allem wirkt dann überhaupt noch die Kommunistische Partei, an ihrer Spitze das Staatsoberhaupt. Nach allem besteht ebenfalls bis zur Reform von 1990 in der Sowjet-Union bloß die **Fassade eines Bundesstaates,** und hinter ihr steckt nur wieder ein **Einheitsstaat,** außerdem als *gewaltenvereinigender, zentralistischer.* Es besteht erneut **keinerlei Föderalismus,** doch ein **strenger Unitarismus.**

Was schließlich noch den zu Beginn genannten **sozialistischen Föderalismus** anbetrifft, so gibt es ihn genauso wenig wie eine sozialistische Demokratie: Wie sich die Demokratie als *eine* herausstellte (o. A III, vor 1, und 3 b, Anhang), so hat sich auch der Föderalismus – hier in Gestalt der Bundesstaatlichkeit – als lediglich *einer* herausgestellt (o. vor 1, Mehrheits- oder Vielheitsstaaten). Daher ist der Name ‚sozialistischer Föderalismus' nur die irreführende Bezeichnung für einen besonderen sozialistischen Einheitsstaat.

An alledem hat die **Reform von 1990** nichts in Richtung auf einen – wirklichen – Bundesstaat geändert. Daß an die Stelle des Vorsitzenden des Obersten Sowjets *als Staatsoberhaupts* nun der neue Staatspräsident getreten ist und neben diesen, zwar gleichfalls neu, doch lediglich beratend, der neue Präsidialrat (o. A III 3 b, Anhang), ließ die Lage unberührt. Nicht so steht es aber mit dem neuen „Föderationsrat", den der „Präsident der UdSSR leitet"; zu dem „die höchsten staatlichen Leiter der Unionsrepubliken" gehören; und an dessen „Sitzungen ... die höchsten staatlichen Leiter der autonomen Republiken, der autonomen Gebiete und autonomen Bezirke" teilnehmen (Art. 127^4 I Sowj. Verf. 1977/1988/1990), aber auch „der Vorsitzende des Obersten Sowjets der UdSSR und die Vorsitzenden der Kammern" (IV). Wie er nun zumal „die Einhaltung der Unionsverträge" überprüft; „die Maßnahmen zur Verwirklichung der Nationalitätenpolitik des Sowjetstaates" erarbeitet; sowie „Maßnahmen der Unionsrepubliken" koordiniert und „ihre Teilnahme an Entscheidungen zu Fragen von Allunionsbedeutung, die zur Kompetenz des Präsidenten der UdSSR gehören", gewährleistet (II), – so trägt er damit die Möglichkeit einer Oberregierung in sich und verstärkt die Stellung des Gesamtstaates in Gestalt seines Präsidenten.

Wenn trotzdem die Stellung der *Unionsrepubliken stärker* geworden ist und die des *Gesamtstaates schwächer*, dann weniger mit Rücksicht auf das genannte Sezessionsrecht – das gab es auch schon vorher –, sondern mehr mit Rücksicht darauf, daß die Führungen einiger Unionsrepubliken einfach stärker auftreten, doch die Führung des Gesamtstaates einfach schwächer; beides zwar grundsätzlich gegen die Verfassung, nicht aber genauso gegen das Recht.

Die schon genannte **Verfassungsänderung** vom **Dezember 1990** brachte noch „dem Föderationsrat mehr Vollmachten". Überdies wurden der neue „Unionsvertrag und die Einleitung von Volksabstimmungen in den 15 Unionsrepubliken über den Verbleib in der UdSSR ... gebilligt" (Die Welt, S. 1). Gleich, was dies bringt, – eines steht doch bereits im voraus fest: Einen – wirklichen – Bundesstaat wird es nur geben, wenn der bisherige räumliche Zentralismus fällt.

2. Die staatenstaatliche Herrschaft

Der **Name ‚Staatenstaat'** wurde früher ebenfalls auf den *Bundesstaat* angewandt. So etwa, wenn in Hinblick auf das Zweite Deutsche Reich gesagt wurde: „Der Bundesstaat ist ein Staatenstaat mit bündischer Verfassung" (ANSCHÜTZ, S. 68). Nicht, daß diese Bezeichnung falsch wäre; denn der Bundesstaat ist ja desgleichen ein aus Staaten gebildeter Staat, „ein zusammengesetzter oder Staatenstaat" (a.a.O.). Doch wurde seiner Zeit der Name ‚Staatenstaat' auch bereits *nicht* mehr auf die Staatenverbindung des *Bundesstaates* angewandt, sondern auf eine andere: den *„Oberstaat mit Unterstaaten (Staatenstaat)"* (JELLINEK, G., S. 748, 2). Daß dies, wie bald zu zeigen, ungenau ist, ändert an der begrifflichen Trennung nichts; wie ihr auch die sachliche Trennung von Staatenstaat (S. 748 ff.) und Bundesstaat (S. 769 ff.) entsprach. Beides hat sich teils durchgesetzt (etwa HELFRITZ, S. 177). Demgemäß lassen sich durchaus, wie ausgeführt, Bundes- und Staatenstaat – statt als verschiedene Staatenstaaten – als Mehrheits- und Vielheitsstaaten zusammenfassen (o. vor 1). Teils ist es anders. So mit der Ansicht, daß „*Staatenstaat* i. w. S. jede Verbindung von Staaten" sei, „bei der diese ihre Selbständigkeit behalten, auch der Bundesstaat" (HABERKERN-WALLACH, S. 583 r., Artikel: „Staatenstaat"). Demgegenüber gilt das zuvor Ausgeführte. Und wenn dann noch als Staatenstaat „i. e. S. ein völkerrechtliches Verhältnis" verstanden ist, „bei dem ein o. mehrere Staaten (Unterstaaten) einem anderen (Oberstaat) unterworfen sind" und „souverän ... nur der letztere" ist (a.a.O), so trifft das allein auf die – *zwischenstaatlichen* – *Protektoratsstaaten* (dazu o. vor 1) zu. Von diesen aber sollte der Staatenstaat als *innerstaatliche* Staatenverbindung erst recht getrennt werden.

Der **Staatenstaat** ist nun eine Verbindung von Staaten, in der ein Staat mit einem anderen Staat oder mehr einen sie umfassenden *neuen* Staat bildet; in der zwischen dem ersten Staat und dem oder den weiteren ein derartiges Über- bzw. Unterordnungsverhältnis besteht, daß sie als *Oberstaat und Unterstaat(en)* einander gegenüberstehen; in welcher der jeweilige Unterstaat unabhängig genug ist, um noch *Staat* zu sein; und in der er an der *Führung* des neuen Staates durch den Oberstaat trotz Aufteilung der Staatsgewalt in der Regel *nicht*, ausnahmsweise *nicht selbständig, beteiligt* ist.

Die staatliche Grundordnung, die all das enthält, ist folglich eine **Staatsverfassung.** Entsprechend stellt sie als staatenstaatliche Verfassung eine Staatsform dar. Hierbei schließt die Staatsform des Staatenstaates nicht aus, daß es gleichfalls zur jeweiligen Verfassung des Ober- und Unterstaates zählt, zu eben diesem

Staatenstaat zu gehören; gleich, ob auch das schriftlich festgehalten ist oder nicht. Nun wird der „Staatenstaat" zwar durchaus zu den „staatsrechtlichen Staatenverbindungen" gerechnet (KÜCHENHOFF-KÜCHENHOFF, S. 261, Dritter Abschn. i.V.m. I). Doch wird damit nicht eine dem Staatenstaat zukommende besondere Verfassungsart als Staatsform anerkannt, nämlich als **Nebenstaatsform** in der dargetanen Bedeutung (o. vor A). Genauso steht es mit der Auffassung, daß der *„Staatenstaat*... eine staatsrechtliche Form der Staatenverbindungen" sei (JELLINEK, G., S. 748, 2; auch HELFRITZ , S. 177, S. 179). Während der *Bundesstaat* als Gesamtstaat *nur* aus *Gliedstaaten* besteht, besteht der *Staatenstaat* als Gesamtstaat aus *Gliedstaaten* als einem *Oberstaat* und *Unterstaat(en).* Und während Gesamtstaat und Gliedstaaten des *Bundesstaates ineinander* bestehen, bestehen *im* Gesamtstaat des *Staatenstaates* die Gliedstaaten von Ober- und Unterstaat(en) *nebeneinander.* Im Verhältnis von Ober- und Unterstaat berechtigt und verpflichtet, jedenfalls in der Regel, ersterer nicht sogleich die Angehörigen des letzteren, vielmehr lediglich diesen, den Unterstaat; wie durch ihn dann seine Staatsangehörigen berechtigt und verpflichtet werden: Es liegen insofern *Mittelbarkeit* und *Vermittlung* vor. Heißt es daher zu den „staatsrechtlichen Staatenverbindungen" überhaupt, also zu Bundes- *und* Staatenstaat, „daß *ihre Organe unmittelbar Rechtsvorschriften für das gesamte Gebiet* der *verbundenen Staaten erlassen* können, die für deren einzelne Staatsangehörige unmittelbar verbindlich sind" (die zwei KÜCHENHOFF, S. 261, Dritter Abschn.), dann trifft das in Hinblick auf den Staatenstaat, d.h. innerhalb seiner für Ober- und Unterstaat, so nicht zu. Anders daher auch die Ansicht: „Die Unterordnung von Gebiet und Angehörigen des Unterstaates unter die Gewalt des oberherrlichen ist in der Regel indirekt, sie sind durch das Medium der Unterstaatsgewalt dem Oberstaate unterworfen" (JELLINEK, S. 749).

Dazu, daß sich in einem Staatenstaat – infolge des entsprechenden Über- bzw. Unterordnungsverhältnisses – **Ober- und Unterstaat(en)** gegenüberstehen, gilt, was **Fälle der Regel** betrifft, das Folgende.

Es handelt sich um ein – strenges bis lockeres – **Unterwerfungsverhältnis.** Dies besagt keineswegs schlechthin, daß der Staatenstaat „nicht durch Vertrag der betr. Staaten, sondern *durch gewaltsame Unterwerfung des Unterstaates durch den Oberstaat"* (KÜCHENHOFF-KÜCHENHOFF, S. 261 I) zustandekommt; obwohl dies in der Regel so war. Unterwerfung kann eben auch *ungewaltsam,* zumal vertraglich, begründet sein. Das ist nicht nur *zwischen* zwei Staaten möglich, die bisher unverbunden nebeneinander bestanden, und von denen sich nun der eine dem anderen unterwirft; z.B. um der Einverleibung und dem Verlust der Staatlichkeit durch einen dritten Staat zu entgehen. Vielmehr ist es auch *innerhalb* eines Staates möglich, indem ein Staatsteil es zwar zur eigenen Staatlichkeit bringt, doch um den Preis seiner Unterwerfung unter den bleibenden bisherigen Staat. „Innere Schwäche eines Reiches, die zum Zerfall führt" (JELLINEK, G., S. 750), gehört hierher; derart also, daß in diesem Fall die Unterstaatlichkeit eine Vorstufe zur Selbständigkeit ist. „Ein Beispiel" – an dessen Beginn die gewaltsame Unterwerfung stand und an dessen Ende das Ausscheiden aus einem Staatenstaat – „bietet die Türkei" – das frühere **Osmanische Reich** – „mit ihren einstigen Vasallenstaaten, von denen Rumänien ..., Serbien und Montenegro ihr im Jahre 1878, Bulgarien endgültig 1908 verlorengingen, so daß ihr bis zum" Ersten „Weltkriege nur noch Samos und, dem Namen nach, das von den Engländern besetzte Ägypten verblieben" waren (HELFRITZ, S. 180, Anm. 1). Hiermit ist zugleich deutlich, daß der **Vasallenstaat** nur *eine* der Möglichkeiten des Unterstaates abgibt, indem er gegenüber dem Oberstaat vor allem zur Gestellung von Streitkräften gehalten ist. Insofern sei nochmals auf die schon genannten **Bundesgenossen Roms** (o. vor 1, Mehrheits- oder Vielheitsstaaten) hingewiesen: „Gemeinsam war allen ... die durch den Bündnisvertrag vorgeschriebene Stellung von Kontingenten zum Heer bzw. Flotte der römischen Führermacht" (Vogt, S. 68). Dabei ist noch zwischen „Vertrag" und dem Zwang „zu förmlicher Anerkennung der römischen Oberhoheit" unterschieden (a.a.O.). Insgesamt „mit Rom durch ein foedus verbunden", wurden die *„Socii"* „auch *civitates foederatae* genannt" (Pauly-Volkmann, IV, Sp. 245, Artikel: „Socii"). Hierher zählen indes gleichfalls noch „ökonomische Leistungen (Tribut)" (Jellinek, S. 748, 2). Als Beispiel eines früheren Staatenstaates sei aber auch noch auf das **spätmittelalterliche Deutsche Reich** in seinem Verhältnis zu einigen italienischen Staatsgebilden, etwa zum Herzogtum Mailand in der zweiten Hälfte des 15. Jahrhunderts, hingewiesen. Ober- und Unterstaat führen noch besondere Namen: Der erste wird auch „als *suzeräner,* der" zweite ebenfalls „als *halbsouveräner* Staat bezeichnet" (Helfritz, S. 179). *„Suzeränität"* ist „eigentlich Ober(lehens)herrlichkeit" (Haberkern-Wallach, S. 606 r., Artikel: „Suzeränität"); wie der *„Suzerän* ([seigneur] suzerain) in Fr.[ankreich] zu Beginn des 14. Jh. aufkommend", der „Lehensherr" war, „später auch" der „Oberherr" (a.a.O., Artikel: „Suzerän", i. V. m. S. 565 r., Artikel: „Seigneur", und S. 451 l., Artikel: „Oberherr", 1). So ist der suzeräne Staat der oberhoheitliche, eben der Oberstaat, wie seine Suzeränität seine Oberhoheit ist. Dem Namen des Oberstaates ist hiermit zwar zuzustimmen. Nicht aber dem des Unterstaates. Denn da zur Souveränität eines Staates – wie schon mehrfach gesagt – seine volle Unabhängigkeit nach innen wie außen gehört und dem Unterstaat ganz oder wesentlich bereits die nach außen fehlt, ist er nicht etwa ein *halb*souveräner, sondern *kein* souveräner.

Daß und wie der **Unterstaat noch Staat** ist, wird durch das Ausmaß seiner ihm bleibenden, seine Staatlichkeit bedingenden, Unabhängigkeit bestimmt. Sie kann – trotz der Unterwerfung – größer, aber auch kleiner sein. Was eine kleinere angeht, so ist etwa an die Unabhängigkeit der genannten früheren türkischen Vasallenstaaten zur Zeit ihrer strengen Unterwerfung zu denken; was eine größere betrifft, z. B. an das gleichfalls genannte frühere Herzogtum Mailand im Rahmen des spätmittelalterlichen Deutschen Reiches. Im ersten Fall, dem der kleineren Unabhängigkeit, steht der Unterstaat – in Anbetracht des innerstaatlichen Verhältnisses zum Oberstaat – der Verwaltungseinheit mit Selbstverwaltung am nächsten. Aber auch nicht mehr. Im zweiten, dem der größeren Unabhängigkeit, steht der Unterstaat – trotz des innerstaatlichen Verhältnisses zum Oberstaat – einem selbständigen Staat am nächsten. Doch wiederum auch nicht mehr. Dies gilt selbst dann, wenn er beispielsweise in der Lage ist, einen anderen Unterstaat – mit, ohne oder gegen den Willen des Oberstaates – zu bekriegen. Wie dies etwa zwischen italienischen Unterstaaten des Reiches im 15. Jahrhundert geschah. Sie waren unabhängiger, als es ein Gliedstaat im – innerstaatlichen – Bundesstaat war und ist, ja, teils gar in einem – zwischenstaatlichen – Staatenbund (zu diesem o. vor 1). All dem gemäß kann das Unterwerfungsverhältnis zwischen Ober- und Unterstaat einerseits ein strenges, andererseits ein lockeres sein und im übrigen dazwischen schwanken. In der Tat ist es, wie folgt: „Innerhalb dieses Typus" – des Staatenstaates – „sind zahlreiche Spielarten vorhanden" (Jellinek, G., 748, 2). Hiermit ist es indessen zu eng, den Staatenstaat mit dem „Protektorat" zu vergleichen (so aber Küchenhoff-Küchenhoff, S. 261 I, Helfritz, S. 179 f.), d. h. mit den Protektoratsstaaten (o. vor 1).

Dazu, daß der **Unterstaat an der Führung des neuen Staates** – trotz Aufteilung der Staatsgewalt – *nicht beteiligt* ist, gilt dies: Die Führung des Staatenstaates liegt beim Oberstaat, d.h. bei einem Teil *seiner* Führungsorgane als gemeinsamem von Ober- und Unterstaat. Besonders das entspricht seiner gekennzeichneten Überordnung. Demgemäß ist der Unterstaat in seinen Führungsorganen von der Führung des Staatenstaates ausgeschlossen. Wie auch besonders das seiner gekennzeichneten Unterordnung entspricht. In Übereinstimmung hiermit stellen zum einen jene Führungsorgane des Oberstaates zugleich solche des Staatenstaates dar, während dem Unterstaat bzw. den Unterstaaten im Staatenstaat ein mitwirkendes Führungsorgan, ja, überhaupt eine Beteiligung, fehlt. Ganz anders folglich, als es im – desgleichen innerstaatlichen – Bundesstaat die Gliedstaaten im Gesamtstaat mit der zweiten Kammer tun (o. 1); aber auch anders, als es im – zwischenstaatlichen – Staatenbund die Gliedstaaten mit dem(n) Bundesorgan(en) tun, wie etwa der Bundesversammlung des Deutschen Bundes (o. vor 1). Der Ausschluß hindert indes nicht, daß – sei es zeitweise, sei es dauernd – nicht bloß der Oberstaat beim Unterstaat, vielmehr gleichfalls letzterer beim ersteren durch ein – auch seine Belange wahrnehmendes – Organ vertreten ist. All dem entspricht wesentlich folgende Ansicht: „Das Charakteristische dieser Verbindungsform", des Staatenstaates, „liegt darin, daß kein notwendiger Zusammenhang zwischen dem politischen Leben des Ober- und Unterstaates besteht, in der Regel auch keine Institutionen vorhanden sind, in denen eine derartige Gemeinsamkeit zum Ausdruck kommen könnte" (JELLINEK, G., S. 749). Zwar besteht auch jetzt eine Aufteilung der Staatsgewalt: auf den Oberstaat, soweit er mit einem Teil seiner Führungsorgane den Staatenstaat leitet und somit ebenfalls den Unterstaat; sowie auf den letzteren, soweit er im Staatenstaat noch selbst als Staat tätig ist. Aber das ändert am Ausschluß des Unterstaates von der Führung des Staatenstaates ersichtlich nichts. Kennzeichen dieser Führung durch den Oberstaat und der Nichtführung durch den (die) Unterstaat(en) ist es auch, daß der Staatenstaat den *Namen* des Oberstaates führt und keinen, eine Beteiligung durch den (die) Unterstaat(en) – sei es bloß entfernt – ausdrückenden Namen. Das war beispielshalber so beim Ersten Deutschen Reich, soweit es Unterstaaten umschloß: dem *‚Heiligen Römischen Reich'* , dem *„Sacrum Romanum Imperium"*, mit dem Zusatz *„Deutscher Nation"* bzw. *„Nationis Germanicae"* im 15. Jahrhundert (BROCKHAUS, VIII, S. 309 l., Artikel: „Heiliges Römisches Reich"). Anders demgegenüber z.B. der Name der „United States of America" (Vorspruch Amerik. Verf., 1787), der damit die Beteiligung der „States" in einem Bundesstaat zum Ausdruck bringt. Dazu, daß freilich auch dies anders sein kann, sei auf den „Namen Deutsches Reich" für das Zweite Reich (Vorspruch Deutsche RV, 1871) als Bundesstaat hingewiesen.

Daß der **Unterstaat nicht souverän** ist, weil *weniger* oder höchstens *wesentlich unabhängig* (o. und o. vor 1, Ende), ist die Folge seiner Unterordnung unter den Oberstaat; gleich, ob diese, wie dargetan, eine größere oder kleinere ist. Souverän kann daher zunächst nur der *Ober*staat sein. Doch weil ein Teil seiner Führung zugleich die des *Staaten*staates ist, kommt sodann insoweit gleichfalls *diesem* Souveränität zu. Das bedeutet jedoch nicht, daß der *Unter*staat an ihr *teilhätte*. Denn ihm fehlt ja die – eine solche Teilhabe vermittelnde – Beteiligung an der Staatenstaatsführung durch ein zu ihr gehörendes eigenes Organ. Auch insofern ist es also anders als beim Bundesstaat (o. 1).

Desgleichen **Staatenstaaten müssen in ihren Gliedern, dem Oberstaat und dem (den) Unterstaat(en), nicht durchweg gleichartig sein.** So steht nichts im Wege, daß eine fürstliche Monokratie, somit eine *Monarchie*, als Oberstaat nicht allein Unterstaaten als *Monarchien* hat, vielmehr auch als *Pleokratien*, mithin Republiken. Insofern sei auf die ständische Monarchie des **spätmittelalterlichen Deutschen Reiches** als Oberstaat hingewiesen und beispielsweise auf die italienische Republik Siena als Unterstaat um 1475. Umgekehrt kann aber auch der Oberstaat eine *Pleokratie*, also wieder Republik, sein, während einzelne seiner Unterstaaten *Monarchien* sind. Das traf auf das **spätere republikanische Rom** als Pleokratie und einen Teil seiner Unterstaaten zu. So wurden „die Fürstentümer an den Grenzen des Reiches ... fast alle zu Vasallenstaaten Roms", „vor allem in der *Anerkennung der römischen Oberhoheit*" (VOGT, S. 141 f.). Dies gar so, daß bei „den Vasallenfürsten ... bald die Regel" aufkam, „daß sie, zum Thron gelangt, sich den Königstitel von Rom bestätigen lassen mußten" (S. 142). Als Beispiele einer solchen Monarchie als Vasallenstaates seien Numidien (in Nordafrika) und Bithynien (in Nordkleinasien) (S. 141) genannt.

Es bleibt noch dies: Wie schon geschehen, läßt sich ebenfalls vom **Staatenstaat als Gesamtstaat** sprechen und folglich von **Ober- und Unterstaat als Gliedstaaten.** Doch ist hierzu im Verhältnis zum **Bundesstaat als Gesamtstaat** und seinen **Ländern als Gliedstaaten** Folgendes herauszustellen: Während der Gesamtstaat als Bundesstaat eine *eigene* , von den Hauptstaatsformen der Gliedstaaten *getrennte* Hauptstaatsform besitzt, z. B. die einer beschränkten Polykratie als Demokratie, besitzt der Gesamtstaat als Staatenstaat *keine eigene*, von der Hauptstaatsform des *Oberstaates* als Gliedstaates *getrennte* Hauptstaatsform. Es ist vielmehr die des *Oberstaates*, nur in *Erstreckung* auf den (die) *Unter*staat(en), und zwar ohne die Hauptstaatsform(en) des(r) letzteren zu berühren. Ist doch der Staatenstaat bloß ein um einen Unterstaat oder mehr *erweiterter* Oberstaat. So war das erwähnte **Römische Reich** seiner Hauptstaatsform nach das, was Rom als Oberstaat war: eine ständische Pleokratie, gleich, welche Hauptstaatsformen seine Unterstaaten hatten. Das führt zu einer erforderlichen Klarstellung zwischen den Gesamtstaaten des Bundes- und Staatenstaates. Was im Verhältnis von Gesamt- und Gliedstaaten des Bundesstaates *nur* dem *Gesamt*staat gilt, das gilt im gleichen Verhältnis des Staatenstaates dem *Gesamt*staat *und* dem *Ober*staat. Wie ja auch die Führung des Staatenstaates bei einem Teil der Führung des Oberstaates liegt. Dazu ein Beispiel. Unter Zusammenfassung von Bundes- und Staatenstaat als „zusammengesetzten Staaten" (VERDROSS , S. 82 f.) heißt es: Die einem „Glied- oder Vasallenstaate" zukommende „*partielle* Völkerrechtssubjektivität" ist regelmäßig an die „Zustimmung des Gesamtstaates" gebunden (S. 82). Sofern dies nun als „Ausnahme von der Regel" vorkommt (S. 83), handelt es sich im *Bundes*staat um die Zustimmung *nur* des Gesamtstaates. Sofern es dagegen in einem *Staaten*staat vorkommt, handelt es sich um die Zustimmung von Gesamtstaat *und* Oberstaat. Daß die Führung des Gesamtstaates zugleich zu der des Oberstaates zählt, läßt nichts anderes zu. Im übrigen bestätigt das gebrachte Beispiel nochmals die mögliche Vielfalt staatenstaatlicher Erscheinungen; denn die teilweise Völkerrechtssubjektivität eines Unterstaates ist in der Tat nicht ausgeschlossen. Es zeigt aber auch, daß die Wahrnehmung der außenpolitischen Angelegenheiten des Unterstaates keineswegs durchgehend bei seinem Oberstaat liegen muß. Das war schon so im späteren republikanischen Rom. Wie ihm zwar die „Überwachung der auswärtigen Politik seiner Klienten" zukam (VOGT, S. 142), der Unterstaaten, so lag doch gerade damit diese Politik jedenfalls teilweise bei jenen Klienten.

Nach den bisherigen Beispielen zu urteilen, handelt es sich beim Staatenstaat nur um ein Gebilde der Vergangenheit, das zwar noch in das 20. Jahrhundert mit einem letzten Rest hineinragte, aber seitdem dazu bestimmt ist, nicht wiederzukehren. So konnte denn auch im Neudruck einer bekannten Staatslehre 1928 ganz selbstverständlich der Satz stehen: „Sie“ – die staatenstaatlichen Staatenverbindungen – „gehören für die Staaten abendländischer Gesittung der Vergangenheit an“ (JELLINEK, G., S. 750). Jedoch, ob nun mit abendländischer Gesittung oder ohne sie, – bereits 11 Jahre später gab es wieder einen Staatenstaat: das **Großdeutsche Reich** in Verbindung mit dem sog. **Protektorat Böhmen und Mähren** (1939–1945). Entgegen seinem Namen drehte es sich nämlich bei letzteren nicht um ein Protektorat innerhalb einer zwischenstaatlichen Staatenverbindung: der Protektoratsstaaten, vielmehr um einen Unterstaat in einer innerstaatlichen Staatenverbindung: des Staatenstaates. Dem entspricht die Ansicht, daß es sich insofern „nicht um ein völkerrechtliches, sondern um ein staatsrechtliches Rechtsverhältnis“ gehandelt hat (HELFRITZ, S. 179, Anm. 2). Um *welches,* ist allerdings nicht gesagt. Auch ging es um *kein Rechts-,* sondern ein *Unrechts*verhältnis. Das ist unten noch zu zeigen. Und zu sagen: „Das sog. Protektorat Böhmen-Mähren ... bedeutete überhaupt kein Verhältnis zwischen den Staaten, sondern eine Einverleibung in das ‚Dritte Reich‘“ (NAWIASKY, Staatsgesellschaftslehre, II, S. 195, 3), geht schlicht an der Sache vorbei. Auf diesen Fall sei nun, weil er geradezu beispielhaft all das aufweist, was in den hier behandelten Regelfällen einen Staatenstaat entscheidend kennzeichnet, näher eingegangen.

Erstens bildeten das – engere – **Reich und das Protektorat** einen **neuen Staat.** So war das Protektorat zunächst selbst ein Staat. Dies ergibt sich daraus, daß seine „Bewohner“ – außer den Volksdeutschen, die „deutsche Staatsangehörige“ wurden (Art. 2 I FührerErl. B. u. M., 1939) – „Staatsangehörige des Protektorates“ waren (II); und sein „Oberhaupt“ „den Schutz und die Ehrenrechte eines Staatsoberhauptes“ genoß (Art. 4, 1). Sodann war es als dieser Staat dadurch mit dem Reich verbunden, daß sein Gebiet „zum Gebiet des Großdeutschen Reiches“ gehörte (Art. 1 I). Und diese Verbindung stellte den Staatenstaat dar. Daß der erste Staat „unter“ den „Schutz“ des zweiten trat (a.a.O.), erklärt hierbei nur die *Bezeichnung* ‚Protektorat‘, nicht aber die *Staatenverbindung.* In ihr bestanden nun – engeres – Reich und Protektorat als jeweils einzelner Staat nicht in-, vielmehr nebeneinander. Dies derart, daß ihre Staatsgebiete auseinanderfielen; daß ihre Staatsangehörigen nicht Angehörige beider Staaten waren; und daß in der Regel das Reich nicht unmittelbar die Staatsangehörigen des Protektorats berechtigen und verpflichten konnte, vielmehr bloß mittelbar. Deshalb konnte das „Reich ... Rechtsvorschriften mit Gültigkeit für das Protektorat“ – nur – „erlassen, soweit das gemeinsame Interesse es“ erforderte (Art. 11 I); deswegen blieb das „in Böhmen und Mähren geltende Recht ... in Kraft, soweit es nicht dem Sinne der Übernahme des Schutzes durch das Deutsche Reich“ widersprach (Art. 12); und deshalb auch die Anerkennung von „Gesetzen, Verordnungen und sonstigen Rechtsvorschriften“ des Protektorats (Art. 5 V).

Zweitens bestand in der Verbindung von – engerem – Reich und Protektorat ein derartiges Über- bzw. Unterordnungsverhältnis, daß sich beide als **Ober- und Unterstaat** gegenüberstanden. Es handelte sich, wie zumal die Besetzung durch deutsche Truppen zeigt, um ein – auf Gewaltanwendung beruhendes – Unterwerfungsverhältnis. Dieses wird besonders noch dadurch gekennzeichnet, daß „das Reich im Protektorat Garnisonen und militärische Anlagen“ unterhielt

(Art. 7 II); daß das „Oberhaupt des Protektorates ... des Vertrauens des Führers und Reichskanzlers“ bedurfte (Art. 4, 2); daß die „politischen Richtlinien“ des letzteren zu beachten waren (Art. 5 II); und daß die „Verkündung“ der genannten Gesetze usf. auf „Einspruch“ des Reichsprotektors „auszusetzen“ waren (V). Das Reich war damit zwar zugleich suzeräner Staat, doch das Protektorat kein sog. halb-, sondern ein nichtsouveräner.

Drittens war das **Protektorat noch ein Staat**. Das Ausmaß seiner Unabhängigkeit war allerdings ein kleineres. Dies zeigen – über schon gebrachte Bestimmungen hinaus – z.B. noch folgende: „Das Reich führt die unmittelbare Aufsicht über das Verkehrswesen sowie das Post- und Fernmeldewesen“ (Art. 8); „Das Protektorat gehört zum Zollgebiet des Deutschen Reiches und untersteht seiner Zollhoheit“ (Art. 10); und: „Die Reichsregierung kann die zur Aufrechterhaltung der Sicherheit und Ordnung erforderlichen Maßnahmen treffen“ (Art. 11 III). Dennoch blieb das – die Staatlichkeit bewahrende – erforderliche Maß an Unabhängigkeit. So war – auch jetzt über schon gebrachte Bestimmungen hinaus – das Protektorat „autonom und“ verwaltete „sich selbst“; es übte die „ihm ... zustehenden Hoheitsrechte“ aus, allerdings „im Einklang mit den politischen, militärischen und wirtschaftlichen Belangen des Reiches“; und diese „Hoheitsakte“ wurden „durch eigene Organe und eigene Behörden mit eigenen Beamten wahrgenommen“ (Art. 3). Vor allem gab es jedoch eine „Regierung des Protektorates“ (Art. 5 III); und für „die Aufrechterhaltung der inneren Sicherheit und Ordnung“ konnte „das Protektorat eigene Verbände aufstellen“, deren „Organisation, Stärkezahl und Bewaffnung“ freilich „die Reichsregierung“ bestimmte (Art. 7 III). All dem gemäß war das Unterwerfungsverhältnis zwischen – engerem – Reich und Protektorat ein strenges.

Viertens war das **Protektorat nicht an der Führung des** – neuen – **Staatenstaats beteiligt.** Dessen Führung lag allein beim – engeren – Reich als Oberstaat, d.h. bei seinen einschlägigen Führungsorganen; dies so, daß letztere gleichzeitig Führungsorgane des Reiches und – als gemeinsame – solche des Staatenstaates waren; und daß dem Protektorat so keinerlei Mitführung zukam. Diese Lage bestätigt nur, daß das „Protektorat ... einen Vertreter bei der Reichsregierung mit der Amtsbezeichnung ‚Gesandter‘“ erhielt (Art. 6 II). Genauso, daß als „Wahrer der Reichsinteressen“ ein „‚Reichsprotektor in Böhmen und Mähren‘“ mit dem „Amtssitz“ in „Prag“ bestand (Art. 5 I), der „als Vertreter des Führers und Reichskanzlers und als Beauftragter der Reichsregierung“ (II) erhebliche, die strenge Abhängigkeit bekräftigende, Zuständigkeiten besaß: z.B. die zur Bestätigung der erwähnten Regierung und zur Rücknahme der Bestätigung (III) oder noch die, durch „Einspruch“ besonders die schon genannte „Verkündung von Gesetzen“, aber gleichfalls den „Vollzug von Verwaltungsmaßnahmen und rechtskräftigen gerichtlichen Urteilen ... auszusetzen“ (V). Kennzeichen der Führung des Staatenstaates durch den Oberstaat und keiner Mitführung durch den Unterstaat war dann noch, daß der Staatenstaat den Namen des Oberstaates trug, doch keinen, der eine Beteiligung des Unterstaates an der Führung ausgedrückt hätte. Er gehörte eben, wie schon zitiert, zum „Gebiet des Großdeutschen Reiches“.

All das zählte nun zur staatlichen Grundordnung, der **Staatsverfassung,** jenes Staatenstaates; wie diese **Staatsform** demgemäß die besondere **Nebenstaatsform** einer Staatenverbindung darstellte. Aber es gehörte auch zu den Verfassungen des Reiches einerseits und des Protektorates andererseits. Ja, für das letztere bildete es gar eine Art Oberverfassung vor der eigenen als Unterverfassung.

Wie nach allem das **Protektorat** – weder nach außen noch nach innen voll unabhängig – **kein souveräner Staat** war, so war dies zunächst allein das – engere – Reich. Und dem Staatenstaat kam insofern Souveränität zu, als die einschlägige Reichsführung zugleich *seine* Führung war. Das Protektorat hatte an ihr allerdings keinen Anteil. Daß die „auswärtigen Angelegenheiten des Protektorats, insbesondere" der „Schutz seiner Staatsangehörigen im Ausland", vom „Reich" wahrgenommen wurden (Art. 6 II 1), zeigt noch die ihm fehlende partielle Völkerrechtssouveränität.

Wenn es im Gegensatz zu alledem heißt, daß „das Protektorat verfassungsrechtlich am besten mit einem Bundesstaat im kaiserlichen Deutschland zu vergleichen" sei (RUBIN , S. 215), dann ist das unrichtig. Weil nämlich der „Bundesstaat" hierbei als *Gliedstaat* eines *Bundesstaates* (dazu o. 1, Anfang) verstanden ist, deshalb stellte das Zweite Deutsche Reich, wie dargetan, gerade einen *Bundes-* und *keinen Staaten*staat dar. Was sich insbesondere daran zeigt, daß seine Gliedstaaten über den damaligen Bundesrat als Ländervertretung an der Führung des Gesamtstaates *selbständig beteiligt* waren. Daher ist das Protektorat Böhmen und Mähren mit jener Meinung auf eine Stufe gehoben, auf der es nicht stand.

Nach den Beispielen als Fällen der Regel geht es noch um ein Beispiel als **Ausnahmefall.**

Mit den Artt. 77ff. Franz. Verf., 1958, ist ein besonderes Gebilde: *„Die Gemeinschaft"* („Communauté), normiert: die **Französische Gemeinschaft.** Nach Art. 1 I zuerst bilden die „Republik und die Völker der überseeischen Gebiete", wenn sie die französische „Verfassung annehmen, ... eine Gemeinschaft". Diese Gebiete werden sodann aus „Gebietskörperschaften der Republik" (Art. 72 I 1) zu „Mitgliedstaaten der Gemeinschaft" (Art. 76 II), und zwar mit „Autonomie" (Art. 77 I). Der „Präsident der Republik" ist zugleich „Präsident der Gemeinschaft" (Art. 81 II), deren übrige „Organe ... ein Exekutivrat, ein Senat und ein Schiedsgerichtshof" sind (Art. 80 II). Der erste besteht – unter Vorsitz des Präsidenten – „aus dem Premierminister der Republik, den Regierungschefs der Mitgliedstaaten der Gemeinschaft und den Ministern, die für die Gemeinschaft mit den gemeinsamen Aufgaben betraut sind" (Art. 82 I): eine Art Regierung. Und der „Senat ... besteht aus den Delegierten, die das Parlament der Republik und die gesetzgebenden Versammlungen der anderen Mitglieder der Gemeinschaft aus ihren Reihen wählen" (Art. 83 I 1): eine Art Parlament. „Der Zuständigkeitsbereich der Gemeinschaft umfaßt" vor allem „die Außenpolitik, die Verteidigung, das Geldwesen, die gemeinsame Wirtschafts- und Finanzpolitik sowie die Politik der strategisch wichtigen Rohstoffe" (Art. 78 I). Jeder „Mitgliedsstaat der Gemeinschaft kann" schließlich auf bestimmte Weise „unabhängig werden", und damit „hört er auf, der Gemeinschaft anzugehören" (Art. 86 II).

Frage ist, wie die Französische Gemeinschaft zu verstehen sei. Es ist zwar richtig, sie als *„staatsrechtliche"*, d.h. innerstaatliche, „Verbindung des französ. Mutterlandes mit den ehemaligen Kolonialgebieten Französisch-Äquatorialafrika, Französisch-Westafrika (außer Guinea) und Madagaskar" zu kennzeichnen (BROCKHAUS, VI, S. 491 l., Artikel: „Französische Gemeinschaft"). Doch es fragt sich ja sogleich: *welche* staatsrechtliche? Die bundesstaatliche oder staatenstaatliche? Da erstere nach den einschlägigen Ausführungen offensichtlich ausscheidet, bleibt einzig letztere: die **staatenstaatliche.** Nur handelt es sich nach den bisherigen strengen bis lockeren Gebilden der *Regel* um ein solches der *Ausnahme.* Die *Unter*staaten sind nämlich an der *Führung* der Gemeinschaft *beteiligt*: zwar nicht an der Präsidentschaft, die nur Frankreich als *Ober*staat zukommt, aber am Exekutivrat, am Senat und am Schiedsgericht. Allerdings ist diese **Mitwirkung keine selbständige,** über ein *eigenes* Organ der Unterstaaten, sondern eine *unselbständige,* in die genannten Organe – neben der Führung durch Frankreich – *eingeordnete.* Entsprechend kommt, wenngleich nur entfernt, die *Beteiligung* der Unterstaaten durch den *Namen* zum Ausdruck: eben ‚Französische Gemeinschaft'. Hinzu tritt als Besonderheit, daß ausdrücklich ein **Sezessionsrecht** normiert ist. Es läßt sich jedoch gleichfalls noch auf anderes hinweisen, z. B. auf die „nur eine Staatsbürgerschaft der Gemeinschaft" (Art. 77 II). Hiermit erhebt sich die Frage, ob denn noch ein Unterwerfungsverhältnis zwischen Ober- und Unterstaaten vorliegt. Das ist in der Tat mit der gekennzeichneten Vorzugsstellung letzterer gegenüber anderen Unterstaaten nicht mehr so. Zusammengefaßt unterscheiden sich daher die Regelfälle und der Ausnahmefall dadurch, daß zu den ersten das Unterwerfungsverhältnis gehört, zum zweiten dagegen nicht mehr. Trotzdem sind Über- und Unterordnung noch so, daß es auch im Ausnahmefall das Verhältnis von Ober- und Unterstaaten gibt. Daß ebenfalls die überseeischen Staaten ihr Verhältnis zu Frankreich als ein solches ansahen, folgt daraus, daß sie es alsbald beendeten. Denn die Gemeinschaft „hat in ihrer ursprüngl. Form nur zwei Jahre bestanden: die afrikan. Mitgliedstaaten machten 1960 von dem ... Recht Gebrauch, ihre Unabhängigkeit zu erklären und die F. G. zu verlassen" (BROCKHAUS, a.a.O.). An ihre Stelle trat, durch „Verfassungsänderung vom 4.6.1960" ermöglicht (Art. 86 III–V), „eine neue *völkerrechtliche*", d.h. zwischenstaatliche, „Gemeinschaft zwischen Frankreich und den beigetretenen Staaten" (a.a.O.). *Welche,* ist zwar nicht gesagt. Aber nach dem bisher insoweit Ausgeführten war es die eines *Staatenbundes* (dazu besonders o. vor 1). Ihr kam – im Gegensatz zum nordamerikanischen Staatenbund des 18. und zum deutschen des 19. Jahrhunderts – allerdings zumal die Besonderheit zu, ein *Bundesoberhaupt,* und zwar als Staatspräsidenten Frankreichs, zu haben.

Wird zum Staatenstaat noch ausgeführt: „heute bedeutungslose staatsrechtl. Staatenverbindung eines *suzeränen* Oberstaates mit *halbsouveränen* Vasallenstaaten, wie sie historisch bes. im Osman. Reich, z. B. gegenüber Rumänien (bis 1878), bestand" (BROCKHAUS, XVII, S. 801 r., Artikel: „Staatenstaat"), so ist dazu festzustellen: Nicht nur, daß der Ausdruck ‚suzeräner Oberstaat' pleonastisch ist; es keinen halbsouveränen Staat gibt; der Unterstaat nicht stets ein Vasallenstaat ist; und überhaupt eine in der Vergangenheit so bedeutsame Staatenverbindung nicht derart abgetan werden kann; mehr, es ist vor allem festzustellen, daß das Wiedererstehen einer solchen Verbindung im 20. Jahrhundert gänzlich unerkannt ist.

Staatenstaatlichkeit sowie Recht und Unrecht

Ebenfalls bei der staatenstaatlichen Herrschaft ist es zum Abschluß so, daß sie in diesem Verhältnis **Recht oder Unrecht** offensteht. Allerdings dürfte nun die Frage, ob diese Staatenverbindung nicht nur weitgehend relativ gerechtfertigt sein kann, sondern auch absolut, bloß ausnahmsweise zu bejahen sein. Das trifft etwa in dem erwähnten Fall zu, daß ein Staat vertraglich Unterstaat eines Oberstaates wird: sei es, daß ein Teil des letzteren, des Oberstaates, als völkischer

Fremdkörper einzig damit zu eigener Staatlichkeit gelangt; sei es, daß ersterer, der Unterstaat, allein damit dem Verlust seiner Staatlichkeit durch einen dritten Staat entgeht. In den Fällen der gewaltsamen Unterwerfung indes stellt jedenfalls in der Regel der Staatenstaat Unrecht dar. Eine eigenartige Stellung nimmt insoweit der schon genannte **italische Bund** um 265 v. Chr. ein. Zwar war „der Machtgedanke ... in dieser Staatsschöpfung in ungewöhnlich strenger Form verwirklicht" (VOGT, S. 70). Dennoch hat die „römische Bürgergemeinde, die in diesem Staatswesen eine so bevorzugte Stellung einnahm, ... in idealem Sinn die Führung des Bundes übernommen und der Wehrgenossenschaft den Charakter einer kulturellen Gemeinschaft verliehen" (a.a.O.). Nimmt man noch hinzu, daß „durch die römische Hegemonie Friede und Ordnung im Gebiet des italischen Bundes gewährleistet" wurden und auch „das *wirtschaftliche Leben* Italiens ... starke Antriebe durch die politische Einigung des Landes unter Rom" erhielt (S. 70f.), so läßt sich insgesamt sagen: War der damalige römische Staatenstaat zwar in seiner Entstehung überwiegend unrechtlich wie ungerechtfertigt, – mit der gekennzeichneten Veränderung der Lageumstände wurde er dann doch weitgehend rechtlich wie gerechtfertigt. Etwas, das sich freilich für die spätere Ausdehnung des Staatenstaates über Italien hinaus nicht sagen läßt. Schon gar nicht läßt sich das vom Staatenstaat des **Großdeutschen Reiches** sagen. Nicht nur, daß er allein durch Gewaltanwendung: die Abnötigung eines Abkommens durch militärischen Druck in der Nacht zum 15.3.1939 und die Besetzung Böhmens und Mährens vom selben Tag errichtet wurde; mehr, es gab für ihn, einzig der Machterweiterung dienend, keinerlei rechtfertigenden Grund. Denn daß der böhmisch-mährische Bereich so lange zum Ersten Deutschen Reich und dann zu Österreich gehört hatte, war ebenso wenig ein solcher wie ein – bloß scheinbares – Sicherheitsbedürfnis vor einem – tatsächlich keine wirkliche Gefahr mehr darstellenden – tschechischen Reststaat. Letzteres zumal deshalb, weil sein Präsident HACHA zu „großem Entgegenkommen den Wünschen Hitlers gegenüber ... bereit war" (RUBIN, S. 207). Davon nicht zu reden, daß HITLER sein am 28.9.1938 öffentlich gegebenes Wort: daß es nach Lösung des Problems des Sudetenlandes „*‚für Deutschland in Europa kein territoriales Problem mehr'*" gebe und er „*‚gar keine Tschechen'*", wolle, in der Tat gebrochen hatte (S. 216f.). So unrechtlich also der deutsche Staatenstaat war, so ungerechtfertigt. Allerdings wurde das von der deutschen Führung dem tschechischen Reststaat von 1939 bis 1945 zugefügte Unrecht (Beispiel: Lidice) durch das von der tschechischen Führung dem besiegten Deutschland seit 1945 zugefügte Unrecht – mit Massenberaubung, -vertreibung und -tötung – viel mehr als nur ausgeglichen (näher dazu KERN, Verbrechen, S. 245ff.). Als wesentlich rechtlich und genauso gerechtfertigt läßt sich demgegenüber der **französische Staatenstaat** kennzeichnen. Erschloß er doch bisherigen Kolonien nicht nur die Staatlichkeit, sondern diese außerdem als wesentlich unabhängige, und das gar in einem besonderem Ausmaß.

Abkürzungs- und Schrifttumsverzeichnis

Act o. S., 1701 Act of Settlement, 1701, übersetzt von P. C. Mayer-Tasch, in: Die Verfassungen der nicht-kommunistischen Staaten Europas, S. 242f., hrsg. von Peter Cornelius Mayer-Tasch i. V. m. Ion Contiades, 2. Aufl., München 1975.
Dazu: The Act of Settlement, 1701, in: Staatsverfassungen, S. 520ff., hrsg. von Günther Franz, 2. Aufl., München 1964.

Alb. Verf., 1976 Verfassung der Sozialistischen Volksrepublik Albanien, 28.12.1976, übersetzt von C. Haebler, in: Verfassungen der kommunistischen Staaten, S. 26ff., hrsg. von Georg Brunner/Boris Meissner, Paderborn, München, Wien, Zürich 1979.

Amerik. Verf., 1787 Die Verfassung der Vereinigten Staaten von Amerika, 17.9.1787, zuletzt geändert 1951, übersetzt von der Nachrichtenkontrolle der Militärregierung für Hessen, in: Staatsverfassungen, S. 11ff., hrsg. von Günther Franz, 2. Aufl., München 1964.
Dazu: Constitution of the United States, in: demselben Werk, S. 10ff.

Anschütz Gerhard Anschütz, Deutsches Staatsrecht, in: Enzyklopädie der Rechtswissenschaft, IV. Bd., S. 1ff., begründet von Franz von Holtzendorff, hrsg. von Josef Kohler, 7. Aufl., München und Leipzig, Berlin 1914.

Arlt usw., I, II Autorenkollektiv: Rainer Arlt usw., Verfassung der Deutschen Demokratischen Republik, Dokumente, Kommentar, Bd. I und II., hrsg. von Klaus Sorgenicht usw., Berlin 1969.

Assmann usw. Autorenkollektiv: Walter Assmann usw., Staatsrecht der DDR, Lehrbuch, Berlin 1978.

AufhebungsG, 1934 Gesetz über die Aufhebung des Reichsrats, 14.2.1934, in: Gesetze des NS-Staates, Nr. 16, zusammengestellt von Uwe Brodersen, Bad Homburg v.d.H., Berlin, Zürich, Copyright 1968 = Gehlen-Texte, Bd. 2.

Bad. Verf., 1818 Verfassungsurkunde für das Großherzogtum Baden, 22.8.1818, in: Dokumente zur deutschen Verfassungsgeschichte, Bd. 1, Nr. 52/53, hrsg. von Ernst Rudolf Huber, Stuttgart 1961.

Bauer Jehuda Bauer, Interview, in: Allgemeine jüdische Wochenzeitung, 29.9.1989, S.8.

Bayer. GO, i.d.F. 1970 Gemeindeordnung für den Freistaat Bayern, i.d.F. 14.12.1970, in: Verwaltungsgesetze des Freistaates Bayern, Nr. 280, begründet von Georg Ziegler und Paul Tremel, hrsg. von Klaus Tremel, München, Stand: Februar 1971.

Bayer. Verf., 1818 Verfassungsurkunde für das Königreich Bayern, 26.5.1818, in: Dokumente zur deutschen Verfassungsgeschichte, Bd. 1, Nr. 51, hrsg. von Ernst Rudolf Huber, Stuttgart 1961.

Bayer. Verf., 1946 Verfassung des Freistaates Bayern, 2.12.1946, zuletzt geändert im Juni 1970, in: Verwaltungsgesetze des Freistaates Bayern, Nr. 850, begründet von Georg Ziegler und Paul Tremel, hrsg. von Klaus Tremel, München, Stand: Februar 1971.

Belg. Verf., 1831 Belgische Verfassung, 7.2.1831, zuletzt geändert im Dezember 1970, amtliche Übersetzung des Außenministeriums 1971, in: Die Verfassungen der nichtkommunistischen Staaten Europas, hrsg. von Peter Cornelius Mayer-Tasch i.V.m. Ion Contiades, 2. Aufl., München 1975.

Benseler-Autenrieth Gustav Eduard Benseler, Griechisch-Deutsches Schul-Wörterbuch, 9. Aufl., von Georg Autenrieth, Leipzig 1891 = Gustav Eduard Benseler, Griechisch-Deutsches und Deutsch-Griechisches Schul-Wörterbuch, Bd. I.

Berve, I, II Helmut Berve, Griechische Geschichte, 1. Hälfte, Von den Anfängen bis Perikles, 2. Hälfte, Von Perikles bis zur politischen Auflösung, Freiburg im Breisgau 1933.

BGB, 1896 Bürgerliches Gesetzbuch, 18.8.1896, zuletzt geändert im Juli 1990, in: Deutsche Gesetze, Nr. 20, begründet von Heinrich Schönfelder, München, Stand: Juli 1990.

BGHZ Entscheidungen des Bundesgerichtshofes in Zivilsachen: Bd. 9, S. 34ff., Bd. 11, Anh., S. 34ff.

BlutschutzG, 1935 Gesetz zum Schutze des deutschen Blutes und der deutschen Ehre, 15.9.1935, in: Gesetze des NS-Staates, Nr. 62, zusammengestellt von Uwe Brodersen, Bad Homburg v.d.H., Berlin, Zürich, Coypright 1968 = Gehlen-Texte, Bd. 2.

BPräs. WahlG, 1959 Gesetz über die Wahl des Bundespräsidenten durch die Bundesversammlung, 25.4.1959, in: Verfassungs- und Verwaltungsgesetze der Bundesrepublik Deutschland, Nr. 33, begründet von Carl Sartorius, Bd. I, München, Stand: Februar 1990.

Brinkmann Karl Brinkmann, System der Rechtsphilosophie, Bonn 1975 = Derselbe, Lehrbuch der Rechtsphilosophie, Bd. II.

Brockhaus Brockhaus, Enzyklopädie, 17. Aufl. des Großen Brockhaus, 23 Bände, Wiesbaden 1966/76.

Brunner, I Heinrich Brunner, Deutsche Rechtsgeschichte, 1. Bd., 3. Aufl., Nachdruck, Berlin 1961 = Systematisches Handbuch der Deutschen Rechtswissenschaft, 2. Abt., 1. Teil, 1. Bd.

Brunner-Schmidt Georg Brunner, Carmen Schmidt, Die sowjetische Verfassungsreform vom Dezember 1988, in: osteuropa Recht, Heft 2, Juni 1989, S. 77ff.

Büchmann Geflügelte Worte, gesammelt und erläutert von Georg Büchmann, fortgesetzt von Walter Robert-tornow usw., 32. Aufl. von Gunther Haupt und Winfried Hofmann, Berlin 1972.

Bundesbeschl., 1848 Bundesbeschluß über Wappen und Farben des Deutschen Bundes, 9.3.1848, in: Dokumente zur deutschen Verfassungsgeschichte, Bd. 1, Nr. 73, hrsg. von Ernst Rudolf Huber, Stuttgart 1961.

Bundesbeschl., 1866 Bundesbeschluß über die Nichtigkeit der preußischen Rücktrittserklärung, 16.6.1866, in: Dokumente zur deutschen Verfassungsgeschichte, Bd. 2, Nr. 172, hrsg. von Ernst Rudolf Huber, Stuttgart 1964.

BVerfGE Entscheidungen des Bundesverfassungsgerichts: Bd. 1, S. 14ff., Bd. 3, S. 225ff., Bd. 9, S. 291ff., Bd. 10, S. 59ff., Bd. 12, S. 276ff., Bd. 13, S. 54ff.

BVerfGG, i.d.F. 1985 Gesetz über das Bundesverfassungsgericht, i.d.F. 12.12.1985, in: Verfassungs- und Verwaltungsgesetze der Bundesrepublik Deutschland, Nr. 40, begründet von Carl Sartorius, Bd. I, München, Stand: Februar 1990.

BWG, i.d.F. 1975 Bundeswahlgesetz, i.d.F. 1.9.1975, in: demselben Werk, Nr. 30.

Cathrein Viktor Cathrein, Naturrecht und positives Recht, 2. Aufl. (zuerst 1909), Nachdruck, Darmstadt 1964.

Chin. Verf., 1978/1979 Verfassung der Volksrepublik China, 5.3.1978, i.d.F. vom 1.7.1979, offizielle Übersetzung, in: Verfassungen der kommunistischen Staaten, S. 77ff., hrsg. von Georg Brunner/Boris Meissner, Paderborn, München, Zürich 1979.

Coing Helmut Coing, Grundzüge der Rechtsphilosophie, 2. Aufl., Berlin 1969.

Constitution S.A. Constitution and systems of government, South Africa 1987–1988. New condensed edition, Reprint from Official Yearbook of the Republic of South Africa.

Dahm Georg Dahm, Deutsches Recht, Die geschichtlichen und dogmatischen Grundlagen des geltenden Rechts, Stuttgart und Köln 1951.

Dän. Verf., 1953 Verfassung des Königreiches Dänemark, 5.6.1953, amtliche Übersetzung, in: Die Verfassungen der nicht-kommunistischen Staaten Europas, S. 67ff., hrsg. von Peter Cornelius Mayer-Tasch i.V.m. Ion Contiades, 2. Aufl., München 1975.

Deutsche BA, 1815 Deutsche Bundesakte, 8.6.1815, in: Dokumente zur deutschen Verfassungsgeschichte, Bd. 1, Nr. 29, hrsg. von Ernst Rudolf Huber, Stuttgart 1961.

Deutsche RV, 1849 Verfassung des Deutschen Reichs, 28.3.1849, in: demselben Werk, Nr. 102.

Deutsche RV, 1871 Verfassung des Deutschen Reichs, 16.4.1871, in: Dokumente zur deutschen Verfassungsgeschichte, Bd. 2, Nr. 218, hrsg. von Ernst Rudolf Huber, Stuttgart 1964.

Deutsche RV, 1919 Die Verfassung des Deutschen Reichs, 11.8.1919, in: Dokumente zur deutschen Verfassungsgeschichte, Bd. 3, Nr. 154, hrsg. von Ernst Rudolf Huber, Stuttgart, Berlin, Köln, Mainz 1966.

Deutschland-Vertrag Vertrag über die abschließende Regelung in bezug auf Deutschland, 12.9.1990, in: Die Welt, 13.9.1990, S. 4.

Die Welt Gorbatschow setzt sich durch, Weitere Macht für Kremlchef, in: Die Welt, 27.12.1990, S. 1.

Dig. Digesta seu pandectae, hrsg. von Theodor Mommsen und Paul Krueger, in: Corpus iuris civilis, I. Bd., 12. Aufl., Berlin 1911.

Direktive ICS 1067, 1945 „Direktive ICS 1067 der Vereinten Stabschefs an den Ober-Kommandierenden der US-Besatzungsmacht in Deutschland", 23.3.1945, o. Übersetzerangabe, in: Erich Kern, Verheimlichte Dokumente, S. 405f., München, Copyright 1988.

v. Doemming-Füsslein-Matz Klaus Berto v. Doemming, Rudolf Werner Füsslein, Werner Matz, Entstehungsgeschichte der Artikel des Grundgesetzes, Tübingen 1951 = Jahrbuch des öffentlichen Rechts der Gegenwart, N.F., Bd. 1.

v. Droste=Hülshoff Clem. Aug. von Droste=Hülshoff, Lehrbuch des Naturrechtes oder Rechtsphilosophie, Nachdruck, o.O., 1970.

Dyba Johannes Dyba, Interview mit Erzbischof Dyba über die Debatte um Paragraph 218, in: Die Welt, 27.7.1988, S. 4.

Enneccerus-Nipperdey, I Ludwig Enneccerus, Allgemeiner Teil des Bürgerlichen Rechts, 15. Aufl. von Hans Carl Nipperdey, 1. Halbbd., Tübingen 1959 = Ludwig Enneccerus, Theodor Kipp, Martin Wolff, Lehrbuch des Bürgerlichen Rechts, I. Bd., 1.

Erkl. Bundespräsidium, 1866 Erklärung des Bundespräsidiums gegen den preußischen Rücktritt vom Bundesvertrag, 14.6.1866, in: Dokumente zur deutschen Verfassungsgeschichte, Bd. 2, Nr. 171, hrsg. von Ernst Rudolf Huber, Stuttgart 1964.

Erkl. Menschen-, Bürgerrechte, 1789 Erklärung der Menschen- und Bürgerrechte, 26.8.1789, übersetzt von I. Contiades, in: Die Verfassungen der nicht-kommunistischen Staaten Europas, S. 210ff., hrsg. von Peter Cornelius Mayer-Tasch i.V.m. Ion Contiades, 2. Aufl., München 1975.
Dazu: Déclaration des droits de l'homme et du citoyen, in: Staatsverfassungen, S. 302ff., hrsg. von Günther Franz, 2. Aufl., München 1964.

ErmächtigungsG, 1933 Gesetz zur Behebung der Not von Volk und Reich, 24.3.1933, sog. Ermächtigungsgesetz, in: Gesetze des NS-Staates, Nr. 1, zusammengestellt von Uwe Brodersen, Bad Homburg v.d.H., Berlin, Zürich, Copyright 1968 = Gehlen-Texte, Bd. 2.

Ermacora Felix Ermacora, Grundriß einer Allgemeinen Staatslehre, Berlin 1979.

FHG NRW, 1979 Gesetz über die Fachhochschulen im Lande Nordrhein-Westfalen, 20.11.1979, in: Gesetze des Landes Nordrhein-Westfalen, Nr. 245, hrsg. von Ernst von Hippel, Helmut Rehborn, München, Stand: Januar 1990.

Finn. Regierungsform, 1919 Die Verfassung Finnlands, I. Regierungsform, 17.7.1919, zuletzt geändert im Juli 1972, amtliche Übersetzung, in: Die Verfassungen der nicht-kommunistischen Staaten Europas, S. 140ff., hrsg. von Peter Cornelius Mayer-Tasch i.V.m. Ion Contiades, 2. Aufl., München 1975.

Fish Hamilton Fish, Der zerbrochene Mythos, F. D. Roosevelts Kriegspolitik 1933–1945, 2. Aufl., Tübingen, Buenos Aires, Montevideo 1986, übersetzt von Karl Otto Braun, Originaltitel: FDR The Other Side Of The Coin, How We Were Tricked into World War II.

FlaggenAO, 1950 Anordnung über die deutschen Flaggen, 7.6.1950, in: Verfassungs- und Verwaltungsgesetze der Bundesrepublik Deutschland, Nr. 52, begründet von Carl Sartorius, Bd. I, München, Stand: Februar 1990.

Franz Günther Franz, Erläuterungen zu: Staatsverfassungen, hrsg. von demselben, 2. Aufl., München 1964.

Franz. Verf., 1791 Französische Verfassung, 3.9.1791, o. Übersetzerangabe, in: Staatsverfassungen, S. 303ff., hrsg. von Günther Franz, 2. Aufl., München 1964.
Dazu: Constitution Française, in: demselben Werk, S. 302ff.

Franz. Verf., 1793 Die Verfassung der Französischen Republik, 24.6.1793, o. Übersetzerangabe, in: demselben Werk, S. 373ff.
Dazu: Constitution de la République Française, in: demselben Werk, S. 372ff.

Franz. Verf., 1958 Die Verfassung der französischen Republik, 28.9.1958, zuletzt geändert im Dezember 1963, übersetzt von I. Contiades, in: Die Verfassungen der nicht-kommunistischen Staaten Europas, S. 190ff., hrsg. von Peter Cornelius Mayer-Tasch i.V.m. Ion Contiades, 2. Aufl., München 1975.

Dazu: Constitution de la République française, in: Staatsverfassungen, S. 452 ff., hrsg. von Günther Franz, 2. Aufl., München 1964.

Franz. VerfG, 1875 (Senat) Verfassungsgesetz über die Organisation des Senats, 24.2.1875, o. Übersetzerangabe, in: Staatsverfassungen, S. 401, S. 403, hrsg. von Günther Franz, 2. Aufl., München 1964.
Dazu: Loi constitutionelle à l'organisation du Sénat, in: demselben Werk, S. 400, S. 402.

Franz. VerfG, 1875 (Staatsgewalt) Verfassungsgesetz über die Organisation der französischen Staatsgewalt, 25.2.1875, o. Übersetzerangabe, in: demselben Werk, S. 397 ff.
Dazu: Loi constitutionelle sur l'organisation des pouvoirs publics, in: demselben Werk, S. 396 ff.

Franz. VerfG, 1875 (Staatsgewaltenbeziehungen) Verfassungsgesetz über die Beziehungen der französischen Staatsgewalten untereinander, 16.7.1875, o. Übersetzerangabe, in: demselben Werk, S. 405 ff.
Dazu: Loi constitutionelle sur les rapports des pouvoirs publics français, in: demselben Werk, S. 404 ff.

FührerErl. B. u. M., 1939 Erlaß des Führers und Reichskanzlers über das Protektorat Böhmen und Mähren, 16.3.1939, in: Gesetze des NS-Staates, Nr. 23, zusammengestellt von Uwe Brodersen, Bad Homburg v.d.H., Berlin, Zürich, Copyright 1968 = Gehlen-Texte, Bd. 2.

FührerErl. Eupen usw., 1940 Erlaß des Führers und Reichskanzlers über die Wiedervereinigung der Gebiete von Eupen, Malmedy und Moresnet mit dem Deutschen Reich, 18.5.1940, in: demselben Werk, Nr. 26.

Gasteiner Konv., 1865 Konvention von Gastein, vereinbart zwischen Österreich und Preußen, 14.8.1865, in: Dokumente zur deutschen Verfassungsgeschichte, Bd. 2, Nr. 153, hrsg. von Ernst Rudolf Huber, Stuttgart 1964.

GenehmigungsSchr. MG, 1949 Genehmigungsschreiben der Militärgouverneure zum Grundgesetz, 12.5.1949, in der Übersetzung des Parlamentarischen Rates, in: Deutsche Gesetze, Nr. 2, begründet von Heinrich Schönfelder, München, Stand: bis Juni 1990.

Georges-Georges, II Karl Ernst Georges, Ausführliches Lateinisch-deutsches Handwörterbuch, 9. Aufl. von Heinrich Georges, 2. Bd., Hannover und Leipzig, Sonderdruck Tübingen 1951.

GeschO BReg., 1951 Geschäftsordnung der Bundesregierung, 11.5.1951, in: Verfassungs- und Verwaltungsgesetze der Bundesrepublik Deutschland, Nr. 38, begründet von Carl Sartorius, Bd. I, München, Stand: Februar 1990.

GeschO BT, i.d.F. 1980 Geschäftsordnung des Deutschen Bundestages, i.d.F. 2.7.1980, in: demselben Werk, Nr. 35.

GG, 1949 Grundgesetz für die Bundesrepublik Deutschland, 23.5.1949, zuletzt geändert im Dezember 1983, in: Deutsche Gesetze, Nr. 1, begründet von Heinrich Schönfelder, München, Stand: Juli 1990.

GK-Verfasser Grundrechts-Kommentar zum Grundgesetz für die Bundesrepublik Deutschland vom 23.5.1949, hrsg. von Karl Brinkmann, Bonn 1967 ff.

Gold. Bulle, 1356 Die Goldene Bulle von 1356, a. Das Nürnberger Gesetzbuch, 10.1.1356, in: Quellen zur Verfassungsgeschichte des römisch-deutschen Reichs im Spätmittelalter (1250–1500), Nr. 94, ausgewählt und übersetzt von Lorenz Weinrich, Darmstadt 1983 = Ausgewählte Quellen zur deutschen Geschichte des Mittelalters, Bd. XXXIII.

GO NRW, i.d.F. 1984 Gemeindeordnung für das Land Nordrhein-Westfalen, i.d.F. 13.8.1984, in: Gesetze des Landes Nordrhein-Westfalen, Nr. 20, hrsg. von Ernst von Hippel, Helmut Rehborn, München, Stand: Januar 1990.

Haberkern-Wallach Eugen Haberkern, Joseph Friedrich Wallach, Hilfswörterbuch für Historiker, Mittelalter und Neuzeit, 2. Aufl., Bern und München 1964.

Handlexikon-Verfasser Viele Verfasser, Handlexikon zur Rechtswissenschaft, hrsg. von Axel Görlitz, Darmstadt 1972.

Hartung Fritz Hartung, Deutsche Verfassungsgeschichte vom 15. Jahrhundert bis zur Gegenwart, 8. Aufl., Stuttgart, Copyright 1950.

Helfritz Hans Helfritz, Allgemeines Staatsrecht, 5. Aufl., o.O., 1949.

Heller Hermann Heller, Staatslehre (zuerst 1934), 3. Aufl., hrsg. von Gerhart Niemeyer, Leiden 1963.

Hermens Ferdinand A. Hermens, Verfassungslehre, Köln und Opladen 1968 = Demokratie und Frieden, Bd. 7.

Hess. Verf., 1831 Verfassungsurkunde für das Kurfürstentum Hessen, 5.1.1831, in: Dokumente zur deutschen Verfassungsgeschichte, Bd. 1, Nr. 56, hrsg. von Ernst Rudolf Huber, Stuttgart 1961.

v. Hippel, Naturrecht Ernst von Hippel, Elemente des Naturrechts, Berlin und Frankfurt a.M. 1969.

v. Hippel, Staatslehre Derselbe, Allgemeine Staatslehre, 2. Aufl., Berlin und Frankfurt a.M. 1967.

HitlerjugendG, 1936 Gesetz über die Hitlerjugend, 1.12.1936, in: Gesetze des NS-Staates, Nr. 37, zusammengestellt von Uwe Brodersen, Bad Homburg v.d.H., Berlin, Zürich, Copyright 1968 = Gehlen-Texte, Bd. 2.

Huber, I, II, III Ernst Rudolf Huber, Erläuterungen zu: Dokumente zur deutschen Verfassungsgeschichte, Bd. 1–3, hrsg. von demselben, Stuttgart 1961 bzw. 1964 bzw. 1966.

Irische Verf., 1937 Die Verfassung Irlands, 1.7.1937, zuletzt geändert im November 1972, übersetzt von P. C. Mayer-Tasch, in: Die Verfassungen der nicht-kommunistischen Staaten Europas, S. 261ff., hrsg. von Peter Cornelius Mayer-Tasch i.V.m. Ion Contiades, 2. Aufl., München 1975.

Irving David Irving, Hitlers Weg zum Krieg, übersetzt von Georg Auerbach, München, Berlin 1979.

Isl. Verf., 1944 Die Verfassung der Republik Island, 17.6.1944, zuletzt geändert im April 1968, übersetzt von P. C. Mayer-Tasch und Páll Sigurdsson, in: Die Verfassungen der nicht-kommunistischen Staaten Europas, S. 300ff., hrsg. von Peter Cornelius Mayer-Tasch i.V. m. Ion Contiades, 2. Aufl., München 1975.

Ital. Verf., 1947 Die Verfassung der italienischen Republik, 27.12.1947, zuletzt geändert im November 1967, übersetzt von P. C. Mayer-Tasch, in: demselben Werk, S. 314ff.

Jap. Verf., 1947 Die Verfassung Japans, 3.5.1947, übersetzt nach einer englischen und deutschen Übersetzung von Günther Franz, in: Staatsverfassungen, S. 542ff., hrsg. vom Übersetzer, 2. Aufl., München 1964.

Jellinek, G. Georg Jellinek, Allgemeine Staatslehre (zuerst 1900), 3. Aufl., Neudruck, Bad Homburg v.d.H., Berlin, Zürich 1966.

Jellinek, W. Walter Jellinek, Verwaltungsrecht, 3. Aufl., Offenburg 1948.

Jennings-Ritter Ivor W. Jennings, Gerhard H. Ritter, Das britische Regierungssystem, Leitfaden und Quellenbuch, 2. Aufl., Köln und Opladen 1970 = Die Wissenschaft von der Politik, Bd. 4.

Judenprivileg König Sigismunds, 1415 Judenprivileg König Sigismunds, 6.6.1415, in: Quellen zur Verfassungsgeschichte des römisch-deutschen Reichs im Spätmittelalter (1250–1500), Nr. 115, ausgewählt und übersetzt von Lorenz Weinrich, Darmstadt 1983 = Ausgewählte Quellen zur deutschen Geschichte des Mittelalters, Bd. XXXIII.

JugenddienstVO, 1939 Zweite Durchführungsverordnung zum Gesetz über die Hitlerjugend (Jugenddienstverordnung), 25.3.1939, in: Gesetze des NS-Staates, Nr. 38, zusammengestellt von Uwe Brodersen, Bad Homburg v.d.H., Berlin, Zürich, Copyright 1968 = Gehlen-Texte, Bd. 2.

Jug. Verf., 1974 Verfassung der Sozialistischen Föderativen Republik Jugoslawien, 21.2.1974, übersetzt von Ch. Höcker-Weyand, in: Verfassungen der kommunistischen Staaten, S. 125ff., hrsg. von Georg Brunner/Boris Meissner, Paderborn, München, Wien, Zürich 1979.

Kant, Grundlegung M. d. S. Immanuel Kant, Grundlegung zur Metaphysik der Sitten, in: Derselbe, Werke in sechs Bänden, Bd. IV, Schriften zur Ethik und Religionsphilosophie, S. 7ff., Wiesbaden, Copyright 1956.

Kant, Kritik d. pr. V. Derselbe, Kritik der praktischen Vernunft, in: denselben Werken, Bd. IV, S. 103ff.

Kelsen, Rechtslehre Hans Kelsen, Reine Rechtslehre, 2. Aufl., Wien 1967.

Kelsen, Staatslehre Derselbe, Allgemeine Staatslehre (zuerst 1925), Nachdruck, Bad Homburg v.d.H., Berlin, Zürich 1966.

Kern, Dokumente Erich Kern (Herausgeber), Verheimlichte Dokumente, München, Copyright 1988.

Kern, Verbrechen Derselbe, Verbrechen am deutschen Volk, Eine Dokumentation alliierter Grausamkeiten, 8. Aufl, Preuss. Oldendorf 1983.

Kluge-Mitzka Friedrich Kluge, Etymologisches Wörterbuch der deutschen Sprache, 20. Aufl. von Walther Mitzka, Berlin 1967.

Koellreutter Otto Koellreutter, Staatslehre im Umriss, Göttingen, Copyright 1955.

König-Rudolf-Urkunde, 1282 Königliche Urkunde (Rudolf von Habsburgs), 27.12.1282, in: Quellen zur Verfassungsgeschichte des römisch-deutschen Reichs im Spätmittelalter (1250–1500), Nr. 47b, ausgewählt und übersetzt von Lorenz Weinrich, Darmstadt 1983 = Ausgewählte Quellen zur deutschen Geschichte des Mittelalters, Bd. XXXIII.

KönigsErl., 1882 Erlaß König Wilhelms I. an das preußische Staatsministerium, 4.1.1882, in: Dokumente zur deutschen Verfassungsgeschichte, Bd. 2, Nr. 220, hrsg. von Ernst Rudolf Huber, Stuttgart 1964.

Krüger Herbert Krüger, Allgemeine Staatslehre, 2. Aufl., Stuttgart, Berlin, Köln, Mainz 1966.

Kub. Verf. 1976 Verfassung der Republik Kuba, 24.2.1976, übersetzt von Chr. Pestalozza, in: Verfassungen der kommunistischen Staaten, S. 257ff., hrsg. von Georg Brunner/Boris Meissner, Paderborn, München, Wien, Zürich 1979.

Küchenhoff-Küchenhoff Günther Küchenhoff, Erich Küchenhoff, Allgemeine Staatslehre, 8. Aufl., Stuttgart, Berlin, Köln, Mainz 1977.

Leistritz Hans Karl Leistritz, Staatshandbuch des Volksgenossen, 11. Aufl. des „Deutschen Staatsbürger=Taschenbuches", Berlin=Südende 1936.

LFoG NRW, i.d.F. 1980 Forstgesetz für das Land Nordrhein-Westfalen, i.d.F. 24.4.1980, in: Gesetze des Landes Nordrhein-Westfalen, Nr. 117, hrsg. von Ernst von Hippel, Helmut Rehborn, München, Stand: Januar 1990.

Liecht. Verf., 1921 Verfassung des Fürstentums Liechtenstein, 5.10.1921, zuletzt geändert im Oktober 1987, hrsg. von der Regierungskanzlei, Vaduz 1981, mit Ergänzungen bis 1987.

Loewenstein Karl Loewenstein, Verfassungslehre, aus dem Englischen übersetzt von Rüdiger Boerner, 3. Aufl., Tübingen 1975.

Lux. Verf., 1868 Verfassung des Großherzogtums Luxemburg, 17.10.1868, zuletzt geändert im Januar 1972, übersetzt von I. Contiades, in: Die Verfassungen der nicht-kommunistischen Staaten Europas, S. 348ff., hrsg. von Peter Cornelius Mayer-Tasch i.V.m. Ion Contiades, 2. Aufl., München 1975.

Machiavelli Niccolò Machiavelli, Il Principe, Der Fürst, übersetzt und hrsg. von Philipp Rippel, Stuttgart 1988.

v. Mangoldt-Klein, I Hermann von Mangoldt, Das Bonner Grundgesetz, Kommentar, 2. Aufl. von Friedrich Klein, Bd. 1, Nachdruck, Berlin und Frankfurt a. M. 1966.

Mann Golo Mann, Politische Entwicklung Europas und Amerikas 1815–1871, in: Propyläen Weltgeschichte, 8. Bd., Das neunzehnte Jahrhundert, S. 367ff., Berlin, Frankfurt am Main 1986.

Mayer-Tasch Peter Cornelius Mayer-Tasch, Erläuterungen zu: Verfassungen der nichtkommunistischen Staaten Europas, hrsg. von demselben i.V.m. Ion Contiades, 2. Aufl., München 1975.

M.-D.-H.-S./Verfasser Theodor Maunz, Günter Dürig, Roman Herzog, Rupert Scholz, Grundgesetz, Kommentar, München 1958ff.

Meyer Ernst Meyer, Einführung in die antike Staatskunde, 4. Aufl., Darmstadt 1980.

Miksche Ferdinand Otto Miksche, Das Ende der Gegenwart, Europa ohne Blöcke, München 1990.

Mitteis Heinrich Mitteis, Der Staat des hohen Mittelalters, 10. Aufl., Darmstadt 1980.

Nawiasky, Grundlegung Hans Nawiasky, Grundlegung (der Allgemeinen Staatslehre), 2. Aufl., Einsiedeln, Zürich, Köln 1958 = Derselbe, Allgemeine Staatslehre, Teil 1.

Nawiasky, Rechtslehre Derselbe, Allgemeine Rechtslehre als System der rechtlichen Grundbegriffe, 2. Aufl., Einsiedeln, Zürich, Köln 1948.

Nawiasky, Staatsgesellschaftslehre, I, II Derselbe, Staatsgesellschaftslehre, 1. Bd., Einsiedeln, Zürich, Köln 1952, 2. Bd., ebendort 1955 = Derselbe, Allgemeine Staatslehre, Teil 2, 1, 2.

Nawiasky, Staatsideenlehre Derselbe, Staatsideenlehre, Einsiedeln, Zürich, Köln 1958 = Derselbe, Allgemeine Staatslehre, Teil 4.

Nawiasky, Staatsrechtslehre Derselbe, Staatsrechtslehre, Einsiedeln, Zürich, Köln 1956 = Derselbe, Allgemeine Staatslehre, Teil 3.

NeuaufbauG, 1934 Gesetz über den Neuaufbau des Reiches, 30.1.1934, in: Gesetze des NS-Staates, Nr. 15, zusammengestellt von Uwe Brodersen, Bad Homburg v.d.H., Berlin, Zürich, Copyright 1968 = Gehlen-Texte, Bd. 2.

Niederl. GG Grundgesetz des Königreichs der Niederlande, 24.8.1815, zuletzt geändert im April 1972, übersetzt von E. J. Besier, P. C. Mayer-Tasch und D. Stutzer, in: Die Verfassungen der nicht-kommunistischen Staaten Europas, S. 367ff., hrsg. von Peter Cornelius Mayer-Tasch i.V.m. Ion Contiades, 2. Aufl., München 1975.

Norddeutsche Verf., 1867 Verfassung des Norddeutschen Bundes, 16.4.1867, in: Dokumente zur deutschen Verfassungsgeschichte, Bd. 2, Nr. 187, hrsg. von Ernst Rudolf Huber, Stuttgart 1964.

Nordkor. Verf., 1972 Sozialistische Verfassung der Koreanischen Demokratischen Volksrepublik, 27.12.1972, o. Übersetzerangabe, in: Verfassungen der kommunistischen Staaten, S. 312ff., hrsg. von Georg Brunner/Boris Meissner, Paderborn. München, Wien, Zürich 1979.

Osnabrücker Friede, 1648 Osnabrücker Friedensvertrag zwischen dem Kaiser und Schweden, 14./24.10.1648, in: Instrumenta Pacis Westphalicae, Die Westfälischen Friedensverträge 1648, lateinischer Text mit Übersetzung der wichtigeren Teile und Regesten, 2. Aufl., bearbeitet von Konrad Müller, Bern 1966 = Quellen zur neueren Geschichte, Heft 12/13.

Öster. NeutrErkl., 1955 Österreichische Neutralitätserklärung, 26.10.1955, in: Die Verfassungen der nicht-kommunistischen Staaten Europas, S. 492, hrsg. von Peter Cornelius Mayer-Tasch i.V.m. Ion Contiades, 2. Aufl., München 1975.

Öster. Verf., 1920 Verfassung der Bundesrepublik Österreich, 10.11.1920, zuletzt geändert im August 1973, I. Das Bundesverfassungsgesetz, in: demselben Werk, S. 424ff.

ParlG, 1911 Das (britische) Parlamentsgesetz von 1911 (Veto-Bill), übersetzt von P. C. Mayer-Tasch, in: demselben Werk, S. 248ff.
Dazu: Parliament Act, 18.8.1911, in: Staatsverfassungen, S. 524ff., hrsg. von Günther Franz, 2. Aufl., München 1964.

ParlG, 1949 Das (britische) Parlamentsgesetz von 1949, übersetzt von P. C. Mayer-Tasch, in: demselben Werk wie ParlG, 1911, S. 251.
Dazu: Parliament Act, 16.12.1949, in: demselben Werk wie Parliament Act, 1911, S. 530, S. 532.

ParlStG, 1974 Gesetz über die Rechtsverhältnisse der Parlamentarischen Staatssekretäre, 24.7.1974, in: Verfassungs- und Verwaltungsgesetze der Bundesrepublik Deutschland, Nr. 47, begründet von Carl Sartorius, Bd. I, München, Stand: Februar 1990.

ParteienG, 1933 Gesetz gegen die Neubildung von Parteien, 14.7.1933, in: Gesetze des NS-Staates, Nr. 32, zusammengestellt von Uwe Brodersen, Bad Homburg v.d.H., Berlin, Zürich, Copyright 1968 = Gehlen-Texte, Bd. 2.

Passow-Rost usw., I 1, II 1 Franz Passow, Handwörterbuch der griechischen Sprache, I. Bd., 1. Abt., II. Bd. 1. Abt., 5. Aufl. von Val. Chr. Fr. Rost usw., Leipzig 1841 bzw. 1852.

Pauly-Verfasser Viele Verfasser, Der Kleine Pauly, Lexikon der Antike, 5 Bände, hrsg. von Konrat Ziegler und Walther Sontheimer sowie (Bd. 5) Hans Gärtner, München 1979.

Pestalozza Christian Pestalozza, Erläuterungen zu: Verfassung der Republik Kuba, in: Verfassungen der kommunistischen Staaten, S. 252ff., hrsg. von Georg Brunner/Boris Meissner, Paderborn, München, Wien, Zürich 1979.

Präliminarfrieden, 1866 Präliminarfrieden von Nikolsburg, 26.7.1866, in: Dokumente zur deutschen Verfassungsgeschichte, Bd. 2, Nr. 177, hrsg. von Ernst Rudolf Huber, Stuttgart 1964.

Preßburger Friede, 1805 Der Friede zu Preßburg, 26.12.1805, in: Quellen zum Verfassungsorganismus des Heiligen Römischen Reiches Deutscher Nation, 1495–1815, Nr. 68, hrsg. von Hanns Hofmann, Darmstadt 1976 = Ausgewählte Quellen zur deutschen Geschichte der Neuzeit, Bd. XIII.

Preuß. Erkl., 1866 Erklärung des preußischen Bundestagsgesandten v. Savigny über den Rücktritt Preußens vom Bundesvertrag, 14.6.1866, in: vorletztem Werk, Nr. 170.

Preuß. Verf., 1850 Verfassungsurkunde für den Preußischen Staat, 31.1.1850, in: Dokumente zur deutschen Verfassungsgeschichte, Bd. 1, Nr. 168, hrsg. von Ernst Rudolf Huber, Stuttgart 1961.

Radbruch, Gesetzliches Unrecht Gustav Radbruch, Gesetzliches Unrecht und übergesetzliches Recht, in: Derselbe, Rechtsphilosophie, S. 347ff., 6. Aufl., hrsg. von Erik Wolf, Stuttgart 1963.

Radbruch, Rechtsphilosophie Derselbe, Rechtsphilosophie, 6. Aufl., hrsg. von Erik Wolf, Stuttgart 1963.

RGZ Entscheidungen des Reichsgerichts in Zivilsachen: Bd. 118, S. 325ff.

ReichskanzlerErl., 1934 Erlaß des Reichskanzlers zum Vollzug des Gesetzes vom 1. August 1934 über das Staatsoberhaupt des Deutschen Reichs, 2.8.1934, in: Gesetze des NS-Staates, Nr. 4, zusammengestellt von Uwe Brodersen, Bad Homburg v.d.H., Berlin, Zürich, Copyright 1968 = Gehlen-Texte, Bd. 2.

ReichsregierungsB, 1934 Beschluß der Reichsregierung zur Herbeiführung einer Volksabstimmung, 2.8.1934, in: demselben Werk, zu Nr. 4.

ReichstagsB, 1942 Beschluß des Großdeutschen Reichstags, 26.4.1942, in: demselben Werk, Nr. 12.

RheinbundsA, 1806 Rheinbundsakte, 12.7.1806, in: Dokumente zur deutschen Verfassungsgeschichte, Bd. 1, Nr. 2, hrsg. von Ernst Rudolf Huber, Stuttgart 1961.

Rubin Berthold Rubin (Herausgeber), War Deutschland allein schuld?, Der Weg zum Zweiten Weltkrieg, München, Copyright 1988.

Sächs. Verf., 1831 Verfassungsurkunde für das Königreich Sachsen, 4.9.1831, in: Dokumente zur deutschen Verfassungsgeschichte, Bd. 1, Nr. 57, hrsg. von Ernst Rudolf Huber, Stuttgart 1961.

Sachs-Villatte, I Karl Sachs, Césaire Villatte, Encyklopädisches französisch-deutsches und deutsch-französisches Wörterbuch, Erster Teil: Französisch-deutsch, 13. Aufl., Berlin 1902.

Schlözer August Ludwig Schlözer, Allgemeines StatsRecht und StatsVerfassungsLere, Göttingen 1793, Nachdruck 1970.

Schmidt=Bleibtreu-Klein Bruno Schmidt=Bleibtreu, Franz Klein, Kommentar zum Grundgesetz für die Bundesrepublik Deutschland, 4. Aufl., Neuwied, Darmstadt 1977.

Schmitt Carl Schmitt, Verfassungslehre (zuerst 1928), 4. Aufl., Berlin 1965.

Schott. UnionsA, 1706 Die Schottische Unionsakte (1706), übersetzt von P. C. Mayer-Tasch, in: Die Verfassungen der nicht-kommunistischen Staaten Europas, S. 243ff., hrsg. von Peter Cornelius Mayer-Tasch i.V.m. Ion Contiades, 2. Aufl., München 1975.

Schwed. Regierungsform, 1809 Die (schwedische) Regierungsform, 6.6.1809, zuletzt geändert im Februar 1971, übersetzt von P. E. Fahlbeck, neu übersetzt von S. Strömholm und K. Kuhn, in: demselben Werk wie Schott. UnionsA, S. 554ff.

Schwed. Regierungsform, 1975 Die (schwedische) Regierungsform, in der voraussichtlich am 1.1.1975 in Kraft tretenden Neufassung, übersetzt von K. Kuhn, in: demselben Werk, S. 580ff.
Dazu u.: Swed. Instr. of Government, 1989.

Schweiz. Verf., 1874 Bundesverfassung der schweizerischen Eidgenossenschaft, 29.5.1874, zuletzt geändert im Juni 1971, in: Die Verfassungen der nicht-kommunistischen Staaten Europas, S. 638ff., hrsg. von Peter Cornelius Mayer-Tasch i.V.m. Ion Contiades, 2. Aufl., München 1975.

Schwerin-Thieme Claudius Freiherr von Schwerin, Grundzüge der deutschen Rechtsgeschichte, 4. Aufl. von Hans Thieme, Berlin und München 1950.

SenatG Bayern, i. d. F. 1966 Gesetz über den (bayerischen) Senat, i. d. F. 9.2.1966, zuletzt geändert im Dezember 1969, in: Verwaltungsgesetze des Freistaates Bayern, Nr. 715, begründet von Georg Ziegler und Paul Tremel, hrsg. von Klaus Tremel, München, Stand: Februar 1971.

SicherungsG, 1937 Gesetz über die Sicherung der Reichsgrenze und über Vergeltungsmaßnahmen, 9.3.1937, in: Gesetze des NS-Staates, Nr. 19, zusammengestellt von Uwe Brodersen, Bad Homburg v. d. H., Berlin, Zürich, Copyright 1968 = Gehlen-Texte, Bd. 2.

Slapnicka Helmut Slapnicka, Tschechoslowakei (zur Verfassung), in: Verfassungen der kommunistischen Staaten, S. 416ff., hrsg. von Georg Brunner/Boris Meissner, Paderborn, München, Wien, Zürich 1979.

Smend, Staat Rudolf Smend, Staat, in: Derselbe, Staatsrechtliche Abhandlungen und andere Aufsätze, S. 517ff., 2. Auflage, Berlin 1968.

Smend, Verfassung Derselbe, Verfassung und Verfassungsrecht (zuerst 1928), in: demselben Werk, S. 119ff.

Sohm-Mitteis-Wenger Rudolph Sohm, Institutionen, Geschichte und System des römischen Privatrechts, bearbeitet von Ludwig Mitteis, hrsg. von Leopold Wenger, 17. Aufl., Berlin 1949.

Sowj. Verf., 1936 Die Verfassung der Union der Sozialistischen Sowjetrepubliken, 5.12.1936, übersetzt vom Verlag für fremdsprachige Literatur, Moskau 1961, in: Staatsverfassungen, S. 560ff., hrsg. von Günther Franz, 2. Aufl., München 1964.

Sowj. Verf., 1977 Verfassung (Grundgesetz) der Union der Sozialistischen Sowjetrepubliken, 7.10.1977, übersetzt von Dietrich Frenzke, in: Verfassungen der kommunistischen Staaten, S. 385ff., hrsg. von Georg Brunner/Boris Meissner, Paderborn, München, Wien, Zürich 1979.

Sowj. Verf., 1977/1988 Dieselbe Verfassung, verändert durch das Gesetz „Über die Änderungen und Ergänzungen der Verfassung (des Grundgesetzes) der UdSSR", 1.12.1988, übersetzt von Dietrich Frenzke, in: osteuropa Recht, Heft 2, S. 98ff., Juni 1989.

Sowj. Verf., 1977/1988/1990 Dieselbe Verfassung, außerdem verändert durch das Gesetz „Über die Schaffung des Präsidentenamtes der UdSSR und Aufnahme von Änderungen und Ergänzungen in die Verfassung (Grundgesetz) der UdSSR", 14.3.1990, übersetzt von Kurt Schulze (nach dem Wortlaut in der „Prawda", 16.3.1990) (Privatübersetzung).

Span. CortesG, 1942 Gesetz über die Bildung der spanischen Cortes, 17.7.1942, zuletzt geändert im Januar 1967, übersetzt von I. Contiades und P. C. Mayer-Tasch, in: Die Verfassungen der nicht-kommunistischen Staaten Europas, S. 688ff., hrsg. von Peter Cornelius Mayer-Tasch i. V. m. Ion Contiades, 2. Aufl., München 1975.

Span. StaatsorgG, 1967 Spanisches Staatsorganisationsgesetz, 10.1.1967, übersetzt von denselben, in: demselben Werk, S. 706ff.

Span. Verf., 1978 Die spanische Verfassung, 29.12.1978, übersetzt durch den Übersetzungsdienst des spanischen Außenministeriums, Madrid o. J.

StaatsangehVO, 1934 Verordnung über die deutsche Staatsangehörigkeit, 5.2.1934, in: Verfassungs- und Verwaltungsgesetze der Bundesrepublik Deutschland, Nr. 19, begründet von Carl Sartorius, Bd. I, München, Stand: Februar 1990.

StaatsoberhauptG, 1934 Gesetz über das Staatsoberhaupt des Deutschen Reichs, 1.8.1934, in: Gesetze des NS-Staates, Nr. 3, zusammengestellt von Uwe Brodersen, Bad Homburg v. d. H., Berlin, Zürich, Copyright 1968 = Gehlen-Texte, Bd. 2.

Stahr Volker S. Stahr, Der König im Turnus, in: Die Welt, 28.4.1989, S. 2.

Stammler Rudolf Stammler, Lehrbuch der Rechtsphilosophie, 3. Aufl., Nachdruck, Berlin 1970.

Stern Ulrich Stern (Herausgeber), Die wahren Schuldigen am Zweiten Weltkrieg, München, Copyright 1990.

StGB, i.d.F. 1987 Strafgesetzbuch, i.d.F. 10.3.1987, in: Deutsche Gesetze, Nr. 85, begründet von Heinrich Schönfelder, München, Stand: Juli 1990.

StPO, i.d.F. 1987 Strafprozeßordnung, i.d.F. 7.4.1987, in: demselben Werk, Nr. 90.

Stulz Josef Stulz, Die Vereinigten Staaten von Amerika, Freiburg im Breisgau 1934 = Geschichte der führenden Völker, 30. Bd.

Südafrik. Verf., 1983 Republic of South Africa Constitution Act, 22.9.1983, in: Statutes of the Republic of South Africa – Constitutional Law, S. 1301 ff.

Süsterhenn Adolf Süsterhenn, Das Naturrecht, in: Naturrecht oder Rechtspositivismus?, S. 11 ff., Darmstadt 1966 = Wege der Forschung, Bd. XVI.

Swed. Instr. of Government, 1989 The Instrument of Government, in: The Constitution of Sweden, 1989, S. 37 ff., Published by The Swedish Riksdag, Stockholm 1990.

Swed. Riksdag Swedish Riksdag, Introduction zu: The Instrument of Government usw. in: demselben Werk, S. 9 ff.

Tapié Victor-Lucien Tapié, Das Zeitalter Ludwigs XIV., in: Propyläen Weltgeschichte, 7. Bd., Von der Reformation zur Revolution, S. 275 ff., Berlin, Frankfurt a.M. 1986.

Tschechoslow. Verf., 1960 Verfassung der Tschechoslowakischen Sozialistischen Republik, 11.7.1960, übersetzt von H. Slapnicka, in: Verfassungen der kommunistischen Staaten, S. 420 ff., hrsg. von Georg Brunner/Boris Meissner, Paderborn, München, Wien, Zürich 1979.

Ueberweg-Frischeisen=Köhler-Moog Friedrich Ueberweg, Die Philosophie der Neuzeit bis zum Ende des XVIII. Jahrhunderts, 13. Aufl. von Max Frischeisen=Köhler und Willy Moog, Tübingen 1953 = Friedrich Ueberwegs Grundriß der Geschichte der Philosophie.

Ueberweg-Praechter Derselbe, Die Philosophie des Altertums, 13. Aufl. von Karl Praechter, Tübingen 1953 = demselben Werk.

Verdross Alfred Verdross, Völkerrecht, 2. Aufl., Wien 1950.

Verf. Appenzell-A.Rh., 1908 Verfassung für den Kanton Appenzell A.Rh., 26.4.1908, Stand: 1. Januar 1986, in: Außerrhodische Gesetzessammlung 111.1.

Verf. Appenzell-I.Rh., 1872 Verfassung für den Eidgenössischen Stand Appenzell I.Rh., 24. Wintermonat 1872, zuletzt geändert im April 1986, in: Gesetzessammlung Appenzell I.Rh. – 22. Nachtrag – Juli 1986.

Verf. DDR, 1949 Die Verfassung der Deutschen Demokratischen Republik, 7.10.1949, in: Staatsverfassungen, S. 270 ff., hrsg. von Günther Franz, 2. Aufl., München 1964.

Verf. DDR, 1968 Verfassung der Deutschen Demokratischen Republik, 6.4.1968, hrsg. vom Staatsverlag der Deutschen Demokratischen Republik, Berlin 1968.

Verf. DDR, 1968/1974 Dieselbe Verfassung, i.d.F. 27.9.1974, in: Verfassungen der kommunistischen Staaten, S. 95 ff., hrsg. von Georg Brunner/Boris Meissner, Paderborn, München, Wien, Zürich 1979.

Verf. NRW, 1950 Verfassung des Landes Nordrhein-Westfalen, 18.6.1950, zuletzt geändert im Juni 1989, in: Gesetze des Landes Nordrhein-Westfalen, Nr. 1, hrsg. von Ernst von Hippel, Helmut Rehborn, München, Stand: Januar 1990.

Verf. Thurgau, 1869 Verfassung des eidgenössischen Standes Thurgau, 29.2.1869, zuletzt geändert im August 1973, in: Bundesverfassung der Schweizerischen Eidgenossenschaft und Verfassung des Eidgenössischen Standes Thurgau, S. 57 ff., jeweils gewidmet: zum Eintritt in die Reihen der Aktivbürger, Frauenfeld 1974.

Vietn. Verf., 1959 Verfassung der Demokratischen Republik Vietnam, 31.12.1959, übersetzt aus dem Englischen von F. Sembdner, in: Verfassungen der kommunistischen Staaten, S. 497 ff., hrsg. von Georg Brunner/Boris Meissner, Paderborn, München, Wien, Zürich 1979.

Virginia B.o.R., 1776 Virginia Bill of Rights, 12.6.1776, in: Staatsverfassungen, S. 6 ff., hrsg. von Günther Franz, 2. Aufl., München 1964.

Vogt Joseph Vogt, Die römische Republik, Freiburg im Breisgau 1932 = Römische Geschichte, 1. Hälfte = Geschichte der führenden Völker, 6. Bd.

VorschaltG Deutsche RV, 1871 Gesetz betreffend die Verfassung des Deutschen Reiches, 16.4.1871, in: Dokumente zur deutschen Verfassungsgeschichte, Bd. 2, Nr. 218, hrsg. von Ernst Rudolf Huber, Stuttgart 1964.

Wahlkap., 1519 Die Wahlkapitulation Karls V., 3.7.1519, in: Kaiser, Reich und Reformation 1517 bis 1525, S. 25ff. = Quellen zur neueren Geschichte, Heft 3, 3. Aufl., Bern 1966.

Weismantel Wolfgang Weismantel, Das Reich vom Westfälischen Frieden bis zum Ende des Nordischen Krieges, in: Deutsche Geschichte in 12 Bänden, 7. Bd., Dreißigjähriger Krieg und Absolutismus 1618–1740, S. 169ff., Gütersloh, Copyright 1983.

v. Weizsäcker Richard von Weizsäcker, Ansprache des Bundespräsidenten zum 40. Jahrestag der Beendigung des Zweiten Weltkrieges vor dem Deutschen Bundestag, in: Presse- und Informationsdienst der Bundesregierung, Bulletin, Nr. 52, S. 441ff., 1985.

Wiener Friede, 1864 Friedensvertrag von Wien zwischen Österreich, Preußen und Dänemark, 30.10.1864, in: Dokumente zur deutschen Verfassungsgeschichte, Bd. 2, Nr. 149, hrsg. von Ernst Rudolf Huber, Stuttgart 1964.

Wiener SchlA, 1820 Schlußakte der Wiener Ministerkonferenz, 15.5.1820, in: Dokumente zur deutschen Verfassungsgeschichte, Bd. 1, Nr. 30, hrsg. von Ernst Rudolf Huber, Stuttgart 1961.

Windscheid, I Bernhard Windscheid, Lehrbuch des Pandektenrechts, 1. Bd., 7. Aufl., Frankfurt a. M. 1891.

Wirth Fritz Wirth, Die Abtreibung als wahlentscheidende Frage in den USA?, in: Die Welt, 20.11.1989, S. 2.

Wolf Julius Wolf, Die römische Kaiserzeit, Freiburg im Breisgau 1932 = Römische Geschichte, 2. Hälfte = Geschichte der führenden Völker, 7. Bd.

Zeeden Ernst Walter Zeeden, Das Zeitalter der Glaubenskämpfe 1555–1648 = Gebhardt, Handbuch der deutschen Geschichte, Bd. 9, 9. Aufl., München 1980.

Zeller, II 2 Eduard Zeller, Die Philosophie der Griechen in ihrer geschichtlichen Entwicklung, 2. Teil, 2. Abt. = Derselbe, Aristoteles und die alten Peripatetiker, Darmstadt 1963.

ZentralgewaltG, 1848 Reichsgesetz über die Einführung einer provisorischen Zentralgewalt für Deutschland, 28.6.1848, in: Dokumente zur deutschen Verfassungsgeschichte, Bd. 1, Nr. 82, hrsg. von Ernst Rudolf Huber, Stuttgart 1961.

Zippelius, 1. Reinhold Zippelius, Allgemeine Staatslehre, 1. Aufl., München 1969.

Zippelius, 9. Derselbe, Allgemeine Staatslehre (Politikwissenschaft), 9. Aufl., München 1985.

Namensverzeichnis

Die Namen der Länder bezeichnen diese entweder ausdrücklich oder, z. B. über (Verfassungs-)Gesetze, bekannte Herrscher und anderes Kennzeichnende, unausdrücklich.

Sachverzeichnis

Berichtigungen

Seite		
33	Zeile 19 von oben	Statt: Kollegialaorgane: Kollegial-organe
62	Zeile 26 von oben	Statt: (Art.: ‚Art.
115	Zeile 19 von unten	Statt: beispielhalber: beispielshalber
126	Zeile 14 von unten	Statt: Wirklichkeit: Wirksamkeit
152	Zeile 1 von unten	Statt: nicht einmal: nur schwer
153	Zeile 2 von oben	Statt: nicht einmal: nur schwer
218	Zeile 5 von unten	Statt: Denn es: Ferner
264	Zeile 6 von unten	Statt: Landamman: Landammann
270	Zeile 10 von oben	Statt: Landamman: Landammann
281	Zeile 18 von unten	Statt: Volkes: Volke
302	Zeile 4 von oben	Statt: erfolgte: erfolgten
311	Zeile 24 von oben	Statt: Deutschen: deutschen
339	Zeile 3 von unten	Statt: dezentralistische: gewalten-teilende
343	Zeile 14 von unten	Statt: Befugnisse: Befugnisse“
362	Zeile 8 von oben	Statt: Kollosionsnorm: Kollisionsnorm
370	Zeile 13 von oben	Statt: desgleichen, : desgleichen
373	Zeile 5 von unten	Statt: stellt: stellte

www.ingramcontent.com/pod-product-compliance
Lightning Source LLC
LaVergne TN
LVHW010653300926
849161LV00005B/1116